本 卷 说 明

一、为方便读者检索、查找《张学良口述历史（访谈实录)》中的相关内容，以及了解涉及的人物、事件、机构的相关信息，特编制本注释及索引。

二、口述访谈中涉及的人和事都尽可能在《注释/索引》卷中以条目形式出注。口述访谈中涉及的人物和事件面广、量多，本着尽量为读者提供信息和线索的原则，有些人物、事件较为生僻，资料稀缺，只好将现有资料勉力提供。限于水平，注释和人物简介中难免存在不当甚至错误，敬请谅察。

三、注释条目按汉语拼音顺序并辅以汉字笔画、起笔笔形顺序排列，同音时按汉字笔画由少到多的顺序排列，笔画数相同的按起笔笔形一（横）、丨（竖）、丿（撇）、丶（点）、乛（折）的顺序排列。第一字相同时，按第二字，余类推。

四、同一人物或事件的不同名称、称呼或说法（如，人物的字、号、别名）以通用的为主条，其他的称呼或说法参见主条。

五、收列的所有人物、事件、组织等都标注出其出现在某次访谈中。如【十五】1、8，即表示该人物或事件在第十五次访谈的第一和第八小节中涉及。

本 卷 目 录

A

阿士德……… 1	爱德华八世……… 1	安国军……… 2
埃达·墨索里尼……… 1	安定远……… 2	安禄山……… 2
艾森豪威尔……… 1	安福系……… 2	安全局……… 3

B

八项计划……… 4	柏桂林……… 8	北平名流会议……… 13
八项主张与五项要求……… 4	板垣征四郎……… 8	北平市各界抗日救国大会……… 13
巴顿……… 4	包瞎子……… 8	北平绥靖公署……… 13
巴尔，朱力亚……… 4	宝振荣……… 8	《北洋画报》……… 14
巴黎和会……… 5	保定军官学校……… 9	北洋军阀……… 14
白崇禧……… 5	保密局……… 9	贝太太……… 14
白川义则……… 5	鲍贵卿……… 9	贝聿铭……… 15
白俄……… 6	鲍惠尔……… 9	贝祖贻……… 15
白凤翔……… 6	鲍文樾……… 10	本间雅晴……… 15
白居易……… 6	鲍毓麟……… 10	本庄繁……… 15
白狼……… 6	北大营……… 10	毕万闻……… 16
白淑湘……… 7	北伐军……… 11	边业银行……… 16
白雪溜冰团……… 7	北极公馆……… 11	伯力记录……… 16
白永贞……… 7	北京《晨报》……… 11	博古……… 17
白玉麟……… 8	北京政府……… 12	不抵抗主义……… 17
白玉霜……… 8	北满铁路……… 12	
	北平扩大会议……… 12	

C

CC派……… 19	蔡运升……… 20	曹锟……… 20
蔡绍基……… 19	曹操……… 20	曹璞……… 21
蔡廷锴……… 19	曹德轩……… 20	曹汝霖……… 21

曹曜章 …… 21	陈国瑞 …… 27	陈香梅 …… 33
柴山兼四郎 …… 21	陈果夫 …… 27	陈兴亚 …… 33
柴世宗 …… 22	陈鹤琴 …… 27	陈仪 …… 33
《忏悔录》 …… 22	陈洪禄 …… 27	陈英伦 …… 34
常恩多 …… 22	陈宦 …… 28	陈瑛 …… 34
常国宾 …… 22	陈济棠 …… 28	陈友仁 …… 34
常焕 …… 23	陈继承 …… 28	陈友涛 …… 35
常经武 …… 23	陈剑如 …… 29	陈圆圆 …… 35
常澍田 …… 23	陈洁如 …… 29	成希超 …… 35
常尧臣 …… 23	陈靖宇 …… 29	程思远 …… 35
常荫槐 …… 23	陈炯明 …… 29	程砚秋 …… 35
陈半丁 …… 24	陈立夫 …… 30	程志远 …… 36
陈璧君 …… 24	陈琏 …… 30	楚霸王 …… 36
陈布雷 …… 24	陈箓 …… 30	褚民谊 …… 36
陈昶新 …… 24	陈明 …… 31	褚玉璞 …… 36
陈诚 …… 25	陈其采 …… 31	川岛芳子 …… 37
陈崇桥 …… 25	陈其美 …… 31	慈禧 …… 37
陈恩普 …… 25	陈钦若 …… 31	崔成义 …… 37
陈公博 …… 25	陈若曦 …… 32	崔诚如 …… 37
陈冠群 …… 26	陈树藩 …… 32	崔骏声 …… 38
陈光甫 …… 26	陈调元 …… 32	崔兴武 …… 38
陈光迪 …… 26	陈维屏 …… 32	长安军官训练团 …… 38
陈光远 …… 27	陈豨 …… 33	

D

《答蒋公书》 …… 39	戴雨农 …… 42	邓玉琢 …… 45
达尔罕亲王 …… 39	单膀子 …… 42	第二次奉直战争 …… 46
大仓喜八郎 …… 39	德川家康 …… 42	第三国际 …… 46
大东亚共荣圈 …… 40	邓宝珊 …… 42	第一次奉直战争 …… 46
《大公报》 …… 40	邓发 …… 42	调统室 …… 47
戴传贤 …… 40	邓家彦 …… 43	丁超 …… 47
戴夫人 …… 41	邓文仪 …… 43	丁喜春 …… 48
戴季陶 …… 41	邓锡侯 …… 43	《东报》 …… 48
戴笠 …… 41	邓小平 …… 44	东北边防军整编 …… 48
戴联玺 …… 41	邓演达 …… 44	东北海军 …… 48
戴宪玉 …… 41	邓颖超 …… 45	东北讲武堂 …… 49

东北军工兵 …… 49	董福亭 …… 53	杜如晦 …… 55
东北军整编 …… 49	董舜臣 …… 53	杜维刚 …… 56
东北空军 …… 50	董显光 …… 53	杜聿明 …… 56
东北易帜 …… 50	董彦平 …… 53	杜月笙 …… 56
东北政务委员会 …… 51	董英斌 …… 53	杜长龄 …… 56
东电 …… 51	董卓 …… 54	杜振 …… 57
东京审判 …… 51	窦尔敦 …… 54	杜重远 …… 57
东清铁路 …… 51	督军 …… 54	端纳 …… 57
东三省兵工厂 …… 51	杜继武 …… 55	段俊良 …… 58
东三省官银号 …… 52	杜立三 …… 55	段祺瑞 …… 58
东条英机 …… 52	杜连庆 …… 55	段毓奇 …… 58
董大虎 …… 52	杜鲁门 …… 55	段芝贵 …… 59
董凤祥 …… 53	杜泮林 …… 55	多尔衮 …… 59

E

儿玉秀雄 …… 60	"二二"事件 …… 60	"二十一条" …… 61
儿玉源太郎 …… 60	"二二八" …… 60	二万五千里长征 …… 61

F

范先炳 …… 62	冯国勋 …… 65	奉天施医院 …… 69
范玉书 …… 62	冯国璋 …… 65	奉天外交署 …… 69
方本仁 …… 62	冯麟阁 …… 66	奉小洋 …… 70
方克猷 …… 62	冯钦哉 …… 66	福建事变 …… 70
方叔洪 …… 62	冯武樾 …… 66	傅虹霖 …… 70
方永蒸 …… 63	冯庸 …… 66	傅良佐 …… 71
芳泽谦吉 …… 63	冯玉祥 …… 67	傅铭勋 …… 71
房玄龄 …… 63	冯占海 …… 67	傅汝霖 …… 71
费起鹤 …… 64	奉俄谈判 …… 68	傅学文 …… 71
丰臣秀吉 …… 64	奉票 …… 68	傅作义 …… 72
冯秉权 …… 64	奉天兵工厂 …… 68	富双英 …… 72
冯德麟 …… 65	奉天国民保安会 …… 68	富占魁 …… 72
冯耿光 …… 65	奉天基督教青年会 …… 69	

G

冈村宁次 …… 74	高福源 …… 74	高桂滋 …… 75
高崇民 …… 74	高岗 …… 75	高纪毅 …… 76

高金山 …… 76	谷瑞玉 …… 80	郭德权 …… 85
高凌霨 …… 76	顾更也 …… 80	郭松龄 …… 85
高任瞻 …… 76	顾孟余 …… 80	郭泰祺 …… 86
高汝桐 …… 76	顾维钧 …… 80	郭廷以 …… 86
高崧山 …… 77	顾正秋 …… 81	郭维城 …… 87
高维岳 …… 77	顾祝同 …… 81	郭希鹏 …… 87
高翔明 …… 77	关东军 …… 82	郭小庄 …… 87
高兴亚 …… 77	关公 …… 82	郭增恺 …… 87
高杨 …… 77	关国轩 …… 82	郭子仪 …… 88
高荫舟 …… 77	关吉玉 …… 82	郭作民 …… 88
高志航 …… 77	关麟征 …… 83	国联 …… 88
《告全体将士书》 … 78	关时润 …… 83	国联关于中日事件的
郜汝濂 …… 78	关玉衡 …… 83	决议 …… 88
戈林 …… 78	广田弘毅 …… 83	国民党三届四中
格林 …… 79	广田三原则 …… 84	全会 …… 89
葛光庭 …… 79	桂励 …… 84	国民党四届六中
庚子赔款 …… 79	桂永清 …… 84	全会 …… 89
龚永玉 …… 79	郭大鸣 …… 85	《国闻周刊》 …… 90
辜振甫 …… 79		

H

哈伟 …… 91	何成浚 …… 95	红军西路军 …… 101
海伦 …… 91	何东 …… 96	红枪会 …… 101
海沙子 …… 91	何丰林 …… 96	洪承畴 …… 101
韩复榘 …… 91	何竞武 …… 96	洪钫 …… 102
韩光弟 …… 92	何立中 …… 97	洪仁玕 …… 102
韩麟春 …… 92	何廉 …… 97	侯宝林 …… 102
韩淑秀 …… 92	何千里 …… 97	侯御之 …… 102
韩信 …… 93	何世礼 …… 98	胡蝶 …… 103
汉高祖 …… 93	何秀阁 …… 98	胡汉民 …… 103
汉光武帝 …… 93	何应钦 …… 98	胡景翼 …… 103
汉惠帝 …… 94	何柱国 …… 99	胡木兰 …… 104
汉卿教育基金会 …… 94	河本大作 …… 99	胡若愚 …… 104
汉武帝 …… 94	贺奎 …… 100	胡适 …… 104
郝伯村 …… 95	贺耀祖 …… 100	胡颐龄 …… 105
郝大爷 …… 95	贺衷寒 …… 100	胡玉海 …… 105

胡毓坤……………… 105	皇姑屯事件……… 107	黄绍竑……………… 110
胡宗南……………… 106	皇太极…………… 108	黄师岳……………… 111
扈先梅……………… 106	黄德兴…………… 108	黄显声……………… 111
花山信胜…………… 106	黄郛……………… 109	黄兴………………… 112
《华北明星报》…… 107	黄华……………… 109	黄永安……………… 112
华克之……………… 107	黄杰……………… 109	黄自………………… 112
华盛顿，乔治……… 107	黄埔军校………… 110	《活路》…………… 113
荒木五郎…………… 107	黄仁霖…………… 110	霍守义……………… 113

J

基督教青年会……… 114	姜登选…………… 120	焦作宽……………… 127
基辛格……………… 114	姜化南…………… 120	金德福……………… 128
吉黑江防舰队……… 114	姜全我…………… 121	金典戎……………… 128
吉田茂……………… 115	姜兴成…………… 121	金佛事件…………… 128
吉兴………………… 115	蒋百里…………… 121	金家巷……………… 128
吉长路……………… 115	蒋斌……………… 121	金奎璧……………… 128
汲金纯……………… 116	蒋鼎文…………… 122	金梁………………… 128
汲绍峰……………… 116	蒋方良…………… 122	金寿山……………… 129
汲绍纲……………… 116	蒋方震…………… 122	金万昌……………… 129
汲绍岚……………… 116	蒋光鼐…………… 122	金毓黻……………… 129
戢翼翘……………… 116	蒋介石…………… 123	金元静……………… 129
纪晓岚……………… 117	蒋经国…………… 124	金忠山……………… 130
济南事件…………… 117	蒋梦麟…………… 124	锦州中立区………… 130
加拉罕……………… 117	蒋铭三…………… 125	瑾妃………………… 130
加伦………………… 118	蒋廷黻…………… 125	近卫文麿…………… 130
甲案、乙案………… 118	蒋纬国…………… 125	靳云鹏……………… 130
江藤丰二…………… 118	蒋先云…………… 126	京汉铁路…………… 131
江海潮……………… 118	蒋永敬…………… 126	经亨颐……………… 131
江青………………… 118	蒋作宾…………… 126	"九一八"事变…… 131
江朽………………… 119	交通系…………… 127	居亦侨……………… 132
江惟仁……………… 119	焦秉贞…………… 127	军统局……………… 132
江雄风……………… 119	焦绩华…………… 127	军政部……………… 132
姜保华……………… 120		

K

卡拉汉……………… 133	开封战役………… 133	凯歌堂……………… 133

阚朝玺 …………… 133	抗日先锋总队 ……… 135	孔令杰 …………… 136
康克清 …………… 133	克林顿，威廉·	孔令侃 …………… 136
康生 ……………… 134	杰斐逊 ………… 135	孔祥熙 …………… 137
康熙 ……………… 134	孔从洲 …………… 136	孔庸之 …………… 137
康有为 …………… 134	孔二小姐 ………… 136	孔昭焱 …………… 137
康泽 ……………… 135	孔令伟 …………… 136	宽城子事件 ……… 138
抗日同志会 ……… 135		

L

拉铁摩尔，欧文 …… 139	李璜 ……………… 146	李振远 …………… 153
赖恺元 …………… 139	李基鸿 …………… 146	李震元 …………… 153
蓝妮 ……………… 139	李济深 …………… 147	李志刚 …………… 153
蓝普森 …………… 139	李景林 …………… 147	李壮飞 …………… 153
蓝天蔚 …………… 140	李俊卿 …………… 147	李自成 …………… 154
蓝衣社 …………… 140	李克农 …………… 147	李宗仁 …………… 154
乐五爷 …………… 140	李乐滨 …………… 148	《历史》月刊 …… 154
雷根 ……………… 140	李烈钧 …………… 148	栗又文 …………… 154
黎安友 …………… 141	李润青 …………… 148	《联合报》 ……… 155
黎天才 …………… 141	李石曾 …………… 148	《联合文学》 …… 155
黎元洪 …………… 141	李世民 …………… 149	梁竟纯 …………… 155
李敖 ……………… 141	李寿山 …………… 149	梁启超 …………… 155
李宝春 …………… 142	李树藩 …………… 149	梁士诒 …………… 155
李闯王 …………… 142	李万春 …………… 149	梁忠甲 …………… 156
李大爷 …………… 142	李维城 …………… 149	廖弼臣 …………… 156
李大钊 …………… 142	李维诺夫 ………… 150	列宁 ……………… 156
李德明 …………… 143	李文范 …………… 150	林白水 …………… 156
李德全 …………… 143	李希泌 …………… 150	林彪 ……………… 157
李登辉 …………… 143	李兴中 …………… 151	林久治郎 ………… 157
李杜 ……………… 143	李荫波 …………… 151	林肯 ……………… 157
李顿 ……………… 144	李荫春 …………… 151	林权助 …………… 158
李顿调查团 ……… 144	李银莲 …………… 151	林森 ……………… 158
李福和 …………… 144	李英夫 …………… 151	林洋港 …………… 158
李根源 …………… 145	李宇清 …………… 152	林长民 …………… 158
李桂林 …………… 145	李雨农 …………… 152	林祖涵 …………… 159
李汉魂 …………… 145	李长泰 …………… 153	凌冰 ……………… 159
李焕 ……………… 145	李振唐 …………… 153	凌霄 ……………… 159

刘宝全 …… 160	刘尚清 …… 167	鲁穆庭 …… 174
刘备 …… 160	刘寿明 …… 167	鲁迅 …… 175
刘伯涵 …… 160	刘维勇 …… 167	陆军 …… 175
刘春烺 …… 160	刘伟 …… 167	陆小曼 …… 175
刘春霖 …… 161	刘文岛 …… 168	陆宗舆 …… 175
刘鼎 …… 161	刘香九 …… 168	鹿钟麟 …… 176
刘多荃 …… 161	刘湘 …… 168	路易·艾黎 …… 176
刘斐 …… 162	刘心皇 …… 168	栾贵田 …… 177
刘辅廷 …… 162	刘乙光 …… 169	伦纳德，R. …… 177
刘冠雄 …… 162	刘翼飞 …… 169	罗承维 …… 177
刘桂五 …… 162	刘哲 …… 169	罗启 …… 177
刘海山 …… 163	刘珍年 …… 169	罗瑞卿 …… 177
刘汉玉 …… 163	刘峙 …… 170	罗斯福，富兰克林·
刘翰东 …… 163	刘忠干 …… 170	德拉诺 …… 178
刘黑七 …… 163	刘子丹 …… 171	罗文干 …… 178
刘鸿声 …… 164	刘祖舜 …… 171	罗振玉 …… 179
刘家鸾 …… 164	柳条湖事件 …… 171	罗宗宪 …… 179
刘澜波 …… 164	"六一"事变 …… 172	罗祖光 …… 179
刘朗川 …… 165	卢夫人 …… 172	洛川会谈 …… 179
刘鸣九 …… 165	卢广绩 …… 172	洛甫 …… 179
刘墨林 …… 165	卢木斋 …… 172	骆宾王 …… 179
刘乃昌 …… 165	卢其沃 …… 173	落合谦太郎 …… 180
刘培植 …… 165	卢寿萱 …… 173	吕布 …… 180
刘佩苇 …… 166	卢斯基金 …… 173	吕超 …… 180
刘启文 …… 166	卢小嘉 …… 173	吕后 …… 180
刘荣绂 …… 166	卢永贵 …… 173	吕荣寰 …… 180
刘瑞恒 …… 166	卢永祥 …… 174	吕正操 …… 181
刘润川 …… 166	卢作孚 …… 174	

M

马步芳 …… 182	马翰荣 …… 183	马绍周 …… 185
马步青 …… 182	马鸿宾 …… 183	马谡 …… 185
马超俊 …… 182	马鸿逵 …… 184	马廷福 …… 186
马丁·路德 …… 183	马君武 …… 184	马廷福事件 …… 186
马夫人 …… 183	马连良 …… 185	马万珍 …… 186
马福祥 …… 183	马培清 …… 185	马歇尔 …… 186

马育英 …… 187	毛庆祥 …… 190	苗剑秋 …… 194
马月清 …… 187	毛人凤 …… 191	民政党 …… 195
马占山 …… 187	毛泽东 …… 191	闽变 …… 195
马兆琦 …… 187	茂宸 …… 192	《明儒学案》 …… 195
马仲英 …… 188	梅兰芳 …… 192	缪澂流 …… 195
麦克阿瑟， 道格拉斯 …… 188	美联社 …… 192	莫德惠 …… 196
麦克唐纳，拉姆赛 …… 188	门炳岳 …… 192	墨索里尼， 贝尼托 …… 196
满蒙铁路计划 …… 189	门致中 …… 193	墨索里尼小姐 …… 196
《满蒙新五路协约》 …… 189	孟恩远 …… 193	牟中珩 …… 197
	孟禄 …… 193	木村兵次郎 …… 197
满洲国 …… 190	米春霖 …… 194	穆春 …… 197
毛邦初 …… 190	米勒 …… 194	穆纯昌 …… 197
	苗诚实 …… 194	

N

乃木希典 …… 198	尼克松 …… 199	聂士成 …… 201
南京事变 …… 198	倪斐君 …… 200	宁恩承 …… 201
南口大战 …… 198	倪桂珍 …… 200	牛元峰 …… 201
南满铁路 …… 199	倪嗣冲 …… 200	努尔哈赤 …… 202
南满洲铁道株式会社 …… 199	年羹尧 …… 200	诺那呼图克图 …… 202
	聂恒裕 …… 201	

P

帕克 …… 203	彭德怀 …… 204	溥杰 …… 206
潘复 …… 203	彭济群 …… 205	溥儒 …… 206
潘汉年 …… 203	彭寿莘 …… 205	溥伟 …… 206
潘文郁 …… 203	鹏飞 …… 205	溥心畬 …… 207
庞炳勋 …… 204	朴炳珊 …… 205	溥仪 …… 207
彭贤 …… 204	普赖德，约瑟夫 …… 206	

Q

七君子 …… 208	齐亚诺， 加莱阿佐 …… 209	钱宗泽 …… 210
七总裁 …… 208	钱大钧 …… 210	乾隆 …… 211
齐白石 …… 208	钱复 …… 210	乔方 …… 211
齐世英 …… 209	钱煦 …… 210	巧电 …… 211
齐燮元 …… 209		秦诚至 …… 211

秦德纯 …… 211	青年党 …… 212	邱秀虎 …… 214
秦皇岛劫械 …… 212	请缨抗敌书 …… 213	裘盛戎 …… 214
秦靖宇 …… 212	庆亲王 …… 213	仇十洲 …… 214
秦真次 …… 212	邱立亭 …… 214	群山俱乐部 …… 214

R

饶汉祥 …… 215	荣剑臣 …… 215	荣子恒 …… 216
任狄生 …… 215	荣臻 …… 216	容闳 …… 216
日俄战争 …… 215		

S

赛金花 …… 217	申伯纯 …… 224	寿懿 …… 231
三、四方面军 …… 217	沈克 …… 224	顺承王府 …… 231
三江口之战 …… 217	沈鸿烈 …… 225	顺治皇帝 …… 232
三角讨赤联合 …… 217	沈钧儒 …… 225	司督阁 …… 232
三角同盟 …… 218	沈克非 …… 226	司马桑敦 …… 232
三畲堂 …… 218	沈叔明 …… 226	司徒雷登 …… 232
三位一体 …… 219	沈云龙 …… 226	斯大林 …… 233
沙顿 …… 219	沈振荣 …… 226	斯诺，埃德加 …… 233
山木条太郎 …… 219	沈周 …… 226	四库全书 …… 234
山本五十六 …… 219	沈祖同 …… 227	"四人帮" …… 234
山海关战役 …… 220	沈醉 …… 227	松井七夫 …… 234
山下奉文 …… 220	盛恩颐 …… 227	松井石根 …… 234
商同昌 …… 220	《盛京时报》 …… 227	宋霭龄 …… 235
商震 …… 220	盛世才 …… 228	宋楚瑜 …… 235
上蔡战役 …… 221	盛宣怀 …… 228	宋徽宗 …… 235
上官婉儿 …… 221	施肇基 …… 228	宋黎 …… 235
上海新闻报 …… 221	十三太保 …… 229	宋美龄 …… 236
上原勇作 …… 221	石达开 …… 229	宋庆 …… 236
尚小云 …… 222	石世安 …… 229	宋庆龄 …… 237
邵力子 …… 222	石涛 …… 229	《宋儒学案》 …… 237
邵飘萍 …… 223	石文华 …… 230	宋式善 …… 237
邵文凯 …… 223	石友三 …… 230	宋太宗 …… 237
邵玉铭 …… 223	史良 …… 230	宋文林 …… 238
邵元冲 …… 223	士官派 …… 231	宋文梅 …… 238
《申报》 …… 224	寿夫人 …… 231	宋希濂 …… 238

宋心濂 …… 239	《中国与俄共三十年经历纪要》 …… 242	孙立人 …… 244
宋耀如 …… 239		孙连仲 …… 245
宋长志 …… 239	苏全斌 …… 242	孙烈臣 …… 245
宋哲元 …… 240	孙宝琦 …… 242	孙美瑶 …… 246
宋子安 …… 240	孙传芳 …… 243	孙美珠 …… 246
宋子良 …… 240	孙德荃 …… 243	孙铭九 …… 246
宋子文 …… 240	孙德山 …… 243	孙旭昌 …… 246
搜查苏联驻哈尔滨领事馆 …… 241	孙殿英 …… 243	孙岳 …… 247
	孙凤鸣 …… 243	孙运璇 …… 247
苏炳文 …… 241	孙科 …… 244	孙震 …… 247
苏德臣 …… 242	孙魁元 …… 244	孙中山 …… 247
《苏俄在中国——		

T

台静农 …… 249	唐明皇 …… 252	田得胜 …… 255
太平洋战争 …… 249	唐瑞符 …… 253	田纪云 …… 255
《泰晤士报》 …… 249	唐绍仪 …… 253	田亚赟 …… 256
谭富英 …… 249	唐生智 …… 253	田雨时 …… 256
谭海 …… 250	唐石霞 …… 253	田玉本 …… 256
谭鑫培 …… 250	唐述吉 …… 254	田泽民 …… 256
谭延闿 …… 250	唐舜君 …… 254	田中义一 …… 256
檀自新 …… 250	唐振海 …… 254	町野武马 …… 256
汤恩伯 …… 251	陶菊隐 …… 254	同泽中学 …… 257
汤国祯 …… 251	陶克陶胡 …… 254	头山满 …… 257
汤玉麟 …… 251	陶历卿 …… 254	土肥原贤二 …… 257
唐继尧 …… 251	陶鹏飞 …… 255	土木系 …… 258
唐君武 …… 252	陶尚铭 …… 255	屯垦军 …… 258
唐君尧 …… 252	陶允恭 …… 255	托派 …… 258
唐奎斌 …… 252		

W

皖系军阀 …… 259	汪精卫 …… 261	王炳南 …… 262
万宝山事件 …… 259	汪日章 …… 261	王伯群 …… 263
万福麟 …… 260	汪瑢 …… 262	王承斌 …… 263
万耀煌 …… 260	汪树屏 …… 262	王承志 …… 263
汪锋 …… 260	王必成 …… 262	王宠惠 …… 263

王尔烈 …… 264	王锡昌 …… 272	温哈熊 …… 281
王尔瞻 …… 264	王羲之 …… 272	文强 …… 282
王奉瑞 …… 264	王献之 …… 272	文溯阁 …… 282
王福时 …… 264	王协一 …… 273	文徵明 …… 282
王庚 …… 264	王新衡 …… 273	翁照垣 …… 282
王广圻 …… 265	王亚樵 …… 273	吴达铨 …… 282
王国识 …… 265	王阳明 …… 273	吴大猷 …… 283
王翰臣 …… 265	王瑶卿 …… 274	吴鼎昌 …… 283
王和华 …… 265	王一方 …… 274	吴光新 …… 283
王化一 …… 266	王以哲 …… 274	吴国桢 …… 284
王季迁 …… 266	王永江 …… 274	吴翰涛 …… 284
王家襄 …… 266	王永清 …… 275	吴焕章 …… 284
王家桢 …… 266	王永庆 …… 275	吴家象 …… 284
王景春 …… 267	王永胜 …… 275	吴景濂 …… 285
王景元 …… 267	王玉瓒 …… 275	吴俊陞 …… 285
王菊人 …… 267	王芸生 …… 276	吴可读 …… 285
王恺运 …… 267	王允 …… 276	吴克仁 …… 286
王蓝 …… 267	王占元 …… 276	吴妈 …… 286
王麟阁 …… 268	王肇治 …… 277	吴梅村 …… 286
王莽 …… 268	王震南 …… 277	吴佩孚 …… 286
土明 …… 268	王正黼 …… 277	吴三桂 …… 287
王奇峰 …… 268	王正廷 …… 278	吴石 …… 287
王曲军官学校 …… 269	王志军 …… 278	吴松林 …… 288
王汝梅 …… 269	王中立 …… 278	吴嵩庆 …… 288
王绍云 …… 269	王仲昇 …… 278	吴泰勋 …… 288
王石谷 …… 269	王卓然 …… 279	吴铁城 …… 288
王世杰 …… 269	王宗承 …… 279	吴桐岗 …… 289
王世隆 …… 270	威尔逊，伍德罗 …… 279	吴相湘 …… 289
王式九 …… 270	韦静斋 …… 280	吴兴权 …… 289
王叔铭 …… 270	韦慕廷 …… 280	吴稚晖 …… 289
王树常 …… 270	卫立煌 …… 280	吴子玉 …… 290
王树翰 …… 271	魏道明 …… 280	"五卅"惨案 …… 290
王惕吾 …… 271	魏怀 …… 280	"五一五"事件 …… 290
王铁汉 …… 271	魏喜奎 …… 281	五姨母 …… 290
王维新 …… 272	魏益三 …… 281	五祖 …… 290
王维宙 …… 272	魏徵 …… 281	伍朝枢 …… 290

伍廷芳 …… 291	武藤章 …… 291	武则天 …… 292
武三思 …… 291		

X

《西安半月记》 …… 293	筱翠花 …… 298	徐启东 …… 303
西安事变 …… 293	孝庄文皇后 …… 298	徐谦 …… 303
《西安事变半月记》 …… 293	谢葆真 …… 298	徐世昌 …… 303
	谢东闵 …… 298	徐世英 …… 303
西京日报 …… 294	谢刚铮 …… 298	徐树铮 …… 303
西山会议 …… 294	谢晋生 …… 299	徐向前 …… 304
西园寺公望 …… 294	谢珂 …… 299	徐旭东 …… 304
希特勒 …… 294	谢无量 …… 299	徐永昌 …… 304
郗恩绥 …… 295	谢绪哲 …… 300	徐永和 …… 305
熙洽 …… 295	新罗山人 …… 300	徐有庠 …… 305
袭贝勒 …… 295	邢占清 …… 300	徐元浩 …… 305
铣电 …… 295	熊式辉 …… 300	徐源泉 …… 305
夏博泉 …… 296	熊希龄 …… 300	徐增善 …… 306
夏鹤一 …… 296	熊向晖 …… 301	徐志摩 …… 306
项羽 …… 296	熊正平 …… 301	许夫人 …… 306
萧何 …… 296	熊仲青 …… 301	许建国 …… 306
萧其煊 …… 297	徐道邻 …… 301	许经纬 …… 306
萧乾 …… 297	徐方 …… 302	许兰洲 …… 306
萧作霖 …… 297	徐海东 …… 302	许世英 …… 307
小六子 …… 297	徐景隆 …… 302	许澍旸 …… 307
小罗弟 …… 298	徐良 …… 302	许颖 …… 307

Y

延川贾家坪会议 …… 308	阎玉衡 …… 310	杨大夫 …… 312
严家淦 …… 308	颜惠庆 …… 310	杨帆 …… 312
严幼韵 …… 308	颜文海 …… 310	杨光洰 …… 313
言菊朋 …… 308	艳晚事件 …… 311	杨贵妃 …… 313
阎百川 …… 309	晏道刚 …… 311	杨国忠 …… 313
阎宝航 …… 309	晏勋甫 …… 311	杨鸿基 …… 313
阎明复 …… 309	杨宝森 …… 312	杨虎城 …… 314
阎明光 …… 309	杨垛 …… 312	杨景镇 …… 314
阎锡山 …… 310	杨常事件 …… 312	杨奎松 …… 314

杨森……315	仪峨诚也……321	于珍……327
杨小楼……315	义和团……321	于芷山……328
杨永泰……315	《义勇军进行曲》……322	余汉谋……328
杨宇霆……316	奕䜣……322	余日章……328
杨玉勋……316	《益世报》……322	余叔岩……329
杨云史……316	毅军……323	鱼电……329
杨增新……317	应振复……323	俞振飞……329
杨拯民……317	榆关事件……323	宇田福玉……330
杨正治……317	于凤至……324	袁方乔……330
姚东藩……318	于奉林……324	袁金铠……330
叶弼亮……318	于衡……325	袁克定……330
叶楚伧……318	于锦文……325	袁克文……331
叶公超……319	于世元……325	袁世凯……331
叶恭绰……319	于文斗……325	袁项城……332
叶剑英……319	于学忠……325	袁祖宪……332
叶盛兰……320	于一凡……326	原田熊雄……332
叶誉虎……320	于毅夫……326	苑崇古……332
"一·二八"事变……320	于右任……327	恽南田……332
伊雅格……321	于兆麟……327	

Z

载沣……333	张伯苓……337	张海鹏……340
臧启芳……333	张诚德……337	张赫炎……340
臧式毅……333	张从善……337	张怀敏……340
曾宝荪……334	张从云……337	张怀卿……340
曾广麟……334	张大钧……337	张怀瞳……340
曾国藩……334	张大千……337	张怀曦……341
曾扩情……334	张德良……338	张焕相……341
曾显华……335	张殿九……338	张季鸾……341
曾毓隽……335	张发奎……338	张继……341
曾约农……335	张钫……338	张继正……342
增祺……335	张飞……339	张嘉璈……342
翟文选……336	张福宝……339	张謇……342
詹森，纳尔逊……336	张福山……339	张金相……342
张宝顺……336	张冠英……339	张景惠……343
张伯驹……336	张国焘……339	张静江……343

张俊卿……343	张学曾……351	彰德战役……361
张魁堂……343	张学成……351	昭和天皇……361
张良……343	张学浚……351	赵春桂……362
张闾娥……344	张学铭……351	赵丹……362
张闾琳……344	张学思……352	赵登禹……362
张闾琪……344	张学文……352	赵尔巽……363
张闾珣……344	张学英……352	赵鸿翥……363
张闾瑛……344	张勋……353	赵家骧……363
张闾玗……344	张严佛……353	赵聚钰……363
张梦潮……344	张挹兰……353	赵氏……364
张梦生……345	张逸春……354	赵世辉……364
张明镐……345	张毅庵……354	赵寿山……364
张默君……345	张友坤……354	赵侗……364
张慕陶……345	张有才……354	赵维祯……365
张溥泉……346	张雨帅……354	赵武灵王……365
张潜……346	张雨亭……354	赵锡庆……365
张潜华……346	张裕钊……354	赵兴德……365
张群……346	张岳军……354	赵毅……365
张榕……347	张兆麐……355	赵毓麟……366
张儒彬……347	张振鹭……355	赵芷香……366
张汝舟……347	张政枋……355	珍妃……366
张士贤……347	张之江……355	真电……366
张式纶……347	张志忻……356	镇威军……367
张首芳……348	张质彬……356	征蒙之役……367
张寿臣……348	张治公……356	正德皇帝……367
张树森……348	张治中……356	证严法师……367
张思恭……348	张紫云……357	郑介民……367
张素我……348	张自忠……357	郑培元……368
张廷枢……349	张宗昌……357	郑谦……368
张维清……349	张作霖……358	郑毓秀……368
张伟斌……349	张作相……359	郑泽生……368
张文清……349	张作舟……360	政学系……368
张闻天……350	章太炎……360	政友会……369
张锡銮……350	章文晋……360	直奉战争……369
张孝若……350	章孝慈……360	直鲁联军……369
张啸林……351	章孝严……361	直鲁豫巡阅使……370

直皖战争 …… 370	周恩来 …… 375	朱光沐 …… 381
直系军阀 …… 370	周佛海 …… 376	朱海北 …… 381
中村事件 …… 371	周福成 …… 376	朱鸿勋 …… 381
中村震太郎 …… 371	周公 …… 377	朱惠荣 …… 381
中东路事件 …… 371	周光烈 …… 377	朱季卿 …… 382
中东铁路 …… 372	周鲸文 …… 377	朱家骅 …… 382
中东铁路事件 …… 372	周联华 …… 378	朱培德 …… 382
中共"抗日救国十大纲领" …… 372	周濂 …… 378	朱启钤 …… 383
	周念行 …… 378	朱绍良 …… 383
中国民主社会党 …… 373	周培炳 …… 379	朱元璋 …… 383
《中国时报》 …… 373	周伟芳 …… 379	朱之荣 …… 384
中统局 …… 373	周文章 …… 379	朱子桥 …… 384
中央军 …… 374	周学熙 …… 379	诸葛亮 …… 384
《中央日报》 …… 374	周亚卫 …… 379	涿州之战 …… 384
中原大战 …… 374	周一志 …… 380	邹念之 …… 385
钟三爷 …… 375	周毅 …… 380	邹子芳 …… 385
周宝荃 …… 375	周瑜 …… 380	邹作华 …… 385
周春晖 …… 375	周祖尧 …… 380	左舜生 …… 386
周从政 …… 375	朱德 …… 380	佐藤安之助 …… 386
周大文 …… 375		

注释/索引

A

阿士德（Hon Willian Waldaef Astor，生卒年不详） 英国人，国联李顿调查团团长李顿的机要秘书，张学良的朋友。曾将李顿调查团"九一八"事变的调查报告透露给张学良。

【二十四】8；【四十三】3；【五十一】9

埃达·墨索里尼（1910—1995） 贝尼托·墨索里尼的女儿，1930年嫁给齐亚诺伯爵，生有3个孩子。据说曾对张学良一见钟情。20世纪30年代末开始和她丈夫齐亚诺伯爵分居，1941年在意大利做护士，1943年同她丈夫和好，她父亲被推翻后在德国的支持下逃往巴伐利亚，将孩子们送到瑞士，试图营救她丈夫。在齐亚诺被处决后逃到瑞士。1946年返回意大利，被短时间关押在利帕里岛上。后要求归还家庭财产，取得部分的成功，不从事政治活动。

【四】12；【五】18；【十六】6；【二十四】8；【二十五】8；【三十八】6；【四十】2；【五十二】8；【五十五】8、9

艾森豪威尔（Dwight David Eisenhower，1890—1969） 美国第三十四任总统。生于得克萨斯州。1915年毕业于西点军校。第一次世界大战期间在国内服役。后入指挥与参谋学校和陆军军事学院深造。1933年任陆军参谋长麦克阿瑟的副官。1935年前往菲律宾，帮助组建菲律宾军队。1939年第二次世界大战爆发后回国，历任营长、师参谋长、军参谋长、集团军参谋长。太平洋战争爆发后任陆军参谋部作战计划处副处长、处长，作战处处长。1942年6月任欧洲战区美军司令，11月任北非远征军总司令。1943年2月任地中海战区盟军总司令，12月任盟国欧洲远征军最高司令。战绩卓著，为反法西斯战争的胜利做出重要贡献。1943年12月晋升陆军五星上将。1945年7月任美国驻德国占领军总司令，12月任美国陆军参谋长。1948年5月退役后任哥伦比亚大学校长。1950年再次服现役，任北大西洋条约组织武装力量最高司令。1952年11月当选为美国总统，1957年1月连任。1961年离任。1969年3月28日，卒于华盛顿特区。

【二十三】1、2、4

爱德华八世（Edward VIII，1894—1972） 英国国王，后为温莎公爵。全名爱德华·阿尔伯特·克里斯蒂安·乔治·安德鲁·帕特里克·大卫（Edward Albert Christian George Andrew Patrick David）。1936年1月20日其父乔治五世驾崩后继位，是温莎王朝的第二位国王。继位后，他要迎娶辛普森夫人，受到政府、自治领政府、人民和教会普遍反对，引发英国的宪政危机。1936年12月11日他选择退位，成为英国和英联邦历史上唯一自动退位的国王。1937年5月8日，头衔改为温莎公爵。二战期间，作为英国军事代表常驻法国，在被指控同情纳粹后，到巴哈马担任总督。战后，退休度过余生。后世人在提及"不爱江山爱美人"时，往往联想到温莎公爵的爱情故事。

【二十九】10

安定远（生卒年不详） 东北讲武堂第八期毕业，1928年11月任东北军通信大队通信第四队队长。

【二十三】7

安福系 北洋军阀时期依附于皖系军阀的官僚政客集团。因其成立及活动地点在北京宣武门内安福胡同，故名。1916年，皖系军阀首领段祺瑞出任国务总理后，为了排斥异己，推行"武力统一"，指使其亲信徐树铮组织自己的政客集团。1918年3月，在徐树铮的策划下，王揖唐、王印川、光云锦等皖系政客在安福胡同成立安福俱乐部，为该系形成肇始。徐树铮、王揖唐是核心人物。从成立到1920年直皖战争皖系失败止，该系作为皖系军阀左右北方政局的政治力量在政界颇为活跃。在1918年8月，安福系以非法手段操纵国会选举，因而这届国会被称为安福国会。后徐世昌就任大总统，段祺瑞被免总理职，皖系军阀仍通过安福系成员在参、众两院的多数议席左右北京政府。1920年直皖战争后，直系军阀控制下的北京政府下令解散安福俱乐部，通缉徐树铮等首要分子。但安福系势力仍然存在。直到段祺瑞1926年4月彻底垮台，安福系始告解体。

【二十七】4

安国军 1926年11月奉系军阀部队与直系军阀部队联合后的称号。1926年初，奉系与直系重新联合，夹击冯玉祥的国民军。同年11月，为阻止国民革命军北伐，张作霖自称为"安国军总司令"，并推孙传芳、张宗昌等为副司令，将所属奉系及其北方势力范围内的军队均改称"安国军"，并于1927年组成"安国军大元帅府"，张作霖就任"中华民国陆海军大元帅"，组织安国军政府，与南京国民党政府对抗。1928年6月，北伐军进逼京、津，张作霖败退出关，在沈阳近郊的皇姑屯被日本关东军炸死，之后安国军解体。

【二十四】1；【三十一】4、6；【三十二】16

安禄山（703—757） 唐代安史之乱的祸首之一。营州（今辽宁朝阳）人。父亲是胡人，母亲是突厥人。原为商人，后步入军旅，颇得唐玄宗的青睐，身兼范阳、平卢、河东三节度使。天宝十四年（755 年），拥兵自重的安禄山，以清君侧为由发动叛乱，使大唐帝国开始走下坡路。天宝十五年（756 年），于洛阳自称雄武皇帝，国号大燕。757 年，被其子谋杀。

【三十九】8；【四十一】9、10；【五十二】7

安全局　即国家安全局，系台湾当局特工情报活动最高督导、协调机关。其主要职能是督导和协调国防部军事情报局、法务部调查局、国民党中央委员会大陆工作会、国际关系研究中心等各特务机关的特工情报、反间谍业务活动，以及它们与台湾警备总司令部、宪兵司令部、总政治作战部、"警政署"等治安单位有关业务活动的配合协调工作。该局成立于 1954 年 10 月，原隶属于国防会议。1967 年国防会议改为国家安全会议，国安局亦转隶国安会。其实，国安局直接受台湾军方的控制，工作人员以军人为主，也有一些警官参加。

【二十二】1、3

B

八项计划　指 1936 年 12 月 12 日,西安事变当天张学良和杨虎城等发表的通电,通电中提出了抗日救国八项主张。见**八项主张与五项要求**

【二十五】4;【二十七】5

八项主张与五项要求　各方为和平解决西安事变对蒋介石为代表的南京政府提出的主张和要求。西安事变当天,张学良与杨虎城发表通电提出:"西北军民一致主张如下:(1)改组南京政府,容纳各派共同负责救国;(2)停止一切内战;(3)立即释放上海被捕之爱国领袖;(4)释放全国一切政治犯;(5)开放民众爱国运动;(6)保障人民集会结社一切政治自由;(7)确实遵行总理遗嘱;(8)立即召开救国会议。"12 月 17 日周恩来到达西安,当夜致电毛泽东并中共中央:"我们商定条件:(1)停止内战,中央军全部开出潼关。(2)下令全国援绥抗日。(3)宋子文负责成立南京过渡政府,肃清一切亲日派。(4)成立抗日联军。(5)释放政治犯,实现民主,武装群众,开救国会议,先在西安开筹备会。"1937 年 2 月 9 日《中共中央给中国国民党三中全会电》中提出了五项要求:"(一)停止一切内战,集中国力,一致对外;(二)言论、集会、结社之自由,释放一切政治犯;(三)召集各党、各派、各界、各军的代表会议,集中全国人才,共同救国;(四)迅速完成对日抗战之一切准备工作;(五)改善人民的生活。"

【二十五】4;【二十六】14

巴顿(George Smith Patton,1885—1945)　全名乔治·史密斯·巴顿。美国陆军四星上将。生于加利福尼亚州的圣加布里埃尔,1909 年西点军校毕业后,即被派往美国陆军服役。第一次世界大战时曾参与西线作战。二战前夕曾在军事学院深造,潜心研究坦克。1943 年在突尼斯作战时,因以坦克快速插进攻占巴勒莫而名声远扬。二次世界大战后期,他作战勇猛顽强,重视坦克作用,强调快速进攻,有"热血铁胆"、"血胆老将"之称,1944 年还被任命为占领德国的美国第三集团军司令官。1945 年 12 月 21 日,遭车祸丧生。

【二十三】4

巴尔,朱力亚(Barr,?—1945)　美国飞行员。1926 年春,受张学良的聘请与赖顿和雷纳三人到沈阳协助筹建东北空军。后任张学良专机的驾驶员,也是教张学良开飞机的老师。此间他们与张结为很好的朋友。由于他们常到张府做客,和于凤至也熟悉。巴尔于 1937 年夏天回美国。1945 年,在波音公司 307 型超高空飞机首次试飞时不幸遇难。

【七】1;【二十五】13

巴黎和会 第一次世界大战结束后，美、英、法、意、日等27个战胜国于1919年1月18日至6月28日在巴黎召开的国际会议。主要任务是签订对德和约，确立战后世界新秩序。中国政府派陆徵祥、顾维钧、施肇基、魏宸组、王正廷为代表出席，向会议提出废除列强在华势力范围、撤退外国军警、裁撤外国邮局和无线电台、取消领事裁判权、归还租借地、归还租界、关税自主权等7项希望条件，并要求收回山东主权及废除"二十一条"。但和会除将山东问题列入议程外，否决了其他提案。4月30日，在日本压力下，和会同意将德国在山东的全部权利让与日本，并将其列入对德和约。中国在和会上的外交失败导致了五四运动的爆发，出席会议的中国代表亦因此拒绝在对德和约上签字。

【五】3

白崇禧（1893—1966） 字健生。广西桂林人。回族。国民党桂系首领之一。1916年保定陆军军官学校毕业后，任桂军连长、营长。1923年被孙中山任命为"广西讨贼军"参谋长。1924年任"定桂讨贼军"前敌总指挥兼参谋长，与黄绍竑、李宗仁合作结束旧军阀对广西的统治。1926年3月桂军改编为国民革命军第七军，任参谋长。北伐战争开始后，任国民革命军总司令部参谋次长代理参谋长。1927年1月任东路军前敌总指挥；3月兼任上海警备司令，参与策划和发动"四一二"反革命政变；10月任西征军第三路前敌总指挥。1928年5月任第四集团军前敌总指挥，参加第二期北伐，率部攻至山海关。之后参与1929年蒋桂战争、1930年中原大战等桂系和蒋介石的多次军事对抗。1932年4月任广西绥靖公署副主任兼民团司令，与李宗仁长期主政广西。1936年5月，李、白联合陈济棠，发动两广事变反蒋，至8月李、白宣布与蒋介石和解。1937年抗战爆发后，历任军事委员会副总参谋长、代理第五战区司令长官、桂林行营主任等，参与指挥了台儿庄会战、武汉保卫战、桂南会战等战役。1945年10月晋陆军一级上将。1946年5月任国防部部长，积极执行蒋介石的内战政策。1948年5月后任战略顾问委员会主任委员兼华中"剿总"总司令，华中军政长官。1949年所部被解放军歼灭，12月去台湾。1966年12月在台北去世。

【九】6；【十七】3；【十九】4；【二十一】11；【二十四】4；【二十六】8、10；【三十二】2、18；【三十三】2；【四十二】4；【四十九】6；【五十】10；【五十四】9；【五十五】4；【五十六】9、12

白川义则（1869—1932） 日本大正时代的陆军大将。出生于日本爱媛县。1890年毕业于陆军士官学校第一期步兵科，与宇垣一成和铃木庄六并称为"陆士一期三杰"。1898年毕业于陆军大学校第十二期。先后参加过甲午中日战争和日俄战争。1923年任关东军司令官，1927年在担任田中内阁陆军大臣期间对制造皇姑屯事件的河本大作持保护态度。1931年"九一八"事变后，积极策划侵略华东，1932年任上海方面日军司令官，发动"一·二八"事变侵占上海。4月

29 日在上海虹口公园举行日本天皇诞辰纪念典礼时,被朝鲜爱国者尹奉吉投弹炸死。死后被日本政府追授勋一等旭日桐花大绶章,并封男爵。

【二十一】3

白俄　指俄国十月革命后、二次世界大战前流亡各国的俄罗斯人,又名"白卫分子",通称"白俄"。最初人数达 250 万,20 世纪 20—30 年代尚有 70—100 万人。这些人大量定居德国、法国和巴尔干地区,亦有不少在波兰、保加利亚、中国和美国等国,其中流落中国的白俄多分布在上海和东北等地。白俄大多曾是国内的剥削阶级,十月革命的爆发后因反对苏维埃新生政权而出走,其中也有少批难民。大一部分白俄曾加入反苏组织,与帝国主义勾结从事反苏活动。1921 年 11 月全俄中央执行委员会发出赦免令,除了极少数罪大恶极的反革命分子外,大多数下级士兵由苏维埃政府诏令回国。1945 年二战结束后,许多人重新加入苏联籍。

【三】7、8;【五】7;【二十六】4;【三十三】9;【四十一】10;【四十四】7

白凤翔(1897—1942)　字瑞麟。河北围场人。早年家贫,从事耕牧、贩盐。后在赤峰、围场一带当土匪。1928 年率部投奔奉军,其部被改编为骑兵第六旅,任旅长,1930 年随张学良入关驻防保定。1934 年其部改为骑兵第六师,任师长。夏赴庐山受训,蒋介石以金钱离间他与张学良的关系,他不为所动。1935 年,率部开往陕西、甘肃,参与"围剿"红军。西安事变时,奉张学良派遣,指挥本部和张学良卫队营孙铭九部直冲华清池,他的部下刘桂五在骊山半山腰抓住蒋介石,顺利完成任务,受到张学良嘉奖。张学良被蒋扣押后,他被免职,闲居北平。抗战爆发后,组织热河抗日先遣军,自任总司令。1939 年,在与日军战斗弹尽援绝之际,接受伪蒙军劝降,出任"东亚同盟军"总司令。1941 年太平洋战争爆发后,企图反正,因事机泄漏,被日军派去的日本医生毒死。

【二十三】6、7、9、11、12;【二十五】4;【二十六】12、13;【二十八】1

白居易(772—846)　唐代中期著名诗人。字乐天,晚年号香山居士。其祖先太原(今属山西省)人,后迁居下邽(今陕西省渭南市东北下吉镇)。贞元时中进士,授秘书省校书郎,元和间任左拾遗及左赞善大夫,后因得罪权贵贬为江州司马。晚年曾任杭州刺史、苏州刺史、太子少傅、刑部尚书等职。在文学上,倡导新乐府运动。《秦中吟》、《新乐府》等早期讽喻诗,广泛尖锐揭露了政治上的黑暗现象,反映了人民的痛苦生活;晚期作品有意志消沉、脱离现实的倾向。长篇叙事诗《长恨歌》、《琵琶行》,亦很有名。其诗因文字通俗易懂,流传较广。

【二十九】14;【四十一】9;【五十二】7

白狼(1873—1914)　亦称白郎、白朗,字明心,河南宝丰人。北洋军阀统治时期著名的农民起义军领袖。1912年聚合豫西农民武装起义，反对袁世凯军阀统治。1913年4月，攻克河南禹县，提出"打富济贫"口号，后进军豫、鄂、皖边境，队伍扩展为数万人。"二次革命"时，革命党人委其为湘鄂豫三省联军先锋司令。1914年农民军改称"中华民国抚（扶）汉讨贼军"，提出"逐走袁世凯"等口号，严惩外国传教士，捣毁外国公司、洋行，引起帝国主义和袁世凯的极大恐慌。袁派北洋军对其实行四省会剿，起义军出走陕西、甘肃、四川，不久取道东下，攻克秦州，沿渭河回河南。因战士纷纷离队回乡，不复成军。1914年8月，带领百余人回宝丰，途径虎狼爬岭时被围，在战斗中牺牲，起义失败。白狼起义历时两年，纵横五省，攻克50多个县和多座城市，给北洋军阀和帝国主义以沉重打击。

【五十】9

白淑湘（1939—　）女，辽宁新宾县人，芭蕾舞演员，中国舞蹈家协会主席。13岁即因主演歌舞剧《小白兔》而获东北地区文艺会演表演奖。1954年考入北京舞蹈学校芭蕾专业。在中央芭蕾舞团初创时期，为该团的主演，1964年在中国芭蕾舞剧《红色娘子军》中扮演琼花。在演艺生涯中，成功塑造了许多重要的角色，为探索中国芭蕾舞学派积累了较丰富的经验。历任中国芭蕾舞学会副会长，中央芭蕾舞团副团长，第五、六、七届全国政协委员。其父白纯义是张学良的旧部。1993年10月8日，白淑湘到台湾，特意看望了张学良。

【四十四】1

白雪溜冰团　美国的一个演出团体。1962年4月1日，该团体赴台湾演出，时任"总政战部主任"的蒋经国给张学良打来电话，征询张学良对美国人的溜冰表演是否感兴趣，张学良表示了极大的兴趣，幽禁多年的张学良两次应邀同蒋经国观看演出。

【二十一】1

白永贞（1867—1944）字佩珩，辽宁辽阳人。光绪二十三年（1897）丁酉科拔贡。1905年废科举，兴学堂之后，热心兴学，历任启化学堂校董、劝学所总董、教育会副会长等职，因办学成绩突出，当选为省咨议局议员，后任海龙知府。民国初年，被张作霖延聘为帅府专馆教师，教授张学良。白学识渊博，精通国学，具有资产阶级思想，与张学良师生情谊笃厚，对少年张学良影响很大。1920年，受命组建奉天文学专门学校，任校长。1922年4月，以奉天省议会议长兼任东三省议会联合会会长。6月，曾任奉天省代理省长。1928年11月，奉天通志馆成立，东三省保安司令张学良兼任该馆总裁，白被延聘为馆长。日伪统治东北时期，拒绝与日本人合作。1935年后隐居深山。1944年病故。

【五】16；【三十一】13；【三十二】13；【四十一】5；【五十五】6、7

白玉麟（1898—1933） 字书春，辽宁辽阳人。白永贞（张学良的启蒙老师、原奉天省议会议长）之子。1920年毕业于东三省陆军讲武堂第一期步兵科。1931年任东北军陆军独立第十二旅六三五团团长。1933年3月11日在古北口抗战中牺牲。

【三十一】13

白玉霜（1907—1943） 原名李桂珍，又名李慧敏。河北滦县人。评剧表演艺术家。莲花落艺人李景春之女，幼年学习京韵大鼓，14岁改学评剧。曾先后在山东、京津和东北等地演唱，以演悲剧人物见长。善于吸收其他剧种的唱腔，对评剧剧目、演唱和表演艺术，均有所丰富和发展。有"评剧皇后"之称。表演细腻真切，善于表现人物感情，并根据自己的嗓音条件创造的唱腔，被称为"白派"。20世纪30年代与刘翠霞、爱莲君、喜彩莲并称评剧"四大名旦"。

【四十一】9

柏桂林（1894—1969） 字雪岩，满族。辽宁铁岭人。1914年，考入保定陆军军官学校第五期工兵科。1921年春进东三省陆军讲武堂。毕业后加入奉军。曾任工兵司令、东北军工处处长。"九一八"事变后离开军职。1932年应宋哲元之聘，指导修筑长城各防守工事。后赋闲在家。1949年后，曾在业余干部学校任教。1969年10月去世。

【二十三】7

板垣征四郎（1885—1948） 日本陆军大将、甲级战犯。日军少壮派军阀首领之一，一生主要从事对华侵略战争。生于岩手县，先后毕业于陆军士官学校和陆军大学。1924年任日本驻华公使馆武官辅助官。1929年任关东军司令部参谋，先后参与制造了"九一八"事变和伪满洲国，并任伪满军政部顾问。1936年升任关东军参谋长。1937年春任日军第五师团团长，指挥日军在华北作战。曾在扶植汪精卫傀儡政权中充当主谋。1938年5月任日本陆军大臣，积极主张扩大侵华战争，并制造张鼓峰事件和诺门罕事件。1939年9月又被派到中国任派遣军总参谋长，后相继调任朝鲜和新加坡任军司令官。日本战败投降后，被列为甲级战犯，1948年被远东国际军事法庭判处死刑。

【五十三】7

包瞎子（生卒年不详） 20世纪初，张作霖主政东北时沈阳著名的算命先生。张作霖每有不决之事，必找其占课问卜。

【三十一】17；【三十二】16；【三十五】12

宝振荣（生卒年不详） 原名鲍仲仁，蒙古族，热河克什克腾旗人。当地人称"鲍三爷"。原是本地大牧主，后与地方官不睦，将其打死，从此走上打家劫舍的土匪生涯，人称"荣三点"。主要活动在经棚、多伦、围场三角地带，所带队伍曾自称"天下第一军"，规模最大时发展到了千余人。宋哲元到热河后，命直隶督军褚玉璞将其收编，后被编入郑泽生部。1926年任冯玉祥国民军骑兵第十旅旅长。后被东北军收编，1928年8月任东北军暂编骑兵第一师第一旅旅长，曾参与中东路事件。

【二十三】6

保定军官学校　即保定陆军军官学校，简称保定军校。中国近代第一所正规陆军军校，黄埔军校诞生前中国最具影响力的军校。旧址位于今河北省保定市区东风东路。其前身为1903年2月成立的北洋陆军速成武备学堂和1906年成立的北洋陆军速成学堂、陆军预备大学堂。1912年，陆军预备大学堂迁往北京更名为陆军大学后，该年10月正式成立，至1923年8月停办。该校前后共办9期，毕业生6000余人。一般学制两年，分设步、骑、炮、工、辎五科。主要培养初级军官，学制课程等基本参照日本陆军士官学校，教官也以士官生居多。

【四】17；【七】21；【三十五】8；【五十六】6

保密局　国民党特务机构。其前身为国民政府军事委员会调查统计局（简称军统局）。1946年7月，军事委员会改组成国防部，军统局亦改为国防部保密局。其公开特务武装部分与军委会军令部二厅合并为国防部第二厅，由郑介民任厅长；秘密核心部分组成国防部保密局，毛人凤为局长。1955年，国民党情报机构改制，保密局改组为国防部情报局。

【一十一】3

鲍贵卿（1867—1934）　字廷九（霆九），辽宁海城（一说为大洼县）人。张学良称其为鲍大爷。19岁投身行伍，榆关武备学堂毕业，受到北洋首领段祺瑞的赏识，屡屡晋升，成为北洋军阀时期的重要人物。曾参与段祺瑞两次联合通电，敦请清廷变更政权与逼使清帝逊位。民初任职直隶、安徽的军事机关，陆军少将衔，民国二年补中将衔。张作霖就任奉天督军后，鲍因与张是同乡并有姻戚关系（早年鲍、张两家为邻，张幼时常由鲍母喂养。张发迹后，不忘喂乳之恩，将女儿张冠英嫁与鲍贵卿之子鲍育才），于1917年8月任黑龙江督军，同时升为陆军中将。后改任吉林督军，兼领中东铁路督办和中东铁路护路军总司令。因自恃有功，盛气凌人，引起张作霖不满，1924年被免职。1927年张作霖就任陆海军大元帅组织军政府后，一度又得到任用，先后担任军事顾问、故宫博物院管理委员会委员，审计院长。皇姑屯事件后，退隐津门。1932年病逝于北京。

【二十一】6；【四十八】3；【五十】4

鲍惠尔（John B Powell，1888—1947）　全名约翰·本杰明·鲍惠尔。美国报人。曾在1917年在上海协助筹办《密勒氏评论报》，并于5年后任主编。共在华达 25 年。1936 年，该报发表了埃德加·斯诺《西行漫记》。

【三十二】14、17

鲍文樾（1892—1980） 字志一，满族，辽宁凤城县人。陆军大学毕业后，在奉军第二十六旅任中校参谋。被当时的旅长张学良、郭松龄选中，提升为上校参谋。1924 年参加第二次奉直战期间，任中将参谋长。1928 年冬东北军缩编，调任东北讲武堂教育长。1930 年冬任哈尔滨特别区警务处长。1933 年初长城抗战开始不久，任北平军事委员会分会办公厅主任，积极支持东北军抗日。西安事变时，是捉蒋的主要参与者之一。张学良被软禁后，鲍多方营救，曾到溪口探望张学良，并到奉化面见蒋介石劝蒋放张，遭蒋拒绝后，由西安转回北平，闭门不出。1937 年，日军攻占北平，鲍避难上海。1939 年后加入汪伪政权，历任伪军事委员会总参谋长兼华北委员，伪河南省省长，代理军政部长等。日本投降后，被逮捕，并被判处死刑。由傅作义以身家性命担保，向蒋介石求情，改判无期徒刑。1946 年后被押往台湾。1975 年获释，1980 年在台北去世。

【四】7；【二十四】8；【二十八】3

鲍毓麟（1897—1995） 字书徵，辽宁海城人，鲍贵卿之侄。1918 年毕业于东三省讲武堂，后入奉军。历任吉林督军公署副官，吉林步兵补充团第二营营长，剿匪军第一路军第二营营长，吉林陆军混成第六旅步兵二团三营营长，东三省保安总司令部少校副官，吉林山村游击队第一大队长、代理总队长。1923 年任奉军第四十七旅第七十九团团长，1926 年升任第四十七旅旅长，1927 年夏兼任北京戒严司令部副司令。1928 年，张作霖退出北京时，留其旅拱卫京城。1928 年任东北讲武堂军事政治训练班总队长兼教育长，1930 年 9 月任北平市公安局局长兼警官高等学校校长，1933 年 9 月任军事委员会北平分会中将委员。1934 年辞职，在北平、天津等地从事工商业。1949 年后，曾任北京市红十字会会员、天津文史馆馆员，是中国国民党革命委员会成员。1984 年移居美国。1995 年 3 月 9 日病逝。

【四十二】3

北大营 东北军在沈阳的军营。光绪三十三年（1907），时任东三省总督的徐世昌倡议修建。位于沈阳老城以北 5 公里，是正方形营垣，各边长 3000 米，四周修有 2 米多高的土围墙，内可驻兵 20 营，素有沈阳"第一兵营"之称。"九一八"事变发生时，驻守北大营的东北军第七旅执行了张学良的不抵抗命令，1931 年 9 月 19 日清晨，日军强占了整个北大营。2005 年，唯一残存的兵营马厩被拆除后，北大营遗址不复存在。

【五】1；【八】7、8；【十七】6；【二十四】8；【三十二】16；【四十二】6；【四十五】1；【五十五】1

北伐军 即 1926—1928 年，北进讨伐北洋政府的国民革命军。1925 年，国民政府在广州成立，将辖下各地方军队名目取消，统一命名为国民革命军。以黄埔军校校军为第一军（军长蒋介石），建国湘军为第二军，建国滇军改为第三军，建国粤军为第四军，福军为第五军。初期依照苏联体制，在军、师两级设党代表及政治部。共产党人也参与其中。1926 年 7 月 9 日，北伐军在广州誓师北伐，以蒋介石为总司令，李济深为总参谋长，邓演达为总政治部主任，下辖 8 个军，约 10 万人，分三路北伐。第一路进攻湖南、湖北。以共产党员为骨干的叶挺独立团，在湖北省两次击溃了吴佩孚主力，10 月 10 日攻下武昌。第二路进攻江西省，11 月占领南昌、九江，消灭了孙传芳主力。第三路进攻福建、浙江省，11 月占领了两省。1927 年 3 月 24 日，北伐军攻占南京。1927 年 4 月 12 日和 7 月 15 日，蒋介石、汪精卫先后发动反革命政变，在各地大规模捕杀共产党人，国、共两党决裂，北伐一度中断。之后，冯玉祥的国民军，及阎锡山的北方革命军加入北伐。1928 年初，国民革命军编为第一、二、三、四集团军，分别由蒋介石、冯玉祥、阎锡山及李宗仁任司令；蒋介石为总司令。蒋、冯、阎、李四派联合北伐奉系军阀张作霖，自称是 1926 年北伐的继续，故有"二次北伐"之称。6 月北伐军进逼京津，张作霖被迫退出北京（6 月 4 日在撤往沈阳途中被日本关东军在皇姑屯炸死），北伐军进至北京。12 月，张学良宣布东北易帜，北伐宣布结束。国民党完成全国形式上的统一。

【十二】8；【二十三】13；【三十一】4；【三十二】2；【三十五】10、13、14

北极公馆 位于南京市鸡笼山北极阁的豪华别墅群，原多为南京国民政府政要的居住之地。北极阁 1 号即宋子文的公馆，1933 年宋子文任国民政府财政部部长期间修建。西安事变后，张学良护送蒋介石、宋美龄一行返回南京，一下飞机，蒋即背信弃义，囚禁张学良。1936 年 12 月 31 日，南京国民政府组织高等军事法庭审判张学良，判处其有期徒刑 10 年。张学良随即被转移到东郊看押。1938 年 1 月 4 日，国民政府下达"特赦令"，张学良仍交军事委员会严加管束。在宋美龄、宋子文的游说下，张学良被转到宋子文公馆，这座公馆又被称为"囚张楼"。

【二十七】5

北京《晨报》 民国时期北京主要日报之一。初名《晨钟报》，1916 年 8 月 15 日创刊。由梁启超、汤化龙、林长民等主持，是资产阶级进步党的舆论机关。初创时李大钊曾任总编辑，撰写了发刊词《晨钟之使命》，1918 年被段祺瑞政府封闭，年底续出时改名为《晨报》。次年 7 月，该报第 7 版改革后，成为宣传新文化运动和社会主义思想的园地。1920 年起，该报逐渐转向提倡新文学，介绍新思想、新知识。这期间瞿秋白曾担任特派员，考察革命后的莫斯科。1921 年 10

月 21 日起，第 7 版正式定名为"晨报副刊"，单张发行。1926 年后，该报依附奉系，1928 年 6 月北伐军入京后，一度停刊。1928 年 8 月 5 日，由阎锡山操纵重新出版，改名《新晨报》，后恢复旧名。"九一八"事变后，追随南京政府。全面抗战爆发前夕停刊。

【五十三】11

北京政府（1912—1928）　也称北洋政府。是 1912—1928 年袁世凯及其以后继任者都于北京的中华民国政府的通称。1912—1928 年，中华民国中央政权一直掌握在北洋军阀集团不同派系的手中，史称北洋军阀统治时期，政权通称北洋政府。因权力中心一直在北京，故曰北京政府，是相对孙中山等在南方成立的广州革命政府和蒋介石建立的南京政府的称呼。1912 年 3 月 10 日，袁世凯在北京就任中华民国临时政府总统，随后临时参议院北迁，标志着北京政府的建立。北洋政府大致可分为袁世凯统治时期、皖系军阀段祺瑞统治时期、直系曹锟军阀统治时期、奉系军阀张作霖统治时期四个阶段，其间除了 1916 年的"洪宪帝制"和 1917 年的"张勋复辟"两次短暂的君主制外，表面上一直维持着三权分立的民主共和形式。1924 年孙中山在广州组建国民党政权，并于 1926 年 7 月北伐。1928 年北伐战争的节节胜利，迫使张作霖退出京津，在回沈阳的途中被日本关东军炸死。1928 年 6 月 8 日，国民革命军进入北京，标志着北洋政府在中国的统治结束。同年 12 月 29 日，张学良宣布东北易帜，全国实现了形式上的统一。

【一】2；【四】4；【五】2、3、4、5；【七】25、26、27、28；【十四】3；【二十五】15；【二十六】4；【二十九】14；【三十】10；【三十一】6；【三十二】4、16、18；【三十三】4；【三十七】1；【三十八】7；【三十九】8；【四十四】2、7

北满铁路　即旧中东铁路。1897 年 8 月，沙俄在中国东北修建铁路，北部干线，西起满洲里，中经哈尔滨，东至绥芬河；支线从哈尔滨起向南，经长春、沈阳，直达旅顺口。全长 2489 公里。1903 年 2 月，全线竣工通车。日俄战争后，1905 年长春至旅顺口的铁路被日本控制，改称"南满铁路"。1924 年，长春以北的中东铁路由中苏两国共同经营。1933 年中东铁路改称"北满铁路"。1935 年，苏联以 1.4 亿日元将北满铁路卖给伪满洲国（实际上是日本）。至此日本控制了东北的全部铁路。1945 年 8 月，根据有关协定，北满铁路和南满铁路合并，改称中国长春铁路，简称中长铁路，归中苏共同所有和共同经营。1952 年 12 月，苏联将铁路移交中国。

【三十九】3

北平扩大会议　即 1930 年 8 月在北平召开的"中国国民党中央党部扩大会

议",简称"北平扩大会议"。自从1928年12月29日东北易帜,国民党在形式上统一全国后,内部派系矛盾日益突出。1930年春,各反蒋派系集聚山西太原,通电要求蒋介石下野,随后中原大战爆发。同年8月,汪精卫在北平主持召开包括国民党改组派、西山会议派和阎、冯、桂系代表参加的"中国国民党中央党部扩大会议",决定成立北平国民政府,推阎锡山为国民政府主席。阎锡山将宣誓就职时间定在9月9日9时9分,再加上当年是民国9年,凑成了五个"九",寓意"九五之尊"。北平国民政府的成立,再次形成并立对峙的两个国民政府。9月18日,原来采取观望态度的张学良发出"巧"电拥蒋,并挥师入关,武装调停。中原大战告息,北平被和平接收。"扩大会议"迁往太原,10月27日公布《中华民国约法草案》,即所谓的"太原约法"。11月4日,阎锡山、冯玉祥通电下野。只存在了54天的北平国民政府瓦解。

【二十三】7

北平名流会议 指1931年"九一八"事变后张学良召集北平各方人士讨论如何处理事变发生后东北问题的会议。1931年9月18日发生"九一八"事变,第二天(即9月19日)上午,张学良即召集东北外交委员会开会,顾维钧、汤尔和、章士钊、汪荣宝、罗文干、王荫泰、王树翰、刘哲、莫德惠等人出席(张学良在沈阳时设有东北外交委员会,以上人员均系该委员会的委员),咨询对于东北外交问题的意见。当时发言较多的,为顾维钧、汤尔和二人。顾维钧等人主张用国联的力量抑制日本的侵略。两天之后,张学良又邀请当时平津名流李石曾、胡适、朱启钤、吴达诠、王揖唐等以及东北高级官员共27人,磋商东北问题。出席诸人也均以依靠国联、听命中央为是。由于这两次会议,张学良迷信南京政府和依赖国联的思想更深了。第二次会后即推章士钊、汪荣宝二人起草电报,向南京政府申述关于东北外交问题的意见。

【二十四】8

北平市各界抗日救国大会 "九一八"事变后,日军步步紧逼,东三省局势岌岌可危。东北的沦陷对华北乃至全国造成极大的危机。北平市各界随即成立抗日救国大会,呼吁全国同胞急起自救。1931年9月23日,大会通电全国,除已电请中央政府采取强硬态度对付、积极备战外,切盼全国国民自动对日实行不合作主义,提议不在日厂做工、抵制日货等。25日,大会发表成立宣言,指出中国不能只依赖国联,要积极备战。28日,张学良在接见大会代表时称,欲抵制日本中国必须先取得统一。

【二十四】8

北平绥靖公署 绥靖公署是第二次国内革命战争和解放战争时期国民党政府

在"绥靖区"设置的领导机构。国民党政府为了围剿共产党领导的军队,将全国划为若干"绥靖区",在区的中心城市设"绥靖公署",除负责指挥军队清共外,还控制区内政治、经济和社会活动。1931 年 11 月 15 日,蒋介石令张学良辞去陆海空军副司令之职,派张为主任成立了北平绥靖公署。1932 年,汪精卫因请张学良出兵热河不成,逼迫张学良辞职。8 月 8 日,张学良电军事委员会、行政院辞北平绥靖公署主任职,由张自忠代理。

【二十三】11;【二十四】8

《北洋画报》 民国时期中国北方有影响的画报之一。1926 年 7 月 7 日创刊,由天津北洋画报社出版。创办人冯武越,主编吴秋尘。该刊四开 4 版,初为周刊,继改三日刊,最后定为每周二、四、六出版。内容以介绍戏剧、电影、人物、书画和风景为主,并刊登少量时事新闻,图文并蓄。该刊曾得到张作霖、张学良的资助,后冯氏仍因经费拮据,将画报售与同生照相馆经理谭林北继续出版。1937 年抗日战争爆发后停刊,先后出版 1587 期,另有 1927 年 7 月至 9 月间出版的 20 期副刊。该刊对于研究中国近代史和"九一八"事变前的华北政局,具有重要的参考价值。

【四十】3、6;【五十三】11;【五十五】2

北洋军阀 袁世凯建立的封建军阀集团。光绪二十一年(1895),清政府命令袁在天津小站编练"新建陆军",归北洋大臣节制。二十七年袁任北洋大臣,所建的军队称北洋军。辛亥革命后,袁窃据大总统职位,培植党羽,形成了控制中央和地方政权的军事集团,称为北洋军阀。1916 年袁死后,由于无人具有足够能力统领整个北洋军队及其政权,北洋军阀在帝国主义支持下,分化为直系、皖系和奉系军阀。北伐战争前皖系、直系和奉系军阀相继掌握着中央政权,因此这一时期的北京政府被称为北洋政府。1928 年奉系军阀张作霖在皇姑屯被日本关东军炸死,北洋军阀政权从此覆灭。

【一】3;【七】28;【十四】3;【十七】8;【三十一】4、6

贝太太 即蒋士云(1912—?) 著名银行家贝祖诒的夫人、建筑大师贝聿铭的继母。祖籍江苏吴县,出生于苏州商宦世家,排行老四,人称蒋四小姐。10 岁到上海读书,12 岁随父亲赴京,就读于英国人办的学堂,14 岁双亲返回苏州,16 岁随父赴法,在巴黎留学一年,精通英语和法语。1927 年回国后,与张学良初次相逢。张学良在奉化幽禁时,日记中记载贝祖贻与贝夫人曾去探望。张学良到台湾以后,她曾专程从纽约飞赴台北探望。1991 年,张学良赴美探亲时,大部分时间都住在她家中。张学良在纽约期间的活动,也由她代为安排。

【十六】6;【二十五】2、13;【三十五】10、11;【三十八】9;【三十九】10;【四十一】11;【五十三】9

贝聿铭（1917—1989） 美籍华人建筑师。祖籍中国苏州，生于广东，父亲贝祖贻曾任中华民国中央银行总裁。1954年加入美国籍。1935年赴美国哈佛大学建筑系学习，师从建筑大师格罗皮乌斯和布鲁尔。贝聿铭作品以公共建筑、文教建筑为主，被归类为现代主义建筑，善用钢材、混凝土、玻璃与石材，代表作品有美国华盛顿特区国家艺廊东厢、法国巴黎罗浮宫扩建工程。1973年后多次到中国，在1982年设计了北京香山饭店，探索了中国传统建筑与现代化结合的途径，引起国内外建筑界的广泛注意。1983年获普利兹克奖，是获此项殊荣的第一位华人。被誉为"现代建筑的最后大师"。

【三十五】11

贝祖贻（1893—1982） 字淞荪，江苏吴县（今苏州）人，是著名建筑师贝聿铭之父。蒋士云女士是他的第二任太太。1911年毕业于东吴大学唐山工学院。曾供职于盛宣怀创办的汉冶萍煤铁公司统计部。1914年进入中国银行北京总行，先后担任广州、香港、上海分行经理及总行副总经理。1941年9月，任中国银行总经理。抗战胜利后，由时任行政院长、掌握财政金融大权的宋子文推荐，贝于1946年3月1日出任中央银行总裁。他主张开放外汇、抛售黄金，后因外汇枯竭，引起黄金风潮，被参政院弹劾。1947年2月随宋子文下台。1960年任香港上海商业银行行长。

【三十五】11

本间雅晴（1887—1946） 日本陆军中将、甲级战犯。本州新潟县人。先后毕业于陆军士官学校和陆军大学。一战期间任驻英大使馆副武官，1918年在西线英军中任军事观察员。"七七"事变后任参谋本部第二部部长、少将。1938—1940年，任侵略中国的第二十七师师长。太平洋战争爆发后，任第十四集团军军长，指挥在菲律宾的作战。1942年4月残酷迫害在菲律宾巴丹半岛投降的美、菲战俘，仅在被称为"死亡行军"的战俘押送过程中，被枪杀或虐待致死者就达8000人。同年8月，因作战失利和对菲律宾人的态度而遭到责难，退出现役。1945年秋，二战结束后被驻日美国占领军逮捕，指控他应对"死亡行军"负责。1946年在马尼拉受到审判。1946年4月3日，在吕宋被执行绞刑。

【四十五】3

本庄繁（1876—1945） 日本陆军大将，甲级战犯。兵库县人。1897年陆军士官学校毕业。1904年参加日俄战争。后入陆军大学学习，毕业后长期从事对华侵略活动，历任参谋本部中国班员、"满蒙班"班长、中国课课长。清末任驻华使馆副武官，积极研究和考察中国国情。1921年—1923年任奉系军阀张作霖的军事顾问，成为日本熟悉中国内情的"中国通"，曾多次上书主张用武力征服满蒙。1931年任关东军司令官，策划发动"九一八"事变，指挥日军侵占中国东北地区。1933年晋升为陆军大将,任侍从武官长。1935年受封男爵。1938年任日本军事保护院总裁。1945年8月日本投降后被捕,被定为甲级战犯,后在狱中畏罪自杀。

【二】6、10;【七】6;【八】8;【十五】7;【二十四】8;【二十五】15;【三十三】20

毕万闻(1948—) 吉林长春人。吉林省社会科学院历史所研究员。东北师范大学历史系毕业后,长期从事中国近代史的教学与研究工作。1981年秋调入吉林省社科院历史研究所,专注于近代东北地方史之研究。1987年后,开始积极关注并研究张学良生平。著有《张学良文集》、《东北大事记(1840—1949)》两册、《张学良赵一荻合集》、《英雄本色——张学良口述历史解密》等,译著《张作霖在东北》等;此外,还发表有关张学良的论文数十篇。

【三十二】2、5、14;【三十五】13

边业银行 "九一八"事变前东北的金融机构之一。1919年北洋政府时期以开发边疆的名义筹建,取开边创业之意。1920年4月创办于北京,官商合办,1921年改设总行于库伦。第二次直奉战争后,奉系军阀收罗了一部分民有股份,又新招了一部分股份,并经北洋政府财政部允许改组,在天津重设总行。实缴资本525万元,其中张作霖一家约达500万元。1928年奉系军阀被迫撤回关外,总行亦从天津迁到沈阳,设支行20多处。边业银行除拥有发行纸币的特权外,还经营商业银行的一般业务。1931年日军侵占沈阳,边业银行遭受抢掠封闭。张学良寄存于该行的七八千两黄金和大量古董书画被抢劫一空。1931年10月15日在日本派驻的监理官的监督下,重新开业。1932年7月1日,伪满中央银行开业,边业银行遂被并入而撤销。张学良曾又重设总行于天津,至1937年因经营困难关闭。

【三十五】12

伯力记录 即《伯力协定》,是张学良和苏联政府于1929年12月22日签订于苏联哈巴罗夫斯克(中国称伯力)的一款议定书。苏方称为《伯力会议议定书》或《伯力条约》,中方仅称《伯力会议记录》。1927年蒋介石在外交上开始反苏。1929年7月10日,张学良在国民政府的支持下强行以武力接管中东铁路,并逮捕和驱逐大批苏联侨民,挑起中东路事件。苏方向中国政府和东北地方当局发出多次抗议和最后通牒后,攻入中国东北境内,东北军遭受重大打击。后双方议定停战签署议定书。协定共十款,主要内容为:按照1924年中苏协定恢复冲突以前状态,恢复中东路苏方人员一切职务;立即释放被捕苏方侨民;恢复苏联在东三省之领事馆和商业机关;中国当局负责将白俄军队解除并驱逐出三省;所有合办中东路争议问题及中苏全面复交问题将在1930年1月的莫斯科会议上解决。议定书签订后，南京政府以中方代表超越权限为由，拒绝批准，使议定书未能生效。

【四】10；【五】4、7；【二十四】5

博古（1907—1946） 即秦邦宪，中国共产党早期领导人。江苏无锡人。1925年入上海大学学习，参加五卅运动。同年底加入中国共产党。1926年赴苏联学习。1930年回国。1931年4月任中国共产主义青年团中央书记，后任中共临时中央常委、临时中央政治局书记和负责人。1934年10月参加长征。1935年在遵义会议上被解除中共最高领导职务。1937年任中共中央组织部部长。1938年任中共中央长江局和南方局组织部部长。1941年后任新华通讯社社长兼延安《解放日报》社社长。在党的第七次全国代表大会上被选为中央委员。抗日战争胜利后，作为中共代表之一到重庆参加政治协商会议。1946年4月8日，由重庆返延安途中，因飞机在山西兴县黑茶山失事遇难。

【二十五】5、10、11、12；【五十七】2

不抵抗主义 指"九一八"事变后南京国民政府对日本采取不抵抗的政策。1931年"九一八"事变前，日本侵略军在东北连续制造事端，借口寻衅，肆意进行军事演习，公开准备发动侵略战争。对此，张学良曾提出做好武力抵抗日本的准备，并劝蒋介石对内尽力用政治解决。7月13日，蒋致电张学良表示，东北的排日运动，恐被共产党所利用，他希望东北官民"协力抑制排日运动，宜隐忍自重，以待机会"。同一天，国民党中央常委于右任也密电张学良："中央现在以平定内乱为第一，东北同志宜加休会"。7月20日，蒋介石在江西发表了"攘外必先安内"的国策声明。张学良于第四天致电东北各首脑："钧座（20）号电，语重心长，恻然意外，和平苈抱……勋服膺钧旨，爱护和平，敬当钧命是听，候令行止"。9月6日，张致电辽宁政务委员会代主席臧式毅、东北边防军司令长官公署参谋长荣臻："对于日人，无论其如何寻事，我方务须万方容忍，不可与之反抗"。"九一八"事变当天夜里，张学良接到报告后，指示按"鱼"电（即9月6日电）办理。事变发生后，东北军奉命"绝对不抵抗"，并撤至山海关以南，致东北地区很快为日军占领。9月21日蒋介石在南京主持在京中央委员会议，商讨对日策略，主张"此时唯有诉诸公理，以日本侵占东省事实，先行提出国联与签订非战条约诸国……一面则团结国内共赴国难，忍让至于相当程度，乃出于自卫最后之行动。"（《蒋主席召集会议决定对日方略纪事》）会议决定军事上取不抵抗，外交上则绝不能屈服，向国际联盟申诉，以求得公平的决断。蒋介石在9月22日国民党南京市党部党员大会上发表演说，要求全国民众"暂取逆来顺受态度，以待国际公理之判决"。23日南京国民政府发表《告全国民众书》，亦称"已严格命令全国军队，对日军避免冲突，对于国民亦一致告诫，务必维持严肃镇静之态度"。据说，蒋介石曾于8月16日发铣电，告张学良"无论日本军队此后如何在东北寻衅，我方应予不抵抗，力避冲突。"虽然，20世纪90年代张学良重获自由后，在接受访问时声明，"不抵抗"是他本人下的命令，和蒋介石无关，有没有"铣电"不记得了；史学研究者也未能找到直接证据表明蒋介石曾给张学良发过这样的"铣电"（台湾历史档案中没有了从9月19日到9月底蒋与张的往来电文）。但是，"不抵抗主义"是南京政府在军事上采取的政策，这是事实。

【八】1；【二十四】7；【二十五】16

C

CC派 也称CC系、CC团，国民党内部派系之一。1927年南京国民党政府成立后，陈果夫、陈立夫受蒋介石之命将原浙江革命同志会改组为"中央俱乐部"。CC之称，一说是"中央俱乐部"的英文centre club的缩写，一说是二陈英文名字第一个字母的组合。CC派是个组织严密、纪律严格的团体，其基础是国民党中央组织部党务调查科，原来只限于收集与统计党内各种资料，后又增加调查党员思想及派系隶属的任务，向特务工作转化。1928年，为适应蒋介石强化统治的需要，健全了其组织系统，设立"反省院"、"感化院"，专门关押和审讯政治犯，形成了所谓"融政于党"的特务系统。1933年，其骨干分子组织了"青天白日团"和"国民党忠实同志会"。1938年，在CC派的基础上成立了"中国国民党中央执行委员会调查统计局"简称"中统"，CC组织宣布解散。

【二十五】14；【二十八】1；【三十四】13；【五十四】9

蔡绍基（1859—1933） 名述堂，以字行，广东香山（今中山）人。清朝同治十一年（1872）首批留美幼童之一，入耶鲁大学学习法律。1881年奉召回国，肄业于耶鲁大学。同年返国，任上海海关译员。后经唐绍仪引荐，赴朝鲜入袁世凯幕府，并与袁之长子克定结为盟友。归国后经袁推荐为御前翻译，1896年充当洋务官。1902年任天津北洋大学头等学堂总办。后曾一度委办天津警政。1908年经袁世凯保荐任天津海关道。袁世凯死后，他隐居天津作寓公，在佟楼建蔡家花园，为遗老、达官游乐场所。1917年在天津日租界经营大罗天游艺场及煦来饭店，与日商合资开采山东金矿。1933年5月23日在天津去世。

【四十三】10

蔡廷锴（1892—1968） 字贤初，广东罗定人。保定陆军军官学校毕业。1926年北伐期间任国民革命军第十一军第二十四师副师长。1927年升任第十师师长。蒋介石叛变革命后，他曾率部参加南昌起义，后脱离起义队伍。1930年任国民革命军第十九路军副总指挥。1932年"一·二八"事变爆发时，率部进行淞沪抗战。1933年11月率领十九路军在福建同李济深、陈铭枢、蒋光鼐等建立中华共和国人民革命政府。1935年参加中华民族解放大同盟，为最高负责人之一。抗战胜利后在广州与李济深等共组中国国民党民主促进会，曾任代主席。1949年出席中国人民政治协商会议第一届全体会议。后任中央人民政府委员，人民革命军事委员会委员，政协全国委员会副主席，国防委员会副主席，中国国民党革命委员会副主席等职。1968年4月25日在北京病逝。

【二十三】11；【三十九】1；【四十六】2

蔡运升（1879—1959） 字品山，吉林双城（今黑龙江双城市）人。早年毕业于保定法政学堂，后到浙江巡抚衙门任文案委员。1911 年回双城，历任中学校长，地方议会议长，黑龙江都督府参事兼筹防处参议，黑龙江政务厅长，吉林省永衡官银号总办兼实业厅长，吉长道尹兼长春交涉员，滨江道尹兼哈尔滨交涉员。1929 年 7 月中东路事件，中方失利，张学良派其与苏议和。11 月下旬至 12 月初，蔡与苏联代表在双城子（乌苏里斯克）谈判，经张学良电请南京国民政府，蔡被派为伯力会议中国代表。12 月 11 日，赴伯力（哈巴罗夫斯克）与苏方会谈。12 月 22 日，与苏联代表西曼诺夫斯基签订了《伯力会议议定书》（后南京政府以中方代表超越权限为由，拒绝批准）。次日，战争停止。之后，任东北边防军司令官公署参议。伪满洲国期间，先后担任伪间岛省省长，中央银行副总裁，外务局长官，经济部大臣，参议府参议。日本投降后，离开长春赴北平。1948 年曾为和平解放北平做工作。20 世纪 50 年代曾先后任职于中央文史馆、北京文史馆。1959 年 12 月病逝。

【五】4；【八】9

曹操（155—220） 字孟德，小名阿瞒，沛国谯（今安徽亳县）人。三国曹魏奠基人和主要缔造者。20 岁时举为孝廉，进入仕途。通过镇压黄巾起义，讨董卓、伐陶谦、败吕布，逐渐形成了自己的势力；控制汉献帝"挟天子以令诸侯"，取得了政治上的优势。公元 200 年的官渡之战，以少胜多，消灭了袁绍，统一了北方。208 年孙刘联军在赤壁之战中打败曹军，三足鼎立之势遂成，曹军退回北方。213 年封为魏公，后又晋为魏王。220 年病死于洛阳。其子曹丕代汉称帝，追谥曹操为魏武帝。曹操在统治北方期间，重视屯田，兴修水利，恢复被破坏的农业生产；选拔人才主张"唯才是举"，打破世族门第观念。他精通兵法，还是一个文学家、诗人，在他的倡导下，"建安文学"兴起。草书也颇有成就。可谓多才多艺的一代霸主。

【十一】7；【十二】5；【十七】8；【二十】4；【三十三】1；【四十二】6；【五十二】4

曹德轩（生卒年不详）《我所知道的张作霖》一文的作者。

【三十二】17

曹锟（1862—1938） 直系军阀首领。直隶天津人。字仲珊。幼年失学，以贩布为生。1881 年投淮军为兵，后入天津武备学堂。袁世凯在天津小站练兵时，被任右翼步兵管带，累升至北洋陆军第一镇统领。1903 年改任第三镇统领，随东三省总督徐世昌出关驻扎。袁世凯称帝后，封其为一等伯。1916 年任直隶督军，驻保定。冯国璋死后，其为直系首领。1920 年 7 月，直皖战争爆发，皖系战败，此后，直奉两系军阀共同控制北京政府。9 月曹锟任直鲁豫巡阅使。1922 年 5

月,第一次直奉战争中打败奉军,曹控制北京政府。1923 年贿赂国会议员,当选为第五任中华民国大总统。1924 年 10 月,冯玉祥发动"北京政变",遭软禁。11 月,被迫辞职。1926 年获释。后久居天津。卢沟桥事变后,日本请他出面组织亲日政府,被其拒绝。1938 年 5 月 17 日在天津病逝。因其保持了民族气节,1938 年 6 月 14 日被国民政府追赠为陆军一级上将。

【一】1、2;【五】2;【七】25;【十六】4;【二十】2、3、4;【二十六】10;【三十一】1、2、8、14、16;【三十三】12、17、20;【三十四】8;【三十五】2、6、8、12;【四十】6;【四十八】3;【五十二】12

曹璞(生卒年不详) 或作曹朴,字君实,曹汝霖的小儿子。毕业于日本士官学校,回国后曾在张学良手下任副官、连长等职。"九一八"事变后随张学良入关,后任天津市警察分局局长。"七七"事变时,任天津市特别第二区主任,天津沦陷后,日军仍派其继续担任该职。抗战胜利时,曾任天津开滦矿务局秘书。

【五十二】12;【五十五】1

曹汝霖(1877—1966) 字润田,生于上海。1900 年赴日留学,先后就读于早稻田专门学校和东京政法大学。1904 年回国后,任商部商务司行走。不久通过留学生特科考试,中进士,授六品奏任官主事。日俄战争后,作为袁世凯的随员,参与同日本订立《会议东三省事宜正约》和《附约》,使日本在东北的权益合法化。1911 年,任清政府"皇族内阁"外务部副大臣。辛亥革命后一度改当律师。1913 年就任袁世凯政府外交次长,第一次世界大战爆发后在山东问题上对日妥协。1915 年参与"二十一条"谈判。袁世凯死后,在段祺瑞内阁中任交通总长,后又兼任财政总长。五四运动后,北京政府被迫于社会舆论压力将其罢免。此后经营实业,长期担任井陉正丰煤矿董事长。1927 年,出任张作霖安国军政府财政委员会会长。抗日战争期间,曾任华北汉奸临时政府"最高顾问"。解放战争时期从北平迁居上海,1949 年去台湾,1950 年赴日本,1957 年迁居美国,1966 年 8 月死于底特律。

【三十一】4;【三十二】17、18;【三十三】10;【五十二】12;【五十三】6;【五十五】1

曹曜章(1897—?) 河北人。毕业于日本陆军士官学校第十三期工科,曾任奉军工兵连长、营长。1928 年 7 月,张学良任东三省保安总司令后,整编东北军,曹被任命为陆军铁甲车队队长,后升任司令。1937 年被授予少将衔。

【二十三】7

柴山兼四郎(1889—1956) 日本陆军中将。茨城县人。先后毕业于陆军士官学校和陆军大学。1923 年 6 月成为辎重兵第十四大队中队长,参谋本部支那研究员。1928年任张学良顾问助理，曾参与策划"九一八"事变。1931年11月回到参谋本部。1933年任驻中国武官助理。1937年任陆军省军务课课长。1938年任驻中国天津特务机关长。1939年升为少将，任汉口特务部部长。1940年回国后任辎重学校校长。1941年升任陆军中将辎重兵监。1942年任驻大同的第二十六师师团长。1943年任汪伪政权军事顾问。1944年任陆军次官，1945年兼大本营兵站总监。日本投降后被列为战犯拘押，判处7年徒刑。1951年获假释。后曾任军人养老金全国联合会会长。

【三】10

柴世宗（921—959） 即周世宗柴荣，五代时后周皇帝，年号显德。邢州龙冈（今河北邢台）人。郭威养子。950年，郭威代汉自立，任镇宁军节度使。953年，为开封府尹，进封晋王。954年郭威病死后即位，史称周世宗，亦称柴世宗。时北汉进攻后周，率军亲征，打败北汉军队。955年，下令禁佛，废寺院，广收佛像铜器铸钱。956年，改革税制，取消苛税杂役，此外惩治污吏，清查土地，抑制豪强势力。还延聘文学之士，实行考试制度。959年，率军北伐，进军幽州途中，身染重病，不久病死。在位期间，励精图治、政绩卓著，致力于革除唐末五代的积弊，为北宋结束分裂割据局面奠定基础。

【四十一】9

《忏悔录》 即所谓的《西安事变忏悔录》。是1956年11月张学良应蒋介石要求，写给蒋介石的关于西安事变的回忆。张学良自称为《答蒋公书》。见**《答蒋公书》**

【二十一】10；【二十四】9；【四十三】2；【四十五】3；【六十】4

常恩多（1895—1942） 字获三，满族，辽宁海城人。东北讲武堂毕业。历任东北军连、营、团长等职。1935年10月，升任第一一一师中将师长。西安事变时，支持"兵谏"，主动请战在渭河一线抗击中央军进攻，为和平解决事变赢得宝贵时间。他与中国共产党周恩来、叶剑英、刘澜波等早有接触。"七七"事变后，周恩来曾亲笔致函，希望东北军坚持抗日。1938年参与台儿庄会战，战绩卓著，赢得长官部和友军的赞誉，东西马甸争夺战胜利后被通电全国嘉奖。1939年主动请战开赴鲁南。同年，秘密加入中国共产党。1940年因试图逮捕企图投敌的第五十七军军长缪澂流，引起蒋介石对其通电斥责。1942年8月，同郭维城反蒋起义，通电全国。后不顾病痛，亲自带队到抗日根据地王家坊时去世。

【二十三】13

常国宾（生卒年不详） 曾任东北军骑兵第六师师长白凤翔的副官。西安事变时，随同白凤翔参加了临潼捉蒋行动。写有《白凤翔临潼扣蒋》。

【二十八】1

常焕（生卒年不详） 1933年任东北军第五十一军第一一四师副师长。

【二十三】11

常经武（1900—?） 字羡韬，河北昌黎人。东三省陆军讲武堂第二期步科毕业，后在奉军中任职。1926年留学日本陆军士官学校步兵科。1928年回国后任东北军陆军步兵第一旅第十七团上校团长。1931年3月，升任独立第二十旅旅长，驻扎洮南。"九一八"事变后，参加锦州保卫战，失败后退入关内。1933年任第五十七军第一二〇师师长，参加长城抗战。1935年曾率部在陕北参加对红军的围攻。1936年3月授少将衔，是年10月被张学良免职（由赵毅接任师长）。此后履历不详。

【二十三】9、11

常澍田（1891—1945） 单弦八角鼓艺人。本名常海，字雨培，署名梦僧，又名赵兰波，艺名和康。北京市人。幼年由父辈教唱八角鼓。12岁随父演出。1910年开始专唱单弦。拜德寿山为师。1920年后，在京津沪等地献艺。唱、演、说俱佳，独具一格，创常派单弦，颇负盛名，对后代艺人有重大影响。

【四十一】9

常尧臣（生卒年不详） 1928年11月任东北骑兵第四旅旅长。1931年5月东北军改编后，任独立骑兵第七旅旅长。

【二十三】9

常荫槐（1876—1929） 字瀚勷。祖籍山东寿光，生于吉林梨树。1901年奉天法政学堂第二期毕业。历任黑龙江陆军第一师军法处长，代理督军署军法课长兼省长公署参议，奉军赴陕剿匪总司令部军事参议。1922年参加第一次直奉战争，任骑兵第三旅参谋长。后任北京政府交通部参事、国务院参议，吉林、黑龙江两省剿匪总司令部参谋长，镇威军骑兵集团司令部参谋长。1924年任奉天全省军警执法处长兼清乡督办。是年参加第二次直奉战争，任奉军第三、四方面军军团部政务处长、交通司令。1926年任京奉铁路局长。是年12月任安国军交通总长。次年6月任安国军政府潘复内阁交通次长，不久代行部务。1926年6月至1927年9月任交通部唐山大学（即唐山交通大学）校长。1928年3月任关税自主委员会委员。6月张作霖被炸身亡后，7月任黑龙江省省长。不久被张学良任为东三省交通委员会委员长。与杨宇霆来往密切，反对东北易帜，未果。同年12月被南京国民政府委任为黑龙江省政府主席。易帜当日，与杨宇霆公开拒绝参加张学良等东北军政长官与南京政府代表的合影，在公馆拒不悬挂青天白日旗。1929年1月与杨宇霆一同被张学良枪决。

【一】7；【二】4；【九】9；【十七】3、13；【二十一】8；【二十三】7；【二十四】4；【二十五】15；【三十一】7、11；【三十三】19；【三十五】14；

【四十二】4；【五十五】4；【五十六】12

陈半丁（1877—1970） 名年，以字行，一作半痴，又字静山。浙江绍兴人。出身贫寒，早年做过学徒、侍者，自幼酷爱诗文书画，业余读书习画。1894 赴上海谋生，结识任颐，并成为吴昌硕的入室弟子。1906 年至北京，任职于北京大学图书馆。1931 年被聘为北平艺专中国画教授，与陈师曾、齐白石交游甚密，于画艺多有切磋。擅写意花卉、山水、人物，以花卉见长。在 20 世纪二三十年代的北京享誉颇盛。工书法，喜吟咏，亦能治印。曾任中国美术家协会会员，北京中国画研究会副会长，北京中国画院（后改名北京画院）副院长。

【五十二】13；【五十五】11；【五十九】4

陈璧君（1891—1959） 字冰如，南洋巨富陈耕基之女。原籍广东新会，生于马来亚槟榔屿。1907 年，与在槟榔屿从事革命宣传活动的汪精卫结识。1908 年随汪赴日本留学，参加同盟会。1910 年，随汪精卫回国暗刺摄政王载沣未成，旋赴马来亚募捐。1912 年与汪精卫结婚，不久同去法国．在法期间，曾几度回国从事革命活动。1924 年，被孙中山指派代表妇女界参加国民党一大。1926 年，在国民党二大上当选为中央监察委员。1938 年 12 月，随汪精卫离渝叛逃。1940 年 3 月，伪南京国民政府建立后，担任伪广东省政务长。日本投降之际，与褚民谊等在广州被军统诱捕。1946 年 4 月被判处无期徒刑。1949 年上海解放后，由人民政府司法机关从苏州解送上海提篮桥监狱继续关押。1959 年 6 月 17 日，因病医治无效，死于提篮桥监狱医院。

【三十四】18；【三十五】10；【三十九】7

陈布雷（1890—1948） 原名陈训恩，号畏垒，字彦及，浙江慈溪人。1911 年毕业于浙江高等学校。同年在上海《天铎报》作记者。1912 年 3 月加入同盟会。1912～1920 年在宁波效实中学、宁波师范学校等校任教。1920 年赴上海，先在商务印书馆编译《韦氏大学字典》，后任《商报》主编。1927 年加入国民党。历任浙江省政府秘书长、省政府委员兼教育厅长、国民党中央党部秘书长、《时事新报》主编。国民政府教育部常务次长、国民党中央宣传部副部长等职。1935 年后历任蒋介石侍从室第二处主任、国民党中央政治会议副秘书长、代理秘书长，国民政府军事委员会副秘书长、国防最高委员会副秘书长等职，长期为蒋介石草拟文件。西安事变后，奉命将蒋被迫承诺条件的口述伪撰成《对张杨之训词》发表，虚构蒋在事变中的经过《西安半月记》。1948 年 11 月 13 日在南京自杀。

【十七】12；【二十七】6；【三十四】5、10；【四十二】9

陈昶新（生卒年不详） 又名陈旭东。东三省陆军讲武堂第四期炮兵科毕业。后赴日本的炮兵学校深造。1929 年回国，适逢中东路事件战争，任炮兵教导队中校队长。"九一八"事变后,任炮兵团长,参加长城抗战。1934年2月任豫鄂皖三省"剿匪"总部机要组副组长兼第一科科长。1935年10月任西北"剿匪"总司令部办公厅二科上校科长。西安事变后,参加军统,曾试图以特务的身份作掩护筹划营救张学良、重新组织东北军势力。

【二十三】11

陈诚（1898—1965） 字辞修,别号石叟。浙江青田人。保定陆军军官学校第八期炮兵科毕业,1920年加入国民党。1924年参加第一、二次东征及平定刘杨叛乱。后在黄埔军校任职。参加过北伐战争。1929—1930年参加蒋桂、蒋冯、蒋唐战争及中原大战,因功升任第十八军军长兼第十一师师长。后多次参与围剿红军。1935年升任中将,1936年加上将衔。西安事变时被张、杨扣押。西安事变后负责改编东北军和西北军。抗战时,任第三战区前敌指挥、武汉卫戍总司令,第六、九战区司令等职,参与淞沪会战、武汉会战等。1939年晋任二级上将。1946年5月任国防部参谋总长兼海军总司令,积极追随蒋介石发动内战。1947年晋任一级上将。同年8月兼任东北行辕主任和东北政务委员会主任委员。1948年被人民解放军击败后,5月被免去本兼各职。1949年12月被蒋介石重新起用,历任台湾省政府主席兼警备总司令、台湾省党部主任委员、"行政院"院长、"副总统",国民党副总裁。是蒋介石执政期间的心腹之一。1965年3月5日在台北病逝。

【四】17；【十八】3；【十九】2；【二十三】1、2、3、11、12；【二十六】13、14、15；【二十七】4；【二十八】3、6、7、9；【三十一】3；【三十四】2、3；【三十五】7；【二十六】1；【四十】8；【五十一】7；【五十六】9

陈崇桥（1926— ） 辽宁大学历史系教授。中国人民大学研究生毕业。曾任辽宁大学历史研究所所长、奉系军阀研究会理事长、辽宁省政协文史资料委员会副主任等职。与人合作编著了《九一八事变史》、《张学良外传》、《从草莽英雄到大元帅——张作霖》等。

【二十三】3；【三十一】4；【四十三】8

陈恩普（1892—?） 江苏吴县人。1935年任武昌行营军法处处长。1936年12月任南京政府军事委员会高等军法会审的军法官,参与对张学良的审判。抗日战争爆发后投敌,在汪伪政府司法机构任职。1944年3月,任汪伪特别法庭庭长、最高法院检察长、刑务署长兼保护司长。7月,任司法行政部部长。翌年1月,改任汪伪政府政务参赞。日本投降后,其生平不详。

【二十三】11；【二十八】2

陈公博（1892—1946） 原籍广东乳源,寄籍南海。1920年北京大学毕业。1921年春参与组织广州共产主义小组,同年7月参加中共一大。1922年因投靠军阀陈炯明而被开除党籍。翌年2月去美国哥伦比亚大学读经济。1925年回国任广东大学教授，代理校长，加入国民党。曾任国民政府军事委员会政治训练部主任、广东省农工厅厅长、国民党中央农民部部长、国民政府实业部长等职。1927年被选为国民党中央常委，并任工人部长。同年与汪精卫发动"七一五"政变。后任广州军事委员会分会委员兼政治部主任。因对蒋介石独揽大权不满，1928年底与汪精卫、顾孟余等人组织"中国国民党改组同志会"。1931年蒋汪合流后，任国民党中央执行委员、国民政府实业部部长。抗日战争爆发后，任国民党中央民众训练部部长、军委会第五部部长、11省党部主任委员等职。后随汪精卫叛国投敌。1940年后在汪伪政府历任立法院院长、军委会常委、政治训练部部长、上海市市长兼上海市保安司令、清乡委员会委员长。1944年汪精卫死后，代理伪国民政府主席，任伪军委会委员长、行政院长。1945年8月日本投降，陈逃亡日本。同年10月被引渡回国。1946年4月以通谋敌国罪被处死刑，6月3日被枪决。

【三十八】6；【五十二】8

陈冠群（生卒年不详） 1930年任东北军第一军参谋长。1931年5月任东北军独立第十四旅旅长。1933年3月任第五十一军第一一四师师长。1935年9月，率部参与围剿陕甘红军时，因执行命令不力，被免职。

【二十三】7、9、11

陈光甫（1881—1976） 原名辉祖，后易名辉德，字光甫，以字行世。江苏镇江人。1909年毕业于美国宾夕法尼亚大学，同年回国。1911年辛亥革命后，任江苏省银行监督，中国银行上海分行顾问。1915年6月创办上海商业储蓄银行。1927年任江苏兼上海财政委员会主任，负责为蒋介石筹募军饷。1928年出任中央银行理事、中国银行常务董事和交通银行董事等职。1932年任全国财政委员会委员。1936年3月，任国民政府财政部高等顾问。抗日战争时期，历任国民参政会参政员，国立复兴贸易公司董事长，中、美、英平准基金委员会主席。1947年任国民政府委员，并主管中央银行外汇平衡基金委员会。1948年当选立法委员。1951年，陈将上海商业储蓄银行香港分行易名为上海商业银行，在香港注册。1954年定居台湾。1965年上海商业储蓄银行在台北复业，任董事长。1976年卒于台北。

【四十六】1

陈光逵（生卒年不详） 直隶武清（今属天津）人。直系军阀江西督军陈光远的胞弟。1917年后曾任北洋陆军第九混成旅旅长兼赣南镇守使，江西陆军第三旅旅长。1921年与陈光远在江西将张宗昌的江苏军部队缴械。

【十九】6；【三十三】9；【四十四】7

陈光远（1873—1939） 字秀峰。直隶武清（今属天津）人。1892年入天津北洋武备学堂，毕业后历任武卫右军队官、北洋常备军军政司总务处总办、步队统领、北洋陆军第四镇第八协统领等。民国成立后，追随袁世凯、冯国璋，为北洋军阀直系骨干，历任热河巡防营统领兼赤峰镇守使、中央模范团团副、陆军第十二师师长、京津警备副司令、绥远都统等职。1918年冯国璋代理总统后，被任命为江西督军，与江苏督军李纯、湖北督军王占元并称"长江三督"。1922年第二次护法战争抵抗南军不利，被曹锟免职。后寓居天津英租界。1924年7月，北京政府授其将军府鉴威上将军。同年10月，北京政变后脱离军界，赴天津经商，为津门巨富。1939年8月16日在天津病逝。

【十九】6；【三十二】11；【三十三】9；【四十四】7

陈国瑞（生卒年不详） 1931年4月任北平陆海空军副司令行营军医处副处长。

【二十三】8

陈果夫（1892—1951） 原名祖焘，字果夫，浙江湖州人。1911年参加同盟会。曾与蒋介石等人在上海经营投机买卖。1924年到广州。1926年后任国民党中央监察委员会委员，组织部代部长，南京国民政府委员，监察院副院长，国民党中央执行委员会常委，浙江省政府主席等职。1939年任军事委员会委员长侍从室第三处主任。1943年任国民党中央组织部部长。1945年任国民党中央财务委员会主任委员、中国农民银行董事长、中央合作金库理事长。与其弟陈立夫组织中央俱乐部（即CC）和中央执行委员会调查统计局（即中统），是国民党CC派首领之一。与蒋介石、宋子文、孔祥熙合称"四人家族"，是中国封建官僚资产阶级的典型代表。1949年去台湾，1951年病死于台北。

【十九】6；【三十】5；【三十三】9；【三十四】13；【五十四】9

陈鹤琴（1892—1982） 浙江上虞人。早年毕业于清华大学，留学美国五年，1919年获得哥伦比亚大学硕士学位；1919年8月回国，任南京高等师范学校教授，东南大学成立后，任教授兼教务主任。1921年12月5日陪同美国教育家孟禄在奉天会见张作霖。长期从事师范教育与儿童教育工作，在儿童心理的研究与幼儿教育的研究方面取得了丰硕的成果。1949年9月出席全国政治协商会议第一届全体会议。中华人民共和国成立后，先后任政务院文教委员会委员、华东军政委员会文教委员、文字改革委员会委员，全国和江苏省政协一至五届委员、副主席，江苏省人大常委会副主任，九三学社中央委员，中国教育会名誉会长，全国幼儿教育研究会名誉会长，南京师范学院院长等职。1982年12月30日在南京病逝。

【三十二】17

陈洪禄（生卒年不详） 1928年11月任东北军航空大队第一队队长。

【二十三】7

陈宦（1869—1939） 字二庵，湖北安陆人。早年入湖北武备学堂，后留学日本，入日本陆军士官学校。回国后担任四川总督锡良的高等幕客，曾随锡良在四川、云南办讲武堂，川、滇新军多其擘画。锡良任东三省总督时，他随任第二十镇统制。武昌起义时为黎元洪幕僚。民国建立后，成为袁的幕僚，任参谋本部次长。1915年率北洋军第三混成旅入川，署四川巡按使，督理四川军务。竭力怂恿袁世凯称帝。护国战争爆发后，南方各省先后讨袁，他被迫宣布四川独立，不久被川军驱逐出境。后闲居天津，1939年病死。

【二十六】2

陈济棠（1890—1954） 字伯南，广东防城县人（今属广西）。1907年入广东陆军小学。次年加入同盟会。1913年毕业于广东陆军速成学校。1915年到肇庆护国军林虎部任连长、营长。1920年11月在邓铿组建的粤军第一师第四团任营长。参加孙中山领导的第二次护法战争。1922年6月后，升任第四团团长，第二旅旅长。1925年7月，粤军第一师扩编为国民革命军第四军时，升任第十一师师长。1927年赴苏联考察。回广州后复任师长。1928年1月升任第四军军长。1929年被蒋介石任命为广东编遣特派员，掌握广东军权。1932年3月任赣粤闽湘边区"剿匪"副司令。1933年1月任南路军司令，对中央苏区进行第五次"围剿"。1936年6月，联合李宗仁组成抗日救国军西南联军，自任总司令，声称北上抗日，发动了两广事变。后被蒋介石免职，逃往欧洲。1937年回国，任国民政府委员。1939年，在国民党五届六中全会上当选为中央执行委员和最高国防委员会委员。1940年3月任国民党政府农林部部长。次年辞职。1949年4月任海南行政长官兼警备司令。1950年去台湾。1954年11月3日病死。

【二十一】9；【二十六】6、8；【三十九】1

陈继承（1893—1971） 字武民。江苏靖江人。保定军校第二期步兵科毕业。1924年任黄埔军校中校教官，军校教导团第二营营长、第三期入伍生营营长。1925年秋，在国民革命军中任团长。1926年7月，参加北伐，任第二师副师长，第二十二师师长，第二十一师师长。1928年9月，任第二师师长、第一军军长。1932年任豫鄂皖第二纵队指挥官，参与围剿红军。1936年10月，兼任武汉防空筹备处处长，11月任豫鄂陕边区绥靖公署主任。西安事变时，被张、杨扣押。1937年4月，任中央军校教育长。抗战爆发后，兼任军训部次长。1939年春，兼任四川省训练团主任。1944年后，历任重庆卫戍总司令部副总司令、川鄂陕甘边区总司令、第六战区副司令长官、第十一战区副司令长官兼北平前进指挥所主任。1946年9月，兼任北平警备司令。1947年2月，任保定绥靖分署副主任兼北平警备司令及保定绥署北平指挥所主任。同年8月，任北平警备总司令。1948年1月，兼任华北"剿总"副总司令。10月，任南京卫戍总司令。11月，改任战略顾问委员会委员。1950年5月去台湾。1971年12月10日在台北病故。

【二十六】14；【二十八】3

陈剑如（1896—1966） 广东台山人。早年入北京法政大学。1920年毕业回广东，在民治通讯社任记者。1922年，自创"觉悟通讯社"。1923年，任国民党广州市党部区委员。1924年，任广州市公安局政治部主任。大元帅府派孙科赴东北会晤张作霖，陈随行任秘书，旋任大本营筹饷处处长。1924年冬，孙中山北上，陈随行任行辕秘书。1925年，孙科任广州市长，陈任主任秘书，嗣后兼任广州国民日报总编辑。1933年，任立法院立法委员。1935年8月任南京市社会局局长。1947年，任第一届国民大会代表。后去台湾，任光复大陆设计研究委员会委员，戡乱建国动员委员会副秘书长、秘书长。1966年2月17日，在台北逝世。

【三十四】8

陈洁如（1905—1971） 原名陈凤，原籍浙江宁波，生于上海。出身小商人之家。1921年与蒋介石结婚（蒋称陈是妾），婚后蒋介石为她改名为洁如。1927年蒋为了同宋美龄结合，要求陈赴美国留学，两人离婚。1933年，获哥伦比亚大学教育学院硕士学位后回国，居上海。1961年移居香港。1971年1月21日，在香港去世。

【二十五】1；【五十一】5；【五十六】1

陈靖宇（1917— ） 曾为台湾大学工学院机械工程系特聘教授，哈尔滨工业大学台北校友会会长。1993年4月回大陆母校观光时，哈工大校务委员会秘书长、校友总会干事长李景煊与校长杨世勤托陈靖宇返台后问候张学良（1928—1931年张学良曾任哈工大理事会主席），并聘张学良为哈工大名誉理事长。5月31日下午，张学良会见了陈靖宇，接受了聘书，并挥毫题写了哈工大校名。

【五十一】1

陈炯明（1875—1933） 字竞存。广东海丰人。毕业于广东法政学堂。1909年加入同盟会。1911年参加辛亥革命，被推为广东副都督，后为代理都督。1913年6月袁世凯撤销胡汉民职务后，继任都督。7月宣布广东独立，参加反袁。失败后去新加坡。1915年回广东东江。1916年春成立粤军总司令部，自任总司令。袁世凯死后，拥护黎元洪北洋政府。1917年参加孙中山的护法运动，任援闽粤军总司令。1920年回师广东驱逐桂系军阀势力，任广东省省长兼粤军总司令。1921年孙中山在广州就任非常大总统后，陈被任命为陆军部长兼内务部长，却暗与军阀吴佩孚、赵恒惕勾结，反对孙中山北伐。1922年4月被孙中山免职后，退往惠州。6月16日发动叛乱，炮轰总统府，逼走孙中山，占领广州自任粤军总司令。1923年1月，孙中山通电讨伐陈炯明，陈兵败退回惠州。1925年所部被广东革命政府东征军歼灭，陈逃往香港。后参与致公党活动，曾自任总理。1933年9月

22 于香港病逝。

【五】13;【二十六】6;【三十一】2;【三十三】12;【四十四】5

陈立夫（1900—2001） 原名祖燕,浙江湖州人。天津北洋大学矿科毕业后,1923年赴美国留学,获匹兹堡大学矿冶工程硕士学位。1925年回国后在山东中兴煤矿任职。1926年任蒋介石机要秘书,随蒋北伐。1928年后,历任国民党中央党部调查科科长,国民政府军事委员会机要主任,国民复兴委员会秘书长,国民党中央执行委员和中央党部秘书长、组织部副部长等职。1933年与其兄陈果夫建立鄂豫皖赣四省农民银行,成为二陈资本的核心。和蒋介石、宋子文、孔祥熙合称"四大家族",是中国封建官僚资产阶级的典型代表。与陈果夫组织中央俱乐部（即CC）。1935年任国民党中央执行委员会常委。曾成立中国文化建设协会,创办并主编《京报》,开设书局,鼓吹法西斯主义,宣传反共。抗日战争时期,任国民政府教育部长,同时在三民主义青年团中任职。抗战胜利后,任国民党中央政治委员会秘书长、立法院副院长等职。1949年去台湾,1950年起旅居美国,1969年4月返台湾定居。历任"总统府"资政、中央评议会主席团主席、中华文化复兴运动推行委员会副会长、中国医药学院董事长、孔孟学会理事长等职。2001年2月8日去世。

【十二】8;【十六】3;【十九】6;【二十】5;【二十四】10;【二十六】12;【二十七】4;【二十八】2;【三十】5;【三十三】9;【三十四】13;【三十八】7;【三十九】1、7;【四十】1;【五十四】9;【五十七】2

陈琏（1919—1967） 浙江慈溪人。陈布雷最小的女儿。早年入杭州高等学堂。1939年7月加入共产党。同年考入昆明西南联大。1942年转入重庆中央大学。1946年毕业后赴北平贝满女中任教师。1947年8月与袁永熙结婚。同年9月两人因涉嫌共产党间谍而被捕。在她父亲的帮助下,蒋介石亲自过问后两人被释放。中华人民共和国成立后,任共青团中央委员,共青团少年儿童部部长。1956年,曾任清华大学党委第一书记的袁永熙被判为右派。陈琏与袁永熙离婚。1962年8月陈离京赴上海任中共中央华东局宣传部文教处处长。"文化大革命"开始后,被批为叛徒。1967年11月19日自杀。1979年被平反。

【三十四】5

陈箓（1877—1939） 福建福州人。1891年后先后入福州马尾船政学堂、铁路总局附设矿化学堂学习,1901年武昌自强学堂毕业后留校任法文教师。后赴德、法等国留学。1907年巴黎大学毕业,是第一位在法国获得法律学士学位的中国留学生。回国后,参加清政府廷试,被授予法科进士,随后在法部、外务部任职。1912年任中华民国外交部政务司长,后任驻墨西哥公使、都护使驻库伦办事大员,外交次长等。在外交总长陆徵祥出席巴黎和会期间,代理外长一年。1920

年，任驻法国全权公使。1928年，南京国民政府取代北京政府的法律地位，他结束公使职务归国，蛰居上海。1938年3月投靠日本，出任伪维新政府外交部长。次年被军统特工人员刺杀身亡。

【三十一】16

陈明（生卒年不详）　1936年12月西安事变时在国民政府司法院任职。写有《居正策划"鄂人治鄂"》一文，反映西安事变发生后时任司法院院长的居正的态度。

【二十八】1

陈其采（1880—1954）　字蔼士，别号涵庐。浙江湖州人。陈其美之胞弟，陈立夫、陈果夫之叔父。早年赴日留学。回国后历任长沙武备学堂总教习及监督、新军统带、中枢军咨府第三厅厅长、保定军官学校监督、南京大总统府咨议、江苏都督府参谋厅长、中国银行总文书等职。后任江浙财政委员会主任委员、浙江省财政厅长、江苏省财政厅长、国民政府主计处处长、中央银行常务理事、中国银行董事、交通银行常务董事及代理董事长、中国农民银行常务董事等职。1946年10月任国民政府委员、国策顾问。1949年去台湾。1954年8月7日，在台湾病逝

【二十八】2

陈其美（1878—1916）　字英士、无为，浙江湖州人。1906年入日本东京警监学校，结识蒋介石，并加入中国同盟会。1907年转入成斌学校学习军事。1908年回国，辛亥革命前先后在上海创办《中国公报》、《民声丛报》，并协助宋教仁办《民立报》，宣传革命。此间加入上海青帮，为大头目之一。1911年被推为中国同盟会上海庶务部部长。武昌起义爆发后，联系上海的青帮、商团及其他各派力量积极响应，被推为沪军都督及司令部部长，不久组织联军攻克南京。1912年1月13日派人暗杀光复会领导人陶成章。北京政府成立后，被袁世凯任工商总长，未就任。1913年二次革命爆发后被推为上海讨袁军总司令，宣布上海独立。失败后去日本，扶助孙中山组织中华革命党。1914年间曾潜回大连，准备在东三省发动反袁革命，失败后再去日本。1915年2月回上海负责主持长江下游的军事行动，10月任上海淞沪司令长官，11月派人刺杀上海镇守使郑汝成，12月5日发动上海肇和兵舰起义。1916年5月18日被袁世凯派人暗杀于上海。

【十九】6；【二十八】2；【三十】5；【三十三】9；【三十四】13；【三十八】7；【四十四】2、7；【五十三】14

陈钦若（1890—？）　号筱秋，福建福州人。毕业于保定军校第一期炮科。1924年任张作霖镇威上将军公署第三科科长。1928年12月，任东北边防军司令长官公署军令厅副厅长。1931年任北平陆海空军副总司令行营参谋处处长。1932

年 8 月，任北平军分会第一处副处长。1936 年授少将军衔。抗日战争中投敌，任汪伪军事委员会第一厅厅长、伪军政部常务次长。

【二十三】7、8、11

陈若曦（1938— ） 原名陈秀美，台北市人。1957 年入台湾大学外文系。1960 年和白先勇等筹办《现代文学》杂志。1962 年赴美，入麻省圣橡山女子学院进修英国文学，获硕士学位。1966 年回国，任教于华东水利学院，"文化大革命"时下放农场劳动。1974 年后定居加拿大温哥华，在美国加州大学分校任教。离开大陆后，以大陆经验为背景的作品，使她成为受瞩目的作家。陈是监管张学良特务队成员段毓奇的儿媳，她曾在长篇小说《二胡》中表露过对张学良的同情。她还参观过张学良的沈阳故居，并将所拍照片转交给了张。

【二十二】3、4

陈树藩（1885—1949） 陕西安康人，字伯生。保定军官学堂毕业。曾任陕西新军下级军官，后加入同盟会。1911 年参加陕西起义，任东路招讨使。民国成立后，投靠袁世凯，历任陕西陆军第三混成旅旅长、陕南镇守使、陕北镇守使。1916 年乘云南起义之机，宣布陕西独立，任陕西护国军总司令、陕西都督。袁死后，被段祺瑞任陕西督军兼省长，并参加督军团。督陕期间，因克扣军饷，激起部属反抗。1921 年皖系失败后，被驱逐。后寓居上海、天津、成都、杭州。抗日战争开始后，拒绝当汉奸，避走四川。抗战胜利后回杭州居住，曾反对蒋介石发动内战。1949 年 11 月 2 日，在杭州病逝。

【三十五】9

陈调元（1886—1943） 字雪暄、雪轩，河北安新人。1902 年入保定参谋学堂。1908 年入保定军官学堂深造科（后改为陆军大学第一期）。1911 年武昌起义时任冯国璋部参谋，南下镇压起义军，后又参与镇压二次革命。1923 年因解决"临城劫车案"而名扬中外。一度与奉系合作，后投向孙传芳。北伐时，1927 年投靠蒋介石。国民政府成立后，又参与了二次北伐。1930 年中原大战时，任总预备军总指挥。1932 年在安徽省政府主席任内，其部第四十六师及第五十五师被鄂豫皖的红军击溃。1934 年 4 月参加第五次"围剿"中央苏区，同年 12 月特任国民政府军事参议院院长。1935 年 4 月任陆军二级上将，同年曾任华北宣抚使，11 月当选国民党第五届中央执行委员。抗日战争期间曾任军事委员会点验委员会员会及抚恤委员会主任委员。1943 年在重庆病逝。1944 年被国民政府追赠为陆军一级上将。

【二十六】14、15；【二十八】3

陈维屏（1876—1972） 北京人。受家庭影响，幼入教会学校读书。1895 年开始传教，后被聘做天津卫斯理教会牧师。1900 年义和团运动中，其父母、弟妹在延庆被杀。他继承父志，于 1905 年至延庆教会布道。1918 年 8 月，他与石美玉、余日章、诚静怡、胡素贞、蔡苏娟等在庐山牯岭莲谷夏令营，发起组成中华国内布道会。后曾任南京凯歌堂主持。蒋介石迁台后，在士林官邸建造凯歌堂，陈仍为主持。1964年，张学良、赵一荻在台北举行婚礼时，他为证婚人。

【十三】4；【二十九】2；【四十二】11；【五十八】5

陈豨（？—前196） 汉初功臣侯。公元前207年六月刘邦率军西进抵达宛城（今河南省南阳市）时，陈豨在当地率500人投军。后随刘邦入关中、定三秦、灭项羽，屡战有功。西汉建立，封阳夏侯。前197年以赵相国职务监领代、赵两地兵权。不久起兵叛汉，自立为代王，刘邦亲征至邯郸，督兵进讨。次年冬，兵败被杀。

【十二】8；【五十二】7

陈香梅（1925— ） 祖籍广东，生于北京。先后就读北京孔德小学、香港真光女中和广东岭南大学。1944年开始在中央社昆明分社工作，先任助理编辑，后来当战地记者。1947年与美国空军第十四航空队司令陈纳德结婚，加入美国籍。1958年其丈夫因病逝世后，定居华盛顿。1959年参加共和党。1960年和1968年两次帮助尼克松竞选总统，从而在政坛上引人注目。从尼克松、福特直至里根政府，她被委派担任联合国文教委员会委员、航委会顾问、总统出口委员会副主席等职务，活跃于政界和华人社会中。

【三十八】9

陈兴亚（1885—1949） 字介卿，辽宁铁岭人。1907年后，先后毕业于日本振武学校，陆军宪兵练习所士官班。1910年毕业回国后，创办中央宪兵，1912年任民国首任宪兵营长，1917年升任北京宪兵司令，陆军少将。1920年改任东三省宪兵司令。1926年后任京师警察总监，任内指挥武装搜查苏联大使馆，逮捕并杀害了李大钊等中共党人，不久升任陆军中将。"九一八"事变后随东北军入关。抗战期间居重庆，任军事委员会的参议。后退居上海，1949年在上海病故。

【二十三】7、11

陈仪（1883—1950） 字公侠，后改公洽，自号退素。浙江武义人。1902年赴日毕业于日本东京振武士官学校第五期炮兵科，期间加入光复会。1907年回国。武昌起义爆发后，任浙江都督府军政司司长。1914年，任北京政府政事党统率办事处参议。1917年入日本陆军大学深造。1920年回国，在上海经营实业。1924年，被孙传芳任命为浙军第一师师长，后转任第一军司令，浙江省长。1926年，投向国民党，任国民革命军十九路军军长。后因部队倒戈而下台，出国到欧洲考察兵工。1929年回国后被蒋介石委以兵工署署长，后转任军政部次长。1934年任福建省主席。1937年授陆军中将加上将衔。

1941年11月，任行政院秘书长，兼国家总动员会议主任。1944年兼任国民党设计局台湾调查委员会主任委员。1945年就任台湾行政长官兼警备总司令。"二二八"事件后，引咎弃职，闲居上海。1948年6月，复任浙江省政府主席。1949年1月，暗中与共产党联系和谈事宜，事泄被逮捕。1950年6月18日，在台湾被以叛乱罪杀害。

【二十一】10；【二十四】5；【二十八】6；【三十四】1、12；【四十一】3、6、11；【四十二】8

陈英伦（生卒年不详） 浙江青田人，青田阜山中学董事。张学良德语老师陈瑛的后人。1988年陈英伦托旅居台湾的伯父陈贯洲（陈瑛堂侄）请张学良将军为阜山中学题词。

【三十】1

陈瑛（1883—1941） 字蕙蕙，号蕙生，浙江青田人。晚清秀才，18岁入江南陆师学堂，继而留学奥地利维也纳新城步兵专门学校，8年后学成回国，受张作霖请，任东三省测量总局局长、东三省巡阅使署军学处处长、镇威军总司令部中将参谋长，为张学良德语教师。1924年托病辞归。1928年，与陈梓芳等地方人士筹办阜山乡村师范学校（后改名阜山初级中学），任校长。抗日战争期间，任青田县抗日动员委员会委员。1991年2月19日，张学良为缅怀老师，在台湾特为阜山中学建校65周年题词"培育英才"。

【四】17；【五】16、17；【二十九】6；【三十】1；【三十一】13；【三十二】10；【五十五】6

陈友仁（1875—1944） 祖籍广东兴梅，生于西印度群岛的特立尼达。毕业于西班牙港的圣玛丽学院。辛亥革命后回国，1913年初任北京政府交通部法律顾问，后任英文《京报》总编辑。1917年5月因撰文揭露段祺瑞与日本商议借款密约，被捕入狱。获释后赴广东，参加孙中山组织的军政府。1919年出席巴黎和会，提出废除"二十一条"。次年回国，在上海创办英文《上海时报》。1922年，任广州国民政府外交顾问，参加孙中山与苏联顾问越飞在上海的会谈。1924年任孙中山秘书，随孙中山北上参加善后会议。后在北京创办英文《民报》。1926年1月，当选国民党中央执行委员会委员。1927年，任武汉国民政府外交部长，坚持联俄联共政策。先后主持收回汉口、九江的英租界。"七一五"政变后愤然离国。1931年回国被选为国民党第四届中央委员，先后任广州国民政府、南京国民政府外交部部长。1933年参与福建事变，失败后流亡法国。1941年在香港被日军扣捕，转押至上海，被长期软禁，拒绝日伪劝降，1944年5月20日在上海病逝。

【八】9

陈友涛（生卒年不详） 福建福州人。陈箓之子，张学良妹妹张怀英的丈夫。曾任1938年3月日本华中派遣军的操纵下成立的傀儡政权——维新政府"外交部"总务司司长。

【三十一】16

陈圆圆（1623—1695） 常州武进（今江苏常州）人，本姓邢，名沅，字畹芬。为明末苏州名妓，善歌舞。初为田畹歌妓，后被吴三桂纳为妾。吴三桂出镇山海关，李自成农民起义军攻克北京，陈圆圆曾被俘（民间传说吴三桂因此降清）。清军攻陷北京，仍归吴三桂，从至云南。晚年为女道士，改名寂静，字玉庵。民间有很多关于她和吴三桂的传说。

【三十九】8

成希超（1911—1951） 湖南湘乡人。中央陆军军官军校军官第五期步科、国防部情报军官训练班高级情报军官队和副官学校特别班毕业。历任军令部谍报参谋班中校总务组长、上校副官科长，别动军总司令部总务处长。1946年，任保密局第七处（总务处）副处长。1948年5月，升任处长。1949年12月9日，逃台途中在昆明与徐远举、周养浩等保密局高官一同被宣布起义的卢汉扣押。1951年，在北京功德林战犯管理所病逝。

【二十八】5

程思远（1908—2005） 字近之。广西宾阳人。1937年在罗马大学获政治学博士学位。1930—1934年，任国民党第四集团军总司令李宗仁秘书，逐渐成为桂系的核心人物。1942年起，历任三青团中央常务干事，国民党第六届中央执行委员，国民参政会参政员，国民党中央执行委员会常务委员，立法委员，国民党中央非常委员会副秘书长等职。他参与筹划了反蒋、助李宗仁竞选副总统、逼蒋下野、与共产党和谈等重大历史事件，在1956年4月到1965年6月的10年间，李宗仁先后五次派其到北京，晋谒周恩来总理。1949—1965年，居住香港，曾任《正午报》专栏作家。期间两赴欧洲牵线搭桥，为李宗仁回归大陆作准备。1965年随李宗仁回北京定居。历任全国政协副秘书长，第五、六届全国政协常务委员，第六届全国人大常委会委员，外事委员会副主任委员，第七届全国政协副主席，中国国际文化交流中心副理事长兼秘书长，中国和平统一促进会会长等。

【十三】2；【二十八】1

程砚秋（1904—1958） 原名承麟，满族，北京人。京剧表演艺术家，"四大名旦"之一，青衣程派创始人。6岁开始学京剧，曾分别拜师梅兰芳及梅兰芳的老师王瑶卿学习京剧。程嗓音条件并不好，但在王瑶卿的指点下，发展成了婉转深沉的程派唱腔。1922年18岁首次到上海演出，引起轰动。1932年1月与焦菊隐赴法国考察戏剧。抗日战争期间，义演为抗日捐款，并且拒绝为日本人唱戏，被迫害，回乡务农直到战争结束。1953年任中国戏曲研究院副院长，1957年加入中国共产党。1958年3月9日，因患心肌梗塞于北京逝世。

【十一】7；【二十四】6

程志远（1878—1934） 字铭阁，山东莱阳人。1921年入东三省陆军讲武堂，毕业后入奉军。1926年任骑兵第八团团长。翌年，任东北第十七师第五旅旅长。1928年改任骑兵第二旅（后改为第八旅）旅长，兼哈满护路军副司令，驻防满洲里、小蒿子一带。1931年"九一八"事变后，奉命率部保卫齐齐哈尔，并参加了江桥抗战。11月22日，被任命为骑兵总指挥，驻克山。1932年1月投敌，任伪黑龙江省警备司令，4月任伪黑龙江省省长（仍兼伪黑龙江省警备司令），参与围剿抗日武装。1932年9月，改任伪满洲国参议。

【二十三】6、9

楚霸王 即项羽（公元前232—公元前202），名籍，字羽，秦下相（今江苏宿迁西南）人，楚国名将项燕之孙。秦末重要的反秦领袖之一。秦二世元年（前209年）从叔父项梁在吴中（今江苏苏州）起义，项梁阵亡后他率军渡河救赵王歇，巨鹿之战摧毁章邯的秦军主力。秦亡后称西楚霸王，实行分封制，封灭秦功臣及六国贵族为王。后与刘邦争夺天下，进行了四年的楚汉战争，公元前202年兵败，在垓下（今安徽灵璧南）乌江边自刎。古人对其有"羽之神勇，千古无二"的评价，"霸王"一词源自项羽。

【十二】8；【三十九】9；【四十一】12；【四十三】8；【四十四】5；【五十二】7

褚民谊（1884—1946） 原名明遗，字重行。浙江吴兴人。1903年赴日本学习。1906年去法国，并加入中国同盟会。在法国与吴稚晖等创办中国印书局，发行《新世纪月刊》。1911年武昌起义后回国，结识汪精卫并成为汪的连襟。1912年再次赴法留学，1924年获斯特拉斯堡大学医学博士学位。是年底回广州，在北伐战争中负责北伐军的后方医务。1927年随汪精卫参加反蒋活动。1928年后，曾任南京国民政府建设委员会常务委员会主席、教育部大学委员会委员长、行政院中比（利时）庚款委员会中国委员长。1932年任行政院秘书长，后兼新疆建设委员会主任委员，当选为国民党中央执行委员。抗日战争爆发后，留上海任中法国立工学院院长、中法技术学校医学研究部主任。1939年参加汪精卫叛国投敌活动。汪伪政权成立后，任伪行政院副院长兼外交部长，参与签订《中（汪）日基本关系条约》。1942年任汪伪政权驻日大使。次年底回任外交部长。日本投降后被捕，1946年4月江苏高等法院以汉奸罪判处其死刑，同年8月被处决。

【五十二】8

褚玉璞（1887—1931） 字蕴山，山东汶上人。土匪出身。后投靠上海光复军张宗昌部，因骁勇屡被提升，历任张部营长、团长等职。1918年张部被江西督军陈光远缴械解散，随张投入直系军，旋又投奉军。1924年第二次直奉战争有功，任第一军副军长，后任第六军军长。1926年任直鲁联军前敌总指挥，击败国民军，占领天津，同年三月任直隶督办兼省长，年底任安国军第七方面军团司令兼十五军军长。北伐战争时期，勾结英国破坏中共天津地下机关，致使多名共产党员牺牲。1928年北伐军进抵天津、冀东一带，其亡命大连。1929年潜至胶东收罗旧部，企图再起，1931年被旧部刘珍年俘获，并被活埋。

【十七】3；【十九】5；【二十三】6、7；【二十五】15；【三十一】6；【三十三】9；【三十八】7

川岛芳子（1906—1948） 原名爱新觉罗·显玗，又名金璧辉，清肃亲王善耆的第十四女。1912年被日本浪人川岛浪速收为养女，起名川岛芳子，字东珍。毕业于日本迹见、松本高等女子学校。1927年与蒙古王族的甘珠尔扎布结婚，三年后离异。1928年投靠日本特务机关，从事刺探情报、网罗汉奸、制造暴乱等活动。1931年"九一八"事变后，参与了劫持溥仪，制造伪满洲国的阴谋活动。1932年"一·二八"事变时，在上海进行间谍活动。是年在日本关东军指挥下，组织"满洲国安国军"，自称金璧辉司令，协助日军入侵热河。抗日战争爆发后逐渐被日本侵略者所冷落，寄居北平。1945年日本投降后被逮捕，以汉奸罪和间谍罪判处死刑。1948年3月在北京监狱执行死刑。

【七】5；【八】7

慈禧（1835—1908） 姓叶赫那拉，满洲镶蓝旗人（后抬入镶黄旗）。清咸丰帝的妃子，同治帝生母。咸丰二年（1852）被选秀入宫，赐号兰贵人，后册封懿嫔。咸丰六年（1856）生皇长子载淳（即同治帝），诏晋封懿妃，次年晋封懿贵妃。1861年，咸丰帝崩逝后，与孝贞显皇后两宫并尊，称圣母皇太后，又称西太后，上徽号曰慈禧皇太后，后联合恭亲王发动辛酉政变，诛除八大臣。同治帝即位后，首度垂帘听政。自光绪年间，宫中及朝廷开始以"老佛爷"尊称之。是清同治、光绪两朝实际掌握朝政者。1908年，光绪帝崩逝后，即日尊为太皇太后，次日崩逝。

【十一】2；【十七】1；【二十一】5；【三十一】3；【三十二】7；【三十五】9；【三十九】8、9

崔成义（生卒年不详） 曾任张学良卫队营长。1928年6月皇姑屯事件后，护送张学良秘密返回沈阳。

【四十三】5

崔诚如（生卒年不详） 1928年11月任东北军通信大队通信第三队队长。

【二十三】7

崔骏声（1870—?） 名崔名耀，辽宁台安人。早年是八角台一带出名的秀才，受到时任八角台团练长张作霖的器重。1902年张作霖被招抚时，崔也相随。1906年被张作霖委任为统领的主稿员（相当于秘书）。张学良七岁时，被委任为张学良的家庭教师。张作霖升任奉天督军、东三省巡阅使后，崔被任命为巡阅使署的卫队旅第二团书记官。1919年专任巡阅使署教读，在大帅府里设立私塾馆，继续为张学良的弟、妹们施教。1922年之后，任奉天巡阅使署秘书处委员，一度成为大帅府里的座上宾。

【三十一】13；【三十五】4；【五十一】3

崔兴武（1885—1947） 亦名新五。满族。辽宁黑山人。年轻时参加毅军。1923年，加入直系军阀的热河骑兵第九旅。第二次直奉战争之后，随部队投靠奉系。1925年为汤玉麟手下，任独立第九旅旅长。1928年任热河省暂编骑兵第十七旅旅长。1930年率部镇压嘎达梅林武装起义。1931年冬，日军侵占通辽，他一面与日本特务机关暗中往来，一面调部队做抵抗姿态。1933年2月，被张学良提升为五十九军军长。日军进攻热河时，弃职出逃。不久弃军经商，出任新京（长春市）日本人办的赛马会会长。抗日战争胜利后，投靠国民党，组织土匪武装"热河人民自卫军"。1947年，在辽宁黑山被解放军击毙。

【二十三】9

长安军官训练团 1936年6月15日，张学良在陕西省长安县成立的军官训练团。张学良希望通过首先训练军官，达到清除传统观念改造整个东北军。团部设在王曲镇南的都城隍庙大殿里，因而又称王曲军官训练团。这是张学良仿照"庐山军训团"，以加强"剿共"的名义向蒋介石呈准立案的，因而取得了合法的地位。训练团团长名义上是蒋介石，副团长、代团长张学良，副团长杨虎城。第一期学员全部是东北军连营以上的军官；第二、三期大部分是东北军的，也有少数十七路军及邓宝珊和马鸿宾部连、营以上的军官。军训团的课程有军事课和政治课，政治课主要精神讲话，由张学良、教育长进行政治、时事形式及军队整顿的教育。

【十二】8

D

《答蒋公书》 即所谓的《西安事变忏悔录》。是1956年11月张学良应蒋介石要求，写给蒋介石的关于西安事变的回忆（当时蒋介石正在写《苏俄在中国》，要求张学良提供西安事变的情况）。后经蒋经国改名为《忏悔录》，在军队将领内部传阅。当张学良提出意见后，蒋介石命令收回。1964年7月1日，台北《希望》杂志创刊号刊登署名张学良，题为《西安事变忏悔录摘要》的文章。因此为张学良被幽禁28年来首次公开发表文章，内容又是关于"西安事变"的敏感问题，因此，该刊出版后，台湾《民族晚报》迅即分段转载，外国记者也纷纷拍发专电致海外。但《民族晚报》第二天就奉令停载，《希望》杂志被查禁、没收。20世纪80年代，国民党中央党史会编辑出版的《革命文献》第94辑《西安事变史料》也发表了《西安事变反省录》，内容与《希望》杂志发表的大体相同，文字略有改动，原来题目中的"忏悔录"改为"反省录"。

【五十七】2；【六十】4

达尔罕亲王（1878—1951） 名那木济勒色楞，族姓博尔济吉特，汉名包乐康。是和硕达尔罕亲王满珠习礼的第十代孙、第十二世和硕达尔罕亲王，也是末代达尔罕亲王。7岁时承袭王爵。自幼在家馆及北京宫廷内读书，通晓蒙汉文，兼修藏语和英语。18岁正式行使旗札萨克权力。1903年9月任哲里木盟务帮办。1906年1月任哲里木盟副盟长，1909年任盟长。1902年12月，遵慈禧太后之命，与清室克勒郡王之女四格格成婚，生一男二女。后来，长子包晓峰（林沁色鲁布）娶张学良的二妹为妻，与张作霖结成儿女亲家。1925年妻子去世，经张作霖撮合，与朱恩古之女朱博儒结婚，与朱博儒生有七男五女。1931年"九一八"事变后，拒绝与日本人合作。1945年日本投降后，国民政府任命他为东北接收大员、哲里木盟盟长，但他以年老体弱为由，拒返东北。1948年去台湾，后迁居香港。1951年在香港逝世。

【三十一】8、16；【三十五】2

大仓喜八郎（1837—1928） 日本著名财阀，大仓财阀的"开山祖"。早年在江户（今东京）做杂货零售生意。明治时代经营武器，贩卖枪支。中日甲午战争和日俄战争时承揽军火军需供应，遂发展为大企业。除在日本经营日本啤酒公司、八幡制铁所、东京电力公司、帝国饭店等企业外，还将资金的40%在华投资，在中国东北、华北、内蒙等地拥有30多个大企业，以钢铁矿产为经营中心。最大的有本溪湖煤铁公司，本溪湖水泥公司等，并在天津、上海开设大仓洋行，成为日本经济侵华的先驱。与张作霖结成莫逆之交，两人合作创办有兴发公司。30年代后，其创办的企业发展成为巨大的军需康采恩。

【三十二】16

大东亚共荣圈　第二次世界大战期间，日本帝国主义为实现其大陆政策而制定的奴役亚洲人民，建立庞大殖民帝国的侵略扩张计划。最早由日本近卫内阁的外相松冈洋右于1940年8月1日正式提出。当时被列入"共荣圈"的国家和地区有：中国，朝鲜、印度支那、缅甸、泰国、马来亚、菲律宾，荷属东印度（今印尼），澳大利亚，新西兰、英属印度、阿富汗等国，其中以中、日、满为经济共同体，以东南亚为资源供给区，以南太平洋为国防圈，并为此在内阁设立了大东亚省。1943年11月，日本首相东条英机发表《大东亚宣言》，标榜要"解放殖民地，相互尊重彼此独立"，但各地却须由日本驻军控制或部分控制。"大东亚共荣圈"表面上提倡各国互惠合作，共存共荣，实际上是日本侵略扩张野心最具体的表现。随着日本的战败，此梦想最终宣告破灭。

【五十六】6

《大公报》　1902年6月17日创刊于天津法租界的一张报纸。报名取之"忘己之为大，无私之为公"，是迄今中国发行时间最长的中文报纸。创办人英华（字敛之，满族人，天主教徒）。1916年因营业不振，售于皖系政客王郅隆，由胡政之任经理并总编辑。1926年9月起，由吴鼎昌、张季鸾等接办。在资产阶级、小资产阶级上层知识分子中有广泛影响。1928年东北易帜、1930年中原大战后期张学良通电全国拥蒋入关两大新闻，皆为《大公报》独家发布。曾先后增出上海，汉口、重庆、香港、桂林等版。上海版于1949年6月17日发表《大公报新生宣言》，继续在上海出版。后移至天津，1956年10月1日迁至北京，以报道财政经济为主。1966年9月10日终刊。现有香港《大公报》。

【二十一】8；【二十三】3；【二十五】1、3；【三十四】4；【三十八】6；【四十】6、7、8；【四十三】9；【四十九】2；【五十一】3；【五十三】11；【五十七】3；【五十九】3

戴传贤（1891—1949）　原名良弼、传贤，字季陶。原籍浙江湖州，生于四川广汉。1905年留学日本法政大学。1909年回国，后因撰文抨击清王朝而受通缉，逃往南洋槟榔屿，主办《光华报》，并加入同盟会。1912年回国，在上海创办《民权报》，后任孙中山秘书，并受命进行二次革命的军事联络活动。二次革命失败后逃往日本。1916年随孙中山回国。次年任大元帅府秘书长。1920年夏曾参加筹建上海共产主义小组，中途退出。其后同张静江、蒋介石等共同经营交易所的投机生意。1924年参加国民党一大，对联俄、联共、扶助农工三大政策持反对态度。孙中山逝世后，他成立右派组织孙文主义学会，并支持和参与西山会议派的反共活动。1926年任国立中山大学校长。1927年，积极参与策划"四一二"反革命政变。1928年后，历任南京国民政府委员、考试院院长等职。1948年6月改任国史馆馆长。1949年2月，在广州服安眠药自杀。

【八】9；【二十八】2

戴夫人 指张作霖的第三位夫人戴宪玉。见**戴宪玉**
【七】14；【二十四】2；【三十一】11

戴季陶 即戴传贤。见**戴传贤**
【四】10；【二十五】11；【二十八】1、3

戴笠 本名春风，字雨农。浙江江山人。1926年入黄埔军校第六期骑兵科，未毕业即任蒋介石侍从副官。1928年任国民革命军总司令部联络参谋，开始搞情报工作。1932年，国民党复兴社的核心组织——力行社成立，下设特务处，戴任处长。同年9月任国民党军事委员会调查统计局（简称军统局）第二处处长，1938年升任副局长，实际上全面负责。1943年任军统局代理局长。同年在重庆成立中美特种技术合作所，担任主任。他先是利用以黄埔军校毕业生为主的特务人员，从事对日本的间谍工作和对中国共产党的情报活动。后来又利用美国的情报技术，在中国沦陷区及南洋各地开办特务培训班，培养了大批特务。他运用特务组织大量迫害共产党人和进步人士。同时，他使军统势力步步膨胀，控制了国民党的许多要害部门。1946年，因飞机失事身亡，被追任为陆军中将。
【二十一】8、9；【二十二】3；【二十五】11、13；【二十六】7、15；【二十八】1、3、4、5、6；【三十四】1、2、3、13、18；【三十五】11；【四十一】11；【四十三】3；【五十一】7；【五十三】2、5；【五十四】9

戴联玺（？—1932） 河北人，回族。日本陆军士官学校第十二期步科毕业，回国后在保定军校担任军事教官。1921年6月投奔张作霖，任东三省陆军讲武堂第四期第二中队中队长。1924年，任直隶督办公署军务处长。1927年2月授少将衔。后调任东北讲武堂黑龙江分校教育长。1929年12月，任东北边防军司令长官公署卫队第二总队少将总队长。1932年夏，任独立第七旅旅长，旋因事故死亡。（当时，独立第七旅旅长王以哲调任北平军分会第一处处长，张学良调戴接任旅长。戴乘三轮摩托车从密云来清河镇旅部接任途中，被路旁倾倒的电线杆子打死。）
【二十三】10；【五十】11

戴宪玉（1885—1916） 辽宁北镇人，张作霖的三房夫人。又有陶姓、宪姓、线姓多种说法，据张家财产暨三畲堂清理委员会文件中记载为线夫人，名不详。又称陶夫人、宪夫人、线夫人。张学良称其三母亲。1906年与张作霖结婚。戴氏原为北镇县捕盗班头的儿媳妇，张作霖一次偶然看见，便不能自拔。让义父杜泮林说媒，捕盗班头在银两的诱惑和势力压迫下，只好同意这门亲事。婚后，张作霖赴洮南剿匪，带戴氏随军。戴氏与张作霖结合很勉强，积虑在心，1915年离开张家。1916年病故。没有生育。
【七】14；【二十四】2；【三十一】11

戴雨农（1897—1946） 即戴笠。见**戴笠**。

单膀子 指张作霖重金聘请奉天迫击炮厂总监、英国人沙顿。见**沙顿**
【三】5、6；【七】21；【二十六】3、8；【三十一】1、13；【四十三】3；【四十八】4；【五十一】3

德川家康（1542—1616） 日本战国时代末期的政治家和军事家，江户幕府的创建者。本姓松平，初名元信，后改名元康、家康。出生于三河国（今爱知县）冈崎城主家庭。1547年8月—1560年5月，先后被织田信秀和今川义元扣为人质。1562年与织田信长结为同盟。1564年控制整个三河国。1566年12月被任命为三河守，改松子氏为德川氏。1582年成为领有三河、远江、骏河、甲斐、南信浓五国的大名。1586年进入江户。1596年晋升为内大臣。1597年升任五大老首席。1603年任征夷大将军，建立江户幕府，成为全国统治者。两年后让位给其子，但仍掌握军政实权。1615年消灭丰臣氏，统一天下。1616年3月任太政大臣，4月病死。德川家康创建了幕藩体制，其建立的江户幕府其后统治日本达264年，史称"江户时代"。
【二十四】3

邓宝珊（1894—1968） 原名邓瑜。甘肃天水人。早年参加同盟会，辛亥革命时在新疆参加伊犁起义。1916年，在陕西参加了讨伐袁世凯的斗争。1918年1月，和胡景翼在三原创立靖国军，响应护法运动。1924年，参加冯玉祥领导的国民军，任国民二军师长。后代理甘肃省主席。1932年起，任西安绥靖公署驻甘行署主任、新一军军长等职。西安事变时，支持张学良、杨虎城提出的八项主张，拥护和平解决西安事变。抗日战争时期，任第二十一军团军团长，晋陕绥边区总司令，与延安往来密切。1948年8月，任华北"剿总"副总司令。同年底，作为傅作义的代表同人民解放军达成和平解放北平协议。1949年协助绥远和平解放。中华人民共和国成立后，历任西北军政委员会委员，甘肃省人民政府主席，甘肃省省长；全国政协第一届委员，第一、二、三届全国人大代表，第三、四届民革中央副主席和全国政协常委。1968年11月27日在北京逝世。
【二十四】9；【二十五】1

邓发（1906—1946） 别名元钊。广东云浮人。1922年参加香港海员大罢工。1925年加入中国共产党。同年，参加领导省港大罢工。第一次国内革命战争时期，曾任国民党广东省党部北伐青年工作队队长。1927年任广东油业总工会中共支部书记。土地革命战争时期，参加了广州起义，任工人赤卫队队长。1928年任中共香港市委组织部长、全国总工会南方代表及香港工人代表会议主席。以后历任中共香港市委书记、中共广州市委书记和中共广东省委组织部长。1930年，任中共闽粤赣省委书记。中共六届五中全会上当选为中央政治局候补委员。1931

年任中央工农民主政府政治保卫局局长。参加了二万五千里长征，任中央军委二纵队副司令员。抗日战争时期，曾任八路军驻新疆办事处主任。1940年任中共中央党校校长、中共中央职工运动委员会书记。1946年4月8日，由重庆乘飞机返延安，因飞机失事遇难。

【五十七】2

邓家彦（1883—1966） 字孟硕。广西桂林人。早年留学日本。1905年加入同盟会，回国后，在四川借教书宣传反清革命，发展同盟会组织。1912年中华民国成立后，任临时参议院议员。后在上海创办《中华民报》，反对袁世凯专制独裁，一度被捕。1914年夏留学美国哥伦比亚大学。1916年回国，参加讨袁护国战争。次年赴广州参加孙中山发动的护法战争。1921年任国民党广州特设办事处宣传部长、广西支部长。1924年1月当选国民党第一届候补中央委员。1926年在上海与马素等创办《独立周刊》。1927年参加广州"四一五"清党。1931年12月再次当选国民党候补中央委员。1934年任南京国民政府委员。1939年1月递补为国民党中央委员，并任国防最高委员会常务委员。同年11月被推为国民党中央常务委员。1945年5月当选为国民党第六届中央执行委员。抗日战争胜利后赴美国林肯大学攻读哲学，获博士学位。1952年到台湾定居。曾任国民党中央评议委员、"总统府"国策顾问。1966年在台北病故。

【二十八】2

邓文仪（1905—1997） 字雪冰。湖南醴陵人。1924年入黄埔军校第一期，参加第一次东征。次年由蒋介石保荐赴苏联莫斯科中山大学留学。1927年随共产国际代表团回国，任黄埔军校政治部代理主任。后投靠蒋介石，组织了黄埔军校"清党"委员会，主持工作期间共逮捕官生400余人。1928年任蒋介石总司令部侍从室参谋、机要秘书等职。1932年筹组"复兴社"，成为蒋介石的"十三太保"之一。1934年因受贿被撤销一切职务。1935年任驻苏联大使馆武官。抗战爆发后，曾任国防部新闻局长、政工局长，当选为国民党中央执行委员、中央常委。1949年去台湾后，任"退役官兵辅导委员会"副主任委员，国防研究院讲师，中华文化学院教授，及中国道教总会理事长。1987年后，数次回大陆参观旅游，受到邓小平、江泽民的接见。1997年在台湾去世。

【三十九】5

邓锡侯（1888—1964） 字晋康。四川营山人。1911年保定军官学校毕业后，历任川军教官、营长、团长、旅长、师长等职，在护国战争中功绩显著。1924年，被授予陆军上将骠威将军，任四川省省长、四川"清乡"督办。1926年起，任国民革命军第二十八军军长、国民政府军事委员会委员、国民革命军第十四路军总指挥。1927年后追随蒋介石叛变革命，在四川"围剿"中国工农红军。1937年全面抗战爆发后，主动请缨，率部出川抗日，历任第四集团军总司令、第二十二集团军总司令。1938年奉命回川，任川康"绥靖"主任，致力于整军备战，输送军队出川。抗战争胜利后，任四川国民政府主席，西南军政长官公署副长官，晋升陆军二级上将。1949年12月10日在四川彭县起义，脱离国民党政权。此后，任西南军政委员会副主席兼水利部长，四川省副省长，国防委员会委员，全国人大代表。1964年3月30日病逝于成都。

【二十六】8

邓小平（1904—1997） 原名邓先圣，学名邓希贤。四川广安人。1920年赴法国勤工俭学。1922年参加中国社会主义青年团，1924年转为中共党员。1927年春回国，被派往冯玉祥部从事政治工作。1928年任中共中央秘书长。1929年发动百色起义和龙州起义，任红七军、红八军政委。1931年夏到江西中央苏区，曾任红军总政治部秘书长、《红星》报主编。1934年参加长征，年底任中共中央秘书长。后任红一军团政治部宣传部长、政治部副主任、主任。抗日战争时期，任八路军政治部副主任，一二九师政委，中共中央太行分局书记，代理中共中央北方局书记。解放战争时期，任晋冀鲁豫野战军、中原野战军、第二野战军政委，晋冀鲁豫中央局书记，中原局、华东局第一书记。同刘伯承率军挺进大别山，揭开了全国性战略进攻的序幕，参与指挥了淮海战役、渡江战役。1949年10月，任中共中央西南局第一书记、西南军政委员会副主席、西南军区政委。1952年7月后任政务院副总理兼财经委员会副主任、财政部部长等职。1954年任中共中央秘书长、组织部部长，国务院副总理。1956年9月当选为中央政治局常委、中央委员会总书记。1966年"文化大革命"开始后，失去一切领导职务。1973年3月恢复国务院副总理职务。1975年1月任中共中央副主席、国务院副总理、中央军委副主席和解放军总参谋长。周恩来病重以后，主持党、国家和军队的日常工作。由于"四人帮"的诬陷，1976年4月又被撤销一切职务。1977年7月恢复了原来担任的党政军领导职务。1977年8月后当选中共中央副主席，全国政协主席。1978年12月中共十一届三中全会，形成了以他为核心的中国共产党第二代领导集体。1982年9月后任中央政治局常委、中央军委主席、中央顾问委员会主任。1983年6月当选中华人民共和国中央军事委员会主席。1997年2月19日在北京逝世。

【二十八】8

邓演达（1895—1931） 字择生，广东惠阳人。1909年入广东陆军小学，加入同盟会。1919年保定军校毕业。1920年后，历任粤军第一师参谋兼独立营营长、第三团团长。1924年第一次国共合作时，先后任黄埔军校筹备委员、军校训练部副主任兼学生总队长。同年冬赴德国研习政治经济。1925年底回国出席国民党第二次全国代表大会，当选候补执行委员，并任黄埔军校教育长。北伐战争期间，任北伐军总司令部政治部主任。北伐军占领武汉后，兼任湖北省政务委员会主任和北伐军武汉行营主任，是武汉政府中著名的国民党左派领导人。1927年3月，出席国民党二届三中全会，当选为中央执行委员、中央政治委员会委员、中央军委主席团成员和农民部长，并任军委总政治部主任。大革命失败前夕，流亡苏联，并赴欧洲诸国考察。1930年5月秘密回上海，发起创建中国国民党临时行动委员会，任中央干部会总干事。主张反帝反封建，推翻南京政权。1931年8月准备武装起义，因叛徒告密在上海被捕，同年11月被国民党当局杀害于南京。

【二十六】14

邓颖超（1904—1992） 原名邓文淑，祖籍河南光山，生于广西南宁。1919年与周恩来、马骏等领导天津学生爱国运动。1920年秋到北京师大附小任教员。1924年加入中国社会主义青年团。1925年转入中国共产党，并任中共天津地委妇女部部长，同年与周恩来结婚。后任中共广东区委委员兼妇女部部长。1926年出席国民党第二次全国代表大会，当选为中央候补执行委员。1927年后，在上海任中共中央妇委书记。1928年任中共中央直属支部书记，在上海从事党的秘密工作。1932年5月赴江西中央苏区，曾任中共中央局秘书长、中央政治局秘书、中华苏维埃共和国中央执行委员、中央机关总支书记。1934年参加长征。到陕北后，任中共中央白区工作部秘书，中央机要科科长、中华苏维埃政府西北办事处内政司法部秘书。抗日战争时期，在武汉、重庆从事抗日民族统一战线工作。1937年12月后，先后任八路军武汉办事处妇女组织员、中共中央长江局妇委委员，国民参政会中共方面参政员，中共中央南方局委员兼妇委书记。1945年任中共中央妇委副书记兼解放区妇联筹备委员会副主任。解放战争时期，曾在重庆、南京、上海为争取中国的和平、民主而斗争。1947年3月，任中共中央后方工作委员会委员。后任中共中央妇委代理书记。中华人民共和国成立后，先后任全国妇联副主席、名誉主席，全国人大常委会副委员长，中共中央政治局委员，中共中央纪律检查委员会第二书记。1983年当选全国政协主席。1992年7月11日在北京逝世。张学良重获自由后，邓颖超曾致信邀其回大陆访问。

【三十五】10；【四十二】1、10；【六十】6

邓玉琢（1903—1937） 字温璞，辽宁安东（今东港市）人。早年入东北讲武堂。继而又深造于东北陆军大学。毕业后，到东北军总部从事参谋工作。1936年12月，积极参与西安事变，出任抗日联军临时西北军事委员会总部参谋处处长。1937年11月淞沪战役时，任第六十七军第一〇七师少将参谋长，率部掩护上海主战场军队撤退。9日傍晚，遭日军便衣队袭击，壮烈殉国。然而不仅未得到国民党政府的表彰，反被诬为投敌叛变，蒙冤达40年之久。1988年9月，《人民日报》发表吕正操、方毅、宋黎撰写的记叙邓玉琢将军牺牲经过的文章。1993年3月，辽宁省政府批准其为革命烈士。

【二十三】13

第二次奉直战争 也称第二次直奉战争。1924年9月至11月，直系军阀吴佩孚与奉系张作霖为争夺北京政权而进行的战争。第一次直奉战争后，北京政权为直系控制。吴佩孚在英、美支持下，推行"武力统一"政策，一面准备对东北的奉系作战，一面把势力伸向南方。1923年10月曹锟贿选总统，遭到全国反对。各派军阀乘机反对曹、吴。奉系军阀张作霖自第一次直奉战争败后，在日本支持下积极整顿军备，并与皖系的浙江军阀卢永祥及广东的孙中山形成反直三角联盟。1924年9月，直系军阀齐燮元、孙传芳从江苏、福建进攻卢永祥，爆发了江浙战争。张作霖以反对攻浙为由，率奉军向热河、山海关进攻，第二次直奉战争爆发。奉系投兵力17万，直系投入兵力20余万，双方均有海空军参战。9月下旬至10月中旬，双方激战于山海关。正当两军在前方相持，北京空虚的时候，直系将领冯玉祥从热河前线秘密回师发动了北京政变，囚禁了曹锟，并将所部改称国民军。直军腹背受敌，在前线覆灭。吴佩孚于11月3日率残部由大沽口浮海南逃。第二次直奉战争以直系失败而告终。冯玉祥与奉系共推段祺瑞为中华民国临时政府执政。

【一】3；【三】8；【四】18；【七】29；【十四】3；【十六】4；【二十】1；【二十一】3；【二十三】13；【二十五】14；【二十九】7；【三十一】1；【三十二】18；【三十三】4、12；【四十四】5、7；【五十一】3；【五十二】10

第三国际 即共产国际，1919—1943年各国共产党和共产主义组织的国际联合组织。十月社会主义革命胜利后，各国共产党和共产主义组织纷纷建立。1919年3月2—6日，共产国际在莫斯科成立。来自欧、亚、美洲21个国家的35个政党和组织的52名代表出席了成立大会，中国、朝鲜以及其他东方国家的无产阶级代表作为观察员列席了大会。共产国际的最高权力机关是世界代表大会，各国共产党则是它的支部。世界代表大会休会期间的领导机构是共产国际执行委员会，它由世界代表大会选出并对其负责。共产国际先后共召开过七次代表大会，十三次执委会会议。在第二次世界大战中，建立了国际反法西斯统一战线，同德、意、日法西斯进行了英勇的斗争。但是，共产国际在其活动的全部历程中，也存在着许多不足之处，甚至犯有严重的错误。第二次世界大战期间，鉴于各国内部和国际形势更为复杂，原有组织形式不能适应新形势的要求。为了有效地组织一切国家的反法西斯斗争，共产国际执行委员会主席团于1943年5月15日发表《关于解散共产国际的提议》，提交各国支部讨论。经各国共产党的同意，共产国际于6月10日正式宣告解散。

【十二】8；【二十五】1、9；【二十七】2；【四十九】4；【五十一】3

第一次奉直战争 也称第一次直奉战争。1922年4月—6月，直系军阀吴佩孚与奉系张作霖为争夺北京政权而进行的战争。1920年直皖战争，以皖系失败段祺瑞下台告终。直、奉两系共同控制北京政权后，以英、美为后台的直系和以日本为后台的奉系，围绕北京政府的控制权展开激烈的争夺。1921年12月，奉系军阀张作霖推倒亲直系的靳云鹏内阁，支持亲日派梁士诒组阁。梁士诒上台后，准备和日本举行关于山东问题的秘密谈判，借以换取日本的借款。这不仅遭到全国人民的反对，而且损害了英、美两国和直系的利益。1922年1月，直系军阀吴佩孚，联合六省军阀，通电攻击梁士诒内阁媚日卖国，迫梁离职，直、奉矛盾日趋激化。4月上旬，奉军开入山海关与直军对峙，29日第一次直奉战争爆发。奉军以张作霖为总司令，率领4个师、9个旅，约12万人，分东、西两路沿津浦、京汉铁路向直军发起进攻，直军以吴佩孚为总司令指挥7个师、5个旅约10万人迎战。两军在长辛店、琉璃河、固安、马厂等地展开激战。5月3日，吴佩孚出奇兵绕道攻击奉军后方，使卢沟桥奉军腹背受敌；吴还分化奉军，使奉军第十六师临阵倒戈，造成全线溃退。5日，张作霖败退出关，北京政权完全被直系军阀控制。后经英、美传教士调停，双方停战。此后，奉系在日本援助下重整军备，并与段祺瑞共同策动冯玉祥等直系将领倒直，伺机卷土重来。

【一】2；【四】18；【五】17；【二十一】3；【二十三】13；【二十五】14；【二十六】5、10；【二十九】7；【三十一】1、13；【三十二】16；【三十三】1；【三十五】8；【四十七】4；【四十八】4；【五十一】3

调统室 国民党调查统计室的简称，隶属于中统局。中统局的全称为"中国国民党中央执行委员会调查统计局"，中国国民党的主要情报机构之一。中统系统在各省省党部及特别党部设调查统计室，简称调统室。调统室直属中统，省党部无权过问其工作，内部单线联系。1947年缩编为党员通讯组。1949年中统改为内政部调查局，各省统调室也改称内政部调查局下属调查处。

【二十六】14

丁超（1876—1954） 号浩忱。辽宁新宾人。1911年入日本陆军士官学校。回国后任直隶督军公署副官，陆军第二混成旅第四标教练官长、奉天军械厂厂长、奉天南征军总司令部兵站处处长、北京步军总领衙门总参议兼军械库总办，东三省南路讨匪总司令部参谋长，黑龙江督军署参谋长兼国防筹备处处长、哈满护路司令，黑龙江满海警备司令兼东省铁路护路军司令。1920年授陆军少将衔。1921年后任吉林省督军署参谋长、兼东省铁路护路军顾问，奉天省督军署军事顾问，镇威军后方司令兼总司令部参议，延吉镇府使兼吉林第二混成旅旅长，吉长镇守使兼陆军第八旅旅长，滨江镇守使兼陆军独立第二十八旅旅长、东省铁路护路军长绥司令。1927年授陆军中将衔。1929年后任东北边防军东路前敌总指挥，吉林省政府主席。曾与东北陆军第二十四旅旅长李杜联合抗击进攻哈尔滨的日军。1935年投靠日本，历任伪通化省省长、安东省省长、伪参议府参议大臣。1945年日本投降后，隐潜北京。1954年初被北京市公安机关逮捕，判处死刑。

【二十三】6

丁喜春（1883—?） 辽宁沈阳人。毕业于东三省陆军讲武堂。1928 年底，任东北陆军步兵第二旅旅长。1931 年 5 月，任陆军独立第八旅旅长。1933 年 3 月，任陆军第五十三第一〇八师师长。先后参加了第二次直奉战争（1924 年）、调停中原大战（1930 年）、热河抗战（1933 年）。热河抗战失败后，率部退入关内，此后情况不详。

【二十三】9、11

《东报》 1922 年创办于奉天的日报。1921 年 12 月张学良赴日本观秋操之后，"饱受刺激，再看东北人心，如此麻醉，便创办《东报》，意在抵制《盛京时报》。"（王益知编著《张学良外记》）次年初夏，张学良利用奉天小南门内县属旧址作为社址，聘张培民为社长，创办了此报。国内外重要消息多由日本"东方"、"电通"两通讯社供给，另邀聘友人从京沪诸埠拍发专电，而奉天电报局则将各报专电密录一份给它，故该报不仅能契合读者心理，且消息灵通，常有他报所无的"独得之秘"。但因其有"排日"色彩，常受日方限制封锁和故意刁难。1924 年 4 月，该报发生所谓对日皇"不敬"事件，被勒令停刊。

【五十三】11

东北边防军整编 1931 年 5 月张学良对东北军的整编。1928 年 12 月东北易帜后，南京国民政府于 12 月 31 日任命张学良为东北边防军司令长官。东北军称为东北边防军。1930 年中原大战后，张学良被委为全国陆海空军副司令。1931 年 4 月 15 日，张赴北平，成立陆海空军副司令北平行营，节制辽、黑、吉、热、冀、晋、察、绥各省军队，并于 5 月 1 日整编东北边防军。整编后军队取国民党军队统一番号，原则上与中央军序列一致，但仍保持其独立的编制。共编为陆军 1 个师另 25 个独立旅、骑兵 1 个师另 6 个独立旅、炮兵 3 个独立旅另 2 个团、工兵 1 个团另 2 个营及东北宪兵、兴安屯垦军、省防军等，海军 2 个海防舰队、1 个江防舰队，空军 5 个航空队，总兵力约 30 万人。

【三】5；【四】5；【二十四】4

东北海军 民国时期奉系军阀建立并控制的海军力量。前身是 1917 年 7 月北京政府海军部组成的吉黑江防舰队。1922 年第一次直奉战争后，吉黑江防司令公署脱离北京政府海军部，改属奉系军阀张作霖的东三省自治政府，主管江海防务。1924 年第二次直奉战争中，奉系为在海上与直系渤海舰队相抗衡，以商船改装的"镇海"、"威海"、"定海"号和从日本购买的鱼雷艇"飞鹏"号组成海防舰队。1925 年始有"东北海军"之称。1926—1927 年，东北海军兼并渤海舰队后，正式成立东北海军总司令部，张作霖兼总司令，下辖以原东北海军舰队为主的第一海防舰队，以原渤海舰队为主的第二海防舰队，以及浅水炮舰为主的江防舰队。1928 年 7 月，张学良任东北保安总司令兼海军总司令后，东北海军实力达到全盛时期，辖有巡洋舰3艘、驱逐舰1艘、练习舰1艘、炮舰12艘、炮艇6艘、运输舰1艘，总排水量近2万吨。还设有东北航警学校、航空队、陆战队、东北航务局、海事编译局等单位。12月东北易帜后，东北海军归属国民政府。中东路事件时，1929年10月12日，江防舰队同苏联黑龙江舰队发生武装冲突，多艘舰船被毁。1931年"九一八"事变后，日本侵占东北三省，江防舰队全部消亡。1933年，"海圻"、"海琛"和"肇和"号巡洋舰南下投靠广东军阀陈济棠后，海防舰队正式改编为第三舰队，实力大大削弱。抗日战争爆发后，剩余舰艇自沉阻塞港口，人员撤往内地，东北海军至此告终。

【三】7；【二十六】4

东北讲武堂 清末民国时期（1907—1931）东北地区的著名军事教育机构。与"云南讲武堂"、"保定陆军军官学校"、"黄埔军校"并列为中国四大军官学校。1907年8月，东三省总督徐世昌在奉天（今沈阳）创办"东三省讲武堂"，辛亥革命期间和民国初年一度停办。1919年，东三省巡阅使张作霖在原址重新开办讲武堂，改名"东三省陆军讲武堂"，以后多次更名，但通称"东北讲武堂"。1928年张学良主政东北后，改校名为"东北讲武堂"，并迁到东大营办学，同时成立东北讲武堂黑龙江分校、热河分校，又将航空班、步兵研究班、炮兵研究班、军需研究班、宪兵教练处、高等军学研究班并入东北讲武堂。1931年"九一八"事变爆发，东北讲武堂被迫终止。东北讲武堂前后历时20余年，培养各类毕业生10000余人，成为培养东北军（奉军）将领的摇篮，东北军的各级军官大部分都由东北讲武堂毕业。

【七】21；【二十三】13；【二十六】12；【三十三】14

东北军工兵 1928年东北军整编后，陆军共有8个工兵营。周葆荃任第一工兵营营长，驻辽西义县；许经纬任第二营营长，驻辽西大凌河；徐增善任第三营营长，驻辽西巨流河；王世隆任第四营营长，驻大凌河；张质彬任第五营营长，驻抚宁；袁勋阁任第六营营长，驻北戴河；佟荣甫任第七营营长，驻吉林，归吉林副司令长官公署指挥；刘润川任第八营营长，驻黑龙江，归黑龙江副司令长官公署指挥。1931年5月东北军再次改编，冠以全国番号，第一至第六营改为陆军工兵第一团，团长杜维刚，该团辖第一、第二、第三、第四营，第七营改为陆军工兵第十一营；第八营改为陆军工兵第十二营。原工兵训练监部改为工兵司令部。

【二十三】7、11、12、13

东北军整编 1928年11月张学良对奉军的整编。1928年7月张学良就任东三省保安总司令后，为缩减军费，对军队实行整编。11月1日张学良于沈阳召开整军会议，撤销了以往各军团及师的番号，将所有军队改编为国防军和省防军。国防军称"东北陆军"（从此始有"东北军"之称）。"国防军以养成劲旅保护国境为本旨,省防军则以剿办土匪,维持地方治安为专务"。国防军中,步兵、骑兵均以旅为单位,炮兵以团为单位,工兵以营为单位。省防军中,步兵、骑兵以旅或团为单位,归各镇守使指挥。整编后,国防军步兵为30个旅、骑兵6个旅、炮兵10个团;空军5个中队;海军3个舰队、3个陆战大队。省防军辽宁为7个团,黑龙江7个旅,热河2个旅;屯垦军3个团。总计兵力30万人。共裁减官兵2万余人。

【二十三】6、11;【二十六】13

东北空军　民国时期奉系军阀在东北建立的军事航空力量。1921年1月(一说1920年7月)奉系军阀张作霖成立东三省巡阅使公署航空处,在沈阳尔塔修建机场,筹建空军。1923年航空处整编,张学良兼任航空处总办,招揽航空人才,从英、法等国购买飞机,组建3个航空队。1925年又增建2个航空队。1926年建水上飞机队,随海军作战。同年夏奉系入主北京,成立航空司令部,张学良任司令,并控制原中央政府的航空署,拥有百多架飞机和近百名飞行员。1928年6月,北伐军攻占北京,奉系败退出关,各航空队撤回东北。同年8月,张学良改编空军,航空处改称东北航空大队,辖5个航空队,11个飞行中队,并将航空学校并入东北洪武堂,更名航空教育班。1930年后,张学良将航空大队改为东北边防军航空军司令部,自兼司令。又将航空教育班改称航空教导队,加强对航空队人员的新式教育。1931年"九一八"事变,东北空军官兵奉命撤离机场。19日晨,日军将机场的一百多架飞机和航空设施全部掠走。此后,东北空军大部分人员奔赴南京参加国民政府空军,少数投奔新疆、湖南、四川等地方空军。

【三】6;【二十三】7;【三十三】18

东北易帜　1928年12月29日张学良宣布拥护南京国民政府,改旗易帜的政治行动。1928年6月4日,奉系首领张作霖从北京撤回东北途中,于皇姑屯被日本军队炸死。张学良继任东北三省保安司令。7月1日,张学良通电宣布,希望和平,主张统一。南京国民政府占领平津后,也决定对东北实行"和平解决方略"。随后,蒋介石同张学良之间互派使节,磋商易帜问题。美国公使马克谟也亲临沈阳,说服张学良归顺南京政府;其时,张学良受到日本政府的威胁,日本表示东三省易帜,将采取自由行动。由于日本在国际上处境孤立,其分离东三省的计划没能实现。12月29日,张学良通电宣布"遵守三民主义,服从国民政府,改旗易帜",在东北将原北京政府的红黄蓝白黑五色旗改为南京国民政府的青天白日旗。12月31日,国民政府任命张为东北边防军司令长官。至此,南京国民政府实现了全国的形式上的统一。

【三】1、10;【四】1;【二十三】7;【二十四】3、5;【二十七】1;【三十】6、13;【三十二】1;【四十九】4;【五十六】9

东北政务委员会　张学良主政东北时期东北的最高行政机关,于 1929 年 1 月 12 日成立。"东北易帜"谈判时,国奉双方达成的条件之一是在东北成立政治分会,但 1928 年 8 月国民党二届五中全会作出了于 1928 年底裁撤各地政治分会的决议,而东北政治分会是在此决议作出裁撤决定后成立,所以产生了矛盾。为了既执行会议决议,又满足东北的"特别情形"和"过渡办法"的要求,于是双方商定变化形式,在易帜后成立东北政务委员会,标志着国民政府在形式上统一了中国。南京政府批准的委员为张学良、张作相、万福麟、汤玉麟、翟文选、常荫槐、张景惠、刘哲、方本仁、刘尚清、袁金铠、莫德惠、王树常、王树翰、沈鸿烈等 15 人,张学良为主任委员。同日,南京政府公布热河省划归东北,东北的范围由原来的东三省扩大为东四省。东北政务委员会决定,从 1929 年 3 月 1 日起,奉天省改称辽宁省。"九一八"事变后,东北政务委员会解体。

【二】4;【二十四】4、8

东电　指张学良于 1930 年 3 月 1 日发出的劝蒋介石和阎锡山息争通电。内容为:"溯自统一完成,瞬逾一纪,……当此之时,若不各捐成见,共息争端,势必至国家元气亏竭,根本动摇,而外人之环伺我侧者,求全大欲,亦遂起而乘之。自亡人亡,不演成灭国灭种之惨剧不止。此次蒋、阎政见分歧,无妨磋议,切不可为意气用事之争,兵戎相见。望介、百二公,融袍泽之意见,懔兵战之凶危,一本党国付与之权能,实施领袖群伦之工作。"

【四】6;【二十四】6

东京审判　第二次世界大战后,1946 年 1 月 19 日,驻日盟军最高统帅在东京成立的远东国际军事法庭,审判及惩罚日本战犯。法庭由在日本投降书上签字受降的中、苏、美、英、法等 11 国法官组成。1946 年 5 月,检察官团对 28 名首要战犯提出起诉,1948 年 11 月宣判。此间美国操纵审判,并在审判过程中包庇和开释了多名重要战犯。其中甲级战犯中 25 名有罪,东条英机、广田弘毅、土肥原贤二、板垣征四郎、木村兵太郎、松井石根、武藤章 7 人被判绞刑,并于 1948 年 12 月 23 日在东京执行。

【二十六】1;【三十二】14;【五十三】7

东清铁路　又称中东铁路、东省铁路。见**中东铁路**

【三十一】7

东三省兵工厂　民国初期奉系军阀在辽宁沈阳建立的兵器生产企业。1896 年于辽宁奉天建立盛京机器局,规划生产枪械弹药,日俄战后停办。1916 年春,奉天督军张作霖在沈阳大东边门里建军械厂。1922 年扩建为东三省兵工厂,先后建火药厂、造炮厂、造枪厂、炮弹厂、枪弹厂、铸造厂、火具厂、兵器厂(实际是兵器库),设有兵器科学研究会和兵工学校,聘请德、奥、日、俄等外籍顾问技术人员数十人。到 1929 年，每年能生产大炮 150 门，炮弹 20 余万发，步枪 6 万支，枪弹 18000 万粒，轻重机枪 1000 挺以上，常在工人 20000 余。1931 年，试制成功 10 发自动步枪。"九一八"事变后，被日本关东军占据，更名为奉天造兵所。1945 年 9 月由国民政府军政部兵工署接收，更名为第九十工厂。

【三十一】7

东三省官银号　1905—1932 年东北地区的近代化银行。前身是奉天官银号，1905 年盛京将军赵尔巽在华丰官银号的基础上，由省库支银 30 万两改组而成。第一任总理马恩挂。后改为东三省银号，是中国东北最早建立的新式银行，成为东三省地方中央银行。设有总号和分号，总号实行总办，会办制；分号实行经理，副理制。总号设在奉天（今沈阳），分号最多时达 80 处。分号除天津、北京、上海三处，其余全在东北，奉天省最多。其业务主要有代理金库、发行纸币、汇兑、存款、放款、买卖生命银、买卖粮食等。东三省官银号，最先发行钱贴，后又发行小银圆票，而将钱贴收回。至 1917 年，由于发行费较高，发生挤兑，改发大银圆券，称为汇兑券。1928 年，张学良主持东北政务后，决定以东三省官银号为主体，联合东北边业银行和中、交两行的奉天分行，成立辽宁省城四行号联合发行准备库。"九一八"事变后，1931 年 9 月 23 日东三省官银号被日本侵略军封闭，后来在日、伪监视下开门复业。1932 年 7 月 1 日，"满洲中央银行"成立，东三省官银号、边业银行，吉林永丰官银号和黑龙江官银号一起被"满洲中央银行"吞并，东三省官银总号改称"满洲中央银行奉天分行"。

【五】13、14、15；【二十五】15；【四十五】5、6；【四十七】1；【五十三】13

东条英机（1884—1948）　日本陆军大将、首相，二战甲级战犯。日本东京人。早年在东京陆军地方幼年学校、中央陆军幼年学校接受军事化教育。1904 年入陆军士官学校，1911—1915 年就读于陆军大学。毕业后，历任陆军省副官、驻德大使馆武官、陆军大学教官、整备局课长等职。1935 年，任关东军宪兵司令。"七七"事变前夕升任关东军参谋长，率部侵入中国承德、张家口、大同等地。1938 年任陆军省次官，次年转任航空总监。1940—1941 年任陆军大臣，积极主张扩大侵华战争和对英美开战。1941 年 10 月组阁，任日本内阁首相兼陆军大臣、内务大臣，发动太平洋战争后，又兼军需大臣和参谋总长。1944 年 7 月战局日渐不利，被迫下台。日本投降后被捕时自杀未遂。后被远东国际军事法庭判处绞刑，并于 1948 年 12 月 23 日被执行。

【四十五】3；【五十三】7

董大虎（生卒年不详）　民国初年在辽西一带有名的土匪头目。张作霖早年曾短暂加入其匪帮，两个月后离开。

【三十四】6

董凤祥（生卒年不详） 1929年任东北边防军司令长官公署军事厅参谋处处长。后投靠日伪，1935年12月，任日本扶持的伪冀东防共自治政府保安处处长。

【二十三】7

董福亭（1880—1934） 又名辅庭，辽宁海城人。青年时参与土匪活动。1914年考入奉天军官团。1924年任东三省陆军五十八团团长。郭松龄反奉时，因其在巨流河阻击郭军有功，升任奉军第三十八旅旅长。1928年5月授陆军少将加中将衔。1931年5月任陆军第三十六师第一〇七旅旅长。1933年初参加热河抗战，因作战不力被撤职。1934年被第二十九军宋哲元改编，仍任旅长。同年，在张家口病逝。

【二十三】6

董舜臣（生卒年不详） 字仲方，沈阳人。东北讲武堂第三期步兵科毕业。1927年任奉军第三、四联合军团卫队旅上校参谋长。1931年4月任北平陆海空军副司令行营参谋处副处长。

【二十三】8

董显光（1987—1971） 浙江宁波人。1909年赴美留学，于密苏里大学新闻学院毕业后，1912年入哥伦比亚大学普利兹新闻学院攻读硕士学位，因母病辍学回国。1913年起，历任上海英文《民国西报》副总编辑，英文《北京日报》主笔及驻华盛顿记者、《密勒氏评论报》兼任副总编辑等。1925年在天津创办《庸报》。1934年加入国民党，历任国民政府军事委员会第五部副部长、国民党中央宣传部副部长、行政院政务委员兼新闻局局长等职。曾受蒋介石委托与张学良交好，在董的影响下，张学良皈依基督教。1949年去台，先后任中国广播公司总经理兼《中央日报》董事长，台湾当局驻日、驻美"大使"。1971年在美国病逝。

【二】12；【十二】9、14；【十三】2、4；【十九】2；【二十二】4；【二十九】1、2；【三十】7；【四十二】11；【四十六】1；【五十五】10；【五十八】5

董彦平（1896—1976） 原名芝芳，字佩青，原辽宁洮南人（今属吉林省）。1925年毕业于东北讲武堂第五期步兵科，后赴日本学习。曾任东北军模范队总队副，第一〇五师第一旅旅长。抗战爆发后，任第四十九军副军长，第十一集团军参谋长。抗战胜利后，任东北行营副参谋长兼驻苏军事代表团团长，安东省政府委员兼主席，国民政府主席东北行辕政务委员，并当选第一届"国大代表"。1949年去台，任"行政院"设计委员，"国防部"东北地区游击工作小组委员，国民党中央政策会副秘书长，中央党务顾问等职。1976年病逝台湾。

【二十三】13

董英斌（1894—1960） 字宪章。辽宁沈阳人。1918年，先后毕业于清河陆军第一预备学校、保定陆军军官学校第五期步科。历任山西步兵队副、连长、参谋、团副、营长，团长等职。1926年，转投奉军。1928年任东北陆军步兵第五旅旅长。1929年参加满洲里战役。1933年任第五十一军第一一一师师长。1934年升任第五十七军副军长。1935年任第五十七军军长、西北第二路第七纵队司令官。1936年授陆军中将衔。西安事变时，任西北"剿总"代参谋长。1938年入陆军大学特四期受训，1940年结业后任驻滇参谋团主任、第一战区参谋长、冀察战区副总司令、第十战区参谋长。1947年任东北行辕参谋长。1948年6月任东北"剿总"副总司令。1960年病逝台湾。

【二十三】3、6、7、9、11、13；【二十六】14

董卓（？—192） 字仲颖，东汉陇西临洮（今甘肃岷县）人。本为凉州豪强。中平元年（184）任东中郎将，参与镇压黄巾军。桓帝末年先后担任并州刺史，河东太守，利用汉末战乱和朝廷势弱占据京城，废立皇帝刘辩，挟持献帝，东汉政权从此名存实亡。董卓生性凶残，犯下诸多罪行，引致全国其他割据军阀发动董卓讨伐战，后来联军发生内讧，转而成了各军阀互相争战的情况，初平三年（192），董卓被朝内大臣联合其部下设计诛杀，并夷其三族。

【十七】8

窦尔敦（1680—1720） 河北献县人，原名窦开山，乳名二东。排行第二，长得虎背熊腰，故又叫窦二墩。出身贫苦，但富有正义感，行侠仗义，嫉恶如仇，因不满地主老财为富不仁，遂涉足绿林，抗清反暴。后人将窦尔敦的事迹加以改编收入小说《施公案》中，后又改编成京剧，至今仍上演的有《盗御马》与《连环套》。在这两出戏中，窦尔敦不再是农民起义的领袖，而是占山为王的绿林好汉。他与清王朝的斗争，被改为武林中个人恩怨的争斗。

【五十】5、6

督军 北洋军阀统治时期设立的省级最高军事长官。民国初年，各省最高军事长官称都督。袁世凯统治时期，改为某某将军督理某省军务，简称"将军"。1916年袁世凯死后，段祺瑞将其改称督军。1922年，黎元洪倡议"废督裁兵"，没有实现，于是下令改督军为督理某省军务善后，简称督理。1924年第二次直奉战争后，段祺瑞又改其为军务督办。其后直系军阀吴佩孚兴起，吴发表的命令、任用督理之称，北京政府发表的命令、任命仍用督办，各行其是，至北洋军阀灭亡为止。

【一】4；【二】1、4；【五】13；【八】7、14；【十一】7；【十二】8；【十七】5；【十九】6；【二十】3、4；【二十一】6；【二十四】2；【二十五】7、15；【二十六】2；【三十二】11、16、17、18；【三十三】1、2、9；【三十四】5、7、9；【四十四】7；【五十】4、9；【五十三】13、14；【五十四】2、4、5、6；【五十九】2

杜继武（1898—?） 毕业于保定陆军军官学校。1931年任东北军独立第十八旅旅长。1933年任第一一八师师长。1935年4月授少将衔。

【二十三】9、11

杜立三（1880—1907） 字阁卿,辽宁辽中人。辽西一带著名土匪头目。初在小黑山土匪头目冯麟阁帮内,后因不守帮规,分出另干。1905年日俄战争时,清廷默许日本在辽西一带招募东亚毅勇军,冯与杜帮皆参加。战争结束后,冯麟阁任统领,杜为前营管带。冯命杜开往法库、郑家屯驻防,但杜仍操旧业,拉帮在台安清麻坎、掉斜窝子等流窜,劫掠财物。后又投靠辽阳州,编西路马巡,但匪性不改。光绪三十三年（1907）东三省总督徐世昌严令新民府知府和张作霖限期捉拿其归案。后被张作霖设计诱杀于新民。

【三十二】16

杜连庆（1944— ） 山东莱州人。1970年毕业于辽宁大学。后曾任大连管理干部学院党史党建教研室主任、讲师。曾发表多篇有关张学良与东北军的论文,与陆军合著《张学良与东北军》。

【二十三】3

杜鲁门,H（Truman,Harry S,1884—1972） 美国第33届总统（1945—1953）,民主党人。出生于密苏里州。参加过第一次世界大战。战后当过法官。1935年进入参议院,1945年1月任副总统,同年4月罗斯福病逝,继任总统。7月参加波茨坦会议,8月批准对日本使用原子弹。1947年3月制订推行"杜鲁门主义",帮助希腊和土耳其镇压人民武装斗争。成立中央情报局。1948年批准复兴西欧经济的马歇尔计划。1949年再度当选为总统,订立《北大西洋公约》。1950年发动侵朝战争,并派遣海空军侵占中国领土台湾。1953年卸任回乡。1972年12月26日在堪萨斯城病故。

【二十三】1、2、4

杜泮林（1844—1917） 名恩波,字泮林,别号清醒山人。为奉天八角台的名士之一。早年中秀才,时与地方文士李龙石,刘东阁诸人并称"辽西六逸"。张作霖在八角台当保险队头目时,同他结下交情,来往密切,关系甚笃。1907年张作霖奉命剿灭辽西巨匪杜立三时,利用杜泮林为杜立三的同族叔父的关系,请他写信诱杜立三到新民府接受招安,张作霖借机将杜立三枪决。

【三十一】11；【三十五】4

杜如晦（585—630） 字克明,唐京兆杜陵（今属陕西）人。唐初名相。隋末曾任滏阳尉。后归顺李世民,任秦王府兵曹参军,迁陕西总管府长史,参与征战机密。累功迁陕东道大行台司勋郎中,不久又兼文学馆学士。与房玄龄等助李世民谋划策动"玄武门之变"。太宗即位后，累迁尚书右仆射。与房玄龄等共掌朝政，议立各种典章制度，善断大事，人称他和谋略过人的房玄龄为"房谋杜断"。贞观三年（629），因病解职，次年去世。太宗赠其开府仪同三司，加司空，改封莱国公，谥曰"成"，诏令虞世南制碑文以记如晦功勋。

【二十五】15

杜维刚（生卒年不详） 1931年5月任东北军陆军工兵第一团团长。1933年3月任东北军工兵团团长。

【二十三】11、12

杜聿明（1904—1981） 字光亭，陕西米脂人。1924年6月入黄埔军校第一期。毕业后参加北伐，从连长升至副师长。1933年率部参与长城古北口对日战斗。1937年，任国民党军第一个陆军装甲兵团团长，8月率部参加淞沪会战。1938年7月任第二〇〇师师长，参加台儿庄、兰封、信阳战役。1939年11月任第五军军长，率部参加桂南会战，获昆仑关大捷。1942年3月任中国远征军第一路副司令长官兼第五军军长，率部参加滇缅对日作战。1943年1月任昆明后备部队（第五集团军）司令。1945年在云南发动政变，逐走龙云，加强了国民党对云南的控制。1945年2月晋升陆军中将，10月任东北保安司令部司令长官。1948年8月任徐州"剿总"副总司令，10月任东北"剿总"副总司令兼冀热辽边区司令官，旋回徐州任原职。1949年1月9日在淮海战役中被解放军俘虏。1959年12月，被特赦。后任全国政协文史专员，全国政协第四届委员会委员，第五届全国人大代表、全国政协第五届常委。1981年病逝于北京。

【十二】8

杜月笙（1887—1951） 原名月生，后改名镛，号月笙。上海浦东人。早年在上海流浪，做过水果行学徒。后拜青帮头子陈世昌为"老头子"，成为青帮"八股党"首领。后与上海大流氓头目黄金荣、张啸林结为把兄弟，成为上海租界青帮头目之一。与黄金荣、张啸林合办三鑫公司，以贩卖鸦片起家。1927年组织中华共进会，破坏上海工人武装起义，积极支持并参加蒋介石发动的"四一二"政变。国民党统治时期，曾任国民党政府海陆空军总司令部顾问、上海地方协会会长，国民党上海市参议会副议长、法租界公董局华董、中汇银行董事长、国民党政府行政院参议。与蒋介石关系密切，西安事变发生后，曾以上海市地方协会名义急电张学良，要求保全蒋介石的性命。上海沦陷后去香港，1939年回重庆，在抗战中设立通济公司及其分公司大发国难财，并迫害进步人士。1949年去香港，1952年病死。

【十一】2、7；【十二】2；【十三】2；【十九】6；【三十五】11；【四十一】11；【五十八】5

杜长龄（1902—1941） 字鹤年。早年入奉军，1923年东北讲武堂第四期毕业。在张学良、郭松龄部任排、连、营长。1926 年由张学良保送至日本步兵学校学习。1929 年毕业回国，历任东北讲武堂教务主任、讲武堂高等军事研究班步兵班主任、东北军卫队统代部步兵第一大队上校大队长等职。1932 年，任北平军分会第一处（参谋处）第一科上校科长。不久辞职，组织"辽、吉、黑抗日民众后援会教导队"，参加长城抗战。后他领导的队伍被改编为六十七军技术大队（又称特务大队），驻在廊坊，杜任大队长。1933 年 6 月，加入中国共产党。1933 年 8 月 4 日，率部发动廊坊起义。失败后化装回到天津。1934 年 11 月赴新疆，曾任工程处处长和孚远县长等职。1937 年 11 月 20 日，被盛世才逮捕。1941 年 8 月被秘密杀害。

【二十三】10

杜振（生卒年不详） 1928 年 11 月任东北军通信大队大队长。

【二十三】7

杜重远（1897—1943） 吉林怀德人。1917 年赴日入东京高等工业学校窑业科学习。1923 年回国，在沈阳开设肇庆窑业公司。1927 年，当选奉天商会副会长。1929 年，转任奉天工会会长，兼东北边防军司令长官公署秘书。曾帮张学良组织东北国民外交协会。"九一八"事变后赴北平，出任东北民众救国会执委会常委兼政治部副部长，是张学良在北平成立的智囊核心组成员之一。曾以记者身份在各地活动。1935 年 5 月因创办《新生》周刊刊登"闲话皇帝"被判一年两个月，《新生》被当局查封。1937 年抗日战争爆发后，奔走各地，为抗日军队筹集武器弹药以及物资。1938 年应盛世才之邀，赴新疆任"新疆学院"院长，开讲中国共产党的统一战线，组织"新疆学生暑期工作队"进行抗日宣传。1939 年遭盛世才软禁。1940 年 5 月被盛世才以"汉奸"、"托派"罪名逮捕，长期关押，并受到酷刑折磨。1943 年 9 月，被秘密杀害。

【十二】6、8、11；【十七】11；【二十四】9；【二十五】1、2；【二十八】1；【三十】2；【三十四】3；【五十二】5；【五十三】11

端纳（William Henry Donald，1875—1946） 全名威廉·亨利·端纳。澳大利亚新闻记者。1902 年以悉尼《每日电讯报》通讯员身份来远东，后曾任香港《德臣报》记者，纽约《先驱报》驻上海记者，孙中山的私人顾问，上海《远东时报》编辑兼伦敦《泰晤士报》驻北京通讯员。1920 年起任历届北洋军阀政府顾问。1928 年奉系北洋政府垮台后转任张学良的私人顾问，1933—1934 年随张学良赴欧洲考察。1934 年改任蒋介石的顾问。1936 年西安事变发生后，受宋子文、宋美龄委托，作为调停人飞西安进行谈判，数次往返南京与西安之间，对和平解决西安事变有一定的影响。1940 年，因为与蒋介石、宋美龄意见不合，辞职离开中国。1941 年太平洋战争爆发，应宋美龄电召回中国途中，在菲律宾被日军关入集中营。1945年2月被美军救出,送珍珠港海军基地医院疗养。后宋美龄派飞机接他回上海医治,1946年11月9日病逝于上海。他是中华民国时期中国政坛上最为活跃的西方人,被称为"中国的端纳"。

【四】5、12;【五】1、2;【十一】6;【十二】3;【十三】11;【十六】6;【十七】3、13;【十九】3;【二十一】9;【二十三】10;【二十四】7、8、9、11;【二十五】1、2、7、8、11、12;【二十六】14、15;【二十八】2;【三十一】13;【三十二】17;【三十三】10、11;【三十七】1;【三十八】4、5;【四十一】3;【四十二】2;【四十三】3、6;【四十六】1;【四十九】6;【五十一】9;【五十二】2、12;【五十五】9;【五十六】10

段俊良(1887—?) 即段宏业,字骏梁。安徽合肥人。段祺瑞的长子。段祺瑞对其寄望甚殷,然他却生活奢靡,放浪形骸,曾有人将他与孙中山之子孙科、张作霖之子张学良、卢永祥之子卢小嘉称为"民国四公子"。20世纪20年代一度担任山西井陉正丰煤矿总经理。一生酷爱围棋,曾接济、收罗不少潦倒棋士。其父晚年则随侍左右,接送宾客,处理书籍文稿等杂事。

【五十二】12

段祺瑞(1865—1936) 字芝泉,安徽合肥人。1885年入北洋武备学堂炮科,毕业后赴德国学习军事,在克虏伯炮厂实习。1896年以后,协助袁世凯创办北洋军。1903年任练兵处军令司正使,与冯国璋、王士珍并称"北洋三杰"。1906年起先后任第四镇、第六镇统制。武昌起义爆发后任第二军军统,并署湖广总督,赴湖北镇压革命。南北议和时两次通电,要求清帝退位。袁任临时大总统后,段为陆军总长,1913年代理国务总理,镇压"二次革命"。后遭袁疑忌被冷落。袁死后,历任北京政府陆军总长、国务总理、参谋总长。1920年直皖战争中失败下台。1924年第二次直奉战争中直系失败,段被张作霖等推为"临时执政",但已无实力。次年,召集"善后会议",抵制孙中山主张召开的"国民会议"。1926年被冯玉祥赶下台。1933年移居上海。1935年被任为国民政府委员,未就职。1936年在上海病逝。

【一】1;【七】25;【八】14;【十六】4;【十九】6;【二十】2;【二十一】3;【二十五】1;【二十六】3、10;【三十一】1、2;【三十二】11、14、16;【三十三】1、4、5、9、12、20;【三十五】8、9;【四十一】4;【四十二】4、7;【四十三】1;【四十四】5、7;【五十二】12;【五十三】14;【五十六】1

段毓奇(生卒年不详) 福建福州人。1957—1980年为监管张学良的特务队成员,先后任随护组副组长、组长,"随护"了23年。1980年,传段曾安排同情张学良的儿媳妇陈若曦(作家)和张学良秘密见面,因触犯禁令,被令退休。

【二十二】3、4

段芝贵（1870—1925） 字香岩，安徽合肥人。1886年入北洋武备学堂。毕业后留学日本。1892年回国，到军械局任职。1897年到天津任袁世凯新军督操营务处提调兼讲武堂教习，后任管带、帮统。1900年参加镇压义和团运动，升任道员。1905年任陆军第三镇统制。1907年任黑龙江巡抚。1911年武昌起义后，被袁委任为武卫右军右翼长。次年任驻京总司令官，统制陆军和武卫右军，后任拱卫军总司令、察哈尔都统。1913年任陆军第一军军长，后任江西宣抚使。1914年任湖北都督。1915年任奉天将军兼巡按使，联合十四省将军，拥护袁世凯称帝。1917年任讨逆军东路总司令，随段祺瑞讨伐张勋。次年任段内阁陆军总长。1919年任京畿卫戍司令。1920年参加直皖战争，任定国军前敌总司令。战败后，逃入日本使馆。后闲居天津。1925年病死。

【四】17；【二十五】15

多尔衮（1612—1650） 太祖努尔哈赤第十四子，皇太极之弟。是完成大清一统基业的关键人物，清朝入关初期的实际统治者。初封贝勒，屡随太宗出征。天聪三年（1629），从皇太极入明边，进逼北京，败袁崇焕。崇德元年（1636），进封睿亲王三年，任奉命大将军，克明城40余。八年（1643）世祖继位，与郑亲王济尔哈朗共同辅政。顺治元年（1644）率军入关，分兵几路进攻李自成、张献忠以及南明福王等。定都北京创立制度，大权独揽，世祖年幼，乃代其决军国大事，排斥异己。次年封号加至皇父摄政王。顺治八年卒，不久被指为谋逆，追削爵位。乾隆时恢复睿亲王封号，追谥曰"忠"。

【二十五】1；【三十二】7

E

儿玉秀雄（1876—1947） 日本陆军大将儿玉源太郎的长子，寺内正毅元帅之女婿。承父荫袭子爵，后晋封伯爵。1900年东京帝国大学法科毕业。曾参加日俄战争。1923年9月出任"关东厅"长官。1940年任米内光政内阁内务大臣。1944年任小矶内阁国务大臣，后又任文部大臣。

【十五】6

儿玉源太郎（1852—1906） 明治时期日本陆军大将。大阪兵学寮（陆士前身）毕业。曾任参谋本部第一局长兼陆军大学校干事，监军部参谋长兼陆军大学校校长等职。1889年晋升陆军少将，任监军部参谋长，陆军次官兼军务局长兼陆军省法官部长。甲午战争开始后，任大本营留守参谋长兼临时检疫部长，积极策划侵华战争。1895年后，任第三师团长、内务大臣。1898年，任台湾总督，在台湾推行了一系列新的殖民措施，与同时上任的民政长官后藤新平一起奠定了台湾殖民统治的基础。1904年日俄战争爆发后，虽仍兼任台湾总督，但已回军部任职，晋升陆军大将，担任日本满洲军总参谋长，实际指挥了攻克旅顺的关键胜利。之后，成为日军在大连和东北占领区统治的总头目，是满洲日本移民500万的总策划人。1906年1月，任满洲经营调查委员会委员长。7月13日任满铁委员长，是满铁的实际创立者。7月24日，因脑溢血暴卒。死后被明治天皇特旨追叙正二位、一级金鵄勋章和旭日桐花大绶章，翌年又追封为伯爵。

【十五】6

"二二"事件 1937年2月2日应德田、孙铭九为首的东北军少壮派枪杀王以哲等东北军将领的事件。1936年12月25日张学良送蒋介石离开西安，12月26日抵达南京后，被蒋介无理扣押。围绕如何营救张学良，东北军内部形成以张学良秘书应德田、特务团团长孙铭九等中下级军官为首的主战派与以第六十七军军长王以哲、骑兵军军长何柱国等高级将领为首的主和派。随着事态不断发展，双方矛盾愈演愈烈，1937年2月2日主战派枪杀了王以哲以及东北军总部交通处中将处长蒋斌、少将副处长宋学礼和参谋处少将处长徐方，并意图追杀闻风躲避到杨虎城住所的何柱国，被杨虎城劝阻。"二二"事件的发生，加速了东北军，西北军和红军"三位一体"的瓦解，扭转了西安事变的走向。

【二十七】7；【二十八】3；【三十二】5

"二二八" 即台湾二二八起义，1947年台湾人民反对国民党反动统治的武装起义。抗日战争胜利后，南京国民政府接管了台湾，对台湾人民实行政治上的绝对独裁和经济上的高度统制。1947年2月27日，台湾省专卖局缉私员和警察在台北市殴打一名女香烟贩，枪杀一名围观群众，激起民愤。28日，市民罢市，游行请愿，要求惩办凶手，赔偿损失，废除专卖制度，反对贪官污吏，遭到军警镇压，死三人，伤三人，因而爆发了席卷台湾大部分地区的人民武装起义。几天之内，全省除重兵把守的澎湖及基隆、高雄和少数军政部门外，皆为起义人民所控制。3月8日，在美国军舰、飞机配合下，国民党军队在全省进行大逮捕、大屠杀，被杀害者在万人以上，起义遭到失败。

【二十八】6；【五十八】5

"二十一条"　1915年1月日本以吞并中国为目的而强加于中国的单方面不平等条约。1914年第一次世界大战爆发，日本在8月对德宣战，出兵占领了德国在中国的势力范围——山东半岛。1915年1月18日，日本向袁世凯政府提出了秘密条款，共有五号二十一条。主要内容是：(1) 把德国在山东攫取的一切权利让与日本，并增加日本在山东的新权利；(2) 将旅顺、大连的租借期限及南满、安奉两铁路的期限延长为九十九年，承认日本在南满及东蒙的特权；(3) 将汉冶萍公司改为中日合办，附近矿山不准公司以外的人开采；(4) 中国沿海港湾岛屿不得租借或割让给他国。(5) 中国政府聘用日本人充任政治、财政、军事顾问，中国警察及兵工厂由中日合办，日本在武昌、九江、南昌和潮州之间有修筑铁路权等。消息一经传开，反日舆论沸腾，袁世凯不敢立即表示接受。此后日本以威胁利诱手段，历时五个月交涉。5月7日日本发出最后通牒，迫使袁世凯政府于5月9日递交复文表示除第五项各条容日后协商外，全部接受日本的要求。5月25日在北京签订了所谓"中日条约"和"换文"（即《民四条约及换文》）。此后历届中国政府均未承认其为有效条约。

【二】10、11；【十二】10；【二十九】6；【三十一】7；【三十二】8、14、17；【三十三】10、17；【三十四】12；【五十一】3

二万五千里长征　简称"长征"，是1934年10月—1936年10月中国工农红军主力一次大的战略转移行动。由于王明"左"倾冒险主义的错误领导，造成了第五次反"围剿"战争的失败。1934年10月共产党领导的红一方面军（中央红军）、红二方面军（由红二军团和红六军团会合后组成）、红四方面军和红二十五军分别从各苏区向陕甘苏区的战略撤退和转移。其中红一方面军行程在二万五千华里以上，因此长征又被称作二万五千里长征。遵义会议是长征的转折点，毛泽东的领导地位由此开始确立。红军长征打破国民党军队的围追堵截，战胜恶劣的环境，经过爬雪山、过草地的长途跋涉，1936年10月，红军第一、二、四方面军在甘肃会宁会合，长征结束。长征使中国革命转危为安。

【七】10；【九】6；【二十三】11；【二十四】11；【二十七】1；【五十八】3

F

范先炳（生卒年不详） 1934年任鄂豫皖三省"剿匪"总部总务处第二科科长。

【二十三】11

范玉书（1901—1983） 辽宁沈阳人。东北讲武堂第五期和陆军大学第八期毕业。历任陆军独立第十旅步兵第六二九团营长、陆军第一三〇师团长、第六五六团团长。1934年入庐山军官训练团第二期受训。1935年，任军事委员会委员长行营陆军整理处军官教育团上校连长。1936年入意大利国立外侨大学文学系、国防大学第五期学习。后任陆军大学少将教官、陆军暂编第十三师少将副师长、陆军步兵上校、第三区干部训练团少将教育长、东南干部训练团教育长、中央训练团教务组组长，获胜利勋章。1945年8月后，任东北保安司令长官部副参谋长，第二八四师师长，第八十六军副军长。1949年去台湾，任退除役官兵就业辅导委员会简任督察等职。1983年3月，在台北去世。

【二十五】15

方本仁（1880—1953） 字耀庭，湖北黄冈人。早年投湖北新军。1908年北京陆军军官学堂毕业后，历任北京政府陆军参谋官等职。1913年二次革命后任江西将校讲习所所长、江西都督署参谋长。1917年任赣西镇守使。1922年，任赣南镇守使兼粤赣边防督办兼援粤军总司令。1925年1月，任江西督办。同年11月，任五省联军赣军总司令。1926年3月，被吴佩孚罢免，遂投奔广东革命政府，任江西宣抚使兼国民革命军第十一军军长。1927年6月，任太原政务委员会委员。1928年3月任军事委员会委员，后作为蒋介石的代表，赴东北劝说张学良"改旗易帜"。1929年1月任东北政务委员会委员，5月4日任湖北省政府委员兼民政厅厅长，并一度代理湖北省政府主席。1931年4月11日任军事参议院上将参议，12月任北平政务委员会委员。1932年后下野赋闲，任中国工农银行常务董事，湖北民众抗敌后援会监察委员会主席，商办江南铁路公司监察人，湖北省捐税监理委员会主席等社会职务。1953年2月在天津去世。

【二十四】3、6；【三十一】6；【五十五】1

方克猷（生卒年不详） 清末秀才，八角台（今辽宁台安县）名士。1901年张作霖到八角台一带办保险队时，与其结交。

【三十五】4

方叔洪（1908—1938） 山东历城人。1925年赴日本留学，1929年日本陆军士官学校毕业，回国后到十九路军效力。1932年，参加"一·二八"淞沪抗战。1933年十九路军在福建组建"人民革命政府"时，任新兵训练总监。1934年1

月福建事变失败后到武汉投张学良，任武汉行营中校参谋、上校参谋。1936年后任第五十七军第一一二师参谋长，第五十一军第一一四师参谋处长、副师长、中将师长。1939年6月，率第一一四师与日军在鲁南冯家场一带作战斗时牺牲，是抗战初期牺牲的最年轻将官之一。

【二十五】16

方永蒸（1893—1992） 字蔚东。辽宁铁岭人。曾就读于北京高等师范学校。毕业后，担任辽宁教育厅视学、科长、第三中学校长等职。1930年，赴美国哥伦比亚大学学习教育。回国后，先后任东省特别区教育厅第二科科长、东北大学教育学院院长、文学院院长、国立北平师范大学教授、西北师范学院教授兼附中校长。1946年，创办国立长白师范学院。1948年，当选第一届国大代表。1949年赴台，后历任"行政院"设计委员会委员、台湾省行政专修班科主任、"考试院"考试委员兼考试院考试技术改进委员会主任委员、光复大陆设计研究委员会委员、台湾师范大学教务长、崇右技术学院校长、中国医药学院董事、中国测验学会理事长。是国民党十三、十四届中央评议委员。

【三十二】10、18

芳泽谦吉（1874—1965） 日本外交官。新潟县人。1899年东京帝国大学英国文学科毕业，获外交补官资格。曾任驻日本驻厦门、上海、牛庄等地副领事。1910年任驻英国大使馆一等书记官，1912年任驻汉口总领事，1916年任使馆参赞，1919年任外务省政务局局长，1920年任外务省亚洲局局长兼欧美局局长。1923年任驻中国全权公使，1925年郭松龄反奉时，曾支持日本出兵援助张作霖，攻击郭松龄。1931年任犬养内阁外务大臣。1932年当选为贵族院议员。1936年任"政友会"顾问，出席泛太平洋会议。1940年为驻荷属东印度大使，1941年任驻法属越南特命全权大使。1945年任外交部顾问及枢密院顾问。1946年被整肃，1950年解除整肃。1952年复出，任驻"台湾大使"。1955年退职，参加自由民主党，曾任东京新潟县人会会长。1965年1月4日病故。

【三十一】7

房玄龄（579—648） 唐初年宰相，大唐"贞观之治"的主要缔造者之一。字乔（一说名乔，字玄龄），齐州临淄（今属山东淄博）人。隋末进士，任隰城尉。唐兵入关中，归附李世民，跟随秦王十年艰辛征战，任秦王府记室，并协助李世民谋划统一，取得帝位。贞观元年（627年）任中书令。后任尚书左仆射，奉命修国史。封梁国公。与杜如晦、魏徵同为唐太宗主要助手，辅佐太宗，总领百司，掌政务达20年；参与制定典章制度，主持律令、格敕的修订。去世后谥号"文昭"，配享太宗庙廷，陪葬昭陵。

【二十五】15

费起鹤（1879—1953） 字云皋，直隶通县（今属北京市）人。1899年毕业于通州潞河书院。后任山西太谷县中学、汾州中学教员。1901年留学美国，先后获美国俄比林大学学士、耶鲁大学教育系硕士学位。1907年回国，任天津普通中学堂总教习。1908年任直隶高等学校教务长、校长。1912年任南京临时政府外交部顾问，北京基督教青年会书记兼干事，创办育才学校（后改名为北京财政商业专门学校），任校长20余年。后任天津商品检验局局长，财政部赋税司司长，河北省印花烟酒税局局长等职。"七七"事变后，拒绝参加日伪政权，携家潜赴天津英租界避难。1941年春，由天津经青岛、香港辗转抵达重庆，任中央信托局人事处长。1946年8月返回北平。抗美援朝时期，任天津仁立公司董事，支持公司为志愿军捐献战斗机一架。1953年病逝于北京。

【五十五】9

丰臣秀吉（1536—1598） 日本战国时代末期实现统一全国的武将。生于尾张爱知郡。原称木下滕吉郎秀吉，后称羽柴秀吉。18岁投奔织田信长幕下，屡立战功，取得正式武士身份。1573年成为拥有贵族身份的地方小诸侯。信长死后，开始统一全国的征战。1585年与德川家康签订合约，任握有军政实权的关白，赐姓丰臣，取得了统一政权的领导地位。在此后的五年中，历经多次征战，于1590年迫使北条氏投降，完成了统一全日本的大业。1592年让关白位与其养子丰臣秀次，自称太阁，仍是日本的实际掌权者。1593年把北海道正式划归日本版图。为巩固统一和强化封建统治秩序，在全国实行清丈土地，史称太阁检地；实行"刀狩"政策，解除农民武装；对工商业者实行市场开放，免除市场税、保证经商自由、奖励对外贸易等措施。1592年发动侵略朝鲜的战争，遭朝鲜军民的坚决抵抗，败于李舜臣的龟船舰队。1597年再次派兵入侵，仍失败而告终。1598年病逝。

【二十四】3

冯秉权（1898—1965） 字镇枒。广东鹤山人。广东黄埔陆军小学第八期、武昌陆军第二预备学校第二期、保定陆军军官学校第六期步科毕业。1920年起任东北军重炮连长，东三省巡阅使署卫队旅重炮团营长、团长。1927年后任东北军炮兵第二旅旅长，东北军训练委员会炮兵组组长。1932年起任北平军分会第二处副处长，中央防空学校高射炮队队长、教官。1936年2月授陆军少将，任防空学校教育长。抗日战争爆发后，因蒋介石兼任防空学校校长，退任教育处长、代理教育长。1947年任防空学校校长。1948年冬随校迁台，1949年1月授陆军中将，任花莲防空指挥官，空军总司令部中将咨议官。1959年退役，任台湾银行顾问。1965年10月30日在台北逝世。

【二十三】11

冯德麟（1867—1926） 原名冯玉琪，字麟阁，辽宁海城人。青年时投身绿林。1900年义和团运动时，沙俄入侵，冯于辽阳界的高家坨子成立大团，声称"保境安民"。1901年，抗击俄军被俄军逮捕，流放库页岛，不久逃归。日俄战争爆发后，率部参加日人招募的"东亚义勇军"。战后，日本特奖赏他'宝星勋章'，并向清政府保荐予以招抚。冯初任河防营统带，后充巡防营左路统领。辛亥革命爆发后，他与张作霖同为赵尔巽效命镇压革命党人。民国成立后，任第二十八师师长。1916年张作霖督握奉省军政实权，与冯矛盾。1917年6月张勋复辟，冯积极拥护并进京活动。复辟失败后被监禁于北京。后由张作霖出面得以获释，但二十八师师长被张作霖乘机夺取，冯被任命为总理府高等顾问。1920年经张作霖斡旋，回到奉天任盛京副都统兼金州副都统等职，专司掌管清朝关外三陵（永陵、福陵、昭陵）的守护以及有关地亩管理等项事宜，无军政之权。1924年辞官。1926年病逝于北镇。

【三十一】1、8；【三十五】12

冯耿光（1882—1965） 字幼伟。广东省番禺人。日本士官学校兵科第二期毕业。1905年毕业回国，历任北洋陆军第二镇管带和协台、广东武备学堂教习、陆军混成协标统、澧州镇守使、军咨府第二厅长。辛亥起义后，清政府派他为参加南北和谈之北方分代表。1912年民国成立后，任袁世凯总统府顾问兼临城矿务局督办，参谋本部高级参议，授陆军少将衔。1918年任中国银行总裁。1922年改任中国银行常务董事。1926年又被推为中国银行总裁。1928年后专任中国银行常务董事。南京国民政府时期，曾任新华银行、大陆银行、中国保险公司、中国农工银行、联华影业公司董事、董事长等。1949年10月后，任中国银行和公私合营银行董事、第一届全国政协委员等职。

【五十五】2

冯国勋（生平不详） 1931年任东北军第一战车大队大队长。

【二十三】11

冯国璋（1859—1919） 北洋军阀直系首领。字华甫。直隶河间（今属河北）人。早年投身淮军，天津北洋武备学堂第一期毕业，1890年毕业后留任教习，后为淮将聂士成幕僚。甲午战争后任中国驻日使臣裕庚的军事随员。回国后受到袁世凯赏识，追随袁到天津小站任督操营务处总办。1899年随袁去山东，参与镇压义和团运动。1903年，经袁举荐任练兵处军学司司长，督理北洋武备学堂，与王士珍、段祺瑞并称"北洋三杰"。武昌起义爆发，清廷被迫起用袁世凯，冯被袁荐任第一军军统，率军赴湖北镇压革命。袁世凯窃国后，冯统领禁卫军，兼总统府军事处长。1913年"二次革命"时，率北洋军攻陷南京，任江苏都督。袁死后北洋军阀分化，冯为直系首领。1916年被选为副总统，但不肯放弃江苏地盘，乃在南京就职。1917年7月张勋复辟失败后，黎元洪被迫辞去总统职，冯以副总统代理总统。次年被段祺瑞胁迫下台。病死于北京。

【十九】6；【二十四】2；【二十六】3；【三十二】11；【三十三】4、9、20；【三十八】7；【四十四】7；【五十三】14

冯麟阁 即冯德麟，字麟阁。见**冯德麟**

【二十五】15；【三十一】3；【三十二】16；【三十三】1；【三十五】1、7

冯钦哉（1890—1963） 原名敬桂、精一、敬业，字钦哉，山西万泉（今万荣）人。1909年加入同盟会。1917年入杨虎城部，历任旅长、师长。1928年秋，军队缩编，改任第二集团军暂编第二十一师第一旅旅长。1927年春，随杨虎城投国民革命军，后任新编第十四师的旅长，第四十二师师长，第七军军长兼陕西省政府委员。1936年1月，授陆军少将衔。西安事变时拒绝杨虎城命令，公开通电反对发动事变，致使潼关防线不攻自破。事变后，任第二十七路军总指挥，脱离杨虎城西北系统。抗战时期，任第十四军团军团长，一战区副总司令，参与娘子关抗战、中条山抗战。1946年后，任十二战区副司令长官，北平行辕副主任，华北剿总副总司令。1948年底，支持北平和平解放，随傅作义起义。之后，在北京家中赋闲。1956年加入民革，任北京市第一届政协委员。1957年被划为右派，开除民革党籍，后因历史问题被捕。1963年1月22日病故于西安。1980年，民革北京市委员会撤销过去给予他的一切处分，恢复政治名誉。

【二十六】14

冯武樾（1895—1936） 字启缪，广东省番禺人。1911年赴法国留学，后转至比利时，学习航空及无线电技术，曾遍游欧美实习考察。回国后，服务于航空界。1921年与赵一荻的大姐赵绛雪结婚。1923年，张学良任东三省航空处总办时，他任该处设计主任，后改任东北文化社社长。1926年7月，由张学良资助，在天津创办《北洋画报》。通过他的介绍，张学良认识了赵家的兄弟姐妹。1929年，回天津定居。1936年5月因病去世。

【四十】6；【五十五】2

冯庸（1901—1981） 初名英，字镇雄、天铎、星族、独慎，号汉卿，化名汤竞。辽宁海城人。东北宿将冯麟阁之子。北京中央陆军第二讲武堂和东北陆军讲武堂毕业。历任东北军少将参谋，东北航空处上校参赞。1923年加入国民党。1925年任东北空军少将司令官。1926年在沈阳创办大冶铁工厂和大冶工业专科学校。任北洋政府航空署参事兼所长。1927年捐资在沈阳创立冯庸大学，自任校长。1929年中东路事件时，组织冯庸大学歼俄义勇军参战。"九一八"事变后，迁冯庸大学于北京。1932年淞沪会战时，组织冯庸大学义勇军南下赴沪参战。1933年长城战役时，任东北抗日联军第七路总指挥，与冯玉祥察绥抗日同盟联络协同作战。庐山受训后,转战于各战区抗击日军。抗战胜利后回到沈阳,任东北行辕政务委员会常务委员,兼监察处处长。1949 去台湾,历任高雄港司令、"国防部"联合作战计划委员会委员。1981 年 2 月 5 日病逝台北。

【二】12;【五】1;【二十】5;【二十九】5、9;【三十一】3;【三十三】1;【三十四】6;【三十五】6、7;【五十】11;【五十二】12

冯玉祥(1882—1948) 本名基善,字焕章,原籍安徽巢县,生于河北保定。早年加入淮军,后改投袁世凯武卫右军。1914 年后,任陆军第七师第十四旅旅长,第十六混成旅旅长,湘西镇守使等职。1921 年任陆军第十一师师长,陕西督军,从属直系。1922 年第一次直奉战争中,击败河南督军赵倜,任河南督军。后赴京改任陆军检阅使。1924 年第二次直奉战争中,发动北京政变,囚禁总统曹锟,改所部为"国民军",致直系兵败;电请孙中山北上,逐溥仪出宫。段祺瑞主政后,遭排挤。1925 年底参加反奉战争,1926 年 1 月在奉、直军联合进攻下被迫下野,旋赴苏联考察。8 月回国,9 月 17 日在绥远五原誓师,就任国民军联军总司令,率部参加北伐。1927 年 4 月任国民革命军第二集团军总司令。1928 年 10 月任行政院副院长兼军政部长。后逐渐与蒋介石对立。在 1929 年和 1930 年的蒋冯战争和中原大战中失败下野。"九一八"事变后,积极主张抗日。1933 年 5 月,组织察哈尔民众抗日同盟军,任总司令。8 月在蒋威逼下辞职,隐居泰山。1935 年 4 月授陆军一级上将,12 月出任军事委员会副委员长。西安事变发生后,主张和平解决。抗日战争期间,曾任国防最高委员会常委,第三、第六战区司令长官,不久被蒋撤职。抗战胜利后,1946 年被迫去美国考察水利,同时被令退役。在美期间抨击蒋介石的内战、独裁政策。1948 年 9 月,响应中国共产党的号召回国参加中国人民政治协商会议筹备会,途中于黑海因轮船失火遇难。

【一】4;【四】6、7;【五】9、11、12;【七】16、17;【九】15;【十二】8;【十三】3;【十六】4;【十七】4;【十八】3;【十九】5;【二十】3;【二十一】9;【二十二】6;【二十四】3、4、5、6、7;【二十五】1、2;【二十六】2、3、5、9、10;【二十七】7;【二十八】1、2;【三十一】2、4、6;【三十二】6、9、13;【三十三】2、4、5、7、13、21;【三十四】3、11、17;【三十五】6、9、10;【三十六】2、4;【三十八】5;【三十九】8;【四十二】3、4、7;【四十三】5、6、7;【四十四】2;【五十】8;【五十一】3;【五十三】10、13;【五十四】7、9;【五十八】5;【五十九】4;【六十】1

冯占海(1899—1963) 字寿山。辽宁义县人。1919 年入东三省陆军讲武堂。毕业后任奉军排长、连长、营长、团长等职。"九一八"事变后,组织救国军,任吉林地区警备司令兼旅长。1932 年与丁超等共组吉林自卫救国军,任副总司令兼右路总指挥、吉林抗日义勇军总指挥,守卫哈尔滨,后被迫撤退至热河。1933 年,原部改编为第六十三军,任军长兼第九十一师师长,参加热河抗战。5

月加入冯玉祥组织的抗日同盟军并任第四路军总指挥。1935年4月授中将衔。"七七"事变后,任漯河警备司令兼护路司令。1938年,在江西德安战役中,受日军攻击伤亡惨重,被夺去军权,调任军事参议院参议。后脱离军旅以经商为业。抗战胜利后,迁居北平。1949年10月后,任吉林省体育运动委员会主任、中国国民党革命委员会吉林省副主任。1963年9月14日逝世于长春。

【二十三】11;【二十四】8

奉俄谈判 指1924年张作霖与苏联政府关于中东铁路等事务的谈判。1924年5月,北洋政府与苏联政府签订了《中俄解决悬案大纲协定》和《中俄暂行管理中东铁路协定》。由于当时中国处于军阀割据的状态,中东铁路属于张作霖势力范围之内,北洋政府与苏联所签订的协定必须得到张作霖的认可才能生效。于是,苏联政府又与张作霖谈判,双方于1924年9月20日签订了《中华民国东三省自治政府与苏维埃社会联邦政府之协定》,简称《奉俄协定》。它是以中东铁路为主要内容,重申了苏联政府与北洋政府签订的协定中关于中东铁路规定的主要原则,即中苏"共管"中东铁路,苏联实现了重新控制中东铁路的目的。

【四】4;【五十六】10

奉票 北洋军阀统治时期奉天省政府发行的一种以银圆为本位的、不能兑换的汇兑券。1917年,奉天省政府经历了一场货币危机,原来流通于奉天省的小洋票不断贬值,并出现用小洋票挤兑银圆的风潮。为了稳定货币和保护银储备不致因兑现而外流,奉天省政府指定东三省官银号发行奉票汇兑券,以省政府持有的银储备作为准备金。1918年始大量流通,票面有1元、5元和10元三种。个人不能拿奉票到东三省官银号兑换银币或硬币,现款可用奉票交纳,存入官银号的银币或硬币款项亦用奉票支付。1917年至1920年,奉票1元等于1日元,成为一种币值稳定的货币。1924年东三省官银号宣布,东北原来发行的其他银行钞票价值要根据奉票来定,并决定发行一套新的奉票,收回全部流通的可兑换的纸币。次年新的奉票在东北广泛流通。当时,张作霖卷入关内战争,为了支付军费,曾命令东三省官银号大量增加奉票发行量,奉票币值也随之猛跌,张作霖被暗杀,奉票便一钱不值了。广义的奉票,是指流通于奉天省内的各种纸币,包括东三省官银号、中国银行、交通银行及奉天公济平市钱号发行的纸币。

【五】13、14;【二十六】5;【三十一】6;【三十三】2、9;【四十四】1;【四十五】5、6;【五十三】13

奉天兵工厂 即东三省兵工厂。见**东三省兵工厂**

【三十三】7

奉天国民保安会 简称保安会。辛亥革命时期以抵制革命为目的的团体。1911年11月12日,由东三省总督赵尔巽联合地方官绅及立宪派共同,成立于沈阳。赵尔巽亲任会长，吴景濂、伍祥桢任副会长。下设外交、军政、财政、内政、参议、教育，劝业、交通8个部门。在奉天各地和吉林、黑龙江两省设有分会，支部长多由旧官僚担任。该组织建立"民团"等反对武装，试图将行政权归于己，以便维持奉天治安。实际是以维持地方治安为名，欲借以牢笼党人，防止革命党人在东北响应武昌起义，便于公开镇压革命。革命党人张榕一度担任该会参议部副部长，但很快与之决裂，另组联合急进会。

【三十二】16

奉天基督教青年会 20世纪10年代后基督教约瑟夫·普赖德设在奉天的分会。基督教青年会1844年创立于英国伦敦。1855年青年会世界协会成立。1895年，青年会从美国传入中国。1912年，奉天基督教青年会成立。最初设在大南门东城根下的福音堂内。它并不是单纯的宗教活动场所，而以英文夜校开门，以提倡体育运动起家，是以发展"德、智、体、群"四育为标榜的社会教育、社会活动机构。会内报纸、刊物齐全，藏书丰富。奉天基督教青年会与奉系政权有着良好的关系，在两次直奉战争时，青年会充当了调停人的角色。1923年，张作霖将大南门的景佑宫旧址拨给青年会重建会址，增加了不少现代化的设施，又在原来夜校的基础上增设德育、智育、体育、群育四部，逐渐成为当时奉天最时髦的场所。1916年，张学良随父到奉天，参加了该会的活动，次年正式加入该会，并是英文夜校、德育、科学讲演的积极分子，还在此学会了打网球、乒乓球，驾驶汽车。1918—1928年美籍牧师普莱德出任该会总干事。阎宝航曾任体育部干事。"九一八"事变后，该会被日伪当局控制；1943年改为"满洲基督教奉天青年会"；1945年光复后逐渐恢复活动；1949年1月停办，1950年6月结束活动。

【四】17；【十二】3；【十七】13；【三十二】3；【五十一】3；【五十二】1

奉天施医院 即盛京施医院，1883年由苏格兰长老会的传教士司督阁（Dugald Christie）医师在沈阳兴建的东北第一家西医院。由于诊所地处原盛京并免收全部费用，故称"盛京施医院"。是今中国医科大学附属盛京医院的前身。1922年司督阁退休回国后，由雍威林、申克林等继任院长职务。

【五十一】3；【五十二】1

奉天外交署 即奉天特派交涉员公署，奉天省的地方涉外机构。晚清政府曾在各省设立交涉司，由交涉使处理当地涉外事务，既受外交部指挥监督，又是各该地督抚的属官。1912年3月陆徵祥担任北京政府首任外交总长后，整顿改革外交制度，在地方上改司为署，将原交涉使改为特派交涉员（各省）和交涉员（重要商埠），作为外交部直属机关，与地方政府合作而不相统属。此制沿用到1929年，该年7月，南京政府裁撤特派交涉员和交涉员，所有地方外交事项"统归中央政府处理"。然因半殖民地外交特性，年底复在辽宁、云南、吉林、新疆4省设置外交特派员办事处。"九一八"事变后,辽、吉两省外交特派员办事处关闭。

【五十一】3

奉小洋 奉省各官银号、银行发行的以小银圆为本位的兑换券,又称"小银圆票"。奉天官银号小洋票是为取缔私帖、收回官帖、统一奉省印制发行的纸币,于光绪三十二年(1906年)发行的,是奉票的前期币种。发行之初,充分兑现,商民反映良好,信誉较高。奉票挤兑风潮中,一度限制兑现,改用大洋本位后停止兑现,停止发行。在市面流通达12年之久,对奉省乃至东北经济影响很大。除此之外,大清银行奉天分行、黑龙江官银号奉天分行、交通银行奉天分行、奉天农业银行也发行了类似的小银票,随着奉票贬值的加剧,也都相继推出市场,改为发行大洋票。

【四十五】6

福建事变 简称闽变。1933年国民党第十九路军将领蔡廷锴、蒋光鼐等联合李济深等在福建发动的抗日反蒋事件。1932年"一·二八"淞沪抗战后,第十九路军被蒋介石调到福建"剿共"。1933年6月1日《塘沽协定》签字后第二天,蒋、蔡在福州发表通电,反对蒋介石对日妥协、出卖华北。接着又在中国共产党抗日主张的影响下和"剿共"军事失败的刺激下,放弃了抗日与"剿共"并行的方针,十九路军代表和红军代表签订停战协定,并于10月26日派代表与红军签订《反日反蒋的初步协定》。11月20日,李济深等在福州召开中国人民临时代表大会,发表《人民权利宣言》。21日,李济深等通电脱离国民党,随后联合第三党和神州国光社成员发起成立生产人民党,以陈铭枢为总书记。11月22日正式宣布成立"中华共和国人民革命政府",李济深、陈铭枢、陈友仁、冯玉祥(余心清代)、黄琪翔、戴戟、蒋光鼐、蔡廷锴、徐谦、何公敢、李章达等11人为人民革命政府委员,李济深任主席;改年号为"中华共和国元年";福州为首都。事变后,蒋介石即调大军入闽围攻。"中华共和国政府",未能得到国民党内其他势力的支持。当时中国共产党正处于王明"左"倾冒险主义路线统治时期,也未能给以有力的支援。在蒋介石分化瓦解和优势兵力的攻击下,十九路军迅速溃散,1934年1月"中华共和国政府"瓦解。蒋光鼐、蔡廷锴、陈铭枢和李济深等人逃往香港,十九路军的番号取消,部队亦被分散收编。

【五】19、21

傅虹霖(生年不详) 研究张学良的学者。生于中国重庆,在香港长大,并迁居日本,后去台湾求学。毕业后赴美留学,入印第安纳州立大学专攻油画和素描。取得学士学位后,继续在西东大学(Seton Hall University)深造。之后进入纽约大学,获得历史学博士,博士论文为《张学良与西安事变》。1978年移居加州,任旧金山市立大学历史教授、加州柏克莱大学中国问题研究所研究员等职。

不久由历史研究转回绘画,所绘油画风格由早期的写实转为19世纪法国印象派。2005年丈夫祖炳民博士(美国肯尼迪大学东亚研究院教授,校董)病逝后,出任祖炳民教授基金会董事会主席。

【十七】10

傅良佐(1873—1926) 字清节,湖南乾城(今吉首)人。1894年考入湖南时务学堂,后入北洋武备学堂。1902年派赴日本留学,入陆军士官学校第三期炮兵科。毕业归国后入东三省总督徐世昌幕,历任练兵处提调、兵备处帮办、吉林边务帮办、东三省督练处总参议等职,曾总办吉长铁路。辛亥革命后依附袁世凯,任大总统府军事副处长、察哈尔副都统等职。后归段祺瑞,任段政府陆军部次长,与徐树铮、靳云鹏、曾毓俊并称段部下四大金刚。后随段讨伐张勋,升任湖南督军。护法战争发生后,他逃离湖南,被免职查办。后复出再任边防事务处参谋长等职。段下野后,他息隐佛门,卒于天津。

【十九】6

傅铭勋(生卒年不详) 1928年11月任辽宁省防军骑兵第三团团长。"九一八"事变后随蒙边督办张海鹏投敌,任伪洮辽骑兵第四支队支队长。

【二十三】7

傅汝霖(1896—1985) 字沐波,黑龙江汤源(一说安达)人。早年随家迁至长春,后毕业于北京大学。1924年在国民党一大上当选为中央执行委员。1925年11月,参加西山会议,成为西山会议派的骨干分子。1926年1月,在国民党二大上受到警告处分。同年3月,西山会议派举行"国民党第二次全国代表大会",当选中央执行委员。南京国民政府成立后,任国民党中央特别委员会候补委员及青少部委员。1930年7月,参加北平反蒋扩大会议,任会计和宣传部委员。失败后,与汪精卫、谢持等避晋,旋转上海蛰居。1931年5月,参加国民党中央执监非常会议,被选为政务委员会委员。后转入实业界和金融界,历任中央银行经济研究处专门委员兼处长,国民政府内政部次长兼扬子江水利委员会委员长,中国实业银行董事长,《时事新报》、《大晚报》、申时电讯社董事。抗日战争时期,成立中国兴业公司,任董事长。抗战胜利后,任第一届立法委员,全国经济委员会委员。1949年冬赴香港主持中国实业银行。1950年11月后寓居美国。1985年3月1日病逝。

【二十八】2

傅学文(1903—1992) 江苏宜兴人。邵力子的夫人。早年入苏州女子中学,后入上海大同大学。1925年毕业后赴莫斯科中山大学学习,1927年因病辍学回国。1931年与邵力子结婚。后长期从事幼小教育和保健事业,先后创办陕西省助产士学校、复旦大学附属小学、南京力学小学校、北平培新幼儿园等教育机构。1939年任重庆中苏文化协会妇女工作委员会副主任。1940年随时任驻苏大使的邵力子赴苏。1943年回国后任国民政府赈济委员会下设的妇女辅导院院长。中华人民共和国成立后，历任中华妇女联谊会北京分会会长，全国妇联执委，民革中央常委和中央监察委员会副主席，全国政协委员、常委等职。1992年11月19日在北京逝世。

【二十六】11

傅作义（1895—1974）　字宜生，山西荣河（今属临猗县）人。1917年保定陆军军官学校步兵科毕业。后加入晋军，历任营长、团长。1926年9月任第二师第四旅少将旅长，12月任第四师中将师长。1927年，晋军改编为国民革命军第三集团军参加北伐，率部在涿州与奉军战斗失利，1928年1月率部接受奉军改编，并被软禁，后经友人帮助逃脱。8月，任国民革命军第五军团总指挥兼天津警备司令。1929年任晋军第四十三师师长。1930年中原大战，任晋军第三集团军第十军军长。反蒋失败后，1931年1月，第十军缩编为东北边防军第十师，任东北边防军第七军军长兼第十师师长，后改任第三十五军军长兼第七十三师师长。同年8月后，任绥远省代理主席、主席。"九一八"事变后，率部参加长城抗战。1935年4月叙任陆军二级上将。抗战时期，任第七集团军总司令，第八、第十二战区副司令、司令兼绥远省、察哈尔省主席，率部参加忻口、太原、五原等战役。解放战争时期任华北"剿总"司令。1949年1月接受中共提出的和平解放北平条件，率部起义。同年9月出席中国人民政治协商会议第一届全体会议。中华人民共和国成立后，曾任中央人民政府委员，国防委员会副主席，全国政协副主席，水利部部长等职。1974年4月19日在北京病逝。

【四】7；【六】6；【十六】2；【二十一】11；【二十五】2、12；【二十六】9；【二十八】1；【三十一】2；【三十三】6、7；【三十五】10

富双英（1889—1952）　字耀天，满族，辽宁辽阳人。先后毕业于日本陆军士官学校和保定军官学校第五期。投入奉军后，历任第三十四旅第六十四团团长，第五师十二旅六十四团团长等职。1925年郭松龄反奉时，富为郭部团长，在战斗中，率部背叛郭松龄，投归奉军，被编为步兵第十二旅，任旅长。1927年5月，率部在河南上蔡投降北伐军，所部被改编为国民革命军第四军第二十一师，富任师长。宁汉分裂后，富部被解散，富只身回奉。后任奉军预备军军长、东北边防军司令长官公署军事参议官，井陉矿务局局长兼沈阳关监督。抗日战争爆发后，投降日伪。1940年3月后，任汪伪军事委员会委员、政治训练部常务次长，汪伪陆军编练总监公署中将参谋长，汪伪政府军事参议院副院长，参军处参军长等职。日本投降后，畏罪潜逃。1952年以汉奸罪被处死。

【十七】3；【二十四】7

富占魁（1892—1967）　字星桥，吉林永吉人。满族。1916年保定陆军军官学校第二期骑兵科毕业后，分配吉林省充见习军官、排长、连长。1919年入北京陆军大学第六期，1922年毕业后历任奉军第二十七旅参谋长、安徽第三混成旅第三团团长、第四十五旅参谋长、第八十一团团长、奉军第二十九军第十三师长、安国军第四方面军团预备军长、东北陆军第十一军长、东北陆军步兵第二十旅长、东北边防军司令长官公署军事参议官，军事参议院参议，北平军事整理委员会委员、冀察绥靖公署参谋长。1928年4月授陆军中将衔。1937年"七七"事变后，拒任伪北平市长，蛰居天津、北京。1955年任吉林省政协常务委员、省政协副秘书长。1955年8月参加中国国民党革命委员会，是吉林省民革创始人之一。1958年任吉林省民族事务委员会副主任。1967年2月16日在长春逝世。

【二十三】6；【二十四】7

G

冈村宁次（1884—1966） 日本陆军大将。东京人。1913年陆军大学毕业。1925—1927年任中国军阀孙传芳的军事顾问。1928年任日本步兵联队长，为济南惨案的主凶。1932年任日本"上海派遣军"副参谋长，参与侵占上海的"一·二八"事变。后任关东军副参谋长兼驻伪满大使馆武官。1933年代表日本与国民政府签订《塘沽协定》。1934年后历任参谋本部部长、师团长、军司令官等。1941年晋升大将。1944年起任日军侵华派遣军总司令官，实行残酷的烧光、杀光、抢光"三光政策"。1945年日本投降后，被中国共产党列为日本战犯名单之首。中国解放战争期间，被蒋介石秘密聘为最高军事顾问，参与策划对解放区的进攻。1949年1月被国民党政府宣判"无罪"，释放回国。1950年又被蒋介石聘为"革命实践研究院"高级教官。1955年纠集日本旧军人，拼凑法西斯组织"战友联"（后称"日本乡友会联盟"），先后任副会长、会长、名誉会长，积极参与复活军国主义活动。1960年去世。

【七】6

高崇民（1891—1971） 字健国，辽宁开原人。早年毕业于奉天农林学堂，加入同盟会。1919年毕业于日本东京明治大学政治经济系。回国后，任北京《正言报》编辑，后与人合办《正俗报》。1925年，加入中国国民党。1929年起任奉天省农务会会长、东北边防司令长官张学良的秘书等职。"九一八"事变后，先后参与组织东北民众抗日救国会、复东会。1936年参与西安事变，任设计委员会主任委员。抗日战争期间，在重庆主持东北救亡总会工作。1941年加入中国民主政团同盟，并组织东北民主政治协会。1946年到东北解放区，任安东省人民政府主席，并加入中国共产党。1949年出席中国人民政治协商会议第一届全体会议。中华人民共和国成立后，历任中央人民政府委员，东北人民政府副主席兼司法部部长，最高人民法院东北分院院长，民盟东北总支部主任委员，民盟中央副主席，第四届全国政协副主席。是第一至三届全国人大常委，第二、三届全国政协常委。1971年7月29日逝世。

【二十三】13；【二十四】10；【二十五】12；【二十六】12、14；【二十八】1；【四十三】2；【五十二】6

高福源（1901—1937） 字绍卿，祖籍河北盐山，生于辽宁营口。少时随父至绥远。先后就读于北京汇文中学、北京辅仁大学。1923年考入东北讲武堂第五期，1925年10月升高等军事研究班。毕业后，历任东北军连长、张学良卫队营长、团部参谋、少校团副、上校教官及参谋长。1934年任东北军第六十七军第一○七师第六一九团团长。1935年9月参加对陕甘红军和根据地的"围剿"，10月在榆林桥战役中负伤被俘。受共产党影响，不久主动要求返回东北军，说服张学良与红军合作抗日，为张学良与红军达成停战抗日协议做了许多工作。1936年秘密加入中国共产党。西安事变前夕升任东北军第一〇五师少将旅长。事变发生后拥护和平解决方针。1937年"二二"事件后，第一〇五师师长刘多荃误认为他参与了杀害王以哲活动，1937年2月5日派人将他诱杀。

【十二】6、7；【二十三】13；【二十四】9；【二十五】2；【二十六】12；【二十八】1；【五十二】6

高岗（1905—1955） 原名高崇德，字硕卿，陕西横山人。1922年入横山县立第一高级小学，因参加进步活动被开除，后被杜斌丞收入榆林中学就读。曾在国民党地方部队中从事兵运工作，1926年加入中国共产党。1933年被派往陕甘边区根据地，任红军第二十六军政治委员等职。1935年任西北革命军事委员会副主席，红十五军团政治部主任。抗日战争时期，曾任中共陕甘宁边区委员会书记和边区保安司令部司令，中共中央西北局书记，陕甘宁晋绥联防军副政委、代理政委。1945年，在中共七届一中全会上当选为政治局委员。解放战争时期，历任中共中央东北局副书记、东北民主联军副政委、北满军区司令员、东北军区第一副司令员兼副政委，参与领导了东北地区的解放战争。1949年后历任中共中央东北局书记、东北人民政府主席、东北行政委员会主席、东北军区司令员兼政委、中央人民政府副主席、中国人民革命军事委员会副主席。1953年调任国家计划委员会主席。1954年在中共七届四中全会上被揭露与饶漱石相勾结阴谋篡夺党和国家领导权，受到批判。1954年8月17日自杀。

【三十四】1；【五十三】2

高桂滋（1891—1959） 字培五，陕西定边人。西安讲武堂毕业。后赴日本留学。回国后任陕北镇守使署副连长，后参加靖国军，任胡景翼部营长、团长。后加入国民革命军，任旅长，独立第八师师长，参加北伐。1927年6月任暂编十九军军长。1928年3月任第一集团军第四军团第四十七军军长。后投阎锡山，任正太护路军师长，参加中原大战。1931年2月后任第十一师师长，第八十四师师长。1933年改任第三十二军副军长。1935年4月授中将衔。1937年8月任第二战区第十七军军长兼第三十四师师长。1939年10月升任第三十六集团军副总司令。后改任第三十八集团军副总司令，并任第一战区副司令长官。1945年5月当选为国民党第六届候补中央执行委员。后又选任党团合并后的第六届候补中央执行委员。1948年9月任西安绥靖公署副主任兼西北"剿匪"总司令部副总司令。1949年拒绝去台湾。曾任西北军政委员会委员等职。1959年1月6日病逝。西安事变后第三天（1936年12月14日），蒋介石由新城黄楼被移住在位于西安市碑林区张学良公馆北侧的高桂滋公馆。12月24日，中共代表团团长周恩来在此会见蒋介石。

【二十六】14；【五十四】6；【五十七】1

高纪毅（1890—1963） 字仁溿，辽宁辽阳人。1906年入奉天陆军速成学堂，后入东三省陆军测绘学堂，毕业后被学堂留用。1918年毕业于交通部交通传习所军官班，分派到皖系西北边防军，任团副、营长。后转到奉军，任蒙疆经略使署科长，东三省巡阅使署卫队旅一团团副。第一次直奉战争时，任东路军第二梯队司令部副官处处长。1923年任二十七师师长、师部副官处处长。1924年秋，第二次直奉战争起，任第十七团团长，军队改编后为高支队司令官。1925年春，改任航空处总务处长。同年秋，任镇威军第一、三联军司令部副官处处长。1925年参加郭松龄反奉，失败后被解除军职。1927年被张学良召回，任第三、四方面军团司令部副官处处长。1929年1月，任奉天警务处长的高按张学良的指示参加处置杨宇霆、常荫槐，并处理善后事宜。1929年3月，任东北交通委员会副委员长兼奉榆铁路局局长。1933年3月，热河失陷后，闲居北平。西安事变后，发起东北名流致电宋氏兄妹，要求释放张学良。1937年平津陷落后，因拒绝出任日伪政府职务，遭到日本宪兵逮捕及拷打。1949年为北平和平解放作了贡献。1963年7月，病逝于天津。

【二十一】3；【三十三】4；【五十四】7、9；【五十五】4

高金山（生卒年不详） 曾任张作霖的上校副官、卫队团少将团长。1925年，郭松龄反叛时，高任奉系"讨逆军"总司令部卫队团团长。郭松龄兵败被擒后，12月25日张作霖派高前往押解，后高又受命就地枪决了郭氏夫妇。

【三十三】2；【三十四】18

高凌霨（1869—1940） 字泽畬，天津人。清末举人。历任启新书院中学堂副监督、湖北武备学堂监督、湖北省立造币厂总办。1908年，经张之洞推荐，任湖北武备学堂监督、湖北提学使。1910年任湖南布政使。1911年辛亥革命军起，辞职逃上海转天津。1912年任共和党干事。1913年后，历任直隶财政司司长、直隶征税调查处长、临时参议院议员、农商次长、农商银行副总裁、财政总长兼官钱局长及盐务署长、内务总长兼饥馑救济处长、扬子江防务监督、交通总长等职。1923年曹锟任大总统时，兼代国务总理。1924年辞职。直系失败后，隐居天津和日本勾结，抗日战争前夕，组织东亚经济学会并出任由日本投资的华北经济会会长。1937年日本侵占天津后，出任伪天津市维持会会长，伪天津特别市市长，伪华北临时政府议政委员会委员、伪河北省省长等职。1940年3月4日，因病去世。

【二十】2

高任瞻 即高纪毅，又字仁溿。见**高纪毅**
【二十五】15

高汝桐（？—1927） 曾任吴佩孚部北洋陆军第十四师旅长、师长。1927年初奉军进攻河南时，高任靳云鹗的河南保卫军第二军军长兼前敌总指挥。同年3

月 24 日在郑州与奉军作战时，被奉军炮轰而死。

高崧山（生卒年不详） 1935 年秋任西北"剿总"司令部办公厅第二处（经理）副处长，1945 年 6 月 28 日被民国政府任命为陆军军需监。

【二十三】13

高维岳（1875—1938） 字子钦，辽宁锦县人。1900 年从戎，在奉天巡防营任司书。1907 年入保定通国陆军速成学堂二班步兵科。毕业后回东北，到孙烈臣前路巡防队任哨长、哨官。1912 年入东三省讲武堂步兵科。历任奉军第二团团长、第二十七师参谋长、奉军第二十七师五十三旅旅长。奉军整编后，任东三省陆军步兵第十九旅旅长。1924 年第二次直奉战争后，升任东北陆军第七师长。此后历任察哈尔都统、镇威军第九军军长、安国军第九军军长。1928 年东北易帜后，任辽宁省政府委员，东北边防军司令长官公署军事参议官，军事参议院参议，全国军队编遣委员会委员。1930 年中原大战后随张学良入关，任北平军分会委员。1935 年 4 月叙阶陆军中将。抗日战争爆发后，寓居北平，拒绝出任伪职。1938 年 10 月，因病去世。

【二十三】7；【三十一】4、6

高翔明（生卒年不详） 1935 年 10 月任东北军第一〇五师第三旅旅长。后任第四十九军第一〇五师长。

【二十三】11、13

高兴亚（1902—1981） 别名世华，重庆涪陵人。毕业于北京大学，曾留学苏联。历任冯玉祥部秘书长、政治部主任，西北政治工作委员会秘书长，西北军校教官，四川大学、西北大学教授，西北军将校团教育长，北京民报、华报社社长，川军第二十一军部高等顾问，重庆聚兴诚银行经济研究室主任，涪陵县参议长、立法委员。1949 年后，任西南军政委员会副秘书长、四川省人大代表、省政协委员、常委。1955—1957 年任四川省人民政府参事室主任。写有《西安事变时在南京的冯玉祥》

【二十八】1

高杨（生卒年不详）《张作霖之死与杨宇霆之死》的作者。

【三十二】17、18

高荫舟（生卒年不详） 1928 年 12 月任东北边防司令长官公署军令厅第三处处长。

【二十三】7

高志航（1908—1937） 原名高铭久，字子恒，吉林通化人。1920 年入东北陆军军官教育班。1924年东北军扩建空军后，改名高志航，报名赴法国学习飞行。1927年1月回国，任东北航空处飞鹰队少校驾驶员，旋转任东北航空教育班少校教官。1931年东北沦陷后，到杭州航空总校任上尉附员，第八航空队少校队长。1935年8月，奉派赴意大利考察，翌年五月返国，任教导总队副总队长。1937年升任第四航空大队大队长。"八一三"淞沪抗战时率机飞抵杭州笕桥机场，支援淞沪陆军作战。8月14日，与日机首次空战中，率部击落敌机六架，而己无一损伤，开中国空军击落日机之先例（1939年国民政府定每年8月14日为空军节）。10月，在保卫南京的空战中屡立战功，升任空军驱逐机上校司令兼第四大队大队长。11月21日，在日机突袭中牺牲。国民政府追授其少将军衔。蒋介石亲自主持追悼会，并献花圈致哀。1993年，张学良为其题词："东北飞鹰、空军战魂"。

【二十六】3；【三十三】18

《告全体将士书》 1936年12月16日，张学良和杨虎城联名发出《告全体将士书》，其中说明了为什么要发动西安事变："我们为什么这样发动，为争地盘吗？不是！为泄私愤吗？也不是！我们反对政府屈服的外交！国都要亡了，还在这里出死力自相残杀，所以才提出抗日救国运动的八项主张。"

【二十五】12

郜汝濂（1875—1961） 字浚泉。辽宁兴城人。毕业于北洋陆军武备学堂。早年从军，曾任镇威军第三、四方面军中将参谋长，东北军第十一师师长等职。"九一八"事变前解甲归乡，创办斌英女子中学。日伪统治时，拒绝出任伪职。1955年，被辽宁省政府聘为参议室参事。1961年病逝。

【三十】1

戈林（Herman Wilhelm Goering, 1839—1946） 全名赫尔曼·威廉·戈林。纳粹德国元帅，二战首要战犯之一。第一次世界大战后期加入空军，任空军中队长。1921年结识希特勒，1922年加入纳粹党，成为"冲锋队"头子。1923年参加"啤酒馆暴动"后，逃亡奥地利。1927年回国。1928年被选为国会议员，1932年当选为议长。希特勒上台后，任不管部长、空军部长、普鲁士总理兼内政部长，并负责扩充军队，建立秘密警察（即盖世太保）。1933年2月制造国会纵火案，大肆逮捕和屠杀共产党和进步党派代表。1935年任空军总司令。1936年起为"四年计划"的全权执行人，负责为法西斯侵略作军事经济准备。第二次世界大战初期，指挥空军在闪电战中发挥了巨大作用，但在英伦之战中遭到失败。1939年被希特勒宣布为元首继承人。1940年1月任经济参谋部首脑，7月授帝国元帅。战争末期，主张同盟国谈判，1945年4月被希特勒指控"叛国罪"逮捕。德国投降后，1946年10月被纽伦堡国际军事法庭判处绞刑，临刑前服毒自杀。

【五】18、19；【五十五】9

格林（Robert R Gaile，1870—1948?） 美国人。1898年来华，曾在天津协助组织中华基督教青年会。1900年后，组织北京基督教青年会，自任总干事。"七七"事变爆发后退休，返回美国。

【五十一】3

葛光庭（1880—1962） 又名光亭，字静岑，安徽蒙城人。1897年，考入安徽武备学堂。毕业后公费留学日本陆军士官学校炮兵科。留学期间，先后加入"兴中会"、"同盟会"。回国后任保定军官学校炮科教官。民国初年，任陆建章部参谋长，第四混成旅旅长。1916年，陆倒台后，葛离陕闲居北京。1920年，迁居上海。1923年11月，一度任孙中山陆海军大元帅府高级参谋。1927年4月任南京国民政府军事委员会委员。1928年3月任第三集团军总司令部驻南京办事处主任，国民革命军南京中央编遣会议阎锡山代表。1928年北伐军进攻奉军时，曾受张学良密派南下与国民党的何成浚等人进行停战议和谈判。1929年7月任东北边防军司令长官公署参议、顾问。1930年初，任内蒙古土默特旗公署总办。同年秋，任平汉铁路委员长，11月，改任胶济铁路委员长。1938年山东沦陷，拒绝出任伪职，避居香港，未几返居上海。1962年，病逝于上海。

【三十二】2；【三十五】13

庚子赔款 简称"庚款"，俗称"大赔款"。1901年9月7日，英、美、法、德、俄、日、意、奥、比、荷、西共11个帝国主义国家强迫清政府签订《辛丑条约》中所规定的赔款。因系对1900年（庚子年）的义和团运动而起，故名。规定：赔款白银四亿五千万两，年息4厘，分39年还清，本息共计九亿八千二百三十三万八千余两，另有地方赔款2000多万两。赔款以海关税、常关税、盐税担保。1909年，美国决定"退还"部分赔款，改充中国留美学生的教育经费。随后，英、日、法、比、意等国相继效仿。第一次世界大战后，中国作为战胜国停止对战败国德奥赔款支付。1917年十月革命后，苏俄政府宣布废除沙俄在华特权，次年5月北洋政府决定停止支付赔款。1924年中俄签订《解决悬案大纲协定》，决定正式放弃庚子赔款。但到1938年才终止。至此，中国已实际支付赔款六亿多两白银，折银圆10亿元以上。

【三十一】8；【三十二】17；【四十二】10；【四十三】10；【六十】7

龚永玉（生卒年不详） 张学良被移住台湾后，即在监管张学良的特务队里开车，并负责采买。

【二十一】1

辜振甫（1917—2005） 字公亮。祖籍福建惠安，世居台湾彰化。1940年台北帝国大学政学系毕业后，赴日本东京帝国大学，攻读财政及工商管理。1943年回台湾继承父业。先后任隆昌企业公司、泰和兴业公司、大和纤维工业公司董事长。1954年接办台水泥公司,历任协理、常务董事、总经理,为台湾水泥关系企业首脑,后发展为大型的台湾水泥企业集团。20世纪60年代始投资证券业,创立台湾证券交易所。随后创办"中华证券投资公司",旋改组为"中国信托投资公司",任董事长,列名世界亿万富翁。在工商团体、政界及国际事务中均十分活跃,声誉卓著。曾出任台"海峡交流基金会"董事长,1993年4月赴新加坡与汪道涵举行"汪辜会谈",推动两岸关系的发展。

【四十】5

谷瑞玉(1904—?) 天津人。张学良的第二位夫人。1924年10月与张学良结婚。1931年(一说1930年)1月,与张学良解除了婚姻关系。

【三十一】7;【三十二】8;【四十】1

顾更也(生卒年不详) 即顾耕野。辽宁丹东人。早年就读于设在北京的"外交部俄文专修班"。1919年参与五四运动,后去苏联留学。回国后,1921年曾任中国劳动组合书记部干事,负责机关刊物《劳动周刊》的发行工作。后任黄埔军校第六期政治教官。1927年后曾任蒋介石的俄文秘书。1929年5月任国民党吉林党务指委。1937年抗日战争爆发后派往西北接收军火。1941年任新疆驿运管理分处处长,并兼中苏航空公司协理,办理新印、苏国际陆路驿运事宜。1945年4月任第四届国民参政会参政员。

【三十】2

顾孟余(1888—1972) 原名兆雄,北京市人。先后在京师大学堂学德文,在莱比锡大学和柏林大学学经济。1911年回任北京大学教授兼文科德文门主任、继而任经济系主任兼教务长。1925年任广州中山大学校长。1926年国民党"二大"上,当选为中央执行委员。同年5月,被指定为整理党务审查委员。1927年3月任中央执行委员会常务委员、宣传部长,积极支持汪精卫七·一五分共。宁汉合流后,任汪精卫所设武汉政治分会委员。1928年与陈公博等人在上海组织国民党改组同志会,主办《前进》杂志,因与蒋介石争夺领导权,被开除党籍。1931年10月,恢复党籍。此后至1935年,历任行政院铁道部长、中央政治委员会委员兼秘书长。1938年底汪精卫叛国投敌,顾与汪决裂,由香港投奔重庆。1941—1943年任中央大学校长。抗战胜利后,闲居上海。1948年5月被任命为行政院副院长,未就职。1949年10月去香港,组织自由民主同盟,发行《火道》杂志。后定居美国,被聘为台湾当局"总统府"资政。1969年回台湾,1972年病逝于台北。

【五十二】8

顾维钧(1888—1985) 字少川,江苏嘉定(今属上海市)人。上海圣约翰书院毕业。留学美国，获哥伦比亚大学文学硕士、哲学博士学位，耶鲁大学博士学位。1912年回国后，曾任袁世凯、唐绍仪等人秘书，外交部顾问，驻墨西哥、美国、古巴公使。1919年为出席巴黎和会中国代表团全权代表之一。次年任国际联盟大会中国代表团首席代表。1922年后任北洋政府外交总长、财政总长、国务总理。1931年后任南京国民政府外交部部长，驻法国、英国、美国大使，"九一八"事变后，以中国代表身份参加了国际联盟李顿调查团。1945年出席旧金山会议，任中国代表团团长，参与起草联合国宪章，并在宪章上签字。1957年后，历任海牙国际法庭法官，国际法院副院长，台湾当局"总统府"资政等职。1966年退休后定居美国纽约。1985年11月14日在纽约逝世。

【五】2、3；【七】26、28；【八】4；【十二】13；【十五】1、7；【十六】3；【二十】5；【二十九】13；【三十一】4、14、15；【三十二】1；【三十四】3；【三十五】13；【三十六】4；【四十五】1；【四十六】1、3；【五十】9；【五十一】3、9；【五十三】14；【五十八】1

顾正秋（1929— ） 本名丁祚华，小名兰宝。生于江苏南京。1945年毕业于上海戏剧学校。1934年从艺，师承吴继兰、梅兰芳、张君秋、程砚秋等，工京剧青衣。1946年自组顾正秋戏团赴南京、蚌埠、徐州、青岛公演。1948年11月率团赴台湾，在台北市家乐戏院连演5年，在台被誉为梅派青衣祭酒。曾任台湾中国文艺协会理事，中国文化学院国剧系顾问。1987年获台湾文艺奖特别贡献奖，1989年获美国美华艺术协会终身艺术成就奖。悉心研究梅、程、荀、尚四大名旦，对台湾京剧的推广与发展起了承先启后的作用。

【三十九】5

顾祝同（1893—1987） 字墨三，江苏涟水人。1912年加入国民党。1916年保定陆军军官学校第六期毕业。1922年任粤军第二军参谋。后调黄埔军校，任战术教官兼管理部主任。相继参加东征和北伐，升任师长、军长。1930年中原大战后，任第十六路军总指挥。不久，调任南京国民政府警卫军军长、江苏省主席。1933年任湘鄂赣粤闽五省"剿匪"军北路军总司令，参加对中央苏区的第五次"围剿"。次年任江西绥靖主任，尾追红军主力。后任重庆行营主任兼贵州省主席。西安事变后，兼西安行营主任。抗日战争时期，任第三战区副司令长官、司令长官兼江苏省主席。1941年初，制造"皖南事变"，包围、袭击奉命北移的新四军，扣押叶挺。抗战胜利后，任徐州绥靖公署主任，后擢升陆军总司令、参谋总长，指挥国民党军进犯晋冀鲁豫、山东解放区，均遭失败。1950年3月去台湾，历任"国防部"代部长，"总统府"战略顾问委员会副主任，"国防会议"秘书长等职。1954年晋任一级上将。1987年1月在台北病逝。

【十二】8；【二十六】14；【二十八】1；【三十四】3

关东军 1919—1945 年日本驻扎在中国东北的军队。因侵驻中国东北的金县、大连地区的"关东州"而得名。1905 年日俄战争后，日军夺走原帝俄"租借"的辽东半岛南部和南满铁路，成立关东都督府，陆续增兵中国东北。1919 年，日本将关东都督府分为关东厅及关东军司令部，实行"军民分治"，将其东北的驻军命名为关东军。关东军司令部先设旅顺，后迁沈阳，再迁长春。第二次世界大战期间，关东军的总兵力达到 31 个师团 85 万人，号称百万。该部是日本陆军最精锐的主力和战略预备队。担任过关东军司令官和主要领导的有武滕倍义、菱刈隆、本庄繁、梅津美治郎等。关东军占据中国东北 14 年，扶植伪满洲国，对东北人民进行野蛮的殖民统治。1945 年 8 月，苏联红军出兵东北，关东军被击溃，大部投降。

【二】1、10；【七】6；【八】5、7、8；【十五】6；【二十一】3；【二十五】15；【三十一】7；【三十二】12、18；【三十四】6；【四十五】3；【五十三】5、7

关公（约 162—219） 即关羽。字云长，本字长生，河东解县（今山西临猗西南）人。三国时蜀汉名将。东汉末亡命涿郡，与张飞投奔刘备，参与镇压黄巾起义。始任别部司马。官渡之战前，被曹操所俘，虽极受优礼，且封为汉寿亭侯，终仍弃曹走归刘备。214 年后，镇守荆州。219 年，刘备为汉中王，任其为前将军，率部攻曹仁于樊城，大破于禁所率七军，降于禁、杀庞德，威震一时。后吴将吕蒙袭荆州时，羽大意轻敌，兵败麦城被杀。后被民间与历代王朝视为"勇武"、"忠义"之典范，被加以神化，尊为"关公"、"关帝"，民间遍设关帝庙。

【五十二】7

关国轩（生卒年不详）《张作霖小传》的作者。

【三十二】17；【四十二】6

关吉玉（1899—1975） 字佩恒，辽宁辽阳人。1924 年入北平朝阳大学。后留学德国柏林大学。1932 年回国，任国民政府财政部统税局天津查验所所长，财政部冀晋察绥区统税局副局长。1934 年调庐山军官训练团任教官。1935 年 8 月，任财政部四川特派员，11 月任军事委员会委员长行营驻川财政监理处长，兼四川省财务人员训练所所长。1937 年 1 月，任四川省政府委员、省营业税务局局长、财政部四川区税务局局长、财政部川康区所得税办事处委员。1939 年以后，历任国民政府参事、财政厅长、赋税司司长。1945 年 9 月，任松江省政府主席、东北行辕经济委员会主任委员，兼东北统一接收委员会副主任委员，行政院政务委员兼粮食部部长。1949 年 6 月，任蒙藏委员会委员长，10 月任财政部长，兼中央银行总裁、中央信托局理事会主席。同年去台湾，曾任"总统府"国策顾问，兼"行政院"设计委员会委员，高雄硫酸氩公司董事长，"考试院"秘书长。退休后任台湾国立政治大学、逢甲学院教授。1975年11月30日逝世。

【二十八】3

关麟征（1905—1980） 原名志道，字雨东。陕西鄠县人。1924年入黄埔军官学校第一期。毕业后任排长，连长，曾参加第一次东征。1926年北伐时，从营长递升至副师长。1931年率部"进剿"豫鄂皖边区革命根据地。后升任第二十五师师长。1933年，参加长城抗战。1936年春，任第五纵队司令官、第十五纵队司令官。先后率部入山西、陕西、甘肃等地"剿共"。抗日战争爆发，任第五十一军军长。1938年，率部与日军激战于鲁南，促成台儿庄大捷，因功升任第三十二军团军团长。后任第十五集团军副总司令、代总司令兼第三十七军军长。1939年秋，率部于湘北击败日军，因功升任第十五集团军总司令。1945年，任第一方面军副司令官。抗战胜利后，任东北保安司令长官。1946年7月，任陆军军官学校教育长、校长。1949年升任陆军总司令，11月去职，居于香港。1980年8月病逝于香港。

【五十七】1

关时润（生卒年不详） 又名关沛苍，曾为东北大学流亡西安的进步学生。1936年任职于张学良司令部，"艳晚事件"中被陕西省党部特务抓捕。

【二十六】14

关玉衡（1898—1965） 名瑞玑，以字行。吉林宁安（今属黑龙江）人。早年入东北讲武堂学习，与张学良有同窗之谊。1920年毕业，曾两次参加直奉战争，任奉军营长。1925年郭松岭反奉时，在郭部任营长，因张学良求情免遭处分，转任张作霖帅府警备处长兼汽车队长。1926年任大帅府驻京军务处长，后调任东北炮兵军参谋处长，兴安屯垦区公署军务处长兼第三团团长等职。1931年6月25日，处死以中村震太郎为首的四名日本军事间谍（史称"中村事件"）。事件后，日本关东军威逼东北当局逮捕关玉衡，关不惧，于9月16日到沈阳对质。隔日，发生了"九一八"事变，关逃往关内。1932年春化名赴上海参加抗日救国后援会。不久返回东北，建立开鲁后援会和义勇军。西安事变前到西安，任东北军少将炮兵师长兼横山县县长。1939年，遭到国民党特务的诬陷，被解除县长职务。后到新疆、北平、南京、铜陵等地谋生。1949年冬回哈尔滨。中华人民共和国成立后，被选为黑龙江省人大代表、省政协委员。1965年病逝。

【八】7

广田弘毅（1878—1948） 日本首相。二战甲级战犯。福冈县人。1905年东京帝国大学毕业后，进入外务省工作。历任情报部次长、欧美局局长、驻荷兰公使、驻苏联大使。1933—1936年，任日本政府外相。1935年10月提出"广田三原则"，积极策划侵略中国的活动。1936 年日本"二·二六事件"平息后组阁，兼任首相和外相二职。任内追随军部，加速法西斯化的进程，扩军备战，同德、意缔结"反共产国际协定"，炮制"华北政务委员会"。1937 年 6 月—1938 年 5 月任近卫内阁外相，是发动"七七"事变、全面侵华的主谋者之一。1937 年 12 月日军制造"南京大屠杀"事件发生时，身为外相，却故意纵容惨案扩大。后又策划扶植汪伪政权。日本投降后，被远东国际军事法庭列为甲级战犯，名列东条英机之后，1948 年被判处绞刑。

【五十三】7

广田三原则　日本外相广田弘毅提出的侵华政策方针。1935 年日本帝国主义加紧侵略中国华北，国民政府派驻日大使蒋作宾与日本谈判，谋求妥协。同年 10 月 7 日广田弘毅向蒋作宾提出了所谓"对华三原则"，其内容是：（1）中国应该取缔一切抗日活动，不得依赖美英牵制日本；（2）中国承认伪"满洲国"，树立中日"满"经济合作；（3）中国应该与日本合作"防俄"、"防共"。1936 年 1 月广田在日本议会上进一步明确并公开了"对华三原则"，日本将它作为确定的对华方针加以推行。对此，国民政府外交部先后同日本驻华大使进行了长达一年的谈判。蒋介石起初曾表示原则上可以接受，在 1935 年 11 月 22 日会见日本驻华大使有吉时，提议以取消华北自治运动、中止自治宣言为条件，全面承认广田对华三原则。后来随着中国人民抗日运动的高涨，英美对日本态度的改变，国民政府的态度日趋强硬，使谈判僵持而无结果，西安事变发生后，终于不了了之。

【二十七】3

桂励（Ronald Graly，生年不详）　博士，国际知名的口述历史专家。曾任美国哥伦比亚大学口述历史研究中心主任。在其任内实施了"张学良口述历史"的访谈工作。

【十五】1；【十六】1；【十九】7；【二十一】8；

桂永清（1900—1954）　字率真，江西贵溪人。1924 年入黄埔军校第一期步科。毕业后，任教导团党代表、连长、营长，参加第一、二次东征。北伐时任团长，旅长。1930 年被派至德国步兵专门学校学习。回国后，发起成立复兴社，并兼任中央陆军军官学校教导工作。1935 年后任安庆警备副司令、第七十八师师长、南京警备副司令等职。西安事变时，任第五路第一纵队指挥官。1937 年参加淞沪抗战和南京保卫战。1938 年所部改编后，任师长、军长，因开封战役失利被撤职。同年 7 月，任三民主义青年团临时中央监察会监察。1940 年后任驻德国大使馆武官，驻英国军事代表团团长兼驻英国武官。1945 年兼同盟国驻德国联军管制委员会中国代表团团长。1946 年任联合国军事参谋团会议中国代表。同年 9 月回国，任海军副总司令、代理总司令兼海军学校教育长等职。1948年8月任海军总司令。1949年去台湾后，曾任海军总司令、"总统府"参军长、"参谋总长"。1951年授陆军二级上将。1954年授海军一级上将。1954年8月12日病逝于台北。

【二十五】7

郭大鸣（1894—?）　本名郭瑞龄，字鹤皋。辽宁沈阳人。郭松龄的弟弟。国立北京大学法科法律门毕业，历任北京大学教授，北京中央新闻社总编辑，黑龙江督军署军法课一等课员、科长，镇威军骑兵集团司令部军法处长，中东铁路路警处技士，中东铁路督办公署咨议。1923年9月，受张学良和其长兄郭松龄之托，去哈尔滨经办滨江粮食交易所和创办《松江日报》，任该报社长。1925年11月，郭松龄倒戈反奉，他利用该报配合反对张作霖的宣传。郭松龄倒戈失败，《松江日报》停刊。他离开哈尔滨去新疆，投奔盛世才。曾任新疆省政府委员兼秘书长、省副主席。后投奔蒋介石，1946年底，任国民代表大会辽宁区域的代表。1949年去台湾。写有《先兄郭松龄将军与张氏父子》。

【三十二】17

郭德权（1900—1989）　字守经，黑龙江瑷珲人。1917年入烟台海军学堂。1921年去广州，入航空学校学习。1923年回东北，入黑龙江省陆军军官养成所。1927年入北平陆军大学第八期。1933年被选送入南京陆军大学国防研究院第二期。后赴美，在堪萨斯指挥参谋学院情报班、中央训练团结业。抗日爆发后，任驻美国大使馆陆海军武官，1941年冬珍珠港事件发生前，奉命将军统局破译的日本将对美国采取行动的情报转达给美国军方。后任军事委员会外事局办公室主任。1945年任驻意大利前线军事观察员。1946年任驻联合国军事参谋团团员。回国后任国民政府参军处参军，授少将衔。1948年当选为行宪第一届立法委员。1949年去台湾，晋任中将。1950年退役。后任"外交部"顾问。1989年3月16日去世。

【二十五】15

郭松龄（1883—1925）　字茂宸，辽宁沈阳人，祖籍山西汾阳。早年入奉天陆军小学堂、陆军速成学堂。1907年任盛京将军衙门卫队哨长。1909年转赴四川任卫队管带。其间，加入同盟会。1912年入北京将校研究所，毕业后任奉天都督府少校参谋。1913年秋入陆军大学深造班第三期。1916年毕业，任北京讲武堂教官。1917年7月南下投奔孙中山，任韶关讲武堂中校教官。1918年回奉天，任奉天督军署中校参谋。1919年2月，任东三省陆军讲武堂战术教官，结识在讲武堂学习的张学良。1920年春，任东三省巡阅使署卫队旅参谋长兼第二团团长（张学良任旅长）。后参加直皖战争、北满剿匪颇有贡献。1921年5月升任第八混成旅旅长，与张学良的第三旅组成联合司令部。1922年4月第一次直奉战争，奉系大败，而张、郭所部善战，未受损失。此后，任陆军整理处代理参谋长（张学良为参谋长）。1924年第二次直奉战争时，任镇威军第三军副军长（张学良为军长）兼第六师师长，为奉系胜利做出贡献。后任京榆驻军司令部副司令（张学良为司令）。1925年10月，受张学良委托组织第三方面军，并任第十军军长。因对张作霖继续战争的方针不满，政治上又受杨宇霆等人排挤。1925年11月，在滦州起兵，发表反奉宣言，同时杀害了姜登选。率七万大军攻占山海关，夺取绥中、兴城，冲破连山防线，占领锦州。在攻打新民县巨流河时，遭日本关东军袭击，后方被奉系吴俊陞部切断，郭军溃败。12月24日郭与夫人韩淑秀被奉军逮捕。25日，两人被枪决。

【一】1、4、5、6、7；【二】1、2、3；【三】1、3、8；【四】15、17；【五】13；【七】28、29；【八】11；【九】4、8、9、13；【十二】6、11；【十四】3；【十七】2、4、11；【十九】6；【二十】3、4；【二十一】3、8；【二十三】7、13；【二十四】2；【二十五】1、14、15；【二十六】5、6；【二十九】7、13；【三十】1、3；【三十一】1、6、7；【三十二】2、4、5、6、9、14、16、17；【三十三】1、2、4、7、9、21；【三十四】4、6；【三十五】7、8；【三十八】3、5、7；【四十】6、8；【四十一】8；【四十二】3、4；【四十三】3；【四十四】5、7；【四十七】4；【四十八】4；【四十九】6；【五十】8、10；【五十一】1；【五十二】6、7、10、12；【五十三】1、11、13、14；【五十四】4、6、7、9；【五十五】4；【五十六】12；【五十九】2；【六十】1

郭泰祺（1890—1952） 湖北崇阳人。字复初。早年留学美国，获博士学位。民国初年曾任外交部参事。后南下广州参加护法之役，任大元帅府参事、外交部次长。1919年出席巴黎和会。1926年参加北伐战争，任国民政府外交部次长。四一二反革命政变后，参与反共活动。1928年任国民党中央宣传部上海办事处国际组主任。1932年作为国民党政府首席代表与日本议定淞沪停战协定。后为驻英大使。1941年4月任外交部长，同年12月被免职。抗战结束后任联合国安理会首任中国首席代表。1952年在美国病逝。

【十二】8；【三十五】10

郭廷以（1904—1975） 字量宇，河南舞阳（今舞钢市）人。1926年毕业于东南大学历史系，后执教于清华大学、河南大学、南京中央政治学校、中央大学，任中央大学教授兼历史系主任。1949年赴台，任台湾大学教授、台湾师范大学教授兼文学院院长。1955年主持筹备"中央研究院"近代史研究所，1965年近代史研究所成立时任所长。1959年开始与美国哥伦比亚大学东亚研究所合作，发起台湾口述史的研究，为民国史搜集资料。在美期间，曾赴夏威夷大学、哈佛大学、耶鲁大学、哥伦比亚大学讲学及研究，并任哥伦比亚大学东亚研究所客座高级研究员。1975年病逝于美国纽约。

【五十七】1、2

郭维城（1912—1995） 辽宁义县人。满族。1932年加入中国共产主义青年团。1933年转入中国共产党。曾在东北军任张学良机要秘书，苏鲁战区秘书主任、处长。1942年参与组织东北军第一一一师部分官兵起义，后任副师长兼政治部主任，山东行政委员会委员。1943年任滨海支队支队长。1945年重新加入中国共产党。解放战争时期，任齐齐哈尔护路军司令员兼铁路局局长，东北民主联军西满护路军司令员，中长铁路滨州线军事代表兼西满铁路局副局长。1949年任第四野战军、中南军区铁道运输司令员兼铁道兵团前进指挥所副司令员，衡阳铁路局局长。中华人民共和国成立后，续任衡阳铁路局局长。1952年起任中朝联合新建铁道指挥局局长，志愿军铁道兵指挥所司令员。回国后任铁道兵副司令员兼大兴安岭会战指挥部指挥。1954年起任西南铁路建设总指挥部副总指挥，铁道兵第二副司令员。1976年起任中共郑州铁路局第一书记，铁道部副部长、部长。1955年被授予少将军衔。是第六届全国政协常务委员。1995年1月1日在北京逝世。

【二十八】3；【二十九】13；【三十一】9

郭希鹏（1897—1969） 字鼎九，辽宁省盖县人。早年毕业于东三省讲武堂。1922年被选送日本陆军骑兵学校学习，1925年毕业回国，任奉军骑兵第八旅二团上校团长。不久，升任少将旅长并护理绥远都统。1928年冬任东北军骑兵第一旅旅长，1931年改为陆军独立骑兵第四旅少将旅长。1933年改为骑兵第四师中将师长。1937年调任骑兵军副军长。1941年1月，他任骑兵第三军军长。1943年任第三集团军副总司令，1946年任胡宗南部中将参议。不久，请长假回北平养病。1949年10月后，在北京开办利华消火泡沫厂任副厂长。1957年任辽宁省人民委员会参事室副主任、辽宁省政协常委、辽宁省民革委员。1969年6月在沈阳病逝。

【二十三】6、7、9、11、12、13

郭小庄（1951— ） 原籍河南，生于台北。著名京剧女演员。1966年毕业于台湾空军大鹏剧校。习青衣兼擅刀马花旦，嗓音圆润，技艺精湛，饮誉台湾剧坛，一度兼涉影视界。1977年入台湾中国文化学院戏剧系，毕业后留校任教。画家张大千曾为郭绘制一件荷花旗袍，并在张支持下组织"雅音小集"剧团，打出"新派京剧"旗号，在台湾剧坛轰动一时。1982年赴美，在纽约朱丽亚音乐学院学习声乐、戏剧、默剧及导演。1983年获纽约林肯中心颁发的"亚洲杰出艺人"奖。

【三十】7

郭增恺（1902—1989） 直隶安次（今河北廊坊）人。北京师范学校肄业。1920年参加李大钊发起的工读互助团。曾任冯玉祥秘书、杨虎城参议、张学良顾问。1936年西安事变时任宋子文秘书，拥护中共提出的和平解决西安事变的主张,为促成事变的和平解决做了贡献。后任胡宗南顾问、国民党政府行政院秘书、广东省政府顾问。1947年赴香港任《星岛日报》顾问,后在香港从事写作。1980年到北京。1986年加入中国共产党。是第四届全国人大代表,第五届全国人大常委,第三、四届全国政协委员,第六届全国政协常委。1989年7月2日在北京因病逝世。

【二十五】11

郭子仪(697—781) 唐代名将。华州郑县(今陕西华县)人。开元初年,以武举高第,补左卫长史。戍边40年,因屡立战功,官至天德军使,兼九原(今内蒙古)太守。安史叛乱,任朔方(今宁夏)节度使,奉命率军平叛,在河北击败史思明,功居第一。肃宗即位后,配合回纥兵,收复长安、洛阳,因功进封汾阳郡王,世称郭汾阳,也称郭令公。乾元元年(758)加中书令。次年,于相州为史思明所败,由此失去兵权。广德元年(763),陇右(今甘肃)节度使仆固怀恩起兵叛变,765年纠合回纥、吐蕃攻唐。郭六十高龄,亲临前线,说服回纥尊长与唐军共拒吐蕃,叛军瓦解。德宗即位,尊为尚父。建中二年(781)病死。卒谥忠武。

【五十二】7

郭作民(生卒年不详) 1936年12月南京政府组织军事委员会高等军法会审张学良时,任法庭书记官。

【二十八】2

国联(League of Nations,简称LON) 即国际联盟,又称国际联合会,简称国联。是第一次世界大战后,由各国政府代表参加的国际组织。1919年4月在巴黎和会上通过了《国际联盟盟约》,1920年1月随《凡尔赛和约》的生效而成立。先后加入的有63个国家。总部设在日内瓦。主要机构有:大会、行政院、秘书处;附设有国际常设法庭、国际劳工局和其他许多国际事务机构或委员会。美国本来是倡议成立国联的国家,国联成立后,为英法所操纵,美国因达不到控制的目的而拒绝参加。1939—1940年苏芬战争期间,国联利用特别选出的委员会机构将苏联开除。国际联盟标榜以"增进国际间合作并保持其和平与安全"为目的,实际上是帝国主义对殖民地进行再分割的工具。国联对德、日、意帝国主义侵略政策纵容包庇,最终导致第二次世界大战的爆发,国联亦随之瓦解。1946年4月由第二十一届国联大会正式宣告解散。

【五】3;【八】4、5、8;【九】10;【十五】7;【二十四】8;【五十一】9

国联关于中日事件的决议 1931年9—10月,国际联盟解决"中日满洲问题"的决议。1931年"九一八"事变后,南京政府在19、20和23日三次向日本政府提出紧急严重抗议,同时于9月21日正式向国联提出申诉。国联接到申诉后，在9月22日对中日两国政府发出紧急警告：停止一切足以使事态扩大，或妨碍和平解决之行为；双方立即撤兵。日本政府在接到国联的警告和受到中国的屡次抗议后，虚假声明日本并无领土野心，原则上同意撤兵，但撤兵时间与步骤要看当时的地方治安状态。国联行政院于9月30日通过决议"行政院对于日本政府之声明，谓对于东三省并无图谋领土之意，认为重要。……行政院知悉日本代表之声明，谓日本军队业经开始撤退，日本政府当以日本人民生命财产之安全为比例，仍继续将其军队撤至铁路区域以内，并希望从速实行此项意愿。"但是，日本不但没有履行撤兵诺言，反而扩大侵略战火，进攻洮南，轰炸通辽、锦州和哈尔滨。10月23日，国联行政院又作出决议，除了重申9月30日决议外，又加了两点，一是要求日本立即开始将军队撤至铁路以内，并限于下次开会前撤退完毕；二是让中国准备接收日军撤退区的办法，以保证日侨的生命财产安全。在24日的理事会上，以十三票赞成，日本一票反对，通过了该决议。但是，国联通过正式决议后，并没有采取任何强制措施，日军无所顾忌，继续在东北扩大侵略战争，国联的决议变得没有任何实际意义。

【八】5；【二十四】8

国民党三届四中全会　1930年11月12日至18日在南京举行。会议是在蒋、阎、冯中原大战结束不久召开的。蒋介石、何应钦、胡汉民、孙科、陈铭枢等五十余名中央委员参加会议，张学良列席会议。会上蒋（介石）、胡（汉民）两大派系围绕"约法"问题发生了激烈的争论。蒋介石为了剥夺汪精卫、阎锡山、冯玉祥等派系的反蒋借口，会前曾发表通电，主张召集国民会议制定"训政时期约法"，企图利用民意机关和法律的形式，把自己推上合法的统治地位。会上胡汉民为阻止蒋介石军政势力的扩张，认为国民会议无权代替国民大会制定约法，蒋、胡矛盾激化。会议结束时发表了宣言，宣称经过中原大战，"蹈叛逆之覆辙而与民国为敌者，将绝迹于国中"。会议通过了六十多项决议案，如决定于1931年5月5日召集国民会议，"铲共剿匪"期于三至六个月内办理完竣，永远开除参加扩大会议分子的党籍，蒋介石兼行政院长等。

【二十四】7

国民党四届六中全会　1935年11月1—6日在南京举行。中央执、监委员共110人出席。这次全会是为国民党第五次全国代表大会的召开作准备。此时日本帝国主义正加紧灭亡中国的活动，国民党内部蒋汪矛盾激化。汪精卫致开幕词。会议审查、修正了《中华民国宪法草案案》。通过了冯玉祥、李烈钧等20余人提出的《救亡大计案》，主要内容为：切实保障人民言论、出版、集会、结社，居住、信仰之完全自由，大赦政治犯，精诚团结，充实军备，注意防灾救灾，派员整修淞沪战事阵亡将士墓等。通过了《财政部安定货币金融办法案》，规定只有中央、中国、交通三行才能发行货币并流通于市；实行白银国有政策，将中国的金融体制纳入世界英镑集团。开幕式结束后,与会中央委员摄影留念时,汪精卫被刺受伤,会议遂决定由蒋介石暂代行政院长职。

【二十四】9;【二十五】1

《国闻周刊》 民国时期著名的综合性时事周刊,附属于国闻通讯社。1924年8月由胡政之创办于上海,编辑和撰稿者大都由国闻社成员担任,创刊初期的政论、时评大多由胡执笔。该杂志的专栏绝大多数是时政方面的。此外,还有政论性文章、访问性质的报告等。是中国现代化史上的记载国内时事消息最多的一份杂志,影响甚大。1926年9月《大公报》续刊后,与国闻社一起附属于《大公报》,并移至天津出版。1936年迁回上海。1937年12月终刊。

【四十】6

H

哈伟 即罗伊·威尔逊·霍华德（Roy Wilson Howard，1883—1964） 美国新闻记者。曾担任美国"合众国际社"社长，长期控制并主编《纽约世界电讯太阳报》。第一次世界大战后，曾经多次来华采访。

【四十三】3；【五十一】9

海伦 即海伦·福斯特·斯诺（Helen Foster Snow，1907—1997） 笔名尼姆·威尔斯（Nym Wales），著名记者埃德加·斯诺的第一位夫人。美国犹他州赛达城人。犹他大学毕业即在美国采矿会议任助理秘书。1931年8月来华，任美国驻上海总领事馆秘书并兼任美国几家报刊、公司的驻外记者。1932年底与斯诺结婚，次年安家于北平。1936年10月和1937年4—9月两次在陕西各地访问考察。抗战期间，她与斯诺、艾黎等倡议发起中国"工合"运动。1940年离华，1949年与斯诺离婚，70年代曾数次访华。1991年中国作家协会、中华文学基金会和中国国际友人研究会授予其第一届"理解和友谊国际文学奖"，1996年中国人民对外友好协会授予其"友好使者"称号。其主要著作有《中国历史札记》、《续西行漫记》、《我在中国的岁月》、《重返中国》等。

【五十一】3

海沙子（？—1902） 本名阎海川，辽宁锦西一带人。是19世纪末20世纪初辽西地区的著名土匪。1902年9月，在广宁县（今北镇）高平镇，被率保险队协助清政府清剿土匪的张作霖亲自击毙。

【十五】4；【十七】5；【三十一】8；【三十三】1；【四十七】2

韩复榘（1890—1938） 字向方，河北霸县人。1910年入陆军第二十镇冯玉祥部任司书生。次年随冯参加滦州起义，失败后返乡。1912年春复投冯部。1924年10月参加冯发动的北京政变，任国民军第一军第一师第一旅旅长。1925年冬参加讨直之役，升任第一师师长。1926年8月，在南口与晋军作战失败后投晋，任晋军第十三师师长。同年9月，冯玉祥就任国民联军总司令，韩又被召回。翌年7月任第三方面军总指挥。1928年12月任河南省主席。1929年3月参加蒋桂战争，任讨逆军第三路总指挥。5月，蒋（介石）冯（玉祥）矛盾激化，通电叛冯投蒋，任西北军总司令，统率陕甘部队。1930年4月参加中原大战，任第一军团总指挥。9月任山东省政府主席。后长期主持山东军政。1937年抗日战争爆发后，任第五战区副司令长官兼第三集团军总司令，负责山东军事和黄河防务。9月，冯玉祥率部在津浦路北段抗击日军，请韩出兵支援，韩置之不理，使冯部战线溃退。之后，为保存实力，擅自放弃济南、泰安、济宁等地。1938年1月

11日，蒋介石以不遵守命令，擅弃国土，将韩撤职逮捕。23日，国民政府以韩违反战时军律，提付军法审判。24日被判处死刑执行枪决。

【四】6、11；【十九】5、6；【二十四】7、8；【二十六】8、9；【三十二】13；【三十三】9；【三十五】9、10；【三十八】7；【四十四】7；【五十四】6、7

韩光弟（1896—1929）　字斗瞻，黑龙江双城人。吉林省立警官高等专门学校毕业。后留学日本，入东亚高等预备学校、早稻田大学学习。归国后，入中央陆军讲武堂及东北讲武堂学习。毕业后，历任排长、上尉副官、东三省陆军军士教导队第二连中尉连附、副官，五连连长，晋升为上校。1925年，升任镇威军第三军第三补充团第三营营长，第七师第五旅八十四营营长，第四补充队中校团附，兼机关枪第一营营长，旋升镇威军二十七旅四十一团团长。1927年6月，因屡建战功，破格提升为二十四师少将师长。1928年11月，东北易帜前，东北军改编，任东北陆军步兵第十七旅中将旅长，驻海拉尔。1929年中东路事件中，于11月17日，率部与苏军激战于扎赉诺尔，全旅伤亡官兵2000余人，韩亦阵亡。

【二十三】6

韩麟春（1885年—1931年）　字芳宸（又作芳辰），奉天辽阳县人。1908年日本士官学校中国学生队第六期炮兵科毕业。回国后，任清政府陆军部军械司司长、陆军讲武堂教务长、陆军部参事，驻美陆军武官等职。民国建立后，任北京政府军咨府参事。1922年1月任陆军次长。1922年直奉战争后，投身奉系，任东三省兵工厂总办。第二次直奉战争中，任第一军副军长。战后，任东三省兵工厂督办职务。1924年第二次直奉战争时，任镇威军第一军副军长，第二军军长。1925年任东三省陆军训练处副监。1925年底任镇威军第四方面军军团长，后与张学良的第三方面军组成联合军团。1926年，任镇威军三、四方面军军团长。同年6月，被吴佩孚任命为将军府麟威将军，加陆军上将衔，韩通电拒受。同年12月，张作霖就任安国军总司令，韩升为安国军陆军上将。1927年2月，与张学良等率军讨伐靳云鹗入豫，旋与武汉政府北伐军激战。3月12日，在对抗北伐前线，与张学良联名发表首倡弭兵的《张韩对时局通电》。6月18日安国军政府成立时，任第四方面军团军团长兼陆军大学校长。是年末因病去职。1931年病逝。

【一】6；【二】3；【三】3；【五】13；【六】3；【十二】2、11；【十四】3；【二十】3；【二十三】13；【二十四】2；【三十】1；【三十一】4、6；【三十二】2、6；【三十三】17；【三十五】8；【三十八】5；【四十一】1；【五十三】13；【五十四】4、5、9；【五十五】9

韩淑秀（1891—1925）　辽宁沈阳人。1907年入奉天女子师范学堂。1910年，加入奉天基督教青年会。在女师读书期间，提倡妇女关心国家大事，主张推翻清朝帝制。1911年郭松龄从四川回奉天，准备响应武昌起义，将活动据点设在韩淑秀家中。郭松龄被捕后，韩冒死拦截警车，诉说郭是他未婚夫，归奉完婚，不是革命党人，郭始得获释。1912年，与郭松龄结婚。后由沈阳迁居北京，考入协和女子大学。毕业后回奉，在基督教青年会干事阎宝航的支持下，创建了贫儿学校，任校董，并协助郭松龄创办同泽中学（男校）。1925年11月初，郭松龄反奉，并将京榆驻军改为东北国民军。她担任东北国民军总司令部机要秘书。后郭军兵败，12月24日与郭松龄一同在新民被王永清所部逮捕。25日，两人被枪杀。

【二】2

韩信（？—公元前196） 字重言，淮阴（今江苏省淮安市）人。汉初诸侯王。秦末，初属项羽，转归刘邦，被命为大将。楚汉战争中，刘邦采其策而还定三秦。刘、项两军对峙荥阳、成皋之际，他率军破赵取齐，封为齐王。随后统军与刘邦汇合，于垓下（今安徽省灵璧县南）击灭项羽。西汉建立，改封楚王。后因被人告发"谋反"，前201年10月降为淮阴侯。陈豨反叛时，在长安被吕后所杀。

【一】6；【十二】8；【三十四】4；【四十一】12；【四十四】5；【五十二】7

汉高祖 即刘邦（公元前256—前195），汉朝开国皇帝。字季（一说原名季），沛县丰邑中阳里（今江苏丰县）人。秦朝时曾任沛县泗水亭长，公元前209年，陈胜起事后不久，集合约三千子弟响应起义，攻占沛县等地。公元前206年十月，率军进驻霸上，秦王子婴向刘邦投降。秦朝灭亡。楚汉战争击败西楚霸王项羽后，统一天下，建立汉朝。公元前202年，于荥阳氾水之阳即皇帝位，定都长安，史称西汉。登基后一面消灭韩信、彭越、英布、臧荼等异姓诸侯王，一面建章立制并采用休养生息之宽松政策治理天下，迅速恢复生产发展经济，不仅安抚了人民，也促成了汉朝雍容大度的文化基础。公元前195去世，庙号太祖，谥号高皇帝。自汉武帝时的史学家司马迁开始，称刘邦为"高祖"，后世多沿用之，因此史称"太祖高皇帝"、"汉高帝"或"汉高祖"。

【一】6；【十二】8；【三十四】4；【三十九】9；【四十一】12；【五十二】7

汉光武帝 即刘秀（公元前5—公元57），东汉王朝开国皇帝。字文叔，南阳蔡阳（今湖北枣阳西南）人。身为一介布衣却有前朝皇族血统。新莽末年，天下大乱，在家乡乘势起兵，加入绿林起义军。更始称帝后，授为太常偏将军。更始元年（23）与王凤所率起义军配合，取得昆阳之战胜利，歼灭王莽军主力。后在河北以恢复汉家制度为号召，镇压并收编铜马等起义军，势力大增。被封为萧王后,即拒绝更始召命。建武元年(25)在河北称帝,仍以"汉"为其国号,史称"东汉"。经过长达十二年之久的统一战争,先后平灭了关东、陇右、西蜀等地的割据政权,结束了自新莽末年以来长达近二十年的军阀混战与割据局面。在位三十三年,大兴儒学、推崇气节,东汉一朝也被后世史家推崇为中国历史上"风化最美、儒学最盛"(司马光、梁启超语)的时代。史称"光武中兴"。庙号世祖。

【四十一】9

汉惠帝 即刘盈(公元前211—前188),西汉第二位皇帝。字满。汉高祖与吕后之子。7岁(前205)被立为太子。17岁(前195)继位皇帝。为人"仁弱",朝政为其母吕后控制。即位之初,目睹吕后残杀戚夫人及赵王如意,痛言"此非人所为"。20岁时,被迫娶其姐鲁元公主的女儿为皇后。因对吕后专权不满,再加上不称心的婚姻,致使精神忧郁,"日饮为淫乐",不听政。公元前188年,病死。终年23岁。葬安陵(今陕西咸阳秦都区韩家湾白庙村)。谥号"孝惠"。

【三十九】9

汉卿教育基金会 全称"汉卿捐助辽宁省中小学教育基金会"。1928年张学良主政东北后,捐出500万元大洋(相当于1929年辽宁全省教育经费的总和)私产扶助辽宁省中小学教育,并于1929年2月成立了"汉卿捐助奉省中小学教育基金董事会",作为保管和处置此款的机关。董事会成员由张学良邀请聘用,其成员:董事长张学良,副董事长袁金铠,执行委员冯广民,董事袁金铠、杨宇霆、常荫槐、翟文选、王树翰、刘尚清、白永贞、彭贤、刘风竹、王毓桂、吴家象、冯广民、李静澄、王一丁等人,后又增加教育会正、副会长姬振铎和王化一,共17人。固定执行员为每届的教育厅长和省教育会长。1929年"杨常事件"之后,董事会成员进行部分调整。成立董事会同时,制定了《汉卿捐助奉省中小学教育基金董事会章程》。基金会的主要工作:一是给全省中、小学教师发放补助金,以改善他们的生活。二是设立中、小学教育研究班,以提高中、小学教学质量和水平。三是举办假期讲习班。基金会的工作推动了辽宁中、小学教育事业的发展。

【二十三】7

汉武帝 即刘彻(公元前156—前87),幼名刘彘,字通,汉朝的第七位皇帝。7岁时被册立为太子,16岁登基,在位五十四年(前141—前87)。在位期间,开创察举制选拔人才。采纳主父偃的建议,颁行"推恩令",解决王国势力,并将盐铁和铸币权收归中央。文化上采用了董仲舒的建议,"罢黜百家,独尊儒术"。结束先秦以来"师异道,人异论,百家殊方"的局面。汉武帝时期开疆拓土,击溃匈奴、东并朝鲜、南诛百越、西逾葱岭,征服大宛,奠定了中华疆域版图,首开丝绸之路,首创年号,兴太学。功业辉煌,被称为汉武盛世。但是,连年征战,耗尽了国库,导致民生凋敝,在位晚年发生农民暴动,并且在巫蛊案中冤杀无辜。公元前87年病逝。庙号"世宗",谥号"孝武"。

【二十六】11

郝伯村(1919—) 江苏盐城人。1938年1月于陆军军官学校第十二期炮科毕业。旋被分到湖南宁陵炮兵学校学习。1940年分在炮兵部队任代理连长。1944年入重庆陆军大学第二十期学习,结业后升任炮兵第十四团参谋主任。1948年奉调南京国防部待命,后任陆军第一九六师任上校参谋长。1950年春去台湾,后升任炮兵学校总教官。1958年8月任第九师少将师长兼战地指挥官,戍守小金门。后入台湾"三军联合参谋大学"将官班深造,旋又被派往美国陆军参谋大学深造。1963年任陆军第三军副军长。1964年4月晋升金门防卫部中将副司令。1965年,出任"总统府"侍卫长。1981年10月,任"国防部"参谋总长,晋升为一级上将。1989年升任"国防部"部长。1990年—1993年出任"行政院"院长。1993年8月被推举为国民党副主席。1996年由于与李登辉等理念不合,退出中国国民党,与林洋港搭配参选"总统"。2005年2月国民党主动恢复其党籍,并聘任为中央评议委员会主席团主席。

【二十三】4

郝大爷(生卒年不详) 张作霖年轻时的好朋友。张学良称其郝大爷。

【十二】14;【十七】5;【三十一】8

何成浚(1882—1961) 字雪竹,湖北随县人。早年赴日本留学,并加入同盟会。1909年日本陆军士官学校步兵科毕业,回国任陆军部军制司科员。1912年1月任南京临时政府陆军部副官长,4月任南京留守府总务厅长。次年二次革命爆发,任江苏讨袁军总司令部总参议,失败后逃亡日本。1917年参与广州护法军政府。1924年10月被孙中山任命为湖北招讨使兼建国军北伐总司令部参谋长。1925年9月被蒋介石任命为东征军总部总参议。北伐战争中,任国民革命军总司令部总参议,鄂北绥靖公署主任。1927年,任南京政府军事委员会委员兼国民革命军高等顾问。1928年"二次北伐"时,任第一集团军参谋长兼徐州行营主任。同年10月出任国民政府参军长,后到沈阳联络张学良,策划了东北易帜。1929年先后担任北平行营主任,湖北省政府主席。中原大战时任第三军团总指挥。后回任湖北省政府主席兼武汉行营主任,驻鄂绥靖公署主任。西安事变时,婉拒张学良的赴西安谈判的邀请,遭到蒋介石的嫉恨和排挤。1937年抗战爆发,11月再任湖北省政府主席。1939年1月任军事委员会军法执行总监。先后当选为国民党第三至六届中央执行委员。1946年回湖北,任省参议会议长。1949年春去香港。1951年春去台湾,历任台湾当局"总统府""国策顾问"、"资政",国民党中央评议委员会委员、中央纪律委员会委员等职。

【三十一】6；【三十二】2；【三十五】13

何东（Sir Robert Ho Tung，1862—1956） 又名何启东，字晓生。香港著名企业家，香港大学创办人之一。其父乃英籍荷兰裔犹太人何士文（H. T. Bosman），母为广东宝安（今深圳）人施氏。幼由母亲抚养，受中国文化熏陶，初入书塾，转读于中央书院（今皇仁书院）。1878年书院毕业即供职广东海关，1881年加入香港怡和洋行华人部，由初级助理员而买办助理，两年后成为买办。后任香港火烛保险公司、广东保险公司总买办，自资成立"何东公司"，从事食糖买卖。1894年任怡和洋行华总经理，1900年辞职后由其弟何福接任。此后，除经营一般贸易外，还涉足航运、地产业，1928年前后接办《工商日报》。

【五十一】9；【五十五】1

何丰林（1873—1935） 字茂如，山东平阴人。北洋武备学堂毕业后，在新建陆军中任队官。1904年任第一镇二协三标三营管带，后升至第四镇八协十五标标统。1912年5月，任第四镇八协协统。1913年任第四师七旅旅长。袁死后归入皖系卢永祥，1917年1月，任浙江省宁台镇守使。1920年7月，任淞沪护军使，第六混成旅旅长。1924年9月，江浙战中任沪联军第一军司令，兵败后下野。1925年2月，任善后会议会员。1927年加入奉系，任安国军政府军事总部部长，模范团总司令，军法审判长。1928年张作霖兵败出关，何亦去职。1931年左右任东北边防司令长官公署首席参议。1935年去世。1936年，被追赠陆军中将衔。

【二十三】7

何竞武（1894—?） 原名骆何坤（一说陆何坤），字竞武，浙江诸暨人。1916年入保定军官学校第四期。1917年毕业后，在北洋军阀军队历任骑兵旅长、骑兵司令、军参谋长，1926年任国民革命军东路总指挥部少校参谋，后任国民革命军第一路总指挥部交通处长、津浦路军事管理处处长、国民革命军总司令部野战铁道交通指挥官，1928年任骑兵第二师少将副师长，1929年任国民革命军编遣委员会鄂西编遣委员，后升任国民革命军第三编遣区中将主任委员、第八军中将参谋长，1930年3月任铁道部平汉铁路管理局局长，后兼任平汉路运输司令、平汉护路司令、国民革命军总司令部副官处处长、平汉铁路管理委员会委员长。1934年4月兼任军事委员会北平分会委员，同年7月兼任蒙古地方自治指导长官公署参赞，1936年1月叙任陆军中将，后调任军事参议院参议、陇海铁路局局长、军事委员会运输统制局西北公路运输处处长。1940年10月免军事参议院参议职。1942年2月任西北公路运输局（后改称西北公路管理局）局长，1945年8月调任全国铁道运输副司令，1946年选为制宪国民大会代表，1948年去台湾。

【十七】6

何立中（1892—1935） 别号与权，辽宁新民人。保定陆军军官学校第五期步兵科毕业。奉天陆军小学堂、东三省陆军讲武学堂速成班毕业。1918年9月保定军校毕业，分发奉天陆军。历任奉天陆军第十九师步兵团排长、连长、参谋等职。1924年12月任东北陆军第一军第三师步兵团营长、团长等职，率部参加第一次、第二次直奉战争和国民军作战诸役。1928年10月任东北陆军第一军团总指挥部参谋处参谋、作战科科长等职。1930年12月任海陆空军副司令北平行营副官处副处长。1931年"九一八"事变后，任东北陆军独立第十旅旅长，后任军事委员会北平行营主任公署副官长等职。1933年3月任陆军第六十七军第一一〇师师长，率部参加长城抗战。1934年3月任豫鄂皖三省边区"剿匪"总司令部第六十七军第一一〇师师长，率部参加对鄂豫皖边区红二十五军和根据地的"围剿"。1935年4月任陆军少将军衔。1935年10月随部移防陕甘边区，仍任西北"剿匪"总司令部第六十七军第一一〇师师长等职。1935年10月1日在陕西富县劳山与红十五军团作战时负重伤后身亡。

【六】5；【二十三】8、11；【二十五】1；【二十六】7、10

何廉（1895—1975） 字淬廉，湖南宝庆（今邵阳）人。1919年赴美国留学，获耶鲁大学经济学博士学位。1926年回国后，历任南开大学教授兼财政系主任，经济学院院长与南开经济研究所所长。1936年10月任国民政府行政院政务处处长。1937年10月任农本局总经理兼农村复兴委员会第一副主席。1938年11月任经济部常务次长。1940年7月任全国粮食管理局副局长。1941年任军事委员会参事室参事。1942年4月派为第一次高等考试初试典试委员。1944年任最高国防委员会中央设计局副秘书长。1945年3月再度出任经济部政务次长，10月兼军事委员会委员长东北行营经济委员会委员。1947年春任南开大学代理校长。1949年2月去美国，旋应哥伦比亚大学之聘，任经济及东亚研究所教授。1961年退休改聘为资深教授。1975年7月5日在纽约病逝。

【四十四】8；【四十六】1

何千里（1895—1970） 原名何家驹，字千里。浙江杭州人。毕业于保定军校三期，与白崇禧、张治中同班。曾任徐树铮秘书多年。1921年春，脱离军职，赴日本大学和早稻田大学学习政治经济科和商科。回国后，1924年被北京政府派往石家庄主管矿务。1926年7月南下武汉，参加国民革命军。后受武汉政府委派去上海任江海关督察。国民政府迁至南京后，白崇禧为北伐军代总司令，何担任白崇禧的参谋。北伐军进驻北京后，升任北伐军少将总参议。曾由白崇禧提议作为南京政府的代表与方本仁一同赴奉天，与张学良谈东北易帜之事。

【三十五】14

何世礼（1906—1998） 原籍广东宝安（今深圳）。香港富商何东第三子。早年毕业于英国皇家士官学校、勒希尔炮兵学校，法国方丁布鲁炮兵专门学校。回国后，先后在东北军任炮兵中队长、大队长、团长等职。1933年入美国堪萨斯州参谋大学。1935年返国，历任税警团团长，第四战区少将兵站总监，中国远征军兵站副监。1943年起任军事委员会联合勤务总司令部中将副参谋长。1946年6月任参谋本部后勤总司令部副总司令，不久兼任秦葫港口司令，同时兼范汉杰兵团副司令官。1949年去台湾后，历任台湾东南补给区司令兼任基隆港口司令，"国防部"常务次长，"驻日军事代表团"团长兼盟军"对日理事会"代表，"驻联合国军事代表团"团长兼"联合国安全理事会军事参谋委员会"首席代表，"行政院"顾问等职。1959年以陆军二级上将退役，居住香港，任香港《工商日报》董事长。1962年被聘为台湾当局"总统府"国策顾问。1964年任港台贸易公司及台湾民生物产公司董事长。是国民党第十二至十五届中央评议委员。1998年，于香港逝世。

【七】11；【二十二】6；【二十三】4、9、12、13；【三十】5、6；【三十四】3；【四十三】1；【四十四】3；【五十一】9；【五十二】12；【五十三】6；【五十五】1

何秀阁（生卒年不详） 《张雨亭将军草莽轶闻》作者。
【三十二】17；【三十四】11

何应钦（1890—1987） 字敬之，贵州兴义人。1908年留学日本，先后就读东京振武学校和陆军士官学校步兵科，并加入同盟会。辛亥革命爆发后回国，1913年任江苏陆军第一师步兵营营长。1916年后任黔军团长、旅长、黔军总司令部参谋长、云南讲武堂教务长。1924年任黄埔军校总教官，教育长。1925年任第一军第一师师长兼东江"绥靖"委员。北伐时第一军军长兼东路总指挥。1928年1月，任陆海空军总司令部参谋长。尔后曾任浙江省主席、陆军训练总监、国民政府委员、国民党中央执行委员。1930年任国民政府军政部长，兼任汉口、开封、广州各总司令及委员长行营主任，多次参与"剿共"战争。1933年任军事委员会北平分会委员长。1935年与日本交涉华北问题，签署《塘沽协定》及《何梅协定》，出卖民族利益。1935年4月授一级上将军衔。西安事变发生后，暂代总司令之职，主张"武力讨伐"张、杨。抗日战争爆发后，历任第四战区司令长官、军事委员会参谋总长、军政部长、最高国防委员会委员、中国战区陆军总司令等职。日本投降后，1946年任驻联合国军事参谋团中国军事代表团团长及驻美军事代表团团长。1948年任国防部长。1949年初，李宗仁行代总统时任行政院长。去台后，不复重用。1950年任"总统府"战略顾问委员会主任、委员，国民党中央评议委员。1987年10月22日在台湾去世。

【四】13；【九】6、7；【十八】3；【十九】2；【二十一】9；【二十四】8；

【二十五】1、7、9、11；【二十六】6、14；【二十七】4；【二十八】1、2、9；【三十四】2、3；【三十五】8；【四十二】8；【五十一】5、7

何柱国（1897—1985） 别号铸戈，广西容县人。1917年入保定陆军军官学校。后留学日本士官学校。1919年回国，先后任保定陆军军官学校骑兵战术教官、骑兵队队长、东北讲武堂战术教官兼骑兵科主任、骑兵第三队中校队长。1924年9月，任奉军第一、三联军司令部作战科主任参谋，参加直奉战争。后又任奉军津榆驻军司令部上校参谋兼作战科长，安徽督办公署主任参谋，第一二七团团长，第四十五团团长。1927年春代理第四十五旅旅长，后任第三十七旅少将旅长兼开封警备司令，暂编第二十三师师长。1928年11月东北军缩编，任东北陆军第三旅中将旅长。1931年1月任陆军步兵独立第九旅旅长，7月率部在山海关参加抗日。1933年1月任第五十七军军长，参加长城抗战。同年12月任军事委员会北平分会委员。1934年率部去湖北"围剿"红军。1935年8月任骑兵军军长，9月去陕北"围剿"红军。12月参加西安事变，并为和平解决事变做出贡献。1937年4月任军事委员会西安行营副主任，后兼豫皖苏三省驻军整理委员会委员。8月任骑兵第二军军长，会同八路军华北抗日。1940年任豫皖苏边游击副总指挥，后又任第二军团军团长。1941年5月任第十五集团军总司令。1945年1月任第十战区副司令长官兼临泉指挥所主任。抗日战争胜利后，任东北行辕参谋长，因双目突然失明未能就职。1948年5月退为预备役。1949年拒绝去台湾。中华人民共和国成立后，先后当选全国政协委员、常务委员，民革中央委员、常务委员等职。1985年9月3日病逝于北京。

【五】22；【二十三】3、6、9、11、12、13；【二十四】8；【二十五】4、15；【二十六】5、7、11、12、13、14；【二十八】1；【三十五】5、8；【四十】2；【五十三】9

河本大作（1883—1955） 日本兵库县人，1902年入日本陆军士官学校。毕业后任日本陆军第四师团步兵第三十七联队小队长，到中国东北参加日俄战争。1911年入陆军大学。1915年派往中国汉口，任日本陆军中支那派遣队司令部高级参谋辅佐，1916年任该司令部驻四川成都武官。1917年任日本陆军省参谋本部第二部部员，1918年7月任日军西伯利亚派遣军第十二师团司令部参谋，入侵苏联。1919年任参谋本部第一部部员。1919年末，加入法西斯军人少壮派组织二叶会。1921年任日本驻中国北京公使馆武官。1923年8月调回日本在参谋本部第二部任中国班班长，专事向中国派遣密使，搜集政治、军事、经济情报等活动。1924年7月—1925年12月派到德国游学。1926年4月任关东军司令部高级参谋，8月晋升为陆军大佐。1928年部署谋杀张作霖，策划了皇姑屯事件。张作霖被炸死后，因日本内部矛盾和舆论谴责，被解职。1933年3月任"满铁"理事。1941年12月，到山西经营日军垄断下的"山西产业会社"，任株式会社社长。1945年8月日本战败后,充当阎锡山反共的帮凶。1949年4月太原解放时被捕。1955年病死于太原战犯管理所。

【三十二】14、18

贺奎(1900—1967) 字文宿,辽宁兴城人。1923年入东三省陆军讲武堂第五期步兵科。毕业后,被选派到日本陆军士官学校深造。回国后,历任张学良的上尉机要秘书、少校秘书、中校参谋。1933年3月,参加了长城抗战。战后被提升为第六十七军参谋处上校处长。1936年6月,任东北军第一一五师少将师长,11月调任第一〇九师师长。西安事变后,支持联共抗日主张。1937年3月,任第六十七军少将副军长,10月参加淞沪抗战。11月,代理第六十七军军长。1938年任军事参议院少将参议。抗战胜利后曾任辽宁省政府委员,1948年春任辽西行署主任兼冀热辽边区司令部中将副司令,7月任东北剿匪总部锦州指挥所副主任,10月15日在辽沈战役中被俘。1952年,担任国务院参事室参事。1959年以后,做政协文史资料工作。1967年在北京逝世。

【二十三】13

贺耀祖(1889—1961) 号贵严,湖南宁乡人。日本陆军士官学校毕业,后在湘军中任职。1926年参加北伐,任第四十军军长、第三军团总指挥。1931年当选国民党中央执行委员,1932年9月任参谋本部第二厅厅长,1934年11月任中国驻土耳其公使。1937年4月任兰州行辕主任,并代理甘肃省政府主席。1938年8月任军委会办公厅主任兼军统局局长,1939年底任驻苏联特使,1940年秋回国后任蒋介石侍从室主任兼国家总动员会议秘书长。1942年12月任重庆市市长兼重庆防空司令。重庆谈判时曾与毛泽东、周恩来晤谈。其夫人倪斐君倾向共产党,受蒋责问去职。1949年8月在香港通电起义。中华人民共和国成立后任中南军政委员会委员兼交通部部长、参事室主任,全国政协委员,全国政协地方政协工作委员会副主任,民革中央常委等职。

【二十四】11;【二十五】5;【三十四】2;【三十九】7;【四十二】9

贺衷寒(1900—1972) 原名忠汉,字君山,湖南岳阳人。1924年入黄埔军校第一期,与蒋先云、陈赓被誉为"黄埔三杰"。毕业后历任广州分校政治部秘书,第一师第一团党代表,军校入伍生总队政治部主任。1925年12月,筹组孙文主义学会,任广州总会会长。1926年,被派往苏联学习。1928年回国,任杭州军事训练班学生总队队长。1929年赴日学习军事政治。1931年回国,先后任陆海空军总司令部"剿匪"宣传处处长、豫鄂皖三省"剿匪"总司令部政训处少将处长、南昌行营政训处少将处长、军事委员会政训处中将处长等职。积极参加"中华复兴社"的筹组,成为该组织"十三太保"中的核心人物。1935年,再次当选国民党中央执行委员会常务委员兼组织部委员、军队党务组组长。1936

年西安事变后，在南京与何应钦秘密勾结，发动170余名青年将领通电"讨逆"，坚决主张以武力解决事变。因此，一度失去蒋介石的信任，被免去军事委员会政训处长职务。1937年，任驻德国使馆武官参赞。1038年回国，任国民政府政治部秘书长兼第一厅厅长。1941年后任行政院国家动员委员会人力组主任，社会部劳动局局长。1947年，任社会部政务次长。1949年去台湾，先后任"交通部"部长，"总统府"国策顾问，中央设计考核委员会主任委员，"行政院"政务委员，国民党中央评议委员会委员等职。1972年，在台北病逝。

【二十六】15

红军西路军　简称"西路军"。指1936年秋西渡黄河深入河西走廊作战的中国工农红军第四方面军的部队。1936年三大红军主力胜利会师后，中共中央和中央军委部署红四方面军第三十、第九军（共2.18万人）西渡黄河，红一、二、四方面军主力进行海（原）打（拉池）战役，以实现夺取宁夏的战略方针。同年11月8日中共中央和中央军委同意授予河西部队"西路军"称号，并组成以陈昌浩为主席的西路军军政委员会，向河西走廊推进。至1937年3月中旬，西路军孤军奋战，在与马步芳、马步青等优势之敌进行了四个多月艰苦奋战后，部队粮绝弹尽，遭受严重损失，终于失败。余部三个支队二千余人退入祁连山进行游击活动。其中李先念等率领的一个支队，于4月底到达新疆边境，尚保留四百余人，由党中央代表陈云、滕代远等接运至迪化（今乌鲁木齐），其余两个支队大部损失。

【二十六】13

红枪会　民国时期各种教门武装的统称或代名称。民国肇始，土匪猖獗，百姓苦不堪言，于是1916年义和拳教以红枪会名目在山东兴起。1917年，由山东传入河南。1923年，又由山东传入直隶。到了1924年，江苏、陕西等地也出现红枪会活动。其活动与乡村民众御匪自卫紧密结合。1927年夏，北伐军赖红枪会之助，在河南、山东、直隶等省取得胜利，基本上消灭了北洋军阀主力。国民党叛变革命后，对红枪会采取改编和镇压两种政策，红枪会运动至20年代末30年代初沉寂，许多地方的红枪会逐步匪化，有的沦为地主豪绅围攻革命根据地的工具。"七七"事变后，华北地区的红枪会奋起反抗日寇的侵略，形成了红枪会运动史上又一次高潮。抗战结束后，红枪会的势力又渐趋衰退，至1949年已销声匿迹。

【四】16；【十二】2

洪承畴（1593—1665）　字彦演，号亨九，福建南安人。万历四十四年（1615）进士。崇祯十二年（1639），任蓟辽总督，主持抗清战争。崇祯十四年（1641），清军围困锦州。洪率十三万人马驰援，被清军围困在松山城中达半年之久，数度突围，均被击败。崇祯十五年（1642），洪被清军所俘。皇太极多次派人劝降，终于叛明降清。清军占领北京后，以太子太保、兵部尚书兼都察院右副都御史原衔入内院佐理机务，为秘书院大学士，成为清朝首位汉人宰相。顺治二年，南京失守，清廷派洪总督军务招抚江南。洪剿抚并用，对金声等义军坚决镇压，同时又招降了大批明朝官员。顺治十年（1653），奉命经略湖广、广东、广西、云南、贵州五省，总督军务。顺治十六年（1659），请求回北京，次年奉命解任回京治病。康熙四年病逝。

【二十五】1；【三十九】8

洪钫（生卒年不详） 1931年4月任陆海空军副司令北平行营秘书处机要室主任。1934年2月任豫鄂皖三省"剿匪"总部秘书处第二科科长。1936年任西北"剿匪"总司令部办公厅副主任。

【十九】1；【二十三】11、13；【二十八】3、10

洪仁玕（1822—1864） 号吉甫，广东花县人，洪秀全族弟。太平天国后期领导者之一。1851年金田起义后，因清军缉捕洪秀全家族，他1852年始避居香港多年。在香港，接触到一些西方资本主义文化。1859年4月，从香港抵达天京，被封为天朝精忠军师、顶天扶朝纲干王，总理朝政。不久，向洪秀全提出统筹全局的方案——《资政新篇》，提出学习西方先进的科学技术、革新政治、发展资本主义的一系列政策和措施。但此方案，未能实行。1860年春至1864年天京陷落期间，决策、部署了粉碎江南大营、东征苏常、分兵西征等太平天国后期重要军事行动。1862年底，奉命出征江西。天京陷落后，在江苏溧水迎到突围而至的幼天王洪天贵福，护其转战至江西石城，不幸被捕。于11月23日，就义于江西南昌。

【十一】3

侯宝林（1917—1993） 天津人。曲艺作家、相声表演艺术家，被誉为相声界的一代宗师。自幼家境贫寒，12岁开始学艺，初学京剧，不久改习相声，先后拜常宝臣、朱阔泉为师。曾在北京天桥、鼓楼一带"撂地"演出。1940年起，与郭启儒搭档，合演对口相声，成为京津著名相声演员。中华人民共和国成立后，1955年参加中央广播说唱团。致力于相声革新，提高相声艺术趣味和格调，对扩大相声影响，提高相声在艺术领域中的地位，做出贡献。1979年退出艺术舞台，专事曲艺理论研究。先后当选为第四、五届全国人民代表大会代表，中国曲艺家协会副主席，并应聘为北京大学等院校兼职教授。

【十三】11

侯御之（1912—1998） 北京人。著名爱国民主人士杜重远的妻子。父亲是传教士，她从小便在教会学校学习，接受西方教育。后公派留学日本，18岁大学毕业，22 岁获得法学博士学位，是中国历史上第一位女法学博士。1932 年"九一八"事变后，毅然回国，先后任教于燕京大学法学系和冯庸大学。1933 年 3 月与杜重远结婚。1939 年与杜一起到新疆。杜重远被害后，侯与一子二女受到盛世才的监禁、摧残折磨。1945 年盛世才被调往重庆后，侯才回到上海。中华人民共和国成立后，曾任第六、七届全国政协委员。

【三十】2

胡蝶（1907—1989） 原名胡瑞华。原籍广东鹤山，生于上海。幼年跟随在京奉铁路任总稽查的父亲迁居天津、营口、北京等地。1924 年回上海，入上海中华电影学校第一期演员训练班，从此进入影坛，横跨了默片和有声片两个时代，从影时间长达 40 多年，主演的影片达一百多部，是红极一时的电影明星。1931 年 8 月，胡蝶正随明星公司在北平拍摄外景，因被误传"九一八"事变之夜与张学良跳舞而被报纸中伤为"红颜祸水"。1967 年息影，定居加拿大。1989 年 4 月 23 日，在温哥华谢世。

【四】8；【八】1；【四十】7；【四十一】11

胡汉民（1879—1936） 原名衍鸿，字展堂。江西吉安人，生于广东番禺。1902 年留学日本。1905 年参加同盟会，任评议部评议员、书记部书记、《民报》编辑。1907 年随孙中山到河内设革命机关，策动两广起义。1909 年任同盟会南方支部支部长。武昌起义后，任广东都督。1912 年任孙中山总统府秘书长。1914 年任中华革命党政治部长，主编《民国杂志》。1917 年任广东护法军政府交通部长。1919 年在上海参与创办《建设》杂志。1921 年任孙中山非常大总统总参议兼文官长。1924 年 1 月国民党改组后，当选中央执行委员，成为右派首领。同年 9 月孙中山率师北伐，代行大元帅职。1925 年因廖仲恺被刺案涉嫌，一度被拘留，旋赴苏联考察，次年回国。1927 年，宁汉分裂时，支持蒋介石，与蒋合作共组南京国民政府，主持南京工作，参与反共清党，后任立法院院长等职。1931 年 2 月，因约法之争被蒋介石软禁，被迫辞去所有职务，"九一八"事变后释放。后至广州，成为南方实力派领袖，持抗日、剿共、反蒋三大政治主张。1935 年 6 月，赴欧考察，停止了对蒋介石的抨击。1935 年 12 月，被国民党五届一中全会选为中央常务委员会主席。1936 年 1 月，自欧洲返国。1936 年 5 月 9 日在广州突发脑溢血，12 日病逝。

【四】11；【五】22；【四十一】4；【四十九】3；【五十五】9

胡景翼（1892—1925） 字笠僧，陕西富平人。1910 年加入同盟会。1911 年武昌起义时，在陕西举兵响应，任第一标统带。民国成立后赴日本留学。回国后，在陕西地方军陈树藩部先后任营长、团长等职。1917 年参加组织陕西靖国军，任第四路司令兼第七路总指挥。1922 年冯玉祥任陕西督军时，他任第一师师长。第一次直奉战争中归附直系，第二次直奉战争期间，又暗与冯玉祥、孙岳联合倒直，发动北京政变。后与冯、孙组织国民军，任副司令兼第二军军长、河南军务督办。1925年4月病逝于开封。

【三十五】6、9

胡木兰（1907—1992） 胡汉民之女。早年留学苏联，大革命后期曾任广州妇联会副会长，北伐战争时一度做过女子北伐队队长。1927年后在南京随侍父亲，协助其父处理公私函电，迎送来访宾客。其父获释南下香港、广州后，她于1932年出任南京妇幼养济院院长。抗战爆发后，辞去院长职务返回广州，后与何香凝等在香港主持妇女工作，曾出任国民参政会参政员。1949年后居住香港，参加"第三势力"活动。1968年去台湾，曾任台湾地区"国民大会"代表、"参议员"、"参政员"、国民党中央委员等职。1992年7月22日在台北病逝。

【五十五】9

胡若愚（1895—1962） 名言愚，字如愚，后改字若愚，以字行。安徽合肥人。毕业于国立北京大学，获法学士。曾任张作霖镇威上将军公署顾问。后任张学良的副官，并和张学良结拜。1925年，任北洋政府善后会议委员，7月任临时参政院参政、京师税务监督。1928年6月皇姑屯事件发生后，作为张学良的代表到南京同南京国民政府的蒋介石进行交涉，促成张于同年末宣布东北易帜。1930年4月，任国民政府卫生部政务次长。青岛改为中央直辖的特别市后，经张学良推荐，于1930年9月4日—1931年12月17日任青岛市市长。1931年2月，兼任北平市代理市长、国民政府实业部开滦矿务局督办。1932年1月，辞去青岛市长职务，寓居天津，脱离政界。第二次国共内战末期，谢绝孔祥熙赴台湾的邀请。1962年在天津病逝。

【十二】6、11、12；【四十一】1；【四十二】5；【四十五】5；【五十二】5；【五十三】10；【五十五】1；【五十六】1

胡适（1891—1962） 原名洪骍，字适之，安徽绩溪人，生于上海。著名学者。1906年考取中国公学。1910年留学美国，入康乃尔大学选读农科。1915年入哥伦比亚大学哲学系，师从于杜威。1917年回国，任北京大学教授，参加编辑《新青年》，提倡文学改革，是新文化运动代表人物。1922年后参与创办《努力周报》，《现代评论》周刊。1926年7月—1927年5月游历英、法、美、日诸国。1927年获哥伦比亚大学哲学博士学位。与徐志摩等组织成立新月书店。1928年创办《新月》月刊。1932年参与创办《独立评论》。1933年任国立北京大学文学院院长兼中国文学系主任。1938年任驻美国大使。1942年9月，辞驻美大使一职，旅居纽约。1945年任中国政府代表团代表在旧金山出席联合国制宪会议；以中国政府代表团首席代表的身份，在伦敦出席联合国教科文组织会议，制订该组织的宪章。1946年7月回北平，任国立北京大学校长。1949年赴美国；《自由中国》创刊，任"发行人"。后该刊负责人雷震被捕，胡一度受株连。1950年应聘为普林斯顿大学葛思德东方图书馆馆长。1957年11月任台湾"中央研究院"院长。隔年4月回到台湾就任。1959年2月任台湾"国家长期发展科学委员会"主席。1962年2月24日心脏病猝发，病逝于台北。

【三】4；【七】21；【十】6；【十三】4；【十六】3；【三十】1；【三十二】1、10、17；【三十四】3；【四十二】9；【四十九】2；【五十八】5

胡颐龄（1894—1965） 辽宁鞍山人。1916年入保定陆军军官学校第三期步兵科。1919年1月后，任吉林陆军第一混成旅排长、连长。1921年任吉林省督军公署参谋处少校参谋，不久，被张作霖任命为机要参谋。1924年，任东北军第五十三团中校团副、上校团长，第十军少将参谋长兼京绥铁路局警务处处长。1928年底东北易帜后，任东北边防司令长官公署军令厅第一处处长、华北军务局长。中原大战后，负责对阎锡山、冯玉祥军队改编，其后留任山西省政府委员兼山西省公安管理处处长。1931年"九一八"事变后辞职，闲居北平。1935年，宋哲元任胡为冀察绥靖公署参谋处副处长，并任驻西安办事处处长。1937年1月入南京陆军大学特别班，毕业后，任国民政府军事委员会令部少将高参、中将高参。抗战胜利后，任华北宣抚公使署参谋长，北平市政府人事处处长，华北"剿匪"总司令部中将部员。1949年1月，积极支持并参与傅作义起义，同年5月入华北军政大学学习。1950年后，先后任华北军官学校研究员、石家庄第六高级步兵学校训练部战术系军事教官，交通部参事室专员。1965年11月28日，病逝于北京。

【二十三】7

胡玉海（1949— ） 辽宁义县人。辽宁大学历史学院教授，辽宁张学良暨东北军史研究会会长，辽宁省历史学会副会长，辽宁省政协文史委员会顾问，张氏帅府博物馆张学良研究中心顾问。著有《从草莽英雄到大元帅——张作霖》、《世纪情怀——张学良全传》等专著，发表有张作霖、张学良论文30余篇。

【二十三】3

胡毓坤（1895—1946） 字凌尘，辽宁海城人。陆军大学毕业。1924年任直隶第四混成旅旅长。次年任安国军第四方面军第十六军军长。1928年以后历任东北边防军长官公署参议、军事委员会北平分会委员、冀察政务委员会委员、中央绥靖委员会主任等职。授陆军中将。抗战爆发后投敌，任伪陆军上将，兼任苏豫边区绥靖总司令。1943年10月，任汪伪军委会特派驻华北委员等职。1945年5月，任伪军令部部长。1946年，以汉奸罪在南京被处决。

【十六】2；【二十三】7；【二十四】5、7；【三十二】14；【五十四】7

胡宗南（1896—1962） 原名琴斋，字寿山。浙江安吉人。1924年11月黄埔军校第一期毕业，曾参加两次东征陈炯明及平定滇、桂军阀杨希闵、刘震寰叛乱的作战。1926年7月任国民革命军第一师第二团团长，参加北伐战争。1927年5月后任第一师副师长兼第二团团长，第二十二师师长。1928年4月参加第二期北伐。1929年随蒋参加蒋桂战争。次年参加中原大战，战后任第一师师长。1932年率部"围剿"鄂豫皖苏区。1935年2月到四川松潘一带阻截北上的红军。1936年4月任第一军军长。抗战期间，历任第十七军团军团长、第三十四集团军总司令、第八战区副司令长官、第一战区代司令长官等职，先后率部参加淞沪会战、武汉保卫战等。其间，曾派重兵包围封锁陕甘宁边区，多次向八路军挑衅，制造摩擦。1945—1948年，先后任第一战区司令长官、西安绥靖公署主任，积极执行蒋介石的内战政策，率部进犯陕甘宁边区，进占延安。1949年5—7月，所部遭解放军沉重打击后，撤至秦岭、巴山地区。9月兼任川陕甘边区绥靖公署主任。12月任西南军政长官公署副长官兼参谋长。在成都战役中，所部被解放军歼灭或起义，余部逃往西昌。1950年3月逃往台湾。后任江浙"反共救国军"总指挥、澎湖防守司令官、"总统府"战略顾问等职。病故后被追晋为陆军一级上将。

【九】12、14；【十二】8；【十八】3；【二十一】11；【二十四】11；【二十五】2、7；【二十六】13、14、15；【二十七】4；【二十八】4；【四十二】8；【五十六】9；【五十七】1

扈先梅（1895—1938） 字仲卿，河南安阳人。1915年赴保定，入袁世凯创办的模范团当兵，因功升任排长。1922年第一次直奉战争后离队回乡。不久入东三省陆军讲武堂步兵科。毕业后在奉军任职，历任连长、营长、团长等职。1931年"九一八"事变后，随东北军退入关内。1937年6月，升任第五十一军第一一四师第三四一旅少将旅长。"七七"事变后，率部转战苏、皖等地，屡立战功。1938年4月，参加徐州会战。台儿庄战役后，率部坚守台儿庄，阻止日军向徐州逼进，在激战中阵亡。

【二十五】16

花山信胜（1898—1995） 日本佛教学者。石川县人。毕业于京都帝国大学文学部印度哲学科，留学过英、德、法等国，后主要从事印度史迹调查和日本佛教史研究。担任过东京大学教授、东洋大学教授、美国佛教研究所所长等职。曾以《圣德太子御制·法华义疏的研究》获学士院恩赐，又以《胜鬘经义疏》获文学博士学位。战后，远东国际军事法庭审判日本战犯，第一批甲级战犯东条英机等被宣判处以绞刑。接到判决书后，应战犯要求，花山信胜博士得到准允，曾以教诲师身份，进入监狱为犯人做祷告和弥留安抚。

【五十三】7

《华北明星报》（North China Star） 民国年间在华出版的英文报纸。1918年8月在天津创刊。由美国律师法克斯（Charle James Fox）创办并主编，在天津总领事署及美国内华达州注册。董显光曾任董事和编辑。它与《京津泰晤士报》并称为天津两大英文报纸。1926年由伊文思（Richard Taylor Evans）接办。1939年6月16日，日方封锁天津英法租界后被日方禁止邮寄。1940年停刊，抗战胜利后复刊。1949年再度停刊。

【五十一】3

华克之（1902—1998） 字华皖，化名胡云卿，江苏宝应人。1917年入江苏省立第一中学读书。1923年毕业，考入金陵大学，并参加中国国民党。1924年任南京市国民党第五区党部常委。1925—1927年，任国民党南京市党部委员兼青年部长。"四一二"反革命政变后，与国民党决裂，从事反蒋活动。1935年11月，趁国民党召开四届六中全会时，组织指挥刺杀蒋介石、汪精卫，旋遭通缉。1937年赴延安。后在香港、上海等地从事中共秘密战线工作。中华人民共和国成立后，1955年因潘汉年案牵连被捕，长期蒙冤受屈。1979年后被平反。1998年1月7日逝世。

【三十四】1

华盛顿，乔治（George Washington，1732—1799） 美国的开国元勋，美利坚合众国第一届总统（1789—1797）。原为弗吉尼亚州大种植园主，早年曾在英国殖民军中服务，系北美大陆会议第一、第二届代表。1775年4月美国独立战争爆发后，被任命为北美十三州的大陆军总司令，主要依靠民兵和游击队的力量，又利用欧洲大陆各国同英国的矛盾，争取到法国、西班牙、荷兰的参战，最终于1781年在约克镇击溃英军主力，迫使英国媾和。1783年，双方签订《巴黎和约》，英国正式承认北美十三个殖民地独立。1787年，主持费城会议，制定了联邦宪法；1789年当选为总统。1799年12月14日去世。

【十二】5

荒木五郎（1894—1974） 曾用汉名黄木、黄慕等。日本石川县人。1916年毕业于日本陆军士官学校，曾任野战炮兵第三联队队附。后被张作霖聘用为中尉级日本教官，1927年曾任张学良的第三、四方面军模范学生队队长。1928年8月底模范队裁撤后，调充总司令部顾问。荒木在东北时，与土肥原来往密切。后曾充任日本天津驻屯军的情报员，1935年后担任过"冀东防共自治政府"的顾问。

【九】2

皇姑屯事件 1928年6月4日日本关东军在沈阳皇姑屯附近制造的炸死北洋政府陆海军大元帅张作霖、东三省保安总司令吴俊陞等人的事件。1927年6月张作霖在北京建立安国军政府后，同英美等国发生联系，而对日本提出的种种要求拖延不答，引起日本的极大不满。1928年4月，蒋介石发起二次北伐。5月中旬，北伐军直逼京津，张作霖政权岌岌可危。日本关东军司令官村冈长太郎和高级参谋河本大作策划谋杀张作霖，造成东北政局混乱，然后出兵占领东北。6月3日，张作霖在对抗北伐失败后北返沈阳。随张作霖在北京上车的有国务总理潘复和鲍贵卿、莫德惠、刘哲等要员以及日本顾问町野武马、仪峨诚也等，还有张作霖六夫人、三子张学曾等人。张作霖的五太太寿夫人，坐在专列前面的压道车上先行开道。潘复和鲍贵卿送张作霖到天津站后下车，日本顾问町野武马也下车。专列到达山海关站，从奉天专程赶来迎接的吴俊陞上车。6月4日凌晨车到皇姑屯站，张景惠、刘尚清在站台上迎候。凌晨5点30分，车行驶至皇姑屯车站以东南满铁路（该路由日本控制）与京奉路交叉处三洞桥时，张作霖的专车被预先埋设的炸药炸毁。吴俊陞当场死亡，张作霖受重伤，急救回帅府，9时30分伤重去世。张去世后，帅府秘而不宣，日军摸不清底细，未敢贸然行动。张学良闻讯后连夜离京，于18日微服返沈阳，19日就任奉天军务督办，稳定了局势，21日才正式公布张作霖死讯。日本侵略者的阴谋未能得逞。

【二】10；【四】3；【五】1；【三十二】11、14、18；【三十四】7；【三十五】12；【三十九】3；【四十二】3；【四十三】5；【五十四】1、8；【五十五】1；【五十六】1、4、11、12；【六十】5

皇太极（1592—1643） 清朝的奠基人。清太祖努尔哈赤第八子。万历四十三年（1615），努尔哈赤建八旗，皇太极为正白旗主旗贝勒。1616年，努尔哈赤建立后金，皇太极与代善、阿敏、莽古尔泰，合称"四大贝勒""共理机务"。天命四年（1619），萨尔浒之战，皇太极转战三路，战功卓著。天命十一年（1626）努尔哈赤去世，皇太极即后金汗位，在位十七年。即位后，极力加强君权和中央集权。1636年称帝，定国号"清"，改元崇德。为了对明用兵，崇德元年（1636）亲率大军，征服了朝鲜，为侵明解除了后顾之忧。天聪八年（1634）完成了对蒙古的统一。天聪元年（1627）五月，率大军攻宁远和锦州，失败。天聪三年（1629）率军进逼北京，对明一边"议和"，一边侵扰。崇德六年（1641）率军攻松山，次年（1642）二月，松山城陷，洪承畴被俘后降清。崇德八年（1643）八月初九日，逝世。皇太极为清兵入关扫清了道路。几个月以后，多尔衮就进了北京。

【二十一】5；【三十二】7

黄德兴（？—1943） 河南永城人，号振东。东三省陆军讲武堂毕业。1942年任陆军第五十一军一一四师师长。曾参加保卫淮河及徐州大会战（包括台儿庄战役）。1943年10月与敌激战时殉国。10月21日国民政府追赠陆军少将。

【二十五】16

黄郛（1880—1936） 原名绍麟，字膺白，浙江绍兴人。1904年入浙江武备学堂，不久被选送日本留学，入东京振武学校。次年加入同盟会，与蒋介石、张群等结识。1908年转入日本陆军测量局地形科，1910年毕业归国，在清朝军咨府任职。武昌起义爆发后，任沪军都督陈其美的参谋长，兼沪军第二师师长。南京临时政府成立后，任兵站总监，旋改任江苏都督府参谋长。1913年参加"二次革命"，失败后流亡日本、美国。1916年回国后移居天津。1921年，到欧美各国考察战后经济。1923年后，历任北洋军阀政府外交总长、教育总长。1924年参加冯玉祥领导的北京政变，代理内阁总理，并摄行总统职权。至段祺瑞复出，被迫辞职。1927年"四一二"政变后，被蒋介石任命为上海特别市市长、外交部长等职。后又任北京政务整理委员会委员长，推行亲日外交政策。1930年前后一度隐居浙江莫干山。1932年后在上海组织"新中国建设学会"，1936年患癌症而死。

【三十】5；【四十四】2；【四十五】1；【四十六】3

黄华（1913—2010） 曾用名王汝梅。河北磁县人，1935年参加"一二九"运动，1936年任北平学生联合会党团成员、燕大学生会主席，同年加入中国共产党，1936年至陕北苏区任陕北苏区红军总部翻译、后方司令部秘书。协助埃德加·斯诺、尼姆·威尔士、史沫特莱等外国记者采访苏区。1937年后历任中共中央组织部干事。西北青年救国联合会组织部长、中共长江局青委、全国学联党团书记，中央青委委员、中央外事组联络科长等职。抗战胜利后参加北平军事调处执行部中共代表团，任叶剑英的秘书、代表团新闻处长。1949年历任天津市军管会外事处处长、中共南京市委委员、南京市军管会外事处处长、主持接收国民党外交部。中华人民共和国成立后，历任中共上海市委员、上海军管会外事处处长、外交部西欧非洲司司长等职。1971年任中国常驻联合国及其安全理事会的代表。1976年起任外长、国务院副总理兼外长。1983年任全国人大常委会副委员长。2010年逝世。

【二十三】2

黄杰（1903—1996） 字达云，湖南长沙人。1924年考入黄埔军校第一期。曾参加东征战役、北伐战争，由排长累升至师长。1932年参加淞沪战役，次年率第二师参加长城抗战。随后入庐山军训团受训，赴陆军大学将官班深造。抗战时期，1937年任第八军军长，参加淞沪会战、徐州会战。1939年后，任成都中央军校教育处长、桂林中央军校第六分校主任。1943年4月，任第十一集团军副总司令兼第六军军长，后参与滇西反攻作战，次年9月升任第十一集团军代总司令。1945年3月出任第一方面军副司令官兼中印公路东段警备司令。抗战胜利后，任中央训练团教育长，兼任军官训练团教育长。1948年7月起，任长沙绥靖公署主任、第三训练处处长、国防部次长、陆军第五编练司令官、湖南省政府主席兼第一兵团司令、湖南绥靖总司令等职。1949年底,率残兵败退越南富国岛。1953年7月去台湾,次年6月任陆军总司令。嗣后历任"总统府"参军长、台湾警备司令、台湾"省政府主席"、"国防部长"、国民党中央委员、常务委员、"总统府"战略顾问等职。1960年晋升一级上将。1996年病逝。

【五十六】9

黄埔军校　1924年6月孙中山在中国共产党和苏联的支持和帮助下创办的军事学校。建校时的正式名称为"中国国民党陆军军官学校",因校址设在广州东南的黄埔岛,史称黄埔军校。第一次国共合作时期举办了第一至六期,目的是为国民革命军训练军官,是国民政府北伐统一中国的主要军力。1924年成立时,蒋介石为校长,廖仲恺为国民党党代表,李济深、邓演达为教练部正、副主任,王柏龄、叶剑英为教授部正、副主任;戴季陶(后为周恩来)、周恩来为政治部正、副主任,何应钦为总教官。此外还有熊雄、恽代英、萧楚女、聂荣臻、张秋人等共产党人担任教官及各方面负责工作。黄埔军校于1927年改制为中央陆军军官学校,1946年再改制为陆军军官学校,并于国民党迁台时一并迁至台湾高雄县凤山市。黄埔军校自1924年创办到1949年底迁往台湾,在大陆共办了23期,培养了许多著名的军事指挥官。

【八】6;【十七】6;【二十五】12;【二十六】6;【三十三】13;【三十四】1;【五十三】10;【五十六】8

黄仁霖(1901—1983)　原籍江西安义。苏州东吴大学毕业后去美国留学,获哥伦比亚大学政治经济硕士。1926年秋回国,曾任上海青年会干事,总司令部行营外交特派员。1929年任励志社总干事,1936年兼任新生活运动促进会总干事。西安事变时,12月14日受宋美龄之托与蒋氏顾问端纳飞赴西安探蒋,也被扣留。张学良被扣南京时,奉派"照料"张学良。抗日战争期间,任军事委员会伤兵慰问组组长、战地服务团团长、译员训练班主任等职。1938年6月后任三民主义青年团临时干事会干事,中央干事会干事,三青团中央监察会监察。1943年11月担任参加开罗会议蒋介石的随员。1947年赴美考察三军后勤业务,回国后任联勤总司令部副总司令,兼特种勤务署署长、国内外物资督导处理委员会副主任委员。1949年去台湾后,任国外物资接收处理委员会主任委员,联勤总司令部副总司令。1955年升任总司令,陆军二级上将。1959年2月改任招商局董事长。1965年任驻巴拿马大使馆"大使",1974年退休,旅居美国。曾任国民党候补中央委员,中央评议委员。1983年5月2日在美国病逝。

【二十五】11、13;【二十六】13;【二十八】3;【二十九】9;【五十一】3;【五十五】9

黄绍竑(1895—1966)　字季宽,广西容县人。1915年6月,入保定陆军军官学校。1917年，任广西督军署模范营第三连连长，曾参加过孙中山组织的护法战争。1922年7月，担任李宗仁独立第五旅第三团团长。第二年在陈济棠部任独立旅旅长，同年6月被孙中山任命为讨贼军总司令，出兵讨伐桂系军阀陆荣廷。1924年11月，广西全省统一，12月，就任省绥靖处会办兼第二军军长。1925年8月，任广西省省长，兼国民党广西省党务特派员。1926年，参加北伐战争，任第八军副总指挥。后任南京国民政府内政部部长、浙江省主席、湖南省主席等职。抗日战争爆发后，任第二战区副司令长官，曾负责指挥晋东的保卫战。1947年后，任国民政府监察院副院长、立法委员。1949年作为国民党政府和平谈判代表团成员，赴北平参加国共谈判。和谈破裂后赴香港，宣布脱离国民党政府。1949年9月到北平，出席中国人民政治协商会议第一届全体会议。中华人民共和国成立后，曾任政务院政务委员，全国人大常务委员、全国政协委员、中国国民党革命委员会中央常务委员等职。在1957年反右扩大化期间曾被错划为右派。1966年9月在北京逝世。

【二十八】1

黄师岳（1890—1955） 字蠡霄，安徽桐城人。毕业于东三省陆军讲武堂与陆军大学十二期。后在东北军中任职。1929年任东北陆军第二十四旅旅长，陆军独立第十七旅旅长。1933年第十七旅改为一一七师，任师长。后调任国民政府军事委员会北平分会处长。1936年授中将。抗日战争爆发后，1938年2月奉湖南省政府主席张治中之命，出任国立长沙临时大学湘黔滇旅行团团长，带领300余师生从长沙步行前往在昆明成立的国立西南联合大学。之后，出任第五战区第十三游击纵队司令。1948年任东北剿总参议、国防部驻派驻东北剿总部员。10月任第九兵团司令部联络官。11月在沈阳被人民解放军俘虏。中华人民共和国成立后，入华北人民革命大学学习。1950年12月，任广西省人民委员会参事。1955年10月1日在南宁病逝。

【二十三】6、7、9、11；【二十五】15

黄显声（1896—1949） 字警钟，辽宁岫岩人。1922年东三省陆军讲武堂第三期炮科毕业。1928年，任第一旅（即卫队旅）旅长负责沈阳警卫。1930年，任辽宁省警务处长兼沈阳市公安局长。1931年"九一八"事变后，率领公安局各分局、队抗击日军。其后，以全省的警察队伍为骨干，组织义勇军，任东北民众自卫义勇军总指挥。1932年秋，其部队改编为骑兵第二师。1933年率部参加长城抗战。曾与中共北方局联系，请一批共产党员到骑二师工作。1935年夏，任骑兵军副军长。1936年，张学良在西安建立培养抗日骨干的军官训练团，他被任命为教育长。1936年冬，任第五十三军副军长兼第一一九师师长。西安事变发生后，积极支持张、杨的行动。1937年"七七"事变后，率部在漳河前线重创日军，但所部也遭到重大损失。后到武汉，投入抗日统一战线工作，为营救张学良奔走呼号。1938年春，在决定率旧部前往延安的前夕，被国民党特务秘密逮捕，先后被关押在武汉稽查处、湖南益阳、贵州息烽、重庆中美合作所白公馆。1949年11月27日被杀害。

【二十三】11；【三十一】7

黄兴（1874—1916） 原名轸，改名兴，字克强，号庆午、竞武。湖南长沙人。中华民国开国元勋。辛亥革命时期，与孙中山被时人以"孙黄"并称。1902年赴日留学。1903年归国，在长沙任教，进行反清活动，11月筹商成立华兴会，后被选为会长。事泄后，流亡日本。在日支持孙中山筹组同盟会。1905年8月同盟会成立，成为仅次于孙中山的领袖。此后，主要从事反清武装起义。1907—1908年，参与或指挥钦州、防城起义，镇南关起义，钦州、廉州、上思起义与云南河口之役。1909年秋在香港成立同盟会南方支部，策划广州新军起义。1911年初任领导起义的总机关统筹部部长。4月27日发动黄花岗起义。失败后，在香港养伤。10月武昌起义爆发，于28日赶到武汉，被任命为革命军战时总司令。1912年南京临时政府成立，任陆军总长兼参谋总长。3月临时政府北迁，任南京留守，主持整编南方各军。6月南京留守撤销，退居上海。8月同盟会与统一共和党等联合，改组为国民党，被推为理事。12月，接受袁世凯委任之汉川铁路督办职务，不久又辞。1913年二次革命爆发，被推为江苏讨袁军总司令。失败后，再次流亡日本。1914年孙中山将国民党改组为中华革命党。因同孙的组党意见不合，拒绝加入。同年夏，旅居美国。1916年7月回到上海，同孙中山恢复了亲密关系。10月31日在上海病逝。

【三十三】9；【四十四】2、7

黄永安（1898—1979） 别号大定。吉林双城（今属黑龙江）人。1911年入陆军小学堂，后就读于双城中学堂、保定军校炮科。毕业后，在奉军炮兵第四团任连长。后进入北京陆军大学学习。1927年毕业后，任涿州战役炮兵指挥部参谋长。"九一八"事变后，为东北军第六十七军参谋长，曾参加长城抗战。后任炮兵第八旅（后改编为炮兵第六旅）旅长，授少将军衔。西安事变爆发时，不执行张学良令其控制洛阳以及洛阳机场的命令。西安事变后，率部脱离东北军，历任炮兵第六旅旅长兼第一战区炮兵指挥官、第六军副军长、军政部参谋、东北保安司令长官部总参议、辽西师管区中将司令、锦州城防炮兵司令。后去台湾，曾任台湾电力公司董事、齐鲁公司董事、中油公司董事。1979年7月13日，逝世于台北。

【二十三】6、7、12、13；【二十六】10

黄自（1904—1938） 字今吾，曾用名四由。江苏川沙（今属上海市）人。作曲家、音乐教育家。1924年清华学校毕业后公费留学美国，攻读心理学和音乐。1926年回国，次年任国立音乐学校教员兼教务主任达8年之久，同时致力于社会音乐教育。代表作品有：爱国救亡歌曲《抗敌歌》、《旗正飘飘》，清唱剧《长恨歌》，抒情歌曲《思乡》、《春思曲》和《玫瑰三愿》，交响乐作品《怀旧》和《都市风光幻想曲》。其弟子有江定仙、刘雪庵、贺绿汀等人。

【三十二】13

《活路》 1936年，高崇民联合孙达生、栗又文等人编辑印刷的一本宣传停止内战、团结抗日的小册子。其中《抗日问答》，详述了南京国民党政府推行不抵抗政策造成东北沦陷的经过，指出如不急起自卫，亡国灭种即在目前；着重批判了"唯武器论"、"长期准备论"和"七日亡国论"等谬论，驳斥了"先安内后攘外"的反动政策；提出东北军一定不要辜负全国人民和东北父老复土还乡的期望，而要走上抗日战场，人民群众定会箪食壶浆喜迎王师，这才是我们唯一的"活路"。《活路》还明确提出了红军、东北军、西北军联合抗日的"三位一体"思想。《活路》小册子下发到东北军、西北军各部队，产生了很大影响。《抗日问答》后来被红军总政治部翻印，作为对战士进行政治教育的通俗教材。

【二十五】12；【二十六】12；【五十二】6；【五十三】11

霍守义（1898—1967） 号师邹，辽宁本溪人。北京高等警官学校、吉林陆军军官教练处第二期炮科毕业。长期在东北军任职，1928年11月任东北军步兵第六旅第八团团长。1931年5月任陆军独立第十三旅六三七团团长。1933年1月任陆军第一〇五师第二旅少将旅长。1936年任第五十七军第一一二师师长，在陕西参加"围剿"红军。抗战爆发后在江阴参加抗战，1938年参加徐州会战、武汉会战，1943年4月任暂编第八军中将军长，10月任暂编第九军军长，1944年春参加豫中会战，10月任第十二军军长，1947年12月第十二军改编为整编第十二师，霍任师长。1948年7月在山东兖州战役中被人民解放军俘虏。后任解放军南京军事学院训练部研究员，民革中央团结委员，民革江苏省委委员，南京中山陵管委会处长，江苏省政协委员。1967年6月在南京去世。

【二十三】12、13

J

基督教青年会 全球性基督教青年社会服务团体。1844年由英国青年乔治·威廉斯创立于伦敦。当时许多青年由农村流入城市，在工业革命浪潮中迷惘。布店员工威廉斯领导12名青年，组成一个基督教俱乐部，以宗教活动来改善青年的精神生活。这个组织很快传遍欧美各地。1851年传到美国后，逐渐从单纯以宗教活动为号召的青年职工团体，发展成以"德、智、体、群"四育为宗旨的社会活动机构。1855年，成立了国际性的基督教青年会世界协会。1895年，在美国的支持下，基督教青年会传入中国，先后在北京、上海、广州、青岛等地建立了基督教青年会机构。1912年后，美国派遣穆德博士、普赖德、邱树基、艾匡国、华茂山、葛力扶等先后来沈阳活动，成立"奉天基督教青年会"。少年张学良是青年会的会员，曾在这里初识社会，学习外语，结识了普赖德、阎宝航等一批中外友人，开始接触西方民族、民主思想，对他日后思想的形成产生了深远的影响。

【二】11；【四】17；【五】16、17；【十二】3、6、7、10、14；【十五】4；【十七】13；【二十四】8；【二十五】1；【二十九】6；【三十一】13；【三十二】3、8；【三十八】8；【四十一】1；【四十二】3；【五十一】1、2、3；【五十二】1、5；【五十五】7、9

基辛格（Henry Alfred Kissinger，1923—　） 美国外交家、国际问题专家。出生于德国费尔特市一个犹太人家庭。1938年随父母迁居纽约。1943年加入美国籍，不久应征入伍，曾任所在部队德语翻译。1947年入哈佛大学政治系，1952年和1954年获硕士、博士学位。1955年任美国对外关系协会研究小组的研究主任，1957年出版专著《核武器与对外政策》，首次提出有限战争理论。1957—1969年，历任哈佛大学讲师、副教授、教授。1969—1973年，被尼克松总统聘为国家安全事务助理，兼任国家安全委员会主任。1973—1977年，兼任国务卿。信奉均势外交，积极推动改善中美关系和对苏"缓和"战略。1971年为中美两国关系正常化多次访华，并陪同尼克松于1972年2月访问中国。1973年因谈判结束越战而获诺贝尔和平奖。福特任总统时退出政坛，后任乔治城大学教授和国际战略、国家安全、银行等方面之研究顾问、研究员、委员会或协会主席等兼职。2006年获北京大学名誉博士学位。

【三十四】4；【五十一】8

吉黑江防舰队 1920年北洋政府在黑龙江建立的巡防舰队。1919年7月，北洋政府为巩固海防，保护航运，从驻扎在上海的海军第二舰队抽调"江亨"、"利捷"、"利绥"、"利川"4舰经海参崴、鞑靼海峡进入黑龙江，与由商船改装的"江平"、"江安"、"江通"、"利济"4舰一起，于1920年6月组成吉黑江防舰队，以王崇文为司令，沈鸿烈为参谋长。设江防司令公署于哈尔滨（当时隶属于吉林省），直辖于北京海军部。1922年春，海军部将吉黑江防舰队交东三省政府管辖。1925年改组为东北海军江防舰队。1929年中东路事件爆发，张学良命江防舰队参战，损失严重。1931年"九一八"事变后，江防舰队官兵曾参加李杜等领导的吉林自卫军对日作战，在哈尔滨保卫战中发挥了很大作用。吉林自卫军失败后，江防舰队瓦解，一部分官兵退入前苏联境内，后辗转回青岛。

【二十三】7；【二十六】4

吉田茂（1878—1967） 日本前内阁总理大臣。东京都人。1906年毕业于东京帝国大学政治系法学部。进入外务省任职。1906—1939年，历任日本驻安东、济南领事，驻沈阳总领事，外务省次官，驻意大利、英国大使等职。1939年退职。1945年任东久迩内阁和币原内阁的外务大臣。1946年当选为自由党总裁，连任五届日本内阁总理大臣职务。战后执政达七年之久。1954年12月下台，1963年退出政界。1967年10月20日病故。战前是日本侵华外交官僚之一。战后在其执政期间积极发展日美关系，签订日美安全条约，成为战后执政时间最长的内阁总理大臣之一。

【三十一】7；【三十二】14

吉兴（1879—1969） 字培之，姓爱新觉罗，满洲正白旗，辽宁沈阳人。日本陆军士官学校毕业。曾任黑龙江省炮兵团团长、吉林督军公署少将参谋长、东三省陆军第十三混成旅中将旅长兼延吉镇守使。1928年底，任东北陆军第十二旅旅长。东北易帜后，任陆军独立第二十七旅旅长。"九一八"事变后投降日本，任伪满吉林省警备司令、伪吉林第二军区司令官兼伪三江省省长、伪满尚书府大臣。1945年8月，被苏联红军俘虏。后关押在抚顺战犯管理所。1964年被特赦，1969年病亡。

【二十三】6

吉长路 吉林至长春的铁路。位居东三省中心，南联南满铁路，北界东省铁路，路势极为重要。它的修建与经营成为俄、日激烈争夺的目标。1902年本拟我国集资自筑，嗣以俄人多方要挟，适日俄战起，兴工愆期，后由将军达桂争回自办，而外部又徇日人之请，以需款之半数向南满铁道会社筹借，1910年5月方正式开工，开工后进行颇滞，至1912年10月始全路通车。沙俄在修筑中东铁路时，曾企图修筑该路，以作为中东铁路的支线。日俄战争后，在日俄媾和会议上，日本即向俄国索取这一俄国并未取得的修筑权。后来，在中日交涉中，日本以其在日俄战争期间修建的新民至奉天铁路为筹码，讹取了吉长路权。1907年和1908年，中日先后签订了吉长铁路借款合同和续合同。据此，日本通过贷款获得了该路会计主任和技师长的席位,操纵铁路经营实权。在攫取吉长路权的同时,日本蓄意夺取吉会(吉林至朝鲜会宁)铁路的修筑权,不果。后,满铁以"包工"形式攫得吉敦铁路经营权。"九一八"事变后,日本首先修筑了敦化至图们的铁路,形成了其蓄谋已久的从长春经吉林到朝鲜,再从朝鲜北部港口与日本连接的新路线。吉长铁路及其延长线吉敦、敦图铁路,通过东满政治、经济中心吉林和延边等地,在政治、经济和军事上具有重要意义。

【三十九】3

汲金纯（1877—1948） 字海峰、殿一,辽宁海城人。早年投奔冯德麟当土匪,后来随冯德麟被清廷招安,在奉天巡防营左路任管带。1913年,任陆军第二十八师第五十六旅旅长。1917年,冯德麟举兵反张作霖败北后,汲投靠张作霖,被任命为第二十八师师长。1921年,任热河都统。1924年,任奉天第四军副军长兼第九师师长。1926年,任安国军第十五军军长,同年11月任绥远都统。1928年,奉军撤退,他任山海关警备司令。后调任东北边防司令长官公署参议。1948年去世。

【二十五】15

汲绍峰（生卒年不详） 1928年底任东北炮兵第一团团长,驻防在山海关。

【二十三】6

汲绍纲（生卒年不详） 曾被派往日本陆军士官学校学习。1931年5月任东北军卫队统带部步兵总队第二队队长,1936年西安事变时,任第一二〇师第六五六团团长。

【二十三】10

汲绍岚（生卒年不详） 1928年底任东北军炮兵第六团团长。1931年5月东北军再次改编,所有炮兵团编成东北边防军炮兵第六、第七、第八等三个旅,汲改任炮兵第八旅第十七团团长。

【二十三】6

戢翼翘（1885—1976） 字劲成,又字勋臣,湖北房县人。早年在日本留学期间加入同盟会。辛亥革命中,参加上海光复之役,任沪军先锋队参谋长。"二次革命"中参加反袁斗争。后任滇军旅长、滇西卫戍司令、楚雄警备司令、云南练兵处长、云南陆军讲武堂堂长、陆军讲武学校教官等职。两次直奉战争中,分别任兴绥军参谋长、奉军第一军参谋长,后任第四十五旅旅长、第十军副军长。1928年,东北易帜后,任东北边防军司令长官公署军事参议官。1931年任陆海空军副总司令北平行营参谋长。同年11月底,任国民政府军事参议院参议,兼任东北财政委员会常委,包宁铁路工程局局长,平汉铁路局顾问。1933年5月任军事委员会北平分会委员，次年被聘为陆军军官训练团教官。1935年授陆军中将衔。1947年春，被选为中国民主社会党中央常委，组织部长，后任民社党中央委员会主席，"总统府"咨委。1976年逝于台北。

【二十五】15；【二十六】12

纪晓岚（1724—1805） 名纪昀，字晓岚，谥文达，世称文达公，晚号石云、春帆，河北沧州人。乾隆十九年中进士，因学识渊博为乾隆赏识。从编修、侍读学士累迁至礼部尚书、协办大学士。曾任《四库全书》总编，著有《阅微草堂笔记》，其后人整理有《文达公遗集》。

【三十九】6；【四十】7、8

济南事件 亦称"五三惨案"。日本帝国主义在山东济南屠杀中国军民的事件。1928年春，南京国民政府再次北伐，攻打奉系军阀张作霖。日本帝国主义为阻止国民党势力向北方发展，借口保护侨民，出兵山东，于4月下旬占据济南。5月1日，当国民革命军进占济南时，遭日军挑衅。3日，日军又向中国驻军进攻，将7000余人缴械，并将国民政府山东交涉员蔡公时等17人杀害。蒋介石下令不准抵抗，并命令部队撤出济南，绕道北上。日军仍不罢休，于11日直接进占济南城，肆意奸淫掳掠，造成6123人死亡，1700人受伤，财产损失2957万元。惨案发生后，国民政府继续采取妥协政策，激起广大人民的愤慨。由于中国人民的强烈反对和各帝国主义国家之间的矛盾，国民政府与日军在1929年3月28日达成协议，日军撤离济南，惨案至此结束。

【二十四】2

加拉罕（Лев Михайлович Карахан，1889—1937） 亦译为卡拉汉，全名列夫·米哈依洛维奇·加拉罕。苏联外交家。亚美尼亚人。生于第比利斯。父亲是高加索的著名律师。1904年加入俄国社会民主工党。1905年随父母移居哈尔滨，继续从事革命活动。1910年在哈尔滨被捕，不久被释放。1915年9月再次被捕，流放西伯利亚。1917年二月革命后被选为全俄第一届工兵代表苏维埃主席团委员和书记。十月革命时，担任革命军事委员会委员。1918年任副外交人民委员。曾于1919年7月和1920年9月，两次代表苏俄政府发表致中国人民和中国南北两政府的宣言，声明废除沙俄时期与中国签订的一切条约和放弃沙俄在中国的特权。1921年任苏联驻波兰大使。1923年9月来华洽商中苏复交问题，代表苏俄政府发表第三次对华宣言。1924年5月，与北洋政府签订《中苏解决悬案大纲协定》，同时签订《中俄暂行管理中东铁路协定》。随后，出任苏联首任驻华大使。1926年8月，因中东铁路问题，在张作霖的强烈抗议下，撤离中国，仍在外交人民委员部工作，1934年任苏联驻土耳其大使。1937年苏联"肃反"时遭枪决。1956年2月平反恢复名誉。

【四】4；【五】8；【二十四】5

加伦（Василий Константинович Блюхер，1889—1938） 本名瓦西里·康斯坦丁诺维奇·布留赫尔，加伦是其在中国时的化名。苏联元帅。20 世纪 20 年代苏联在华军事总顾问。1916 年加入俄国社会民主工党（布）。十月革命时任萨马拉革命军事委员会委员。后历任远东共和国红军总司令、陆军部长、军事委员会主席。1921 年当选为全俄中央执行委员会委员。1924 年 10 月被苏联政府派来中国广州，任广东国民政府军事总顾问。在创办黄埔军校、讨伐陈炯明的两次东征以及北伐战争中有过贡献。1927 年"四一二"政变后回国。后任乌克兰军区副司令、远东特别集团军司令、远东方面军司令等职。1935 年被授予元帅军衔。曾当选为第一届苏联最高苏维埃代表、苏联中央执行委员会委员、苏共中央候补委员。1938 年 10 月在肃反运动中被捕，11 月被处决。20 世纪 50 年代后期，得以平反昭雪。

【五】8

甲案、乙案 西安事变后，蒋介石拆散西北"三位一体"的两个方案。1937 年 1 月 7 日，蒋介石致电刘峙及顾祝同："如能用政治方法使我军能有一部和平进驻西安城然后相机再用根本解决之为上策。其次使东北军能离陕入陇，赤匪旁观中立俾杨逆孤立心寒，然后攻之亦不失为中策。"为实现其"中策"，蒋介石于 1 月 9 日提出甲、乙两案，甲案基本内容：（一）东北军移驻甘肃；（二）十七路军移驻泾渭河以北；（三）红军仍回陕北，防区另商；（四）中央军 12 团进驻潼关至咸阳一线。乙案：（一）东北军调驻安徽；（二）十七路军调甘肃；（三）红军仍回陕北；（四）中央军进驻西安和陕西。蒋派张学良亲信王化一、吴瀚焘携两案飞西安促东北军抉择其一。其实甲案系陪衬，蒋属意东北军接受乙案。张学良则盼东北军接受甲案，三军得以靠拢，西北团结局面尚可维持，不致被各个击破。

【二十六】14

江藤丰二（生卒年不详） 日本人。"满铁"总裁山本条太郎的义子，1927 年时任中日实业公司常务理事。山本条太郎曾派他携带东方会议制定的"蒙满铁路计划"与张作霖交涉。

【三十一】7

江海潮（1908— ） 号瀛波，原名纯仁。辽宁岫岩人。法学家，曾任华东政法学院国际法教授，民革上海市委顾问，《中国当代社会科学家传记》编委和《国际法法律大辞典》编委等职。曾获张学良资助入德国法兰克福大学法学院学习，曾任复旦大学法学院、华东法学院教授。与张学良有通信多年。

【三十】1、2

江青（1914—1991） 原名李云鹤。山东诸城人。1929 年春在济南入山东实验剧院。1933年加入中国共产党，5个月后失去党的关系。1934年在上海被国民党政府逮捕，获释后以蓝苹为艺名做过电影演员。1937年秋到延安，后恢复党籍，改名江青。1938年与毛泽东结婚。中华人民共和国建立后，曾任全国电影指导委员会委员，中共中央宣传部电影处处长等职。1966年5月后，任中央文革小组第一副组长、代理组长，解放军文革小组顾问。在中共第九次、第十次全国代表大会上当选为中央政治局委员。"文化大革命"期间，同张春桥、姚文元、王洪文结成"四人帮"，勾结林彪反革命集团，煽动打倒一切的极"左"思潮，进行篡夺党和国家最高权力的阴谋活动。1976年10月，被中共中央政治局隔离审查。1977年7月，被开除党籍，撤销党内外一切职务。1981年1月25日，最高人民法院特别法庭以反革命集团首犯判处她死刑，缓期二年执行。1983年1月，依法减为无期徒刑，原判处剥夺政治权利终身不变。1991年5月14日自杀身亡。

【三十四】1；【三十八】2、4；【三十九】7；【五十一】8

江杓（1900—1981） 字号星初，上海市人。早年留学德国。回国后在冯庸大学任职。1931年"九一八"事变后，任汉阳兵工厂上校主任、兵工署专任委员、驻德重兵器验收团主任、技术司长等职。抗日战争时期，任兵工署美国代表。1946年任国民党政府行政院物资供应局局长。1949年去台湾，历任"经济部"部长、"行政院"政务委员等职。1981年2月3日病逝台北。

【二十五】15

江惟仁（1885—1938） 字泽庵，号宅安，安徽庐江人。17岁从军，历任清军哨长，奉军营副、营长、团长等职。1933年1月长城抗战时，任第五十三军第一一六师副师长，扼守山海关等关隘，身负重伤仍指挥作战。3月升任第六十七军第一〇七师师长。1934年春，入中央陆军军官学校高等教育班受训，被任命为第九军第一〇八师师长。1937年6月调任江苏绥靖公署少将参议，以假返原籍。1937年"七七"事变后，第五十一军电催归队，遂于1938年4月率4名卫士离庐江述职，抵蒙城吕望集时，被日寇骑兵包围，激战中中弹逝世。1985年，安徽省人民政府追认为革命烈士。

【二十三】11

江雄风（1904—1981） 又名江澹，又作江淡、江潭。浙江温岭人。1926年1月黄埔军校第三期毕业。1935年任西北"剿匪"总司令部办公厅第三科科长、军警督察长。后曾任军统局西北区区长，西安绥靖公署调查室少将主任，军委会西北战干团特别党部书记长，中央军校西安督训处政治组少将组长。1945年后任国民党中央党部统计局军务处长，军风纪巡查团第十组少将组长，国防部中将部附。1949年去台湾。任"总统府"参军处军务局秘书长。1981年2月16日在台北逝世。

【二十三】11；【二十六】14、15

姜保华（？—1985） 别名定名，浙江黄岩人。1925年黄埔军校第三期毕业后，参加东征北伐。1934年2月任豫鄂皖三省"剿匪"总部总务处第一科科长。后曾任国民政府军事委员会战时运输管理局少将委员，国防部少将部员等职。1948年8月辞职回家。1984年7月起，为政协黄岩县第六届委员会委员，1985年病逝。

【二十三】11

姜登选（1881—1925） 字超六，河北南宫人。1903年，赴日本学习军事。1905年参加同盟会。1908年日本陆军士官学校炮兵科毕业。归国后，在奉天巡防统领朱庆澜部任职。曾随朱转赴四川，任陆军第三十三混成协参谋官、四川陆军小学堂总办等职。后随朱退出四川。1912年任保定陆军军官学校教官，1913年任贵州陆军第一师参谋长。1913年11月，随朱庆澜到黑龙江，署黑龙江督军公署参谋长。12月获授陆军少将。1914年6月任镇安右将军行署参谋长，同年随朱庆澜下野。1916年，朱任广东省长，姜随任补佐。1917年，朱辞广东省长职务，姜随之辞职。此后，被北洋政府召还，任总统府咨议。1922年，归属张作霖，任奉军总参议。同年4月第一次直奉战争奉系败北后，任奉军训练总监、东三省陆军整理处副统监等职，积极参与奉军的重建和精锐化工作。1924年第二次直奉战争，任镇威军第一军军长，和同僚郭松龄对立。1925年8月，南下任苏皖剿匪司令、安徽军务督办，旋被直系军阀孙传芳驱逐。后被张作霖任为奉军第四方面军军团长。同年11月22日，郭松龄发起反奉兵变。姜赴奉天经滦州车站，被郭扣押。因拒绝与郭合作反奉，11月26日被枪毙。

【一】4、6；【二】3；【四】18；【五】13；【二十】3；【二十四】2；【二十五】15；【三十一】6；【三十三】1、2；【五十四】4

姜化南（1898—1926） 别号制远，吉林梨树人。1923年8月保定陆军军官学校第九期步兵科毕业后，曾在郭松龄部下任参谋。郭将其推荐给张学良。历任东三省巡阅使署卫队旅（旅长张学良）司令部副官，东三省陆军讲武堂学生队队附等职。后一直跟随张学良，历任东三省陆军第二十七师司令部副官，奉军第四师司令部参谋，随部参加第一、第二次直奉战争。1924年底任奉军驻京榆司令部中校参谋，奉军第一军司令部上校参谋，随部参加平定郭松龄叛乱。1926年春任奉军第三、第四方面军团部副官处上校主任兼卫兵队队长等职，随部历经奉系与国民军、晋绥军的作战。1926年9月随张学良赴张家口处理骑兵师王永清旅"抢夺金佛案"，同月9日在张家口车站，王旅士兵欲枪击张学良，其挺身而出被枪击身亡。后被追晋陆军少将，并在原籍梨树县城东门内修建坟祠，张学良亲撰碑文，以示纪念。

【三十二】9；【三十四】17

姜全我（1874—1944） 字晓峰。辽宁大连人。民国初年始，历任依兰镇守使署参谋长，奉天陆军第四旅参谋长，奉天保甲总办公所参议，安东警察厅厅长。1928年底，任奉天省防军步兵第一团团长。1931年"九一八"事变后投敌，任伪安东商埠公安局局长。1938年，任伪奉天警察厅厅长。1939年，任伪新京特别市警察总监，后任伪通化省省长。

【二十三】5、7

姜兴成（生卒年不详） 东北军空军大队最初的分队长之一。1928年底任东北航空大队第二队队长，辖四、五、六中队。

【二十三】7

蒋百里（1882—1938） 原名蒋方震，字百里，又号澹宁，浙江海宁人。1898年中秀才。1901年赴日留学，入陆军士官学校。1906年回国，在南苑禁卫军任管带，后去东北在赵尔巽幕府任督练公所总参议，但为张作霖等旧军人排挤，同年赴德国，入德国陆军大学深造。1910年回国，在赵尔巽幕再任前职。武昌起义后，受士官同学、浙督蒋良篯之邀，任浙江都督府总参议。后拜门老师荫昌荐蒋于袁世凯，1912年袁任蒋为保定陆军军官学校校长。由于经费受陆军部掣肘，自感失信于师生，因此于1913年6月自杀，未遂，舆论哗然。后转任总统府军事处一等参议。1916年袁世凯称帝，蒋流亡广东，响应蔡锷兴兵讨袁。1917年任黎元洪总统府顾问，公职清闲，著书立说。1925年为讨伐张作霖，任吴佩孚总参谋长，后来吴佩孚决定联奉击冯，遂辞而投孙传芳。接着孙传芳又向张作霖靠拢，蒋又离开孙。1929年，唐生智拥兵讨蒋介石，因蒋百里与唐生智过从甚密，遂受牵连被国民党收押入狱，至1931年才获释。1933年赴日考察，回国后提出中日战争不可免，提出国民政府备战，并拟就多项国防计划。1935年任国民政府军事委员会高等顾问，奉命到欧洲考察军事，并秘密游说德、意支持中国。1936年12月，返国飞赴西安向蒋介石汇报，到西安次日遭遇西安事变，被扣。他在西安调解张学良和蒋介石。1937年作《国防论》。1938年11月4日在广西宜山病逝。国民政府追赠陆军上将。

【二十六】14、15

蒋斌（1889—1937） 字及时。福建长乐人。早年毕业于山东烟台海军学校，后任清廷最大的兵舰"海容"号三副，辛亥革命时组织同舰和"海琛"号官兵起义。后任"海容"舰副舰长，"永绩"舰舰长。1923年，入保定军官学校步科第六期，就读交通和通讯专业。毕业后，在奉军中历任连长、营长、交通旅长和东北电政交通总监。1931年后一直在张学良身边掌控电讯部门。1932年8月，任北平军分会交通委员会委员长、北平电报局局长兼军犬信鸽训练所所长等职。1934年10月2日，任西北"剿匪"总司令部交通处处长，并兼任西安市电信局局长和无线电台总台长。同年升为中将。1936年参与西安事变。事变发生后，任抗日联军临时西北军事委员会交通委员会主任。1937年"二二"事变中被杀。

【二十三】8、11；【二十五】9；【二十六】12

蒋鼎文（1895—1974） 字铭三。浙江诸暨人。1912年入浙江讲武堂。毕业后，在浙江督军公署守备队见习，任排长、连长。1921年任孙中山大元帅府参谋部副官。1924年入黄埔军校，任区队长、教官。1925年升任第二师第五团团长。参加了北伐。1927年4月，任南京警备团长。后任浙东警备司令、第一师师长、第二军军长等职，参加蒋桂战争、中原大战。1931年，任第四军团总指挥，参加第三、第五次对中央苏区的"围剿"，并参与镇压福建事变。1935年4月授二级上将衔，12月被选为国民党中央执行委员。1936年12月，任西北"剿匪"前敌总司令，督师围剿陕北红军。西安事变时被扣押，后张学良让他带蒋介石给宋美龄和何应钦的信函往南京，并陪同宋子文、宋美龄赴西安谈判。抗日战争期间，任西安行营主任兼第十战区司令长官、第一战区司令长官兼冀察战区总司令。1944年，所部在豫中会战中轻易被日军击败，引咎辞职，任军事参议院参议。抗战胜利后，弃官经商。1947年1月游历美、欧。1948年2月回国，任总统府战略顾问。1949年3月去台湾。曾任"光复大陆设计委员会"委员、"总统府"国策顾问等职。1974年1月2日病死于台湾。

【二十三】3；【二十六】10、13、14、15；【四十】8

蒋方良（Фаина Ипатьевна Вахрева，1916—2004） 原名芬娜·伊巴提娃·瓦哈瑞娃。白俄罗斯人，蒋经国的夫人。生于俄罗斯的叶卡捷琳堡，父母是前沙俄贵族。自幼双亲亡故，由姐姐抚养长大。16岁时在乌拉尔重型机械厂认识了蒋经国，两人于1935年3月结婚。1936年12月，与蒋经国回中国。1949年去台湾。她在政治生涯中，通常与公众保持距离，因此外界对她所知甚少。2004年12月15日病逝于台北。

【十九】2；【二十二】4；【三十】7；【三十九】5

蒋方震 即蒋百里。见**蒋百里**
【二十八】3

蒋光鼐（1888—1967） 字憬然，广东东莞人。保定陆军军官学校毕业。1923年入粤军任连长，递升至副师长。1926年任国民革命军第十一军副军长、第十师师长，参加北伐和中原大战。1930年任第十九路军总指挥兼淞沪警备司令。1932年"一·二八"事变时，率十九路军抗击日本侵略军。后任福建省政府主席兼驻闽绥靖公署主任。1933年11月，与李济深、陈铭枢、蔡廷锴等人发动了福建事变，任"中华共和国人民革命政府"财政部长，失败后去香港。1935

年，又联合原十九路军将领通电反蒋，主张联共抗日。抗日战争胜利后，任第七战区副司令长官。1946年，参与发起组织中国国民党民主促进会。1949年9月出席中国人民政治协商会议第一届全体会议。中华人民共和国成立后，历任中央人民政府纺织工业部部长，中国人民政治协商会议全国委员会常务委员，中国国民党革命委员会中央常务委员等职。1967年6月8日逝于北京。

【二十七】4

蒋介石（1887—1975） 名中正，字介石。浙江奉化人。1907年入保定陆军速成学堂。1908年春赴日，入振武学校，加入同盟会。辛亥革命爆发后回国，在陈其美部任沪军第五团团长。1913年夏参加二次革命，失败后再渡日本。1914年7月，在上海、哈尔滨从事反对袁世凯的活动。1918年3月任粤军总司令部作战科主任，第二支队司令。1922年6月粤军陈炯明叛变，孙中山避难于永丰舰，蒋登舰侍护，取得孙的信任。同年10月任东路讨贼军第二军参谋长。1923年2月任大元帅府大本营参谋长，8月奉派率团赴苏考察学习军事、政治和党务。1924年1月任黄埔军校校长兼粤军总司令部参谋长，领导了镇压广州商团叛乱、东征讨伐陈炯明等战役。1925年8月任国民革命军第一军军长，10月率师第二次东征，全歼陈炯明叛军。1926年1月当选国民党中央执行委员、中央常务委员，2月兼任国民革命军总司令。1926年3月制造"中山舰事件"，5月又提出"党务整理案"，打击和排斥共产党员。后相继任军事委员会主席、国民党中央组织部长、军人部长、国民革命军总司令以及国民党中央常务委员会主席等要职，从此掌握军政大权。1926年7月，率部北伐。1927年发动"四一二"政变，破坏了第一次国共合作。1927年8月，由于和汪精卫、李宗仁等派系的矛盾和斗争，被迫下野。12月与宋美龄结婚。1928年1月重任总司令职，2月主持国民党二届四中全会，被举为中央政治委员会主席和军事委员会主席，全面改变孙中山的革命政策。4月与冯玉祥、阎锡山、李宗仁合力北进，战胜奉系军阀张作霖。10月任国民政府主席兼陆海空军总司令。1929—1930年通过蒋桂战争、蒋冯战争、蒋阎冯战争，战胜各派武力，并击败汪精卫、胡汉民、孙科等派系，巩固了独裁统治。1930年12月—1931年9月，对江西、湘鄂西、鄂豫皖等苏区的红军发动了三次"围剿"。"九一八"事变后，坚持"攘外必先安内"政策，对日本侵略行径一再妥协退让，继续对红军发动多次"围剿"。1936年12月西安事变后，被迫第二次与共产党合作，共同抗日。1937年"七七"事变后，积极部署和指挥中国军队抗御日本侵略军。1938年出任国民党总裁。1939年1月，任国防最高委员会委员长。1941年太平洋战争爆发后，积极与美、英同盟，任中国战区最高统帅。1943年11月，出席开罗会议。1945年8月签署《中苏友好同盟条约》。抗日战争胜利后，与中共代表团在重庆进行和平谈判。1946年6月撕毁《停战协定》、《政协决议》，全面发动内战。1946年被选为国民政府主席，1948年春当选总统。1948年秋冬辽沈、淮海、平津三大战役后，反共内战失败。1949年1月被迫"引退"，但仍幕后操纵党政军大权。1949年12月败退台湾。1950年3月复任"总统"，此后连任四届，并连续当选国民党总裁。1975年4月5日病逝于台北。

【五】5、22；【八】2、5、6；【九】6；【十】3；【十二】2、5、8；【十七】7；【十八】3；【二十一】9、11；【二十二】1；【二十三】2、3、11、13；【二十四】3、5、6、7、8、9；【二十五】2、3、4、5、9、12、16；【二十六】13、14、15；【二十七】2、3、4、5、6、7；【二十八】1、2、3、6；【二十九】9；【三十】2、5；【三十一】2、5、6、7、8、13；【三十二】2、8、10；【三十四】3、10；【三十五】10、13；【三十七】1；【四十一】3、11；【四十三】5、9；【五十一】6；【五十二】3、4；【五十三】3；【五十七】1、2；【六十】2、4、6

蒋经国（1910—1988） 浙江奉化人。蒋介石之长子。1925年赴苏联留学，先后入莫斯科中山大学、列宁格勒托玛卡红军军政学校。1930年毕业后，曾任乌拉尔重型机械厂技术员、副厂长。1937年回国，任江西赣南专员公署专员兼保安司令。1944—1945年，任三民主义青年团中央干部学校教育长。青年军编练总监部政治部主任等职。抗日战争胜利后，任东北行营外交特派员。1948年任上海地区经济管制督导专员。1949年1月去台湾后，历任国民党台湾省党部主任委员，"国防部"总政治部主任，国民党中央常委，"国防委员会"秘书长，台湾保安司令部副参谋总长，参谋总长，"行政院退除役官兵辅导委员会"主任委员，"国防部"副部长，"国防会议"副秘书长，"国防部"部长，"行政院"副院长兼"国际经济合作发展委员会"主任委员。1972年任"行政院"院长。1975年蒋介石病逝后当选为国民党中央委员会兼中央常务委员会主席。1978年、1984年两度当选"总统"。1988年1月13日在台北病逝。

【十二】10；【十四】2；【十七】9；【十九】1、2、3；【二十一】2、10；【二十二】1、3、4；【二十五】7；【二十六】13；【二十七】8；【二十八】10；【二十九】2、9、11；【三十】7；【三十二】1；【三十三】9；【三十四】3、12、16；【三十六】1；【三十七】2；【三十九】5；【四十一】3、11；【四十三】3、10；【四十五】1、3；【四十九】6；【五十一】5、7；【五十六】8；【六十】4、6

蒋梦麟（1886—1964） 原名梦熊，字兆贤，号孟邻。浙江余姚人。1901年入浙江省立高等学堂，1903年中秀才。1904年入上海南洋公学。1908年赴美，入柏克莱加州大学农学院，后转入社会科学学院。1912年入哥伦比亚大学研究生院，后获教育学博士。1917年6月回国，到上海任商务印书馆编辑，兼任江苏省教育会理事。一年后从商务印书馆辞职，任《新教育》月刊主编。1919年五四运动后，蔡元培辞北京大学校长，蒋代理校长。9月蔡复职后，蒋任教育学教授。1922年作为国民代表出席华盛顿会议。1926年为避军阀抓捕，逃往上海、杭州。1927年，国民革命军占领杭州后，任浙江省省政府委员兼教育厅长、国民党中央政治会议浙江分会秘书长。国立浙江大学成立后，出任校长。1928年任教育部长，兼任浙大校长。1929年，辞校长职，专任教育部长。1930年，因与吴稚晖等元老意见相左，被迫辞职，返回北平，12月任北京大学校长。1937年"七七"事变后，北京大学、清华大学、南开大学迁往长沙，组成长沙临时大学（1938年2月迁昆明，改称西南联合大学），任校务委员会委员。1941年兼任中国红十字会会长，1945年任国民政府行政院秘书长两年。1948年7月，任中美共同组织的中国农村复兴委员会主委。1949年去台，继续主持台湾农复会工作。1964年病逝。

【二十四】8；【三十】2

蒋铭三 即蒋鼎文，见**蒋鼎文**
【二十六】14

蒋廷黻（1895—1965） 字绶章，笔名清泉。湖南邵阳（今邵东县）人。1906年入长沙明德学堂，后转入美北长老会在湘潭办的益智学堂。1911年受洗加入基督教。同年去美国留学，入密苏里州的派克中学。1914年入俄亥俄州奥柏林学院，主修历史学，1918年获文学士学位。后应基督教青年会之征，赴法国为华工服务。1919年回美，入哥伦比亚大学研究院攻读历史。1923年获博士学位后回国，先后任南开大学、清华大学教授，清华大学文学院院长、历史系主任。1931年"九一八"事变后，他支持政府划锦州为"中立区"的政策，遭到燕大师生通电反对。1932年，与胡适等人创办《独立评论》杂志。作为历史学家，蒋主张兼重中外历史，兼采中外史学研究方法，专攻近代史及近代外交史，颇有建树。1935年12月离开清华大学，任国民政府行政院政务处长。后从事外交事务，1936—1938年任驻苏联大使。1944年，任联合国善后救济总署中国代表及行政院善后救济总署署长。1945年任中国驻联合国常任代表。1961年11月，改任台湾当局驻美"大使"，兼驻联合国"代表"。1965年10月9日病逝于纽约。

【二十六】14；【三十四】3；【四十四】8；【四十六】2；【五十五】9

蒋纬国（1916—1997） 幼名建镐，号念堂。浙江奉化人，生于日本。蒋介石次子。1934年入陆军军官学校。1936年赴德国留学，获德军陆军少尉军衔，参加对波兰作战。1939年由德国赴美国学习航空及装甲兵战术。1940年冬返国后历任排长、连长、营长、副团长等职，参加了抗日战争。抗日战争胜利后，任装甲兵教导总队部处长，战车第四团团附、团长，第一快速纵队司令，装甲兵司令部参谋长，装甲兵少将副司令等职。1949年去台湾后，任装甲兵司令、"国防部"高参、"国防部"第五厅厅长、三军联合大学副校长、三军大学校长、联勤总司令、"国防部"参谋本部联训部主任等职。1975年由中将晋升为陆军二级上将。1986年退役，担任"国家安全会议"秘书长。1993年受聘为"总统府"资政。1997年9月22日，病逝于台北。

【二十五】7；【二十六】13；【五十六】8；【六十】4、6

蒋先云（1902—1927） 又名湘耘，号巫山。湖南新田人。1917年入衡阳第三师范学校。1919年参加五四运动，任湖南学生联合会第一任总干事。1921年2月发起成立进步团体心社。不久加入中国社会主义青年团。同年底，加入中国共产党。1922年9月赴安源，与刘少奇、李立三等领导安源路矿大罢工。同年11月，去水口矿区建立中共党组织和工人俱乐部。1924年春，入黄埔军校第一期，毕业后任军校政治部秘书，为"黄埔三杰"之首。1925年发起组织中国青年军人联合会，为该会负责人。后参加讨伐陈炯明的东征和镇压杨希闵、刘震寰的叛乱。8月任国民革命军第一军第三师第七团党代表，不久率部参加第二次东征。1926年北伐战争开始后，任北伐军总司令部机要秘书，旋任补充第五团团长，授少将军衔。1927年任湖北省总工会工人纠察总队队长、国民革命军第十一军第二十六师第七十七团团长兼党代表。1927年5月28日，在河南与奉军作战时牺牲。国民革命政府追赠中将军衔。

【十二】8

蒋永敬（1922— ） 史学家。安徽定远人。1942年入安徽师范专科学校教育系，后毕业于东北大学教育系，获台湾政治大学教育研究所硕士学位。抗战后期曾参加"青年军"，任教于沈阳师范专科学校。1949年去台，任职于"台湾省警备司令部"政工处、国民党海员党部等。1957年入国民党党史委员会工作，累升至撰修。曾在东海大学、辅仁大学、政治大学历史系任教。1966年应邀赴美国哥伦比亚大学东亚研究所从事研究工作。1979年退休后，任政治大学历史研究所专任教授兼所长。1998年任台湾"海峡两岸和平统一促进会"副会长，努力推进两岸学术文化交流工作。

【五十七】2

蒋作宾（1884—1942） 字雨岩。湖北应城人。1905年留日，入东京成城学校，同年加入同盟会。1907年入日本陆军士官学校第四期，1908年7月毕业回国，任保定军官速成学校教官、陆军部军衡司科长、司长。1911年参加辛亥革命，任九江都督府参谋长。1912年1月中华民国临时政府成立，任陆军部次长。1916年6月任参谋本部次长。1917年9月赴美国、法国等地考察。1919年回国，追随孙中山。1921年参与驱逐湖北督军王占元，被推为湖北省总监。不久任孙中山桂林大本营幕僚长。1926年7月北伐战争开始，任湖北宣抚使。北伐军占领武汉后，任国民政府委员。1927年1月去南昌投蒋介石，后任安徽政务委员会主任。"四一二"政变后，任南京国民政府委员兼军事委员会委员。1928年任战地政务委员会主席、山东政务委员会主席、政治委员会北平分会委员。10月，任驻德国公使，后兼驻奥地利公使。1931年8月任驻日本公使,对日屈辱妥协。1935年任驻日大使,12月任内政部部长。是国民党第四、五届中央监察委员。1936年西安事变时被拘禁。获释后,任国民大会全国代表总选举事务所主任。1937年11月任安徽省政府主席。1938年1月赴重庆。1940年冬任党政工作考核委员会政务组主任。

【二十六】14

交通系 北洋军阀统治时期的一个金融财团,又是一个政治派系。包括梁士诒为首的"旧交通系"和曹汝霖为首的"新交通系"等。1905年,梁士诒任京汉、沪宁铁路总文案,后又担任邮传部京汉、沪宁、正太、汴洛、道清五路提调及交通银行帮理,他到处安插党羽,培植自己的势力而形成了交通系,并在扩建铁路事业的过程中迅速壮大起来。其重要人物有周自齐、叶恭绰、汪有龄、朱启钤等。交通系在国内以袁世凯的政治势力为庇护,在国外以英、日帝国主义为后援,掌握铁路、轮船航运、电话电报、邮政等事业的领导权,同时还控制着交通银行、金城银行、中华汇业银行、盐业银行、正丰煤矿、中兴煤矿、北票煤矿、六河沟煤矿、龙烟铁矿、戊通航业公司等大银行、大企业。在北洋军阀统治时期显赫一时。梁士诒既被称为"五路财神",又担任着袁世凯总统府的秘书长,被称为"二总统"。交通系与北洋军文武合璧,成为北洋军阀统治的两大支柱。1916年袁世凯死后,梁遭通缉外逃。"旧交通系"也随之失势。1916年秋段祺瑞执政时,曹汝霖、陆宗舆、章宗祥等也结成了"新交通系"。曹汝霖不仅担任交通银行总理,而且在段内阁中兼任财政总长和外交总长,协助段祺瑞经理借款,包办国债,进行卖国活动。五四运动给曹汝霖以重大打击,"新交通系"从此走向衰落。至1927年以后,新旧交通系便逐渐敛迹。

【十七】6;【二十六】4;【五十五】1

焦秉贞(生卒年不详) 清代画家、天文学家。山东济宁人。天主教传教士汤若望门生。通晓天文,善于画肖像。康熙时清廷作画的机构中多西方教士,焦与西方教士接触密切,于是熟知西方绘画技法。故所画人物、山水、楼观,都采取西画透视法。他的花卉精妙绝伦。画迹有《仕女图》、《耕织图》、《列朝贤后故事》、《池上篇画意图》等。

【四十一】2

焦绩华(生卒年不详) 1934年起,曾任上海市国民军事训练委员会主任委员,国民政府军事委员会参谋本部第二处处长(主管对苏联情报)。1936年7月,曾介绍到南京参加国民党五届二中全会的张学良结识苏联大使馆武官雷平中将。写有《张学良与苏使秘密会晤》。

【二十六】14

焦作宽(?—1921) 20世纪10年代—20年代初吉林的著名土匪,匪帮拥有上千人。1921年这股土匪被张学良率部剿灭,焦被活捉后枪毙。

【五十】4

金德福(生卒年不详) 1928年11月任东北军通信大队通信第一队队长。

【二十三】7

金典戎(生卒年不详) 陆军大学七期毕业。曾任孙连仲部参谋长、青年远征军干部训练团将官班副主任,东北行辕交通处长、哈尔滨警备司令,西北参谋补习班中将主任等职。

【三十二】11

金佛事件 1926年奉军穆春骑兵师王永清旅在察哈尔多伦(今属内蒙古)抢夺著名喇嘛庙的金佛而引发的事件。1926年8月南口之战中,奉军骑兵十四军穆春骑兵师王永清旅攻入察哈尔多伦时,军纪败坏,公然抢走喇嘛庙里的康熙御赐金佛,引起民愤沸腾。张作霖命张学良处理此案。张学良率卫队营乘专车赴张家口。张在张家口火车站,集合穆春部军官与士兵训话时,突遭该部士兵枪击,卫队长姜化南为掩护张学良中弹而亡。张学良指挥部队平息骚乱,当场枪毙该师团长于奉林和穆春部120余名官兵,并将穆春、王永清等带回北京关押查处。

【二十一】3;【三十四】17

金家巷 指西安事变时张学良公馆所在地,也称张公馆。位于今西安市东大街东段路南建国路建国三巷。张公馆主要由东向西排列的三幢三层砖木结构西式楼房——东楼、中楼(也叫北楼)、西楼组成。当时张学良及其家眷住在西楼。西安事变期间,中共代表团周恩来、叶剑英、秦邦宪等被安排住在东楼。"三方会谈"多在中楼举行。

【二十六】14;【二十八】1、3

金奎璧(1901—?) 字荆璞,辽宁辽阳人。毕业于北京陆军大学。历任黑龙江省陆军炮兵团长,黑龙江省警备司令部参谋长。"九一八"事变后,1931年10月任东北炮兵第九团团长,1932年4月任黑龙江省抗日救国军总司令部独立炮兵第二十团团长,在黑龙江进行抗日活动。1936年5月—1936年10月任第五十三军参谋长。1937年3月任第六十七军第一〇七师师长。1937年9月授陆军少将。1938年9月,任国民政府军政部参事。1944年2月,任军政部点验委员会副主任。同年冬任陆军总司令部军法执行监部军法监。

【二十三】13

金梁(1878—1962) 又名关介之,字息候,晚号瓜圃老人,满洲正白旗人。生于杭州,为驻防旗人凤瑞将军之子,满族瓜尔佳氏。光绪三十年(1904年)

进士，历任翰林院编修、京师大学堂提调、监察御史、内城警厅知事、奉天旗务处总办、奉天新民知府等职。辛亥革命后，曾任奉天省洮昌道尹，沈阳故宫博物院院长，北洋政府农商部秘书等。曾参与《清史稿》编纂特别是校刻工作。工书画篆刻。张学良主政东三省后，金提出重印《四库全书》，得到张的支持，金任"四库全书坐办"，主持该工作，但最终流产。"九一八"事变后去天津。1949年后迁居北京，在国家文物部门任顾问等职。1962年12月27日在北京去世。

【四十三】3

金寿山（生卒年不详） 字万福，辽宁海城人。原为武备学堂学生，1900年前后回家乡拉起一帮人成立"保险队"，自任头目，并与沙俄侵略军勾结。因与张作霖的"保险队"争夺地盘，1901年农历腊月三十勾结俄军马队偷袭张作霖的"保险队"，张携带妻女率残部突围。张学良即出生在此逃亡途中。后金寿山为张作霖所灭。

【三十四】6；【四十三】5

金万昌（1871—1943） 北京人。梅花大鼓艺人。初拜张德海习八角鼓，后随韩万祥学唱大鼓，能演唱马头调、琴腔、北板大鼓等多种艺术形式。对北板大鼓的板式、声腔、节奏进行全面改革，增强了表演动作，以嗓音浑厚洪亮、唱腔华美婉转、吐字清晰有力、刻画人物传神自成一派，世称梅花大鼓"金派"。曾先后在天津、上海、南京、武汉等地演唱，极受听众赞赏。擅演曲目有《大观园》、《黛玉葬花》、《二度梅》、《昭君出塞》等。

【十八】2；【四十一】9

金毓黻（1887—1962） 又名毓绂，号静庵。辽宁辽阳人。1913年秋入北京大学文科。1916年毕业后，先后在奉天省立第一中学、沈阳文学专门学校等校任教员。1925年，任奉天省议会秘书。1929年3月，任国民政府东北政务委员会秘书。1930年3月，任辽宁省政府秘书长。1931年5月，任辽宁省政府委员兼教育厅厅长。"九一八"事变后被迫出任伪职，先后担任伪奉天公署参事官、伪奉天图书馆馆长、奉天通志馆主纂。1936年，借访日之机，化名逃回上海。先后任中央大学史学教授、系主任、东北大学史学教授兼文科教研所主任、北京大学、辅仁大学教授。1943年，发起成立中国史学会。1952年起，任中国科学院历史研究所研究员。著述甚丰，是著名的辽金元史专家。1962年8月3日逝世于北京。

【二十八】3；【三十四】7

金元静（生卒年不详） 1932年任国民政府军事委员会北平军分会第一处作战组组长。

【二十三】11

金忠山（生卒年不详） 1931年5月任东北军探照灯队队长。

【二十三】11

锦州中立区 1931年11月南京国民政府向国际联盟提交的将锦州划为"中立区"的提案。1931年"九一八"事变后，日军迅速占领中国东北大片土地，继而直逼重镇锦州。在美国的策动下，国民政府于11月15日向国联行政院主席法国外长白里安递交此提案，要求日军不进入锦州，中国军队撤到山海关，在国联的监督下由英、美、法派兵进驻锦州。这一卖国提案，激起全国人民和海外华侨的强烈反对，加以美英法等国不愿参与"担保"，此案流产，后被迫撤回。

【二十四】8

瑾妃（1874—1924） 满洲镶黄旗人。姓他他拉氏，为礼部侍郎长叙女。1888年被光绪帝选为瑾嫔。1894年升为瑾妃。与珍妃为同父异母姊妹，在家族中瑾妃排行第四、珍妃排行第五。因妹妹珍妃冒犯慈禧太后，同被降为贵人。次年仍被封为瑾妃。宣统初年，尊为瑾贵妃，后封为端康皇太妃。1924年10月20日病死。谥为温靖皇贵妃。

【十八】1；【三十二】7；【三十八】2；【三十九】8

近卫文麿（1891—1945） 日本首相。1917年京都帝国大学毕业，入内务省供职。1919年随同西园寺公望出席巴黎和会。次年为贵族院世袭议员，1933年任贵族院议长。1937年6月首次组阁，发动并扩大侵华战争。1939年1月下野。1940年7月组成第二届内阁，对内组织大政翼赞会，推进"新体制运动"，对外与德、意缔结军事同盟，并同美国谈判，同时又与苏联签订中立条约。1941年7月由于对外政策上的分歧，更换外务大臣松冈洋右，组成第三届内阁，在"不惜对美一战"的南进方针下，继续与美国谈判。同年10月再次下野。太平洋战争爆发后闲居。1944年后曾谋求推翻东条内阁和早日结束战争。1945年夏被任命为对苏特使，企图通过苏联的斡旋，与英美议和，但未成。日本投降后，被远东国际审判法庭列入甲级战犯名单，被逮捕以前于1945年12月16日服毒自杀。

【九】4；【四十五】3

靳云鹏（1877—1951） 字翼青，原籍山东邹城，后迁居济宁。北洋武备学堂毕业。云南新军第十九镇总参议。辛亥革命时，曾举并兵蔡锷所发动的新军起义，失败后投奔袁世凯。曾任北洋军第五师师长，山东都督、冯国璋的侍从武官长。1919年任北洋政府陆军总长，9月代理国务总理、裁兵委员会委员长兼陆军总长。皖系失败后，在直、奉两系的支持下三次组阁，出任国务总理至1921年。后移居天津，与日本大仓系财阀合办胶东鲁大矿业公司，代表中方出任理事长兼总经理。1924年3月，任伪华北政务委员会咨议会会议委员。晚年为佛教徒之"居士林"林长。1951年1月3日在天津去世。

【二十】4;【三十一】8、16;【四十八】2;【五十二】11;【五十五】7

京汉铁路 北京至汉口铁路。原名卢汉铁路，起点为卢沟桥。1889年（光绪十五年）张之洞倡议修筑此路。1896年于上海成立铁路总公司，正式开工。1898年卢沟桥至保定段完成。1900年八国联军将卢沟桥铁路向北延至北京正阳门，后改称京汉铁路。保定以南各段相继完成。1905年11月黄河铁桥竣工，全线1213公里通车。修筑过程中，清政府曾于1898年与比利时银行团订立借款合同，息借英金四百五十万镑，以铁路及其进款担保。控制比国银行团的俄、法势力得以攫取该路权益，控制中国南北大动脉。1908年底清政府以出售公债票办法提前赎回该路。现为京广铁路北段。

【二十三】13;【二十四】1

经亨颐（1877—1938） 字子渊，号石禅，晚号颐渊。浙江上虞人。1903年赴日本东京高等师范学校留学，加入中国同盟会。1910年返回浙江筹办浙江官立两级师范学堂并任其校长。辛亥革命后任校长，并兼任浙江省教育会会长。后因支持五四运动和新文化运动而受到排挤，被迫离职，回家乡上虞办中学。1923年受聘赴宁波任中学校长。后又遭到保守势力排挤，1925年赴广东投奔国民革命。曾任国民政府常委、教育行政委员会委员、中山大学副校长。1930年被北平反蒋派推为中央党部组织部长，遂被南京国民党中央党部开除国民党籍。1931年重新被收录入国民党，任国民政府常委、教育行政委员会委员等职。1938年9月15日卒于上海。

【二十八】2

"九一八"事变 1931年日本帝国主义大规模武装入侵中国东北事件。又称沈阳事变，日本称满洲事变。1931年9月18日晚，驻扎在中国东北的日本关东军按照预定阴谋，炸毁了沈阳城北中国东北军驻地北大营附近的柳条湖旁的不足一米长的一段南满铁路路轨，反诬是中国军队有意"破坏"。一小时后，日本关东军以此为借口炮轰东北军驻地北大营。同时，驻扎在南满铁路沿线各地的日本军队向沈阳城内和长春、四平街、公主岭等地发动进攻。事变发生后，东北守军遵从"应予不抵抗，力避冲突"指示，仓促撤退。9月19日，日本侵略军攻占了沈阳等20余座城市，接着又向黑龙江等地发起进攻。仅一星期，日本侵略军又攻占了辽宁、吉林两省。蒋介石奉行"攘外必先安内"的政策，南京国民政府忙于"剿共"，将全部希望寄托在国联的"主持公道"上。但列强从自身利益出发，要求双方撤兵，避免事态扩大。日本侵略军有恃无恐，侵略气焰更为嚣张，仅百余日，东三省便沦入日寇的铁蹄之下。"九一八"事变激起了全中国人民的抗日怒潮。

【二】7;【三】2、7、8、9、10;【四】8;【五】3、18、21;【七】5、6;

【八】1、2、3、5、6、7、8、9、10、12、13;【九】1、3、4、5、10、11;【十】1;【十二】8、9;【十五】7;【十七】7;【十九】7;【二十】5;【二十一】8;【二十三】2、3;【二十四】8;【二十五】16;【二十六】3、5;【二十七】1;【二十九】13;【三十】4;【三十一】7、11、16;【三十二】11、12;【三十三】20;【三十四】4、6、12;【三十五】2、12;【三十六】4;【四十二】6;【四十三】5、9;【四十四】2、3;【四十五】1;【四十六】3;【四十九】1、2、4、5;【五十一】9;【五十六】1、5;【五十七】3;【五十九】4

居亦侨（1906—?） 福建惠安人。黄埔军校第六期步兵科毕业。北伐战争中，任国民革命军第三师、第九师营长、团长、处长；苏州市总工会主任委员。1935年任国民政府军事委员会委员长侍从室侍从副官。后任江苏省保安队副总指挥，江苏省保安少将副司令；苏州市行政干部训练班教育长。曾口述《跟随蒋介石12年》（江元舟著）。

【三十四】3、10

军统局 "国民政府军事委员会调查统计局"（BIS）的简称，中华民国情报机关之一。前身是中国国民党党团组织"复兴社"下属的"特务处"。特工最多时近5万名，分布到国民政府军队、警察、行政机关、交通运输机构，乃至驻外使领馆，专门以监视、绑架、逮捕和暗杀等手段进行活动。军统局在许多地方设有集中营、秘密监狱和看守所。抗日战争期间，也从事一些搜集敌方情报并恐怖活动。军统局的负责人为戴笠。1946年8月，军事委员会改组国防部，军统局的公开特务武装部分与军委会军令部二厅合并为国防部第二厅，郑介民任厅长；秘密核心部分组成国防部保密局，毛人凤为局长。

【二十二】3;【二十六】14;【二十八】5;【三十四】5、13;【四十二】2;【五十四】9

军政部 南京国民政府掌管全国军政的中央机构。成立于1928年11月，隶属于国民政府行政院。掌管全国陆海空军行政，全国总动员之筹划，管区之筹设，兵员之征募编练，军事后勤之保障等。国民政府军政部部长，综理部务，副长官为政务、常务次长，辅助部长处理事务。下设陆军、海军、航空、军需、兵工等署及审查处、总务厅，各种委员会，由部长聘任或指派委员。1928年和1934年，先后分出海军署、航空署，军政部成为专管全国陆军行政的机关。1932年初，南京政府另设军事委员会，直属于国民政府。军政部成为有名无实的机构。1938年1月，增设军务、机械化、马政、交通、军法等司及兵役、军医等署，并分管各战区司令部、兵工厂、军医院、军牧场、军事监狱等。1946年5月被裁撤，改设国防部。

【二十二】5;【二十三】3;【二十五】1;【三十】2;【三十三】17

K

卡拉汉 一般译为加拉罕。见**加拉罕**

【四十五】6

开封战役 1927年6月4日国民革命军北伐战争的战斗之一。开封位于河南省中部偏东黄河的南岸。1927年2月,张作霖命令张学良、韩麟春率领奉系第三、四方面军团4个军的兵力进攻河南,4月17日,奉军占领开封。武汉政府为了打开局面,决定第二次北伐,任唐生智为总指挥。4月19日在武昌南湖誓师,21日沿京汉路向河南进发。这时冯玉祥也由陕西向开封进攻。5月下旬,北伐军三个师在临颍十里头战役中击溃奉军主力。北伐军与冯部国民军合作,占领了郑州、开封等地。

【三十四】17

凯歌堂 蒋介石、宋美龄做礼拜的专用教堂。抗战胜利后,中华民国首都从重庆迁回南京,为了纪念凯旋,蒋介石将南京官邸的礼拜堂命名"凯歌堂",意指"凯旋之歌"。1949年迁台后,蒋在士林官邸内建造一座教堂,仍称凯歌堂。张学良在台期间常常获邀前往凯歌堂做礼拜,直到离台赴美。

【十三】6;【二十九】2、9;【四十二】11

阚朝玺(1885—1951) 辽宁盘锦人。一名朝洗,字子珍。其家族与张作霖有姻亲关系。早年毕业于锦州中学堂,后投靠张作霖,充巡防队队官。1913年任陆军第二十七师参谋官。1917年任炮兵第二十七团团长。次年任奉军第二混成旅旅长。1919年为吉长镇守使。1920年,兼任吉林省清乡会办和一面坡剿匪司令时,以残忍手段滥杀匪徒及无辜百姓,时人称之为"阚铡刀"。后历任奉军第一混成旅旅长、洮辽镇守使、第三师师长、奉军第四方面军副军长。1924年为热河都统。不久与张作霖反目,辞职寓居大连。"九一八"事变后,投靠日本,先后任四民维持会委员长,伪满洲国中央银行监事、副总裁、总裁。抗日战争胜利后,匿居沈阳。1951年被逮捕处决。

【五十】4;【五十九】1

康克清(1911—1992) 原名康桂秀,江西万安人。朱德的夫人。大革命时参加妇女运动,加入青年团。1927年后参加红军,1928年进入井冈山革命根据地。1931年加入中国共产党。1932年在江西瑞金任红军总司令部直辖的女子义勇队队长,直属队政治指导员。1934年当选为中华苏维埃共和国临时中央政府执行委员会候补委员。参加了长征。后曾任八路军总司令部直属队组织股长、政治处主任,党总支书记,晋东南妇女救国会主任。中华人民共和国成立后,历任全国妇联常委、副主席、主席，中国人民保卫儿童全国委员会秘书长、副主席、主席、全国政协副主席等职。是第十一届、十二届中央委员，第五、六、七届全国政协副主席。1992年4月23日逝世。

【四十二】1；【六十】6

康生（1898—1975） 又名赵容，山东诸城人。1925年在上海大学读书时加入中国共产党，曾任中共上海沪中、闸北、沪西、沪东区委书记，江苏省委组织部长、1931年中共六届四中全会后，任中央组织部长。1933年7月去苏联，是中共驻共产国际代表团成员之一。次年初，在中共六届五中全会上当选为中央政治局委员。1937年冬回国，历任中央书记处书记、中央党校校长、中央社会部兼情报部部长等职。在延安整风运动期间，任中央总学习委员会副主任，搞"抢救失足者"运动，造成了许多冤假错案。抗战胜利后，任中共中央山东分局书记、山东军区政委、山东省人民政府主席等职。中华人民共和国成立后，历任中共中央书记处书记、全国人大常务委员会副委员长、中央理论小组组长等职。"文化大革命"中曾任中央文革小组顾问、中央副主席，直接参与林彪、江青等人篡党夺权的阴谋活动，诬陷、迫害大批党和国家领导人，制造了大量冤假错案，犯下严重罪行。1975年去世，1980年被中共中央开除党籍。

【五十七】2

康熙（1654—1722） 即清圣祖爱新觉罗·玄烨，世祖第三子。清代皇帝，年号康熙。1661—1722年在位。八岁即位，初由鳌拜擅政，康熙八年将鳌拜设计逮捕，始亲政。继下令削藩，康熙二十年平定三藩之乱，两年后攻灭台湾郑氏政权，二十四年出兵驱逐盘踞雅克萨的俄军，二十八年签订《中俄尼布楚条约》，划定了东段边界，三次出兵击退准噶尔袭扰，加强了多民族国家的统一。在位61年，是中国历史上在位时间最长的皇帝。在位期间重视农业生产，疏浚黄河，开博学鸿词科、明史馆。五十一年颁布法令，永不加赋。使清王朝进入了号称"康乾盛世"的鼎盛时期。

【五】20；【三十二】7、18

康有为（1858—1927） 原名祖诒，字广厦，号长素，别号更生，广东南海人。青年时代以"经营天下为志"，1888年起多次上书光绪皇帝，要求在中国实行变法维新。1891年在广州设立万木草堂，收徒讲学。《马关条约》签字前夕，联合在京参加会试举人发动"公车上书"。榜发中进士，授工部主事，在各地组织强学会，宣传变法。1898年6月光绪帝决定变法维新，并召见他。9月慈禧太后发动戊戌政变后被迫逃亡国外。坚持君主立宪，拒绝孙中山"联合反清"的建议，1899年组织保皇会，反对民主革命。1913年冬回国，1917年参加张勋复辟，失败后定居上海。1927年在青岛病死。

【十六】4；【三十三】20；【五十】8

康泽（1906—1967） 字兆民，四川安岳人。早年入黄埔军校第三期。曾参加北伐战争，后留学苏联莫斯科中山大学。1927年任蒋介石侍从副官。1931年任南昌行营别动总队少将总队长。1932年参与组织复兴社，曾任中华复兴社中央干事兼宣传处处长、书记长。又主办中央军校特别训练班，任军事委员会别动队总队长，为蒋介石"十三太保"之一。1933年参与组织三民主义青年团，任临时干事会干事、组织处代处长。1945年当选国民党中央执行委员。1947年任第十五绥靖区司令官，积极参加反共内战。1948年在襄樊战役中被解放军俘虏。1963年获特赦，任全国政协文史资料委员会专员。1967年逝世。

【二十八】1、3

抗日同志会 1936年9月初在东北军中成立的具有联共抗日思想的秘密团体。张学良亲任主席，应德田为书记、孙铭九为行动部长、苗剑秋为宣传部长。入会誓词为："我决心参加抗日同志会，遵守组织纲领，服从组织纪律，拥护抗日领袖，艰苦奋斗，不辞牺牲，努力向前，以求达中华民族的解放与自由，此誓"，其机关报为《文化》周刊。同志会成立后，积极宣传团结抗战理论及进步思想，反对"剿共"，开展对全军将士抗日教育。西安事变前夕，抗日同志会成员达70多人。西安事变后停止活动。

【二十五】2；【二十六】12

抗日先锋总队 西安事变后张学良组织成立的抗日青年武装。1936年12月15日，即西安事变爆发后的第三天，张学良决定以东北学兵队和宵属特务团为基础成立该组织。总队下辖两个支队，每支队辖三大队，每大队辖四中队。张学良指定孙铭九任总队长，赵龙韬任参谋长，陈再励为政治部主任，并秘密建立了共产党工委。主要任务是在张学良直接领导下，宣传、组织抗日活动，联络、接待红军来西安人员，加强东北军与西北军下层官兵的联系等。"二二"事变后西撤甘肃长武。1937年3月改编为东北军第一一〇师。东调整编时，第一一〇师番号被取消。

【二十三】13

克林顿，威廉·杰斐逊（William Jefferson Clinton，1946— ） 民主党人，美国第42任总统，于1992年和1996年当选。生于美国阿肯色州，1968年毕业于华盛顿乔治城大学国际关系，后获罗兹奖学金赴英国牛津大学深造。1970年考入耶鲁大学法律系。毕业后在阿肯色大学担任教授并开业当律师。1977年任阿肯色州司法部长。1979年当选为阿肯色州州长，成为当时美国最年轻的州长。此后又连续3次当选为阿肯色州州长。1992年11月以民主党候选人身份当选为美国总统。总统任期内美国经济状况得到改善，北美自由贸易协定获得签署，并促成了戴维营协议的签署。曾发生莱温斯基丑闻,并因随后阻挠司法程序受到弹劾。但是参议院最终裁定其无罪。

【三十】4

孔从洲(1906—1991) 原名从周。陕西西安人。1924 年投冯玉祥国民军杨虎城部,1927 年参加北伐战争。1936 年任第十七路军陕西警备第二旅旅长兼西安城防司令。是年 12 月参加西安事变。抗日战争时期,任第四集团军独立第四十六旅旅长,新编第三十五师师长。1945 年日本投降后,改任第三十八军副军长兼第五十五师师长。1946 年 5 月率部在河南巩县起义,后任西北民主联军第三十八军军长,同年加入中国共产党。1948 年后任豫西军区副司令员,郑州市警备司令部司令员,第二野战军特种兵纵队副司令员。中华人民共和国成立后,历任西南军区炮兵司令员兼第二炮兵学校校长、西南军区军械部部长,高级炮兵学校校长,炮兵工程技术学院院长兼炮兵科学技术研究院院长,中国人民解放军炮兵副司令员。1955 年被授予中将军衔。当选为第五届全国政协常务委员,第六届全国人大常务委员。

【二十六】14;【二十八】1

孔二小姐 即孔令伟。见**孔令伟**

【二十八】4;【三十四】18;【四十一】7;【五十六】8

孔令伟(1919—1994) 孔祥熙、宋霭龄夫妇的次女,人称"孔二小姐"。以长期的男性化装束和作风而著称,终身未婚。抗战期间,倚靠家族势力从香港空运稀缺商品,大发横财。抗战胜利后创办嘉陵公司。到台湾后,任圆山大饭店经理。1994 年,因病在台北去世,葬于美国旧金山。是最受宋美龄宠爱的子侄辈,病重期间宋美龄特地回台探望。

【二十八】4

孔令杰(1921—1997) 孔祥熙、宋霭龄夫妇的次子,年轻时曾在英国军官学校上学,抗战期间一度回国在陆军大学读书受训。1949 年被委任为驻联合国和美国外交官,旋调赴德国。1960 年辞职,在美国德州建立"西方石油公司",专营石油开发生意,迅速暴富。在休斯敦郊区修筑了豪华的住宅定居。1997 年在美病逝。

【二十八】4

孔令侃(1916—1992) 孔祥熙和宋霭龄的长子。1933 年,入上海圣约翰大学。1936 年大学毕业后,任财政部特务秘书,随后进入新成立的中央信托局。1937 年日军占领上海后,中央信托局撤往香港,孔令侃任常务理事,代行董事长职权在港主持业务。1939 年,港英当局查获其秘密设立的电台,将其逐出香港。

旋即前往美国哈佛大学留学。1943年宋美龄到美国访问，孔担任秘书。抗战结束后，回上海创办扬子公司。1948年，蒋经国到上海督导经济管制，曾查封扬子公司，后受到蒋介石和宋霭龄的干预。此后，孔将资金转移到海外，本人定居美国。宋美龄到美国后，住在孔令侃在曼哈顿为她购买的公寓内。1992年在美去世，无子女。

【二十五】13；【二十八】4；【四十一】7；【五十二】2；【五十四】3；【五十六】8

孔祥熙（1880—1967） 字庸之，号子渊，山西太谷人。1901年留学美国，获欧柏林大学学士和耶鲁大学硕士。1907年回国，在家乡创办铭贤学堂，任校长。1911年辛亥革命时，在太谷组织民团维持地方秩序，被推举为山西中路民军总司令。在办教育同时，1912年创办"祥记公司"专营英美火油，并创办"裕华银行"。1913年去日本，担任"中华留日基督教青年会"总干事，并协助孙中山筹集革命经费，与孙的秘书宋霭龄结识。1914年与宋结婚。翌年回山西经商和办教育。后被山西督军兼省长阎锡山聘为参议。1923年，任中俄交涉驻奉天代表，并替孙中山联络各北方将领。1926年去广州，任国民政府广东省财政厅长，兼理后方财务。1927年蒋介石在上海清党后，协助蒋拉拢各方势力。1928年任南京政府工商部长。1931年"九一八"事变后，蒋介石辞国民政府主席，孔亦同时请辞。1932年到欧美考察。1933年4月回国，任中央银行总裁，10月兼任行政院副院长及财政部长。之后担任财长11年。1936年西安事变时，力主和平解决。抗战开始后，曾一度任行政院长。1944年被揭发在发行美金公债中贪污舞弊，被免去财政部长。1945年辞行政院副院长及中央银行总裁。1947年赴美国定居。1948年辞中国银行董事长。1962年后曾赴台湾暂住。1967年8月16日，病逝美国纽约。

【十一】6；【十六】3；【十七】8；【二十一】10；【二十五】9、11、12、13；【二十六】8、12；【二十七】5；【二十八】3、4；【三十三】16；【三十四】1、18；【三十七】1；【三十八】4；【四十一】7；【四十五】1、6；【四十六】2、3；【五十六】10

孔庸之 即孔祥熙，字庸之。见**孔祥熙**
【二十五】4、9、11、13；【三十八】4

孔昭焱（1881—1943） 字熙伯，又作希白。广东南海人。清贡生。早年师从康有为。曾任澳门《知新报》撰述。后留学日本法政大学速成科。回国后任两广法政大学堂教务长、广东高等巡警学堂教务长、《两广官报》局总编辑、广西抚署交涉科参事等。1912年后，历任北京大总统府秘书、广西国税厅筹备处处长、广西财政厅厅长、广西榷运局局长、粤海关监督、广东全省酒税处总办、京兆财政厅厅长。1926年6月至次年6月,任司法部次长,并任第四届司法官考试典试委员长。1928年12月,任东北边防司令长官公署秘书厅政务处处长。1931年,任国民政府最高法院东北分院院长。"九一八"事变后,任北平市禁烟委员会委员及市自治讨论会常委等。1943年在香港去世。

【二十三】7

宽城子事件 1919年奉系军阀张作霖勾结日本军方,为独霸东北而制造的事端。1919年,张作霖意图用自己亲信鲍贵卿取代吉林督军孟恩远,孟决定以武力对抗,双方积极布置军队。6月19日,日军派小分队在宽城子(长春的旧名,地处今长春市的北部)察看吉林军阵地情况,双方发生冲突,日军死伤多人。事后日本强令北京政府撤换吉林军政首脑,徐世昌旋于22日免去吉林陆军第一师师长高士傧职务,孟恩远见亲信被撤换,随即自请去职,其职务为鲍贵卿接任,张作霖由此完成独霸东三省的目标。高士傧纠集余部试图抵抗,不久被奉军逮捕枪杀。宽城子事件的结局也加强了日本侵略势力在东北地区的地位和对东北军阀的影响。

【三十二】16

L

拉铁摩尔，欧文（Owen Lattimore，1900—1989） 美国历史学家、中国问题专家。幼年随父母来中国，居天津。1913—1914年在瑞士洛桑州立古典语言学校读书。1919年回到中国。1920年起在上海、天津当记者。曾到中国北方、蒙古、中亚地区考察、研究，写过一些关于中国边疆地区的情况报道。1929年在东北地区进行了为期九个月的调查，与张作霖、张学良有过交往。1937年访问陕北根据地。1938年后任约翰·霍普金斯大学国际关系研究所所长。1941年经罗斯福总统推荐出任蒋介石的政治顾问。1942年辞职回国。1942年后历任美国新闻处太平洋战区分处副处长、驻日赔偿团顾问、国务院对华政策顾问。1944年曾建议美方施加压力使蒋介石政府调整与中共的关系。1950年麦卡锡为首的参议员指控他为"共产党间谍"，受到迫害。1963年移居英国。1963—1970年任英国利兹大学中国问题教授。1980年代回国，1989年病逝。

【二十五】15；【四十五】5；【五十】5

赖恺元（1894—1963） 字名筹，号赞丞，赞臣。江西南康人。毕业于保定陆军军官学校第六期炮科、陆军大学第八期。入东北军服役，1931年曾任陆海空副总司令北平行营总经理处处长。1936年2月授少将衔。

【二十三】8

蓝妮（1912—1996） 原名蓝巽宜，学名蓝业珍。孙科的二夫人。生于澳门官宦之家。早年就读于南京惠文中学、南京暨南中学、上海智仁勇女子中学等。1929年与李定国结婚，育有三子一女，1934年与李定国分手。1935年春结识孙科，后任孙私人机要秘书，旋与孙成婚，育有一女。1940年春离开重庆，独身回上海照顾女儿。抗战胜利后，因曾在沦陷区与汪伪人员有往来而被羁押，后交保释放。1948年春，孙科竞选副总统时，有政敌在报刊上借"蓝妮事件"攻击孙科，致孙科落选，亦使蓝、孙二人分手。次年4月赴香港，先从事金号经营，后移居美国。1986年回国，定居大陆。1996年逝世于上海。

【五十二】12

蓝普森（Lampson Miles Wedderburn，1880—1964） 英国外交官。1903年进英国外交部，1908年任驻日使馆二等秘书。1916年至1920年任驻华使馆头等参赞，1926年升任驻华公使。1927年1月武汉政府接收汉口、九江英租界时，主张以武力相威胁，并提出由英、日、美等国"协同防卫上海"的建议，均失败。后改和善态度，解决了一些中英间的悬案。1928年与国民政府签订《中英关税条约》。1934年离开中国，转任英国驻埃及和苏丹高级专员。1946—1948年，曾任英国驻东南亚特派专员。

【八】1;【十二】5;【十六】3;【三十一】5

蓝天蔚（1878—1922） 字季豪。湖北黄陂人。初就学于武备学堂。1899年冬赴日本留学，1902年入日本士官学校。1903年加入同盟会。1904年毕业回武昌后，任将弁学堂等校军事教习。因被怀疑与革命党人有联系，遂辞职。1907年4月赴奉天，在东三省总督徐世昌手下任职。1910年春再赴日本，入陆军大学学习。回国后被任为第二混成协统领，驻防奉天。辛亥武昌起义后，密谋发动北方新军响应，事泄，被奉天总督赵尔巽借张作霖之武力逐出。不久复回奉天，被举为关东革命大都督。1912年1月民国临时政府成立，孙中山任命蓝为北伐军第二军总司令。南北议和后，赵尔巽任奉天都督，蓝辞职南下，客居苏杭间。后支持孙中山，暗中资助广州革命军政府，1915年12月护国战争爆发，蓝率湖北的独立军起义，失败。1916年赴奉天，策划驱逐奉天督军张作霖，因事泄而失败。1921年呼应孙中山的北伐，在湖北组织鄂西联军并任总司令。1922年1月，被孙传芳和吴光新击败。后遁入四川，被川军逮捕，3月31日去世。

【十七】6;【二十一】3;【二十五】14;【三十一】1、8、11、【三十二】11、14、16;【四十二】4

蓝衣社 20世纪30年代国民党内部一个试图效仿意大利和德国法西斯主义的褐衣党和黑衫党的组织。1933年世界法西斯运动猖獗，国民党力行社骨干刘健群写了《中国国民党蓝衣社》的小册子，以复兴国民党为宗旨，欲仿意大利黑衫党、德国褐衫党建立秘密特务组织。规定其成员一律着中国传统蓝布制成的制服，由此得名。刘健群与宣介溪等制定宗旨、纲领、计划，呈报蒋介石，但未获批准。该社实未成立，乃复兴社内一派系。

【五】19;【二十七】4

乐五爷 即乐笃周（1894—1979） 北京人。出身同仁堂乐氏家族，早年留学法国，1919年回国后长期从事药材业。1930年在北京创办宏仁堂国药号，后又在上海、青岛、天津等地开设分号。1949年后，曾被选为上海市第一届政协委员，第三、四、五届南京市人民代表。乐笃周爱好收藏古玩，尤以明清紫檀家具和瓷器最为精致，特别是紫檀宝座、紫檀雕龙方桌，堪称上品。这些收藏在1949年后陆续捐赠给国家。

【四十一】4

雷根（生卒年不详） 俄国飞行员。1925年建立东北航空学校，张学良兼任校长，陆续聘请外籍飞行员当教官。雷根就是此时候聘任的俄国飞行员。

【二十三】7

黎安友（Andrew J. Nathan，1943— ） 美国知名中国问题专家。生于纽约。1963 年入哈佛大学，先后获得哈佛大学历史学学士、东亚区域研究硕士及政治学博士。主要研究方向为中国政治和外交，人权及政治参与和政治文化的比较研究。1970 年任教于密歇根大学。1971 年起，历任哥伦比亚大学政治系助理教授、教授、系主任、东亚研究所研究员。1991—1995 年任哥伦比亚大学东亚研究所主任。并于 1986 年起任中国基金会学术顾问委员会成员，1987 年起为美中关系全国委员会成员，曾任美国国务院、美国外交事务委员会、美国情报局、太平洋国家银行安全局等机构的顾问。

【十五】1

黎天才（1900—1961） 原名李渤海，山东蓬莱人。1920 年入北京大学。1923 年加入中国共产党，曾任中国社会主义青年团直晋区执行委员会委员、团北京地委委员、国民运动委员会书记、宣传部长。1927 年 5 月任中共北京市委负责人。1927 年 10 月，被捕后投奉。曾先后任东北宪兵司令部机要秘书、鄂豫皖"剿总"机要组组长、西北"剿总"政训处少将副处长，成为张学良心腹幕僚。1936 年参与西安事变。西安事变后，赴南京探视张学良，亦被扣押。抗战爆发后保外就医，留居上海，脱离政治。1955 年因潘汉年案牵连入狱。1961 年 8 月病故。1981 年 7 月，上海中级人民法院对此案复审，"鉴于黎天才在解放前做过一些有益的工作，撤销原判决，按起义投诚人员对待。"

【二十三】11；【二十五】4；【二十六】14

黎元洪（1864—1928） 字宋卿。安徽宿松人，生于湖北黄陂。天津北洋水师学堂毕业。1888 年起在北洋水师服役。1894 年，参加中日甲午海战。战后投奔两江总督张之洞，随德国教官训练湖北新军。曾三次赴日考察军事。1906 年升任第二十一混成协统领。1910 年任湖北讲武堂会办。武昌起义爆发后，湖北军政府成立，被逼出任鄂军都督。南京临时政府成立时，当选为副总统，南北议和后连任。1912 年杀害革命党人方维、张振武。1914 年间任参政院院长。1916 年袁世凯死后，继任总统职。1917 年与段祺瑞发生府院之争，张勋复辟时去职，居天津，任中美实业公司董事长。1922 年在直系军阀支持下复任大总统，1923 年下台。晚年曾任中兴煤矿董事长、黄陂商业银行总董事和南洋兄弟烟草公司等企业的董事。1928 年 6 月 3 日逝世于天津。

【一】2；【七】25、28；【四十二】3

李敖（1935— ） 字敖之，生于黑龙江哈尔滨。台湾地区著名作家、政治评论家和历史学家。1949 年随父母从上海迁至台湾，1959 年毕业于国立台湾大学历史系。20 世纪 60 年代在《文星》杂志上力主西化，掀起中西文化论战，成为台湾文化界名人。1970 年代曾因抨击蒋介石独裁，作为政治犯入狱。自 1980

年代起,除研究、写作、教学外,积极从事公开演讲,文笔犀利、批判色彩浓厚。并积极参政,曾参选台湾当局"总统"(2000年)和台北市长(2006年),2004年当选无党籍"立法委员"。是李敖出版社发行人,文星书店有限公司总监,《求是报》发行人。

【五十八】2

李宝春(1950—) 祖籍河北霸县。京剧老生演员。著名京剧表演艺术家李少春之子。9岁由祖父指导练功,10岁进北京市戏曲学校,1969年毕业。承袭父亲风格,专攻文武老生。20世纪80年代初加入中国京剧院。后在海外寻求发展。1990年加入"辜公亮文教基金会"京剧推展小组。1997年成立台北新剧团。曾任中国文化大学中国戏剧学系专任副教授、台湾大学戏剧戏兼职教师、台北新剧团团长。

【二十八】1

李闯王 即李自成。见**李自成**
【三十六】4;【三十九】8

李大爷(生卒年不详) 姓名不详,张学良称其李大爷。张家本为李姓,祖籍河北省大成县,高祖时代,张家与李家结亲,后因张家无子,领养李家之子,以继香火,李家之子改姓张。到张学良时已是第六代了。张学良说,张作霖在世时李家仅剩李大爷一个人,居海城。后来李大爷死了,李家没人了。

【十二】14;【三十一】10

李大钊(1889—1927) 字寿昌,改号守常。河北乐亭人。中国共产党创始人之一。1913年肄业于天津北洋法政专门学校。是年入日本早稻田大学,接触社会主义思想。1914年组织神州学会。1916年回国,先后任《晨钟报》《甲寅日刊》《新青年》编辑,北京大学教授兼图书馆主任等职,参加领导了新文化运动。从1918年下半年起,积极传播马克思主义,创办《每周评论》,领导了五四反帝爱国运动。1920年3月,发起成立北京共产主义学说研究会。同年10月,领导成立北京共产主义小组,并帮助天津、唐山和济南建立组织。1921年7月中国共产党成立后,任中共北京地方委员会负责人,兼任中国劳动组合书记部北方分部主任。1923年11月,被孙中山委任为国民党改组委员、临时中央执行委员会候补委员。1924年1月,在国民党第一次全国代表大会上当选中央执行委员。同年6月,率中国共产党代表团出席共产国际第五次代表大会。1926年。在"三一八"惨案中被军警殴伤,此后转入地下。1927年4月避居苏联大使馆时,被奉系军阀张作霖逮捕,28日就义。

【五】6;【十五】1;【十六】3;【三十一】5;【三十二】15、16;【三十三】13;【四十三】4

李德明（生卒年不详） 曾任东北军第一一二师第六三六团团长，参加古北口抗战。1937年任第一一二师第三三四旅旅长，参与江阴保卫战。

【二十三】13

李德全（1896—1972） 直隶通州（今北京通州区）人。1915年考入北京协和女子大学，曾被选为学生会会长，参加五四爱国运动。毕业后在贝满女中执教。1922年1月担任北京基督教女青年会学生部干事。1924年2月与冯玉祥结婚。1924年3月随冯玉祥赴苏联考察。1927年回国在北京创办求知中学。抗战期间，积极从事儿童福利保健事业，投身妇女解放和抗日救亡运动。1946年赴美出席世界妇女代表大会。1948年回国，次年任北京师范大学保育系教授兼主任。1949年参加第一届人民政协会议。中华人民共和国成立后，历任中国红十字会会长、国家体委副主任、卫生部部长、全国政协副主席等职。1958年加入中国共产党。1972年在京病逝。

【三十三】2；【三十五】10；【四十二】3；【五十三】13

李登辉（1923— ） 祖籍福建永定，生于台湾台北县。1941年毕业于淡水中学，考入台北高等学校文科，1943年入日本帝国大学农业经济系。1946年返台，转入台湾大学农学院农经系。1952年考取公费留学，入依阿华大学，主攻农业经济。翌年回台，任"台湾农林厅"经济分析股长，并执教于台大。1965年再度赴美，入康奈尔大学攻读博士学位。1969年归台，续任台大教授，兼"农复会"农业经济组组长、顾问。1972年为蒋经国延揽入阁，任"政务委员"。1978年调任台北市长。1981年12月出任"台湾省主席"。1984年任"副总统"，并进入中常会。1988年1月蒋经国逝世后，继任"总统"，旋出任国民党代理主席，后正式当选主席。1990年5月任"总统"，嗣兼任"国家统一委员会"主任委员，"中华文化复兴运动推行委员会"会长。1996年再次当选"总统"，2000年卸任。长期鼓吹"台独"，2001年9月被国民党开除党籍，2011年被台湾地区检察部门以贪腐罪名起诉。

【十二】10；【十九】2、3；【二十一】2；【二十二】1；【二十九】4；【三十四】15；【三十八】9；【三十九】3；【四十】1；【四十二】11；【五十六】8

李杜（1880—1956） 原名荫培，字植初，辽宁义县人。1908年毕业于东北讲武堂。后历任奉军连长、营长、团长。1919年赴北平任将校研究所所长、军事科科长。1920年返东北，历任黑龙江省山林警察局局长、吉长镇守使署参谋长、第五十六团团长、步兵第十旅旅长、依兰镇守使兼第九旅旅长。1931年"九一八"事变时，任依兰镇守使兼陆军独立第二十四旅旅长，1932年1月被推选为吉林自卫军总司令，同年任东北边防军驻吉林副司令长官。1933年1月自卫军失败后，率余部退入苏联。同年4月回国，参加宋庆龄组织的抗日救亡运动。1935年下半年，张学良委托李杜寻找中国共产党的代表。李通过中共上海地下党，介绍刘鼎赴张学良处工作。1936年6月，李准备经苏联赴东北组织部队抗日，并受中共上海地下党通过董健吾所托，将毛泽东之子毛岸英、毛岸青兄弟带到巴黎，随后两兄弟被送到苏联学习。抗战期间在重庆组织东北抗日联军总司令部，并任总司令。1942年抗日联军被解散，1946年被取消军籍。1946年加入中国共产党，投身反对蒋介石独裁内战的和平民主运动。1949年10月后，任全国政协委员，四川省政协委员，重庆市政协委员。1956年8月23日在重庆逝世。

【十七】11；【二十三】6、9；【二十四】9、10；【二十五】1、2；【二十七】2

李顿（Victor Alexander George Robert Bulwer-Lytton，1876—1947） 英国人，生于印度西姆拉。他的父亲第一代李顿伯爵是当时的印度总督，1891年父亲逝世后继承李顿伯爵爵位。先后就读于伊顿公学及剑桥的三一学院。1916—1920年在英国海军部任职，1920—1922年任印度事务次官。1919年进入枢密院。1922—1927年任英属印度孟加拉总督，期间一度代理印度总督。1932年率国联调查团来华，调查"九一八"日本侵略事件，提出《李顿调查团报告书》。之后，在各种官方或非官方的团体中任职，均非要职。1945年退休。

【五】19、21；【七】20；【八】8；【二十四】8；【五十一】9

李顿调查团 又称国联调查团。国际联盟于1932年1月成立的"九一八"事变调查团。因团长是英国李顿爵士，故亦称李顿调查团。"九一八"事变发生后，在中国代表的一再要求下，1931年12月10日，国联理事会通过决议，决定派遣调查团到远东实地调查"九一八"事变真相。调查团于1932年1月21日正式成立，由英、美、法、德、意派员组成，英国李顿爵士任团长。中国外长顾维钧、日本驻土耳其大使吉田以顾问身份协助调查团工作。调查团3月中旬抵华后，先在平、沪等地与中国政府及租界当局会晤。4月至6月间在东北调查。7月20日开始起草报告书，1932年9月5日返欧，10月2日报告书公布。报告书承认东北为中国领土，但主张"国际共管"中国东北。1933年2月24日，国联大会以42票赞成，日本1票反对，通过了《李顿调查团报告书》，国民政府亦表示原则接受，日本于3月28日以抗议该报告书为由，宣布退出国际联盟，致使国联的调查报告书实际上成了一纸空文。

【五】21；【七】20；【八】8；【十五】7；【二十四】8

李福和（1892—1938） 满族，热河（今河北）丰宁人。绿林出身。1925年被直隶督办褚玉璞收编，进入奉军。1930年9月任东北骑兵第五旅旅长。1931年5月东北军改编后，任独立骑兵第五旅旅长。1933年3月所部改为陆军骑兵第五师，任师长。1935年授少将衔，抗战爆发后辗转至太行山区，1937年冬任第一战区第三游击纵队司令。1938年3月率部投降日军，同年8月被其坚持抗日的部下击毙。

【二十三】7、9、11

李根源（1879—1965） 山东益都人，生于云南腾越（今腾冲）。字印泉，一字雪生。光绪年间秀才。1904年赴日，次年加入中国同盟会。先后毕业于东京振武学校和日本陆军士官学校。1909年回国后，曾任云南陆军讲武堂总办、云南督练处副参议官。武昌起义后，与蔡锷等响应，成立大汉军政府，任军政总长兼参议院院长，继任云南陆军第二师师长兼国民军总司令。1913年当选国会众议员，参加二次革命，失败后流亡日本。入早稻田大学攻读政治经济学。1915年回国，历任两广都司令部副都参谋、滇粤桂联合军都参谋、陕西省长。1918年参加护法运动，曾任驻粤滇军总司令等职。1922年任北洋政府航空督办、农商总长。1923年，因反对曹锟贿选总统，退出政坛，隐居苏州。抗战爆发后，任军事委员会参议、云贵监察使。抗战胜利后任国民政府国策顾问。中华人民共和国成立后，任西南军政委员会委员、全国政协委员。1965年在京逝世。

【二十五】1

李桂林（1871—?） 字馨山，辽宁海城人。少时从军。曾任巡防马队管带。民国建立后，历任奉军营长、团长、旅长。第一次直奉战争战败被免职，1924年任暂编吉林陆军第七混成旅旅长，兼哈绥副司令。第二次直奉战争时，因掩护全军撤退被俘，后被遣返。1927年，任东北陆军第二十六旅旅长。同年授陆军中将衔。1930年年任吉长镇守使，兼东北陆军步兵第八旅旅长、吉长警备副司令。1931年5月任陆军独立第二十三旅旅长。"九一八"事变后，沦为汉奸，任伪吉林警备第五旅旅长、东三省特别区长官公署路警处长。

【二十三】9

李汉魂（1895—1987） 字伯豪，号南华，广东吴川人。早年参加同盟会。辛亥革命后，入关公高等学堂专门法科肄业，因学费无着，投笔从戎。1919年保定陆军军官学校步科第二期毕业。1926年参加北伐战争，历任张发奎部第三十六团团长，第二十五师师长。抗日战争时期，历任第六十四军军长、第三十九集团军总司令，广东省政府主席。抗战胜利后，任第三战区副司令长官，后因耳疾赴美就医，并游历考察欧洲、拉丁美洲二十多个国家。1949年春回台湾，出任台湾当局"总统府"上将参谋长、内政部部长。后在美侨居，1982年曾应邀回北京、广东等地探亲、访问。1987年在美国纽约病逝。

【四十六】2

李焕（1917—2010） 字锡俊，湖北汉口人。毕业于国立复旦大学法律系。1938年受训于赣南青年干校第一期。抗战胜利后，曾任《沈阳日报》社社长、沈阳市政府外事处副处长、青年部组训处长等职。1948年参与组织"太子系"核心组织"铁血救国会"。1949年去台湾。1953年赴美国哥伦比亚大学深造，获硕士学位。返台后长期从事党务工作，曾经担任国民党中央委员会第一组主任，国民党台湾省党部主任委员、"中国青年反共救国团"副主任、主任等职。蒋经国执政后，曾任"中国广播公司"董事长、"教育部部长"、国民党中央党部秘书长等职。1989年出任"行政院长"，1990年因与李登辉不合去职，后任"总统府"资政。

【三十二】1

李璜（1895—1991） 字幼椿，号学纯，四川成都人。早年入成都洋务局英法文官学堂。1914年入上海震旦学院。1919年3月赴法国巴黎大学留学，获文科硕士学位。1923年12月与曾琦等发起组织中国青年党，标榜国家主义。1924年回国，与李大钊等组织少年中国学会。同年10月与曾琦，左舜生等创办《醒狮》周报，作为青年党机关报。并历任武昌大学、北京大学、成都大学历史系教授。抗战爆发后，任国民政府国防最高委员会参议会参议，国民参政会参政员，第三届参政会主席团主席。1941年参与发起组织中国民主政团同盟。1945年4月代表青年党参加中国代表团，出席旧金山联合国"制宪"大会。1946年被任命为国民政府行政院政务委员兼经济部长，未就任。1950年避居香港，从事写作和教学。后去台湾，任"总统府资政"，曾参加台湾方面组织的《中华民国史》编纂活动。1991年11月病逝于台北。

【四十六】2

李基鸿（1882—1973） 湖北应城人。1903年留学日本东京法政学校。1905年加入同盟会，次年回国。1911年参加武昌首义，任鄂都督府参议。后赴北京任《国光新闻》总编辑。1914年，加入中华革命党。在上海担任海上通讯社编辑。后在粤军许崇智部任秘书兼粤汉铁路总局监督，广东筹饷总局长和广东财政厅长。北伐军攻克武昌后，任国民政府财务委员会秘书长。1927年后，历任福建财政厅长，财政部禁烟处长，淮北盐运副使，南京特别市财政局长，湖北省政府委员兼财政厅长。1930年同时担任鄂豫两省财政特派员、湖北省榷运局长、缉私局长及河南省盐务局长五职，时有"一官五印"之称。1932年调任全国禁烟委员会委员、秘书长兼第二处处长。1936年12月赴临潼请示，恰逢西安事变，被扣。1937年抗日战争中，任广东禁烟特派员，1940年任国防最高委员会党政工作考核委员会政务处副主任。1946年，当选为国大代表。抗日战争胜利后，被选为国大代表。后笃信佛教，入寿宁寺为僧，并任武昌佛学院院护、汉藏教理院院董、中国佛教整理委员会常务委员等职。1949年春去台，以"国大代表"虚衔闲居台北善导寺，精研佛学。1973年9月病逝于台北。

【二十六】14

李济深（1885—1959） 字任潮，广西苍州（今苍梧）人。早年入新军。武昌首义后，任北伐第四军二十二师参谋。1814年毕业于北京陆军大学，留校任教官。1920年赴广东，先后任粤军参谋长、师长。1924年任黄埔军校教练部主任，1925年任国民革命军第四军军长。北伐战争时期，任国民革命军总参谋长，留守广州。"四一二"政变后，在广州响应"清党"，后任南京国民政府政府委员兼参谋总长、训练总监。1933年与蔡廷锴等发动福建事变，任中华共和国人民革命政府主席。抗战期间，任国民党党政委员会副主任、军事参议院院长。抗战胜利后，反对蒋介石发动内战，1947年出走香港，旋被开除党籍。次年发起成立中国国民党革命委员会，当选主席并长期任此职。中华人民共和国成立后，历任中央人民政府副主席，第一、二、三届全国政协副主席，第一、二届全国人大常委会副委员长。1959年在北京逝世。

【二十四】5

李景林（1885—1931） 字芳宸、芳岑，河北枣阳人。1907年保定北洋陆军速成武备学堂毕业后，任禁卫军下级军官。1912年被招为黑龙江巡防队军官。1914年，升任黑龙江暂编陆军第一师参谋长。1917年秋，随第一师师长许兰洲加入奉系。1918年，任援陕奉军司令部参议。1919年1月，任第一旅第一团团长，参加直皖战争。后回奉天，因战功而获得张作霖重用。1921年，任奉天陆军第七混成旅旅长。1922年4月第一次直奉战争中，任奉军东路军第三梯队司令。战后，因军功升任奉天陆军第一师师长。1924年9月第二次直奉战争中，任奉军第二军军长，为奉系的胜利做出贡献。1925年1月任直隶军务督办，6月兼任直隶省长1926年与张宗昌组成直鲁联军对抗北伐，任直鲁联军副总司令。1927年3月归附北伐军，任直鲁军招抚使。南京国民政府成立后，任军事委员会委员，中央国术馆副馆长等职。1931年12月在济南去世。

【一】3、4；【四】18；【五】13；【十六】1、2；【十九】6；【二十】3；【二十四】2；【二十五】15；【二十六】5；【三十一】6；【三十二】6；【三十三】1、2、9、21；【三十八】7；【四十四】7；【五十三】14；【五十四】4、6、7、9；【五十九】2；【六十】1

李俊卿（生卒年不详） 20世纪60年代奉派任张学良的英文老师。

【二十二】4

李克农（1899—1962） 安徽巢县人。1926年加入中国共产党。1928年到上海，在中共中央特科领导下从事秘密工作。1931年冬到中央革命根据地，历任中华苏维埃临时中央政府国家政治保卫局执行部部长、红军工作部部长。参加长征。到陕北后，任中共中央联络局局长，曾深入东北军开展联络工作，与张学良举行了秘密会谈。西安事变后，任中共代表团秘书长，协助周恩来、叶剑英等和平解决西安事变。抗战爆发后，任八路军、新四军驻上海、南京、桂林办事处主任、八路军总部秘书长、中共中央长江局秘书长。1941年起，任中共中央社会部副部长。抗日战争胜利后，任中共中央社会部部长、北平军事调处执行部中共方面秘书长。中华人民共和国成立后，曾任外交部副部长、人民革命军事委员会情报部部长。1953年起，任解放军副总参谋长、中共中央调查部部长。1955年授上将军衔，次年当选中央委员。1962年2月9日在北京病逝。

【二十四】9、10；【二十五】2、12；【二十七】2；【五十七】2

李乐滨（1890—?） 号甘泉，山东乐陵人。毕业于保定陆军军官学校第一期工科。曾任晋绥军第六军第十二旅旅长、第六师师长。1936年授少将衔。1948年晋中将衔。

【三十】2

李烈钧（1882—1946） 字协和，号侠黄，江西九江人。1902年入江西武备学堂。1904年赴日留学，先后入东京振武学校和日本士官学校。1907年加入同盟会。1908年毕业回国后，曾因宣传反清思想遭拘捕。1909年任云南讲武堂教官、陆军小学堂总办。辛亥革命爆发后，被推任江西都督府参谋长、海陆军总司令。1912年中华民国成立，被孙中山任命为江西都督。1913年7月在江西湖口成立讨袁军总司令部，就任总司令，揭开二次革命的战幕。8月失败后，流亡日本。1915年12月与唐继尧、蔡锷揭起护国讨袁旗帜，任护国军第二军总司令。1917年后任孙中山两次在广州所组政府的总参谋长。辅佐孙中山打败陈炯明。1925年应冯玉祥之邀任国民军总参议，指导国民军与奉军作战。1927年任江西省政府主席，南京国民政府常委兼军事委员会常委。1931年"九一八"事变后，主张对日抗战。1936年12月授陆军二级上将。西安事变后，派为审判张学良的特别法庭审判长。1946年2月20日病故于重庆。

【二】1；【十七】11；【二十二】8；【二十四】2；【二十六】14；【二十七】7；【二十八】1、2

李润青（1890—1929） 湖北汉阳人。毕业于北京陆军讲武堂及陆军军官教导团。1928年11月任东北海军江防舰队陆战队第二大队大队长，驻防山东烟台。1929年中东路事件时，任海军陆战队第二队队长，率部参与三江口之战，10月12日力战不支，自杀殉国。邹韬奋先生有《悼殉国壮士李润青君》一文纪念。

【二十三】5、7

李石曾（1881—1973） 名煜瀛，笔名真、真民、石曾，以字行。直隶高阳人。清代大学士李鸿藻之子。1902—1911年留学法国。1906同张静江等人发起成立世界社，宣扬无政府主义，同年加入同盟会。武昌起义后，在天津组织京津同盟会。二次革命失败后再赴英法。1915年任华法教育会副会长，1918年组织留法勤工俭学会。1920年在北京和里昂创办中法大学，任理事长兼代校长。1924年起连任国民党第一至六届中央监察委员。1927年，积极支持蒋介石"清党"。后历任北平临时政治分会主席、国立北平大学校长、北平师范大学校长兼北平研究院院长等职。抗战爆发后，专事国民外交活动。抗战胜利后主持北平研究院复员，后任总统府资政，1949年赴瑞士。1956年赴台定居，1973年病故。

【三】3、4；【五】6；【十五】2；【四十】9；【五十五】1

李世民（599—649） 即唐太宗，唐代皇帝。李渊次子。公元626—649年在位。隋末随其父起兵反隋，李渊称帝后封秦王，任尚书令。曾镇压窦建德、刘黑闼等农民起义军，消灭王世充等割据势力。武德九年（626）发动"玄武门之变"，得为太子，继帝位。在位期间，推行均田制、租庸调法和府兵制度，并加强对地方官吏的考核。又修《氏族制》，发展科举制度。任贤纳谏。当时社会经济有所恢复，被誉为"贞观之治"。贞观四年击败东突厥，被铁勒、回纥等族尊为"天可汗"。曾发展西域的交通，促进贸易和文化交流。贞观十五年，以文成公主嫁松赞干布，加强了汉藏关系。

【八】6；【十二】2；【二十五】15；【三十二】15；【三十九】9

李寿山（生卒年不详） 1931年5月任东北军陆军独立第十四旅第六四一团团长。

【二十三】9

李树藩（生卒年不详） 1931年5月任东北军陆军独立第九旅第六二七团团长。

【二十三】9

李万春（1911—1985） 字鸣举。原籍河北雄县，生于哈尔滨。满族正黄旗。著名京剧表演艺术家。幼时随父在上海学京剧。1923年进京搭斌庆社演出，被誉为"童伶奇才"。后组织永春社、鸣春社。在北京、上海、天津、济南、青岛、武汉、东北等地演出。曾得杨小楼亲授。1949年后，曾组织首都实验京剧团。后任北京市京剧一团团长，文革期间下放内蒙古京剧团，文革后任北京京剧院二团主要演员。他念白吞吐有力，身段边式利落，以长靠、短打、箭衣戏、猴戏、关羽戏见长。

【二十八】1

李维城（1898—1976） 别名惟诚，学名干，湖南长沙人。1918年入湖南高等工业学校，后因家贫辍学。后至河北滦县任县署文书，此后历任曹娥、嘉善稽征所主任、兴业银行文牍、西北银行总务科长、行长。"九一八"事变后，被杨虎城聘为陕西财政委员会委员兼陕西省银行协理，旋升任总经理。西安事变发生后积极支持，任政策设计委员会委员。因此于1938年被蒋介石下令逮捕入狱。1940年由程潜保释出狱，任四川聚兴诚银行协理、总经理。1948年回湘任省银行行长，参与策划湖南起义。中华人民共和国成立后，曾任建设银行董事长、中国人民银行秘书处处长等职。1976年病逝于北京。写有《西安事变的片段回忆》。

【二十六】14、15；【二十八】1

李维诺夫（Макси м Макси мовичЛитви нов，1876—1951） 苏联外交家。生于波兰一个职员家庭。1898年参加俄国社会民主工党，后长期侨居国外。1903年成为布尔什维克派。十月革命胜利后回国，被任命为苏俄驻英国外交代表。同年10月，被英国当局逮捕，次年初获释。回国后，在外交人民委员部工作。从1921年起，任副外交人民委员。1930—1939年，任苏联外交人民委员。1932年，参加日内瓦国际裁军会议，任苏联代表团团长。1933年底，赴华盛顿同罗斯福总统进行关于建立苏美外交关系的谈判。1934—1938年，代表苏联出席国联会议。在联共（布）"十七大"和"十八大"上当选为中央委员。曾任苏联中央执行委员会委员。1939年8月，被解除外交人民委员职务。1941年又被解除联共（布）中央委员职务。德军入侵苏联后，任副外交人民委员、苏联驻美国大使，并参加1943年10月召开的苏美英莫斯科外长会议。1946年退休。1951年12月31日去世。

【二十四】5

李文范（1884—1953） 字君佩。广东南海人。早年留学日本法政大学。1905年加入同盟会。归国后任广东省同盟会会长，参与广州新军起义和黄花岗之役。民国成立后，任广东海军军务处秘书及都督府参议。嗣参与策动反袁讨龙（济光）之役。1918年任援闽粤军总司令部参议。1920年赴法留学。1924年回国后任广东省政务厅厅长。次年任广州国民政府秘书长兼中央政治会议秘书主任。旋赴苏考察政治及新经济政策。1927年任国民党中央宣传委员会主任委员、广州政治分会委员、广东省政府委员兼民政厅厅长。1928年后任立法委员兼秘书长、国民党中央执委。1932年任内政部部长。1935年任国民政府委员。抗日战争时期，历任国防最高委员会委员、国民党党政工作考核委员会主任委员兼党务处主任。嗣历任中央抚恤委员会主任委员、财务委员、勋绩委员、中央团部指导员等。1948年任司法院副院长。次年去台湾，历任国民党中央评议委员、中央纪律委员会主任委员、"总统府"资政。1953年6月在台北病逝。

【二十八】2

李希泌（1918—2006） 云南腾冲人。字季邺。国民党元老李根源之子。

1942年毕业于西南联合大学历史系。曾任昆明五华中学、腾冲商科职业学校校长，昆明五华学院董事。1948年曾当选立法委员。建国后，历任北京图书馆馆员、编辑、研究馆员，《文献》季刊副主编、中国辛亥革命研究会副理事长。是第六、七、八届全国政协委员，全国政协文史资料委员会委员。

【二十七】7

李兴中（1890—1962） 又名醒中，字实甫。河北宁河人。1912年入保定军校第一期炮兵科，毕业后入段祺瑞部，累升至炮兵营长。后入冯玉祥部，曾主持张家口军官干部学校、洛阳军官学校。1926年国民军成立后，任北京卫戍司令部少将参谋长。冯玉祥部失利后，随冯去苏联考察。同年9月冯玉祥返国誓师北伐，任国民军联军驻陕司令部参谋长。1927年4月任第二集团军高级军校校长。"九一八"事变后，随冯玉祥组织察哈尔抗日同盟军。同盟军失败后，返北平闲居。1934年应杨虎城之邀，任西安绥靖公署参谋长。1936年协助张、杨两将军发动了西安事变。事变后，任第一七七师师长。抗战爆发后，率部到晋南中条山抗日。1939年任第九十六军军长。1945年升任第四集团军总司令。日本投降后，反对蒋介石发动内战，1947年辞职去上海。1950年加入中国国民党革命委员会，任中央委员。后历任河北省人民政府委员兼省财经委员会、政法委员会委员，省交通厅厅长，河北省政协副主席，民革河北省主任委员。1962年病逝于北京。

【二十六】14

李荫波（生卒年不详） 1936年西安事变时任东北军第五十一军第一一三师第六三九团团长。

【二十三】13

李荫春（生卒年不详） 后改名李宗颖，1927年入张学良创建的同泽新民储才馆。1929年毕业后曾任辽宁瞻榆县县长。后在张学良身边工作多年。西安事变时任张学良机要秘书。抗战期间跟随东北军旧部郭希鹏抗日。后任军事委员会参议。1949年后曾任北京市东城区政协委员。

【二十八】3

李银莲（？—1927） 原名李培基，陕西西安人。1922年夏，入西安水利道路工程专科学校，1924年春转入西北大学工科学校。1924年秋加入了共青团。1925年加入中国共产党。1927年3月初，组织派其到北京给李大钊送信。4月6日，在苏联大使馆与李大钊同时被捕。李化名"李银莲"，在狱中坚持斗争。4月28日，与李大钊同时就义。

【四十】9

李英夫（1908—1987） 辽宁沈阳人，原名李广荣。日本陆军士官学校中国队第二十期步兵科肄业。1928年7月后任福建省防军教导团队长，迫击炮连连长。1929年任国民革命军天津警备司令部参谋处参谋。1930年4月所部并入第三方面军第十军，升任上校副官长。1931年1月后任东北边防军第七军（6月改称第三十五军）上校副官长，绥远省政府警保处少将处长兼特事室主任。1937年10月后任绥远省国民兵第二旅（12月改称绥远省游击军第二旅）少将旅长，第三十五军参谋处处长，第八战区副司令长官部高级参谋。1940年3月兼任绥远省战地工作委员会参谋长。1945年8月改任第十二战区司令长官部高级参谋兼绥远省战地工作委员会参谋长。1947年3月后任张垣绥靖公署高级参谋，河北省政府保安处少将副处长兼全省保安司令部参谋处处长，河北全省保安司令部少将参谋长。1949年1月22日在北平随部接受人民解放军和平改编。1951年后当选政协北京市委员，全国政协委员。1987年5月在北京病逝。

【二十八】1

李宇清（1904—?） 别字澄寰，辽宁本溪人。先后毕业于黄埔军校第二期步科、奉天军官团深造班、中央训练团第六期、国防大学第六期。历任东北军第一混成旅排长、连长，国民革命军营长，中央步兵学校教官、学员队长，混成旅参谋长，镇守使署参谋处长，军事委员会北平军分会上校谘议，鄂豫皖三省"剿匪"总司令部调查室主任，1935年10月，任西北"剿匪"总司令部办公厅第五科上校科长。抗日战争爆发后，任甘肃绥靖主任公署军务处长，江苏绥靖公署少将军务处长，军政部第六补训处少将副处长，暂编第一师副师长、代理师长，第五战区司令长官部督察处少将处长。先后参加徐州会战、随枣会战及鄂北会战。1946年起任军事委员会汉中行营少将高参，北平行营副官处少将副官主任，北平行辕总务处副处长、代理处长。1949年2月任总统府中将侍卫长兼第四局代局长。同年夏去台湾，曾任"总统府"参军处中将参军，补选为"国大代表"。1960年退役。

【二十三】11

李雨农（1841—1907） 原名澍龄，字雨农，后改名如砻，字龙石。辽宁盘山人。1862年中举人。此后多次进京会试，均因不善攀援而落第。1879年冬为民请命，状告怀德县令和昌图知府。1880年被以"诬陷朝政"罪名被捕。1882年发配萧关（今宁夏境内）充军途中逃匿，流落北京。期间曾被聘设馆讲学，其才名为人所知，1885年受赦。1896年5月返回故里，设馆教书历时三年。其诗词文章写世道之难言，颂人间之纯情，穷而愈工。中年名噪辽沈。1888年，辽河大水，携家逃到八角台（今台安县城），依靠友人刘春烺救济生活。此间，曾与刘春烺等偕力疏浚碱河，成就辽南李冰之伟业。1898—1899年，隐居间山深处的木叶山园。之后曾参与为张作霖受抚归降接线，成为影响张作霖发迹的文人之一。1907年初冬，病逝于八角台。

【三十五】4

李长泰（1862—1922） 字阶平，直隶武清（今属天津市）人。天津北洋武备学堂毕业。1895年任新建陆军工程营领官、管带、工兵参领、留直副将、第六镇协统，署理直隶大名镇总兵。1912年署理直隶省大名镇总兵。翌年，转任冀南镇守使。1914年9月任陆军第八师师长。1917年7月张勋复辟时，被段祺瑞任命为讨逆军东路副总司令，参加讨伐张勋。同年任步军统领衙门统领，督办京畿八旗官产处清理事宜。1919年5月去职。此后寓居天津，从事工商企业。1922年逝世。

【五十六】1

李振唐（1892—1977） 字绍晟，辽宁沈阳人。保定陆军军官学校第五期步科毕业。曾任段祺瑞参战军连长，欧战结束后被遣散退伍。1919年后投奔奉系。历任奉军骑兵第十七师参谋长、卫队第二旅旅长。1928年底任东北陆军第六旅旅长。1931年任陆军独立第十三旅旅长。1933年任陆军第五十一军第一一三师师长。1935年4月授中将衔。率部参加了围攻陕北红军。西安事变发生时负责解除甘肃绥靖公署的武装。西安事变后，1937年4月任第五十一军副军长，所部被调往江苏淮阴。抗战期间在天津闲居。抗战胜利后曾任东北保安司令部参议，1948年返回天津。1949年10月后，曾任天津市政协委员。

【二十三】6、9、11、13；【二十八】1

李振远（生卒年不详） 1928年11月任东北军战车队队长。
【二十三】7

李震元（生卒年不详） 监护张学良的最后一任"特勤组"组长。李任组长时，特务队已改称第一特勤组，仅负责近身"随护"，外围安全由宪兵负责。

【二十二】3

李志刚（生卒年不详） 1928年起在杨虎城身边工作，曾任十七路军驻南京代表。西安事变后奉命参与与南京中央政府的和谈，多次往返于南京西安。1937年1月17日曾奉杨虎城之命，赴奉化见蒋介石，要求尽快放张学良回西安。被蒋拒绝后，带蒋给杨虎城信回西安。1月23日再赴奉化见蒋，再次要求放张学良回西安，并在蒋的允许下与幽禁在奉化的张学良见了面。但蒋仍拒绝放张。

【二十七】5；【二十八】1

李壮飞（生卒年不详） 李长泰之子，曾任直隶造币厂厂长，生平事迹不详。是张学良年轻时的朋友。

【五十六】1

李自成（1606—1645） 原名鸿基，陕西米脂人。明末农民起义领袖。先称闯将、后称闯王。曾为圁川驿卒。崇祯三年（1630）加入起义军，转战豫、鄂、川、陕等地。十一年屡受挫折，转入陕鄂川大山中。十三年由陕入豫，提出"均田免赋"口号，部队迅速壮大，成为农民战争中的主力军。崇祯十六年（1643）在襄阳称新顺王。次年正月，建立大顺政权，年号永昌。不久攻克北京，推翻明王朝。不久吴三桂勾结满清贵族入关，联合进攻农民军。他迎战失利，退出北京。永昌二年在湖北通山九宫山被地主武装杀害。

【三十六】4

李宗仁（1891—1969） 字德邻，广西桂林人。广西陆军速成学校毕业。1910年加入同盟会。1917年参加护法战争，任桂军营长。1920年后任粤桂边防第三路司令、广西自治军第二路总司令。1923年加入国民党，联合黄绍竑、白崇禧统一广西，支持孙中山领导的军政府。1924年11月被孙中山任为广西陆军第一军军长，率部击败桂系沈鸿英部。北伐战争时任第七军军长。1927年参与"四一二"政变，率部西征击败唐生智部，任国民党武汉政治分会主席。1929年与阎锡山、冯玉祥联合反蒋，失败后回广西南宁。1931年当选国民党中央监察委员，任西南政务委员会常委。1936年发动两广事变，要求国民政府抗日。抗战爆发后，任第五战区司令长官，1938年组织指挥台儿庄战役。抗战胜利后，任国民政府主席北平行辕主任等职。1948年4月当选副总统，后为代总统。1949年10月从香港去美国。1965年7月回归祖国。1969年在北京病逝。

【三】4；【九】6；【十六】3；【二十一】9；【二十四】1、4；【二十五】7、11；【二十六】8、10；【二十八】1、9；【三十二】1；【三十三】2；【三十四】2、3、10；【三十五】9；【三十九】1；【四十九】6；【五十】10；【五十四】9；【五十六】9

《历史》月刊 属于台湾《联合报》报系集团。1988年《联合月刊》停刊后，改发行《历史月刊》，发行人王必成。

【三十】1

栗又文（1901—1984） 辽宁辽阳人。毕业于北京大学，历任东北中学教员、中小学教育基金会主任干事等职。"九一八"事变后，入关从事义勇军活动。1935年参加革命。同年冬到东北军工作，任张学良的上校机要秘书。1936年加入中国共产党。曾任中共东北军工委委员。抗战爆发后，参加组织东北救亡总会，任常委兼秘书长。旋任东北挺进军总部上校秘书处主任、八路军延安留守兵团司令部秘书长、陕甘宁晋绥联防军政治部联络处处长。抗战胜利后回东北，任中共辽北省副主席、吉林省副主席、东北行政委员会委员兼秘书长、东北人民政府秘书长。中华人民共和国成立后，曾任中共吉林省委书记、省长、省政协副主席、省人大常委会主任、中顾委委员等职，1984年在北京逝世。

【二十五】2、12；【二十八】10；【三十五】12

《联合报》 台湾地区主要民营报纸之一。1951年9月16日，台北《民族报》的负责人国民党中常委王惕吾联合林顶立的《全民日报》、范鹤言的《经济时报》组成联合版经营。1953年9月16日，三报合并成《民族报、全民日报、经济时报联合报》，1957年6月20日正式改名为《联合报》。至1959年，成为台湾当时发行量最大、最具影响力的报纸。初由王惕吾、王成章、范鹤言联合经营，60年代初由王惕吾独立经营。后王惕吾又买下《公论报》，于1967年4月改组为《经济日报》。后经不断扩充，形成为报系集团。该报系在台湾出版发行有《联合报》、《民生报》、《联合晚报》、《经济日报》、《星报》等，在海外则有《世界日报》、《欧洲日报》等。另有专司经济商业资讯的中经社，还拥有联经出版公司。

【二十】5；【二十五】16；【三十二】2；【五十三】11

《联合文学》 台湾大型综合性文艺月刊。由联合报系董事长王惕吾于1984年11月创刊于台北，张宝琴任发行人。在台湾文学界颇有影响。1985年接办《联合报》文学奖。1987年6月，进而成立"联合文学出版社有限公司"。

【三十】3；【三十二】1

梁竟纯（生卒年不详） 《张作霖遇炸与满蒙权益的交涉》的作者。

【三十二】17

梁启超（1873—1929） 字卓如，号任公，又号饮冰室主人。广东新会人。17岁中举人，1895年参加公车上书，组织强学会，编辑《万国公报》。戊戌变法时，协助推行新政，戊戌政变后亡命日本，在横滨创立《清议报》。1902年创立《新民丛报》，介绍西方资产阶级思想学说。1905年起与《民报》论战，坚持改良立场，反对革命。民国建立后，于1913年加入共和党，旋入熊希龄内阁任司法总长。1915年袁世凯复辟时，策动蔡锷护国讨袁。1916年任两广都司令部参谋，肇庆军务院抚军兼政务委员会委员长。1917年任段祺瑞内阁财政总长。五四前，反对尊孔复古，批判封建文化，倡导"新史学"、"诗界革命"等。1825年起，历任清华研究院导师、京师图书馆馆长等职。

【十七】7；【三十三】20；【四十一】4

梁士诒（1869—1933） 字翼夫，号燕孙。广东三水人。光绪进士，曾任翰林院编修。1903年应袁世凯之聘，任北洋书局总办。1907年起任邮传部京汉、沪宁等五铁路提调、交通银行帮理、铁路总局局长等职。民国建立后，1912年3月任袁世凯总统府秘书长，5月任交通银行总理、财政部次长，成为旧交通系首领。大力筹措经费支持袁世凯称帝。袁世凯死后，被列为帝制祸首，受到通缉，逃往香港。1918年回京，出任交通银行董事长和安福国会参议院议长。直皖战争后，1921年依靠张作霖的支持出任内阁总理。次年被直系军阀赶下台，逃往日本。1925年参加善后会议，再度出任交通银行总理。1928年因反对北伐遭通缉，被迫定居香港。1933年在上海病逝。

【五】13；【七】28；【十七】6；【二十六】4；【三十一】4、6；【三十二】11、16；【四十二】10；【五十五】1

梁忠甲（1888—1930）　字子信，辽宁昌图人。1907年入保定通国陆军速成学堂（1909年该校并入保定军官学堂）炮科学习。1910年毕业后，任新建陆军第三镇炮队排长、连长。1913年3月，投入吴俊陞所属的中央骑兵第二旅。1917年7月以后，历任陆军第二十九师炮兵营长、军官团团长、兼东省铁路护路军哈满副司令；骑兵第五旅旅长，兼任东三省铁路护路军哈满总司令及满海总司令，兼黑龙江省防军第四路统领官等职。第二次直奉战争后，任步兵第十五旅旅长。1925年率部在新民阻击郭松龄部队。1928年底，任东北陆军步兵第十五旅旅长，驻防满洲里。1929年中东路事件中，参与对苏作战，失败被俘。1930年1月释放回国，3月8日，因煤气中毒死于海拉尔。

【二十三】6

廖弼臣（生卒年不详）　1928年11月任辽宁省防军步兵第二团团长。

【二十三】7

列宁（1870—1924）　原姓乌里扬诺夫，生于俄国辛比尔斯克。苏联共产党创始人，第一个社会主义国家的缔造者。1887年中学毕业后入喀山大学法律系学习，旋因参加学生革命运动而被捕、流放，自此成为职业革命家。1889年，在萨马拉组织了当地第一个共产主义小组。1901—1902年写了《怎么办》，为建立新型的马克思主义政党打下了思想基础。1903年，形成了以列宁为首的布尔什维克。1917年二月革命后返回苏联，随即发表《四月提纲》，提出了从资产阶级民主革命过渡到社会主义革命的方针，亲自领导、直接指挥了十月革命武装斗争。革命胜利后，当选第一届苏维埃政府主席，领导第一个社会主义国家为巩固革命政权、组织经济建设而在理论和实践上进行了艰巨的斗争。1918年遇刺受伤，加之长期劳累，健康状况恶化，在1924年1月21日与世长辞。

【五十一】1、8

林白水（1874—1926）　又名万里，字少泉，号宣樊，中年自号白水。福建闽侯人。1903年留学日本。同年夏回上海，与蔡元培等共组华兴会。1905年复入日本早稻田大学，次年加入同盟会。辛亥革命后，历任福建都督府政务院法制局局长、共和党福建支部长、大总统府秘书兼直隶督军署秘书长、参政院参政等职。1916年后与友人合办北京《公言日报》、上海《平和日报》等,任主笔、社长等。1921年春《新社会报》出刊,以"白水"为笔名,发表政论文章。翌年遭查封并入狱三月,出狱后改报名为《社会日报》续出。1923年10月,因揭露曹锟贿选而再度入狱。1926年夏奉直联军占领北京,摧残民众运动,奸淫抢掠,引起各界强烈反对。他于8月5日在《社会日报》刊出《官僚之运气》一文,揭露潘复与张宗昌勾结丑闻,京畿宪兵司令王琦奉张宗昌之命将其逮捕并枪杀。

【五十三】11

林彪(1907—1971)　原名育容,湖北黄冈人。1923年加入中国社会主义青年团。1925年入黄埔军校第四期,同年加入中国共产党。曾参加北伐战争和南昌起义。井冈山根据地建立后,历任红四军营长、团长、军长等职。1933年,任红军第一军团军团长。参加历次反"围剿"作战和长征。长征到陕北后,任中国抗日红军大学、抗日军政大学校长。抗战爆发后,任八路军第一一五师师长,指挥了平型关战役。1938年赴苏联疗伤,1942年回国。1945年当选中共中央委员。抗战胜利后,任东北野战军、第四野战军司令员等职,指挥了辽沈、平津战役。中华人民共和国成立初,任中共中央中南局第一书记、中南区军政委员会主席兼军区司令员。1955年授元帅衔,并进入中央政治局。后担任中央军委副主席、国务院副总理兼国防部长、中共中央副主席等职。"文革"期间,伙同陈伯达、黄永胜、吴法宪等组成反党集团,图谋夺取党和国家最高权力。失败后,于1971年9月乘机外逃,因飞机失事摔死于蒙古温都尔汗。

【六】6;【二十八】10;【三十四】1;【五十二】7

林久治郎(?—1946)　日本外交官。曾先后在吉林、天津、等地日本外交机构任职,1928—1932年任日本驻奉天总领事。林久治郎一贯主张对华进行高压外交,试图支持张作霖以维持日本在中国东北利益。但因河本大作暗中策划炸死张作霖而破灭,不得只能拥戴张学良,并试图通过威吓张学良,强行阻止中国南北妥协,引起张学良强烈反弹。于1932年调任日本驻巴西大使。1946年去世。

【八】3;【三十二】14

林肯(Abraham Lincoln,1809—1865)　美国第十六任总统(1861—1865)。出身寒微,早年曾任律师。1847—1849年任联邦众议员。1856年加入共和党,坚决维护联邦统一,主张废除奴隶制度。当选总统后,南方各州宣布脱离联邦,引发南北战争。战争初期,试图与"南部联盟"妥协,遭拒绝。1862年,颁布了《宅地法》和《解放黑奴宣言》,得到广泛支持,很快扭转战局,保证了战争的胜利。旋即遭南方奴隶主指使的歹徒刺杀身亡。

【七】16、17;【十二】5;【四十】8;【四十二】6;【四十五】2;【五十一】7;【五十二】3

林权助（1860—1939） 号竹荫，日本外交官，关东州长官。会津藩（福岛县）。1887年东京帝国大学毕业。后入外务省。曾任中国烟台领事馆随习领事。1898年任使馆参赞，一度代理馆务。光绪变法期间，是两国政府间最重要的联络人。1898年9月戊戌政变发生后，曾大力救助光绪帝和维新派人士。1899—1906年任驻朝鲜公使。1905年代表日本与韩国签订第二次日韩协议书。1907年受封男爵，与桂太郎、小村寿太郎并称治韩三杰。1908年任驻意大利大使。1916—1918年再任驻华公使。1919年11月任关东厅长官，在中国东北旅大地区推行殖民统治。1920年任驻英大使。代表日本出席第一次世界大战后在欧洲举行的历次会议。1925年9月辞职听用，11月任宫内府秘书，赴英辅导在牛津大学读书的秩父宫雍仁亲王，旋退出外交界。1928年任式部长官，曾作为日本政府的特使，来吊唁张作霖。1934年任枢密顾问官。1939年6月27日去世。

【三】1,9；【四】3；【八】3；【二十四】3；【四十二】3；【四十九】2

林森（1868—1943） 字子超，号长仁。福建闽侯人。早年就读鹤龄英华书院。1902年入上海江海关，开始接受革命思想。1905年加入中国同盟会，1909年调九江关工作，积极宣传革命。武昌起义后，策动九江新军独立，成立九江军政府，任民政长。1912年被举为南京临时参议院议长。1913年被选为参议院全院委员长，袁世凯解散国会后先后赴日、美，并于1914年加入中国革命党。1916年回国。1917年南下参加护法运动，先后任大元帅府外交部长、非常国会参议院议长。1922年任福建省省长，1924年任国民党中央执行委员，次年参加西山会议。南京国民政府成立后，曾任立法院副院长、中央监察委员。1932年起接替蒋介石担任国民政府主席一职。1943年8月1日因车祸在重庆逝世。

【二十八】2

林洋港（1923— ） 台湾南投人。1945年入台湾大学法学院政治系。1951年毕业后，在南投县政府历任税务员、课员、课长，后升县政府秘书。1964年升为台湾省政府秘书，嗣任国民党云村县党部主任委员。1967年参加南投县长补选、竞选，均获选，并兼任国民党南投县党部主任委员、"中国青年反共救国团"南投县委员会主任委员等职务。1969年国民党第十届"全国代表大会"提名为主席团成员。1972年6月任台湾省政府建设厅长。1976年6月任台北市市长。1978年5月升任台湾省政府主席。1981年12月，调任台湾当局"内政部"部长，1984年6月，任"行政院"副院长，1987年4月改任"司法院"院长。是国民党第十一届、十二届、十三届中央常务委员。1994年辞去职务，1996年参加"总统"大选失败后退出政坛。

【十九】2

林长民（1876—1925） 字宗孟，福建闽侯人。曾在日本早稻田大学攻读政治经济。1919年毕业回国，任福建省咨议局书记长兼福建法政学堂教务长。1912年南京临时政府成立，任内务部参事，临时政府北迁后，任参议院秘书长。1914年任政事堂参事。次年任国务院参议。1916年后历任法制局长、众议院议员、段祺瑞内阁司法总长、总统府外交委员会委员。1920年周游欧美。1921年5月被推为中国首席代表，出席国联在米兰召开的国际会议，同年10月归国。1922年任宪法起草委员会委员。1923年9月反对曹锟贿选总统，南下上海参与反直运动。1924年任福建大学校长。1925年5月被段祺瑞任命为宪法起草委员会委员。同年11月参加郭松龄反奉兵变，任郭松龄秘书长。12月24日，在混战中被流弹击中身亡。

【十七】2；【四十二】3

林祖涵（1886—1960） 即林伯渠，字邃园，号伯渠。湖南安福人，早年留学日本宏文书院，1905年加入同盟会。1911年回湖南组织革命，武昌起义后举兵响应。1913年参加二次革命，失败后流亡日本。1915年后，先后参加护国运动、护法运动。曾署理湖南省财政厅长。1921年加入中国共产党。1923年任国民党总务部副部长，协助孙中山改组国民党。后曾任国民党中央农民部部长、政治委员会常务委员、武汉国民政府军事委员会秘书处处长。1927年8月参加南昌起义。1928年经日本至苏联学习，1932年回国。次年任中华苏维埃共和国财政部部长。1934年参加长征，到达陕北后历任陕甘宁特区政府主席、中共西北中央局常委等职。中共七届一中全会后当选中央政治局委员。中华人民共和国成立后，任中央人民政府秘书长、全国人大常委会第一、二届副委员长。1960年在京病逝。

【三】3

凌冰（1891—1993） 字庆藻，号冀东，河南固始人。13岁入私立南开学校，后毕业于清华留美预备学校，赴美留学。先入斯坦福大学、哥伦比亚大学，后入克拉克大学，获教育心理学博士学位。1919年回国，任南开学校大学部第一任教务长。1921年12月5日陪同美国教育家孟禄在奉天会见张作霖，并任翻译。1927年12月—1928年4月在河南省立中山大学（1930年改为省立河南大学，1942年改为国立河南大学）任校长。1928年6月，经好友陶行知推荐，河南督军冯玉祥任命凌冰为河南省政府委员、教育厅厅长，同年任国民政府外交部条约委员会委员。1929年11月，任中国驻古巴国全权公使。后去台，曾任"立法委员"、"行政院"驻美全权代表、纽约商爱罗公司董事长等。后留居美国，1993年逝于纽约。

【三十二】17

凌霄（1884—1946） 字壮华，浙江崇德人。早年入浙江武备学堂，后选派日本留学，先后入东京商船学校和日本海军炮术学校，1911年4月毕业回国。1912年任南京临时政府北伐舰队参谋，1912年11月任北京政府参谋本部第六司第二科科长。1917年选派日本海军大学深造，1920年仍回参谋本部任职。后辞职回浙江，任浙江水上警察厅厅长。1922年，应同学沈鸿烈之邀北上，先后任东北保安司令长官公署航警处课长，奉天航警学校首任校长，兼任镇海舰舰长、东北海防舰队参谋长。1925年任东北海防舰队队长、渤海舰队副司令。1927年5月授海军少将。1929年3月任海军编遣区办事处副主任委员兼第三舰队编遣分处主任。1931年任第三舰队副司令，1932年4月因崂山事件被免职。1937年后历任驻日本公使馆海军武官，驻美国公使馆海军武官。抗日战争期间投降汪伪，1940年3月后历任伪军事委员会委员，伪国民政府海军部政务次长，驻日使馆武官。1944年11月后任伪海军部代部长，部长，并授海军上将。1945年8月被捕，1946年6月24日被以汉奸罪在南京处决。

【二十三】5，7

刘宝全（1869—1942） 原名毅民，河北深县人，生于北京。11岁从父学唱怯大鼓，一度改习京剧，唱老生。后拜胡十为师，重唱大鼓，并吸收京剧、梆子等唱法，使怯大鼓演变为京韵大鼓。嗓音甜润清亮，音域宽广。形成说中有唱，唱中有说的演唱风格，世称"刘派"，时有"鼓王"之誉，与谭鑫培，双厚坪并称"艺坛三绝"。除京韵大鼓外，晓通多种曲艺，以演奏琵琶、演唱石韵书和马头调为三绝，擅演《单刀会》、《古城会》、《华容道》、《大西厢》等曲目。1942年在北平去世。

【十八】2；【四十一】9

刘备（161—223） 字玄德，涿郡涿县（今河北涿州）人。蜀汉昭烈帝，三国时蜀汉建立者（221—223年在位）。汉中山靖王刘胜的后代，幼贫，与母贩鞋织席为业。东汉末起兵，参与镇压黄巾起义的战争。在军阀混战中，曾先后依附公孙瓒、陶谦、曹操、袁绍、刘表。后采用诸葛亮联孙据曹之策，于建安十三年联合曹操，大败曹操于赤壁，占领荆州，力量逐渐壮大。旋又夺取益州和汉中。公元221年称帝，都成都，国号汉，建元章武。次年在吴蜀夷陵之战中大败，不久病死。

【四十五】2；【五十】8、11；【五十二】7

刘伯涵（生卒年不详） 长期负责监管张学良的军统特务队长刘乙光之子。小时候曾跟随父亲与张学良一起生活达八年。

【二十一】1

刘春烺（1848—1911） 字东葛，辽宁台安（1913年前称八角台）人，光绪年间举人，擅长文学、书法，通晓数学、天文、地理、医术。与宋文达、房毓琛并称"辽东三才子"。曾主持疏浚柳河、辽河。1902年应奉天大学堂之聘出任总教习，1905年任盛京萃升书院主讲，1911年在省城主持绘制河图期间病逝。张作霖在八角台期间与其过从甚密，刘经常为其出谋划策。有资料记载张学良名字即为其与八角台镇另一名士崔骏声所起。

【三十五】4

刘春霖（1872—1944） 字润琴，号石筼。直隶肃宁人，1904年甲辰科状元，是中国历史上最后一名状元。1907年赴日留学，入东京法政大学，毕业后回国，授翰林院编修。曾任福建提学使、直隶法政学校提调、北洋女子师范学校监督。民国建立后，任北京大总统府秘书。1917年1月，任中央农事试验场场长，1933年发起组织河北移民协会并任理事，1944年病逝。

【十一】2；【三十五】3

刘鼎（1902—1986） 原名阚尊民，四川南溪人。1923年加入中国社会主义青年团。1924年赴德国留学，先后入哥廷根大学、柏林大学。年底在柏林经孙炳文和朱德介绍，转为中共党员。1926年到1929年进莫斯科东方大学和空军机械学校学习、任教并任莫斯科东方大学中共支部书记。回国后在中央特科工作。1933年进入闽浙赣苏区，任政治部组织部长、红军兵工厂政委，边区失败后回上海。1936年3月被党组织安排到西安做张学良的工作。4月延安会谈后被中共中央任命为驻东北军代表，对张学良进行深入有效的思想工作。抗战时期历任延安摩托学校校长、特科大队长兼政委、八路军总部军工部部长。1944年后，曾任中央军委联防司令部军工局副局长、华北企业部副部长等职。中华人民共和国成立后，曾任重工业部副部长、第一、二、三机械工业部副部长等职。1986年在京逝世。写有《西安事变札记》。

【二十四】9、10；【二十五】2、11、13；【二十七】2、3、4；【二十八】1；【三十四】2；【四十二】1；【五十一】3

刘多荃（1897—1985） 字芳波。辽宁凤城人。1923年毕业于保定陆军军官学校第九期炮科。投入奉军，曾任营长、团长等职。"九一八"事变后任国民政府军事委员会北平绥靖公署卫队统带。1933年任东北军第一〇五师师长，1935年入陕围剿红军。受中共的影响，明确表态反对内战，主张联合抗日，并与红军达成三项口头协议。1936年12月参加西安事变，担任临潼捉蒋行动总指挥。1937年2月任第四十九军军长，1937年5月授陆军中将。抗战爆发后率部开赴津浦路，曾参加淞沪会战。1941年任第十集团军副总司令，同年12月兼任热河省政府主席。1943年4月改任第二十五集团军副总司令。1945年5月当选国民党中央候补执行委员，6月任第十二战区副司令长。1948年1月任华北剿匪总部副总司令，年底赴香港，1949年8月在香港联名通电起义。1949年后任政务院参事，辽宁省交通厅厅长，辽宁省政协副主席，辽宁省人大副主任、民革辽宁省委副主任委员、主任委员。1985年在京病逝。

【十九】1；【二十三】9、11、13；【二十六】14、15；【二十八】1、10；【四十九】6；【五十五】4

刘斐（1898—1983） 字为章。湖南醴陵人。早年先后入广西南宁和广东西江讲武堂，毕业后相继任定桂讨贼联军总司令部参谋和第三路指挥部参谋长。1926年7月任国民革命军总司令部上校主任作战参谋。1927年往日本留学，先后入日本陆军步兵专门学校和日本陆军大学。1934年毕业回国，在桂系任职。曾多次奔走于桂系与蒋介石之间调停双方矛盾。1937年8月任国民政府军事委员会第一部作战组中将组长。1938年初，改任军令部第一厅厅长，曾协同李宗仁指挥台儿庄战役。1939年5月，兼代军令部次长。1940年8月正式升任。1945年，裁撤军令部，设立国防部，任参谋次长。是年秋天辞职，挂衔最高战略顾问委员会委员。1949年4月，李宗仁派代表团赴北平与中国共产党和谈，刘以军事顾问身份随同。和谈破裂后，8月在香港声明与国民党政府决裂。1949年9月到北平参加中国人民政治协商会议。1949年后，历任中华人民共和国中央人民政府人民革命军事委员会委员，国防委员会委员，全国政协委员、副主席，全国人大代表、全国人大常务委员会委员，中国国民党革命委员会中央副主席等职。1983年4月8日，在北京病逝。

【二十六】11

刘辅廷 即刘翼飞，字辅廷。见**刘翼飞**
【五十】11；【五十一】1

刘冠雄（1858—1927） 字子英，福建闽侯人。1875年，入福建马尾船政学堂。毕业后任职北洋舰队。1886年，被派赴英国格林威治海军学校学习。归国后任靖远号管带，1898年戊戌政变后奉命追康有为未及，被疑故意纵康，一度下狱。释放后继续任职海军，先后任江防舰队司令、海军高等顾问。辛亥革命后任南京临时政府海军部顾问。1912—1919年曾先后任多届内阁海军总长，并曾兼任交通总长、教育总长。1922年，被任命为福建镇抚使、闽粤海疆防御使、熙威上将军等职。1923年辞去职务，1927年病逝。

【三十二】11

刘桂五（1902—1938） 字馨山，原热河（今辽宁）朝阳。1923年在家乡保卫团当兵。1928年随白凤翔的部队被改编为东北边防军骑兵第六旅，任第十八团少校连长。1929年中东路事件中，因作战勇敢，被越格提升为骑兵六旅第十八团上校团长。1934年入庐山军官训练团受训，后被派至陕甘地区"围剿"红军，任骑兵六师第十八团上校团长。1936年12月8日，张学良秘密交付捉蒋重任,并引去华清池面见蒋介石。12 日与孙铭九一起率部冲进华清池完成了捉蒋任务,同时击毙宪兵团长蒋孝先(蒋介石的侄儿)。西安事变后,提升为骑兵第六师少将师长。1937 年"七七"事变后,所部拨归东北挺进军总司令马占山指挥,率军至绥远抗击日军。1938 年 4 月 22 日壮烈殉国。被追赠陆军中将。

【二十三】12、13;【二十五】4、16;【二十六】12、13;【二十八】1

刘海山(生卒年不详) 曾任张学良的副官。1936 年西安事变后,随张学良送蒋介石回南京。

【二十八】3

刘汉玉(生卒年不详) 号屿珊,辽宁辽阳人。东三省陆军讲武堂第四期、中央军校高教班第四期、陆军大学特别班第三期毕业。1935 年任第六十七军第一〇七师第六二一团团长。抗战期间曾任第四十九军第一〇五师少将副师长。1942 年参加浙赣会战。1944 年 6 月任第四十九军第一〇五师师长,1946 年 10 月任东北保安司令长官部少将高参,1948 年 1 月任东北"剿匪"总部少将高参,11 月在沈阳被俘。后在关押中病故。

【二十三】13

刘翰东(1894—1950) 字维之。辽宁丹东人。1915 年赴日留学,1918 年返国。旋考入保定军校第八期炮兵科,1922 年 7 月毕业后,任东三省陆军炮兵第四团副连长、连长。1923 年 9 月到日本陆军炮兵专门学校学习。1925 年 7 月回国后任奉军炮兵第三团第一营营长、炮兵司令部参谋。1926 年 9 月任东北讲武堂炮兵研究班教育长兼炮兵教导队队长。1928 年 11 月升任东北陆军炮兵第七团团长。1931 年任国民革命军炮兵独立第八旅旅长。1936 年 10 月升任陆军第一〇七师师长。西安事变后,任国民政府训练总监部炮兵监副总监。抗战爆发后,任第三战区司令长官部炮兵指挥官。1938 年 2 月,任军训部炮兵监总监。1940 年任军事委员会炮兵副总指挥。1945 年 9 月任辽北省政府主席。1947 年 11 月任东北行辕政务委员会委员。1949 年 3 月去台湾。1950 年 11 月 16 日在台北病逝。

【二十三】6、11、13

刘黑七(1892—1943) 本名刘桂堂,诨号刘黑七,山东费县人。早年为土匪。1928 年归附国民革命军,任新编第四师师长。1930 年中原大战时,任阎锡山部第二十六军军长。1931 年又任张学良部第六混成旅旅长。同年 12 月任韩复榘部山东警备司令。1933 年 7 月 1 日任察哈尔民众抗日同盟军第六路军总指挥。后投降日伪,任伪满第三路军总指挥。1934 年被韩复榘打败后寓居天津。1937 年再次投靠日寇,任"皇协军"前进总司令。1938 年归附国民政府,任新编第三十六师师长。后又投日伪,成为伪军与国军的双重师长,1943 年率部进攻中国共产党领导的抗日根据地,11月被八路军鲁南部队击毙。

【十】3

刘鸿声(1879—1921) 一作鸿升,又作鸿生,字子余,号泽宝。北京顺义人。京剧老生名家,其艺术世称刘派。原为小刀铺学徒,因业余爱好京剧而加入班社演唱。先演净脚,后改演老生,以嗓音高亢、挺拔、流利而著名,形成自己的艺术风格。跛足,不善做功。擅演"三斩一碰"[《辕门斩子》《斩马谡》《斩黄袍》《李陵碑》(《碰碑》)]等剧。后曾继谭鑫培之后任北京正乐育化会会长。"刘派"唱腔曾在民国初年大为流行。1921年3月9日故于上海。

【十一】7

刘家鸾(1894—1982) 字幼生,天津市(又说为河北沧县)人。保定陆军军官学校第六期步科、北京陆军大学第六期毕业。曾任奉军第三、四方面军团参谋处长。1929年任东北边防司令长官公署黑龙江副司令长官公署参谋处长。1930年9月任东北军第二军参谋长,入关调停中原大战。1931年4月任平津卫戍司令部中将参谋长。1935年秋任天津保安司令。抗战爆发后,任第二十九军第二路军副总指挥,率部在天津反击日军。1937年8月后,历任第三十三集团军总部副官处长,第三十三集团军副参谋长,第三十三集团军驻重庆办事处主任。抗战胜利后,任第十一战区司令长官部中将高参。1948年任华北"剿匪"总部中将高参。1949年1月随傅作义起义。中华人民共和国成立后,任华北行政委员会专员、北京市人民委员会专员、北京市文史馆馆员,北京市人民政府参事,民革中央常委,1982年在京逝世。

【二十三】7、11

刘澜波(1906—1982) 原名刘玉田,辽宁凤城人,满族。与刘多荃是族兄弟。先后就读天津南开中学、北京大学。1926年加入中国共产主义青年团。1928年加入中国共产党。"九一八"事变后,在辽宁参加东北义勇军。1932—1937年春,被派往东北军工作,公开身份为黄显声的秘书。先后任党的东北骑兵第二师工委组织部长、上层工作委员会书记、东北军工作委员会书记,为争取东北军、西北军与红军联合抗日起了重要作用。西安事变发生后,任西北抗日军政委员会党政处科长、设计委员会委员。抗日战争爆发后,参与组织东北救亡总会,任党团书记,在武汉开展抗日救亡工作。1939年初到延安,入中央马列学院。1941年,在中共中央统战部任科长。1945年出席中共第七次全国代表大会。抗日战争胜利后,被派往东北,历任中共辽宁省委委员、安东省政府主席、东北人民政府委员等职。中华人民共和国成立后,曾任电力工业部部长、国务院顾问等职。1982年在京病逝。

【十九】1

刘朗川（生卒年不详） 字清波，奉天海城人。东北讲武堂辎重科毕业。1929年任东北军第四旅第五十三团团长。1931年5月东北军改编后，任陆军独立第十旅（由第四旅改称）第六二八团团长等职。

【二十三】9

刘鸣九（1900—1997） 字鹤龄，辽宁海城人。1918年海城市中学毕业后，到奉天实业厅任职。1920年秋调任东三省巡阅使置卫队混成旅司令部少校书记官。1922年任镇威军东路第二梯队司令部少校书记官、陆军第二旅少校书记官。1923年被选送东北讲武堂第五期学习，其间第二次直奉战争时，任镇威军第一、三联军司令部中校主任秘书。毕业后，先后任奉军第三、四方面军军团司令部上校秘书、少将秘书处处长兼张学良机要秘书，同时兼任京兆实业厅厅长，并任护理京兆尹。1928年任奉天省实业厅厅长，辽宁省政府委员，兼任实业厅厅长、中日合办鸭绿江采木公司督办、本溪湖煤铁公司督办、弓长岭铁矿公司督办。1931年又兼任辽宁省建设厅厅长、辽河委员会委员长、辽河工程局督办。"九一八"事变后，任北平军事委员会分会参议、军分会交际委员会委员长。西安事变时，代表张学良的旧部起草电文坚决支持张学良的抗日爱国主张。1937年北平沦陷后避居天津。中华人民共和国成立后，当选辽宁省政协历届常务委员。1980年起至1997年9月，先后任辽宁省政协副主席。自1955年加入中国国民党革命委员会，先后担任民革中央委员，民革中央监察委员会常委，民革辽宁省委名誉主委。1997年9月14日在沈阳逝世。

【二十八】1；【三十一】9；【三十二】5；【五十四】7

刘墨林（生卒年不详） 1934年2月任豫鄂皖三省"剿匪"总部参谋处第三科科长。

【二十三】11

刘乃昌（生卒年不详） 1928年11月任东北陆军步兵第二十七旅旅长。1930年中原大战时，奉命率部进关参加武装调停。

【二十三】6、7

刘培植（1917—2006） 陕西宜君人。1932年加入共产主义青年团，1933年转为中国共产党党员并参加红军。历任陕北红军陕甘独立团政委，陕甘省委白区工作科科长兼中共宜君县委书记，陕甘苏维埃政府粮食部副部长，红二十九军政治部白区工作科科长，红一方面军政治部统战科科长，中共中央东北军工作委员会组织部部长，第五十一军（中共）工委副书记兼第一一四师（中共）特委书记，中央统战部友军科代科长，中央军委总政治部调查研究科科长，中央调查研究局军事研究室主任，中共辽北（辽宁）省委社会部部长兼省公安总局局长，辽宁省第四行政公署专员，东北人民政府荣军与复员管理委员会主任。中华人民共和国成立后，历任东北人民政府林业部副部长、代理部长，中央农垦部部长助理兼党委书记，农业部副部长等职。2006年12月15日在北京去世。

【二十三】3

刘佩苇（生卒年不详） 1935年10月任东北军炮兵第十一团团长。西安事变时，所部驻西安郊区，后参与"二二"事件。

【二十三】12

刘启文（1898—1937） 字靖远，河南淅川人。1915年入保定陆军军官学校。1918年毕业后在吴佩孚部历任排长、连长。1921年入陆军大学。1925年毕业后进入东北军，历任团长、师参谋长、旅长。1936年升任第五十七军第一一五师少将师长，参加了张学良主持的"抗日同志会"。西安事变中奉调西安市郊驻扎，扣押中央军飞机。西安事变后东北军整编，任陆军第六十七军第一〇八师第三二四旅旅长。1937年11月初参加淞沪会战，不幸中弹身亡。

【二十三】13；【二十五】2、16

刘荣绂（生卒年不详） 1931年12月任北平绥靖主任公署军医处处长。1932年任军事委员会北平军分会办公厅第三处军医组组长。1935年10月任西北"剿匪"总司令部办公厅医务处处长。

【二十三】8、11

刘瑞恒（1890—1961） 原籍天津，字月如。1903年入北洋大学堂，1906年未毕业即送美留学，入哈佛大学。1915年获哈佛大学医学博士后返国，任上海哈佛医学校教授。1918年被北平协和医学院聘为外科教授；1920—1921年赴美进修。回国后，任北京协和医院第一任华人院长和中华医学会会长。1928年10月后，历任国民政府卫生部（后改卫生署）次长、部长、署长，兼禁烟委员会委员长，兴建中央医院兼任院长。1932年，奉命成立军医总监部，并担任总监，兼陆军军医学校校长。1938年，辞卸部、署职务，赴港从事医药器材之筹备运济工作，在香港建立协和医药公司。抗战胜利后回上海，任善后救济总署卫生委员会主委；1949年去台湾。1959年因病赴美就医；1961年在纽约逝世。

【二十一】9、10；【四十二】11

刘润川（生卒年不详） 辽宁开原人。1928年11月任东北陆军工兵第八营营长。1931年任国民革命军陆军工兵第十一团第十二营营长，"九一八"事变后参加江桥抗战。抗日战争期间，曾任第五十三军第一一六师师长，参加中国远征军。1947年10月在辽宁开原被人民解放军东北民主联军俘虏，后被释放。1949年去台湾。

【二十三】7

刘尚清（1868—1947） 字海泉，汉族。辽宁铁岭人。19岁考取秀才。1911年被东三省总督选为地方贤能，入度支部任职，年内升任科长，并入奉天法政学堂深造，1913年任奉天财政司科长。1914年毕业，被派赴东三省官银号工作，不久升任总办。1919年9月—1921年5月任黑龙江省财政厅长。1920年兼鹤岗煤矿公司总办。1925年任奉天商埠局局长兼中东路总办。1927年6月任北京政府农工总长。1927年11月—1928年8月兼任东北大学校长。张学良主政东北后，被聘为东北政务委员会委员。东北易帜后，刘代表东北方面进入南京国民政府任委员。1930年12月，任南京国民政府内政部长。1931年6月兼任国民政府委员、中央政治会议委员；8月兼救济委员会委员；9月兼任全国经济委员会委员；12月连任国民政府委员，免内政部长职。1933年5月，任军事委员会北平军分会委员。1937年4月任安徽省主席。1941年12月任国民政府监察院副院长，后又任国民政府委员、国民党中央监察委员。1947年2月20日，因病在美不治去世。

【二十六】14；【三十一】1、7；【三十二】18；【三十三】15、19

刘寿明（生卒年不详） 1934年2月任鄂豫皖三省"剿匪"总部政务处处长。

【二十三】11

刘维勇（1893—？） 字剑秋，辽宁辽阳人。1918年毕业于保定陆军军官学校第五期步科，后入奉军。曾任东北陆军步兵第五旅旅长、第九军参谋长、东北边防军司令长官公署军令厅副厅长、东三省兵工厂会办。"九一八"事变后随东北军入关，任军事委员会北平军政分会军事厅代理副厅长，后任西北"剿总"高级参谋，1936年12月授陆军少将。

【二十三】7

刘伟（1890—1938） 字佩高，辽宁铁岭人。早年先后入奉天陆军小学堂和北平清河陆军中学。1912年入保定陆军军官学校第一期炮兵科。1914年毕业后，到江西陆军第四师任实习军官。1916年投张作霖，任奉军第二十七师参谋官。后入北京陆军大学深造。毕业后受同学郭松龄之邀，任奉军第八混成旅营长，步兵第一〇六团团长，步兵第二旅第三十团团长。第二次直奉战时，升任第二旅少将旅长。1925年11月参与郭松龄反奉兵变，任第二军军长。兵变失败后，得到张作霖父子宽恕，仍第二旅旅长，刘感激涕零。1927年升任安国军第十一军中将军长，率部在河南与北伐军作战。兵败后退出军界。"九一八"事变前，任北平军分会高级参议。1935年10月，随张学良入陕。西安事变后，主张放蒋，"二二"事件后离陕，到宋哲元部任第二十九军高参。"七七"事变后，任安徽省荣誉军人管理委员会副主任，武汉军分会中将高参。南京陷落后，奉命协同第五十三军军长周福成率部参加武汉保卫战。1938年10月在行军途中病逝。

【三十三】2；【五十四】7、9

刘文岛（1893—1967） 字尘苏，湖北广济人。1909年入保定陆军军官学校。辛亥革命爆发后，赴上海参加革命，历任排长、连长。后赴日本早稻田大学、法国巴黎大学学习，1925年获博士学位。归国后任武昌中华大学教授，旋被吴佩孚聘为参议。1926年任国民革命军第八军党代表兼前敌总指挥部政治部主任。北伐军攻克汉口后，任汉口市政委员会委员长、汉口市长。1927年4月任国民革命军政治部副主任，1929年，复任汉口特别市市长。1931年任驻德公使，1933年任驻意大利公使。1941年因意大利承认汪伪政府回国，任国防最高委员会委员。抗战胜利后，任湖北、湖南、江西三省宣慰使。1947年当选国民党中央监察委员，同年出任闽台清查团团长。1948年当选立法委员，1949年去台湾。晚年研究佛学。1967年在台逝世。

【七】23

刘香九（生卒年不详） 号子龄，辽宁黑山人。毕业于东北讲武堂第六期骑科。早年入奉军，1912年9月任第二十七师第一〇八团团长。1922—1926年曾任宁阿兰镇守使。1928年11月任东北陆军步兵第十一师第五十一旅旅长。1931年5月任东北军第三十六师第一〇旅旅长。

【二十三】6

刘湘（1888—1938） 字甫澄。四川大邑人。四川陆军速成学堂毕业。后在川军历任团长、旅长、师长。1920年参加川黔滇之战，任第二军军长。1921年任川军总司令，1923年任四川善后督办。1925年联合川黔军打败杨森，1926年复联合杨森驱走黔军，任第二十一军军长。南京国民政府成立后，曾任四川省政府委员、四川善后督办等职。1932年与刘文辉爆发冲突，1933年击败刘文辉，控制全川。1934年任四川省政府主席、川康绥靖公署主任兼四川"剿匪"总司令。西安事变时，通电支持张学良。抗日战争爆发后，任第七战区司令长官兼第二十三集团军总司令。后与韩复榘密谋阻止中央军入川，未果。1938年病死汉口。

【十七】6；【二十六】8；【四十三】6

刘心皇（1915—1996） 字龙图，河南叶县人。1934年创办《艺秋》月刊，1935年编辑《中原文艺》、《新诗世界》，并兼《民报》社长。1936年创办《劲风》月刊。1937年起任河南省政府社会处设计委员、宪政督导委员会委员等职。抗战期间，曾于1944年参加敌后游击战争。1948年当选"国大代表"。后去台湾，创办人间出版社，曾任"中国文艺协会"理事长、"宪政研讨委员会"委员等职。主编过《幼狮文艺》、《阳明》等杂志。70年代开始从事文学史料和传记研究，著有《张学良进关秘录》，王铁汉对此书作了校注。

【四十二】6

刘乙光（1899—1986） 湖南永兴人。黄埔军校第四期政治科毕业。后入中央警察学校特训班学习。1928 年春任中央党务学校军训队长。1930 年任中央政治学校第一期教官等。1931 年任政工队长、指导员、政训室主任。复兴社特务处组长，临澧特训班中队长。1937 年起任军统局直属的张学良将军管理处中校主任，具体负责监管张学良的生活安全等方面工作，历经溪口、黄山、萍乡、郴州、沅陵、修文、新竹、基隆、高雄等地，1940 年加军统局少将专员衔，直到 1962 年调任国安局特勤室主任，监管张长达 25 年。1965 年 4 月退休。1986 年在台湾病故。

【二十一】1、8、9；【二十二】3、4、5；【二十八】5、6；【二十九】1；【三十】7；【三十四】12、13；【三十五】11；【三十六】1

刘翼飞（1893—1968） 原名辅廷，字铸宇。辽宁铁岭人。1916 年 8 月，入保定陆军军官学校第五期步兵科。1918 年 9 月毕业后，加入奉军。历任东三省巡阅使署参谋，东北陆军第四师第十九旅第十七团团长。1925 年，东北陆军第二十师第二十四旅旅长。1926 年升任安国军的师长。1928 年底，任东北陆军步兵第四旅旅长。1930 年，任东三省兵工厂厂长。翌年 1 月至 1932 年 8 月，任察哈尔省政府主席，兼步兵第四旅旅长。1933 年，任华北第二集团军抗日挺进军总指挥、军事委员会北平分会委员。1936 年西安事变爆发，他拥护张、杨提出的八项主张。1937 年 1 月 17 日致电宋子文、宋美龄，要求释放张学良将军。此后，长期隐居天津。抗日战争胜利后，出任华北先遣军第一军军长。1949 年 10 月后，曾任天津市政协委员。1968 年 7 月 28 日在天津病逝。

【二十三】6、7、9；【五十一】1；【五十三】9

刘哲（1880—1954） 字敬舆。吉林永吉人。早年就读于北京大学师范科、北京政法大学堂。历任吉林省议会议员、议长，北京政府参议院议员，奉天法政专门学校校长。1915 年后任吉林督军署顾问。1924 年任中东铁路理事，1928—1933 年任哈尔滨工业大学校长。1933 年入关参加抗日，1935 年任冀察政务委员会常务委员和教育委员会委员长。西安事变后，1937 年 1 月，偕同莫德惠、刘尚清、王树翰、王树常等去奉化溪口，探望被软禁的张学良。抗日战争时期，任国民参政员及驻会办事处委员。抗战胜利后，任长春铁路理事会理事。于同年 11 月由渝飞抵长春，着手与苏联红军接洽接收事宜。1947 年任监察院副院长 1949 年去台湾。1954 年逝世。

【七】27；【二十八】3

刘珍年（1898—1935） 字儒席，河北南宫人。1918 年入保定陆军军官学校第八期步科。1922年入奉军第一师，历任排、连长。不久被保送东北讲武堂学习，后任迫击炮连连长。1924年第二次直奉战争后升任团附、营长。1925年任奉军李景林旅参谋长。1926年任直奉联军第十六旅旅长。是年投奔张宗昌，任模范团第二营营长、团长、第四军第一二一旅旅长兼该军参谋长。后任胶东防守总指挥。1927年依附蒋介石。1928年任国民革命军暂编第一军军长兼第一师师长。1929年5月任山东省政府委员。曾统治胶东近五载，有"胶东王"之称。中原大战时保持中立，既受蒋介石的第十七军军长的任命，又受阎锡山晋军第二十一路总指挥头衔。后其部被缩编为第二十一师，任师长。1932年9月，因与韩复榘争夺地盘发生冲突，11月被迫调防浙江温州。1933年5月6日被逮捕。1935年5月13日以驻胶东时纵兵殃民的罪名，被枪决于南昌。

【十九】5；【二十四】8

刘峙（1892—1971） 字经扶，江西吉安人。1905年赴日求学，后回国入保定军校。1916年入护国军历任连长、营长。1920年加入国民党。1924年黄埔军校成立时任教官，后任团长、副师长兼参谋长、师长。1926年7月率部参加北伐。1927升任第一军军长。1928年任第一集团军总指挥。1929年当选国民党第三届中央执行委员，后历任"讨逆军"第一军军长、第二路总指挥、"讨逆军"第二军团总指挥、河南省政府委员兼主席、赣粤闽湘鄂"剿共"军北路军总司令等职。1935年晋任陆军上将，并当选国民党第五届中央执行委员。1937年任第一战区第二集团军总司令，兼第一战区陆军督练主任。1939年任重庆卫戍总司令。1945年2月任第五战区司令长官。1946年1月任郑州绥靖公署主任，辖河南、陕西两省。同年9月调任总统府战略顾问。1948年6月任徐州"剿共"总司令。所部遭人民解放军打击而瓦解。1949年7月移居九龙。1950年10月至印尼。1953年去台湾。1954年1月受聘为台湾当局"总统府"国策顾问。1971年1月15日病逝。

【二十六】15；【二十八】1

刘忠干（1896—1989） 字孝同，山东潍坊人。1919年保定陆军军官学校第五期毕业。1927年9月后，历任东北保安司令部军官教导团团长，沈阳警备司令部情报处处长，东北边防军司令长官部军令厅第二处少将处长，东北边防军第二军少将参谋长，东北边防军第一军少将参谋长。1933年3月调任第五十一军少将参谋长。西安事变时率部驻兰州，奉张学良命令发动兰州兵变，有力支持了西安事变。1937年2月升任第五十一军中将副军长兼参谋长，1939年4月调任鲁苏战区总司令部中将参谋长兼军官训练团教育长，1944年8月调任第一战区点验委员会主任，1945年8月调任第十一战区司令长官部中将高参，1946年7月退役，1947年任河北省田粮管理处第二仓库主任。1949年1月参加和平起义。中华人民共和国成立后，任北京市政协委员，北京市文史馆馆员，北京市人民政府参事。1989年12月14日在北京病逝。

【二十三】7、11

刘子丹（1902—1936） 即刘志丹，名景桂，字子丹。陕西保安（今志丹县）人。1924年冬加入中国社会主义青年团。1925年加入中国共产党。同年入黄埔军校学习，毕业后回西北国民革命军中工作。1928年与谢子长一起领导了渭华起义。1929年任中共陕北特委军委书记。"九一八"事变后与谢子长组织"西北反帝同盟军"，任副总指挥兼第二支队长。1932年创建工农红军第二十六军，开创陕甘革命根据地。1935年2月当选为西北工作委员会和西北革命军事委员会负责人。同年9月任红军第十五军团副军团长兼参谋长，后在"左"倾分子领导的肃反扩大化中被逮捕。10月，毛泽东率领中央红军长征到陕北，对刘志丹等人的错案予以平反。11月获释后任革命军事委员会西北办事处副主任、瓦窑堡警备司令、北路军总指挥和红二十八军军长。1936年初与政委宋任穷率军东征抗日，在山西中阳县三交镇中弹牺牲。

【三十九】3

刘祖舜（1892—1954） 浙江黄岩人。保定军校及陆军大学毕业。1934年2月任豫鄂皖三省"剿匪"总部参谋处处长。1935年1月任武昌行营第一处副处长。1936年1月任国民政府军事委员会委员长侍从室侍二组组长。1936年2月授少将衔。不久转任中央陆军军官学校第二总队办公厅主任。后历任第一战区长官司令部参谋长兼第十四集团军副总司令、兼第二十六集团军副总司令。1946年后，任国防部第一厅副厅长、副官学校校长等。1948年9月授陆军中将。1949年去台湾，任"国防部"高级参谋兼"国防部"军法法规修订委员会主任委员。1954年退役，8月在台北病逝。

【二十三】11

柳条湖事件 1931年9月18日日本关东军制造的一起炸毁铁路并嫁祸中国东北军的事件，是"九一八"事变的开端。柳条湖位于沈阳城北郊南满铁路附近，距离东北军第七旅驻地北大营约800米。1931年9月18日夜22时20分左右，按照日本关东军的精心策划，关东军虎石台独立守备队第二营第三连柳条湖分遣队队长河本末守中尉为首小分队在柳条湖南满铁路段上引爆小型炸药，炸毁了一小段铁路，并将3具身穿东北军士兵服装的中国人尸体放在现场，作为东北军破坏铁路的证据。爆炸后，河本末守立刻向北大营的方向射击，并向日军独立守备队报告"北大营的中国军队，炸毁铁路，攻击守备队"。独立守备队又立刻报告了关东军司令部。时任关东军高级参谋的板垣征四郎下令向中国军队开火，进攻东北军北大营和沈阳城。同时在辽宁、吉林各地发动进攻。

【八】7、8；【二十四】8

"六一"事变　也称两广事变。1936年6月至9月，广西的新桂系和广东的陈济棠粤系，以抗日运动之名义，反抗国民政府中央首领蒋介石的政治事件。1932年后，两广地方实力派拥立胡汉民，与南京政府对峙，处于半独立状态。1936年5月胡汉民病逝，蒋介石借机要求取消设于广州的国民党中央西南执行部和国民政府西南政务委员会，结束两广与南京的半独立状态。1936年6月1日，粤桂地方实力派以西南两部会的名义通电全国，敦请国民党中央和国民政府立即对日抗战，立即停止对各地方实力派的进逼，并吁请全国党政军民一致督促中枢抗日。2日，两广成立军事委员会和抗日救国军，以陈济棠为委员长兼总司令、李宗仁为副总司令。9日，粤桂军出兵湖南。蒋一面调集军队入湖南防御，一方面收买陈济棠的部属。7月，粤空军司令黄光锐率飞机70余架叛陈投蒋，接着粤军第一军军长余汉谋也通电拥护南京政权。陈济棠不战自败，7月18日通电下野赴港。解决陈济棠后，蒋转而调集数十万大军从广东、湖南、贵州、云南四面包围广西。后来在调停下，双方妥协，南京答应白、李提出的"确定抗日计划"等条件。9月6日南京政府任命李宗仁为广西绥靖公署主任、白崇禧为军委委员，14日，李、白通电表示服从中央，事变平息。

【二十六】13

卢夫人　指张作霖的二房夫人卢寿萱。见**卢寿萱**

【三十一】7、8、11、15

卢广绩（1894—1993）　字遁赓，辽宁海城人。1918年沈阳国立高等师范学校毕业。曾任海城县立中学教员兼任学监主任，锦西、营口、锦县三县视学，奉天省立第一小学校长。1926年后任奉天复印版石矿公司及大享公司铁工厂经理、全国商会联合会常委、奉天总商会副会长。1931年"九一八"事变后去北平，与阎宝航、杜重远、高崇民、车向忱等组建"东北民众抗日救国会"，任常务委员。1934年，受张学良委派去欧美考察，任实业考察专员。1936年，任甘肃省第四区行政督察专员兼天水县县长，西北"剿总"第四处处长，参与了西安事变。1937年后任"东北救亡总会"常委，西宝运配难民总站主任，胡宗南部少将参议、西北战干第四团高级教官等职。1946年后任沈阳市商会副会长、会长。中华人民共和国成立后，历任沈阳市工商联主任委员，沈阳市副市长，辽宁省工商联副主任委员，辽宁省政协副主席，民建辽宁省委主任委员和中央委员会顾问。1993年8月3日于沈阳逝世。

【二十三】3、13；【二十六】14、15；【二十八】1；【三十】2；【五十二】9、12

卢木斋（1856—1948）　又名卢靖，字勉之，湖北沔阳（今仙桃市）人。早年科场失意，但喜好、擅长数学，27岁时写成《火器真诀释例》，受到湖北巡抚的嘉许。1885年考举人时，监考学使以"朴学异才"为由，向清政府奏荐。后直隶总督李鸿章委为天津武备学堂算学总教习。1887年起先后任直隶省赞皇、南宫、定兴、丰润知县。1903年，任保定关东大学堂监督。1905年率直隶官绅赴日本考察教育。次年出任直隶提学使，先后办蒙养院，建立天津、保定、奉天图书馆，兴办师范、法政、农、工、商、医、美术、水产等专科学堂数十所，官立中小学数百所。后调奉天提学使。民国时期，在天津、山海关、秦皇岛、北京等地广置地产，兴办实业，并将全部财产用于发展教育事业，先后捐资兴办了卢氏蒙养院、木斋小学、木斋中学等多个教育场所。1927年3月，捐资10万银圆兴建南开大学图书馆。1947年捐款为北京大学建数学研究所。次年9月殁于北平。

【三十二】13

卢其沃（生卒年不详） 早年留学美国。曾在台北士林官邸凯歌堂任牧师。

【二十九】2

卢寿萱（1880—1974） 辽宁北镇人，张作霖继配。人称卢夫人。张学良称其二母亲。1900年与张结婚。温柔、善良，貌美又通文字，深得张作霖喜欢。赵夫人去世后，她待张学良姐弟三人如同己出，最受张学良的尊敬。"九一八"事变后，长期居住天津，1974年5月卒于天津。生有二女：张怀英、张怀卿。

【三十一】7、8、11、15

卢斯基金 以美国出版商亨利·卢斯（Henry Robinson Luce）名义设立的基金。亨利·卢斯是著名的美国出版商。1898年生于中国山东蓬莱，父亲亨利·温特斯·路思义是美北长老会传教士，后来先后出任齐鲁大学与燕京大学的副校长；母亲伊丽莎白。他曾就读于中国和英国的寄宿学校。14岁单独前往欧洲，15岁时到美国，进入康涅狄格州的Hotchkiss学校。1920年，毕业于耶鲁大学。1930年2月，创办《财富》杂志，1936年又创办《生活》画报，1952年和1954年创办了House&Home和《运动画刊》。还出版广播和电影方面的The March of Time。到1960年代中叶，成为世界上最大、最有声望的杂志出版商，被称为"时代之父"。1967年在菲尼克斯去世。他将大部分财富交给亨利·卢斯基金会。

【十六】3；【二十一】8

卢小嘉（生卒年不详） 又名卢筱嘉，山东济阳人。浙江都督卢永祥的儿子。1920年代初曾经是上海风云一时的人物，曾被人称作民国"四大公子"。1940年代后期，移居台湾，以经商为主，1960年代末去世。

【三十一】9；【三十二】6；【三十三】9、20；【三十八】2；【三十九】8、9；【四十八】2、3；【五十二】12

卢永贵（？—1922） 黑龙江绥芬河人。1919年被吉林省督军孟恩远委任为山林游击队长。1922年春第一次直奉战争时,与孟恩远的外甥、吉林暂编第一师师长高士傧联合起兵反张作霖。被委任为奉吉东边副总司令,各处招兵,收拢土匪队伍,部队发展到数千人。6月被奉军张宗昌部击败,并被处决。

【十九】6

卢永祥(1867—1933) 字子嘉,山东济阳人。1887年入山海关随营武备学堂,毕业后留校任教。后随袁世凯编练新军,曾历任北洋陆军第二镇标统、第六镇第十一协统领、第三镇第五协统领,驻防奉天、锦州、长春等地。辛亥革命爆发后,奉命去山西镇压革命。1912年,任陆军第二十四师师长。1914年,任陆军第十师师长,驻上海。1916年袁死后投靠段祺瑞,归入皖系。1917年1月,升任淞沪护军使,后兼任江苏省军务会办。1919年8月,改署浙江省督军。1920年直皖战争后,卢部成了皖系主要支柱。1922年6月,宣告浙江废督,改任浙江善后督办。1922年第一次直奉战争后,积极参与奉粤皖"反直三角同盟"。1924年与江苏督军齐燮元争夺上海爆发江浙战争,任浙沪联军总司令,失败后逃往日本。第二次直奉战争,直系溃败,卢回国,被临时执政府任命为直隶军务善后督办。12月,段祺瑞企图借奉军势力恢复皖系地盘,任卢为苏皖宣抚使。1925年1月,组织宣抚军,自兼江苏军务督办。8月因受奉系排挤辞职,隐居天津。1933年病死于天津。

【五】13;【二十五】1;【三十二】6;【三十三】12、20;【三十四】9;【四十八】2、3;【五十二】10、12

卢作孚(1893—1952) 原名魁先,别名卢思,四川合川人。早年任成都《群报》《川报》编辑。1921年任泸州道尹公署教育科长,1924年任成都民众通俗教育馆馆长。1925年弃教从商。主张实业救国,创办民生实业公司,任总经理,经营长江航运。并创办了民生机器厂、三峡织布厂等企业。1929年后任川江航务管理处长、四川省建设厅厅长。抗战爆发后,任交通部次长、全国粮食管理局局长等职,组织了大规模内迁。1946年后主持民生公司,兼营远洋航运。1950年由香港回大陆定居,仍任民生公司总经理。曾任西南军政委员会委员、全国政协委员。1952年在重庆辞世。

【四十三】6

鲁穆庭(1897—1969) 字际清,辽宁大洼人。毕业于东北陆军军需学校。曾任安国军第三、四方面军联合军团司令部军需处长、东三省保安总司令部军需处长兼政务委员会财务稽核处长。1928年12月任东北边防司令长官公署军需处长。1930年任东三省官银号总办、辽宁省造币厂厂长。1932年春,调任河北省政府委员、财政厅长兼河北省银行总办。1936年春,任东北军司令部被服厂少将厂长。西安事变后,曾与东北名流联名致电宋氏兄妹,要求释放张学良。抗战胜利后,主持清理张学良在东北的财产。中华人民共和国成立后,任辽宁省政协第一、二、三届常委。"文化大革命"中遭诬陷,被关押入狱。1969 年 1 月 2 日病死狱中。1978 年 11 月平反昭雪。

【二十三】7

鲁迅(1881—1936) 原名周树人,字豫才,浙江绍兴人。1898 年入江南水师学堂,次年转矿物铁路学堂。1902 年赴日留学,入仙台医学专门学校。1906 年弃医从文,图以文学改变国民精神。1909 年回国,先后在杭州浙江两级师范学堂、绍兴府中学堂任教。武昌起义后,任山(阴)会(稽)师范初级学堂校长。民国建立后任教育部社会教育司第一科科长。1918 年在《新青年》上发表白话小说《狂人日记》。1920 年起在北京大学、北京高等师范学校兼教。此后陆续发表《阿Q正传》等小说并集为《呐喊》,1926 年因支持学生运动遭通缉,赴厦门大学任教,旋转中山大学任文学系主任。1927 年赴上海定居,专事文学创作和文艺运动。1930 年被选为左联常委。同年遭国民党浙江省党部通缉。1933 年参加中国民权保障同盟。积极撰写杂文,抨击国民党的文化"围剿"。1936 年因积劳成疾在上海病逝。

【四十一】3

陆军(1946—) 河北乐亭人。1970 年毕业于辽宁师范学院,后曾任辽宁师范大学学报期刊社副社长、副主编。曾发表多篇张学良与东北军的论文,与杜连庆合著《张学良与东北军》。

【二十三】3

陆小曼(1903—1965) 又叫陆眉,别名小眉、小龙。江苏武进人。父亲陆定曾任财政部赋税司司长。早年随父至北京。1915 年就读法国圣心学堂,精通英文和法文,1921 年开始名闻北京社交界。1922 年与王赓结婚。三年后与王离婚。1926 年与徐志摩结婚,1930 年从贺天健学国画。陆多才多艺,擅长戏剧,谙昆曲,散文、诗作亦广受好评。1931 年徐志摩遇难。后在家中从事国画,晚年被吸收为上海中国画院专业画师,上海美术家协会会员。中华人民共和国成立后,担任上海文史馆馆员,上海市人民政府参事室参事。1965 年 4 月 3 日在上海逝世。

【四十】6、7;【五十二】12

陆宗舆(1876—1941) 字润生,浙江海宁人。日本早稻田大学毕业。1902 年归国后,任进士馆及警官学堂教习、巡警部主事。1905 年冬随载泽出国考察宪政。1907 年调任奉天洋务局总办兼管东三省盐务。1909 年进京任宪政编查馆馆员。1910 年 10 月,清政府宣布预备立宪,被选为资政院议员。1911 年秋任交通银行协理、印铸局局长。武昌起义后,任度支部右丞并代副大臣。后任袁世凯总统府财政顾问。1913年当选参议院议员及宪法起草委员。同年12月任驻日全权公使。1915年初参与签订丧权辱国的"二十一条"。后任交通银行股东会长,参议院议员。1917年8月,任中日合办的中华汇业银行总理,多次代表北京政府经手向日本借款。11月,任临时参议院议员。之后,又任币制局总裁。1919年4月,任察哈尔龙烟铁矿公司督办。五四运动中,民众强烈要求惩办亲日派卖国贼,5月13日家乡海宁召开万人大会决议开除其乡籍。6月10日,北洋政府迫于压力将其与曹汝霖、章宗祥免职。此后,仍任汇业银行总理及龙烟煤矿和铁矿督办。1925年后一度出任临时参政院参政。1927年任张作霖安国军外交讨论会委员;同年任交通银行总理。旋辞职,息影天津。1940年,汪伪国民政府成立,被聘为行政院顾问。1941年6月1日病死于北平。

【二十二】6;【三十一】4

鹿钟麟(1884—1966) 字瑞伯,河北定县人。1906年投新军第六镇当学兵。1912年参加广州起义,任右路司令。1915年归冯玉祥部,曾任营长、炮兵团团长兼教导大队长、河南全省警务处处长兼省会警察厅长、第二十二旅旅长。1924年10月随冯玉祥发动北京政变,担任京畿警卫总司令、国民军第一军第一师师长等职,奉命驱逐溥仪出宫。1926年任察哈尔都统兼国民军东路总司令,同年9月参加五原誓师,任国民联军总参谋长。后任河南省民政厅长并一度代理省主席。北伐战争中先后任国民革命军第二集团军第九方面军总指挥兼第十八军军长。1928年冬,任国民政府军政部常务次长、部长。中原大战期间回冯部,任二、三、四方面军前敌总指挥,兵败后居天津。1931—1935年间曾任军事参议院参议。1936年12月被指派为审判张学良的军事委员会高等军法会审的审判官之一。抗日战争期间曾任第三战区参谋长、第一战区副司令长官、军委会军法执行总监部总监、冀察战区司令兼河北省政府主席、兵役部部长等职。抗战胜利后任华北宣抚使。1946年7月授二级上将。中华人民共和国建立后曾任国防委员会委员。1966年1月11日卒于天津。

【五】11;【二十六】14;【二十八】2、3;【三十二】13;【三十五】9

路易·艾黎(Alley Rewi,1897—1987) 新西兰人。1917年3月参军入伍,曾赴法国作战。1927年来到中国,在上海生活了10年,其间和美国的爱尔兰裔传教士培黎成为好朋友。1933年以后,成为上海市政当局的公共健康顾问专家,结识了埃德加·斯诺、安娜·路易斯·斯特朗,开始同情中国的革命。1937年短暂回国和访问欧洲、美国,当年返回中国后开始组织"工业合作社"(工合组织)。1942年在陕西建立了一座以培黎命名的工合学校。1944年学校迁入甘肃红区的山丹。艾黎得到了宋庆龄的坚决支持,并获得国际援助资金。1953年定居北京,曾作为联合国安理会、亚太和平联络委员会和其他世界和平类组织的代表。为新西兰和中国恢复外交关系做出努力。1972年惠灵顿维多利亚大学授予他名誉文学博士。1980年在北京建立民办大学"培黎大学",任名誉校长。1987年12月27日在北京逝世。

【三十七】1

栾贵田（1895—1972） 字玉璞,辽宁盘锦人。其岳父杨景镇为张作霖的启蒙老师。初任张作霖帅府账房管事,后任内账房主事（即帅府的财务总管）。1923年,张作霖提拔栾接任东北保安令部军需处少将处长。1926年12月,任安国军司令部会计司司长。皇姑屯事件时,栾在张作霖乘坐的专列上,受轻伤。1928年12月任东北边防司令长官公署事务处处长。1929年兼任张学良创办的新民小学董事长。"九一八"事变后随张学良入关,任北平军分会中将参议。西安事变后,与张学良旧部联名通电要求蒋介石释放张学良。抗战爆发后,困居北平,生活拮据。抗战胜利后,曾参与整理张学良在沈阳的财产。1949年后居住北京。1972年去世。

【二十三】7

伦纳德,R.（Royal Leonard,生卒年不详） 又称罗亚尔·伦纳德。生于美国威斯康星州。美国飞行员。1923年曾在凯利机场做过陈纳德的学生,20岁入陆军航空队学习飞行,后转入商业航空界,曾为特技飞行员,航空快运公司、民用航空公司飞行员。1935年12月应邀到中国,担任张学良的私人飞机驾驶员。1936年见证了西安事变,后又驾机送张学良陪蒋介石去南京。张学良遭软禁后,张的私人飞机为蒋介石没收,他成为蒋介石的私人飞行员,同时也为中国国家航空公司开民航飞机。全面抗战爆发后,应中国空军实际负责人宋美龄之邀,负责中国空军的轰炸机部队,参与中国空军的抗战。在中国生活了6年。1942年出版了他的中国生活回忆录——*I Flew for Chian*,2011年1月昆仑出版社以《我为中国飞行——蒋介石、张学良私人飞行员自述》为书名翻译出版了这一回忆录。

【二十五】10、12、13；【二十六】8、10、11

罗承维（生卒年不详） 1934年任豫鄂皖三省"剿匪"总部政务处第一科科长。

【二十三】11

罗启（生卒年不详） 20世纪50年代为蒋经国的副官,20世纪60年代奉派到张学良身边任职。

【二十一】1；【二十二】4

罗瑞卿（1906—1978） 四川南充人。1926年入黄埔军校武汉分校。1928年10月加入中国共产党。历任红军第四纵队、师、军政委,第一军团政治保卫局长、中华苏维埃共和国执行委员。长征中曾任红军先遣队参谋长、陕甘支队第二纵队政治部主任。到达陕北后任第一方面军政治保卫局局长。1936 年 6 月任抗日红军大学教育长，西安事变后作为中共代表团成员随周恩来赴西安解决西安事变。1937 年 2 月后任抗日军政大学教育长、副校长，主持抗大工作。1940 年 5 月任八路军野战政治部主任。抗日战争胜利后，任北平军事调处执行部中共代表团参谋长。解放战争中，历任中共晋察冀中央局副书记、晋察冀军区副政委兼政治部主任、晋察冀野战军政委、华北军区政治部副主任兼第二兵团（后改为第十九兵团）政委。中华人民共和国成立后，历任公安部部长、国务院副总理，中共中央军委秘书长、解放军总参谋长、国防部副部长等职。1955 年被授予大将军衔。1965 年底受到错误批判。1977 年获平反，复任中央军委秘书长。是中国共产党第八届中央委员和中央书记处书记，第十一届中央委员。1978 年 8 月在联邦德国治疗腿疾时，因心脏病突发而逝世。

【二十五】12

罗斯福，富兰克林·德拉诺（Franklin D. Roosevelt，1882—1945）　美国第 32 任总统。1900—1904 年就读于哈佛大学，1905 年转入哥伦比亚大学法学院。1910 年任纽约市参议员，1912 年连任。1913 年任海军副部长。1921 年患脊髓灰质炎症，仍为民主党积极分子，由其妻代为参加会议。1920—1928 年在纽约任律师。1928 年任纽约市长，1930 年连任。1932 年以压倒多数选票当选美国总统。1933 年就任后至 1945 年间，连续出任四届美国总统，是美国历史上唯一连任超过两届的总统。在 20 世纪的经济大萧条和第二次世界大战中扮演了重要的角色，在大萧条时期推出新政以挽救经济，二战爆发后推出租借法案援助盟国，1942 年对法西斯国家宣战。二战后期，在塑造战后世界秩序发挥了关键作用，尤以雅尔塔会议及联合国的成立中表现明显。罗斯福政府重新定义了自由主义，并根据他的新政联盟重组了民主党。1944 年第四次连任总统。任职后不久即于 1945 年 4 月 12 日因脑溢血逝世。被人们评为是同华盛顿和林肯齐名的美国最伟大的三位总统之一。

【二十三】4；【四十六】2

罗文干（1884—1941）　字钧任，广东番禺人。1904 年赴英国留学，获牛津大学法学博士学位。1909 年归国，任广东审判厅厅长。民国建立后，任广东都督府司法司司长，广东高等检察厅厅长。1913 年北上，任北京政府总检察厅厅长。1915 年辞职南下，参加护国运动。1918 年 7 月，任修订法律馆副总裁。1920 年任北京大学教授。后历任司法部次长、大理院院长、盐务署署长兼币制局总裁。1922 年 9 月任王宠惠内阁财政部总长，11 月因对奥地利借款受贿案被扣押。次年因证据不足获释，在北京执业律师。1926 年起继续任司法总长、外交总长。1928 年曾协助张学良组织奉军北撤，12 月受聘为东北边防军司令长官公署顾问。

1929年9月，与沈瑞麟被委派为调查中东路事件专员。1931年11月任接收东北各地事宜委员会委员，12月任国民政府司法行政部部长，同月任行政院北平政务委员会委员。1932年1月兼外交部部长。1933年奉命去新疆调解马仲英与盛世才矛盾，失败。同年12月辞外长职位。1934年10月又辞司法行政部长职务。抗战后任国防参政会议员、国民参政会参政员、西南联合大学教授。1941年10月在广东乐昌病逝。

【五】2

罗振玉（1866—1940） 字叔岩，号雪堂，原籍浙江上虞，生于江苏淮安。中国近代考古学的奠基人。1881年中秀才，1896年在上海参与创办农学会，翻译外国农书百余种。1900年应张之洞之邀任湖北农务局总理兼农务学堂监督。1909年任京师大学堂农科监督。辛亥革命后，旅居日本十年，从事学术研究，期间著述颇多。1919年回国，1924年任溥仪小朝廷南书房行走。1925年在日本人帮助下，将溥仪秘密送往天津。"九一八"事变后，积极参与制造伪满洲国活动。曾任伪满参议府参议、监察院院长。1937年退休，闭门著述，1940年病死旅顺。

【三十三】1

罗宗宪（生卒年不详） 1934年2月任豫鄂皖三省"剿匪"总部秘书处第三科科长。

【二十三】11

罗祖光（生卒年不详） 1965年12月—1981年11月任台湾《自立晚报》总编辑。

【三十四】16；【四十三】7

洛川会谈 1936年2月下旬至3月初中共与东北军代表在洛川举行的会谈。中共代表为李克农，东北军代表起初为王以哲，3月4日张学良亲自参加，3月5日会谈结束，达成几项口头协议：双方进一步举行会谈，商讨联合抗日；张学良为中共代表借道新疆前往苏联与盛世才交涉；中共派一位代表常驻西安，张学良给以适当名义作为掩护。这次会议为中共与东北军从对抗走向联合及抗日民族统一战线的形成打下了基础。

【二十七】2

洛甫 即张闻天，别号洛甫。见**张闻天**

【五十七】2

骆宾王（约627—?） 字观光，婺州义乌人（今浙江义乌）人。唐初诗人，与王勃、杨炯、卢照邻合称"初唐四杰"。又与富嘉谟并称"富骆"。唐龙朔初

注释/索引 179

年,任道王李元庆的属官。后来相继担任武功主簿和明堂主簿。唐高宗仪凤四年(679年),升任中央政府的侍御史官职。曾经被人诬陷入狱,被赦免后出任地方官临海县丞,所以后人也称他骆临海。武则天光宅元年(684年),随徐敬业起兵讨伐武则天,起草了著名的《讨武曌檄》。兵败后下落不明,或说被杀、或说为僧。其诗以七言歌行见长,多悲愤之词。

【三十九】8

落合谦太郎(1870—1926) 1911年辛亥革命后赴中国东北奉天,任第四任奉天总领事兼关东都督府事务官。

【三十二】14

吕布(?—199) 东汉末五原九原(今包头西北)人。字奉先。善弓马,当时号为"飞将"。初从并州刺史丁原,继杀丁原归董卓。又与王允合谋诛董。后任奋威将军,封温侯。割据徐州一带。后为曹操所败,被擒杀。

【十七】8

吕超(1890—1951) 字汉群,四川宜宾人。1909年毕业于四川陆军小学堂,入南京陆军第四中学,加入中国同盟会。1910年入保定陆军军官学校。武昌起义后参与组织京津同盟会,并任军事部长。1912年返四川,在川军任团长。二次革命时在川响应,失败后亡命日本。次年回国。护国战争中再次举兵,1919年在四川与熊克武等部混战,败走上海。1923年任广州孙中山大元帅府参军长。1924—1926年参加讨伐四川军阀的斗争。1926年参加北伐战争。1928年因反蒋遭通缉,避居上海租界,1830年再次参与李宗仁的反蒋活动。1931年任国民政府参军长。抗战爆发后力主抗日,1945年调任军事参议院上将参议,1947年当选国民政府监察院检查委员。1949年留居大陆,策动西南将领起义,促成成都和平解放。中华人民共和国成立后,任西南军政委员会委员。1951年7月20日在重庆病故。

【二十八】2

吕后(公元前241—前180) 名雉,字娥姁。秦代单父人。汉高祖皇后。楚汉战争初期为项羽所俘,数年方释还。曾助刘邦诛杀韩信、彭越等异姓诸侯王。刘邦去世后,惠帝立,她掌握实际政权,野心勃勃。惠帝死后,临朝称制,先后选立刘恭、刘弘为帝,自己掌握实权,又大封吕氏家族,控制南北军。共掌握政权十六年。她死后,诸吕发动叛乱,为太尉周勃所平定。

【三十八】2;【五十二】7

吕荣寰(1890—1946) 字维东,辽宁抚顺人。早年就读于奉天省立一中,江苏省立法政专门学校毕业后,曾执教于奉天的师范学校、法政专门学校和工业专门学校等,后为律师。1917年当选为奉天省议会议员,继升副议长。1923年为奉派赴苏代表,旋为东三省出席中苏北京会议代表,任奉天交通会议委员长等职。1924年后任中东铁路公司华方首席理事和理事长。1927年任中东路督办,挑动1929年的中东路事件,中方战败后被解职。"九一八"事变后,投靠日本。1932年8月起,历任伪哈尔滨市市长、伪北满特别区行政长官兼伪哈尔滨特别市长、伪滨江省省长、伪"满洲国"产业部大臣、驻汪伪大使等职。1945年8月伪满解散,又任张景惠成立的东北地方暂时治安维持委员会副委员长,月底被苏联红军逮捕。后被押至西伯利亚,次年病死。

【二】4、【五十六】12

吕正操(1905—2009) 辽宁海城人。1922年参加奉军张学良的卫队旅,1925年毕业于东北讲武堂。后任张学良的副官、秘书,第一一六师师参谋处长,第一一六师六四七团团长。1936年任东北武装同志抗日救亡先锋队总队长,支持"一二·九"运动,参加了西安事变。1937年1月任第五十三军第六九一团团长,5月加入中国共产党。抗日战争时期,率部赴华北抗敌,并脱离东北军,任冀中人民自卫军总司令,八路军第三纵队司令员兼冀中军区司令员,晋绥军区司令员,中共晋绥分局委员等职,长期坚持华北抗战。解放战争时期,任东北民主联军副总司令兼西满军区司令员、中共中央东北局委员,军委铁道部副部长兼铁道兵团副司令员等职。1949年后,任中央人民政府铁道部副部长、代部长,中央军委军事运输司令员,解放军铁道兵团政委,1955年授上将军衔。是第一、二、三届国防委员会委员,第四届全国人大常委会委员,第六届全国政协副主席,中共第七届候补中央委员,第八、十一届中央委员,中央顾问委员会委员。1990年作为中共特使前往美国探望张学良。2009年在京逝世。

【二十三】3;【二十九】13;【三十四】1、2

M

马步芳（1903—1975） 字子香，甘肃河州（今临夏）人，回族。马麒之子，马步青胞弟。早年入宁海军官训练团，1917 年后在其父的青海地方军事集团中供职。1926 年随父投西北军，任副旅长、旅长。1930 年中原大战，冯、阎失败，与父易帜拥蒋反冯。后参加追剿马仲英部的战斗。1931 年 7 月，任新编第九师师长。1932 年 1 月兼青海省政府委员，旋又兼青海南部边区警备司令。1933 年冬，与马鸿逵、马鸿宾、马步青联合击败进军宁夏的孙殿英。1934 年 3 月，所部扩编为新编第二军，任军长兼第一〇〇师师长，后先后兼任青海省保安处处长，青海省政府代主席，西北"剿匪"第一路军第五纵队司令，西北五省（陕甘宁青新）总长官。1936 年秋，率部"围剿"红军西路军。抗日战争爆发后，所部改编为第八十二军，仍任军长兼第一〇〇师师长。1938 年 3 月—1949 年，任青海省政府主席。1943 年任第四十集团军总司令，后挤走兄长马步青。1945 年 5 月当选国民党中央监察委员会委员。1949 年 5 月代理西北军政长官公署长官，7 月正式任职，积极参加反共内战。被人民解放军击败后，去台湾，后经埃及到沙特阿拉伯。1957 年 8 月，任台湾当局驻沙特阿拉伯"大使"。1961 年 8 月被免职。1975 年 7 月在沙特阿拉伯去世。

【二十六】8、13、14；【三十九】9；【四十二】5

马步青（1898—1977） 字子云，甘肃河州（今临夏）人，回族。马步芳之兄。早年随父马麒加入宁海军，历任营长、团长等。1926 年任冯玉祥部第五军独立五十五旅旅长。1928 年后历任第二十二师第六十五旅旅长，洛阳警备司令。中原大战冯玉祥败后，投靠蒋介石，任甘肃暂骑第一师（后改为骑兵第五师）师长。1933 年冬，与马鸿逵、马鸿宾、马步芳、马步青联合击败进军宁夏的孙殿英，史称"四马拒孙"。1936 年秋，率部"围剿"红军西路军。抗战爆发后，骑五师扩编为骑五军，任军长。1942 年骑五军移驻青海，被任命为柴达木屯垦督办。随后骑五军与第八十二军合编为第四十集团军，任副司令。1944 年在与马步芳的权力斗争中失败，被剥夺军权，愤而回到家乡。1949 年 8 月在解放军进军临夏时，逃往西宁、重庆，后经香港到台湾定居。后历任"国防部"中将参议，"总统府"国策顾问，国民党中央评议委员等职。1977 年 2 月 9 日在台北市病逝。

【四十二】5

马超俊（1886—1977） 字星樵，广东台山人。早年赴日本明治大学学习，并加入中国同盟会。后历任广州特别市国民党党部执行委员会委员兼工人部长、国民政府劳工局长、广东农工厅厅长兼建设厅长、南京市市长、广东省党部整理委员、广州市党部指导委员兼宣传部长、民运部长、中央训练部民众训练处处长、华北党务特派员、中央训练部长、中央社会部副部长、组织部副部长、农工部部长、第六届国民党中央执行委员和第一届"国大代表"。1949年去台湾。历任"总统府"国策顾问，国民党改造委员会委员，国民党中央评议委员、纪律委员会委员，任"华侨协会总会"理事长，"总统府"资政等职。1960年任国民党中央纪律委员会主任委员。1977年9月19日在台北病故。

【二十八】2

马丁·路德（Martin Luther，1483—1546） 16世纪德国宗教改革运动的发起者，基督教路德宗的创始人。出生于德国艾斯勒本一矿主家庭，早年入爱尔福特大学攻读法律，毕业后入奥斯定会研习神学。1507年升神父，1512年获神学博士学位，1515年任维滕堡大学神学教授。1517年10月底张贴出《九十五条论纲》，抨击教皇出售赎罪券等，揭开宗教改革的序幕。后多次发表论说，否定教皇权威，主张"因信称义"，提倡在宗教仪式中用民族语言代替拉丁语，甚至公开与教皇决裂，支持诸侯没收教会财产。当闵采尔领导的反教会农民起义爆发前后，他则宣传只能用和平手段改革，并公然要求诸侯武力镇压起义。

【二】12；【十三】2；【十六】1；【五十八】5

马夫人 指张作霖的六房夫人马月清。见**马月清**

【十五】5；【三十一】11

马福祥（1876—1932） 字云亭，回族，甘肃河州（今临夏）人。1895年底，与其兄马福禄参与镇压回族反清起义，得到清政府赏识，其部下被编为简练军，归董福祥指挥。1900年八国联军入侵，随甘军在直隶廊坊挫败侵略军。后退守北京，其兄马福禄阵亡，简练军遂归马福祥指挥。京城失陷后，慈禧挟光绪帝西逃，马随驾扈从至西安，担任宫廷警卫。翌年，补为甘肃靖远协副将。后历任清甘肃庄浪协镇守使、陕甘督标中协、西宁镇总兵、阿尔泰护军使、巴里坤镇总兵等职。1912年8月，在袁世凯政府中任宁夏镇总兵，后任宁夏护军使等职。1920年7月任绥远都统。1924年任西北边防会办，翌年任国民政府军事委员会委员。1928年春，被选为国民党中央执行候补委员和国民政府委员，后历任青岛市市长（1929），安徽省主席（1930），蒙藏委员会委员长等职。1932年8月19日病逝。

【三十九】9；【四十二】5

马翰荣（生卒年不详） 1932年8月任军事委员会北平分会运输组组长。1936年2月授陆军少将。

【二十三】11

马鸿宾（1884—1960） 字子寅，甘肃河州（今临夏）人，回族。早年在其叔父马福祥军中任职。1920年直皖战争后，升任宁夏镇守使。1926年，冯玉祥改编马鸿宾部为国民军第二十二师，委马为师长兼宁夏镇守使。1930年阎冯倒蒋失败后，马投向蒋介石，部队改编为暂编第七师，马任师长。1931年，蒋介石任命马为甘肃省政府代理主席、主席，长期统治甘肃。1933年12月任第三十五师师长。1935年9月，任西北剿匪总部第四纵队司令兼第三十五师师长。1936年9月，授陆军中将衔，同年参与围剿红军西路军。抗战时期任第十七集团军副总司令兼第八十一军军长、绥西防守司令。1946年3月任西北行营副主任。1947年7月任陕甘宁边区剿匪总司令部司令。1948年任西北军政长官公署副司令长官。1949年，率所属第八十一军起义。后历任西北军政委员会副主席、甘肃省人民政府副省长、国防委员会委员等职。1960年10月21日，因病在兰州逝世。

【十】1；【三十九】9；【四十二】5；【四十九】5

马鸿逵（1892—1970） 字少云，甘肃河州（今临夏）人，回族。马福祥之子。早年加入同盟会。1912年任宁夏新军都统。1919年段祺瑞上台后，升任第五混成旅旅长。1924年9月，第二次直奉战争中，任直军骑兵总指挥。冯玉祥发动北京政变后，马的部队被编入冯玉祥的国民军，1925年冯玉祥委任他为国民军新编第七师师长。1926年9月，随冯玉祥五原誓师，任国民联军第四路军总司令，参加北伐。1927年初，改编为国民革命军第二集团军第一方面军第四军，任军长。1929年投靠蒋介石。1930年中原大战爆发，蒋介石将马部扩编为讨逆军第十五路军，任总司令。1931年1月，参与对鄂豫皖苏区的进攻。1932年—1949年，任宁夏省主席，长达17年。1936年9月加授陆军上将衔。抗日战争爆发后，任第八战区副司令长官兼第十七集团军总司令。1945年12月，任西北军政副长官、西北行辕副主任。1949年9月底逃往台湾，因被指控对西北败局负责，而被撤职查办，不久迁居美国。1970年1月14日，病逝于洛杉矶。

【九】14；【十】1；【二十六】8、14；【三十九】9；【四十二】5；【五十七】1

马君武（1881—1940） 原名道凝，又名同，改名和，字厚山，号君武。祖籍湖北蒲圻（今赤壁市），生于广西桂林。早年就读于桂林体用学堂。1900年入法国教会在广州所办丕崇书院学习法文。1901年入上海震旦学院，同年冬赴日本京都大学读化学。1905年参与组建同盟会，是同盟会章程八位起草人之一，《民报》的主要撰稿人。1905年底回国，任上海南洋公学教习。1907年赴德国，入柏林工业大学学冶金。1911年武昌起义后回国，作为广西代表参与起草《临时政府组织大纲》和《中华民国临时约法》，并任南京临时政府实业部次长。1912年出任国会参议员。1913年二次革命失败，再赴德国入柏林大学。1916年获工学博士回国，恢复国会议员职。1917年7月南下广州参加护法运动，任广州军政府交通部长。1921年任孙中山非常大总统总统府秘书长，并一度任广西省省长。1924年和冯自由、章炳麟等人发表宣言，反对国民党改组和联俄容共、扶助农工等三大政策。同年出任上海大夏大学首任校长。1925年出任北洋政府司法总长、教育总长，被国民党第二次全国代表大会开除党籍。1928年创办省立广西大学，曾三任广西大学校长。1931年"九一八"事变后，作诗《哀沈阳》两首，讽喻张学良。1940年8月1日，在桂林病逝。

【四】8；【七】6；【八】1；【四十九】3

马连良（1901—1966） 字温如，回族。北京人。中国京剧老生表演艺术家。8岁入喜连成（后改名为富连成）科班，先习武生，后改老生，宗法贾洪林，兼学余叔岩、孙菊仙各派，在舞台实践中逐渐形成潇洒飘逸、酣畅舒展的"马派"，"四大须生"之一。常演剧目有：《临潼山》、《串龙珠》、《春秋笔》、《重耳走国》、《赵氏孤儿》、《海瑞罢官》等。中华人民共和国成立后，曾赴朝鲜为中国人民志愿军作慰问演出，并历任北京京剧团团长、北京戏曲学校校长等职。1966年12月16日病逝。

【十七】8

马培清（1889—1966） 甘肃临夏人，撒拉族。曾在甘肃提督马安良的军中任职。1928年参加河湟事变时，随马廷贤部在天水，后投马鸿宾部。1935年追堵长征红军时任西北"剿总"第四纵队第三二五师骑兵团团长，后任旅长。1947年11月18日任少将。1949年参加起义。中华人民共和国成立后，任甘肃省政协委员会常务委员。1966年去世。写有《东北军骑兵师吴起镇被歼目击记》。

【二十六】14

马绍周（生卒年不详） 曾为东北大学学生，并加入中国共产党。1935年在北平参加"一二·九"运动。1936年1月应张学良的邀请，与宋黎和韩永赞一起作为东北大学的学生代表到西安向张学良汇报学运情况，后在东北军、西北军中从事抗日救亡活动。8月29日晚，与宋黎等人被国民党便衣特务抓捕，引发艳晚事件。1938年叛变，加入中统。

【二十六】14；【三十九】1

马谡（190—228） 字幼常，襄阳宜城（今湖北宜城）人，三国时期蜀汉大臣，侍中马良之弟。初以荆州从事跟随刘备取蜀入川，曾任绵竹、成都令、越嶲太守。蜀汉丞相诸葛亮用为参军。马谡"才器过人"，好论军计。诸葛亮对他倍加器重，每引见谈论，自昼达夜。但他没有实战经验，又违反诸葛亮的调度，在率兵与魏将张郃战于街亭（今甘肃秦安县境），被张郃攻破。诸葛亮退军汉中，将马谡下狱处死，诸葛亮为之流涕。谡临终与诸葛亮书，称与之若父子。谡死后，诸葛亮厚抚谡之遗孤。

【五十】8；【五十一】7；【五十二】9

马廷福（生卒年不详） 1928年底，任东北陆军步兵第二十三旅旅长（于学忠部），驻防山海关。1930年中原大战期间，受蒋介石贿买，企图投蒋，被于学忠密告张学良，张将马扣押。

【二十三】6；【四十三】4

马廷福事件 1930年8月蒋介石派人收买东北军第二十三旅旅长马廷福叛张附蒋的事件。马廷福原为直系第八军（军长于学忠）第二十五师师长。1927年随于学忠投靠奉系，1928年任东北陆军步兵第二十三旅旅长，驻军临榆。1930年中原大战爆发后，蒋介石让何成浚派陶敦礼、林树藩、郑江灏等人收买马廷福，许给马300万元。8月中旬，马廷福与其部下团长决定叛张附蒋。于学忠将此事密告张学良，并于8月15日以召开军事会议为名，将马廷福及其属下扣押，平定了这场兵变。之后，张学良下令对陶敦礼等人进行审讯，让南京代表吴铁城和张群也亲自到案。为避免本有助蒋倾向的张学良生变，蒋介石亲自打电报向张学良解释，取得张的谅解。9月18日，张学良发出和平通电，并派遣于学忠、王树常率东北军入关武装调停，中原大战就此落幕。

【四十三】4

马万珍（1896—?） 别号毓奇，辽宁凤城人。1922年7月保定陆军军官学校第八期步兵科毕业。历任奉军排长、连长、团附等职。1930年7月任东北边防军陆军独立第二十旅司令部参谋处处长。1933年3月任鄂豫皖三省"剿匪"总司令部第五十七军第一二〇师第六五七团团长，参加对鄂豫皖苏区的"围剿"。1935年9月随部赴陕西，参加对陕北根据地的"围剿"。1936年12月任第五十七军第一一二师第三三四旅旅长，1937年5月转任第一一二师第三三六旅旅长。抗日战争爆发后，任第三战区江防军第一一二师副师长，兼任第三三六旅旅长，参加淞沪会战。同年10月调赴第五战区序列，任第五十七军第一一二师副师长，率部参加徐州会战外围战事。1939年1月随部转隶鲁苏战区序列，1940年1月任第一一二师代理师长等职。同年秋附汪降日，1942年12月任汪伪军事委员会参赞武官公署中将参赞武官等职。后辞职返回国民党统治区。

【二十三】13

马歇尔（George Catlett Marshall，1880—1959） 全名乔治·卡特莱特·马歇尔。美国军事家、政治家、外交家，陆军五星上将。1901年于弗吉尼亚军事学院毕业。参加过第一次世界大战。1924年夏—1927年春末，在美军驻天津第十五步兵团任主任参谋，学习了汉语。1939年任美国陆军参谋长，在第二次世界大战中，帮助罗斯福总统出谋划策，坚持先攻纳粹德国再攻日本帝国，为美国在二战的胜利作了重要贡献。1944年晋升为陆军五星上将。1945年退役后，以美国总统杜鲁门特使身份再次来华，负责"调处"国共两党关系。1946年1月，同国民党代表张群、共产党代表周恩来组成三人会议，参与国共两党谈判。因蒋介石于6月底发动全面内战，8月宣布"调处"失败。1947年1月奉召回国前发表声明，为在"调处"的掩护下，从各方面加强蒋介石的全面内战准备的行为进行辩解。周恩来于1月14日在《解放日报》上发表《评马歇尔离华声明》，进行了严厉驳斥。回国后出任国务卿，提出援助"欧洲复兴方案"，即马歇尔计划。1950年任国防部长，参与策划侵朝战争。1953年获诺贝尔和平奖。1959年10月在华盛顿病故。

【二十三】1、2、4；【四十九】4、6；【五十一】3、7

马育英（1889—1974） 江苏昆山人。国民党元老张群之妻。11岁入上海浸信会主办的圣玛利亚女校，13岁受洗。19岁毕业后，应聘去扬州慕究理女子中学任教。三年后返上海，回母校圣玛利亚女校工作。一生笃信基督教。1912年10月，在上海与张群结婚。1974年7月6日，在台北去世。

【二十九】4

马月清（1905—1975） 亦称马岳卿。奉天人。张作霖的六房夫人。人称马夫人。张学良称其六姨妈。出身贫苦，早年被卖到天津天宝班学唱戏。人称岳姑娘。1923年张作霖在天津初见，被她吸引，后五姨太寿夫人将她接到帅府，以贴身丫环的名义安置在小青楼内，实则以夫人名分对待。1924年马氏生女怀敏，时值第二次直奉战争取得胜利，张作霖正式将岳姑娘称为六夫人。马氏心性善良，虽然得宠，仍谦和自重，与各位姨太相处和睦。对寿夫人更是敬重有加。皇姑屯事件中负轻伤。张作霖去世时只有23岁的她，一直跟着寿夫人，1948年同去台湾。1975年病逝于台湾。

【十五】5；【二十一】11

马占山（1885—1950） 字秀芳，祖籍河北丰润，生于吉林怀德。绿林出身。曾投靠清军奉天后路巡防营统领吴俊陞。1920年随吴赴黑龙江，任骑兵团长，1931年10月任黑龙江省政府代理主席。11月任黑龙江省政府委员兼主席，率部在黑龙江泰来、江桥等地抗击日军侵略，后退守克山。1932年2月，日军攻占哈尔滨后，马曾投降日本，就任伪黑龙江省省长，后又任伪满洲国军政部长。同年4月摆脱日军监视，在黑河举兵反正，通电继续抗日，并揭露伪满内幕，任东北救国抗日联军总司令。1936年参与西安事变，后任东北挺进军总司令。1940年任黑龙江省主席，后被选为国民党中央候补执行委员。1946年任东北保安副司令长官。1949年1月与傅作义、邓宝珊等人一起接受中国共产党和平解放北平的条件，宣布起义。1950年11月19日在北京病逝。

【八】7；【二十三】11；【二十四】8；【二十六】14

马兆琦（1895—1960） 河北保定人，回族。保定军官学校第五期炮兵科毕业。后入东北军。曾任东北军营附、电讯长、少校军械官、团附、营长、中校参谋、上校科长。1929年任东北边防司令长官公署军事厅军务处副处长。1932年8月任北平军分会军械组组长。1934年任鄂豫皖三省"剿匪"总司令部总务处副处长。1935年10月任西北"剿匪"总司令部第三处处长。1936年2月4日任少将。1945年曾任第四届国民参政会宁夏省参政员，成都航空总部少将处长，宁夏第十七集团军参谋长。中华人民共和国成立后为甘肃省文史馆馆员。

【二十三】11

马仲英（1911—1935） 原名马步英，甘肃临夏人。其父与马步芳的父亲青海省主席马麒为堂兄弟，属清末民国"河州三马"家族之一。1928年任宁海军骑兵营长，策动临夏回民发动新"河湟之变"反对冯玉祥部主政甘肃，人称"尕司令"。1931年被青海军阀马步芳击败退往甘肃酒泉，1932年所部被国民政府收编，其任新编国民革命军第三十六师师长。后应新疆和加尼牙孜、尧乐博斯等邀并联合与新疆军阀盛世才作战。1933年被盛世才击败。在退往南疆途中，又攻灭所谓"东土耳其斯坦伊斯兰共和国"与和田"伊斯兰教国"。同年7月，带所部200余人赴苏联学习，后死于苏联。

【五十三】11

麦克阿瑟，道格拉斯（Douglas MacArthur，1880—1964） 美国陆军五星上将。生于美国阿肯色州。1903年西点军校毕业。第一次世界大战时任美军第四十二师参谋长，1919年任西点军校校长。1922—1930年，赴菲律宾任马尼拉军区和第二十三旅的指挥官。1925年1月晋升陆军少将，回国任美国第二军军长。1928年，回马尼拉任菲律宾地区总指挥。1930年10月，任美国驻菲第九军团总指挥官。1930年11月—1935年10月，任美国陆军参谋长。1937年12月从美军退役，出任菲律宾陆军总司令。1941年第二次世界大战爆发时被征召回美军，负责美国在远东的军队部署。1941年7月晋升陆军中将，担任美国远东军总司令。1941年12月，晋升陆军上将。1942年2月，由于太平洋战争中美国防御失败，撤离菲律宾。1943年，被任命为盟军西南太平洋战区总司令，指挥盟军开始由战略防御转向战略进攻。1944年12月，晋升陆军五星上将。1945年4月，受命指挥太平洋地区所有美国陆军的作战行动。1945年8月任驻日盟军总司令，负责对日军事占领和日本的重建工作。1950年7月出任朝鲜战争中联合国军总司令，组织指挥仁川登陆，进而指挥"联合国军"越过三八线，向鸭绿江推进。1951年4月，因战争失利和"未能全力支持美国和联合国的政策"而被解除一切职务，从此退役。

【二十三】4；【三十】4；【四十四】8

麦克唐纳，拉姆赛（James Ramsay MacDonald，1931—1935） 英国政治家。出身草根，1906年起当选为首批工党籍下议院议员，1911年出任国会工党主席，

1914年爆发第一次世界大战后辞任主席，复于1918年丧失下院议席。1922年重返下院，并当选工党党魁，1924年1月带领工党组阁，成为英国历史上首位工党籍的首相。但旋于同年11月大选败于保守党。1929年再带领工党胜出大选，第二度筹组政府。因内阁在经济政策上出现重大分歧，1931年8月提出辞呈，同日获英王乔治五世授意另组国民政府，与保守党及自由党筹组联合内阁，留任首相。因此被工党视为"叛徒"，被开除出党。后创立国民工党，自任党魁。因健康恶化于1935年辞任首相，但留内阁供职至1937年5月。1937年11月病逝。

【四】12；【五】20；【七】20；【五十五】9

满蒙铁路计划 亦称满蒙铁路网计划。"九一八"事变前日本为独霸东北而拟定的庞大铁路计划。早在1911年日本擅自非法勘查吉会铁路预定线时，即着手拟定所谓满蒙铁路计划。1913年与1918年正式制定满蒙铁路计划，日本用换文形式取得该"满蒙五路"和"满蒙四路"借款修筑权。这两批铁路大部分是南满铁路的分支，如四平街至洮南；开原至海龙；长春至洮南；洮南至承德；海龙至吉林等等。1923年，满铁又拟定了吉会、洮齐、长扶、开朝、白开等五铁路计划，全长1163公里，五年完成。1925年进而拟定了包括35条铁路、全长8800公里、20年完成的所谓"满蒙铁路网计划"，上报日本政府。这些铁路计划都是在日本军部和外务省参与下制定的，首要目的是军事侵略和经济掠夺，同时也是为了抵制中国铁路建设。"九一八"事变前，日本的铁路计划只实现一小部分。伪满期间的大规模铁路建设，实际是按既定的"满蒙铁路网计划"实施的。

【三十一】7

《满蒙新五路协约》 奉系军阀张作霖同日本签订的出卖中国东北路权的密约。1927年日本召开"东方会议"之后，乘张作霖掌握北京政权之机，向张索取"满蒙"权益。日本田中内阁先后派遣日本驻奉总领事吉田茂、驻华公使芳泽谦吉、"满铁"总裁山本条太郎等，用软硬兼施的手段，胁迫张作霖答应日本在东北修筑铁路的要求。经过秘密谈判，张作霖与山本条太郎于1927年10月15日订立了《满蒙新五路协约》的私人密约。"协约"规定由日本政府承包修建下列5条铁路：①自敦化经老头沟至图们江岸线；②自长春至大赉线；③自吉林至五常线；④自洮南至索伦线；⑤自延吉至海林线。并规定：中国不能将打虎山至通辽的铁路延长至通辽以北；不能修建开通（今通榆县的一部分）至扶余的铁路。协约达成后，日本要求改为政府间的正式协定。但因日张密谈已在报纸透露，英美记者向张提出了强硬质问，张左右为难，一时没敢签字。1928年5月，在日本的压力下，张作霖终于和日本签订了出卖中国东北路权的密约。但对日本将密约变为公开协定和办理政府间正式手续的要求，采取拖延的办法未予办理。1928年6月4日，张作霖在日本关东军策划的皇姑屯事件中被炸死。

【三十一】7；【三十二】14

满洲国　1932年3月1日—1945年8月17日日本侵略者在中国东北建立的傀儡政权。统治区域包括今辽宁、吉林和黑龙江三省全境、以及内蒙古东部与河北省承德市（原热河省）。"九一八"事变后，日本为把中国东北变成它的永久殖民地，便网罗汉奸卖国贼，积极策划建立伪政权。1932年3月1日，日本关东军发布"建国宣言"，宣布"满洲国"成立，由前清朝废帝溥仪任"执政"，以红蓝黑白满地黄五色旗为国旗，年号"大同"，定都长春，改称"新京"。3月9日，溥仪在长春举行就职典礼。9月15日，与日本签订《日满议定书》，以条约的形式确认了日本对"满洲国"的统治和"满洲国"的傀儡地位。1934年3月改称"满洲帝国"，立溥仪为皇帝，年号"康德"。中国政府从未承认这一傀儡政权。当时国际联盟也主张中国东北地区仍是中国的一部分。1945年8月，日本战败，8月17日，溥仪在通化宣读《退位诏书》，满洲国正式灭亡。通过这一傀儡政权，日本在中国东北实行了14年之久的殖民统治，使东北同胞饱受亡国奴的痛苦。

【三】1；【四】17；【五】1；【八】5、7、14；【二十三】6；【三十二】7；【三十三】1；【三十五】12

毛邦初（1904—1987）　字信诚，浙江奉化人。蒋介石前妻毛氏之侄。1925年入黄埔军校第三期步兵科，参加第一次东征，平定滇、桂军阀叛乱。次年赴苏联莫斯科中山大学学习。1929年任中央陆军军官学校航空班飞行组长。次年奉命在杭州笕桥筹建航空学校，参加对江西苏区第一次"围剿"，任空军指挥。1931年初航校成立，历任副校长、校长。1934年出国考察，率部分毕业学员赴意大利深造。1936年任国民政府航空委员会委员，次年任空军指挥部副总指挥。1937年11月，国民政府迁移重庆，任空军总司令部副总指挥。1940年5月授空军少将，次年任航空委员会副主任。1945年5月，选任国民党第六届中央执行委员会候补委员。抗日战争胜利后，任国民政府航空委员会驻美国代表及联合国安全理事会军事参谋团中国代表团成员。1946年任空军总司令部副司令，曾代表国民政府常驻美国，后授空军中将。1949年去台湾，1951年受命赴美国购置飞机，遂携眷属定居墨西哥，继迁居美国。逝于洛杉矶。

【十九】1；【五十一】7

毛庆祥（1898—1993）　字宗骧，浙江奉化人。蒋介石内族侄。1916年去日本留学，次年转赴法国，专修农科。1922年回国后在浙江水产学校任教。1926年应蒋介石之召赴广州，任国民革命军总司令部机要秘书，同年7月随军北伐。1927年北伐军攻克南京后，辞职到浙江建设厅工作。1929年回南京，任国民政府建设委员会技正。1930年调任国民政府秘书、主席办公室秘书，1932年任国民政府军事委员会南昌行营办公厅机要室主任，兼蒋介石侍从秘书。1935年3月，任军委会委员长侍从室第二处第四组上校组长。1936年12月随蒋介石经历了西安事变。1940年1月起兼任军委会特种技术研究室（密码室）少将副主任、主任，1943年4月任侍从室机要组中将组长，控制机要全局。1944年6月又任军委会办公厅机要室主任。1945年底，侍从室撤销，转任国民政府参军处机要室主任。1948年5月蒋介石当选总统，毛任总统府机要室主任。1949年，见国民党大势已去，趁蒋介石下野之机辞职。同年去台，1950年迁居香港，后迁居美国。曾到阿根廷办农场，失败后，返美国定居，1993年卒于纽约。

【十九】1

毛人凤（1898—1956） 原名毛善余，字齐五，浙江江山人。早年入复旦大学。1926年转学黄埔军校第四期，不久因病休学。1934年，被戴笠聘为助手，成为军统骨干人物。曾于浙江省警官学校，武汉与西安行营第三科、军统局任职。1935年3月，加入国民党特务组织复兴社特务处，在汉口任武昌行营办公厅第二科第一股股长。1938年8月军事委员会调查统计局（简称军统）成立，任局本部秘书。不久提升军统局代理主任秘书兼甲室主任。1945年抗战胜利后，升任军统局副局长。1946年7月军统局改组为国防部保密局，任副局长，1947年任局长。1949年，国民党在大陆的统治将覆灭时，执行蒋介石制定"应变"措施，部署屠杀、潜伏、游击、破坏四大任务。后逃往台湾。1952年10月当选国民党第七届中央执委候补委员。1953年3月任"国防部情报局局长"。1956年12月11日病死台北。

【二十八】4、5；【三十六】1；【四十一】3、6、11

毛泽东（1893—1976） 字润之，湖南湘潭人。中国共产党领袖和中华人民共和国的最主要缔造者之一。早年就读湖南第一师范学校，接受并传播马列主义，组织社会主义青年团和共产主义小组。1921年出席中共"一大"。1923年在中共"三大"上，当选中央委员、中央局秘书。大革命时期，历任国民党中央候补执行委员、宣传部代理部长，中共中央农民运动委员会书记、全国农民协会总干事等职，在广州、武汉主持过农民运动讲习所。1927年"八七会议"上，当选临时中央政治局候补委员，后领导秋收起义，创建了工农革命军第一师和井冈山革命根据地。曾任红四军党代表、红一方面军前委书记兼总政委、中华苏维埃共和国临时中央政府主席等职。1935年1月遵义会议上，被推选为政治局常委，随后以三人小组成员之一负责军事指挥，领导红军胜利完成长征。抗战时期，为党制定了正确路线和一系列方针、政策。1943年3月，当选中央政治局主席、中央书记处主席，以后在历届中央委员会上连续当选为中央委员会主席、中央政治局主席。抗战胜利后，曾赴重庆谈判，随后领导解放战争，亲自指挥三大战役，将国民党政权逐出了大陆。中华人民共和国成立后，曾任中央人民政府主席、中华人民共和国主席、全国政协名誉主席等职。1976年9月9日，病逝于北京。

【五】6；【十七】12；【二十三】2、3；【二十四】9、10；【二十五】2、5、10、16；【二十七】2、5；【二十八】10；【三十】5、7；【三十九】7；【四十三】

10;【四十四】3;【五十一】3、8;【五十二】7;【五十七】2;【五十八】3

茂宸 即郭松龄,字茂宸。见**郭松龄**

【一】6;【二十四】2;【三十】1;【三十二】5、9;【三十三】9;【五十】10

梅兰芳(1894—1961) 名澜,字畹华,原籍江苏泰州,生于北京。著名京剧表演艺术家,京剧四大名旦之一。出身京剧世家,从小受到良好的艺术熏陶和戏剧启蒙。擅长旦角,扮相端丽,唱腔圆润,台风雍容大方,对京剧旦角的唱腔、念白、舞蹈、音乐、服装、化妆等都有创造发展,形成了自己的艺术风格,世称"梅派",成为一代宗师。曾先后赴日、美、苏等国进行访问演出,是第一位把中国京剧传播到国外的艺术家。抗日战争期间,在敌伪统治下蓄须明志,拒绝演出,表现了民族气节。中华人民共和国成立后,任中国京剧院院长、中国戏曲学校校长、中国戏曲研究院院长等职。1961年8月8日因心脏病,在北京病逝。

【八】1;【十一】7;【三十一】12;【四十】3;【四十一】9;【四十八】3;【五十一】9

美联社(The Associated Press) 即美国联合通讯社,美国最大的通讯社。1892年成立于芝加哥,其前身为1848年墨西哥战争期间纽约《太阳报》等6家大报组成的"港口新闻联合社"。1875年更名纽约联合新闻社。1892年经过改组,使用现名。1900年总社由伊利诺伊州迁至纽约。1945年开始向非成员报纸、电台供稿。目前已成长为由1300家报纸和3890家电台、电视台组成的新闻联合组织,全社工作人员多达3000余人,编辑、记者约1600人,国内分社134个,国外分社83个,每天用6种文字播发约300万字的新闻、经济信息,年发图片15万张。它不仅为美国1500家报纸,6000家电台、电视台提供服务,而且还为世界上115个国家和地区的万余家新闻媒体供稿。

【五十一】9

门炳岳(1891—1944) 字湘文,河北东光人。早年加入同盟会。辛亥革命爆发后,曾参加光复南京及浦口之役。1913年二次革命时,参加反袁运动。1914年毕业于保定陆军军官学校第一期骑兵科。1919年毕业于陆军大学(第五期)。1920年12月,授陆军骑兵中校。北京政变后任陆军第十五混成旅第二团第一营营长,旋转任该旅骑兵营营长。1924年任参谋长。后任暂编陆军第四师第八旅旅长。国民三军失败后,离队。1928年任国民革命军第十二军第一师师长,11月任第四集团军第九师第二十五旅旅长。1929年初部队改称陆军第五十二师,仍任旅长。未几改任第一五五旅旅长,冬任独立第十七旅旅长,12月唐生智派为第七军军长。1932年6月,任国民政府军事参议院参议。其后任职于军事委员会北平分会参谋团。1935年4月授陆军少将,5月兼军事委员会委员长武昌行营陆军整理处军官教育团团附,7月任骑兵第七师师长。1936年授陆军中将。1937年抗日战争爆发后,率部在察绥境内抗日。1938年1月,任骑兵第六军暂编骑兵第一师师长,骑兵第六军军长。2月任军训部骑兵监。1944年8月12日病逝。

【二十三】12

门致中(1889—1951) 字靖原,吉林汪清人。1914年11月保定陆军军官学校第一期步科毕业。1918年后任冯玉祥所率第十六混成旅参谋,第十一师参谋长,第二十五混成旅步兵团团长。1925年1月,任绥远全区警务处处长兼绥远警察厅厅长,国民军第一军警备第二旅旅长,7月获授陆军少将衔,9月参加冯玉祥的五原誓师后,任国民联军副参谋长兼第七路总司令兼北路前敌总指挥。1927年任第七军军长、第二集团军训练副监。1928年3月兼任国民政府军事委员会委员,11月任宁夏省政府主席。1930年,任西北军第十七军军长。翌年6月,因被马仲英驱逐而被罢免宁夏省政府主席职务,任北平政务委员会委员。此后,任暂编第一混成旅旅长。1932年,任河北"剿匪"总指挥。翌年5月,任国民政府军事委员会北平分会委员。1935年4月授陆军中将,12月任冀察政务委员会建设委员会委员长。1940年投降日伪,任汪伪军事委员会委员。1944年,任伪华北政务委员会治安总署督办兼华北治安军总司令。1945年3月,任伪华北政务委员会绥靖总署督办,晋升汪伪政权上将。日本投降后,投靠蒋介石,任华北先遣军第九路军总司令。1946年迁居香港。后在香港病逝。

【三十五】9

孟恩远(1856—1933) 字曙村(又作树椿、树村),天津人。青年时加入淮军。1895年入袁世凯创建的新建陆军,在天津南郊小站练兵。历任右翼骑兵营队官、第二镇骑二标标统、第四镇骑四标标统、直隶巡防营统领、河南省南阳镇总兵。1907年,随东北三省督军徐世昌赴吉林,任吉林巡防营翼长及吉林督办剿防事宜。1910年任驻吉林陆军第二十三镇统制。1912年民国成立,镇改师,任陆军第二十三师师长、吉林护军使。1914年6月,授"镇安左将军"督理吉林军务。1916年7月任吉林督军,曾参与张勋复辟并任吉林巡抚。1918年,北洋政府授其"惠威将军"衔,并令其到北京任职。孟不服调令,举兵反抗。张作霖勾结日本驻吉林部队制造宽城子事件,并派遣吴俊陞、孙烈臣率军夹击吉林。1919年7月,孟被迫离开吉林,到天津闲居。1922年第一次直奉战争奉军失败,吴佩孚与孟恩远指使高士傧抵绥芬河策动其旧部在奉军后院起事,任命高为讨逆军总司令,决定进攻哈尔滨,失败。1933年去世。

【十九】6;【三十三】9;【四十一】12;【四十四】7;【五十三】14

孟禄(Paul Monroe,1869—1947) 美国教育家。生于印第安纳州,1897年获芝加哥大学哲学博士学位。1902 年任哥伦比亚大学师范学院教授；1915—1923 年任该院院长。他曾先后访问中国、菲律宾、日本、土耳其，以及南美许多国家，宣传其教育思想。1921 年 9 月他首次来华，与中国教育界人士共同组织了中华教育改进社，被推选为名誉董事。在由美籍和华籍人员组成的中华教育文化基金董事会，他曾连续 3 年担任副董事长。回美国后，在纽约创设中国研究所，任首任所长。1921 年 12 月 5 日曾访东三省巡阅使张作霖，留有《孟禄博士与张作霖谈话记录》。

【三十二】15、17；【三十三】19

米春霖（1882—1951） 字瑞风，辽宁葫芦岛人。奉天法政学堂毕业后，入奉天清军朱庆澜部。1909 年随朱到四川，任陆军第十七镇军需长。1912 年，随朱回黑龙江，任督军署少校副官，黑龙江省观都金矿总局局长。1916 年 7 月又随朱南下，任广东省长公署饷糈处处长，兼全省官煤局总办。1917 年回奉天，改投孙烈臣，历任黑龙江督军署上校副官长兼被服厂会办，吉林军械厂厂长，哈尔滨圈河商埠局总办，镇威军兵站处处长兼粮秣厂厂长。1922 年晋升陆军少将。1926 年 1 月任镇威军兵站总监，晋级中将。1927 年任张学良所辖安国军第三方面军团兵站处处长。奉系控制北京政权后，出任财政部印刷局局长。1928 年 7 月，任安东海关监督。1929 年 1 月后，任东三省特别行政区特警处处长，东三省兵工厂中将总办。1931 年 "九一八" 事变后，张学良任命米为辽宁省政府代理省主席。1932 年 1 月锦州沦陷后，寓居天津。1935 年应张学良之邀，任武昌行营总务处中将处长，同年 10 月随张到西安，任西北 "剿总" 办公厅中将主任。参与了西安事变。后为和平解决事变、营救张学良奔走斡旋。事件后，返回天津寓居。平津沦陷后，拒绝出任伪职。1949 年不去台湾，留居天津。1951 年在天津逝世。

【二十三】11；【二十八】3

米勒（Miller，生卒年不详） 德裔美国人，医生。张作霖时期米勒在奉天与孔祥熙、张学良等相识，获得捐助，在奉天开办疗养院。1933 年张学良下野出洋前，曾在上海由米勒大夫负责为其戒除毒瘾。

【七】19；【十七】13；【二十三】10；【五十一】9；【五十五】9

苗诚实 即苗剑秋，字诚实。见**苗剑秋**
【四十三】2

苗剑秋（1902—？） 字诚实。辽宁铁岭人。1918 年入哈尔滨东华学校，毕业后入日本第一高等学校和东京帝国大学。在西安事变时，任张学良的机要秘书。与孙铭九、应德田等成为东北军少壮派首领，曾积极参与西安事变。张学良被扣南京后，1937 年 1 月 31 日，西安方面 "三位一体" 的最高首脑会议决定接受南京的和谈条件，从潼关撤兵。2 月 2 日，与孙铭九、应德田等以抗日同志会名义召开会议，决定除去东北军上层的妥协派，彻底改造东北军领导核心，并于当天将王以哲杀害，对西安事变的结局产生了严重的影响。抗战时期流亡日本并创办《自由中国》月刊。晚年去台湾。

【九】4；【四十三】2

民政党 全名"立宪民政党"。第二次世界大战前日本主要政党之一。1927年6月，宪政会与政友本党合并，成立"立宪民政党"，总裁为滨口雄幸，若槻礼次郎等任顾问。民政党与三菱财阀关系密切，主要代表城市资产阶级利益。与政友会相比，稍带自由主义色彩。1929年田中义一内阁倒台，由滨口雄幸组阁。1931年滨口被刺后，（4月）由若槻礼次郎组阁。1935年町田忠治任总裁。1936年"二二六"事件后，内部分裂成以町田忠治为首的和以永井柳太郎为首的两大派系。后者同法西斯军部勾结，主张与政友会合并，拥戴军阀宇垣一成为领袖。1940年解散，参加近卫文麿的"新体制运动"。第二次世界大战后，大部分成员参加了进步党（后改名民主党，与自由党合并后称自由民主党）。

【三十二】18；【三十四】6

闽变 即福建事变。见**福建事变**
【五】22；【七】20；【八】9；【九】8

《明儒学案》 明末清初思想家黄宗羲的代表作之一。全书共62卷，1676年成书。全书以王守仁心学发展脉络为主线，以17个学案为重点，系统记载、总结论述了明代各学派的主要学术观点，187位代表人物与其他学派的关系等，是明代思想史、哲学史、学术史专著。

【二】12；【七】21；【十三】10；【二十九】3、8

缪澂流（1901—1990） 字开源，满族。辽宁清原人。1925年10月东三省讲武堂第五期步兵科毕业，后历任讲武堂区队长、教官、队长等职。1929年3月调升东北边防军第十六旅少将旅长。1931年5月所部改称国民革命军独立第十六旅。1933年3月所部改编为第一一六师，升任师长。1935年4月叙任陆军少将。1936年10月晋任陆军中将。同月升任第五十七军军长。同年12月西安事变时，同张学良联署通电。西安事变后，1937年6月第五十七军缩编后仍任军长，7月当选江苏省政府委员。1940年5月当选热河省政府委员兼主席。10月因涉嫌叛国投敌，被关押审查。1943年9月派任西北游击干部训练班教育长。1945年10月调任第一战区司令长官部高级参谋。1947年3月调任西安绥靖公署高级参谋。1949年8月调任川陕甘边区绥靖公署陇南分署副主任。12月去台湾。1990年12月11日在台北病逝。

【五】22；【二十三】3、9、11、13；【二十五】1；【二十六】14；【三十一】3；【三十五】13

莫德惠（1883—1968） 字柳忱，吉林双城人（今属黑龙江）。生于新疆。1875年随家迁回吉林双城。1906年入天津北洋高等巡警学堂，毕业后任吉林省警察厅西局局员，旋升任局长。1910年任哈尔滨警务局滨江巡警局局长。1912年冬，被举众议院议员。1914年袁世凯解散国会，莫出任双山县知事。1918年后任清理吉林官产处处长，吉林永衡官钱银号监理官，清查土地局会办、财政部顾问，吉林省公署顾问，奉天省公署咨议，吉林省依兰道道尹等职。1921年与在吉林剿匪的张学良结识。1923年促成粤皖奉联合反对曹锟贿选，得到张作霖倚重。1926年春任奉天省财政厅长，代理奉天省省长，后任北洋政府农工部总长。1928年6月皇姑屯事件中负轻伤。张学良主政东北后，为张的密切合作者之一。出任东北保安、政务、外交各委员会委员。东北易帜前夕，衔命赴日折服田中不干涉易帜成功。中东路事件时，被委派为东三省铁路公司理事长兼督办，任中方首席代表赴莫斯科参加谈判。抗战时期，1937年任国民参政会主席团主席。1945年10月任东北宣慰使、东北救济会副会长。1946年任制宪国民大会代表。1947年任国民大会代表。1948年任政府宪政督导委员会会长。1949年去台湾，任"行政院"政务委员。1954年8月任"考试院"院长达12年。1966年5月转任光复大陆设计研究委员会副主任委员。同年6月任"总统府"资政。张学良被幽禁后，曾多次探望。1968年4月17日逝世于台北。

【四】10；【五】4；【七】17；【十二】9；【十三】1、4；【十五】5；【二十四】2；【二十八】3；【三十】2、7；【三十一】1；【三十三】19；【五十一】8；【五十八】5

墨索里尼，贝尼托（Benito Mussolini，1883—1945） 意大利独裁者、法西斯党首领。第二次世界大战的主要战犯。1919年以资产阶级右翼和反动军人为骨干，组成"战斗团"。1921年建立了国家法西斯党。1922年发动政变，夺取政权，任总理。1928年废除议会制，自任政府首脑。任内宣布其他政党为非法，进行法西斯独裁统治，宣传沙文主义和种族主义思想，对外推行侵略扩张政策，侵占埃塞俄比亚和阿尔巴尼亚，并在西班牙内战中，支持佛朗哥叛军。他参与挑起第二次世界大战，1940年6月进攻法国。同年9月，签订《德意日三国同盟条约》，形成法西斯三国轴心。1943年7月，因军事失利和国内反法西斯运动高涨，被推翻和遭囚禁。9月为德国伞兵劫走，并在意大利北部充当德军占领区傀儡政权头子。1945年4月在逃亡瑞士途中，被意大利游击队捕获处决。

【四】12；【五】18、19；【六】2；【七】20；【九】10；【十六】6；【二十四】8；【二十五】8；【三十八】6；【四十】2；【四十六】2；【五十一】8；【五十二】8；【五十五】7、9

墨索里尼小姐 指意大利法西斯党魁贝尼托·墨索里尼的女儿埃达·墨索里尼。见**埃达·墨索里尼**。

【四】12；【五】18；【十六】6；【二十五】8；【三十八】6；【四十】2；【五十二】8；【五十五】9

牟中珩（1900—1981） 字荆璞，山东黄县人。毕业于保定陆军军官学校步科第九期。后在于学忠部任职。1936年10月授陆军少将。同年11月任第五十军第一一四师师长。1938年3月率部参加徐州会战。同年6月参加武汉保卫战。7月升任第五十一军副军长。1939年3月升任第五十一军军长。同年9月起任山东省政府委员。1942年1月—1944年12月任山东省政府主席兼省保安司令员。1945年1月任第十战区副司令长官，同年6月授陆军中将。抗日战争胜利后，参加内战，任第二绥靖区副司令长官。1948年9月在济南战役中被人民解放军俘获。1966年4月被特赦。后曾任山东省政府参事。

【二十三】13；【二十四】1；【二十八】1

木村兵次郎（1888—1948） 日本陆军大将，甲级战犯。埼玉县人。1908年毕业于陆军士官学校炮兵科，1916年陆军大学毕业，1922年留学德国。曾任陆军参谋本部部员、驻德国大使馆武官、陆军大学教官等职。"九一八"事变后，历任野炮第二十二联队长、整备局统制课长、陆军省兵器局长、第三十二师团长等。1940年升任关东军参谋长，积极筹划对苏联开战；次年任陆军省次长，指导、策划了太平洋战争。1944年8月，出任驻缅甸派遣军总司令，曾在缅甸、新加坡、马来西亚等地犯下虐待战俘、屠杀当地民众等罪行。日本宣布无条件投降后，在仰光参加了联合国军举行的受降仪式，代表日本政府、日军缅甸方面军在投降书上签字。1946年1月，远东国际军事法庭确定其为甲级战犯，首批起诉。1948年11月12日，法庭判处其死刑，12月23日，在东京鸭巢监狱被绞死。

【五十三】7

穆春（1878—1945） 字祝三，辽宁黑山人。曾任奉军营长、团长、旅长、师长等职。1926年8月南口之役时，穆春骑兵师攻入察哈尔多伦，所属王永清旅军纪败坏，发生抢劫喇嘛庙里的康熙御赐金佛一案。张作霖命张学良率卫队营前往处理，张学良向穆春所部训话时遭该部士兵枪击。穆、王被当场逮捕，不久穆获释。张作霖死后，穆解甲归田，拒不出仕。

【二十一】3；【三十二】9；【三十四】17

穆纯昌（生卒年不详） 1928年11月任东北炮兵第十团团长。1931年5月任独立炮兵第八旅第十九团团长。"九一八"事变时驻守在长春。

【二十三】7

N

乃木希典（1849—1912） 幼名无人，曾用名源三郎、文藏。日本陆军大将。长州藩藩士出身。1868年随山县有朋参加日本戊辰战争。1871年毕业于陆军士官学校，1877年参加平息西乡隆盛挑起的日本西南战争。1885年晋少将，任第十一步兵旅旅长。1886—1888年赴德国留学军事。归国后历任近卫第二步兵旅旅长、驻名古屋第五旅旅长。中日甲午战争时任第二军第一旅旅长，率部侵占中国旅顺、辽阳，是旅顺大屠杀的主要策划者。1895年晋升陆军中将，率第二师入侵台湾。翌年任台湾总督。1902年退役。1904年日俄战争爆发后重返军旅，任第三军司令，晋升为陆军大将，以"肉弹"战术攻克旅顺。次年参加奉天之战。1906年任军事参议官，次年为学习院院长。是皇孙裕仁的导师，1912年明治天皇殡葬时，同其妻剖腹殉节，成为日本武士道精神的典型代表。

【五十六】6

南京事变 即"南京大屠杀"。日本军队于1937年12月13日占领南京后，在华中派遣军司令官松井石根和第六师团师团长谷寿夫的指挥下，对南京无辜平民和已放下武器的军人进行惨绝人寰的大屠杀。13日晨，谷寿夫部首先入城，血染聚集在中山北路、中央路的难民群。同日，赶到燕子矶的日军，对着正在八卦洲渡江的10余万中国军民，用机枪猛射；下关、中山码头聚集待渡的伤兵、军人家属及难民也惨遭屠杀。14日，大批日军涌进南京城，搜杀、奸淫、活埋在街巷中的中国难民。血腥屠杀一直持续到1938年1月上旬，共杀害中国军民30余万人。据远东国际军事法庭调查：中国军民被集体枪杀和活埋的有19万多人，另外收埋的尸体达15万多具，全城1/3的房屋被焚毁。抗日战争胜利后，松井石根被远东国际军事法庭处以绞刑，谷寿夫被引渡给中国国民政府处以死刑。1985年，中国在南京建立了"侵华日军南京大屠杀遇难同胞纪念馆。"

【三十三】9；【四十二】2

南口大战 1926年直、奉、晋三系军阀进攻冯玉祥国民军的战争。这场战争的战线绵延千里（多伦—南口—晋北），其主要战场在北京西北郊区昌平县南口镇一带，故一般称之为南口大战。1926年4月，张作霖、吴佩孚、张宗昌、阎锡山等各派军阀组成"讨赤联军"，向冯玉祥国民军大举进攻，国民军被迫放弃天津、北京，撤至北京西北郊区南口防守。1926年5月，"讨赤联军"向据守南口的国民军发动全面进攻。战争相持4个月，双方伤亡惨重。国民军被迫于8月15日向绥远、陕甘方向退却。北方各省基本为奉、直军阀割据。此役双方共投入兵力约70万，直、奉两军伤亡5万多人。该战役在北京附近长时间吸引直、奉两系主力，致使南方空虚，有力支持了南方国民革命军北伐挺进。

【三十二】6

南满铁路 中国东北自吉林市至旅顺铁路线的旧称。原属于1897—1903年由沙俄所筑中东铁路南下支线（哈尔滨至旅顺）的长春至旅顺段。1897年8月与中东铁路干线同时动工，1902年12月完工，1903年7月通车。属于宽轨铁路。当时称南满支路。北端起自哈尔滨，全长974.9km。1904年日俄战争期间，旅顺至公主岭段铁路被日军占领，改为与日本国内相同的窄轨轨距。1905年日俄《朴次茅斯和约》规定以长春宽城子站为界，以南的铁路交给日本，改称为南满铁路。为管理南满铁路，日本于1906年11月成立南满洲铁道株式会社，并在铁路沿线派驻大批警备队，成为侵华的前进基地。抗日战争胜利后，南满铁路被中国收回，和旧中东铁路合并为中国长春铁路，简称中长铁路。现以沈阳北站为界，分属京哈铁路和沈大铁路。此外，东北按照习惯将原南满铁路称为"长大铁路"（长春至大连）。

【八】3、7、8；【十七】2；【二十五】15；【三十一】7；【三十二】17、18；【三十三】14；【六十】1

南满洲铁道株式会社 简称"满铁"。日俄战争后，日本在中国东北设立的对中国进行殖民侵略的重要机构。1905年日俄战争后，日本取得俄国控制的东清铁路南段（长春至大连）权益和财产。1906年11月日本天皇下诏成立南满洲铁道株式会社，经营南满的铁路及一切附属事业。1907年4月开业，总社设大连，分社设日本东京，额定资本2亿日元。1920年资本增至4.4亿日元。初创时，经营东清铁路南段，其后不断延伸，修建了安奉、抚顺、牛庄等南满支线铁路。该社除了经营东北铁路，还兼营煤矿开采、水运业、电气业、仓库业及铁路附近附属地的行政管理权。该社于东京设经济调查局，于大连设调查部，沈阳、哈尔滨、北京、上海等地设事务所，广泛搜集中国的军事、政治和经济情报。"九一八"事变后，进一步控制东北三省整个财政经济命脉。1937年日本政府将"满铁"的附属地行政权移交"满洲国"，同年底又将其经营的主要重工业移交给新成立的"满洲重工业开发株式会社"。抗日战争胜利后，它在中国的机构为国民政府接收。

【二十五】15

尼克松（Richard Milhous Nixon，1913—1994） 美国第37位总统（1969—1973、1973—1974）。生于加利福尼亚州。1934年和1937年毕业于惠蒂尔学院和迪克大学，曾任律师5年。1942—1946年在海军服役，授少校衔。复员后曾任共和党众议员、参议员，1952—1956年两次任副总统。1968年大选获胜，连任第46、47两届总统，1974年8月因"水门事件"辞职。任总统期间，对内抑制通货膨胀，重振经济；对外实施缓和战略，于 1972 年访华，公布"上海公报"，改善中美关系，次年结束越南战争。1993 年曾再次访华。1994 年 4 月病逝于纽约。

【三十六】2；【四十三】8；【四十四】3；【五十一】8

倪斐君（1812—1966） 浙江镇海人。贺耀祖的夫人。上海妇产科学校毕业。1932 年在南京康济医院任护士长和助产士。1933 年与国民党参谋部次长贺耀祖结婚。抗日战争期间，倪利用贺任甘肃省主席、军委会委员长侍从室主任和重庆市长等职的条件，积极参加抗日救亡工作。曾担任甘肃省妇女抗敌后援会主席，重庆难民服务团团长，中苏文化协会妇女委员会委员，并协助宋庆龄从事社会福利救济事业，与陶行知等筹办重庆国际难童学校等。1945 年后，任中国妇女联谊会常务理事兼副秘书长。1948 年毕业于上海东南医学院。后任上海人民医院内科医师。1949 年后任中国人民救济总会和中国红十字会副秘书长，全国妇联执委，全国人大代表等职。1966 年 8 月"文化大革命"开始后不久，遭迫害致死。

【二十四】11

倪桂珍（1869—1931） 浙江省余姚县（今余姚市）人。早年毕业于上海裨文女中，曾短暂留校任教，擅长数学，喜好钢琴。1887 年与宋嘉树结婚，生有 3 子 3 女，即宋霭龄、宋庆龄、宋子文、宋美龄、宋子良、宋子安。1931 年 7 月 23 日病逝于青岛，遗体被安葬于上海万国公墓。

【十三】3；【五十一】6

倪嗣冲（1868—1924） 字丹忱，安徽阜阳人。光绪秀才。生于官宦之家。北洋陆军上将。1895 年投附袁世凯，在小站督练新军。1911 年任河南布政使帮办军务。1912 年，任袁世凯总统府军事顾问。1913 年任安徽都督，兼理军务。次年袁世凯筹划称帝，联合十四省北洋军阀上书劝进。1916 年转任安徽巡按使。次年参与组成督军团，驱黎（元洪）拥段（祺瑞），参与张勋复辟，封为安徽巡抚。旋又附段，任长江巡阅使兼安徽督军，赞襄"武力统一"政策，参加进攻湖南。1920 年皖系失败，随即辞职。后在天津病死。

【二十六】2

年羹尧（？—1725） 字亮工，清汉军镶黄旗人。康熙三十九年（1700 年）进士，改庶吉士，授检讨，多次任四川、广东乡试考官，累迁内阁学士。四十八年，授四川巡抚，参与镇压当地少数民族武装起事。五十六年，办理松潘军务，配合入藏部队平定叛乱，因功授四川、陕西总督。雍正元年（1723 年），任抚远大将军，平定青海罗卜藏丹津之乱。因居功而骄，遭雍正猜忌，雍正三年，以 92 项罪状入狱，在狱中被迫自杀。

【五十二】7

聂恒裕（生卒年不详） 1928年底任东北航空大队第五队队长，辖第十、第十一中队。

【二十三】7

聂士成（？—1900） 字功亭，安徽合肥人。初从袁甲三镇压捻军，补把总。同治初，改隶淮军刘铭传部，往援江、浙、闽、皖，镇压太平军，升副将。同治七年（1868年），升任总兵。光绪十年（1884年），中法战争爆发，率师赴台湾，击退入据基隆之法军。十七年，从叶志超击败热河朝阳金丹教起事。十八年，授太原镇总兵，自请巡视东三省、俄罗斯、朝鲜八道，编成《东游纪程》，是为极具价值的军事地理手册。二十年，中日战争时，随叶志超屯军朝鲜牙山，取得成欢之捷，击毙日军甚众。在辽东战役中，扼守大高岭，收复连山关、分水岭。时东北其他战场，频频失利，京师戒严。聂奉命星驰入关，拱卫畿辅。以功授直隶提督。后奉命仿德军营制操法，编练武卫四军，成为清军精锐。二十六年，义和团运动爆发，奉命剿办。八国联军趁机侵华，聂率武卫前军抗击，在天津八里台战死。赠太子少保，谥忠节。

【三十二】16

宁恩承（1901—2000） 辽宁辽中人。出身贫寒。23岁时，作为南开的学生发表《轮回教育》一文而震惊学界。1925年秋，受张学良资助赴伦敦大学和牛津大学专攻财政金融学。1929年秋获博士，回国后任沈阳边业银行总稽核。1930年任东北大学秘书长、代张学良校长主持校务，使东北大学声誉鹊起。33岁任华北四省税务局局长，起草中国第一部所得税法。后任民国政府财政部顾问、中国农业银行总稽核、沈阳世和公银行总经理等职。1950年赴香港创办书院。50年代末定居美国旧金山。20世纪90年代后热心于东北大学的建设。1992年到台湾拜见张学良，请张题写东北大学校名，促成东北大学复校。1993年4月，作为张学良的代表到沈阳参加东北大学复名大会。1993—1995年，往返旧金山、台北和沈阳之间，聘请杨振宁、陈省身等一批著名学者任东北大学校董。1996年6月，不顾年老体衰，邀请并亲自陪同柏克利加州大学校长田长霖教授到东北大学访问和出席校董会成立大会。后捐资设立"宁氏基金"，资助东北大学学生出国留学和奖励东北大学在校学生。1998年6月，出席东北大学何世礼教学楼竣工仪式。2000年2月在美国去世。

【五十五】9

牛元峰（1891—1935） 山东沂水人。保定军校第五期毕业，后到东北讲武堂任教。1928年底任东北军辎重训练监。1931年任东北军陆军辎重教导队队长。1935年10月任第五十七军第一〇九师师长，奉命率部进攻陕北革命根据地的红一方面军和红十五军团。11月20日在直罗镇一线被红军包围，战败身亡。

【六】5；【二十六】7；【三十五】5

努尔哈赤（1559—1626） 清朝的开创者，姓爱新觉罗，号淑勒贝勒。出生在明建州卫苏克素护的赫图阿拉城（今辽宁省新宾县）。青年从军，入明总兵李成梁部。万历十一年（1583）五月，以报祖、父之仇（万历十一年其祖、父被明兵所杀）为名起兵，但仍与明保持臣属关系，被明任为龙虎将军。二十五岁时开始统一女真各部的征战，万历二十一年（1593）统一了建州女贞，平定中国关东部，创建军政合一的八旗制度。万历四十四年，建立后金，割据辽东，建元天命。萨尔浒之役后，迁都沈阳。之后席卷辽东，攻下明朝在辽七十余城。1626年兵败宁远城之役，同年四月，又亲率大军，征蒙古喀尔喀，七月中旬，身患毒疽，不久去世，葬于沈阳清福陵。清朝建立后，尊为清太祖。

【二十一】5

诺那呼图克图（1864—1936） 原名赤乃降措，法号诺那，西藏恩达人。西康活佛，国民政府高级官员。晚清、民国时期，在康藏政界和宗教界颇有影响。幼时被认证为宁玛派转世活佛而迎入诺那寺。1889年承接贝雅佛位，清政府封为呼图克图。1910年支持清廷派遣入藏川军抗击亲英藏军，对平定工布江达全境有功，被封为西康大总管。1918年夏在川康官兵与亲英藏军的战斗中被俘，入拉萨地牢。1924年10月施计逃脱。1928年奉召至南京，历任蒙藏委员会委员、立法委员、西康建省委员会委员、国民党中央第五届候补执委、中国佛学会名誉理事长、中国菩提学会会长。"九一八"事变后，曾通电全国，呼吁平津各地的藏满蒙王公喇嘛"团结一致，共挽危艰"。1935年任西康宣慰使。红四方面军入康北时，奉命调集地方农奴主武装对抗红军。1936年被红军俘获，经朱德等人教育后，转而同情红军主张，遂被释放。1936年5月12日在甘孜圆寂。

【十三】1；【五十八】5

P

帕克（Parker，生卒年不详） 1917 年张学良加入奉天基督教青年会后，结识了很多西方人士，其中有帕克夫妇。

【五十一】9

潘复（1883—1936） 字馨航，山东济宁人。清举人，捐纳府衔分发江苏候补。后入江苏布政使陆锺琦幕僚。民初加入进步党，追随靳云鹏，曾任山东实业司司长、山东运河疏浚局筹备主任、全国水利局副总裁署理总裁、运河疏浚局副总裁、北洋政府财政次长兼盐务署署长、山东筹赈会会长等职。1921 年年底，靳云鹏内阁倒台，他去职移居天津。1925 年张宗昌任山东军务督办时，为督署总参议，号称张之"智囊"。1926 年任河道督办，10 月署财政部总长。1927 年 1 月任交通部总长，6 月任安国军政府内阁总理兼交通部总长。1928 年 6 月辞职，随张作霖同车离北京，潘在天津下车，张作霖的专车在皇姑屯被炸，潘得幸免。12 月东北易帜，张学良为东北边防军司令长官，被张聘为高等顾问。后至天津作寓公。1936 年 9 月 12 日病逝于北平。

【五十三】11

潘汉年（1906—1977） 江苏宜兴人。1925 年加入中国共产党。曾任《革命军报》总编辑、中共中央宣传部文化工作委员会书记、左翼文化总同盟中共党组书记、中共江西苏区中央局宣传部部长、中国工农红军总政治部宣传部部长兼地方工作部部长等。西安事变前后，以中国共产党联络员和谈判代表的身份，到南京、上海等地沟通联络，为西安事变的和平解决做出了贡献。中华人民共和国成立后，任中共中央华东局社会部部长和统战部部长、上海市委副书记和第三书记、上海市副市长。1955 年蒙冤入狱。1977 年去世。1982 年中共中央为其平反。

【二十七】7；【三十四】1；【五十七】2

潘文郁（1906—1935） 名冬舟、东周，号文郁。湖北襄阳人。1925 年加入中国共产党，同年赴苏留学。1928 年 6—7 月中共六大在莫斯科召开时，曾担任大会翻译。1928 年年底，回上海任中共中央宣传部秘书。1930 年 7 月，当选为中央总行动委员会委员。1931 年调任中共河北省委宣传部干事，被捕自首，后被保释出狱。1934 年黎天才将潘推荐给张学良。张在武昌以潘文郁为政治机要秘书，潘给张伴读和讲解了马列主义的一些著作。潘利用职务，将国民党"围剿"苏区计划秘密提供给中共党组织。1934 年秋，因中共北方组织遭破坏，潘被暴露。张学良在蒋介石的压力下，将潘逮捕，并于 1935 年 3 月处决。潘给张学良的讲解和伴读，使张对共产党有了新的了解，对张日后联共抗日有一定影响。

【四十二】1

庞炳勋（1879—1963） 字更陈，河北新河人。东北测绘学堂毕业后，任清军第三镇测量官。辛亥革命时参加同盟会。1922年第一次直奉战争，任直军第十五混成旅的营长，与奉军作战负伤腿残。战后升任第十五混成旅参谋长。1924年第二次直奉大战，参加了北京政变。后任国民军第三军补充团团长。1925年任第二混成旅旅长。同年秋击败奉军李景林部，任天津镇守使，授陆军少将。1926年3月被吴佩孚收编，任第十二混成旅旅长。8月所部改编为河南第一师，后又改编为河南保卫军第十一师，任师长。是年冬，改编为国民革命军暂编第五军，加入北伐军。后又投冯玉祥国民军，参加了豫东大战。1929年4月任暂编第十四师师长。中原大战后，1931年春接受改编，任步兵第一师师长，同年秋任第四十军军长兼第三十九师师长。1933年5月出任察哈尔省"剿匪"总司令，围剿冯玉祥的抗日同盟军。1935年4月授陆军中将，11月当选国民党中央监察委员。1936年西安事变时，通电讨伐张、杨。1937年"七七"事变后，率部对日作战。12月升任第三军团军团长。1938年参加台儿庄会战，率部死守临沂，为会战胜利做出贡献。1939年9月升任第二十四集团军总司令。1940年初兼任河北省主席。1943年5月，所部被日军击溃后率部降日，任伪暂编第二十四集团军总司令，伪开封绥靖公署主任。1945年日本投降后，投靠蒋介石，任先遣军第一路军司令。后离职寓居。1949年去台湾，与孙连仲合开餐馆度日。1963年1月12日在台北去世。

【十】2；【三十五】6

彭贤（1884—1959） 字相亭，别号香庭。原籍新民，后迁居辽阳。据说，彭的父亲彭万荣曾与张作霖换过贴。故彭贤幼年认张作霖为义父，深受张作霖、张学良父子器重。张作霖任第二十七师师长时，彭任少校军需官、中校军需官，并在张作霖私人开的"三畬栈"负担监理责任。后曾任东三省官银号会办，总稽核、总办，张氏边业银行总裁。张作霖被炸身亡后，负责修建元帅陵，1937年经斡旋将张作霖遗骨运到锦县驿马坊与赵氏合葬。后因瘫病回辽阳养病。"九一八"东北沦陷，成立伪满中央银行，任其为总裁，未上任。抗战胜利后，受张学良委托任"三畬堂财产清理委员会"副主任，负责清理张家在东北的财产。1949年后迁居北京。

【三十二】12

彭德怀（1898—1974） 湖南湘潭人。1916年入湘军。1922年入湖南陆军军官讲武堂，毕业后在湘军任营长、团长。参加了北伐战争。1928年加入中国共产党，同年参加领导平江起义。土地革命战争时期，任红五军军长，红三军团总指挥及军团前委书记，中央革命军事委员会副主席，陕甘支队司令员，红一方面军司令员，红军抗日先锋军司令员。抗日战争时期，任八路军副总指挥（后改称第十八集团军，任副总司令员），中共北方局书记，中央革命军事委员会副主席兼总参谋长。解放战争时期，任西北野战军司令员，第一野战军司令员兼政治委员，中国人民解放军副总司令，中共西北局第一书记。中华人民共和国成立后，任中央人民政府革命军事委员会副主席，西北军政委员会主席，西北军区司令员，中共西北局第一书记，中国人民解放军副总司令，中国人民志愿军司令员兼政治委员，中华人民共和国国务院副总理兼国防部部长。1955 年被授予元帅军衔。是第一、二届国防委员会副主席，中共第六、七、八届中央政治局委员。

【六】5；【七】29；【八】5；【九】6；【二十四】9；【二十五】2；【三十五】5；【三十九】3、7

彭济群（1895—?） 字志云，辽宁铁岭人。法国巴黎建筑学校毕业。曾任巴黎建筑学校工程师，中央观象气象科科长，北京中法大学数学教授等职。1929 年 11 月任北平研究院天算部部长，同时被聘为水利研究会会员。1930 年 3 月任辽宁省政府委员兼建设厅厅长，去职后，任葫芦岛港务处处长。1931 年 3 月，任辽宁省党务指导委员 1936 年 2 月后任国民政府华北水利委员会委员长，行政院全国水利委员会委员。1945 年 9 月任嫩江省政府委员兼省政府主席。1947 年 9 月任国民政府主席东北行辕秘书长；10 月任东北行辕政务委员会委员。1948 年 9 月派为东北"剿匪"总司令部政务委员会委员、常务委员。

【二十三】9

彭寿莘（1872—1947） 字子耕。山东平度人。早年入北洋天津武备学堂。毕业后在曹锟第三镇任职。1916 年任直隶补允第一旅旅长。1920 年 7 月直皖战争中，直军取胜，升任第十四混成旅旅长。1922 年 5 月第一次直奉战争时，任暂一师师长。1923 年 5 月，升任直军主力第十五师师长，授干威将军衔。1923 年任直隶军务善后事宜帮办。1924 年 9 月第二次直奉战争时，任直隶军第十五师师长；同年任讨逆第一军总司令兼第一路司令，兵败后去职，隐居北京。抗日战争期间，曾拒绝担任伪华北政务委员会委员一职。1940 年返回故里。1947 年，病逝于故里。

【七】29；【十四】3；【二十三】13

鹏飞（生卒年不详） 1928 年底任辽宁骑兵第四团团长。

【二十三】7

朴炳珊（1893—?） 号大同，黑龙江呼兰人。毕业于保定陆军军官学校第五期炮科。早年入奉军，1928 年 11 月任东北炮兵第九团团长，1931 年任国民革命军独立炮兵第八旅第二十团团长，黑龙江省军炮兵上校团长、旅长。1931 年"九一八"事变后，参加江桥抗战，后兼任黑龙江省警备司令。1932 年，任黑龙江省抗日救国军补充步兵旅旅长，暂编步兵第一旅旅长，黑龙江民军总司令。率部和日伪军作战。抗日战争时期,任东北军第五十七军副军长,率队在山东与敌作战。1938年8月任江苏省第八区行政督察专员兼保安司令。

【二十三】6、13

普赖德,约瑟夫(Joseph Platt,1886—1980) 丹麦裔美国人。生于美国宾夕法尼亚州。是基督教会教徒。1921—1924年期间在东北从事基督教青年会的布道工作,曾任奉天基督教青年会总干事。张学良于1917年正式加入奉天基督教青年会,以后还出任会董,与普赖德建立了深厚的友谊,并深受他的影响。普赖德曾在1922年间,协助张学良参与调停第一次直奉战争。

【二】11;【四】18;【五】17;【十二】3、7、14;【三十一】13;【三十二】8;【五十一】3;【五十二】1

溥杰(1907—1994) 全名爱新觉罗·溥杰,满族,北京人。清宣统帝溥仪之胞弟,父亲是清摄政王、第二代醇亲王爱新觉罗·载沣。幼年在醇王府作溥仪伴读。1928年,北伐军进入北京前夕,载沣全家由张学良安排,赴天津租界避难,溥杰夫妇(溥杰的原配夫人为唐石霞,字怡莹,后二人感情不和离婚)住在张学良二夫人谷瑞玉公馆中。1929年去日本陆军士官学校学习。1935年回国,任伪满洲国宫内府侍从武官。1937年与日本皇族姻亲、嵯峨家的女儿浩(婚后名爱新觉罗·浩)结婚。1945年8月日本投降后,在沈阳机场被苏联军队俘获。1950年8月被移交给中华人民共和国政府羁押。1960年被特赦,在景山公园工作一年。后历任全国政协文史资料研究委员会专员、全国人大常委会委员,全国人大民族委员会副主任等职。1994年2月28日病逝。

【二十三】13;【三十二】7、13;【三十六】4;【三十八】1;【三十九】8;【五十二】12

溥儒(1896—1963) 字心畬,号西山逸士,满族,北京人。清皇族后裔,溥仪的堂兄。自幼从师宫廷画家学习书法。1914年毕业于北京法政大学。1915年赴德国入柏林大学,学习天文和生物学,获博士学位。回国后潜心经史和丹青,画工山水、兼擅人物、花卉,20世纪30年代与张大千齐名,有"南张北溥"之誉。1928年东渡日本,应聘任京都帝国大学教授。1934年归国至北京师范大学及北京国立大学艺术专科学校任教。卢沟桥事变后,拒绝担任伪职。1946年遴选为制宪国民大会代表。1949年去台湾,在台湾师范大学任教,1963年11月18日病故于台北。

【十八】1;【三十二】7;【三十八】1

溥伟(1880—1936) 号锡晋斋主,满族爱新觉罗氏。系第一代恭亲王奕䜣的嫡孙。1898年承袭王爵。历任官房大臣、正红旗满洲都统、禁烟事务大臣等要职。辛亥革命时,与肃亲王善耆等人组织"宗社党",妄图复辟清室,拒绝在清帝"退位诏书"上签字,主张整兵一战,是清皇族中的复辟派。1912年2月,避居德国侵占的青岛。第一次世界大战爆发,日军占领青岛,与善耆在日军的支持下搞"满蒙独立运动",重建宗社党,秘密组织"勤王军",妄图借日本势力复辟清室。1916年袁世凯死后,日本改变了对华政策,将宗社党军队和蒙古骑兵解散。1922年2月善耆死亡,复辟的清室企图破灭。1931年"九一八"事变后,日本为诱迫溥仪早到东北筹建满洲国傀儡政权,扬言要以溥伟为首建立"明光帝国"。溥仪得知这一消息,急忙来到旅顺,顺从地当了日本的傀儡皇帝。从此,溥仪对溥伟心存戒虑,始终没有给他一个职位。1936年1月,在贫病交加中猝死于长春。

【三十八】1

溥心畬 即溥儒,字心畬。见**溥儒**
【四十三】11

溥仪(1906—1967) 全名爱新觉罗·溥仪,字浩然。清朝末代皇帝(1909—1911年在位),年号宣统,通称宣统皇帝。1911年清朝被推翻,根据清帝退位优待条件,不废年号,暂居故宫。1917年张勋拥其复辟,不久失败。1924年废除皇帝称号,出宫。1925年逃入天津日本租界。1931年底在侵华日军策划下潜往东北,1932年3月在东北建立日本扶持下的傀儡政权"满洲国",任伪满洲国"执政"。1934年改国号为"满洲帝国",改称皇帝,改年号为"康德"。1945年8月日本投降侯,被苏联红军俘获。1950年移交中华人民共和国政府。1959年12月被大赦释放。后曾任全国政协委员、全国政协文史资料研究委员会专员。1967年在北京病逝。

【八】3、14;【二十一】5;【二十三】13;【二十八】2;【三十二】7、13;【三十五】12;【三十八】1;【三十九】3;【四十四】7;【四十九】2;【五十九】3

Q

七君子 指1936年被国民党当局逮捕的救国会领导人沈钧儒,邹韬奋,李公朴,章乃器,王造时,史良和沙千里。1936年5月,马相伯、宋庆龄、沈钧儒、章乃器等著名人士响应中国共产党建立抗日民族统一战线的号召,在上海发起成立全国各界救国联合会,发表宣言,通过《抗日救国初步政治纲领》,要求国民党停止内战,释放政治犯,并与中共谈判,建立统一的抗日政权。1936年11月23日,国民党以"危害民国"的罪名,在上海逮捕了沈钧儒、邹韬奋等七位救国会的领导人,成为轰动一时的"七君子事件"。事件发生后,全国各界掀起了声势浩大的营救运动,宋庆龄、何香凝、张学良、杨虎城和国际友人罗素、杜威、爱因斯坦等纷纷要求无条件释放沈钧儒等人。但国民党政府拒不释放,直至"七七"事变爆发后,国民党政府才于7月31日宣布具保释放沈钧儒等七人,并于1939年2月最后撤销了起诉书。

【十二】8;【二十五】2;【二十七】6

七总裁 指民国时期广州护法军政府的七位总裁。1917年北洋皖系军阀段祺瑞控制北京政权后,解散国会,废弃《临时约法》,7月孙中山在广州宣言"护法",即护《临时约法》,反对段祺瑞的统治。8月非常国会通过军政府组织大纲,选举孙中山为陆海军大元帅,桂系军阀陆荣廷、滇系军阀唐继尧为元帅,组成军政府。次年,陆、唐操纵非常国会改军政府组织法,改元帅一长制为总裁合议制。以孙中山、伍廷芳、唐绍仪、陆荣廷、林葆怿、唐继尧、岑春煊7人为总裁,即所谓"七总裁",以岑为主席总裁,护法军政府实际权力为西南军阀所篡夺,孙中山被迫离粤赴沪。1919年,陆荣廷与北洋直系军阀妥协,护法军政府撤销,"七总裁"解职。

【二十六】2

齐白石(1863—1957) 湖南湘潭人,自谓清,又字兰亭,别号白石老人。中国近现代画家、篆刻家。幼年因家贫辍学,15岁后开始学习木匠。21岁开始研习国画。1888年拜湘潭画家萧传鑫为师,后又拜胡自倬等名士为师,并刻苦攻读唐诗及儒家经典,向士大夫画家转型。1896年始学篆刻。1899年拜湖南文人领袖王湘绮为师。1916年后定居北京。1927年起出任北平艺术专科学校中国画教授。抗日战争爆发后坚持民族气节,闭门家居。1949年后,先后担任中央美术学院名誉教授、北京画院名誉院长、中国美术家协会主席等职。曾被授予"中国人民艺术家"的称号、荣获世界和平理事会1955年度国际和平金奖。1957年逝世于北京。

【五十九】4

齐世英（1899—1987） 字铁生，又名铁铮。辽宁铁岭人。早年就读于日本第四高等学校和日本京都帝国大学。后留学德国，毕业于柏林大学政治经济科。归国后，任奉天同泽中学校长，继就职奉军。1925年参加郭松龄反奉，任东北国民军外交处主任。事败后，逃入新民日本领事馆，后流亡日本。1926年加入国民党，任国民党中央政治委员会土地专门委员会秘书。1931年"九一八"事变后，组织与领导东北反满抗日协会，策动抗日武装，布置伪满地下情报策反工作等。抗日战争时期，任国民参政会参政员、政务巡视团陕甘宁青西北组团员。抗战胜利后，于1945年10月，曾随东北行营主任熊式辉、莫德惠等抵长春，与苏军磋商接收东北，后被调回重庆。旋任"行宪"立法委员。1949年去台湾，不久辞职。初期，以立法委员身份，为社会民生反对电力加价，被开除国民党党籍，后恢复党籍平反。曾以无党籍或党外身份，和雷震、高玉树等筹组新党。1987年8月于台北逝世。

【九】4；【十五】3；【二十五】1、2、13、14、16；【三十二】14；【三十三】21；【三十四】4；【四十九】6；【五十四】7、9

齐燮元（1885—1946） 字抚万，号耀珊，河北宁河人。清末秀才，后入北洋水师学堂，赴日本陆军士官学校留学，毕业后任职北洋第六镇。民国后历任第六师师长、江宁镇守使、江苏督军、苏皖赣巡阅使等职。1924年9月，为争夺上海地盘，与浙江督军卢永祥之间爆发江浙战争，因部下倒戈而弃职。后联络孙传芳反奉又失败，亡命日本。1925年投靠吴佩孚，被封为十四省讨贼联军副司令，1930年中原大战时被阎锡山、冯玉祥任命为江北招讨使。1931年任国民党军委会北平分会顾问。1935年任冀察政务委员会委员。1937年平津失陷后叛国投敌，先后任通州陆军军官学校校长、伪国民政府中央政治委员会委员、军事委员会委员、华北绥靖军总司令、华北政务委员会常务委员等伪职。抗战胜利后被逮捕，1946年以叛国通敌罪被处决。

【三十三】12

齐亚诺，加莱阿佐（Cialeazzo Ciano，1903—1944） 法西斯意大利外交部长和墨索里尼的女婿。生于意大利窝那的显贵之家，父亲科斯坦佐·齐亚诺即卡布里伯爵，是墨索里尼的至交，法西斯元老。1925年从罗马大学法律系毕业后即从事新闻工作，同年进入意大利外交部门工作。1928年起任意大利驻华使馆参赞、驻上海领事馆总领事，后升任驻中国公使馆公使。1930年与墨索里尼的女儿埃达结为夫妻。1934年，出任意大利出版局局长。1936年，出任法西斯意大利的外交大臣。1943年7月盟军在西西里登陆后，与墨索里尼决裂。1944年1月，墨索里尼在希特勒的压力下，以叛国罪判处齐亚诺死刑。

【四】12；【五】18；【七】20；【二十五】8；【三十八】6；【四十】2；【五十五】8

钱大钧（1893—1982） 字慕尹，江苏吴县人。1910 年入江苏陆军小学，毕业后加入中国国民党，二次革命失败后赴日，后毕业于日本陆军士官学校炮兵科。1921 年参加粤军，1924 年进入黄埔军校，曾历任黄埔军校代总教官、参谋处长、第三十二军军长、国民革命军总司令部总参议、中央军校武汉分校教育长、豫鄂皖剿匪总司令部参谋长、武昌行营参谋长、广州行营参谋长、军政部政务次长、调查统计局局长、上海市长兼淞沪警备总司令等职，1936 年 9 月加陆军上将衔。1949 年自重庆绥靖公署副主任、西南军政长官公署副长官任上赴台湾，任国民党中央纪律委员会委员、中央评议委员、中华航空公司董事长等职。1982 年 7 月逝世。

【二十三】11；【二十六】10、12、13、14；【二十八】3、9；【三十五】8

钱复（1935— ） 字君复，钱思亮（曾任台湾大学校长、中央研究院院长）之子，浙江杭州人。1949 年随父迁台，毕业于台湾大学政治系。1958 年入耶鲁大学主修国际关系与外交，1961 年获博士学位。返台后担任蒋介石英文秘书兼政治大学副教授。先后担任台湾当局"外交部"北美司司长、"行政院"新闻局长"行政院经济建设委员会"主任委员等职务，1990 年担任"外交部长"。1996 年任"国民大会议长"。1999 年任"监察院院长"。2005 年后任国泰人寿慈善基金会董事长，中华大学荣誉书院院长。

【三十四】15

钱煦（1931— ） 美籍华裔科学家，钱思亮（曾任台湾大学校长、中央研究院院长）之子，钱复的二哥。生于北京。1947 年考取北京大学医科。1949 年随父去台湾，入台湾大学医学院，1953 年毕业。次年赴美深造，1957 年获哥伦比亚大学生理学博士。1991 年起在加州大学圣地亚哥分校任职。1976 年当选"中央研究院"院士。2006 年 6 月获美国文理科学院院士证书后，集全美四大院——美国科学院、美国工程院、美国医学院、美国文理科学院之院士于一身的殊荣。

【三十四】15

钱宗泽（1891—1940） 字幕霖，浙江杭县（今杭州）人。保定军官学校第一期毕业。历任浙军排、连、营长。1916 年考取陆军大学，后赴法国考察军事。1922 年回国，先后任交通部全国队警总局副局长、徐州警察厅长、浙江省会警察厅长兼全省警务处长、国民革命军总司令部车车管理处长等职。南京国民政府成立后，历任津浦铁路副局长，开封、广州、武汉行营参谋处长，铁道部政务次长兼北宁铁路局长，陇海铁路局局长等职。抗战爆发后，任国民党中央军事委员铁道运输司令、运输总监部副总监、运输总司令部司令、运输统制局副参谋长，负责战时交通运输。1940 年 7 月病故。

【二十八】3

乾隆 即清高宗爱新觉罗·弘历（1711—1799），清朝第六位皇帝，入关后第四位皇帝。因其年号为乾隆，故习称乾隆帝。25岁登极，在位六十年，退位后当了三年太上皇，实际掌握最高权力长达六十三年零四个月，是中国历史上执政时间最长、年寿最高的皇帝。在位期间文治武功兼修，彻底解决准噶尔汗国割据、平定大小和卓叛乱、击退廓尔喀人乱藏，巩固了统一多民族国家的发展，当时文化、经济、手工业都是极盛时代，为发展清朝康乾盛世局面做出了重要贡献。在位期间编修了《四库全书》，但同时禁毁了大量书籍并迭兴文字狱。中晚年吏治趋于败坏，坚持闭关锁国使中国日渐落后于世界潮流。庙号高宗，谥号法天隆运至诚先觉体元立极敷文奋武钦明孝慈神圣纯皇帝。葬于清东陵裕陵。

【三十】4；【三十二】12；【三十九】6；【五十】6

乔方（1898—?） 黑龙江呼兰人。保定军官学校及日本炮校毕业。后入东北军，历任连长、营长、团长。1931年5月东北军改编后，任独立炮兵第七旅旅长。1933年任第五十三军炮兵第七旅旅长。1935年4月授少将衔。1937年起任军事参议院参议。1946年7月退役。

【二十三】9、11、12、13

巧电 指1930年9月18日张学良发表的"和平通电"。当时拍发电报，"18日"用"巧"字代替，故称"巧电"。1930年5月，蒋介石同阎锡山、冯玉祥、李宗仁等各反蒋派爆发中原大战。各方都试图拉拢持观望态度东北军，蒋介石运用各种手段争取到了张学良的支持。9月18日，张学良发出"巧电"，主要内容是："规劝各方，勿以兵戎相见""凡我袍泽，均应静候中央措置；海内贤达，不访各抒伟见，共谋长治久安之策。"明确表示支持南京国民政府，要对中原大战进行武装调停。发电后，张学良率东北军入关，占领平、津、河北，反蒋联军迅速瓦解。

【三】4；【四】6、9；【五】11；【九】8；【十一】4；【十七】2、13；【二十】5；【二十二】7；【二十三】7；【二十四】3、6；【二十五】2；【三十九】1

秦诚至（1910—?） 辽宁辽阳人。日本陆军士官学校第十九期工兵科毕业。曾任东北讲武堂少校教官。西安事变时，任东北军第五十三军第一一六师副团长，参与西安事变。抗战期间曾任军政部工程总队上校总队附，1941年任第十五集团军总部少将高参。抗战胜利后曾任东北"剿匪"总部高参室少将高参，1948年11月1日在沈阳投诚。后任沈阳市人民政府参事，沈阳市政协委员。

【二十八】1

秦德纯（1893—1963） 字绍文。山东沂水人。1916年保定陆军军官军校第二期陆军科毕业。曾任国民军第二军第五师师长。1927年3月任第四军军长，后改任冯玉祥部第二十三军军长、第十四军军长、山东省政府主席。中原大战后，被张学良收编，委以第二十九军总参议。1935年起任察哈尔省政府主席，1935

年 6 月与土肥原贤二订立"秦土协定",策划华北自治。同年 12 月任冀察政务委员会常委兼北平市长。抗战爆发后曾任第一集团军总参议,军令部次长等职。1948 年底任山东省政府主席兼青岛市长。次年 8 月前往台湾,任"总统府"战略顾问,1963 年 9 月病故于台北。

【二十六】9

秦皇岛劫械　指 1918 年 2 月奉军于秦皇岛劫持直系军阀从日本购买的大批军火的事件。该事件系段祺瑞智囊徐树铮策划,其目的是为了借助奉系力量削弱冯国璋为首的直系。在徐树铮的建议下,1918 年 2 月张作霖派张景惠、丁超率部在秦皇岛劫持了时任北京政府总统冯国璋从日本购置的一批军火,轰动一时。劫械成功后,张作霖将所得军械先后装备了七个混成旅,使奉系力量大增。冯国璋虽发电要求退还,但也只是一纸空文。

【二十六】3;【三十二】16;【三十三】4

秦靖宇(1913—1986)　别号敬予,安东凤城人。毕业于东北讲武堂、陆军大学第十期。早年入东北军。抗战期间曾任第四十九军参谋长、骑兵第三军军长。1948 年任辽宁省政府委员。后去台湾,1986 年去世。

【二十八】3

秦真次(1890—1959)　又名秦彦三郎。日本三重县人。日本陆军中将,关东军最后一任总参谋长。先后毕业于日本陆军士官学校和陆军大学。曾长期从事对苏情报工作。1922 年,任步兵大尉参谋本部部员(俄罗斯班)。翌年,任关东军的满洲里特务机关长。1926 年后,先后在驻苏联、波兰、罗马尼亚等国使馆任武官。1937 年 8 月,任第一师团步兵第五十七联队长。1938 年 7 月,任关东军哈尔滨特务机关长。1940 年 3 月,任关东军副参谋长。1942 年 10 月,任第三十四师团长,驻守南昌。1943 年 4 月,任参谋本部参谋次长兼大本营兵站总监。1944 年 2 月,到陆军大学任校长。7 月东条英机倒台后,重新回到参谋本部,协助梅津美治郎总长。1945 年 4 月,在日本战败前夕出任关东军总参谋长等职。8 月日本战败后,被苏联扣押。1956 年由西伯利亚归国。

【五十三】7

青年党　"中国青年党"之简称,初名"中国国家主义青年团"。1923 年 12 月 2 日成立于法国巴黎。主要发起人有曾琦、李璜、李鲁之、李不韪、张子柱、胡国伟、何鲁之等人,机关报为《先声》。主张国家主义而反对共产主义,被称为国家主义派。1924 年在巴黎召开第一届全体大会,曾琦被选为委员长。1925 年冬党部迁往上海。1929 年 8 月 20 日在沈阳举行第四次全国代表大会,正式定名为"中国青年党"。"九一八"事变后主张停止内战,抗战期间曾加入中国民主政团同盟。1937 年参与重庆国民政府的国民参政会并取得合法地位。1947 年与国民党签署

《共同施政纲领》，加入国民政府，进一步依附国民党政权。1949年随国民党去台湾。

【三十九】1；【四十六】2

请缨抗敌书 指1936年11月27日张学良向蒋介石递交的《援绥请缨抗敌书》。1936年11月15日，驻绥远的中国晋绥军部队进行了抗击日、伪军的绥远抗战，全国掀起援助绥远抗战的运动。11月27日张学良向蒋介石递交了此文件，全文如下："委员长钧鉴：叩别以来，瞬将一月。比闻钧座亲赴晋鲁指示一切，伏想贤劳，极为钦佩。绥东局势，日趋严重，日军由东北大批开入察境，除以伪匪先驱并用飞机助战外，已将揭开真面，直接攻取归绥。半载以来，良屡以抗日救亡之理论与策划，上渎钧听，荷蒙晓以钧旨，并加逾勉，感奋之念，与日俱深。今绥东事既起，正良执殳前驱，为国效死之时矣。日夕磨砺，惟望大命朝临，三军即可夕发。盖深信钧座对于抗日事件，必有整个计划与统一步骤，故唯有静以待命，无烦喋陈，乃彼大军调赴前方者，或已成行，或已达到；而宠命迄未下达于良，绕室彷徨，至深焦悚！每念家仇国难，丛集一身，已早拼此一腔热血，洒向疆场，为个人尽一份之前愆，为国家尽一份之天职。昔以个人理智所驱，与部属情绪所迫，迭经不避嫌忌，直言陈请，业蒙开诚指诲，令体时机，故近月以来，对于个人及部属，均以强制功夫，力为隐忍，使之内愈热烈，外愈冷静，以期最后在钧座领导下，为抗日之先驱，成败利钝，固所不计。今者前锋既接，大战将临，就战略言，自应厚集兵力，一鼓而挫敌气，而调遣良部北上，似已其时；就驭下言，若非及时调用，则良昔日之以时机未至慰抑众情者，今亦疑为曲解，万一因不谅于良，进而有不明钧意之处，则此后之统率驭使，必增困难。盖用众贵有诚信，应战在不失时机。凡此种种，想均在洞鉴之中，伏恳迅颁宠命，调派东北军全部或一部，克日北上助战，则不独私愿得偿，而自良以下十余万人，拥护钧座之热诚，更当加增百倍。凤被知遇优隆，所言未敢有一字之虚饰，乞示方略，俾有遵循，无任企祷之至。"1936年12月3日、7日，张学良又两次向蒋介石哭谏，要求援绥和释放七君子。蒋不同意，并痛斥了张。蒋拒绝东北军请缨抗日，强迫张、杨继续进行内战，是触发西安事变的直接原因之一。

【二十五】2

庆亲王 清朝世袭亲王，特指庆密亲王奕劻（1838—1917），满族，爱新觉罗氏。乾隆帝第十七子永璘之孙。自幼过继庆郡王绵慜为嗣。道光三十年（1850年）袭封辅国将军。后历封贝子、贝勒。光绪十年（1884年），慈禧太后罢斥恭亲王奕䜣，他因缘得接任总理各国事务衙门大臣，主持外交，并进封庆郡王。次年设立海军衙门，受命会同醇亲王奕譞办理海军事务。1894年，封庆亲王，权位渐崇，而庸碌无为。1903年荣禄病死，奕劻任领班军机大臣，旋又管理财政处、练兵处事务，集内外大权于一身。奕劻为人贪鄙，与其子载振、大臣那桐卖官鬻爵。初主军机时，袁世凯就用重金笼络，使之成为袁在朝廷中的内援。宣统三年

(1911年），清廷裁撤军机处，奕劻任"皇族内阁"总理大臣。武昌起义后，他竭力主张起用被罢黜的袁世凯。不久，袁入京代他为内阁总理大臣，奕劻改任弼德院总裁。宣统帝退位后，避居天津租界。1917年1月29日病死。

【三十四】18

邱立亭（1903—?） 吉林人。东北讲武堂第五期步兵科毕业。长期在东北军任职。1929年任东北边防军步兵第二十旅第五十八团团长。1933年参加长城抗战，1935年任东北军第一二〇师第六五八团团长。1937年任第五十七军第一一一师三三三旅少将旅长。1938年任河北游击总司令部少将参议，1945年12月任东北保安司令长官部松江省宣抚特派员，1948年任东北"剿匪"总部少将高参，同年10月在沈阳起义。

【二十三】13；【二十六】14

邱秀虎（生卒年不详） 1936年12月由军统局特务队调任看守监管张学良的特务队随护组成员。从张学良南京被囚开始，到迁禁浙江奉化、安徽黄山、江西萍乡、湖南郴州、湖南沅陵、贵州修文等地一直跟随监管，直至1939年10月调任贵州警察局侦缉大队大队长。写有《张学良将军被囚琐记》。

【二十一】1；【二十二】4

裘盛戎（1915—1971） 北京人，祖籍浙江绍兴。著名京剧花脸演员。8岁从父学戏，14岁进福连成，坐科七年，1934年出科。表演上受周信芳影响，但自成一格，形成了韵味醇厚、含蓄细腻、节奏鲜明、刚柔相济的唱腔风格，号称"裘派"，1949年成立裘社，1950年与谭富英组成太平京剧团，1953年改组为北京市京剧二团。1956年与马连良京剧团合并为北京京剧团，任副团长。1971年去世。代表作品有《二进宫》《将相和》等。

【十一】7；【十七】8

仇十洲（1498—1552） 名英，字实父，一作实甫，号十洲，又号十洲仙史，太仓（今江苏大仓）人。明代有代表性的画家之一。擅长画人物、山水、花鸟、楼阁、界面，尤长于临摹，工笔、写意、白描俱佳。画风细腻工整，色彩华丽，自成一格。与沈周，文徵明和唐寅被后世并称为"明四家"，"吴门四家"，亦称"天门四杰"。

【三十九】8

群山俱乐部（Mountain Club） 1916年前后外国人在奉天开设的俱乐部。张学良是会员中唯一的中国人，常在此看外国电影、打台球等，在此受到了西方文化的影响。

【七】14；【十二】7；【十七】13；【三十一】13；【五十一】2

R

饶汉祥（1883—1927） 字瑟僧、羼提，号质含先生。湖北广济人。清末举人，后留学日本，自法政大学毕业。辛亥革命爆发后赴武昌，任鄂军都督府书记。后受黎元洪提拔，历任秘书、秘书长。1912 年 11 月，任湖北省内务司司长。翌年，署理湖北省民政长。1914 年，任副总统黎元洪的秘书长，并出任政治会议委员。同年 5 月，任参政院参政。1915 年 8 月筹安会起，黎元洪为袁世凯软禁，饶亦受监视，后潜返家乡。1916 年，袁死，黎任总统，饶为总统府副秘书长。后"府院之争"，黎下野，饶随黎寓居天津。1922 年 6 月，黎重新担任大总统，饶出任总统府秘书长兼侨务局总裁。翌年 6 月，黎元洪辞大总统，饶同时辞去秘书长，到天津隐居。1925 年，任郭松龄的秘书长，郭举兵反奉，代拟讨张作霖通电，列举张五大罪状，并亲往郭部赞襄文告。郭兵败死亡后，饶遭到张学良通缉。1927 年 6 月 17 日病逝。

【三十二】9；【四十二】3

任狄生（生卒年不详） 1935 年 10 月，任西北"剿总"医务处副处长。西安事变后，任抗日联军临时西北军事委员会军医处处长。

【二十三】13

日俄战争 1904—1905 年（清光绪三十年至三十一年） 日俄两国为争夺中国东北和邻邦朝鲜以中国为主要战场的一场战争。长期以来，日俄各对中国东北和朝鲜怀有强烈的领土野心。日本于 1904 年 2 月 8 日派遣海军偷袭停泊在旅顺港外的沙俄太平洋舰队，日俄两国遂于 2 月 10 日同时宣战。1905 年 1 月日军攻陷旅顺口，3 月又在沈阳附近攻击了俄国陆军主力。5 月，日军又在对马海峡击溃俄方从波罗的海调来增援之舰队，至此战争胜负已分。在英国调停下，从 8 月 10 日起日俄开始议和，9 月 5 日在英国签订《朴次茅斯和约》。战后，日本取代了沙俄在中国东北的支配地位，为其进一步侵华奠定了基础。日俄战争期间，中国东北是双方陆上交锋的战场，当地人民蒙受极大的灾难，生命财产遭到空前的浩劫。清政府无力约束交战双方，屈辱地宣布局外中立。

【四】14；【六】4；【八】6；【九】5；【十五】4；【十七】5、6；【十九】8；【二十五】15；【三十一】8；【三十二】18；【四十四】2；【五十六】6

荣剑臣（1886—1958） 满族，北京人。单弦演员。幼年学唱莲花落，后改唱单弦，得前辈艺人全月如、阿铁山等指点，吸收北京高腔唱法，形成自己的风格。1954 年参加中央广播文工团说唱团。

【十八】2

荣臻（1889—1960） 河北枣强人。1912年入保定军校一期炮兵二队。1914年11月毕业，加入奉系李景林部。1917年入北京陆军大学。1919年毕业后，任东三省讲武堂战术教官，奉军营长，团长。1925年任东北陆军第十九师第四十三旅旅长。1926年任东北陆军第一师师长、第十七师师长、镇威军第三、四联合军团第十六军军长，率部参加南口战役。1927年6月，任第四方面军第十七军军长。东北易帜后，任第五编遣区驻沈阳办事处主任，东北边防军司令长官公署军事厅中将厅长。1931年初，任东北边防军司令长官公署中将参谋长。1931年"九一八"事变后，率长官公署迁移辽宁锦州，协助张作相处理东北军政事务。1932年8月，任国民政府军事委员会北平分会委员、常务委员。日军占领华北后，参加日伪政权。1943年6月后，任汪伪军事委员会委员，伪华北政务委员会"剿共委员会"委员长。1944年6月，任伪华北政务委员会特别法庭"华北分厅"厅长。后又任伪华北"治安总署"中将副署长、伪华北"治安军"中将副总司令。1945年2月，任伪河北省省长，4月任伪华北政务委员会保定绥靖公署主任。日本投降后，被逮捕，并被判刑。1960年病故于北京。

【十六】1、2；【二十三】7、10、11；【二十五】15；【三十一】4；【四十二】6；【五十四】7

荣子恒（？—1945） 荣臻之子。毕业于日本陆军士官学校。1931年5月任北平陆海空军副司令行营卫队统带部步兵总队第三队队长。1936年后任东北军第一〇五师第二旅第四团团长，第五十七军三三四旅旅长，鲁南战区第一一二师副师长兼第三三四旅旅长。1943年6月率部投日，任伪"和平救国军"第十军军长。1945年2月被八路军击毙。

【二十三】10

容闳（1828—1912） 号纯甫。广东香山（今属珠海）人。少时入澳门马礼逊学堂，后随校迁至香港。1847年初，赴美学习，后考入耶鲁大学，1854年成为毕业于美国大学的第一个中国留学生。1855年回国，曾在广州美国公使馆、上海海关等处任职，后投入洋务运动。1863年参与筹建江南制造局。1868年，向清政府提出以选派幼童留学为重点的四项条陈。1870年被任命为"幼童出洋肄业局"副委员，任留学事务所副监督，并于次年率第一批留学生赴美。此后长期驻美，专管留美学生事务，并于1875年任出使美国、西班牙、秘鲁三国副大臣，直至1881年清政府撤回留学生为止。1882—1894年侨居美国。戊戌变法时，在北京与维新派密切交往，变法失败后避居上海租界。1900年唐才常的自立会在上海改称"中国国会"，被推为会长。自立军起义被镇压时，遭清政府通缉，辗转流亡美国。后渐趋支持孙中山的革命活动。1912年4月，病逝于美国。

【四十二】10

S

赛金花（1872—1936） 原名傅彩云，小名三宝，江苏盐城人。十余岁被鬻为雏妓，1887年被清状元洪钧纳为妾。随其出使欧洲各国，旅欧三年。1893年洪钧死后返欧洲。次年潜赴上海复为妓，名噪一时，1898年为在上海苏州人公逐。后转至天津改名"赛金花"。1900年八国联军侵略时曾至北京，与个别德国军官有接触。1905年返沪重操旧业，1911年与沪宁铁路总稽查曹瑞忠同居。1918年与魏斯炅结婚，后返北京居住。1936年潦倒病死。

【三十一】15

三、四方面军 1925年秋，奉军改编为6个军团，即6个方面军。第三方面军军团长为张学良，第四方面军军团长为姜登选。1926年春，张作霖在秦皇岛召开军事会议，因姜登选在1925年11月"郭松龄反奉"事件中遇害，会议决定第三、四方面军组成联合军团，以张学良、韩麟春为军团长。此后，习惯将第三、第四方面军联合军团称为"三、四方面军"。

【二】3；【二十一】7；【五十】10

三江口之战 亦称同江之役。1929年中东路战争中，中国东北军在三江口（松花江、牡丹江会合后，在同江汇入黑龙江处，故称三江口）与苏联军队进行的一次战斗。10月12日清晨，在同江的苏军阿穆尔河区舰队由指挥官斯加斯克率领舰艇9艘发起进攻；中方东北江防舰队由尹祚干指挥6艘舰艇和"东乙"号武装驳船（船上放置两尊120毫米大炮）应战。战事开始后，藏在芦苇浅滩中的"东乙"即发炮击中苏军旗舰"雪尔诺夫"号的指挥舰桥，苏军的另外三艘舰艇亦被击成重伤。9点，苏军飞机加入战斗，掌握了战场的制空权，战局急转直下。中方的"江平"、"江安"、"江泰"、"利捷"、"东乙"等5舰被击沉，"利绥"舰受重创，退出战斗。其后苏军飞机和舰艇集中火力掩护步兵在三江口地区登陆，驻守的东北海军陆战队第一大队和陆军一个营坚守5个小时后大部战死。下午2时，苏军占领同江，次日退出，但保留了对黑瞎子岛的占领。是役，根据中方公布的战报，中方损失900人左右，江防舰队几乎全部损失；苏方损失700人左右，舰队旗舰"雪尔诺夫"号等三艘被击沉、两艘重伤，飞机被击落两架。（苏方战报未知）。三江口之战规模不大，但兵种齐全，形成陆海空立体作战，也是中日甲午海战之后中国军队首次水上对外作战。

【二十四】5

三角讨赤联合 指1926年奉、直、晋军阀组成的联合"反赤"同盟。1924年国民党确定"联俄、联共、扶助工农"三大政策，实行国共合作后，南方革命形势蓬勃发展。在北方,第二次直奉战争后,冯玉祥表示同情孙中山的革命主张,并与苏联有一定联系,被视为"赤化将军",华北人民的反帝反军阀运动也日趋发展。1925 年 10 月在第二次直奉战争中失败的吴佩孚在武汉就任十四省讨贼联军总司令,发动反奉战争,图谋东山再起。11 月孙传芳在南京响应,成立浙、闽、苏、皖、赣五省联军,自任联军总司令兼江苏总司令,驱逐苏皖等地奉系势力。11 月 22 日,奉系将领郭松龄在冯玉祥的支持下,在直隶滦州倒戈,将所部改称东北国民军,直逼沈阳。12 月郭松龄兵败后,张作霖则挥师挺进京津。1926 年 4 月奉军占领北京。在英、日帝国主义策动下,张作霖与吴佩孚,面对当时的革命形势,决心再度直奉联合,共组"讨赤联军",后阎锡山也加入。奉、直、晋以讨赤为名,合围冯玉祥国民军。但三方因各自利益,矛盾重重。1927 年 3 月,孙传芳在长江南岸被北伐军击败,张作霖在军事上也进退维谷,阎锡山见奉、吴大势已去,便与奉吴脱离关系,该同盟宣告瓦解。

【三十一】4

三角同盟 又称"反直三角同盟"。指 20 世纪 20 年代孙中山的广东政权同皖系段祺瑞、奉系张作霖组成的反对直系军阀的军事同盟。尽管粤、皖、奉的主张不同,但在反对直系军阀上是一致的。1922 年第一次直奉战争,直系全胜并控制了北京的中央政权。第一次直奉战争的失败,推动了孙中山与张作霖的合作,双方多次派代表商讨讨直的计划。当时,皖系的浙江督军卢永祥处于直系军阀的包围之中,也愿意同孙中山和张作霖共同对付直系。1924 年 9 月 3 日,卢永祥通电就任浙沪联军总司令,即与江苏都督齐燮元军在上海附近开战,江浙战争爆发。在吴佩孚的支持下,苏、闽、赣、皖的直系军阀共同进击卢永祥。翌日,孙中山宣布"援浙即以存粤",并发布北伐命令。9 月 4 日,张作霖向直系挑战,15 日自任镇威军总司令,向山海关、热河一线推进。直系也以吴佩孚为总司令,出兵对抗,第二次直奉战争爆发。孙、段、张联合行动,战争发展为全国反直势力与直系军阀的大决战。1924 年 10 月,直系冯玉祥倒戈,发动北京政变,曹锟被囚,第二次直奉战争结束,直系瓦解,奉系取得决定性的胜利。张作霖、冯玉祥、段祺瑞等电邀孙中山北上,共商国是。11 月 13 日,孙中山离广东北上。11 月 15 日,张作霖、卢永祥、冯玉祥、胡景翼、孙岳联名推戴段祺瑞为中华民国总执政。11 月 24 日段祺瑞临时政府宣告成立,又成了各帝国主义侵华的共同工具。这与孙中山《北上宣言》的精神南辕北辙。1925 年 3 月 12 日,孙中山在北京病逝。"三角同盟"也由于直系的垮台,粤、皖、奉政治上的分歧而自然解体。

【五】13;【十六】4;【二十一】3;【二十五】15;【三十一】1、2、4、6;【三十三】12;【三十五】6;【四十四】5;【五十二】10;【五十四】7、9

三畲堂 张作霖家族的堂号。奉系军阀时代,张氏家族曾在东北兴办实业,开办了众多以油房、典当、粮栈为主的经营性企业和商号,并置办了大量的房产。张氏家族在东北的这些实业，多以"三畚"为号，如三畚当、三畚粮栈等。"九一八"事变后，这部分家业全部落入敌手。抗战胜利后，张学良向蒋介石提出清理其家族在东北的财产，获蒋同意。在当时任行政院长的宋子文的大力协助下，特成立由彭贤、鲁穆庭等原东北旧部组成的"三畚堂财产清理委员会"，负责清理接收原张氏家族在东北的资产。

【三十四】5

三位一体 指西安事变期间，张学良的东北军、杨虎城的十七路军和中共中央领导的红军三方联合逼蒋抗日的统一战线和军事同盟。对外的公开名义为"西北抗日援绥联军"，并组织有"抗日联军临时西北军事委员会"。张学良送蒋介石回南京被扣，激起和战之争，东北军少壮派不顾大局，杀害主和派将领王以哲等人，引起东北军内讧，"三位一体"瓦解。

【十二】2；【二十五】9；【二十六】14；【三十九】3

沙顿（Sutton，生卒年不详） 又译沙敦、萨芬。英国人，前英国陆军上尉，因在战争中失去一只手臂，号称"独臂将军"。1922年，受张作霖重金聘请，主持在沈阳北大营原陆军第二十七师修械司基础上改设厂房，生产迫击炮。他主持制造的炮为英国斯托克斯式，民国十一年（1922年）生产的称为11式，民国十三年（1924年）生产的称13式，民国十五年（1926年）改制的称15式。1926年又在沈阳西下洼子主持修建新厂。1927年新旧两厂合并，沙顿去职。1963年英国伦敦出版了《幸运的将军——独臂沙敦的故事》。

【三】5、6；【七】21；【二十六】3、8；【三十一】1、13；【四十三】3；【五十一】3

山本条太郎（1867—1936） 日本人，生于福井市。1882年进入三井物产公司任职。1884年到中国，任三井物产公司上海行副经理，旋擢升经理，在沪期间与盛宣怀交往密切。辛亥革命前后极为活跃，任政友会干事长。1927年7月任南满铁道会社总裁，作为日本首相的代表直接同张作霖交涉铁路等问题，订立日满经济同盟和日满攻守同盟密约，后由于关东军制造皇姑屯事件而落空。两年后辞职。曾五次当选为众议院议员，1935年12月敕选为贵族院议员。翌年3月25日去世。

【三十一】7

山本五十六（1884—1943） 日本海军将领。1904年江田岛海军兵学校毕业。参加日俄战争，负重伤。1916年海军大学毕业。后历任海军大学教官、驻美大使馆武官、赤城号航空母舰舰长、第一航空战队司令官、海军航空本部部长和海军次官，期间曾两次参加伦敦海军裁军会议。极力主张发展海军航空兵力，以突然袭击摧毁敌巢的出击作战取代日本海军传统的邀击作战。1939年出任联合舰队司令长官。1940年晋升海军大将。积极筹划和指挥实施1941年12月8日对珍珠港的突然袭击。在太平洋战争初期指挥日本海军保障日本"南进"战略的实施。1942年5月率日本海军主力发动中途岛海战，遭到严重挫折。1943年4月18日，在赴前线视察途中，座机于所罗门群岛上空遭美机截击丧命。死后追授海军元帅。

【四十五】3

山海关战役 第二次直奉战争中直、奉两军在山海关一带进行的战斗。1924年10月17日，山海关战役开始。直军凭借有利地形，抵抗奉军的猛攻，双方对峙，伤亡都很惨重。10月23日，直系将领冯玉祥发动北京政变，囚禁曹锟。因此，直军军心大动，迅速退至天津一线，等待江浙直军援助以图回师北京。奉军长驱直入，切断了直军与榆关（山海关）的交通。与此同时，山东督军郑士琦宣布"武装中立"，不许江浙援军通过，山西督军阎锡山进占石家庄。吴佩孚首尾无援，在奉军和国民军夹击下溃不成军。10月31日，山海关战役以直系失败而告终。直系的重要将领由秦皇岛乘船逃回天津，其余全部被奉军所俘。

【七】28；【十四】3；【五十】8

山下奉文（1885—1946） 日本陆军大将。毕业于陆军士官学校和陆军大学。历任驻奥匈帝国武官、陆军省军事调查部长。1936年任步兵第四十旅团长，驻扎朝鲜。1937年7月率部入侵中国，晋升中将。后历任华北方面军参谋长、第四师团长。1940年任陆军航空总监兼航空本部长，扩充航空兵力。1941年11月任第二十五军司令官。太平洋战争爆发后，率部侵占马来亚和新加坡，大肆屠杀当地人民，有"马来之虎"之称。1942年7月调中国东北，任第一方面军司令官。1943年晋升大将。1944年改任第十四方面军司令官，指挥防守菲律宾，马尼拉弃守后，仍率残部在吕宋顽抗。战后在菲律宾被美军事法庭判处死刑，1946年2月被处决。

【四十五】3

商同昌（生卒年不详） 1936年12月西安事变时任张学良卫队第二营营附，代理营长，属孙铭九一系少壮派军官。率所部参加了临潼捉蒋。1937年"二二"事件时，奉命指挥杀害王以哲。1949年后曾任广州市参事室参事，写有多篇回忆文章。

【二十八】1

商震（1888—1978） 字启予，祖籍浙江绍兴，生于河北保定。早年入保定陆军速成学堂。后东渡日本，加入中国同盟会。民国成立后，任山东第二混成旅旅长，陆军部高等顾问。1914年在陕西陆建章部下任团长，同年投阎锡山。历任团长、旅长、师长、军长、晋军前敌总指挥、山西省政府主席。1927年加入国民革命军，任第三集团军右路总指挥、第三十二军军长、第二军团司令。1935年任河北省政府主席兼天津市市长、北平政治分会委员、国民党中央监察委员。日本人多次拉其合作，实行华北五省自治，均拒绝。同年授二级上将衔。1936年任河南省政府主席。抗日战争爆发后，任第十二集团军总司令兼第三十二军军长。1938年入江西，任第九战区副司令长官、第六战区司令长官、国民政府军事委员会办公厅主任、外事局局长等职。1943年随蒋介石参加开罗会议。次年任中国驻美军事代表团团长。抗日战争胜利后，任联合国军事参谋处中国首席代表、总统府参军长、盟国管制委员会中国代表兼驻日本军事代表团团长等职。后辞职留居日本。1978年病逝于东京。

【五】11；【十】1；【二十五】2；【三十】2；【三十五】10

上蔡战役 1927年5月武汉政府北伐中的著名战役。时西平、上蔡地区是奉军的前沿阵地。1927年5月13日，北伐军总指挥部发布对上蔡奉军的总攻击令。14日，北伐军第十二师、第二十五师、第十师由汝南蔡庄铺、高井一带出发进攻上蔡。在蔡阜口战役中，击溃奉军富双英的第十二旅后，将县城包围，又兵分两路在东、西拱桥处阻击援敌。17日攻占县城，被围在县城数日的奉军第十二旅全部缴械投降，不久被改编为国民革命军新编二十一师。

【三十四】17

上官婉儿（664—710） 唐代女官、女诗人、唐中宗昭容。陕州陕县（今属河南三门峡）人，上官仪孙女。上官仪获罪被杀后随母郑氏配入内庭为奴。十四岁时因聪慧善文为武则天重用，掌管宫中制诰多年，有"巾帼宰相"之名。唐中宗时，封为昭容，权势更盛，在当时的政坛、文坛有着显要地位，曾建议扩大书馆，增设学士，在此期间主持风雅，代朝廷品评天下诗文，一时词臣多集其门。710年，临淄王（即唐玄宗）起兵发动唐隆政变，与韦后同时被杀。

【三十九】10

上海新闻报 即《新闻报》，中国近代商界著名报纸。1893年2月17日在上海创刊。总董事长为英国人丹福士，主笔先后有蔡尔康、郁岱生、袁翔甫等。1899年11月转售美国人福开森，由汪汉溪任总理。1906年6月改组为公司，由福开森任总董，朱葆三、何丹书、苏宝森为董事。1916年复改组为美国公司，由金煦生、姚伯欣等人继任总编辑。1924年汪汉溪去世后，其子汪伯奇、汪仲伟分任经理、协理。1929年福开森将股权转让华商集团，由吴在章任董事长，汪伯奇任总经理，李浩然任总主笔。1938年9月在美国特拉华州注册，太平洋战争爆发后停刊。1941年12月在日伪控制下副刊。1949年6月改称《新闻日报》。1960年5月终刊。

【五十三】11

上原勇作（1856—1933） 生于日向（今日本宫崎）。1879年毕业于军事学院,后被派至工兵部队任职。1881—1885 年,在法国学习。回国后在陆军士官学校和陆军大学任教。中日甲午战争时任第一军参谋,但未参加大的作战行动。战后历任参谋本部第四部部长、第三部部长兼工兵学校校长、工兵监等职。1900 年晋升少将。日俄战争时任第四军参谋长,1906 年晋升中将。1912 年任西园寺公望内阁陆相,后其辞职导致了西园寺政府的垮台,这也为军方控制后来的政府开创了先例。1914 年任教育总监。1915 年晋升大将,1915—1924 年,任陆军参谋总长。1921 年晋升陆军元帅,被封为子爵。他创立的派别,后来成为 20 世纪三十年代荒木贞夫的"帝国之路"派。卒于 1933 年。

【三】10

尚小云(1900—1976) 名德泉,字绮霞。河北南宫人。幼入北京三乐警句科班学艺。初习武生,后改老生,再改青衣。从孙怡云学戏。1915 年出科,先后与孙菊仙、杨小楼、王瑶卿、余叔岩、谭小培、马连良等同台,声誉鹊起。唱腔师承时小福、陈德霖,以刚劲见长,世称尚派。武功根底深厚,也擅长刀马旦戏。代表剧目有《二进宫》、《四郎探母》等。1937 年曾创办荣春社科班,培养学生二百余人。1949 年后曾任陕西省京剧院院长、中国戏曲学院艺术顾问、北京市政协常委等。

【十一】7;【四十一】9

邵力子(1882—1967) 字仲辉,浙江绍兴人。清末举人。早年就读上海震旦学院、复旦公学。1908 年加入同盟会。1910 年在上海与于右任等创办《民立报》。1913 年到复旦公学任教。1915 年创办《民国日报》,宣传反袁,1919 年加入中国国民党。1920 年 5 月,与陈独秀等人在上海发起建立马克思主义研究会,并参加上海共产主义小组。1921 年参加中国共产党。1924 年任国民党上海执行部秘书。1925 年任黄埔军校秘书长,参加国民党改组工作。1926 年退出中国共产党。后当选国民党历届监察委员,曾代表国民党赴莫斯科参加共产国际会议。1927 年后,历任国民革命军总司令部秘书长、中国公学校长、甘肃省政府主席、陕西省政府主席。1936 年西安事变时,一度遭拘禁,后支持西安事变和平解决。1937 年 2 月,任国民党中央宣传部长。抗日战争爆发后,任驻苏联大使,国民参政会、宪法促进委员会秘书长等职。1949 年为国民党政府和谈代表团成员,到北平与中国共产党进行和平谈判。和谈失败后,通电脱离国民党政府。同年应邀出席中国人民政治协商会议第一届全体会议。中华人民共和国成立后,任中央人民政府政务院政务委员、中国国民党革命委员会中央常务委员、全国人大常委,全国政协常委等职。1967 年病逝于北京。

【二十三】3;【二十五】2、3【二十六】11、12、13、14、15;【二十七】5;【二十八】1;【三十五】11;【三十九】4;【四十】8

邵飘萍（1886—1926） 名振青，笔名萍，飘萍。浙江东阳人。1898年中秀才。1902年考入浙江高等学堂。1909年毕业后，回金华任中学教员，并为上海各报撰稿。1911年和杭辛斋合作，在杭州创办《汉民日报》，被推为省报界公会干事长。1915年因发表反袁言论被捕入狱。出狱后赴日本，在法政学校学习，课余与同学潘公弼等合组东京通信社，向国内各报发稿。1916年任《申报》驻北京特派记者。1918年10月5日在北京创办《京报》，任社长，亲自撰写评论和采访重要消息。1925年经李大钊、罗章龙介绍，秘密加入中国共产党。1926年4月24日以"宣传赤化"罪名被奉系军阀逮捕，二日后遇害。

【三十二】15；【四十】6

邵文凯（1887—?） 字仲则，辽宁辽阳人。1919年毕业于东三省陆军讲武堂步兵科。曾任东北陆军第二十七旅第十团团长、代理旅长。1927年升任第八军参谋长。东北易帜后，1929年任东北边防军司令长官公署少将厅附。1931年任东北宪兵副司令兼北平戒严司令。1932年任北平宪兵司令。1933年兼北平戒严副司令。1934年1月任北平宪兵司令部司令。1936年10月授中将衔。抗日战争期间，投敌附逆，任伪北平宪兵司令。1944年5月，任伪河南省长。1945年5月任汪伪国民政府军事委员会委员。抗战胜利后被判处无期徒刑。

【二十三】7、11

邵玉铭（1938— ） 黑龙江兰西人。早年随家迁居台湾，1961年毕业于政治大学外交学系，获学士学位。1967年获美国塔夫兹大学佛莱契尔法律与外交学院硕士学位，1975年获美国芝加哥大学历史学博士学位。毕业后任教于美国圣母大学历史系，历任芝加哥大学远东研究中心委员、美国"人文科学基金会"审查委员、美国亚洲协会台湾研究会委员。1982年返台，任台北政治大学国际关系研究中心主任，1987年出任"行政院"新闻局长，此后历任"行政院"文化建设委员会委员、大陆委员会委员，国民党副秘书长，《中央日报》董事长兼发行人等职。1988年当选国民党中央委员。

【五十一】3

邵元冲（1890—1936） 字翼如，浙江绍兴人。清末秀才。早年参加同盟会，1911年留学日本。辛亥革命后回国，任《民国日报》总编辑。1913年参加二次革命，失败后流亡日本，1917年任孙中山大元帅府机要秘书。1919年赴美留学，1924年任国民党候补中央执行，旋递补为中央执行委员、黄埔军校政治部代主任。后随孙中山北上，任孙中山机要主任秘书、北京《民国日报》社社长。1925年参加西山会议。1926年前往广州，任国民党青年部长。南京国民政府成立后，历任杭州市长、广州政治分会秘书长、考试院考选委员会委员长、立法院副院长、代院长，兼任国民党中央宣传委员会主任委员、中央党史史料编纂委员会主任委员等职。1936年12月初，应蒋介石电召去西安，住在西京招待所。西安事变时，从招待所跳窗越墙逃跑，被士兵开枪击伤，两天后死于医院。

【二十六】14、15；【二十八】3；【四十一】2；【四十二】5

《申报》 原称《申江新报》，旧中国历史最长的一份中文报纸。1872年4月30日（清同治十一年三月廿三日）在上海创刊，初由英商安纳斯·美查等人集资创办。"言论"持亲英立场，标榜为中国兴利除弊，每期一张八版。1909年用白报纸两面印刷，初具现代报纸形式。同年席子佩以七万五千元购进，仍用外商名义经营。1912年史量才出任总经理，以重新闻为办报方针，销量大增。五四运动中持反日立场，"九一八"事变时批评国民政府不抵抗，副刊《自由谈》常刊登鲁迅等进步作家作品。1934年史量才为国民党暗杀。其子继承报社，言论趋于谨慎。抗战期间该报数度停办，抗战胜利后由国民政府接收，潘公展任社长兼主笔，至1949年5月27日停刊，前后办了77年，共出版25600号。记录了从清末到民国近八十年间政治、军事、经济、文化、社会各方面的情况，具有很高的史料价值，被称为"近现代史的百科全书"。

【三十一】7；【四十】6；【五十三】11

申伯纯（1898—1979） 河北宛平（今北京丰台）人。1925年毕业于北京大学经济系，1934年参加革命，1936年任第十七路军绥靖公署交际处处长，参加西安事变前后的斗争。西安事变时是张学良、杨虎城的新闻发言人。1937年加入中国共产党。抗日战争爆发后，先后任八路军前方总部高级参议，开展对国民党上层的统战工作。1940年任八路军前方总部秘书长、第十八集团军总部秘书长。1941年7月当选为晋冀鲁豫边区参议会议长。1943年任八路军前总情报处副处长兼豫北办事处主任，参与领导了策动高树勋起义。解放战争时期，任八路军驻北平办事处处长等职。中华人民共和国成立后，曾任政务院秘书厅主任、政务院机关事务管理局副局长、全国政协副秘书长等职，是政协文史资料工作的开拓者。1979年7月13日在北京病逝。著有《西安事变纪实》。

【二十六】14、【二十八】1

沈克（1894—1961） 字公侠，河北保定人。1920年入冯玉祥的北洋陆军第十六混成旅，历任排长、连长。1924年2月调任第八混成旅的副营长。1925年12月升任西北边防军第六师第十六旅第四十六团参谋长。1926年9月升任第六师第五十二团团长。1927年5月该团扩编为国民革命军第二集团军第十八军第七十师（后改称第八十九师），任少将师长。9月，所部缩编为暂编第七师第二十一旅（10月改称第二十六师第七十八旅），任少将旅长。1929年4月调任军政部少将参事，10月调任石友三的西北军第四方面军第二路军第二军中将军长。1930年10月改任国民革命军第十三路军游击司令部中将司令。1931年7月所部扩编为护党救国军第五集团军第四军,任中将军长。8月所部改编为东北边防军新编第一师(1933年2月改称国民革命军第一〇六师),任中将师长。西安事变后,率部脱离东北军体系,投靠中央军。1937年4月任豫苏皖三省军事整理委员会委员。1938年9月后任第四十三军军长兼九江守备区指挥官,第四十军副军长,第七十一军副军长。1942年1月调任第一战区鲁苏皖边区游击总司令部副总司令兼参谋长。1944年7月调任第一战区副司令长官部高参室主任参事。1946年2月退为备役,后历任天津殖业银行董事长、北京东方中学校长、天津北方轮船公司董事长。中华人民共和国成立后,曾任北京市人民政府参事室参事、全国政协委员。1961年10月在北京病逝。

【二十三】11、13

沈鸿烈(1882—1969) 字成章,湖北天门人。光绪年间秀才。1905年入日本海军学校,1911年夏毕业回国。辛亥革命时,任海军统领、宣慰使,参与策动长江下游清廷海军起义。1912年,任南京临时政府海军部军机处参谋。1913年,调任北京参谋本部海军局上校科长。1916年3月,派任赴欧洲观战团海军武官。1918年10月回国,复任原职兼任陆军大学海军教官。1920年10月后,历任吉黑江防司令公署参谋长,镇威上将军公署航警处长,江防舰队司令,东北联合航务局董事长,东北渤海舰队副司令。1927年后历任东北海防舰队司令、海军副总司令、代总司令。1932年任青岛市市长。抗日战争初期,任山东省政府主席、山东省保安司令、国民党山东省党部主任委员、鲁苏战区副司令。抗战期间任国民政府农林部长兼国家总动员会议秘书长。1945年当选国民党中央执行委员,之后曾任浙江省政府主席、考试院铨叙部部长。1949年去台湾,任"总统府"国策顾问,1969年3月12日病逝。

【三】7;【四】13;【二十三】5、7、11;【二十四】5;【二十五】15;【二十六】4;【三十二】11;【三十五】6;【五十三】4

沈钧儒(1875—1963) 字秉甫,号衡山,浙江嘉兴人,生于苏州。1904年中末科进士。次年留学日本法政大学。1907年回国,任浙江两级师范学堂监督、浙江省咨议局副议长。辛亥革命爆发后,任浙江都督府警察局局长、浙江省教育局局长。1912年加入同盟会。1922年任北京政府参议院秘书长。1926年北伐军攻克浙江时,任浙江省临时政府政务委员兼秘书长。1928年任上海法科大学教务长。"四一二"政变后被拘禁,经营救获释。1933年,加入中国民权保障同盟。1935年12月,组织上海文化界救国会。1936年参与成立全国各界救国联合会,同年11月被逮捕,为著名的"七君子"之一。抗战爆发后出狱,筹建抗敌救亡总会,任主席,并创办《全民周刊》、《全民抗战》。1939年组建统一建国同志会,后又与黄炎培等发起中国民主政团同盟。1944年,民主政团同盟改组为中国民主同盟,当选中央常务委员。抗战胜利后,担任中国人民救国会主席。1946

年,代表民盟参加政治协商会议。次年,民盟被取缔,沈在香港主持召开民盟一届三中全会,声明将与中国共产党合作。1949 年,出席中国人民政治协商会议第一届全体会议,当选中央人民政府委员。后任全国人大常委会副委员长,全国政协副主席,首任中央人民政府最高人民法院院长,同时担任中国民主同盟中央副主席,主席。1963 年 6 月 11 日在北京逝世。

【十二】8;【二十四】9;【二十五】2

沈克非(1898—1972) 浙江嵊县人。中国外科学先驱之一。1916 年入北京清华学校。1919 年留学美国俄亥俄西余大学医学院,1924 年获医学博士,留校任教学医院外科医师。1926 年回国在协和医院工作。1930 年起历任南京中央医院外科主任、副院长、院长。抗战爆发后随中央医院内迁,1941 年任国民政府卫生署副署长,兼陆海空军总司令部医监。太平洋战争爆发后,随远征军赴缅甸、印度,从事战地医务工作。1946 年辞去卫生署副署长之职,担任国立上海医学院外科教授,兼附属中山医院院长和外科主任。1950 年,参加志愿军医疗队,担任医疗队技术顾问团主任顾问,在沈阳筹建中心血库。1951—1958 年,任中国人民解放军医学科学院副院长,负责科研工作,开创了实验外科。1959 年,任上海第一医学院副院长和中山医院院长。

【三十四】13

沈叔明(生卒年不详) 1934 年任东北军第五十七军第一〇九师参谋处处长。与王肇治、邱立亭、唐振海等人合写有《东北军一〇九师直罗镇被歼记》。

【二十六】14

沈云龙(1910—1987) 字泽清,号耕农,江苏东台人。毕业于日本明治大学,获法学博士学位,后入日本新闻学院,毕业后回国。曾任上海《国论月刊》编辑,《中华时报》社论委员,行宪国民大会代表。后去台湾,续任"国大代表"并任教于东吴大学、世界新闻专科学校。为"中央研究院"近代史研究所"口述历史"主持人,《传记文学》杂志社编辑顾问,文海出版社总主编。著有《中国近代史大纲》、《近代史料考释》等书,主编有《近代中国史料丛刊》等。

【二十五】15、16;【三十二】1、17

沈振荣(生卒年不详) 1931 年 12 月任北平绥靖主任公署经理处处长。1932 年 8 月任军事委员会北平军分会第三处军需组组长,军政部军需署军需学校会计统计班班主任。1937 年 11 月任陆军军需监。

【二十三】11

沈周(1427—1509) 字启南,号石田、白石翁、玉田生、有居竹居主人等。长洲(今江苏苏州)人。明代杰出书画家。不应科举,专事诗文、书画,是明代中期文人画"吴派"的开创者,与文徵明、唐寅、仇英并称"明四家"。其绘画笔墨坚实豪放,形成中锋为长,沉着浑厚的风貌。亦作细笔,于谨密中仍具浑成之势,兼工花卉、鸟兽。其书法学黄庭坚。传世作品有《庐山高图》、《秋林话旧图》、《沧州趣图》。

【四十一】2;【五十二】13

沈祖同(1901—?) 福建闽侯人。幼年赴法国留学,1926年返国。历任奉天交涉署欧美科科长,东北边防军司令长官公署秘书,北平陆海空军副总司令行营参事。1931年5月后,任北平陆海空军副总司令行营总务处副处长。1932年8月,任北平军分会办公厅外交组组长。1933年4月,张学良下野旅欧期间,任外交秘书、法文翻译。1948年任热河省政府委员兼财政厅厅长。

【二十三】11;【二十四】11

沈醉(1914—1996) 字叔逸,湖南湘潭人。1932年参加中华复兴社。1933年被戴笠任命为上海法租界情报第二组组长,深得戴笠的信任。先后担任军统局稽查处上校处长,军统局总务处少将处长,国防部保密局云南站站长,国防部少将专员,云南专员公署主任、中将游击司令。1949年12月9日被卢汉(原国民党云南省政府主席)扣押,参加云南起义,后协助卢汉逮捕了在昆明的大多数国民党人员。1960年11月28日被人民政府特赦,任全国政协文史资料委员会文史专员,第五、六届全国政协委员。写有《张学良将军被囚禁时的情况》。

【二十一】1;【二十二】4;【二十八】1

盛恩颐(1892—1958) 字泽承,江苏武进(今属常州市)人。盛宣怀的第四子,知名商人及慈善家。早年,入京师高等实业学堂。后来,先后留学英国伦敦大学,美国哥伦比亚大学。归国后,历任津浦铁路局局长、汉冶萍公司董事、副总经理、总经理,三新纱厂经理,中国通商银行经理,丰盛实业公司董事长兼总经理。1920年代初期,多次拿出大笔资金救济因大洪水及饥荒的灾民。抗日战争时期,在上海设宏济善堂,替日本运输并销售鸦片,还任日本经营的华中水电公司的常务董事。1958年,因脑溢血在苏州逝世。

【十二】2

《盛京时报》 日俄战争后日本人在中国经办的汉文报纸。由中岛真雄于1906年10月18日在沈阳创办,接受日本外务省和满铁株式会社资助,是日本官方在东北地区的喉舌,1918年曾发行蒙文周刊《蒙文报》,1926年改组为股份公司。至1944年9月14日终刊,历时38年。该报收罗泛博,对当时中国内政、外交、经济、军事、文化、教育、社会风情等,特别是对当时中国发生的重大事件,均有详略不等的报道。是研究近现代史、国际关系史、东北军民抗日史、北洋军阀史的珍贵资料。

【四十】3；【五十三】11

盛世才（1897—1970） 字晋庸，奉天开原人。1915年毕业于上海吴淞中国公学。1917年留学日本明治大学，1919年回国，旋考入韶关讲武堂。毕业后在奉军郭松龄部任职。1923年经郭推荐，派送日本陆军大学学习。1927年回国，历任国民革命军总司令部参谋兼中央军校教官、参谋本部第一厅作战科长。1930年入疆，任新疆军官学校战术总教官。两年后，任东路剿匪总指挥，成为手握重兵的实力人物。1933年在推翻金树仁的"四一二"政变中倒戈，当上了边防督办，后又任省政府主席，成为新疆军政首脑，人称"新疆王"。在统治新疆的前期，与苏联保持良好关系，借助苏联力量击败南疆张培元、北疆马仲英。抗战爆发后，一度赞同中国共产党抗日民族统一战线政策。苏德战争爆发后，转向国民党靠拢，实行反苏反共政策，驱逐苏联人员，逮捕和杀害共产党人。1944年4月，有感国民党势力已动摇他的权力基础，又复打算与苏联重修旧好，但遭拒绝。8月，国民政府派吴忠信任新疆省主席，调盛为农林部长，结束了他在新疆的统治。就任农林部长后，国民政府迫于新疆人民控诉盛罪行的舆论压力，将盛撤职查办。1949年去台湾。后任"总统府"国策顾问、"国防部"上将高级参谋、"行政院"设计委员等闲职。1970年7月13日，因脑溢血逝世于台北。

【九】15；【十二】6；【十七】11；【二十五】1；【二十六】8、12；【二十七】2、4；【二十八】1；【三十一】3；【三十三】8；【四十三】7；【四十九】6；【五十二】5；【五十三】11；【五十四】9；【六十】6

盛宣怀（1844—1916） 字杏荪，号愚斋、止叟。江苏武进人。清末政治家，洋务运动的代表人物。1870入李鸿章幕，历任轮船招商会会办、督办、天津电报局总办、上海机器织布局督办，同时领办天津、山东等地海关事务。1896年接办汉阳铁厂和大冶铁矿，并兼任督办芦汉铁路总公司事务大臣。次年主办中国通商银行。1900年参加东南互保。1908年任汉冶萍煤铁厂矿股份有限公司总经理。1911年任邮传部大臣。因主张商办铁路国有和出卖铁路利权，激起保路风潮。武昌起义后被革职，遭通缉，逃亡日本。1912年潜回上海，复任汉冶萍公司董事长、轮船招商局副董事长。1913年支持袁世凯镇压二次革命，为其运送粮饷。1916年病死于上海。

【十二】2；【十七】6；【三十四】18

施肇基（1877—1958） 字植之，浙江杭县人。早年就读上海圣约翰书院。1893年留学美国，后入美国康奈尔大学学习，获文学硕士、哲学博士学位。1903年回国后，历任湖广总督张之洞洋务文案。翌年任邮传部右参议兼京汉铁路局总办。1910年任出使美国、墨西哥、古巴、秘鲁等国大臣。辛亥革命后，任唐绍仪内阁交通总长、驻英公使。1919年出席巴黎和会，为中国五位全权代表之一。

1920年任驻美全权公使。南京国民政府成立后，任驻英公使，多次代表中国出席国际会议。"九一八"事变后，在国联积极活动，反对日本侵占中国东北。旋任国民政府外交部长。太平洋战争爆发后，任中国国防物资委员会副主席，常驻华盛顿争取美援。1948年冬，任国际建设开发银行顾问。1958年在美国逝世。

【五】3

十三太保 指"中华民族复兴社"（简称"复兴社"，讹称"蓝衣社"）的组织骨干。1932年，蒋介石授意其心腹、黄埔毕业生贺衷寒、邓文仪、康泽、桂永清等人成立特务组织"中华民族复兴社"，由蒋介石核定干事13人为该组织骨干，被称为"十三太保"。具体哪13人，说法不一，有说贺衷寒、邓文仪、康泽、桂永清、刘健群、潘佑强、郑介民、葛武棨、梁干乔、肖赞育、滕杰、杜心如、胡宗南等13人；也有说刘健群、贺衷寒、邓文仪、康泽、桂永清、酆悌、郑介民、曾护清、梁干乔、肖赞育、滕杰、戴笠、胡宗南等13人。

【二十五】7；【二十八】1；【三十四】3；【四十二】8

石达开（1831—1863） 太平天国领导人之一。广西贵县（今贵港市）人。地主出身。早年加入拜上帝会，称天父第七子，与洪秀全、冯云山等共谋举义。1851年金田起义，任左军主将。在永安封为翼王。后参与克武昌，占南京。1854年督师西征。次年春在湖口、九江与罗大纲等击败湘军水师。夺回武昌。1856年攻破江南大营。天京事变后，自湖北返天京，不满韦昌辉的滥杀，险遭杀害，遂至安庆起兵讨韦，旋回天京辅政。1867年因洪秀全猜忌，从天京出走安徽，后率皖、赣精锐部队约二十万单独行动，给太平天国造成严重损失。此后活动于浙、闽、湘、桂等地。1863年在四川大渡河遭清军围困，陷于绝境，被诱至清营，旋解往成都杀害。

【七】11

石世安（？—1935） 1931年5月任东北军陆军独立第九旅第六二六团团长。1933年初奉命镇守山海关，与日军苦战数日，虽最终力尽撤退，但揭开了长城抗战的序幕。1935年所部配属第一〇九师，在陕北直罗镇被红军围歼，自杀身亡。

【二十三】9

石涛（1630—1724） 本姓朱，名若极，本籍广西桂林。清初画家。为明靖江王朱赞仪十世孙。父亨嘉被瞿式耜俘杀时，年纪尚幼，后出家为僧，法名原济，号石涛，又号苦瓜和尚、大涤子、清湘陈人等。半世云游，饱览名山大川，是以所画山水，笔法恣肆，离奇苍古而又能细秀妥帖，为清初山水画大家，画花卉也别有生趣。晚年定居扬州卖画。与弘仁、髡残、朱耷合称"清初四僧"，兼工书法和诗。著有《画语录》。

【四十三】11

石文华（1875—?） 字襄庭，辽宁葫芦岛人。清末在宋庆部服役，曾任毅军第二旗管带、毅军右翼营务处军官等职。民国初年投奉军，在汤玉麟部任骑兵团长，旅长。1927年6月晋升为陆军少将。东北易帜后，任东北军骑兵第十九旅旅长、骑兵第十七旅旅长，驻防热河省赤峰的巴林左旗。1931年5月任独立骑兵第十旅旅长。1933年2月热河抗战爆发后，积极对日作战，是热河东北军中少数率部与日军血战的将领之一。热河抗战后，率部投奔孙殿英部，任骑兵第三师师长。1935年前后辞职，寓居北平。"七七"事变后，拒绝与日本人合作。后来因病去世。

【二十三】9

石友三（1891—1940） 字汉章，吉林长春人。1908年入清军新军。1912年，改投冯玉祥，历任营长、团长。1924年10月后，任国民军第一军第八混成旅旅长，第六师师长。1926年南口战役兵败后投降阎锡山。同年9月冯玉祥五原誓师，复归冯部，任国民联军援陕第五路总指挥。翌年6月，国民联军改组为国民革命军第二集团军，任第一方面军副总指挥兼第五军军长，参加北伐，在山东击败孙传芳。1928年伴随裁军，改任第二十四师师长。1929年蒋桂战争爆发，改投蒋介石，10月任安徽省政府主席，12月叛离蒋介石，往河南仰赖韩复榘。1930年中原大战，再度投冯、阎，任第四方面军总司令。9月张学良拥蒋入关参战，石投靠张学良。次年，蒋介石任命其为第十三路军总指挥。1931年，投向反蒋的广州国民政府，任广州国民政府第五集团军总司令。同年8月，被张学良击败，逃往山东再度仰赖韩复榘。1932年，在日本支持下在河北组织军队，并到宋哲元手下活动。1937年抗战爆发初期，在宋哲元部任第一八一师师长，从事抗战，并为保存实力，转与中国共产党合作。1938年2月任第六十九军军长，5月任第十军团军团长，12月任冀察战区副司令兼察哈尔省政府主席。此后，积极反共，不断进攻八路军。1940年2月遭八路军打击后，逃往山东曹县。其后，策划公开投降日本。12月1日，部下高树勋发动兵变，将其逮捕并处死。

【四】6、7、9；【七】6；【八】2、10；【十】2；【二十三】11；【二十四】7；【二十五】2、16；【三十】2；【三十三】9；【三十五】9；【三十八】7

史良（1900—1985） 江苏常州人，1915年入常州女师。1919年参加五四运动，曾任常州市学生会副会长。1923年入上海法科大学，1927年毕业后任南京政工人员养成所指导员，因被指控为共产党嫌疑而被捕入狱，经营救始免于难。1931年起在上海任律师。"九一八"事变后，发起组织上海妇女界救国会，担任理事。1936年任全国各界救国联合会常务委员。因积极参加与领导抗日救亡运动被逮捕入狱，为著名的"七君子"之一。抗战爆发后，始被营救出狱。1938年和1940年任一、二届国民参政会参政员。1942年参加中国民主政团同盟（后改称中国民主同盟），1945年9月当选中国民主同盟重庆市委委员兼组织委员。

1945年11月，在中国民主同盟第一次全国代表大会上被增选为民盟中央委员、民盟中央常务委员。1946年后回上海，继续执行律师业务并积极参加民主革命活动。1948年后在上海创建民盟华东执行部，任主任。1949年9月，出席中国人民政治协商会议第一届全体会议。中华人民共和国成立后，历任司法部首任部长，全国妇联副主席，全国政协副主席，全国人大副委员长，民盟中央副主席、主席。1985年9月6日逝世。

【十二】8

士官派 奉系内派别之一。奉系内素有新老两派之分，老派以张作相、张景惠为骨干。新派又分士官派（洋派）和陆大派（土派）。"士官派"多为日本士官学校毕业，以杨宇霆为中心，成员有姜登选、韩麟春、于珍、常阴槐、王树常、邢士廉等人，此派视杨为"智囊"。陆大派则以毕业于北京陆军大学和保定军官学校的郭松龄、李景林为首。郭松龄得张学良信任，既遭老派不满，又遭士官派嫉妒，双方矛盾累积，为日后郭松龄反奉埋下伏笔。

【二】3；【二十四】2

寿夫人 指张作霖的五房夫人寿懿。见**寿懿**

【七】13；【二十五】15；【三十一】7、11；【五十二】12；【五十三】8、10、12

寿懿（1898—1966） 又名王雅君。张作霖的五房夫人，人称寿夫人。张学良称其五母亲，有时也称五姨母。满族旗人，黑龙江将军寿山的一个外室（王姓女子）的女儿，受过教育。1917年嫁给张作霖。最得张作霖宠爱，府中事由她掌管。1928年6月4日张作霖被炸身亡后，全力支持臧式毅、刘尚清等东北政要秘不发丧的决定，当日本领事夫人来帅府探虚实的时候，沉着应对，为张学良回奉奔丧和主政赢得了宝贵的时间。"九一八"事变后居天津。1948年冬离津赴沪，转去台湾。1966年病故于台湾。育有四子：张学森、张学浚、张学英、张学铨。

【三十一】11

顺承王府 清顺承郡王的府邸。原址位于北京西城区太平桥大街路西。顺承郡王名勒克德浑，系礼亲王代善第三子萨哈璘第二子。顺治五年（1648）晋封顺承郡王，成为清朝开国"八大铁帽子王"之一。1919年为其后人文仰宸租于徐树铮，作为西北筹边使署。1926年张作霖入据北京后，强行购买作为大元帅府。东北易帜后，张学良以其作为陆海空军副总司令行营。1949年后，为中国人民政治协商会议常设机构的办公地点。1984年定为北京市重点保护文物。1994年，顺承郡王府迁建至北京市朝阳公园东隅。

【二十四】8；【三十一】6；【三十六】3、4；【四十二】2

注释/索引　●　231

顺治皇帝（1638—1661）　即爱新觉罗·福临。清代皇帝，1643—1661年在位。清太宗（皇太极）第九子。6岁即位，年号顺治。由叔父睿亲王多尔衮、郑亲王济尔哈朗辅政。顺治元年（1644）入关，击败李自成起义军，迁都北京。封多尔衮为摄政王，继续征江南，镇压农民起义军和反清斗争。二年，下圈地、薙发令，激起各地人民激烈反抗。三年，颁布《大清律》。四年，停济尔哈朗辅政，由多尔衮独断国事。五年，下谕允许满汉联姻。七年，摄政王多尔衮死，始亲政，随后颁布多尔衮罪状，褫夺其王爵。九年，停诸王、贝勒、贝子管理部务，提高君权，加强中央集权制。十七年，为削弱郑成功等沿海反清势力，颁布迁海令。禁止文人结社，以加强统治。

【二十一】5；【二十五】1；【三十二】7

司督阁（Dugald Christie，1855—1936）　英国籍苏格兰人。1881年毕业于英国爱丁堡大学，1882年奉苏格兰基督教会派遣来华施医布道，1883年到奉天（今沈阳）传教施医，1885年创立东北地区最早西医院——盛京施医院并任院长。1885年被清政府授予皇家双龙勋章。曾任教会医学委员会主席（1907），也是中国博医会创建人之一。1912年奉天医科大学成立，司督阁任校长兼眼科主任。与张作霖交往密切。1922年，因年老辞职离华。1925年各界人民为纪念和表彰他在中国创医立校及对中医疗卫生教育事业的贡献，特铸造司督阁半身铜像，立于教学大楼正门东侧，由张学良揭纱剪彩。

【五十一】3

司马桑敦（1918—1981）　原名王光逖，曾用笔名金明、淳于清、席小岚、范叔寒、漱流等，吉林双城（今属黑龙江）人。记者、作家。少年时参加过武装抗日活动。1939年，任哈尔滨《大北新报》记者兼国通社日文翻译。其时，受左翼文学影响，曾与叶福、关沫南等合编《大北新报》的《大北风》文艺副刊。1941年底，与关沫南等被伪满哈尔滨警察厅逮捕。1949年去台湾后，曾任海军方面的政治教官，《联合报》驻日特派员，取得日本东京大学社会科学研究科硕士学位，修业完博士班课程。后任军事记者、日本驹泽大学法学部讲师。1977年移居美国旧金山、洛杉矶。作品有小说《野马传》等，著有《中日关系二十五年》、《张老帅和张少帅》、《张学良评传》等。

【三十二】14；【三十三】9；【五十三】1

司徒雷登（1876—1962）　美国人，父母均为在华传教士。生于杭州并在杭州度过童年。11岁返美读书。1902年受封牧师，1904年偕妻子回杭州。1905年开始传教。1908年受聘任教于金陵神学院。1910年任南京教会事业委员会主席。辛亥革命时兼任美国新闻界联合通讯社驻南京特约记者。1919年任燕京大学校长，为该校的发展做出重要贡献。1930年获美国普林斯顿大学荣誉文学博士学位。1933年受美国总统罗斯福召见，听取他对中国时局的意见。1941年太平洋战争爆发后，被日军关入集中营，日本投降后获释。1945年，继任燕大校长（后为校务长），直到离开中国。1946年7月出任美国驻华大使，支持国民党政府发动内战。1949年4月，解放军攻占南京，他没有随国民党政府南下广州，留在南京。1949年8月悄然返回美国，随即退休。8月8日，新华社播发了毛泽东的《别了，司徒雷登》，说他是"美国侵略政策彻底失败的象征"。1962年在华盛顿病故。

【二十三】2；【四十二】10；【五十一】3、9

斯大林（1879—1953） 20世纪20—50年代苏联的最高领导人。生于格鲁吉亚哥里市。1894年秋入格鲁吉亚第比利斯东正教中学学习。1899年由于受马克思主义和格鲁吉亚民族主义的影响，未能毕业即被开除。此后热心投身革命。1902年4月—1903年被沙皇政府逮捕并监禁。后被流放到西伯利亚，1904年初暗中返回到格鲁吉亚。在社会民主党内部布尔什维克与孟什维克的争论中，他站在布尔什维克一边。1912年布尔什维克与孟什维克最后决裂后，他进入布尔什维克中央委员会，1917年11月当选为全俄中央执行委员会委员及民族事务人民委员。在1922年4月第十一次党的代表会议上，被推选为党中央总书记，全面领导了党的组织。1923年支持加米涅夫和季诺维也夫反对托洛茨基，此后又先后击败季诺维也夫和布哈林。推行农业和工业集体化政策。使苏联工业快速发展。1936—1939年发动扩大化的肃反运动，错误地打击了许多高级军官和老布尔什维克。1939年8月23日与纳粹德国签订《苏德互不侵犯条约》。1941年德国入侵后组织抵抗，为二战胜利做出贡献。二战胜利后继续高度集权的统治，并领导战后恢复。1953年突发脑溢血去世。

【五】8；【十二】8；【十七】7；【二十五】1、9；【二十八】9；【四十一】11；【五十一】8；【五十六】6；【六十】6

斯诺，埃德加（Edgar Snow，1905—1972） 美国新闻记者、作家。毕业于密苏里大学新闻系。1928年作为新闻记者来华，曾任欧美几家报社驻华记者、通讯员。1933年4月至1935年6月，兼任北平燕京大学新闻系讲师。1936年6月访问陕甘宁边区，成为第一个采访红区的西方记者，曾撰写了轰动世界舆论的《红星照耀中国》（即《西行漫记》）。抗日战争爆发后，又任《每日先驱报》和美国《星期六晚邮报》驻华战地记者。1942年离开中国，去中亚和苏联前线采访。中华人民共和国成立后，曾三次来华访问，为中美友谊做出重要贡献。1972年2月15日在瑞士日内瓦病逝。遵照其遗愿，其一部分骨灰葬在北京大学未名湖畔。

【二十三】2；【二十四】10；【三十七】1；【四十二】10；【四十三】2；【五十一】3

四库全书 乾隆皇帝亲自组织编纂的中国历史上一部规模最大的丛书。清乾隆三十八年（1772）开馆纂修，经十年完成。共收录古籍3503种、79337卷、装订成三万六千余册，分经史子集四部，故名四库。内容广泛，具有保存和整理乾隆以前文献的作用。但对不利于封建统治的著作，多排斥不录，或加抽毁或篡改，甚至禁毁。全书缮写七部，分藏文渊、文源、文津、文宗、文汇、文溯、文澜七阁。文汇、文宗后毁于战火。文源被英法联军焚毁。文澜所藏亦多散失。1983年后，台湾商务印书馆和上海古籍出版社先后影印了全书。

【四十三】3；【五十六】3

"四人帮" 指"文化大革命"时期（1966—1976）由江青、张春桥、姚文元、王洪文等组成的阴谋夺取党和国家最高权力的反革命集团。1966年"文化大革命"开始后，他们利用毛泽东晚年所犯错误，结成"四人帮"，诬陷、迫害刘少奇等党和国家领导人及一大批党政军干部，煽动极左思潮，挑动武斗，制造冤假错案，残酷镇压广大干部和群众，控制了中央和地方的部分领导权。1976年上旬中共中央政治局决定对他们审查，1977年中共十届三中全会通过决议，永远开除四人的党籍，撤销其党内外一切职务。1981年最高人民法院特别法庭判处江青、张春桥死刑，缓期两年执行；王洪文无期徒刑；姚文元有期徒刑二十年。

【十二】8；【二十八】10；【三十】7；【三十四】1；【三十八】2；【五十一】8

松井七夫（生卒年不详） 张作霖的日本顾问之一。侵华战犯松井石根之弟。日本陆军大佐，曾任关东军高级参谋。1924年5月由日本陆军参谋本部推荐到奉军当张作霖的军事顾问。在任顾问期间，同张作霖的关系处得很好。郭松龄反奉时，曾把张作霖的五夫人和年幼子女接到他在满铁附属地的家里避难。1927年张作霖自封为大元帅，聘松井为大元帅顾问。

【四十三】3

松井石根（1878—1948） 日本甲级战犯，南京大屠杀主要责任人之一。生于名古屋。先后毕业于陆军军官学校和陆军大学。1904年2月—1905年9月参加日俄战争。1907—1912年任驻中国武官。1914—1915年任驻法国武官。1915—1919年再任常驻中国武官。1919年后先后任团长，西伯利亚派遣军情报参谋。1922—1924年任关东军司令部哈尔滨特务机关长。1924—1925年任旅长。1925—1928年任陆军参谋本部第二部部长。1929—1931年返回日本任驻东京的第一师师长。1931—1933年任日内瓦裁军会议日本代表团成员。1933年8月，调任驻台湾日军司令官，10月晋升为陆军大将。1934年8月，再度调任军事参议官。1935年8月12日，因涉嫌永田铁山被刺杀案，被迫引咎辞职，退出军界。1934—1935年在半退役期间任最高军事委员会委员。1937年7月日本全面侵华战争开始时应召服役,任上海派遣军司令,后任华中方面军司令兼上海派遣军司令,组织指挥南京大屠杀。1938—1940 年返回日本任陆相,之后退役。战后被远东国际法庭判处为甲级战犯,1948 年被处决。

【三十二】14;【四十五】3;【五十三】7

宋霭龄(1880—1973) 原籍广东文昌,生于上海。宋氏三姐妹之大姐,孔祥熙的夫人。1905 年赴美国留学,入佐治亚州梅肯市威斯里安女子学院。1910年毕业后回国。1912 年任孙中山英文秘书。"二次革命"失败后与父亲宋嘉树去日本,仍任孙秘书。1914 年 9 月与孔祥熙结婚,曾在山西经营家业,主持铭贤学校事务。抗日战争时期与宋美龄组织新生活运动促进总会妇女指导委员会,与孔祥熙创办全国儿童福利会,担任香港伤兵之友协会会长。1947 年去美国定居。1973 年病逝于纽约。

【二十五】13;【二十八】4;【三十四】18;【三十七】1;【三十八】4;【四十六】2;【五十五】7

宋楚瑜(1942—) 祖籍湖南湘潭。1949 年随父去台湾。1964 年台湾政治大学外交系毕业。1966 年赴美国留学,获加州柏克莱大学国际关系硕士学位和天主教大学图书馆系硕士学位。1974 年获乔治城大学政治学博士后回台,历任蒋经国英文翻译、"总统府"秘书、"行政院"新闻局局长、国民党中央党部秘书长。国民党十三大上进入中常会,参与中枢决策,1990 年春全力支持李登辉当选党主席。1994 年当选台湾第一任"民选省长"。1999 年与国民党决裂,次年,成立亲民党,并任党主席。2005 年率亲民党代表团访问大陆,2006 年宣布退出政坛。

【二十八】5;【五十六】8

宋徽宗(1082—1135) 即赵佶,北宋第八位皇帝、书画家。神宗第十一子,哲宗弟,哲宗时封端王。在位期间(1100—1125),昏庸无能,荒淫腐朽,任用奸臣蔡京等把持朝政,禁锢党人,滥增捐税,并搜刮江南奇石为"生辰纲",导致贪污横暴,矛盾激化,爆发方腊、宋江起义。尊信道教,大建道观,自称"教主道君皇帝"。宣和七年(1125)金兵南下攻宋,他传位赵恒(钦宗),自为太上皇。靖康二年(1127)为金兵所俘,后死于五国城。在位时喜好收集古物书画,擅书画,自创后人称为"瘦金书"书法字体。绘画重视写生,工花鸟。

【三十九】8

宋黎(1911—2002) 原名宋介仁,又名宋忱,吉林奉化(今梨树)人。1931 年毕业于东北大学法学预科。1932 年参加反帝大同盟。1934 年加入中国共产党。1935 年参加一二九运动,任游行示威队伍总指挥。1936 年 1 月,应张学良邀请,以东北大学学生代表身份赴西安,后任中共东北军工作委员会宣传部长,代书记,西北各界救国联合会党团副书记。1936 年 8 月"艳晚事件"中,被国民党便衣特务逮捕，后被张学良派人接回。西安事变后，任中共陕西省委委员。1937 年，任北方局东北特委群委书记。抗战爆发后，任中共情报部敌伪组组长。抗战胜利后，任中共中央东北局城工部秘书长、中共辽南省委城工部部长兼沈阳市工委书记。中华人民共和国成立后，历任辽西省人民政府副主席，中共旅大市委第二书记兼旅大市市长、旅大市委书记、辽宁省政协主席、中顾委委员。2002 年去世。

【二十三】3；【二十五】16；【二十六】14；【二十八】10；【三十四】1；【三十九】1、2

宋美龄（1897—2003） 祖籍海南文昌，生于上海。宋耀如之三女。宋霭龄、宋庆龄、宋子文的胞妹。1907 年夏与宋庆龄同往美国，先后在新泽西州皮德蒙特学院以及佐治亚州梅肯市威斯理安学院就读。1912 年入马萨诸塞州卫斯理学院。1917 年回上海，从事教会工作。1927 年 12 月与蒋介石结婚，并任蒋的秘书和英文翻译。在南京创办国民革命遗族学校，当选国民政府立法院立法委员。1934 年协助蒋介石倡导"新生活运动"，任妇女新生活促进会会长。后任国民政府全国航空委员会秘书长。1936 年西安事变后，力主保蒋安全，并前往西安参加同张学良、杨虎城及中共代表周恩来的谈判，达成六项和平协议，为和平解决事变做出了努力。抗日战争爆发后，担任全国妇女指导委员会和全国战时孤儿收容会负责人，开展战时救济，慰问伤病员等。曾任英美援华基金会名誉主席。1942 年 11 月赴美国，会见罗斯福总统，并以非官方身份向美国参议院和众议院发表演说，为中国争取国际支持。1943 年 11 月陪同蒋介石出席开罗会议。抗战胜利，蒋介石发动全面内战后，1948 年再次赴美，呼请美国政府加强对蒋支援。直至 1950 年回台湾。曾任国民党中央妇女工作指导长、中央评议委员会主席团主席，"中华妇女反共联合会"主席、辅仁大学董事会主席。1975 年蒋介石去世后，移居美国。2003 年逝世于纽约。

【十三】2、3、8；【十六】6；【二十二】1；【二十五】10；【二十六】13、14、15；【二十七】5、6；【二十八】1、2、6；【三十七】1；【三十八】4；【四十一】7；【四十三】6；【五十一】6；【五十五】7；【五十六】1、10

宋庆（1820—1902） 字祝三，山东蓬莱人。清末将领。行伍出身。1853 年（咸丰三年）在亳州镇压捻军，累迁总兵。1862 年以裁余的临淮军三营归其统带，所部号"毅军"，1874 年调四川提督。1880 年（光绪六年）会办奉天防务，后移防旅顺。1894 年中日甲午战争爆发后调九连城，任前方各军统领，不久溃败。次年革职留任。1900 年帮办北洋军务，八国联军由天津进犯北京时，从北仓败退。后病死。

【十七】5；【二十四】1

宋庆龄（1893—1981） 祖籍海南文昌，生于上海。宋耀如之次女。宋美龄的胞妹。1907年夏与宋美龄同往美国，先后在新泽西州斯密特城私立学校和佐治亚州梅肯市威斯里安女子学院文学系学习。1913年毕业，获文学学士。1913年到日本任孙中山秘书，1915年与流亡中的孙中山结婚。1926年起当选国民党历届中央委员。大革命失败后，著文揭露蒋介石、汪精卫叛变革命的行为。1927年赴苏联，参加国际反帝与保卫和平活动，曾当选国际反帝国主义同盟大会名誉主席。1931年参与组织中国民权保障同盟，任全国执行委员会主席。抗战期间参与组织保卫中国同盟。1948年当选中国国民党革命委员会名誉主席。中华人民共和国成立后，曾担任中央人民政府副主席、中华全国民主妇女联合会名誉主席、中华人民共和国全国妇女联合会名誉主席和中国人民保卫儿童全国委员会主席、全国人民代表大会常务委员会副委员长、国家名誉主席。1981年加入中国共产党，同年逝世于北京。

【十二】8；【二十四】9、10；【二十五】1、2、10、13；【二十七】6；【三十四】2；【三十五】10；【三十七】1；【三十八】8；【四十一】7；【四十九】6；【五十一】3、6；【五十五】7；【五十六】1

《宋儒学案》 即《宋元学案》，黄宗羲、黄百家父子和全祖望等著，历时近两个世纪，全书一百卷。黄宗羲完成《明儒学案》后，续修此书，仅得十七卷。百家续修也未完成。全祖望以十年之力增补，稿成而死。后经其玄孙稚圭与王梓材先后校订，始得完成。将宋元两代学术思想，按不同派别加以系统的总结。共列学案八十九，学略三。每学案先列一表，列举师友弟子，以明传承渊源。其次叙述生平、著作、思想，末附逸事及后人评论，是研究宋元学术思想的重要资料。

【二十九】3

宋式善（1887—?） 别号谨予，湖南长沙人。1906年赴日本留学，为第一期海军留学生，在东京加入同盟会，继入日本商船学校。1911年毕业回国后，任职北洋政府海军部。1913年7月授海军少校。1920年1月晋升海军中校。1921年后转投奉军。1922年8月任东北保安司令长官公署航警处课长。1923年5月任"利捷"炮舰舰长，7月调任"威海"舰舰长。1925年12月任东北保安司令长官公署航警处处长，东北海防舰队参谋长。1927年8月晋升海军少将。1928年12月东北易帜后，改任东北边防司令长官公署军事厅航政处处长。1931年12月后任北平绥靖公署海军处处长，军事委员会北平军分会办公厅第一处海空组组长。1932年辞职。1947年3月14日被国民政府授海军少将，并退为备役。

【二十三】7、11

宋太宗（939—997） 即赵炅，北宋第二个皇帝（976—997在位）。本名赵匡义，后因避其兄宋太祖讳改名赵光义。976年太祖驾崩，赵光义登基为帝，即位后改昚。即位后，继承太祖对割据政权各个击破的策略，于太平兴国三年（978年）迫使吴越王钱俶和平海节度使陈洪进"纳土"，次年灭北汉。在对辽战争中一再战败，遂采取守内虚外的政策。政治上继续加强中央集权，禁节度使补亲吏为镇将，收节度使所领支郡归朝廷直辖。设考课院，编纂《太平御览》等书，加强了"重文"的风气。

【三十九】9；【四十一】9

宋文林（生卒年不详） 关外名儒。张作霖任第二十七师师长和奉天督军时曾在家中设私塾馆，请宋和杨景镇、白永贞等人做塾师，为张学良、张首芳、张学铭等授业，讲授四书五经。

【三十一】13

宋文梅（1910—1955） 名若璟，陕西富平人。1926年加入共产主义青年团，1927年加入中国共产党。1930年入黄埔军官学校第八期炮科。1932年因党组织遭破坏逃离军校。1933年，在察哈尔参加抗日同盟军，同盟军失败后去北平。1936年，任西安绥靖公署特务营营长。西安事变中，奉杨虎城之命负责维持城区治安，收缴宪兵、警察武装，拘留国民党来西安的南京大员，看护蒋介石。事变后，1937年初夏，避难华山。1946年6月，在南京陕西会馆被捕，以"劫持统帅"罪，押苏州监狱。1949年1月，由地下党组织营救出狱。中华人民共和国成立后，1950年1月，任西北军政委员会交际处处长。1955年1月，调任国务院机关事务管理局饭店管理处副处长。1955年2月26日病故。写有《我所经历的西安事变》。

【二十六】14；【二十八】1

宋希濂（1907—1993） 字荫国。湖南湘乡人。1924年入黄埔军校第一期。参加第一、二次东征。1926年，任国民革命军第二十一师营长，参加北伐。后赴日本留学陆军步兵学校和参谋学院。1930年5月回国，任国民革命军第一教导师参谋，后历任营长、团长、旅长。1932年参加"一·二八"淞沪抗战。1933年升任第三十六师师长，率部参加"围剿"中央苏区，镇压福建事变。1936年10月授陆军中将，西安事变时，率部入陕讨伐。1937年2月，兼任西安警备司令。同年，率部参加淞沪抗战、南京保卫战。1938年调任荣誉第一师师长，旋任第七十一军军长，参加武汉会战。1939年冬，调兼第三十四集团军副总司令。1940年9月，兼中央训练团副教育长。嗣后，出任中国远征军第十一集团军总司令兼昆明防守司令。1944年5月，参加滇西会战。1944年6月，奉调新疆迪化任中央军校第九分校主任。1945年5月，当选为国民党第六届中央执行委员。1946年冬任新疆警备司令。1948年任华中"剿总"副司令兼第十四兵团司令。1949年春，任第十四编练司令部司令，后兼任川湘鄂边区绥靖公署主任，12月在四川被解放军俘虏。1959年12月被特赦释放。之后，曾任全国政协文史专员、全国政协委员、常委。1980年赴美国探亲，后定居纽约。1993年在美逝世。

【三十三】18；【三十四】3

宋心濂（1923—1994） 又名心会，江苏泗洪人。毕业于陆军军官学校第十六期，后入陆军参谋大学、步兵学校高级班、三军联合大学战争学院、美国陆军参谋大学学习。曾任第十一集团军师部参谋、连长、副营长等职。1949年去台湾后，历任营长、副团长、教官、团长、师参谋长。1965年3月任陆军总司令部作战署副署长，9月任第六十九师师长。1966年任"总统府"第二局参谋。1970年任陆军总司令部作战署署长。1972年任第二军参谋长。后任步兵训练指挥部指挥官兼步兵学校校长。1975年2月任作战参谋次长。1979年任"国防部"第三参谋次长室次长，12月任第一军团司令。1981年12月任陆军副总司令。1983年5月任金门防卫司令部司令，并晋升陆军二级上将。1985年12月至1993年，任"国家安全会议国家安全局"局长。1990年10月任"国家统一委员会"研究委员，11月出任"行政院大陆委员会"委员。曾当选为中国国民党第十二届候补中央委员、第十三届中央委员。1994年猝死。

【二十二】3

宋耀如（1866—1918） 即宋嘉树，字耀如，海南文昌人。1978年随舅舅前往美国，在波士顿丝茶行当学徒。1880年接受基督教洗礼，取英文名字查理·琼斯·宋（Charles Jones Song）。旋入杜克大学圣三一学院。1885年毕业于万德比尔特大学神学院。次年回国传教。1892年转业从商，任福丰面粉厂经理。1894年夏与孙中山相识后，成为孙的热情支持者和挚友，从财政上对孙中山的革命活动提供大力的帮助。1918年5月3日病逝于上海。子女六人，即霭龄、庆龄、美龄、子文、子良、子安，形成了颇有影响的宋氏家族。

【十三】3

宋长志（1916—2002） 辽宁辽中人。1937年毕业于青岛海军军官学校，1941年海军军官学校毕业，1944年赴英国皇家海军学校大学学习。1946年返国，1948年任逸仙舰舰长。1949年去台湾后，先后任"总统府"副侍卫长及侍从高参，海军登陆舰队司令，海军军官学校校长兼海军参谋指挥学校校长，海军第一军区司令，海军司令部参谋长，海军副总司令，海军总司令。1976年出任"国防部"参谋总长。1983年任"国防部"部长兼"行政院"政务委员。1986年6月被聘为"总统府"战略顾问。1987年6月18日任驻巴拿马"大使"。是国民党第十一、十二届中常委。2002年病逝于台北。

【二十三】5、9

宋哲元（1885—1940） 字明轩，山东乐陵人。早年于左路备补军随营学校学习，后投入冯玉祥部，自连长累迁至团长，号称冯玉祥部下五虎将之一。1922年第一次直奉战争任第二十五混成旅旅长。1924年任第十一师师长。1927年任国民革命军第一集团军北路军总司令，11月兼任陕西省主席。1930年中原大战失败后，率余部接受张学良收编，任东北陆军第三军军长，次年任第二十九军军长。1932年出任察哈尔政府主席，1933年率部参加长城抗战。1935年5月调任平津卫戍司令，后任冀察政务委员会委员长兼河北省主席、冀察绥靖署主任等职。"七七"事变爆发后，所部第二十九军与日军展开激战，揭开了中国抗战的序幕。华北失守后，任第一集团军司令兼第一战区副司令长官。不久改任军事委员会委员。1940年4月在四川绵阳病死。

【五】9；【十六】2；【十九】5；【二十一】11；【二十六】8、9；【二十八】1；【三十五】9；【四十三】5

宋子安（1906—1969） 祖籍海南文昌，生于上海，宋耀如之幼子。宋氏家族六兄弟姊妹中的幼弟。1928年于美国哈佛大学毕业后回国。曾任松江盐务稽核所经理，松江运副（辅助盐运使掌管盐务行政事宜），中国建设银行公司经理，中国国货公司监察，西南运输公司总经理等职。与兄姊不同，较少涉足政治。1948年任香港广州银行董事会主席，后定居于美国旧金山，常往来美国、香港两地。1969年2月病故于香港。

【二十二】1；【二十五】13；【四十一】7；【五十一】3

宋子良（1899—1983） 祖籍海南文昌，生于上海，宋耀如之次子。宋庆龄的二弟。圣约翰大学毕业后留学美国范德堡大学，毕业回国后曾任上海会文局局长。先后任外交部总务司司长、上海浚浦局局长、六河沟煤矿常务董事、中国银行董事长等职。1936年7月，任广东省政府委员兼广东财政厅厅长。抗战期间，任军事委员会西南物资运输总处主任、滇缅运输委员会主任，并驻美国负责租借法案的落实工作。抗战胜利后，为国际复兴建设银行代理理事兼中国银行、交通银行董事、中央信托局理事及出席国际货币会议中国代表。1949年赴美。1983年在纽约辞世。

【二十五】13；【四十一】7

宋子文（1894—1971） 原籍海南文昌，生于上海。宋耀如之长子，宋庆龄的大弟。早年就读圣约翰大学，后赴美国哈佛大学、哥伦比亚大学留学，获经济学硕士学位。1917回国，曾任汉冶萍煤铁公司上海总办事处秘书，联华商业银行总经理。1923年任孙中山英文秘书兼两广盐务稽核所长，旋参加筹办中央银行，任首任行长。后任广东革命政府财政厅长，广东国民政府财政部长、商业部长。1926年当选国民党中央执行委员。1927年任武汉国民政府财政部长，政府委员会常委、军事委员会委员、政治会议议员。1928年1月起任南京国民政府财政部长，中央银行总裁。1930年1月兼任行政院副院长。次年12月随蒋介石下野而辞职。1932年1月复任行政院副院长，财长，代任行政院院长。1933年辞职。1935年任中国银行董事长，国民政府最高经济委员会主席。1936年12月西安事变，飞西安谈判营救蒋介石。抗日战争期间，任全国航空委员会代主席、外交部长、驻美特使、代理行政院长、行政院长等职。1945年率中国代表团参加联合国制宪会议，并赴苏联签订《中苏友好同盟条约》。1946年任最高经济委员会主席，1947年9月任广东省政府主席兼广州绥靖公署主任。1949年去香港，后移居美国纽约。1971年病逝于旧金山。

【四】13；【十】1；【十二】6、11；【十七】12；【十九】1；【二十一】8、9、11；【二十二】2；【二十四】4、8；【二十五】1、2、10、11、12、13；【二十六】11、12、14、15；【二十七】4、5、6、7；【二十八】2、3、6；【三十】7；【三十一】15；【三十三】16、20；【三十四】3；【三十五】11；【三十六】1、2；【三十七】1；【三十九】9；【四十一】1、7、11；【四十三】6；【四十九】3、4；【五十一】3；【五十二】5、12

搜查苏联驻哈尔滨领事馆 1929年5月27日张学良以秘密从事宣传共产主义为名，下令哈尔滨特警处派军警搜查苏联驻哈尔滨领事馆的事件。据5月27日负责搜查行动的东省特别区行政长官张景惠密报：正午12时，第三国际在苏驻哈总领事馆地窖内秘密集会，所有中东路沿线各共产党行政管理党员干部均出席了会议。此会显然违反奉俄协定。特警处遂命第三警察署派员于当日下午1时许前往该馆搜查。当场将到会党员一律监视并获宣传文件多种。……除驻沈阳库滋涅佐夫总领事已予释放，驻哈尔滨总领事梅里尼可夫及领馆在职人员42人交该馆负责候讯外，其余39人概行逮捕侦讯。张学良于29日电张景惠、吕荣寰，转外交部王正廷部长27日电："为保持地方治安计，即可随时由地方酌量情形，径行办理。被拘捕俄人在交涉未得相当解决，并经中央许可以前，勿予释放。"苏联政府对此事强硬反应。31日，苏联政府向南京政府提出抗议，要求释放被捕的领事馆人员，同时向边境地区增兵。此事成为中东路事件的开端。

【五】6；【二十四】5

苏炳文（1892—1975） 字翰章，辽宁新民人。毕业于奉天陆军小学，北京清河陆军第一中学，保定军官学校第一期。后在皖系及直系军队任职。1923年，任福建陆军第一军第三旅参谋长兼团长。后应郭松龄之邀入奉军，任镇威军十二旅上校参谋长。1925年11月郭松龄反奉，苏任东北国民军第一军少将参谋长。兵变失败后郭部为张学良改编，任第六旅上校参谋长。1927年，任东北军第六旅旅长、第十七师师长。1928年，任黑龙江军务督办公署参谋长兼国防筹备处处长，黑龙江步兵第二旅旅长。1930年，任东北陆军第十五旅旅长兼海拉尔镇守使,中东铁路哈满护路司令、呼伦贝尔警备司令、第二旅旅长。1931 年"九一八"事变后,坚持抗战。1932 年 3 月任黑龙江自卫军总司令,10 月任东北民众救国军总司令,12 月因弹尽粮绝,退入苏联境内。1933 年 6 月回国,任军事委员会中将委员。南京失守后,随中民政府迁居重庆,任上将军事参议官。1938 年 8 月,任军委会风纪巡察团第三团主任委员。抗战胜利后,反对蒋介石的内战政策,被迫退出军籍,返回故里。中华人民共和国成立后,任黑龙江省体委主任、民革黑龙江省委员会副主任、省人民委员会委员、省政协常委、全国政协委员等职。1975 年 5 月 22 日,在哈尔滨逝世。

【二十三】11

苏德臣(生卒年不详) 1928 年 11 月任东北陆军第二十一旅第七十四团团长。1931 年 5 月东北军改编后,任陆军独立第二十二旅旅长。"九一八"事变后离职。

【二十三】9

《苏俄在中国——中国与俄共三十年经历纪要》 1956 年蒋介石撰写的检讨在大陆失败教训的著作。1957 年中央文物供应社出版,台湾"国防部总政治部"印发。蒋介石把苏俄对中国的影响,苏联对中国共产党各种形式的支持认作他和国民党政权失败的主要原因。书分三编:中俄和平共存的开始与发展及其结果;反共斗争成败得失的检讨;俄共"和平共存"的第一目标及其最后的构想。最后是补编:俄共在中国三十年来所使用的各种政治斗争的战术,及其运用辩证法的方式之综合研究。1956 年 11 月张学良应蒋介石写此书之需,给蒋介石写了一封回忆西安事变的长信,后此信经蒋经国改名为《忏悔录》,在军队将领内部传阅。

【二十一】10

苏全斌(生卒年不详) 1931 年 7 月任北平陆海空军副司令行营经理处处长。后任直隶行政院北平政务委员会财政整理委员会常务委员。

【二十三】8

孙宝琦(1867—1931) 字慕韩,浙江杭县人。1900 年入军机处办理电报,任报局局长。此后任驻法公使兼驻西班牙公使、军机处大臣、驻德公使、津浦路会办、山东巡抚。武昌起义后,一度宣布山东独立,任都督。民国建立后,曾任全国税务会办,北京政府外交总长。1914 年代理国务总理。1915 年日本提出"二十一条"后即辞职。1916 年出任审计局长,后历任财政总长兼盐署督办等职。1924 年任国务总理兼外交委员会委员长。任内与苏联建立外交关系。后任汉冶萍公司及招商局董事长、中法大学董事长。1928 年移居大连,1930 年定居上海,1931 年病逝。

【三十一】4

孙传芳（1885—1935） 字馨远，山东历城人。早年毕业于日本陆军士官学校，在日期间加入同盟会。回国后，任北洋陆军第二镇步兵第五标教官。民国建立后历任营长、团长、旅长。1917年升任第二十一混成旅旅长，此后任长江上游警备总司令、福建军务督理。1924年江浙战争起，任浙闽联军总司令。战败卢永祥后，出任闽浙巡阅使兼浙江军务督理。1925年任浙江督办，战胜张宗昌后，自任五省联军总司令兼江苏总司令。在北伐战争中失败后，投奔张作霖，任安国军副总司令兼五省联军司令，1927年所部被北伐军彻底消灭。1928年被张作霖委任为鲁西前线总指挥，与国民革命军交战失败。同年6月逃往沈阳，寄食张作霖门下。"九一八"事变后蛰居天津。1935年被刺身亡。

【一】4；【二】8；【十七】4；【二十六】2；【三十一】1、2、4、6、7；【三十三】5；【三十五】13；【五十四】7

孙德荃（生卒年不详） 1928年底，任东北陆军步兵第十九旅旅长。1933年2月任第五十三军第一一九师师长。

【二十三】6、7、9

孙德山（生卒年不详） 张作霖办保险队时的部下。传说，1901年2月18日（农历腊月三十）金寿山突袭张作霖时，孙背着正怀着张学良的赵氏冒死突围。

【三十四】6；【四十三】5

孙殿英（1899—1947） 名魁元，河南永城人。早年在河南、安徽一带为匪。1925年，先后投靠镇嵩军和国民三军，任旅长。同年秋，又率部投靠山东督办张宗昌，任直鲁联军第五师师长。1927年春，升任第十四军军长兼大名镇守使。北伐战争中，被国民革命军打败，1928年5月所部改编为国民革命军第六军团第十二军，仍任军长。1928年7月驻防河北蓟县，盗掘清东陵。1930年中原大战时，依附阎、冯，任第四方面军第五路总指挥兼安徽省主席。兵败后投靠张学良部，所部改编为第四十师，任师长。1931年升任第四十一军军长。1933年奉命赴热河赤峰，参加热河抗日。1934年春，率部向西北推进，为青海和宁夏军阀所败，隐居太原，残部被阎锡山收编。1936年与宋哲元联系，宋先后委孙为察北保安司令，冀北民军司令。1938年夏，任新编第五军军长。1943年4月，投降日军。后任伪新编第五军军长，伪第四方面军总司令兼豫北保安司令。1945年日本投降后，向蒋介石投诚，蒋任命孙为新编第四路军总指挥。1946年10月，任第四方面军第三纵队司令官，率部进犯解放区。1947年5月被解放军俘虏，不久病死。

【三十】2

孙凤鸣（1905—1935） 又名孙凤海，江苏徐州人。早年投军，曾在十九路军任排长。后积极参加抗日救亡活动。因不满蒋介石、汪精卫对日妥协，1934年，与华克之等在南京创办"晨光通讯社"，以记者身份作掩护，策划刺杀行动。

1935 年 11 月 1 日国民党四届六中全会开幕，中央委员在会议厅前合影，伪装成记者的孙凤鸣突然向汪精卫（蒋介石未在现场）连开三枪，汪中枪倒地。在场的张继和张学良迅速抱住孙和打落其手中枪，卫兵开枪击中孙要害，孙于 11 月 2 日凌晨身亡。

【三十四】18；【四十一】4、11

孙科（1891—1971） 字哲生，广东香山人，孙中山之子。早年在美国求学，获加州大学柏克莱分校文学士，哥伦比亚大学硕士。1917 年回国后，任广州大元帅府秘书。1918 至 1920 年，任非常国会参议院秘书兼《广州时报》编辑。1921 至 1926 年三任广州市长。1923 年 10 月参与中国国民党改组。1924 年主持国民党广州特别党部。1925 年 7 月，任广州国民政府委员。1926 年 1 月任国民党中央执行委员。1927 年 3 月，任国民党常务委员与国民政府常务委员。7 月随汪精卫清共。1928 年 10 月任铁道部长与考试院副院长。1931 年 2 月，在蒋介石与胡汉民之争中支持胡汉民。5 月参加非常会议，任广东国民政府常务委员。九一八事变后，任南京政府行政院长，旋被迫下台。1932 年底任立法院长与宪法起草委员会委员长。抗战期间续任立法院长，三次任访苏特使，争取苏联援助。1946 年 1 月，代表国民党与中国共产党协商，后支持蒋介石发动内战。1947 年 4 月任国民政府副主席。1948 年初，竞选副总统失败，5 月再任立法院长，11 月任行政院长。1949 年 3 月，辞职移居香港。1952 年定居美国洛杉矶。1965 年去台湾，任"总统府"资政、"考试院"院长。1973 年 9 月 13 日在台北逝世。

【三】3；【四】11；【八】6、9、10；【三十】1；【三十一】14、15；【三十二】6、17；【三十三】9；【三十四】8；【四十一】4；【五十二】12

孙魁元 即孙殿英，字殿英。见**孙殿英**
【三十】2

孙立人（1900—1990） 字仲伦，安徽舒城人。1923 年清华大学毕业后，赴美国留学，先后就读于普渡大学土木工程系和西点军校，1927 年毕业。1928 年回国。曾任陆海空军总司令部侍卫总队任副总队长，中央政治学校训练班主任，财政部税务警察总团第二支队上校司令兼第四团团长。1937 年 10 月参加淞沪抗战。1938 年 10 月，任财政部盐务局税务警察总团少将总团长，兼贵州第三绥靖区指挥官。1941 年 12 月，税务警察总团改编为新三十八师，任师长。1942 年 4 月，率部加入中国远征军，1944 年任新一军军长。在率部远征缅甸、协同盟军抗击日军的战斗中，屡建战功。1945 年 7 月，受艾森豪威尔邀请参加军事考察团考察欧洲战场。抗战胜利后，1946 年 8 月任东北绥靖副司令兼任新一军军长及长春警备司令，进攻东北民主联军。1947 年 4 月，调任东北保安司令部副司令长官。8 月调离东北，任陆军副总司令兼任驻南京的陆军训练处处长。1949 年 8 月，调任东南军政长官公署副长官兼台湾防卫司令。1950年3月，任台湾当局陆军总司令兼保安总司令。1951年5月授二级陆军上将。1954年6月改任"总统府"参军长。1955年以涉嫌"郭廷亮匪谍案"，被撤职软禁，直至1988年5月重获自由。1990年11月19日，病逝于台中。

【四十二】10

孙连仲（1892—1990） 字仿鲁，河北雄县人。1912年从军，入冯玉祥部。1924年10月北京政变后，任国民军第一炮兵旅旅长，骑兵第二师师长。五原誓师后，参加北伐。1928年9月，任青海省政府主席。1929年8月，转任甘肃省政府主席。其后，跟随冯玉祥参加中原大战。败北后，接受蒋介石的改编，被任命为第二十六路军总指挥。1931至1934年，参与对中央苏区的围剿。1934年4月授陆军中将。1936年11月晋授上将。1937年抗战爆发，任第二集团军副总司令兼第一军团军团长，率部对日作战。同年10月后任第二集团军总司令，率部参加太原会战、徐州会战，是台儿庄大捷的主要指挥者。1938年8月，任第三兵团司令，参加武汉保卫战。1939年1月，任第一战区副司令长官兼豫西兵团和第二集团军总司令，5月参加随枣会战。1943年2月，任第六战区上将副司令长官，组织指挥鄂西会战。1944年1月，任第六战区司令长官，1945年6月转任第十一战区司令长官，并任河北省主席。抗战胜利后，任保定绥靖公署主任，北平行辕副主任，追随蒋介石打内战，一再受挫。1947年1月辞职，10月转任总统府参军长。1949年3月任"总统府战略顾问"，后去台湾。历任国民党中央委员会纪律委员会委员，国民党中央评议委员，国民党中央委员会考核纪律委员会委员。1990年8月14日，病逝于台北。

【四】6；【三十五】9、10

孙烈臣（1872—1924） 原名九功，字占鳌，后改名烈臣，字赞尧。祖籍河北乐亭，生辽宁黑山。1897年参加清军，1906年转入左路巡防统领张作霖部。与张作霖关系甚为密切。1910年入东三省讲武堂骑兵科，翌年毕业。1912年9月，任张作霖所率陆军第二十七师第五十四旅旅长，12月升陆军少将。1915年8月，升陆军中将。翌年4月，协助张作霖迫使督理东三省军务的段芝贵去职。1917年，在张作霖的荐举下升任第二十七师师长。翌年，任湘东支队司令，率奉军远征湖南，9月升任关内奉军副司令。1919年，张作霖逼迫北京政府任命孙为吉林督军，未果，转而任黑龙江省督军。同年8月，加陆军上将衔，兼黑龙江省省长。1921年3月，转任吉林督军兼省长。第一次直奉战争中，任镇威军副司令。奉军战败，危急之时，孤军独挡榆关之冲，扼守九门口，抵住了直军进攻，稳定了东北三省局势。战后，张作霖整军经武，设立东三省陆军整理处，孙任统监兼陆军总部谋主（即参谋总长），全面整训部队，举办军校，筹建空军，建立奉天兵工厂。因身兼数职，疾病缠身，长期滞留奉天省城，不能脱身料理吉林军政,遂向张作霖提出辞呈,并保张作相为吉林督军,王树翰为省长。但张未予允准,只允其归故里静养。1924 年 4 月 25 日病逝。

【十七】5;【二十三】11;【二十五】15;【三十一】6;【三十四】5;【五十】5

孙美瑶(1898—1924) 山东枣庄人。1920 年随兄孙美珠落草为寇,占据沂蒙山区抱犊崮山,宣布成立"山东建国自治军五路联军",孙美珠任司令。1922 年孙美珠被官军所杀后,孙美瑶继任司令。1923 年 5 月 6 日凌晨率部众千余人,在津浦路临城附近拦截火车,掳去中外旅客百余人,制造了震惊中外的"临城劫车案"。事发后,北洋政府被迫接受其改编为正规军的要求,6 月 27 日将其率领的部众编为山东新编第十一旅,孙任旅长,归第五师节制。同年 12 月被兖州镇守使张培荣骗至峄县中兴公司杀死。

【三十三】20

孙美珠(1883—1922) 山东枣庄人。清末秀才,孙美瑶胞兄。1920 年,孙氏兄弟聚众占据沂蒙山区抱犊崮山,宣布成立"山东建国自治军五路联军",孙美珠任司令。1922 年被官军所杀。

【三十三】20

孙铭九(1909—2000) 原名明久,后改铭久、铭九。辽宁新民人。1927 年加入东北军,1928 年被派赴日本陆军士官学校学习。回国后担任天津市保安大队大队长,张学良侍从参谋、卫队营营长等职,成为张的嫡系之一。1936 年 7 月,张学良在东北军中成立秘密组织"抗日同志会",孙等少壮派军官是主要成员。西安事变中,奉命率部在华清池抓住蒋介石。张学良被扣押后,力主武力救张,与主张和平解决事变的于学忠、王以哲等东北军将领发生激烈冲突,最后竟将王以哲等枪杀,酿成"二二"事件。2 月 4 日,前往陕北云阳红军驻地暂避。不久转入天津、上海租界。抗战期间,投靠汪伪政府,曾任汪伪政府参赞武官公署参赞武官、豫北抚安特派员和抚安专员。1944 年末任山东伪保安副司令。抗战胜利后投降国民党,后又向东北解放军投降。1949 年后,因其在西安事变的特殊作用,被聘担任上海市政府参事,第六届全国政协委员、第五、六届上海市政协委员等职。2000 年 4 月 8 日在上海去世。

【十二】8;【十九】1;【二十三】13;【二十五】4;【二十六】14、15;【二十七】7;【二十八】1;【二十九】13;【三十一】9

孙旭昌(生卒年不详) 1919 年 3 月任东三省陆军讲武堂总队长。1925 年任奉军第三师第十二旅旅长,11 月郭松龄起兵反奉时,被郭解职。1927 年 6 月授陆军少将。1928 年 11 月任东北陆军步兵第二十五旅旅长。

【二十三】6

孙岳（1878—1928） 字禹行，河北高阳人。早年入保定武备学堂炮兵科。1909年毕业后，参加同盟会，并在北洋第三镇任管带、代理统制。1911年，参加滦州起义，失败后潜赴南京，任苏松宁扬镇五路总司令。后任陆军第九师师长。1913年参加"二次革命"，任讨袁第一路军总司令。二次革命失败后，流亡日本。后秘密归国隐居。1918年，任曹锟部的军官教导团团长。第一次直奉战争时，任直系西路司令，后兼任冀南镇守使。1924年9月任京畿警备副司令。对曹锟贿选总统深为不满，与冯玉祥、胡景翼发动"北京政变"，推翻曹锟、吴佩孚政权。组建国民军，任副司令兼第三军军长。1925年，任豫陕甘剿匪总司令，8月任陕西督办，11月同奉军激战并取胜，任直隶军务督办兼省长。1926年1月冯玉祥下野后，代理国民军总司令，抵抗奉直军的联合围剿。3月被迫撤离京津，8月国民军在南口失利，孙因病赴上海就医。北伐结束后，被国民政府任命为河南省政府委员，国民政府军事委员会委员。1928年5月27日在上海病逝。

【四】6；【三十五】6、8

孙运璇（1913—2006） 山东蓬莱人。字曜光。1934年毕业于哈尔滨工业大学电机系。毕业后不愿在日本统治下工作，进入关内。1940年任甘肃天水电厂工程处主任。1942年赴美国，在田纳西州河流开发局工作。抗日战争胜利后，1946年奉命抵台，任台湾电力公司机电处处长兼总工程师、总经理。1965年后，受聘任尼日利亚全国电力公司执行长兼总经理。1967年后，历任台湾当局"交通部"部长、"经济部"部长，"行政院"院长、"总统府"资政。是国民党第十至十二届中央常委。被誉为台湾经济起飞的推手。

【三十二】3；【三十九】3

孙震（1891—1985） 字德操。原籍浙江绍兴，生于四川绵竹。保定陆军军官学校第一期肄业，1906年加入同盟会，历任川军排长、营长、连长、团副、骑兵第一团团长、第一纵队司令。1924年任陆军第二十七混成旅旅长，1926年任国民革命军第二十九军副军长兼第五师师长。1933年任川陕边区剿匪前敌总指挥。1936年任西北剿匪军第六纵队司令。抗战期间，先后任第二十二集团军副总司令、总司令，第五战区副司令长官。1939年授二级上将。抗战胜利后，历任郑州绥靖公署副主任，华中"剿匪"总司令部副总司令兼川鄂边区绥靖公署主任，重庆绥靖公署副主任兼川东绥靖司令，西南军政长官公署副长官。1949年去台湾，任台湾当局"总统府"国策顾问。1985年病逝。

【四】6

孙中山（1866—1925） 名文，字逸仙。广东香山人。亡命日本时化名中山樵，后以中山名世。1878年赴美国檀香山，入教会学校读书。1884年后回香港。1892年在香港西医书院毕业后，行医澳门、广州。1894年上书李鸿章提出革新主张，被拒绝，遂赴檀香山组织兴中会，第一次提出推翻清王朝，建立资产阶级共和国的主张。1900年组织惠州起义，失败后奔走海外，为革命筹款。1905年在日本建立中国同盟会，被推为总理。确定"驱逐鞑虏，恢复中华，建立民国，平均地权"的资产阶级革命纲领，提出三民主义学说。此后在国内外发展组织，多次发动武装起义。1911年武昌起义后，于12月被推选为中华民国临时大总统。1912年1月1日在南京建立中华民国临时政府，宣誓就职。2月13日因革命党人同袁世凯妥协，被迫辞去大总统职。同年8月同盟会改组为国民党，被选为理事长。1913年发动"二次革命"讨袁失败。1914年在日本建立中华革命党，被推为总理。1917年在广州召开国会非常会议，组织护法军政府，当选为大元帅，进行护法战争。1921年被选为非常大总统。1922年因陈炯明叛变，退居上海。1924年在中国共产党的帮助下，改组国民党，实行联俄、联共、扶助农工的三大政策，提出新三民主义，创立黄埔军校，建立革命武装。同年11月北上讨论国是。12月4日，到天津访张作霖，15日在天津张园会见张作霖。1925年3月12日，在北京病逝。

【四】2；【五】13；【七】25；【十二】3；【十五】1；【十六】3；【十七】7、13；【二十五】1、11；【二十六】2、5；【二十九】13；【三十一】1、2、5、6、14；【三十二】15；【三十三】1、10；【三十五】6、13；【四十一】4；【四十二】10；【四十四】2、5；【四十九】3；【五十二】1

T

台静农（1903—1990） 安徽霍邱人，中国现代著名作家。曾就读于北京大学中文系，1025年参加鲁迅所创之未名社，作品为鲁迅所赏识。抗战爆发前于辅仁大学、山东大学、厦门大学等校任教，抗战时前往四川，任职白沙国立编译馆，1946年赴台，后执教台湾大学，担任中文系教授兼系主任，以潜心教育、钻研学问和书法创作为主，1972年退休，继续创作，1990年逝世。

【四十八】1

太平洋战争 第二次世界大战期间同盟国在太平洋和东南亚地区与日本法西斯进行的战争。日本于1941年12月7日偷袭珍珠港，重创美国太平洋舰队主力。次日美英对日宣战，11日德意对美正式宣战。中国也向德意日宣战。太平洋战争全面爆发。太平洋战争大致可分为3个阶段：（1）日军进攻阶段（1941年12月—1942年5月）（2）双方相持阶段（1942年5月—1943年2月）（3）盟军反攻和战争结束阶段（1943年2月—1945年9月）。1945年5月8日纳粹德国投降，日本完全孤立。8月6日和9日，美国先后在广岛和长崎投下两颗原子弹。8月8日，苏联对日宣战，出兵中国东北、朝鲜北部和千岛群岛，全歼日本关东军。中国人民也发起全面反攻。8月15日，日本天皇颁发停战诏书。9月2日，在东京湾的密苏里号战列舰上，日本向美、英、中、苏等国签署无条件投降书。太平洋战争和第二次世界大战至此结束。

【七】2；【八】1；【九】5；【十七】7

《泰晤士报》（The Times） 英国全国发行的综合性日报。1785年元旦，由约翰·沃尔特创办，初名《每日环球记录报》（The Daily Universal Register），或译《世鉴日报》。1788年元旦，正式改为今名。1803年，小沃尔特接办时扩大了报道面，并在经营方式、新闻采写、印刷技术等方面加以改革，使发行量提升至3万余份。1908年，北岩勋爵（哈姆斯沃斯）取得该报所有权，重用道森为主编，全力革新，发行量遂攀升到32万份。1922年，约翰·雅各·阿斯特收购了该报，1966年又出售给出版商罗伊·汤姆森。1981年，小汤姆森将该报转卖给传媒大王鲁伯特·默多克。目前，该报广泛报道世界各地时政要闻和经济、军事、文体等各类资讯，以内容详尽、风格严肃而闻名。

【五】1；【十二】3；【十六】6；【五十一】9

谭富英（1906—1977） 名豫生，祖籍湖北武昌，著名京剧表演艺术家。1917年入富连成科班习戏，向萧长华等学习老生。1923年出科，后拜余叔岩，唱腔集"谭派"、"余派"之长，形成自己的风格，人称"新谭派"，为"四大须生"之一。1949年后曾任北京京剧团副团长，1977年逝世，擅演《定军山》、《空城计》等剧目。

【七】19；【三十一】12

谭海（1891—1954） 字幼波，辽宁义县人。其父为张作相结拜兄弟，由张作相推荐任张学良的贴身副官。曾任大帅府内侍卫处长、东北军第一〇五师副师长。深得张学良信任，曾参与处决杨宇霆、常荫槐的行动和西安事变。西安事变后，张学良送蒋回南京时，嘱其留在西安，帮助处理家事。"二二"事件后，避居天津，此后未再任职。1954年因病去世。

【十九】1；【二十三】10、11、12、13；【二十六】10；【三十一】9；【三十八】5；【四十九】6；【五十一】9；【五十五】4

谭鑫培（1847—1917） 艺名小叫天，湖北江夏人。京剧艺术表演家。其父谭志道，工老旦兼老生。10岁随父到北京，11岁入小金奎科班习武丑，后改武生及文武老生。出科后曾任护院，后重返舞台，先入三庆班，后入四喜班。1890年奉召入宫供奉，1900年祖同庆班。民国后曾任戏曲界同业组织正乐育化会首任会长。以《李陵碑》、《定军山》等戏为代表剧目，号称"谭派"。

【七】19；【四十一】9

谭延闿（1880—1930） 字组庵、号无畏，湖南茶陵人。1904年（光绪三十年）进士，授翰林院编修。1907年组织"湖南宪政公会"，成为立宪派首领。1909年10月任湖南咨议局议长。1911年武昌起义后，任湖南军政府参议院议长、湖南都督。1912年加入国民党，任湖南支部长。1916年8月后任湖南省长兼督军、湖南参议院院长。二次革命中保持中立，被袁世凯免职。袁死后，任湖南省长兼督军、省长，1920年11月被赵恒惕逼迫下台。1922年投奔孙中山，先后任广州陆海军大元帅府大本营内政部长，建设部长、湖南省省长兼湘军总司令。1924年1月当选为国民党第一届中央执行委员会委员、中央政治委员会委员兼大本营秘书长。1925年广东国民政府成立后，历任广州国民政府常务委员兼军委会常委，国民革命军第二军军长、代理国民政府主席等职。1928年2月任南京国民政府主席，至10月转任行政院院长。1930年9月22日突发脑溢血死于南京。

【七】28；【十六】4

檀自新（1896—1938） 字静华，辽宁锦西人。毕业于黑龙江陆军学兵营。1920年入东三省陆军讲武堂。历任奉军排长、连长、营长。1931年任东北军第五十二团团长。"九一八"事变后，率全团随马占山抗日，任第四支队司令兼骑兵第八旅少将旅长，1932年任第六军副军长。1933年任骑兵第十师师长、察哈尔民众抗日同盟军第五路司令。1934年任陆军暂编第十师师长。西安事变后，1937年2月与陆军第一〇六师师长沈克联名通电脱离东北军，并扣留杨虎城部数名高级将领。后率部离陕东调,兼任豫皖苏军事整理委员。同年 8 月 31 日任骑兵第四军军长。同年冬,军委会命令该军缩编为新编第五师,檀抗命,率部为匪。1938 年 6 月 22 日以"抗命谋叛,违犯军律"被处决。

【二十三】12、13

汤恩伯(1898—1954) 名克勤,以字行,浙江金华武义人。1920 年毕业于援闽浙军讲武堂,后赴日本,日本陆军士官学校毕业。1926 年参加国民革命军,先后任陆军第四军副师长、第十三军军长等职抗战初期,任第二十军团军团长,率部参加南口血战、鲁南会战,与及台儿庄会战。之后,兼任第一战区副司令长官、第三十一集团军总司令、豫鲁苏皖边区总司令、第三方面军总司令等职,豫湘桂战役时所部大溃败。抗战胜利后任第一绥靖区司令官、陆军副总司令、代理总司令等职。1949 年任京沪杭警备总司令,所部在淞沪地区被解放军歼灭后逃往台湾。后任驻日军事代表团团长等职,晚年病死日本。

【四十一】3;【五十六】9;【五十七】1

汤国祯(生卒年不详) 上海人。圣约翰大学毕业。1928 年 12 月东北易帜后,任东北边防司令长官公署军衡处副处长。1931 年任北平陆海空军副司令行营副官处处长,北平绥靖主任公署副官处处长。1934 年 2 月任豫鄂皖"剿匪"总部总务处处长等职。多次以张学良私人代表身份参与重大政治活动。

【二十三】8、11

汤玉麟(1871—1949) 字阁臣,生于辽宁阜新。出身绿林,后与张作霖一起办"保险队"。1902 年被收编入奉天前路巡防营哨官、帮办。1912 年任第二十七师骑兵第二十七团团长,次年升任第五十二旅旅长。1917 年赴京参与张勋复辟活动,失败后逃回阜新隐居。1919 年又回奉天任东三省巡阅使署中将顾问。1921 年 5 月任奉天陆军第十一混成旅旅长兼东边镇守使和剿匪司令。1924 年第二次直奉战争后任第十一师师长。1926 年任安国军第五方面军第十二军军长,同年 4 月任热河都统。1928 年东北易帜后,由国民政府任命为热河省政府主席兼第三十六师师长。1933 年 2 月下旬日军进攻热河。3 月 4 日汤弃守热河,率部逃到滦平,因此被国民政府免职查办。1934 年 5 月复任北平军分会高级顾问,半年后辞职在天津意大利租界寓居。抗日战争期间拒绝出任伪职。1949 年 2 月在天津逝世。

【四】4、13、14;【八】14;【十五】3、4;【十七】4、5;【二十一】3;【二十三】9、11;【二十四】2、8;【二十五】14、15;【二十六】5;【三十一】1、4、6、8、11;【三十三】1、15;【四十七】2

唐继尧(1883—1927) 字蓂赓。云南会泽人。清末秀才,1904 年赴日留学,入东京振武学校。1905 年秋加入同盟会。1908 年毕业于日本士官学校。次年回国,先后任云南督练公所提调、讲武堂教官、新军第七十四标第一营管带等

注释/索引 251

职。辛亥革命爆发后参加蔡锷指挥的昆明起义,任云南军政府军政、参谋两部次长兼讲武堂总办。1912年率滇军占领贵阳,任贵州都督。1913年参与镇压二次革命,攻打四川熊克武军。同年10月继蔡锷任云南都督。1915年12月,与蔡锷等通电护国讨伐袁世凯,任护国军第三军总司令,留守云南。1917年参加孙中山发动的护法运动,被举为护法军政府元帅,但拒不就职。次年,参与策划改组军政府,排挤孙中山,暗通北洋军阀。此后以护法、靖国之名,改滇军为靖国军,任靖国联军总司令,屡次出兵川黔,企图称霸西南。1921年顾品珍在川滇战争中倒戈驱唐,他遂出亡香港。1922年收买驻桂滇军打回云南,重掌大权。时鼓吹联省自治,任云南省长。1925年孙中山逝世后,配合杨希闵、刘震寰等阴谋颠覆广州国民政府。1926年北伐战争开始后,加紧与吴佩孚、孙传芳勾结,以"反共"、"讨赤"相号召,组织"民治党"。1927年初,龙云等发动"二六"政变迫使其交出政权,解散"民治党"。5月23日病死于昆明。

【十七】11;【二十三】7;【二十六】2、3、6;【三十五】8

唐君武(生卒年不详) 满族人。清光绪帝的宠妃珍妃的侄儿。1946年在北京与溥心畬等发起组织"满族文化协进会",任秘书长。1948年当选第一届"国民大会"代表。后去台湾。1954年"满族文化协进会"在台湾当局支持下复会,并改名为"中华民国满族协会",继续担任秘书长,直至1964年。

【十八】1

唐君尧(1899—1967) 辽宁辽阳人。字镜宇,绰号唐二虎。1924年,入东三省陆军讲武堂,1925年秋毕业到第八师任上尉参谋。1926年3月,升充四十团团长。1933年2月张学良将东北军改为师制后,唐所在步兵第十三旅改为第一一三师,唐升任旅长。在陕北"围剿"红军时与共产党接触,受到抗日民族统一战线思想影响。1936年参加西安事变,奉命参与捉蒋介石的行动。西安事变后,调五十七军任第一一一师第三三一旅旅长,开赴抗日前线。抗战胜利后,任第十一战区长官部前进指挥所驻青岛办事处处长,后任青岛港口运输司令。解放战争时期,任辽北保安副司令。1948年11月,沈阳解放时被俘。1951年,去香港。1967年8月9日病逝在香港。

【二十三】11、12、13;【二十五】4

唐奎斌(生平不详) 奉天锦县人。曾任昌黎县县知事、彰武县县长。1931年4月,其改任北平陆海空军副司令行营军法处副处长。

【二十三】8

唐明皇(685—762) 即唐玄宗李隆基,因其谥号为"至道大圣大明孝皇帝",故又称唐明皇,712—756年在位。神龙元年中宗李显复位后,大权落于韦后之手。景龙四年(710),他与太平公主合谋发动政变,诛杀韦后,拥其父睿宗李旦即位，以功立为太子。延和元年（712）即位，不久诛杀太平公主，改元开元，其于开元年间重用姚崇、宋璟等贤相，整顿吏治、发展经济，被史家誉为"开元之治"，唐朝进入鼎盛。但开元末年起开始任用李林甫、杨国忠等执政，政治趋于腐败，官吏贪渎，加之升平既久，武备空虚，玄宗又耽好声色，奢侈怠政，最终引发了安史之乱。天宝十五年（756），在他逃往四川的途中，扈从官兵在马嵬驿（今陕西省兴平市西）兵变，诛杀杨国忠、缢死杨贵妃。太子李亨随之在灵武即位（肃宗），他被遥尊为太上皇。至德二年（758），返回长安，后于宝应元年（762）抑郁而死。

【三十九】8；【四十一】9；【五十二】7

唐瑞符（生平不详） 1933 年 3 月，任东北军通讯大队队长。

【二十三】11

唐绍仪（1860—1938） 字少川，广东香山（今中山）人。1874 年留学美国，入哥伦比亚大学。1881 年回国，1895 年随袁世凯小站练兵。后历任清政府外交部右侍郎、奉天巡抚、邮传部尚书等职。辛亥革命后，参与南北议和，为第一任内阁总理。后加入了同盟会。后因袁世凯破坏内阁副署权愤而辞职。1917 年参加广州护法军政府，任财政总长，后为七总裁之一。1920 年后退居家乡。1931 年 5 月任反蒋的广州国民政府常务委员兼中央监察委员。"九一八"事变后，任国民党中央监察委员、国民政府委员。抗战爆发后日本欲利用其出面组织伪政府，未成。1938 年在上海被刺杀身亡。

【五】3；【三十五】13；【三十九】7

唐生智（1889—1970） 湖南东安人，自孟潇，保定陆军军官学校毕业，曾参加辛亥革命、讨袁、护法诸役。1923 年任湘军第四师师长兼湖南善后督办，据地自雄。1926 年任湖南省代理省长。后受吴佩孚胁迫投向广东国民政府，历任第八军军长兼北伐前敌总指挥、湖南省主席、武汉国民政府委员、第四集团军司令等职务。1927 年因反蒋兵败流亡日本。1929 年起复任国民政府军事参议院院长、第五路军总指挥、训练总监部总监等职。抗战时任首都卫戍司令长官，南京失守后回湘闲居。1949 年拥护湖南和平解放。中华人民共和国成立后曾任湖南省人民政府副主席、副省长等职。1970 年病逝于长沙。

【二十一】9；【五十八】5

唐石霞（1904—?） 字怡莹，女画家，满族。贵族出身，光绪皇帝的瑾妃和珍妃之侄女。1924 年，与溥杰结婚，又称溥二奶奶，但二人婚姻并不和满，后解除婚约。唐以画技知名于平沪。曾上书反对伪满洲国的建立。1945 年去香港，以画画为生。

【十八】1；【二十三】13

唐述吉（1899—?） 辽宁海城人。东北讲武堂第四期毕业。历任东北军连长、营长、科长、总队长、处长等职。1935年10月，任东北军辎重大队大队长。1937年11月被授予少将军衔。1945年7月退役。

【二十三】13

唐舜君（1916—?） 满族，为清光绪帝珍妃之侄女。毕业于国立北平艺术专科学校。1934年与雷嗣尚结婚。抗战爆发后，随夫至南京，后转入川湘各地。抗战胜利后，1948年5月当选为制宪国民大会代表。1949年去台湾，曾任"国大"代表，并数度入选主席团，被誉为"国大之花"。自幼爱好绘画，曾多次参加画展。

【十八】1；【三十八】1、2

唐振海（1903—?） 号静波，辽宁人。毕业于东三省陆军讲武堂、陆军大学第八期。曾任东北军第一〇八师第六二二团团长，1935年在陕北"围剿"红军。抗战期间曾任第一〇八师副师长。抗战胜利后任联合勤务司令部第六补给区（驻东北）少将参谋长。1948年11月向解放军投诚。1949年10月后曾任政协委员。

【二十六】14

陶菊隐（1898—1989） 湖南长沙人。就读长沙明德中学。1912年一度担任长沙《女权日报》编辑。1916年后历任《湖南民报》、《湖南新报》、《湖南日报》等报编辑、主编。1920年受聘上海《新闻报》驻湘特约通讯员。1927年任《武汉民报》代理总编辑兼上海《新闻报》驻汉口记者。1928年起，担任《新闻报》旅行记者、战地记者，驻汉口特派记者。1934年赴南京与许彦飞合办《华报》，同时为《新闻报》撰写专栏文章。1936年移居上海，参加《新闻报》编辑工作，还担任《晓报》主编和严独鹤主持的《新闻夜报》助编。1941年日本侵略军占领上海租界后，遂退出《新闻报》，以主要精力从事中国近现代史著述。1949年10月后，担任上海文史馆馆员、馆长。著有《袁世凯演义》、《蒋百里先生传》、《六君子传》、《北京军阀统治时期史话》等。

【三十一】4

陶克陶胡（1863—1922） 蒙古族，内蒙古哲里木盟郭尔罗斯前旗（今吉林省前郭尔罗斯蒙古族自治县）人。姓包，绰号天照应。1906年，率领三个儿子及亲族义友宣誓起义，对抗清廷。1907年6月，东三省总督徐世昌派前路统领张作霖的巡防队等多股兵力进行围剿。后退入俄国境内。清廷覆灭后，参加外蒙古独立运动。1922年病逝于库伦（今蒙古国首都乌兰巴托）。

【二十】1；【三十二】16；【三十四】11

陶历卿（生卒年不详） 早年张作霖任奉天巡防营前路统领时，陶随任巡防营文案。后由张作霖推荐进入东北陆军讲武堂。毕业后曾任第二十七师正书记官，奉天督军公署军务科长等职。

【三十一】11

陶鹏飞（1909—1999） 辽宁丹东人。张学良之婿，1927年入东北大学。1929年赴德国留学并取得博士学位。在欧洲求学期间结识张学良长女张闾瑛，1941年与张结婚。1941年前往美国加州大学从事研究工作。后任加州圣旦克兰大学教授，定居美国。1962年与张闾瑛赴台参加学术会议，获特许首次探望了张学良。张学良获自由赴美期间，一直陪伴左右。

【二十二】1；【二十七】8

陶尚铭（1889—1967） 祖籍浙江绍兴，生于日本东京。1910年毕业于日本早稻田大学，回国后赴南昌随侍其父（陶大均，时任江西按察使）。父去世后，赴奉天投奔其父好友张锡銮，任职于南满铁路局。1912—1917年间，先后入张锡銮、张作霖幕府，后供职于奉天外交特派员公署。1928年张作霖丧事期间，负责接待宾客。1928年7月底，以张学良特使身份前往东京。8月20日，张学良任命其为东三省交涉署署长。曾力劝张学良易帜归顺南京政府。12月5日，他与交涉署的日本科长安祥突遭拘捕。据日人森岛守人所著《阴谋·暗杀·军刀》一书记载，当时人多猜测此举可能与陶频繁出入日本特务机关有关；而日后陶则声称，这是张学良为防止"除杨（宇霆）"密谋泄露而采取的措施。1933年张学良下野出国前，任命他为河北省滦榆区行政督察专员，后改任北平政务整理委员会参议。晚年寓居北京。1967年病逝。

【五十五】1

陶允恭（生卒年不详） 清末附生，奉天士绅。张作霖早年在辽宁台安任保险队头目时，与其结交。张作霖接受朝廷收编时，陶曾参加对其保荐。

【三十五】4

田得胜（生平不详） 1928年底任东北军省防军辽宁步兵第二团团长。

【二十三】7

田纪云（1929— ） 山东肥城人。1941年加入八路军，1945年加入中国共产党。长期在财经部门工作。中华人民共和国成立后，历任贵州省财政厅科长、处长、办公室主任、副厅长，中共中央西南局财经办公室财金处副处长，四川省财政局局长、财政厅厅长，国务院副秘书长，国务院副总理兼国务院秘书长、中央财经领导小组副组长。中共第十二届至十五届中央委员、中央政治局委员、第十三届至第十五届中央政治局委员。

【二十八】8

注释/索引 **255**

田亚赟（？—1912）　又名田亚斌，田心正，田又横。吉林通化人。辛亥革命时，1911年11月任奉天联合急进会秘书、《国民报》编辑主任。常以"共和理想，灌输三省人民"。1912年1月与革命党人张榕等先后被张作霖杀害。

【三十二】16

田雨时（生卒年不详）　吉林扶余人。毕业于北京法政专科学校。曾任张学良秘书，国民政府北平市参事。1939—1941年任国民政府行政院参议。1940年至1941年署理财政部参事。1943年冬赴美国留学，1945年回国后任松江省政府委员兼松江省财政厅厅长。1948年担任财政部次长兼田粮署署长。1949年底去台湾，1950年辞去职务。

【十九】1；【四十五】2

田玉本（1870—1906）　辽宁辽中人。旗人后代。早年在左宝贵军中当兵，甲午战争后回乡当土匪，人称"田家大帮"。势力范围涉及台安、辽中、海城、辽阳等地。日俄战争中投靠俄国。1906年被张作霖诛杀，不久"田家大帮"被清廷官军剿灭。

【三十二】16

田泽民（1892—1958）　号润生，河北遵化人。毕业于保定陆军军官学校炮科，陆军大学特别班第六期。1931年5月任东北军陆军独立第九旅第六二五团团长，跟随何柱国镇守山海关，参与长城抗战。后任国民革命军第四十军第三师团长、师参谋长、预备第一师副师长、鲁苏鄂皖边区司令部副参谋长，第三十五集团军参谋长，1946年授少将衔。

【二十三】9

田中义一（1864—1929）　日本大正、昭和期间的政治家及军人，第二十六任日本内阁总理大臣。长州藩士出身。日俄战争时任陆军参谋；战后历任陆军省军事课长、军务局长和参谋次长；1918—1921年和1923—1924年两次任陆相。1925年退役后任政友会总裁。1927年任首相兼外相。1927年6月27日至7月7日召开东方会议，制订了《对华政策纲领》，并上呈"田中奏折"，言"惟欲征服支那，必先征服满蒙；惟欲征服世界，必先征服支那"。任内积极进行反共产主义的政策，并对蒋介石政权提供援助。1928年5月济南惨案是在他执政期间发生。暗杀张作霖的皇姑屯事件发生后，朝野上下一片哗然，要求追查责任，田中不得不在1929年7月2日辞职。1929年9月29日因心肌梗塞去世。

【三十一】7；【三十二】18

町野武马（生卒年不详）　张作霖的日本顾问，曾给张作霖做了9年顾问，深得张的信任。1928年6月3日张作霖从北平返奉天时，同车随行，但至天津时下车。因此事后有人怀疑其是日本安插在张作霖身边的间谍，参与了皇姑屯事件的策划。

【二】6；【三十一】7；【三十三】17；【五十三】7

同泽中学 指张学良于1928年在其家乡创办的中学。"九一八"事变前辽宁共有三所同泽中学，分别为沈阳的男同泽中学、女子同泽中学及海城同泽中学。沈阳男子同泽中学创办于1925年。1928年皇姑屯事件后，张学良为纪念父亲张作霖，培养家乡子弟，捐出银洋40万元在家乡海城创立同泽中学（位于今天海城市区东南），并亲自出任董事长。校名取自诗经"岂曰无衣，与子同泽"，旨在同仇敌忾，共报家仇国恨。"九一八"事变后被迫停课。1984海城同泽中学恢复校名。

【二十六】10；【二十九】2、13

头山满（1855—1944） 日本20世纪初右翼政治领袖。日本福冈人。早年就拥护主张对外侵略的"征韩派"，组织"矫志社"，企图暗杀"自治派"首领大久保利通，被捕入狱。19世纪80年代初，建立近代日本第一个右翼政治组织玄洋社，对外力主"大亚细亚主义"，即实现日本独霸亚洲的政策。建立"浪人会"，专事对外扩张活动，自称"世界浪人"。19世纪末开始对中国的侵略活动，在中国设据点收集情报，又参与荒尾精在上海办"日清贸易研究所"的计划，并为之提供经费。义和团运动失败后，组织"国民同盟会"，高唱"支那保全主义"，鼓吹对俄强硬，以独霸中国东北。辛亥革命爆发后，同犬养毅组织友邻会，到上海、南京同革命党联系，因怕袁不亲日，所以力劝孙中山与袁世凯对抗，反对南北议和，未获成功。1924年在神户会见孙中山，提出日本应获得在"满蒙"的特殊权益，遭拒绝。20至30年代，极力鼓吹日本加速侵略中国，并为制造"满洲国"大肆活动，积极拥护德意日反共协定，梦想实现独霸亚洲的"大亚细亚主义"野心。1944年10月病死。

【七】5

土肥原贤二（1883—1948） 日本陆军大将，甲级战犯，长期在中国从事特务活动的侵华阴谋家。日本冈山人。1904年和1912年先后毕业于日本陆军士官学校和陆军大学。1913年起任陆军参谋本部副官，奉派至中国从事间谍活动。1928年出任张作霖的顾问。1929年任步兵第三十联队联队长。1931年任关东军奉天特务机关长，参与策划"九一八"事变9月任沈阳市市长。扶植清逊帝溥仪在东北成立傀儡政权满洲国。1932年任步兵第九旅团旅团长。1935年6月，策动阴谋，逼迫国民政府签署《土肥原—秦德纯协定》，并炮制伪冀东防共自治政府。1937年任第十四师团长，参与全面侵华战争。1939年任第五军司令官，陆军士官学校校长。1943年任东部军司令官。1945年任军事训练总监，旋任第十二方面军司令官。1948年被远东国际军事法庭判为甲级战犯，判处绞刑，12月

13 日在东京巢鸭监狱被绞死。

【二十六】1;【二十九】13;【五十三】7

土木系 亦称为陈诚系,为国民党大陆时期的军队派系。核心人物是陈诚。土木系将领主要出身于陈诚起家的国民党第十八军第十一师。因"土"代表"十一","木"代表"十八",故名。土木系是中央军的支柱之一,在淮海战役时其主力被解放军消灭。

【三十四】3

屯垦军 东北军的一个特殊兵种。1928 年,兴安岭地区土匪活动猖獗,为加强守备,开发边疆,张学良效仿古代"寓兵于农"的做法,推行屯垦。同年 7 月,张学良在兴安区成立了屯垦公署,调炮兵司令邹作华任督办,驻洮安,将炮兵缩编,改编为屯垦军第一、二、三团,分驻索伦、科右前旗的葛根庙和苏鄂公府等地。屯垦军的主要活动是在所辖区域建房、垦荒,开办军垦农场。施行军队屯垦成边,对于维护国家主权,起到了重要的作用。但大面积的垦荒破坏了草场,触犯了蒙古牧民的利益,因而遭到当地人民的反对。而且军队官兵纪律涣散,在垦荒中时有与匪徒勾结欺压百姓的行为。1931 年"九一八"事变后,兴安屯垦军改编为黑龙江省暂编第一旅,北上与马占山会合抗日,屯垦区自动撤销。

【八】7;【二十三】5、7、11

托派 托洛茨基派的简称。原为俄国工人运动中以托洛茨基为首的政治派别,曾在布尔什维克党内有着相当大的影响。1928 年以后,一批在莫斯科的中国留学生因参加托派活动而被遣送回国。他们与当时接受托派观点的陈独秀等人构成了中国托派的主要成分,并相继成立了"无产者社"、"战斗社"等托派组织。1931 年 5 月,这些组织根据托洛茨基的指示统一为"中国共产党左派反对派",推举陈独秀为中央总书记。出版《火花》杂志,并在各地设立组织。1935 年改名"中国共产主义同盟"。抗战爆发后,分裂为以彭述之为首的多数派与以郑超麟为首的少数派。1948 年,前者改名"中国革命共产党"、后者称"中国国际主义工人党",分别出版《新方向》和《叛逆者》杂志。中华人民共和国成立后,中国托派组织被取缔。

【二十五】5;【三十九】2

W

皖系军阀 北洋军阀派系之一。以其首领段祺瑞为安徽（简称皖）人而得名。主要人物有徐树铮、靳云鹏、段芝贵、傅良佐、倪嗣冲等。1916年6月袁世凯死后，黎元洪任总统，段祺瑞以国务总理兼陆军总长掌握北京政府大权。在日美为控制中国展开争夺的情况下，各派军阀矛盾日益激化。段祺瑞依靠曹汝霖等亲日官僚，急欲取得日本的援助，积极主张对德、奥宣战。但参战问题遭到黎元洪和多数国会议员的反对。1917年5月黎元洪免去段祺瑞国务总理职。皖系煽动十余省区的军阀通电"独立"，发兵进逼北京。7月，张勋乘机拥清废帝溥仪复辟。段祺瑞率兵讨伐，在全国人民声援下，迅速打败张勋，重新控制政权。直系首领冯国璋虽接任北京政府总统，但无实权。北京政府宣布：民国法统中断，再造共和，决定另组国会、重议宪法。皖系不惜出卖国家权利，向日本大借外债，并乘机编练"参战军"，扩充实力，鼓吹以武力统一全国。1917年秋发动内战，妄图消灭以孙中山为首的南方护法势力。同时，他们搜罗政客，组织安福俱乐部，指使地方军阀操纵选举。1918年秋，组成以安福系议员占绝对多数的新国会（史称安福国会），利用安福国会选举徐世昌取代冯国璋任总统，压制直系。1920年7月，直皖战争爆发，皖系被直、奉军击败。段祺瑞下野、皖系重要头目被通缉，安福国会解散，北京政府由直系控制。皖系军阀逐步被消灭。1924年11月，段祺瑞受国民军、奉系、直系余部推举，任"临时执政"，但他已不是作为皖系首领执政，而只是各派军阀争夺权力的缓冲人物。

【一】1；【五】13；【二十】2；【二十六】2、10；【三十一】1；【三十三】12；【三十五】8；【四十】6

万宝山事件 "九一八"事变前日本帝国主义为武装侵占中国东北寻找借口而蓄意制造的流血事件。1931年，中国人郝永德骗取长春县万宝山镇（今属吉林省德惠县）附近农民的土地，并违法转租给朝鲜侨民耕种。朝鲜侨民开掘水渠，截流筑坝，占去大片良田，引起中国农民强烈反对。5月20日当地农民上告。5月31日，长春县公署派员同警察前往劝止，令朝侨出境。在朝鲜侨民准备撤走之时，日本驻长春领事派遣日本警察到现场"保护朝鲜人"，制止朝鲜人撤走，且令继续完成筑渠。7月1日，中国农民400余人愤而平沟拆坝。7月2日，日本警察镇压平沟的中国农民，导致流血事件发生。同时，日本通过朝鲜日报记者金利三捏造数百名朝鲜人在万宝山被杀的新闻，从而掀起朝鲜半岛大规模的排华活动。当地华侨被杀142人，打伤546人，失踪91人，财产损失无数。7月14日，金利三发表"谢罪声明书"，承认自己捏造了假新闻，并指出是受日本领事馆愚弄。日本阴谋败露，派日本警察署朝鲜族巡捕暗杀金利三灭口。中日政府为此事进行了 12 次交涉谈判。日本政府企图扩大万宝山事件,在"保护韩人"借口下出兵侵占东北。

【八】7

万福麟(1880—1951) 字寿山,祖籍河北宁河,生于吉林农安。1900 年参加靖威军。1905 年转入奉天巡防营,历任骑马队管带,后路帮统。1917 年后历任奉军第二十九师第一一四团团长,第五十七旅旅长兼中东铁路护路军哈满司令,满海警备司令,东三省陆军第十五旅旅长兼安泰镇守使。1925 年升任东三省陆军第十七师师长,并兼任骑兵军副军长。1926 年因平定郭松龄反奉有功,升任第八军军长。1928 年 6 月后任黑龙江军务督办。东北易帜后任东北边防军副司令。1929 年 1 月任黑龙江省主席,同年兼任第五编遣区办事处主任委员、防俄军总司令。1931 年"九一八"事变后,11 月辞黑龙江省政府主席。1932 年 9 月任新编第四军军长,翌年初率部参加热河抗战。1933 年任第五十三军军长,北平绥靖公署常务委员,军事委员会北平分会常务委员。1935 年 12 月任冀察政务委员会委员,授二级陆军上将。1937 年抗战爆发,任第一集团军副总司令兼第五十三军军长,多次对日作战。1938 年武汉会战失败后,调任国民政府军事委员会委员闲职。1940 年 5 月任辽宁省主席(象征性职务)。1948 年一度任东北行辕副主任、东北行营政务委员会主任,但无实权。1949 年去台湾,任"总统府"国策顾问,国民党"政治咨询委员会"委员。1951 年 7 月病逝于台中。

【四】14;【五】9、22;【八】7;【二十三】11、13;【二十四】8;【二十五】15;【二十六】10;【三十】2;【三十一】2;【三十三】6

万耀煌(1891—1977) 亦名万奇,字武樵,晚年自号砚山老人。湖北黄冈人。先后毕业于湖北陆军小学、陆军第三中学、保定陆军军官学校、陆军大学。曾任驻湘鄂军参谋长。1926 年任鄂军第一师参谋长。1927 年参加北伐,任二十七军军长兼六十五师师长。1935 年任第二十五军军长兼第五纵队司令、第二绥靖区指挥官。1936 年,万部驻扎在咸阳。12 月 10 日,他到西安去见西北"剿总"副总司令蒋鼎文,西安事变发生时被扣押。抗战期间先任第十五军团军团长,后转任陆军大学、中央军官学校教育长。抗战胜利后出任湖北省主席,调中央训练团教育长。1949 年去台湾,历任中央改造委员会干部训练委员会主任、"总统府"国策顾问等职。

【二十六】12、13、14、15;【二十八】3

汪锋(1910—1998) 陕西蓝田人。原名王钧治,曾用名王文钊。早年入师范学校。1926 年加入中国共产主义青年团。1927 年转入中国共产党。1928 年 4 月参加渭(渭南)华(华县)起义。1929 年后,历任中共蓝田县委工委书记,陕西省委军委组织部长、军委书记，渭北特委书记，红二十六军第二团代政委，汉中特委书记。1934年冬，到上海中共临时中央局做敌军工作。1936年春，任中共关中特委书记。后任中共中央西北军特派员。1938年后，任中共陕西省委军事部部长，陕西省委统战部部长，关中地委副书记。1945年后，任中共陕西省委书记，鄂豫陕边区党委书记、边区政府主席兼鄂豫陕军区政委，西北民主联军第三十八军政委。1948年后，任中共陕南区委书记，陕南军区兼第十九军政委。中华人民共和国成立后，任中共中央西北局统战部部长、西北军政委员会民族事务委员会主任，中共中央统战部副部长，国家民委副主任，宁夏回族自治区党委第一书记，甘肃省委第一书记，新疆维吾尔自治区党委第一书记，新疆维吾尔自治区政协主席，全国政协副主席等职。1998年12月12日在北京逝世。写有《争取十七路军联合抗日的谈判经过》。

【二十六】14；【二十七】3

汪精卫（1883—1944） 名兆铭，字季新，以号行。浙江山阴人，生于广东番禺（今广州）。1902年中秀才，1904年入日本东京法政大学。1905年加入同盟会。1910年行刺摄政王载沣被捕，武昌起义后获释。南北议和时任南方总代表参赞。1924年在国民党一大上被选为中央执行委员会委员，并任宣传部长。1925年7月，任广东国民政府常务委员会主席兼军事委员会主席。中山舰事件后，辞职出走法国。1927年4月回国，主持武汉国民政府工作。7月15日，在武汉发动反革命政变，屠杀共产党人。1931年5月，联合反蒋各派，另组广东国民政府，被选为常务委员。1932年1月，与蒋介石再次合作，出任行政院长，后兼外交部长。7月，日军进攻热河，汪因为指挥不动张学良抗日，宣布辞职，前往欧洲。1933年3月回国复职，此后主张对日和平交涉。1937年7月抗日战争爆发后，任国防最高会议副主席。1938年3月后，任国民党副总裁，国民参政会议长。12月，在越南河内发表"艳电"，公开投降日本。1939年5月赴日，策划建立伪政权。1939年12月在上海同日本签订卖国协定《日支新关系调整纲要》及其附件。1940年3月，在南京成立伪国民政府，任伪政府主席兼行政院长。1944年11月10日，病死于日本名古屋。

【三】3、4；【四】7、11；【五】11；【十二】2、8、9；【二十四】6、8；【二十五】7、11；【二十八】9；【三十】12；【三十四】4、11、18；【三十五】10；【四十一】4、11；【四十二】9；【四十九】3；【五十一】8；【五十二】8；【五十五】9；【五十六】7

汪日章（1905—1992） 别名荻良，浙江奉化人。1929年毕业于巴黎国立高等美术学校油画系。归国曾任上海新华艺专西洋画系主任。1932年通过同乡毛庆祥介绍担任蒋介石私人秘书。西安事变时担任蒋介石侍从室第四组少将组长，亲历西安事变。以后历任行政院简任秘书、全国美术界抗敌协会理事长，杭州国立艺专校长等职务。中华人民共和国成立后，先后任浙江美术学院艺术咨询委员会副主任、民革中央监察委员、奉化市政协副主席等职。1992 年 12 月在浙江奉化逝世。

【二十八】1

汪瑢（1892—1978） 字佩珩，辽宁开原人。1915 年于沈阳两级师范毕业，充当小学教员。1919 年投奉军，曾参加过第一、二次直奉战争。1925 年入奉天讲武堂第五期骑兵科。1929 年任骑兵第六师十八团中尉团附，1934 年参加庐山训练团第二期受训。西安事变爆发时任东北军骑兵第六师十七团团长兼师参谋长。抗战爆发后，归马占山指挥，历任骑兵第二军副参谋长、骑兵第六师少将副师长等职。1946 年 7 月后退役回沈阳定居。1948 年 11 月在沈阳迎接解放。1950 年前往陕西开酱园，1957 年选为陕西省政协委员，1966 年调陕西省糖业烟酒公司新城区商店副经理，同年 9 月退休。1978 年病故。写有《刘桂五扣蒋纪实》。

【二十八】1

汪树屏（生卒年不详） 曾在奉天任中学教员，后入大帅府做家庭教师，并兼秘书。写有《我所认识的张学良》。

【四十二】4

王必成（1939— ） 浙江东阳人。台湾报业巨擘王惕吾的长子。毕业于台湾东海大学，后赴美留学，获美国田纳西州州立大学硕士学位。回台湾后，曾任台湾《联合报》发行人助理、《联合报》发行人、联经出版事业股份有限公司发行人、台北市新闻记者公会理事长、美国纽约中文《世界日报》副董事长、国际新闻协会执行委员、国际新闻协会台湾分会理事长。1993 年其父王惕吾病逝后，接任《联合报》系集团董事长。

【三十】3；【三十二】1、3

王炳南（1908—1988） 陕西乾县人。1925 年加入中国共产主义青年团，1926 年加入中国共产党。1929 年后，先后赴日本、德国留学。1935 年任中共旅德支部负责人。1936 年春，被中共驻共产国际代表团派回国内，到西安做争取杨虎城第十七路军联合抗日的统战工作。在和平解决西安事变过程中，担任杨虎城将军特使，协助周恩来等做了许多有益工作。抗日战争时期，先后任中共中央南方局国际宣传组负责人、南方局外事组组长、中共中央南方局候补委员等职。抗日战争胜利后，参加重庆谈判，担任毛泽东的秘书。随后任中共驻南京代表团外事委员会副书记兼中共代表团发言人，1947 年春随代表团撤到华北解放区，担任中共中央外事组副组长。中华人民共和国成立后，担任政务院外交部办公厅主任、部长助理，1955 年任中国驻波兰大使兼中美大使级会谈中方第一任首席代表，1964 年后历任外交部副部长、中国人民对外友好协会会长、党组书记，后任顾问。1988年12月在北京病逝。

【二十五】5；【二十七】3

王伯群（1885—1944） 原名文选，又名荫泰，以字行，贵州兴义人，贵州军阀刘显世之外甥。早年毕业于日本中央大学政治经济系，并在日本加入中国同盟会。1911年回国，任中华民国联合会（后改统一党）总干事、《大共和日报》经理。曾参加护法、护国、北伐诸役。先后任贵州省长、广州护法军政府交通部长等职。1923年加入国民党。1926年起连续担任上海大夏大学校长十七年。1929年当选国民党中央执行委员。1933年任行政院北平政务整理委员会委员。1944年逝世于重庆。

【二十八】2

王承斌（1874—1936） 字孝伯，辽宁兴城人。天津北洋武备学堂、陆军大学毕业，毕业后先后任陆军第三师营长、团长。1918年任直隶陆军第一混成旅旅长，直皖战争时任直军后路总指挥，战后任第二十三师师长。1922年4月任直隶军务帮办，6月任直隶省长。1923年兼任直隶督军。1924年第二次直奉战争时，任讨逆军副总司令兼直军后方筹备总司令，参与"北京政变"，但事后仍被张作霖驱逐。后在天津英租界做寓公，1936年病故。

【一】4；【二十】2、3

王承志（1897—?） 浙江杭州人。1916年考取公费留美，先后就读麻省理工学院、哈佛大学和西点军校。1922年6月毕业后回到上海，先于交通大学任教，后赴北京任铁路护路局局长，并兼教北京工学院。1924年服务于奉军，两年后返回上海。此后情况不详。

【十二】13；【四十】6、7

王宠惠（1881—1958） 字亮畴。广东东莞人。1900年毕业于天津北洋大学堂法科。后赴美留学，获耶鲁大学法学博士学位。1911年加入同盟会。武昌起义后，出席在南京召开的各省代表会议，被推为副议长。1912年1月任南京临时政府外交总长，3月改任司法总长，6月与同盟会阁员一起辞职。1916年5月任西南反袁护国军军务院外交副使。1917年赴北京任法律编纂会会长，1920年改任大理院院长。次年10月被派为北京政府全权代表之一，出席在美国召开的太平洋会议。1922年6月后任司法、教育总长，一度兼代总理，同年9月署理国务总理，11月下台。1923年被国际联盟选为海牙常设国际法庭正法官。1927年6月任南京国民政府司法部长。次年8月任国民政府委员、司法院院长。1931年5月，再次出任海牙常设国际法庭正法官。1936年回国，赞成西安事变和平解决。1937年3月起任国民政府外交部长，曾一度兼代主持行政院院务。1941年后改任国防最高委员会秘书长。1943年11月随蒋介石出席开罗会议。1945年4月赴美国出席联合国宪章制宪会议。1948年再任司法院院长。1949年去香港,后转赴台湾,1958年3月15日在台北病逝。

【五】4;【二十七】5;【三十四】3、18;【三十九】7

王尔烈(1727—1801) 字君武,又字仲方,号瑶峰,清辽阳人。祖籍河南。明末,移居辽阳。父王缙曾任深州学政,叔父王祖为雍正年间进士。自少受严格家教,读书勤奋。乾隆三十年中举人,逾六年举进士。历官陕西司郎中、刑部主事、甘州府知府、翰林院编修、四库全书处三通馆纂修、陕西道监察御使,累迁内阁侍读学士。嘉庆四年授大理寺少卿,卸任后回辽东掌管沈阳书院。学养深厚,被誉为辽东才子。

【三十二】12

王尔瞻(1894—?) 辽宁辽阳人。早年入东北讲武堂。历任东北军连长、营长、团长、师参谋长、总务处处长等职。1936年12月被授予少将军衔。同年12月西安事变后,张学良、杨虎城成立抗日联军临时西北军事委员会,王任委员会副官处处长。1946年7月退役。

【二十三】13

王奉瑞(1897—1981) 号仲林,辽宁黑山人。毕业于东京商科大学,后赴美国宾夕法尼亚大学研究交通经济。1928年回国后京奉路车务处副处长、整理粤汉路委员会委员、正太路代理局长等职。抗战之初主持正太路撤退,抗战中曾任宝鸡县长等职。抗战胜利后,出任沈阳区铁路局局长兼东北九省运输总局副局长。1950年去台,先后任"中国纺织建设公司"总经理、"中国煤矿开发公司"总经理等职,并兼任东吴大学教授,专授交通学,1981年病逝于台湾。

【二十五】15;【三十二】18

王福时(1911—2011) 辽宁抚顺人,王卓然的长子。青年时就读于东北大学农学院,"九一八"事变后流亡北平。1932年考入清华大学社会学系,与埃德加·斯诺夫妇结为好友。1936年10月,他将斯诺陕北采访的部分英文原稿翻译、编辑成《外国记者西北印象记》一书秘密出版(2006年解放军文艺出版社以《前西行漫记》为名重版)。次年4月,陪同海伦·斯诺赴陕北,采访毛泽东等中共领导人。"七七"事变后,赴香港、南洋、日本、印度、美国等地宣传抗战。1950年,回北京定居,曾任国际新闻局出版发行处副处长、国际书店进口部负责人。1957年被打成"右派",遣送黑龙江省虎林县完达山农场劳改。1979年平反后,担任中国大百科全书出版社图书馆馆长。

【十二】3;【五十二】1

王庚(1895—1942) 字绥卿,江苏无锡人。1911年清华大学毕业后赴美留学，先后在密西根大学、哥伦比亚大学、普林斯顿大学就读，1915年获普林斯顿大学文学学士后转入西点军校。1918年回国后曾任职北洋政府陆军部，并以中国代表团武官身份参加巴黎和会。1920年与陆小曼结婚（1925年离婚）。后历任交通部护路军副司令、哈尔滨警察厅厅长、督办浙江军务善后事宜公署高级参谋、淮北盐务缉私局局长、财政部税警总团总团长等职。抗战期间任兵工署昆明办事处处长。1942年随军事代表团赴美途中因病留埃及治疗，1942年病逝于开罗。

【四十】7

王广圻（1881—?） 字劼孚，江苏南汇人。毕业于北京同文馆，曾留学美国。历任驻荷兰使馆随员、二等书记官、一等书记官，海牙第二次和平会议中国全权专使处三等参赞，荷属南洋群岛调查员，驻荷兰使馆二等参赞，中俄修改陆路通商条约参赞，驻俄国使馆二等参赞，留俄学务监督，外交部总秘书长等职。民国成立后，任国务院秘书长。1912年12月，任驻比利时特命全权公使。1915年9月，任驻意大利特命全权公使；10月授少卿。1919年罗马万国农会第五次大会全权代表，被选为副会长，中国与波斯订约全权代表。1920年12月，任驻荷兰特命全权公使。1927年7月辞职。其间，1924年任日内瓦国际禁烟公会第二全权代表。1930年11月，任国民政府内政部总务司司长。1931年8月，任驻波兰兼驻捷克特命全权公使，未到任。1935年任外交部条约委员会副会长。

【七】23

王国识（生卒年不详） 1928年底任东北军通信大队通信第一队队长。

【二十三】7

王翰臣（生卒年不详） 辽宁庄河人。1928年底任辽宁省防军骑兵第一团团长。1932年任伪奉天省警备军骑兵第二团上校团长，1933年任伪奉天警备军第三混成旅少将旅长。

【二十三】7

王和华（1900—1996） 字协亭，河北宁河人。先后毕业于北京清河陆军第一预备学校、日本陆军士官学校炮科及陆军大学特别班第三期。曾任奉军炮兵第四团连长、营长、中校团附及炮兵第四团上校、少将团长。1931年任东北炮兵第六旅旅长。后任炮兵学校少将教育处长兼军校第十六期学生总队总队长。1936年2月授少将。1940年代理炮兵学校教育长，同年秋任军训部部附。1941年任军训部校阅第五组中将组长。1942年春任第三战区司令长官部高参及干部训练团教育长。1943年秋任第四十九军预备第五师师长兼江西清萍师管区司令。1945年9月任军训部炮兵监。1946年秋任豫北师管区司令。后任华中"剿总"中将主任高参，华中军政长官公署中将副参谋长，湘桂黔铁路管理局局长。1949年底去香港，后赴台湾，任"国防部"中将高参。1959年退役。1996年9月，逝于台中市。

【二十三】6、7、9、11、13

王化一（1899—1965） 曾名若愚，字德华。辽宁辽中人。早年入奉天高级师范学习。1924 年被选为省教育会社会教育部长。1926 年入上海大夏大学学习。1928 年担任辽宁省教育会副会长。1931 年参加阎宝航主持的国民外交协会。"九一八"事变后赴北平，主持"东北同乡反日救国会"。1931 年 9 月，同高崇民、阎宝航等成立"东北民众抗日救国会"，选为常务委员兼军事部长。1933 年出任古北口警备司令，率部阻击日军。西安事变后组织"东北救亡总会"并任主席团成员。抗战初期任国民参政会第一、二届参政员。抗战胜利后于 1948 年返回沈阳，策动国民党守军起义。1953 年任中央人民政府内务部专员，国务院参事。1965 年病故于北京。

【二十八】3

王季迁（1907—2004） 原名季铨，又名纪千，江苏吴县人。东吴大学毕业，先后随顾麟士、吴湖帆习画。20 世纪 40 年代历任苏州及上海美术专科学校教授。1949 年定居美国，致力于推广中国书画的研究与鉴赏。1962—1964 年任香港新亚书院艺术系系主任，讲授国画及书画鉴赏。20 世纪 60—70 年代曾在美国、中国香港及台湾等地举办个展。早年作品多守古法，居美后结合现代抽象艺术，遂能以豪放自由之笔墨，写胸中丘壑。亦擅长音乐，精于吹箫，习于昆曲。他集画家、收藏家、鉴赏家及学者于一身，其收藏之富，为华人魁首，在海内外皆有很大的影响。

【四十一】2；【四十三】11；【四十八】1

王家襄（1872—1928） 字幼山。浙江山阴人。1904 年东渡日本学习警政。1906 年毕业回国，任浙江省警务处参事、浙江省警务处处长等职。1909 年 9 月被选为浙江谘议局议员，参与君主立宪活动。1911 年调任吉林警务处长。辛亥革命后任杭州知事、国会参议员，系进步党领袖。1913 年被选为参议院议长。1914 年袁世凯解散参议院，成立参政院，被指定为参政之一，未就，托故离京。1916 年黎元洪继任总统，复任参议院议长。1923 年曹锟策动内阁辞职，再次离京，任福中公司矿务督办。1924 年，退居天津。1928 年 6 月 16 日病逝于北京。

【七】27

王家桢（1899—1984） 字树人，黑龙江双城人。北京大学肄业。1924 年毕业于日本庆应大学经济科。归国后历任北京政府交通部法律编辑局书记官，广州大元帅府秘书，东北边防军司令长官公署外交机要处主任。1930 年任国民政府外交部常务次长、外交部特派威海卫接收专员。次年任国际联盟会议中国代表。1935 年任监察院监察委员，1937 年任特派国民政府主席东北行辕政务委员会委员。1938 年当选国民参政会第一届参政员。1945 年任出席旧金山联合国成立大会，任中国代表团顾问。抗战胜利后任东北政务委员会常委等职。中华人民国成立后,任中国人民外交学会副研究员。是第二至六届全国政协委员。

【三十三】17、19;【五十五】1

王景春(1882—1956) 字兆熙,河北滦县人。幼年肄业于美以美会附设小学,1904年代表中国商家赴美参加圣路易博览会,事毕入耶鲁大学学习土木工程。毕业后又在伊利诺伊州立大学取得铁路运输管理专业博士。1911年回国,历任南京临时政府外交部参事、京汉铁路局副局长。1917年任京汉铁路局局长。1919年作为中国代表团专门委员出席巴黎和会。1922年任中东铁路督办。1925年任英国退还庚子赔款咨询委员会委员。1931年任伦敦购料委员会委员兼总干事。1949年中英庚款购料事务结束定居美国,1956年病逝于美国克拉蒙特。

【三十二】11

王景元(生卒年不详) 1929年8月中东路事件与苏联军队作战时,任防俄军第一军电信部队队长。

【二十三】7

王菊人(1906—1975) 名若渊,字菊人,以字行。祖籍陕西蒲城,生于北京。其父(王廷钰任翰林院编修)早丧,6岁时随母迁返原籍。1924年入西安私立成德中学。1926年加入中国共产主义青年团,同年转为中共党员。1927年夏毕业后在蒲城县第一高级中学任教员。同年9月,参与创建中共蒲城区委。后身份暴露前往上海,与组织失去联系,旋投入杨虎城部。历任杨虎城随从副官、少校随从秘书、十七路军办公厅机要科科长等职。"西安事变"前参与安排了中共与张学良、杨虎城方面的谈判及向苏区运送物资。西安事变时兼任抗日联军西北临时军委会政治处副处长、设计委员会委员,并担负与中共代表周恩来等的联络事宜。杨虎城被关押后,离职退居西安。抗战期间参加中国民主同盟,解放战争期间积极策划东北军旧部起义。1947年为胡宗南逮捕,1949年脱逃前往解放区。中华人民共和国成立后,历任民革陕西省委员会副主任委员,民革中央委员,陕西省政府委员、陕西省交通厅副厅长、陕西省政协副主席等职。1975年病逝于西安。

【二十六】14;【二十八】1

王恺运(生卒年不详) 曾任台湾保密局副处长。1947年10月刘乙光休假期间,奉派监管张学良。

【二十二】3

王蓝(1922—2003) 笔名果之,河北阜城人,生于天津。自幼习画。1937年"七七"事变后,走出艺术学校投笔从戎。战地岁月丰富了生活体验,充实了创造题材,使他成为知名作家。1948年当选"国大代表"。去台湾后,以1958

年出版的小说《蓝与黑》扬名，该书描写抗战时期感人的烽火恋情，被誉为四大抗战小说之一，所改编电影获亚洲影展最佳电影奖。

【三十二】13

王麟阁（1880—?）　北京大兴人，毕业于京师大学堂，获文学士学位。后赴美国留学，入康奈尔大学法政科，获硕士学位。1912年任湖北外交局科长，1913年任烟台交涉员。1914年任直隶省交涉员。1917年起先后任驻温哥华领事、驻美国使馆二等秘书、外交部参事、驻菲律宾总领事、驻葡萄牙代办、驻危地马拉总领事，1936年辞职。1937年6月，杨虎城"出国考察"，奉蒋介石之命随行。

【二十一】8

王莽（公元前45—23）　字巨君，东平陵（今山东济南市东）人。汉元帝皇后王政君侄子。西汉末年外戚，新朝的建立者。汉末，外戚王氏权势煊赫，他独谦恭好学，折节下士，又带头救济流民，博得时誉，成帝时封新都侯。平帝即位后，王政君以太皇太后临朝称制，王莽任大司马。公元5年平帝死后，自称"假皇帝"，立孺子婴。公元8年自立为帝，改国号为新。在位期间（8—23），推行土地、奴婢、币制、五均六筦等多项改革，然效果不佳。绿林、赤眉起义爆发后，他调兵遣将镇压，却力不能胜。23年秋，绿林军攻破长安时被杀。

【四十】8；【四十二】9；【五十二】7

王明（1904—1974）　原名陈绍禹，安徽六安人。1924年入武昌大学预科。1925年加入中国共产党，同年赴莫斯科中山大学学习。1929年回国，在中共中央宣传部工作。次年9月，以反对"立三路线"、"调和路线"为名，反对六届三中全会后的中央，受留党察看六个月处分。嗣后发表小册子《为中共更加布尔什维克化而斗争》，提出"左"的政治纲领。1931年1月，在共产国际支持下在中共六届四中上担任中共中央政治局常委兼江苏省委书记，取得党的实际领导地位，开始了"左"倾冒险主义的统治，直至1935年遵义会议。同年11月赴苏联，任中共驻共产国际代表团团长，共产国际主席团成员兼书记处候补书记。抗战爆发后回国，任中共中央长江局书记，因推行右倾投降主义受批判。中华人民共和国成立后，曾任政务院政治法律委员会副主任，系中共第七、八届中央委员。1955年赴苏联就医，长期留居苏联，以后化名撰文歪曲历史，攻击中国共产党。1974年3月27日病逝于莫斯科。

【五十七】2；【五十八】2

王奇峰（1898—1938）　字峙亭，原籍河北乐亭，生于辽宁康平。法库中学毕业后，于1916年入奉天督军署卫队营。1922年保定陆军军官学校第八期骑科毕业后，任东三省保安总司令部中尉参谋。1928年11月，任东北边防军骑兵第三旅第六团上校团长。1929年10月参加中东路战争。"九一八"事变后参与平定蒙乱，任独立骑兵第三旅旅长。1933年升任骑兵第三师师长，率部参加长城抗战滦河反攻战。1935年8月改任骑兵第四师师长。1935年9月至1936年12月参加围攻陕北红军。1935年4月授少将，1937年8月升任中将。1937年抗日战争全面爆发后，率部与日军作战，并与八路军保持默契的合作。1938年，因病离部休养。1938年12月28日病逝。

【二十三】11

王曲军官学校 即长安军官训练团，因设在西安王曲镇，故又称王曲军官训练团。1936年4月时任西北"剿匪"副总司令的张学良与周恩来在肤施（延安）秘密会谈后，双方就各自训练抗日干部，做好抗战准备达成一致。同年6月，张学良呈请蒋介石批准并仿照庐山军官训练团的模式，在西安王曲镇创办了长安军官训练团。表面借用"剿共"名义，实际上为了整训东北军的军官和陕西绥靖公署第十七路军的军官，灌输抗日思想。训练团以蒋介石为团长，张学良为代团长（实际主持），杨虎城为副团长，王以哲、黄显声先后为教育长，学员为东北军及第十七路军连、营、团级军官。1936年10月，蒋介石曾到长安军官训练团视察并训话。训练团共举办了4期，"西安事变"后停办。

【十二】8；【二十三】12；【二十四】7；【二十六】7、12、14；【二十九】10

王汝梅 即黄华，曾用名王汝梅。见**黄华**
【二十三】2

于绍云（1894—？） 别宁毅德，山东诸城人。1922年保定陆军军官学校第八期炮兵科毕业后进入奉军。历任奉天陆军独立炮兵团连长、营长、团副等职。1928年任东北陆军炮兵第一团团长，率部驻山海关地区。1930年任东北边防军第一军直属炮兵第一团团长，率部参加中原大战。1931年12月任陆军炮兵第七旅旅长。1935年该旅被裁撤后免职。

【二十三】7

王石谷（1632—1717） 本名王翚，字石谷，号耕烟散人、剑门樵客、乌目山人、清晖老人等。江苏常熟人。清代著名画家。作品虽多仿古，但均具清丽深秀风格。晚年专有苍茫之致。弟子甚众，称为"虞山派"。与王时敏、王鉴、王原祁被并称为"四王"，加上吴历、恽寿平合称"清六家"。其画在清代极负盛名，受到康熙皇帝御赐"山水清晖"四字作为褒奖。

【三十九】8

王世杰（1891—1981） 字雪艇，湖北崇阳人。1911年肄业于天津北洋大学。后留学英、法，1917年获英国伦敦大学政治经济学士，1920年获法国巴黎大学法学博士。回国后曾任教于北京大学,与胡适等创办《现代评论》周刊。后转投国民党,进入政界。历任国民政府法制局局长,湖北省政府委员兼教育厅长,中国驻海牙国际法庭公断员,武汉大学校长,教育部长,军事委员会参事室主任兼政治部指导员,国民党中央宣传部长,中央设计局秘书长。曾一度任国民参政会主席团主席。1945年当选国民党中央监察委员,并出任外交部长,赴苏签订《中苏友好同盟条约》,嗣任巴黎和会代表团团长。1946年选任"制宪国代",1948年当选中央研究院院士。1949年赴台,1950年出任"总统府秘书长",后因案辞职。1958年复出,任"行政院政务委员"。1962年任"中央研究院"院长。1970年任"总统府资政"。国民党第七至十二届中央评议委员。1981年4月21日病逝台北。

【五十九】4

王世隆(生卒年不详) 1928年11月任东北陆军工兵第四营营长。1930年9月随部队入关,参加对中原大战的调停。

【二十三】7

王式九(生卒年不详) 1936年12月西安事变时任冀察政务委员会秘书长。写有《宋哲元对西安事变的态度》(宋哲元为国民革命军第二十九军军长兼冀察政务委员会委员长)。

【二十八】1

王叔铭(1905—1998) 本名醺,号叔铭,山东诸城人。1924年入黄埔军校一期,同年12月入广东军事航空学校第一期学习飞行。1925年后赴苏联学习飞行。1931年回国,参加杭州中央航空学校高级班第一期受训。后历任国民党空军第二队长、中央航空军校学校洛阳、柳州分校主任,空军军官学校教育处长、教育长兼空军第五路司令,空军第三路司令、航空副总司令兼参谋长等职。1949年去台湾。后任"空军总司令"、"国防部参谋总长"、"战略顾问委员会副主任委员"。1972年4月任驻约旦"大使",晋升空军一级上将。1977年约旦与台湾断交后,回台湾任"总统府"战略顾问。1998年10月28日病逝台北。

【十九】2

王树常(1885—1960) 字霆五。辽宁兴中人。日本陆军士官学校和日本陆军大学毕业。1911年回国,任职南京参谋本部。1917年再入日本陆军大学学习。1919年任北京政府参谋本部。1920年后任奉军第二十七师参谋长,黑龙江督军公署少将参谋长兼任黑龙江省陆军训练处处长,镇威上将军公署总参议。1926年任北京政府陆军部次长,6月任安国军第三方面军第十军军长。1928年任奉天省政务委员。1929年8月中东路事件中任国民政府东北政务委员会委员兼东北防俄军第一军军长,旋任东北陆军第二军军长,入关调停中原大战。1930年9月任河北省政府主席。1932 年 8 月改任天津卫戍司令部司令。1935 年 8 月任军事参议院中将副院长。1936 年西安事变后，南京政府拟派王树常接替张学良职务，整编东北军，被王拒绝。1937 年 1 月和 4 月分别任甘肃绥靖公署主任和豫皖绥靖公署主任，均未就职。抗战爆发后辞军事参议院副院长职务，闲居香港、北平，1944 年 3 月任军事参议院参议。1946 年加陆军上将衔，退为备役。1949 年 1 月在北平迎接解放。后任国家水利部参事，全国政协委员。1960 年 4 月 8 日在北京病逝。

【二】5；【九】3、9；【十二】6；【二十三】5、6、7、8、11；【二十四】1、5、7；【二十六】14；【三十】2；【三十四】3；【三十五】10；【四十五】5；【五十二】6；【五十三】9

王树翰（1882—1955） 字维宙，辽宁沈阳人。早年入衙署，历任军机制造厂厂长、度支局科长、奉天南路观察使等职。1916 年，张作霖掌管奉天军政大权后，王树翰任滨江道尹，奉天财政厅长代厅长、厅长。1917 年 11 月，任龙江道尹。1921 年任吉林省财政厅长，代理省长。1922 年 12 月，改任吉林督军署秘书长兼高等顾问、代理省长。1926 年春，辞职。1928 年张学良主政东北后，任命王树翰为东三省保安司令部秘书长，是东北易帜谈判中东北方面的代表之一。东北易帜后，任东北政务委员会委员，东北边防军司令部长官公署秘书厅厅长。1931 年 4 月 19 日，张学良在北平成立陆海空军副司令行营，王任秘书长。长城抗战失败后，张学良下野出国，王留居天津。西安事变后，1937 年春，王树翰赴溪口探望被囚的张学良。东北沦亡期间，不为日人利诱，始终未在伪满政府任职。中华人民共和国成立后，1953 年应聘为中央文史馆馆员。1955 年 2 月 8 日病逝于天津。

【二】5；【四】5；【九】3；【十二】6；【十九】5；【二十三】8

王惕吾（1913—1996） 字瑞钟。浙江东阳人。先后毕业于上海文化大学和南京中央军校第八期。曾任职军界，累升至副师长。1949 年去台湾后投身新闻界。1950 年创办《民族报》，1951 年《民族报》与《全民日报》、《经济日报》合并发行联合版。1952 年正式改名为《联合报》。任董事长、发行人、社长。使该报成为台湾三大报之一，并发展成为台湾最大的报业集团联合报系。此外曾创办过美国《世界日报》、《民生报》、《欧洲日报》、《泰国世界日报》、《联合晚报》、《香港联合报》等报纸。曾任世界中文报业协会会长，台北市报业公会理事长，台北市记者公会理事长。1969 年当选国民党第十届中央委员，1979 年成为国民党中常委。1988 年 7 月被聘为国民党中央评议委员。1996 年 3 月 11 日在台湾病逝。

【三十二】1

王铁汉（1905—1995） 又名捷三，奉天盘山人。年轻时考入北京大学预科，两年后，因家贫弃学从军，之后进入东三省陆军讲武堂。"九一八"事变前任东北军陆军独立旅第七旅第六二〇团团长，驻守沈阳北大营。事变时拒绝执行上级的不抵抗命令，率部抗击日军而声名远扬。1933 年参加长城抗战，同年 5 月任第六十七军少将军参谋长。1937 年 11 月参加淞沪会战。1938 年 9 月，任第四十九军第一〇五师师长。1939 年 9 月参加第一次长沙会战。1941 年 3 月参加了南昌会战中的江西上高战斗，10 月，升任第四十九军中将军长，兼任金华兰溪警备司令。1942 年 5 月至 8 月参加了浙赣战役。1945 年 8 月日本投降后，赴杭州受降，1947 年 8 月任陆军整编第四十九师师长。1948 年任沈阳防守司令官、辽宁省主席。同年 10 月底去台湾，历任"总统府"国策顾问、国民党中央评议会委员等职。1990 年张学良九十寿辰时，曾亲临祝寿。1995 年 12 月 15 日在台湾逝世。

【十七】2；【二十三】9；【二十六】5；【三十二】17；【四十二】6；【四十五】1

王维新（1901—？）　字源凌，热河人。北京政府时期曾任国会众议院议员，后曾任东北大学教授。1936 年西安事变时，任西北"剿总"下辖西北经济研究委员会主任，后担任西北北岭实业公司董事长、泰峰烟草公司总经理。1945 年任国民参政会参政员，1948 年任立法院立法委员。

【二十三】11

王维宙　即王树翰，字维宙。见**王树翰**
【三十二】11；【四十五】2

王锡昌（1892—？）　福建人，毕业于清华大学。后赴美国留学，先后入读马萨诸塞州技术学院、哈瓦那大学、哥伦比亚大学。1921 年毕业归国后，任清华大学讲师，中东铁路技师。1925 年 9 月，东三省政府和交通银行收购破产的戊通轮船公司，改组成立东北航务局，王任东北航务局总经理。1930 年任中国航空公司总务局局长、事务长兼秘书。

【三十二】11

王羲之（321—379）　字逸少，原籍琅琊临沂（今属山东），后迁居山阴（今浙江绍兴）。东晋书法家。官至右军将军，会稽内史，人称王右军。早年从卫夫人学。后草书学张芝，正书学钟繇。并博采众长，推陈出新，一变汉魏以来质朴的书风，成为妍美流变的新体。为历代学者所宗，影响极大。行书保存在唐僧怀仁集书《圣教序》中最多。草书有《十七帖》等。真迹已无存。

【三十二】10；【三十四】16；【四十一】2

王献之（344—386）　自子敬，王羲之之子。东晋著名书法家。官至中书令，人称王大令。其书法承袭家传，能写多种书体，尤精行草，后世将他与其父"书圣"王羲之合称为"二王"。而在书风方面，他更突破了当时古拙之风，人谓之

"破体"。其作品传世者有小楷《洛神赋》13 行,行草《地黄汤》、《二十九日》等帖,墨迹有行草书《中秋》、《鸭头丸》帖等。

【四十三】11;【五十九】4

王协一(?—1981) 1936 年 12 月西安事变时,任西北"剿匪"总司令部卫队第二营第七连连长。临潼捉蒋时负责现场执行,蒋腰部摔伤,不能下山,王协一背蒋下山,并将其押回西安。后任第五十一军第一一三师上校团长。中华人民共和国成立后,曾在凤翔县政协、陕西省政协任职。

【二十四】1

王新衡(1908—1987) 浙江慈溪人。1925 年入读上海大学,因参加国民党地下工作被孙传芳通缉,旋被国民党派往莫斯科中山大学,与蒋经国同学。回国后投身国民党军政界。西安事变时任西安军事委员会委员长行营第二处少将处长,被扣留。抗日战争期间,任军统香港特别区少将区长。香港沦陷后回重庆军统任职。抗战胜利后,任上海政府参事,后任"立法委员"。1949 年去台湾,曾任国民党南方执行部筹备委员。后转入企业界,历任亚洲水泥公司董事长、远东纺织公司常务董事,1987 年在台北逝世。张学良幽禁台湾时,两人来往密切,常与张群、张大千轮流做东请客。

【十二】2、5;【十三】2、4;【十九】2;【二十一】1;【二十二】1;【二十三】1;【二十五】7、11、13;【二十九】9、12;【三十】7;【三十四】3;【三十九】7、9;【四十五】1;【五十一】5、7;【五十二】3;【六十】4

王亚樵(1889—1936) 字光九,安徽合肥人。1911 年在合肥响应辛亥革命,旋赴南京参加社会党。1917 年随孙中山到广东。后曾任浙江纵队司令,河南混成旅旅长,安徽副宣慰使等职。1927 年"四·一二"反革命政变后,反对蒋介石并多方联络反蒋势力,曾策划过刺杀包括蒋介石、宋子文等军阀、官僚而闻名于世。1932 年任淞沪抗日义勇军司令,积极配合十九路军对日军的反击。1933 年底参加"福建事变"。1935 年 11 月派人潜入国民党四届六中全会会场刺杀汪精卫。1936 年 12 月 20 日晚,被国民党特务刺杀于广西梧州。

【三十四】18;【四十一】11

王阳明(1472—1529) 名王守仁,字伯安。浙江余姚人。明代著名的哲学家、思想家。因被贬贵州时曾于阳明洞学习,故世称阳明先生。早年因反对宦官刘瑾,被贬为贵州龙场驿丞。后以平定"宸濠之乱"封新建伯。初习程朱理学与佛学,后转向陆九渊心学。并发展了其学说。断言"夫万事万物之理不外于心"、"心明便是天理"。否认心外有理、有事、有物。提出"致良知"学说,要求用反求内心的方法,达到"万物一体"的境界。其说在明代中叶以后影响很大,并流传至日本。

【七】21；【十三】10；【二十九】8；【三十七】3

王瑶卿（1881—1954） 原名瑞臻，字稚庭，号菊痴，晚号瑶青，江苏淮阴人，生于北京。京剧表演艺术家、教育家。幼学武旦，14岁登台演出，后长期与谭鑫培合作，1909年自己挑班演出，形成风格清新的王派。1925年以后退出舞台，致力培养后进，四大名旦均受其业，在梨园界被尊奉为"通天教主"。1949年后任中国戏曲学校校长。

【四十一】9

王一方（？—1993） 浙江慈溪人。亚洲水泥公司董事长王新衡的儿子。曾任台湾"中国国际商业银行"放款科科长。张学良幽禁台湾时，其父王新衡奉命与张学良来往密切，他也因此与张学良熟识。后曾介绍历史学家唐德刚认识张学良。1993年5月12日在台北的一场火灾遇难。

【二十】1；【二十一】1；【三十二】3

王以哲（1896—1937） 原名王海山，又名蓬峤，字鼎芳，吉林宾州厅（今黑龙江宾县）人。1920年保定军校第八期步兵科毕业后，历任东北陆军排、连、营长、团长。1926年冬任镇威第三、四方面联合军团司令部卫队长。1927年6月任陆军暂编第二十四师师长，后调任陆军暂编第十九师师长。1928年底东北军改编后，任东北陆军步兵第一旅旅长。1931年1月调任独立第七旅旅长。"九一八"事变后，率部撤入关内。1932年10月任北平绥靖公署第一处处长。1933年2月，任第六十七军军长，曾率部参加长城古北口抗战。1934年率部到大别山和陕北地区参加"剿共"。1935年后，受中共抗日民族统一战线政策的影响，劝促张学良与中共联络，使东北军和红军达成停战协定。西安事变发生后，拥护和平解决事变的方针。张学良被扣留后，代理张主持东北军的工作，并主张加强东北军、西北军和红军三位一体的联盟。在如何营救张学良问题上，与东北军少壮派发生分歧，于1937年2月2日被少壮派军人刺杀身亡。

【五】22；【十二】6、8；【十九】1；【二十三】3、6、9、11、13；【二十四】8、9；【二十五】2、4；【二十六】7、10、11、14；【二十七】2、3；【三十五】8；【四十二】6；【五十二】6；【五十三】9；【五十五】4；【五十七】2

王永江（1871—1927） 字岷源，号铁龛，奉天金州（今大连市金州区）人。20岁以县试第一考取优贡，步入仕途。后创建辽阳的警务学堂。后历任辽阳警务所长、南路巡防营管带。中华民国成立后，在奉天税务部门任职。1915年，升任奉天省税务局长兼清丈局长兼屯垦局长。翌年，任奉天督军署高等顾问。11月，任全省警务处长兼省会警察厅长，后又任奉天省财政厅长、代理奉天省长，在警务、税务、实业等方面都有建树，成为奉系"文治派"的首领。1920年7月，王永江主张休养民力而反对张作霖介入北京政府中央的政治斗争。

1922年4月第一次直奉战争奉军败北,张作霖为失策而悔悟,任命王永江为奉天省长。翌年4月,东北大学创立,王兼任首任校长。张作霖再度介入北京政府中央的政治斗争后,王永江反对武断政策,主张休养民力,但未被张作霖接纳。1924年10月,奉系在第二次直奉战争中取得胜利后,任黄郛摄政内阁的内务总长。该内阁倒台后,王辞职。1925年2月,任善后会议议员。1926年2月,辞去各职回故乡。此后,张作霖希望王永江重新负责政务,因政见不同,王推辞不就。1927年11月1日,在金州病逝。

【二】1;【三】9;【四】11;【五】15;【十二】2;【十七】7;【二十一】3、4;【二十五】14、15;【二十六】4;【三十一】1;【三十二】11;【三十三】1、2、4、8、15、16、17、19、21;【三十四】4、12;【五十三】13;【五十四】7、8

王永清（1883—1950） 吉林梨树人。早年参加清军,后拉杆子为匪。1917年被张作霖收编,后毕业于东三省讲武堂,历任奉天陆军骑兵独立团上校团长,第二十五旅骑兵第三团团长,洮辽警备骑兵第四支队少将支队长。1925年任奉军第十四师骑兵第七旅旅长。1926年9月,随穆春入关与冯玉祥的国民军作战时,军纪败坏,抢走多伦著名喇嘛庙的金佛,激起民愤。张作霖得知后大怒,派张学良带兵前去处理,王永清部下向张学良等人开枪,张学良指挥部队平息骚乱,当场枪毙该师团长于奉林,然后将穆春、王永清等带回北京关押查处。后王永清脱逃,又拉杆子为匪。"九一八"事变后,投靠日伪。1950年被枪决。

【三十二】9

王永庆（1917—2008） 台湾台北人,祖籍福建安溪。台湾著名企业家,"世界五十强"的企业台塑集团创办人,终生任台塑集团董事长。早年因家贫辍学,台湾光复后经营木材。1954年创办福懋塑胶工业公司,1957年改成台湾塑胶工业公司（台塑）。1958年创设南亚塑胶加工厂公司,1964年创设台湾化学纤维公司,形成规模庞大的企业集团,塑胶年产量占世界六成以上,被誉为"经营之神"。2008年10月15日于美国新泽西州过世。1991年张学良赴美探亲,华美协会为张学良举办九十一寿辰,王慷慨捐赠5万美金作为贺礼,后又无偿资助张学良口述历史工作。

【二十一】8;【四十】5;【四十四】1、5;【四十五】1

王永胜（生卒年不详） 1929年中东路战争后任东北陆军第十五旅旅长。1931年5月任陆军独立第二十九旅旅长,1933年参加长城抗战。1933年3月任第五十三军第一二九师师长。

【四十五】4

王玉瓒（1896—1984） 字宝珩,辽宁黑山人。1914年参加奉军。1929年入东北讲武堂第九期。毕业后调张学良身边工作，曾任平津卫戍司令部卫队营上校营长。1936年春，任"西北剿匪总部"卫队第一营营长。1936年10月和12月蒋介石两次到西安时，奉张学良之命担负华清池蒋行辕之警卫。西安事变时，奉命带领卫队包围华清池，指挥了骊山搜寻，并把蒋介石押送往新城大楼张杨临时联合指挥部。因捉蒋有功，受到张学良的嘉奖并晋升第十五旅四十三团团长。1937年冬，随部参加淞沪会战，因战绩晋升副旅长。1940年任中国红十字会贵阳卫生人员训练所军事学教官兼学员大队队长。1946年任云南省第二十三临时教养院院长。1949年冬，任云南第二十三荣誉军人教养院院长，率部参加卢汉的云南起义。1950年，返回原籍辽宁。1980年被增补为辽宁省政协委员。1984年逝世于抚顺。写有《扣蒋回忆》。

【二十八】1

王芸生（1901—1980） 原名德鹏，天津静海人。1925年"五卅"运动时，发起组织"天津洋务华员工会"，任宣传部长，主编工会周刊。次年春赴上海，任国民党上海特别市党部副秘书长。1926年底任国民党天津市党部宣传部副部长。1929年任天津《商报》主笔，同年应张季鸾之邀加入《大公报》，历任记者、编辑、主笔、总编辑等。"九一八"事变后，在《大公报》连载《六十年来中国与日本》，呼吁抗日救亡。抗战时期，在武汉、重庆主持《大公报》笔政，曾任重庆《大公报》总编辑。抗战后主持《大公报》上海编辑部，1947年春参加中国赴日记者团。1948年辗转进入华东解放区，旋赴北平。次年上海解放后，返上海任《大公报》社长直至1966年。中华人民共和国成立后，历任华东军政委员会委员、上海市人民政府委员、中华全国新闻工作者协会副主席、中日友好协会副会长等职。1980年5月30日病逝于北京。

【二十一】8；【四十三】9；【四十九】2；【五十七】3

王允（137—192） 字子师。东汉时期太原祁县人。初为郡吏，曾捕杀宦官党羽。灵帝时，人豫州刺史，镇压黄巾军起义。初平元年（190年）任司徒，后联合吕布诛杀董卓。不久，董卓部将李傕、郭汜攻入长安，被杀。

【十七】8

王占元（1861—1934） 字子春，山东馆陶（今属河北省）人。早年入淮军。1886年，入天津武备学堂第一期学习。毕业后，参加宋庆的毅军。1895年，加入袁世凯的新建陆军。1904年，任北洋陆军第二镇第三协统领。1911年获授陆军协都统。武昌起义爆发后，率部参与镇压革命军，升任陆军第二镇统制，获授副都统衔。中华民国成立后，1913年二次革命爆发，奉命镇压革命派，获授陆军上将衔。1914年3月，兼任豫南剿匪总司令，参与讨伐白朗。4月，任湖北军务帮办。1915年，支持袁世凯称帝，12月护国战争爆发，被任命为襄武将军督理湖北军务。1916 年 7 月，任湖北督军兼民政长。府院之争中，支持国务总理段祺瑞。后作为直系的重要人物，又支持冯国璋的直系反对段祺瑞的皖系。护法战争爆发后，与江苏督军李纯、江西督军陈光远阻止段祺瑞征伐湖南，因此与李、陈三人被称为"长江三督"。1920 年 6 月，任两湖巡阅使。7 月直皖战争爆发，收服皖系吴光新部。1921 年 8 月，在湖北的倒王运动中下野。1926 年 9 月，应孙传芳邀请，出任五省联军训练总监，参与阻止北伐。1928 年 4 月，被张作霖任命为陆军检阅使。不久，北京政府倒台，王转入实业界。1934 年 9 月 14 日，在天津逝世。

【一】1；【二十】2；【二十六】10；【三十一】2；【三十三】5；【四十八】3；【五十】4

王肇治（1899—1989） 字权初，辽宁海城人。1921 年中学毕业，入奉军军事教导队。1923 年入东三省陆军讲武堂第五期步科。毕业后任奉军排长、连长。1926 年赴日本陆军步兵学校学习。1929 年回国后任东北军营长，东大营集训队中校教官，东北陆军独立第二十旅中校参谋处长。1932 年任第一〇九师上校参谋长，参加长城抗战。1935 年 11 月任第五十七军第一一一师参谋长。1936 年 11 月任第五十七军第一一一师六三一团团长。1936 年参加西安事变。1937 年任第五十七军第一一一师三三三旅少将旅长，参加台儿庄保卫战。1939 年冬被撤职软禁。保释后任漯河警备司令部少将参谋长。抗战胜利后任第十二军军官大队大队长，整编第十二师一一二旅旅长。1948 年 7 月被俘，入华东解放军军官训练团学习。后任解放军军事学校教员，东北文物管理处秘书，东北贸易部成高子疗养所所长，大连疗养所副所长，民革哈尔滨市委主委、民革黑龙江省委主委、民革中央常委，哈尔滨市政协副秘书长，黑龙江省政协副主席，黑龙江省人大副主任，全国政协委员等职。1989 年 3 月 28 日在哈尔滨逝世。

【二十三】11；【二十六】14

王震南（1892—1963） 原名良汉，字子沛，浙江奉化人。浙江省立法政学堂毕业。1924 年后历任黄埔军校政治部军法处军法官，国民革命军第一军政治部军法官，广州卫戍司令部上校军法官，国民革命军总司令部军法处少将军法官，陆海空军总司令部少将军法官。1930 年任军政部军法司中将司长。抗战期间，任第三战区司令长官部中将军法执行监。抗战胜利后，任徐州绥靖公署军法处长，陆军部军法处长。1949 年去台湾，1963 年病逝。

【二十六】14

王正黼（1890—1951） 字子文，号儒冠，浙江奉化人，王正廷之弟。自幼皈依基督教。早年入天津英华书院，1910 年毕业于北洋大学矿冶系，旋赴美留学。1912 年获哥伦比亚大学采矿冶金硕士学位。1915 年返国，历任奉天本溪湖煤铁公司总工程师兼制铁部长、东北矿务局总办、国民政府实业部矿业司司长。

1932年3月辞矿业司司长职。后组建冀北金矿公司，开掘四县金矿（凌源、平泉、承德、滦平），创办北京门头沟平兴煤矿，筹办苏州西山煤矿。1934年，出任河南六河沟煤矿总办。1937年出任西康（今属西藏自治区）采金局局长。1944年被日军以"反日罪"拘捕。抗日战争胜利后，1945年负责接收门头沟煤矿，并出任北平红十字会会长（兼任）、燕京大学复校费募捐运动委员会主席，出资创设燕京大学工学院。1949年移居美国，1951年病逝于华盛顿。

【四十五】5

王正廷（1882—1961） 字儒堂，浙江奉化人。1896年入天津北洋西学堂。1905年加入同盟会。1907年赴美留学学习法律，毕业于耶鲁大学。1911年回国后，曾任黎元洪都督府外交司司长、唐绍仪内阁工商部次长兼代总长。1912年辞职回上海，任中华基督教青年会全国协会总干事。1913年当选参议院议员及副议长，一度代理议长。1917年参加广州护法运动，曾署理军政府外交总长。1919年作为中国代表参加巴黎和会。1922至1925年三度出任外交总长，一度兼财政总长。1928年6月任南京国民政府外交部长、国民党中央执行委员。"九一八"事变后辞职。1936年出任驻美大使。1938年回国任中央执行委员和国民政府委员，兼中国红十字会会长、交通银行董事。1949年初移居香港，任太平洋保险公司董事长等职，1961年5月21日病逝于香港。

【四】10；【五】4、5；【八】9；【十七】2；【二十四】5；【二十八】2；【三十四】3；【四十五】5、6；【五十】11；【五十三】10；【五十五】8、9

王志军（生卒年不详） 1931年5月任东北边防军陆军独立第七旅第六二〇团团长。

【二十三】9

王中立（生卒年不详） 字嵩翘，河北葫芦岛人。1923年考入东北大学法学专业，获法学学士学位。毕业后进入东北军，追随张学良从沈阳到北平、武昌、西安等地，历任少校秘书、中校秘书。西安事变时，任西北"剿总"办公厅第二科（机要科）上校科长。张学良送蒋介石回南京时，作为张学良唯一的随行秘书，伴随张学良度过了失去自由前的最后几天。写有《张学良将军在南京被扣的几天》。

【二十七】5；【二十八】3

王仲昇（1896—1975） 山东寿光人。肄业于保定陆军军官学校第八期，后加入奉军。1927年考入北京陆军大学，1930年毕业。1934年后先后任西北"剿匪"总司令部第一处副处长，第五十一军第一一三师副师长等职，参加对陕北红军"围剿"。抗战爆发后，任鲁苏战区总司令部点编委员等职。1949年去台，曾任海军陆战队司令。1975年9月8日逝世。

【二十三】11

王卓然（1893—1975） 字回波，辽宁抚顺人。1911年，考入奉天两级师范。其间参加青年基督教会，先后结识张学良、阎宝航、杜重远等东北进步人士并成为挚友。1919年秋入北平师范大学，两年后毕业回奉天任省教育厅视学。1923年秋，到美国纽约哥伦比亚大学留学。1928年8月回到奉天，张学良聘他任东北大学教授、东三省保安总司令部咨议兼作自己子女的家庭教师。1931年"九一八"事变后，与高崇民、阎宝航等在北平成立"东北民众抗日救国会"，任执行主任委员。1937年"七七"事变后，与东北抗日救亡总会的领导人相继到重庆，被选为国民参政会参政员。1945年抗日战争胜利后，参加在渝的东北名流宁武、阎宝航等成立的"东北政治建设协会"，呼吁停止内战、和平建设中国。1946年5月与许德珩等发起成立"九三学社"，为学社早期领导成员之一。1946年夏内战爆发后，赴日本经商。中华人民共和国成立后，1951年5月回国。1955年，任国务院参事室参事，从事文字改革和科普工作。文革时期，受到"四人帮"炮制的"东北帮叛党投敌反革命集团案"的牵连入秦城监狱5年。1975年1月31日在北京含冤病故。粉碎"四人帮"后，得到平反昭雪。

【十二】3；【三十二】3、17；【五十二】1、12；【五十四】1；【六十】1、6

王宗承（1876—1966） 字少源。祖籍山东潍县，辽宁铁岭人。13岁随父来奉天，是年入基督教。16岁考入沈阳盛京施医院附设西医学堂，从院长司督阁博士（Dugald Christie）边学习边工作，24岁毕业，因成绩优异而留院，后任该院副院长。1913年后，奉张作霖之请，任第二十七师军医官，翌年成立军医处，任处长。后历任奉军驻长沙野战病院院长、东三省巡阅使公署军医处长、蒙疆经略使军医处长兼蒙疆军总医院院长、镇威总司令部和东三省保安总司令部军医处长、军医总监（中将衔）等职。任职期间，为东北军创立近代卫生保障系统，多有建树。曾参加基督教青年会，张学良之进入基督教青年会，受王氏影响不小。1929年被辽宁省政府委任为辽宁同善堂堂长，1930年任辽宁省会救济院院长。东北沦陷时期，在奉天大东关开设"少源医院"。1949年后，曾任辽宁省政协委员。

【五十一】3；【五十五】9

威尔逊，伍德罗（Thomas Woodrow Wilson，1856—1924） 美国第28任总统（1913—1921），民主党人。生于弗吉尼亚州，毕业于普林斯顿大学，毕业后任教多年并曾担任普林斯顿大学校长（1902—1910）。1910年当选为新泽西州州长。1912年获民主党总统候选人提名，击败西奥多·罗斯福获胜。1916年连任。当时，正值第一次世界大战开始，威尔逊政府避战，最终还是派兵参加了协约国部队。他于1918年提出的十四点方案成为和平协定的基础，其本人也因此获得1919年的诺贝尔和平奖。他还提出了国际联盟的设想，但国会最终没有批准美国加入。在其任期内还建立了联邦储备系统和联邦贸易委员会。

【五】3

韦静斋（生卒年不详） 张学良说其为奉天大户人家，醉酒后拿手枪打死守城门的奉军排长，后被奉军士兵打死。

【三十一】11

韦慕廷（C. Martin Wilbur，1908—1997） 美国哥伦比亚大学教授，哥伦比亚大学口述历史中心负责人，主要研究中国历史，著有《孙中山——壮志未酬的爱国者》，是张学良口述历史的主要策划人和发起者。

【五】6；【十二】3；【十五】1、2；【十六】3；【二十】4；【三十一】13；【四十五】1；【四十六】1；【五十一】1

卫立煌（1897—1960） 字辉珊，号俊如，安徽合肥人。行伍出身，曾任孙中山大本营警卫。历任粤军连、营、团、旅、师长，曾参加东征和北伐战争。南京国民政府建立后，任南京卫戍司令，后入陆军大学将官特别班进修。1930 年起历任第四十五师师长、鄂豫皖"剿匪"总指挥，1935 年当选国民党中央执行委员。抗战爆发后，先后担任第十四集团军总司令、第二战区副司令长官兼前敌总指挥、第一战区司令长官兼河南省政府主席，其间曾访问延安。1943 年任中国远征军司令长官，1945 年任中国战区陆军副总司令。1948 年任东北"剿匪"总司令，因未积极执行蒋介石命令被软禁于南京。1949 年获释，出走香港。1955 年回北京，曾任中华人民共和国国防委员会副主席、全国政协常务委员，全国人大代表，民革中央常委等职。1960 年病逝于北京。

【二十三】3；【二十五】7；【二十六】14

魏道明（1901—1978） 字伯聪，江西德化（今九江市）人。早年留学法国，获巴黎大学法学博士学位。1926 年回国后任律师，并从事国民党党务工作，1927 年后曾历任国民政府司法行政部部长、南京特别市市长。行政院秘书长，抗战期间先后任行政院秘书长、驻法国大使、驻美国大使。1945 年回国任立法院副院长。1947 年任台湾省政府首任主席，次年辞职赴美。1964 年回台，任台湾当局驻日本"大使"、"外交部"部长等职。1978 年逝世于台湾。

【三十四】18；【三十八】9；【三十九】7

魏怀（1881—?） 字子杞，福建闽侯人。1912 年 12 月 31 日，署任福建省教育司司长，不久去职。1930 年 12 月，任民国政府立法院立法委员。1932 年 1 月至 1945 年 1 月，在林森、蒋介石先后两任国民政府主席任内，魏怀一直担任国民政府文官处文官长。1945 年 1 月，任国民政府委员。1947 年 4 月 18 日免国民政府委员职，改聘为国民政府顾问。一直任至 1948 年 5 月国民政府结束。

【二十八】2

魏喜奎（1926—1996） 女，天津蓟县人。生于曲艺家庭，自幼随父学唱乐亭大鼓。12岁改学唐山大鼓，在北京、天津演唱。1948年在唐山大鼓的基础上，融入乐亭、奉天、辽宁三种大鼓的特色，创成奉调大鼓。1951年创成北京曲剧。1957年在莫斯科举办的第六届世界青年联欢节"东方歌唱比赛"中，获国际金质奖章。1992年3月应邀赴台湾举办"海峡两岸鼓曲大展"演出。

【四十一】9

魏益三（1887—1964） 字友仁，河北藁城人。毕业于保定军官学校第一期炮科、北京陆军大学第五期。1920年任西北边防军第三混成旅骑兵第四团团长。1921年加入奉军，任第三混成旅参谋长，第二十七师参谋长，京榆驻军司令部参谋长，炮兵第二旅旅长，第十军参谋长兼炮兵司令。1925年11月参加郭松龄倒奉，失败后投冯玉祥部，任国民军第四军总司令兼滦河防守司令部副司令等职。1927年为蒋介石收编，任第三十军军长。1929年3月部队缩编后任第五十四师师长。1930年后，历任军事参议院中将参议，军事委员会北平分会委员，庐山军官训练团教官，武昌行营陆军整理处研究委员会主任委员。1936年10月赴欧美考察军事。抗战爆发后，先后任中央伤兵管理处中将处长，军政部荣誉军人总管理处处长，军政部中将参议等职。1946年8月退役回北平。1947年任东北保安司令长官部中将顾问，1948年初任国防部中将部员，11月改任国防部荣誉军人总管理处中将处长。1949年12月在昆明参加起义。后任北京市人民政府专员室专员。

【五十四】7

魏徵（580—643） 字玄成，巨鹿下曲阳（今河北巨鹿）人，唐朝政治家，以善谏著称。隋末诡为道士，以避世乱，后参加李密瓦岗军，任掌书记，并随李密投奔李渊，唐朝建立后任太子洗马，在夺位斗争中支持李建成，建成败后，太宗重其才华而擢用。曾任谏议大夫、左光禄大夫，封郑国公，位列太宗凌烟阁二十四功臣第四。其言论见《贞观政要》与《魏郑公谏录》两书。

【十二】2；【二十五】15；【三十二】5

温哈熊（1925—2007） 广东台山人，温应星将军之子。毕业于成都中央军校第十九期，美国弗吉尼亚军校炮科，印第安纳大学文学系。1946年任驻美军事代表团何应钦将军侍从参谋。后回国任青年军二〇一师炮兵连长，营长，炮兵群指挥官。后调陆军总部任联络室主任。1948年去台湾，入圆山军官训练团第十期受训，毕业后任"国防部"联络局副局长。后调任"北美事务协调委员会"驻美军事采购团团长。1984年回台，任联合勤务总司令，晋陆军二级上将衔。1989年任"总统府"战略顾问，1993年任"总统府"国策顾问，曾兼任台湾东吴大学教授。2007 年 7 月 14 日在台北病逝。

【十五】4；【五十二】12

文强（1905—2001）　号念观，湖南长沙人。毕业于黄埔军校第四期，参加过北伐战争、南昌起义。1926 年加入中国共产党，后在中共四川省委工作，曾担任省委常委兼区委书记、中共川东特委书记，一度被俘。1935 年脱离组织。1936 年加入国民党，次年进入军统，历任军统华北办事处主任、河南站站长、北方区区长、国防部保密局东北工作督导室主任、徐州"剿总"前进指挥部副参谋长等职，在淮海战役中被解放军俘虏。1975 年 3 月获得特赦出狱，后任全国政协文史资料研究委员会专职委员、民革中央监察委员。

【二十八】1

文溯阁　清代皇家藏书楼。位于沈阳故宫宫门之北的西路中轴线上，乾隆四十六至四十八年（178—1783）为储藏《四库全书》而兴建。建筑别具一格，样式仿宁波"天一阁"，面阔六间，进深九檩，外观两层，实为三层，覆黑绿琉璃瓦。

【四十三】3；【五十六】3

文徵明（1470—1559）　初名壁，字徵明，号衡山、衡山居士，江苏常州人。明代书画家、文学家。与唐寅、祝允明、徐祯卿并称"吴中四才子"。五十四岁曾举为翰林待诏，三年辞归。工行、隶、楷、草、尤精小楷。擅山水，师法宋、元，构图平稳，笔墨苍润劲秀。学生甚多，形成"吴门派"，与沈周、唐寅、仇英并称"明四家"。

【三十四】16

翁照垣（1892—1972）　名腾辉，以字行。16 岁从军，曾任粤军连长、营长。1926 年赴日本陆军士官学校学习，1929 年毕业后转赴法国入慕漠尼航空学校学习。1931 年毕业回国，先后任广东保安第四团团长、警卫军八十八师旅长、第十九路军第一五六旅旅长。1932 年率部参加一·二八淞沪抗战，后离职赴香港。1933 年初受张学良之邀，出任东北军第六十七军第一一七师中将师长，后擢升副军长，旋离职返乡。福建事变发生后，任"中华共和国人民革命政府"福州城防司令、第六军军长。失败后再赴法国。1936 年后应白崇禧等邀回国，任抗日救国军新编第一师师长，后任第六十师师长。抗战爆发后，先后任第一战区前敌总指挥、第七战区东江游击司令。抗战胜利后解甲归田，在家乡经营实业。1946 年参与组建中国民主促进会。1949 年起移居香港，直至 1972 年逝世。

【二十三】11

吴达铨（1884—1950）　名吴鼎昌，字达诠，号前溪。原籍浙江吴兴，生于四川华阳。1903年留学日本。1905年加入同盟会。1910年回国后，历任北京法政学堂教员、奉天本溪湖铁矿局总办、大清银行总务科长、大清银行江西分行监督，上海大清银行监督等职。民国建立后，先后任中国银行监督，造币总厂监督，国务院参议，盐业银行总经理，财政部次长等职。1918年成为安福系骨干。1919年作为北方代表参加南北议和。1920年安福系垮台，被免去财政部次长职。后发起金城、大陆、中南、盐业四银行联合准备库，任主任，成为金融界的首脑人物之一。1926年接办天津《大公报》，任社长。1932年任国防设计委员会委员。1935年任国民政府实业部长。抗战开始后，任国民政府军事委员会第四部部长。1937年11月任贵州省政府主席兼滇黔绥靖公署副主任，12月又兼贵州省保安司令。1943年1月调任国民政府文官长。同年5月当选国民党中央监察委员，9月兼任国民党中央设计局秘书长。1946年8月任国民政府国民代表大会筹备委员会委员。1948年5月任总统府秘书长。1949年1月辞职移居香港。同年病逝。

【三十七】1；【四十】6、8；【五十一】3

吴大猷（1907—2000）　广东高要人。著名物理学家，被誉为中国物理学之父。1929年毕业于南开大学，留校任助教。1931年获中华教育文化基金资助赴美留学，1933年获密西根大学博士。1934年返国，任国立北京大学物理学教授。抗战爆发后任国立西南联合大学教授。1946年，赴密西根大学任客座教授，后又至哥伦比亚大学工作两年。1948年被选为中央研究院院士，此后留美进行研究。1956年应胡适之邀赴台任教，在新竹清华大学任教，后又就任于普林斯顿高等研究院、瑞士洛桑大学、加拿大国家研究院、美国纽约布鲁克林理工学院、纽约州立大学。1957年获选为加拿大皇家学会会员。1978年自纽约大学退休，此后长居台湾。1983年任"中央研究院"院长，1994年卸任。2000年去世。

【三十二】1

吴鼎昌　即吴达铨，见**吴达铨**
【三十七】1；【五十一】3

吴光新（1881—1939）　字自堂、植堂、志堂。安徽合肥人。段祺瑞的妻弟。1903年6月，留学日本陆军士官学校炮兵科，1904年毕业。归国后，历任北洋陆军第三镇炮三标管带、奉天混成协标统、第十三混成协炮标标统、第二军参议官。1914年，任陆军第二十师师长，同年因病辞任。袁世凯死后，他成为段祺瑞皖系军阀干将。1917年，任长江上游司令部司令。同年夏，兼任四川查办使。1920年6月，兼任湖南督军。7月直皖战争之际，被直系军阀、湖北督军王占元拘禁，其军队被解除武装。1921年获释后，参与奉系。1924年9月第二次直奉战争中，任奉军第六方面军副司令率军参战。段祺瑞执政府成立后，任陆军总长、陆军训练总监。1925年12月辞职，随段祺瑞移住上海。1939年11月，在香港病逝。

【一】1；【二十】2；【二十六】10；【五十四】7

吴国桢（1904—1984） 字叔贤，湖北建始人。早年先后入南开中学、清华大学学习，毕业后赴美留学，获普林斯顿大学哲学博士学位。回国后历任国立中央政治学校教授，国民政府外交部秘书，湖北省财政厅长，汉口市长，重庆市长，国民政府外交部政务次长，国民党中央宣传部副部长、部长等职。抗战胜利后，任上海市长。1949年4月去台湾，任台湾省"主席"兼"行政院"政务委员。因与台湾蒋家父子政见不一，1953年5月"请假赴美"，从事教育与著述，1954年蒋介石下令撤销其政务委员职务、开除其国民党籍。60年代被阿姆斯特大学聘为教授。1984年病逝于乔治亚州。

【四十六】2

吴翰涛（1894—1988） 字涤愆，祖籍河北乐亭，吉林九台人。天津南开大学肄业，后赴日本留学，入东京帝国大学，获法学士学位。后赴美国研究国际公法，获博士学位。1930年返国后，历任东北大学、北京大学教授，华北绥靖公署参事兼东北外交委员会常务委员，"九一八"事变后任国联调查团专门委员。1933年任监察院监察委员，国立中央大学教授，期间曾任王曲军官训练团政治教官。西安事变后，1937年1月，与王化一奉派赴西安，劝说东北军将领服从国民党中央。1938年任监察院秘书长。抗战期间任第一战区巡阅团主任委员。抗战胜利后任东北合江省政府主席兼中将保安司令。东北解放后赴台湾，任"行政院"设计委员会委员、"总统府"参事等职。1988年病故于台北。

【二十八】3

吴焕章（1901—1988） 吉林大安人。北京法政大学俄文法政学系毕业，毕业后入俄国海参崴东方大学学习。1928年任国民革命军第二集团军政治部宣传大队长。1929年任中央训练部民众训练处劳资纠纷仲裁股总干事。1930年任《中央日报》总编辑。1931年任国民党黑龙江省党务指导委员。"九一八"事变后协助马占山抗日。1935年当选立法委员。抗战胜利后，担任兴安省主席兼保安司令。1947年任东北行辕政务委员会委员。1948年4月当选"国民大会"主席。1949年去台湾，任"行政院"设计委员，台中研究区主任等职。1988年逝世。

【二十八】3

吴家象（1891—1981） 字仲贤，辽宁义县人。1919年毕业于北京大学物理系，曾任东北大学总务长兼校长。后投身政界，历任东三省保安司令部秘书，东北政务委员会机要处长、秘书长，辽宁省政府委员兼教育厅长。1931年后历任东北边防军司令长官公署秘书厅机要处处长，西北"剿匪"总司令部秘书长。西安事变发生后，代表张学良在西安广播电台向全国发表演说。张学良被扣押后，他在四川、庐山等地隐居，期间担任立法委员，但并不参与立法院事务。中华人民共和国成立后，应周恩来邀请赴京担任国务院参事，后先后担任辽宁省司法厅厅长、民政厅厅长，沈阳市政协副主席，吉林省政协副主席等职。1981年逝世于长春。

【二十三】11、13；【二十五】4、5；【二十八】10；【五十六】4

吴景濂（1873—1944） 字莲伯，号述唐，别号晦庐，晚年自署抱冰老人。辽宁宁远（今兴城）人。21岁补博士弟子员，1897年考取副贡。1902年入京师大学堂师范馆。后留学日本，归国后1907年3月，任奉天两级师范学堂监督，奉天教育总会总会长，奉天咨议局议长。1911年武昌起义后，联合奉天各界组织急进会，任会长，与革命党蓝天蔚密议奉天独立，事泄遭追杀。11月赴南京，作为东北的唯一代表，参加了孙中山的临时大总统选举。同时，组建统一共和党。1912年，统一共和党与同盟会合并成国民党，被选为国民党理事，4月被选为临时参议会议长。1913年，袁世凯解散国会。1916年，袁世凯垮台后国会复会，吴当选众议院议长。翌年，张勋复辟，国会重被解散。1917年8月，南下广州就任非常国会众议院议长。1922年，回北京出任众议院议长，帮助曹锟贿选总统。后寓居天津。以后几次活动复出，均未成功。1924年段祺瑞执政后被通缉，避居日本。"九一八"事变后，拒绝日伪的拉拢。1944年1月24日，在天津病逝。

【三十二】16

吴俊陞（1863—1928） 原名兆恩，字兴权。辽宁昌图人，祖籍山东历城。1880年加入清军。1906年升任奉天后路巡防营统领，驻郑家屯。翌年，结识张作霖并交好。民国成立后，1913年2月，升任奉天第一骑兵旅旅长。1914年，升任陆军中将，兼任洮辽镇守使。1917年，支援张作霖，击败反张的冯德麟，升任第二十九师师长。1919年，被任命为北路总司令，讨伐吉林督军孟恩远。此后，任黑龙江督军兼省长。1922年6月，任东三省保安副司令。1924年9月第二次直奉战争中，任第五军军长，负责巩固奉系的后方。1925年10月，奉张作霖之命，袭击冯玉祥军队后方的多伦、张家口。11月20日，郭松龄反奉，12月23日，吴在巨流河击败郭松龄。1926年，为应对北伐，吴和张作相主张保境安民。张作霖、张宗昌则持强硬意见。1927年6月，吴等人推戴张作霖任陆海军大元帅，吴被任命为安国军第七军团军团长。10月，任东三省边防司令兼保安总司令，升任陆军上将。1928年6月4日，随张作霖败退回沈阳途中，在皇姑屯被炸身亡。

【七】28；【八】11；【十一】7；【十五】5；【十七】4；【二十一】3；【二十三】10；【二十四】2、3；【二十五】15；【三十一】1、4、6；【三十二】11；【三十三】1、2、4；【三十四】4；【三十五】12；【四十四】5；【四十七】3；【五十二】9、12；【五十四】7；【五十五】1

吴可读（1812—1879） 字柳堂，甘肃皋兰人。道光己酉本科（1849）进士，授刑部主事,晋员外郎,十年职未动。1861年,丁母忧,归讲兰山书院。1865年春再入都,补原官。1872年补河南道监察御史,冬因劾乌鲁木齐提督成禄而被降三级调用。1874年返里重讲兰山书院。光绪即位,起用为吏部主事。光绪五年(1879),同治帝灵柩入葬惠陵,自请随赴,归途于蓟州废寺自尽,留奏折请为同治帝立嗣,时人目为"尸谏"。

【三十二】10;【三十五】9

吴克仁(1894—1937) 字静山,满族,吉林宁安(今黑龙江宁安)人。1915年入保定军官学校第五期炮兵科,毕业后分派皖系边防军服役。直皖战争后入奉军。由排长、连长升至营长。1925年选派赴日本入炮兵学校深造,翌年回国,任东北讲武堂炮兵研究班主任兼炮兵教导队上校队长。1928年炮兵教导队改为炮兵教导团,任团长,后改任东北炮兵第十八团团长。1930年派赴法国考察炮兵,回国后升任东北讲武堂炮兵研究班少将教育长。1933年,率部参加长城抗战。次年,晋升第一一七师师长。1934年春,随张学良南下围剿红军。1936年升任六十七军副军长,协助王以哲执行张学良与红军达成的协定。西安事变爆发后,曾努力避免东北军内乱。1937年2月,王以哲被杀害后,接任六十七军军长。卢沟桥事变后,请缨参战。8月21日,率六十七军阻击沿了牙河南下之日军。后撤退并防守临洺关(今永年)。1937年10月,率部参加淞沪会战,11月5日,奉命死守松江三日,掩护上海守军撤退。9日,达成守城任务后,在指挥部队撤退时中弹殉国。

【二十三】11、13;【二十五】16;【二十六】14;【五十六】6

吴妈(生卒年不详) 张学良家的佣人。原为清华大学校工,丈夫死后,为养家糊口,经人介绍,受聘于张家做佣人。从大陆到台湾,一直忠心耿耿地随侍在张学良、赵一荻左右。张学良幽禁期间,身边的人除了吴妈外,都是安全部门派来的特务。因此,张家人对吴妈十分感激,尊其为"不是亲人胜似亲人的吴妈"。

【二十九】9

吴梅村(1609—1672) 名吴伟业,字骏公,号梅村,江苏太仓人。明末清初诗人。崇祯进士,授翰林院编修,后任东宫讲读官、南京国子监司业等职。南明福王时,拜少詹事,因与马士英、阮大铖不合,辞官归里。入清后授国子监祭酒。曾师事复社领袖张溥,为复社成员。与钱谦益、龚鼎孳并称江左三大家。其诗取法盛唐诸大家及元稹、白居易,多寓身世之感,注重表现个人在历史变迁中的命运,号称娄东派,以七律与七言歌行见长。

【十三】1

吴佩孚(1874—1939) 字子玉,山东蓬莱人。晚清秀才。1898年投效淮军，先后毕业于北洋武备学堂开平班步兵科和保定陆军速成学堂测绘科。1906 年任北洋陆军第三镇曹锟部管带。1916 年，随曹入川与西南护国军作战，升任旅长。1917 年 7 月，参加讨伐张勋复辟。1918 年护法战争时，任北军第三师师长。1920 年 7 月，跟随曹锟参加直皖战争，与奉系合作击败皖系，共同参与控制北京政府。9 月任直鲁豫巡阅副使。1921 年任两湖巡阅使。1922 年 4 月第一次直奉战争中，击败奉系，成为北洋军阀的首要人物。6 月恢复约法，恢复旧国会，倡议南北议和统一。1923 年 2 月镇压京汉铁路大罢工，史称"二七惨案"。1924 年 9 月第二次直奉战争，任"讨逆军总司令"。10 月为奉军及冯玉祥军所败。1925 年 10 月，在孙传芳拥护下再度出山。1926 年 4 月，直奉联合击败冯玉祥军。同年 7 月，广州国民政府把吴列为北伐首要目标，吴军主力被北伐军击溃，吴撤到河南，后逃入四川，从此一蹶不振。蛰居北京。1937 年抗日战争爆发后，拒绝日本政府的合作邀请。1939 年 12 月，日籍牙医师替其治疗牙疼，引发感染，12 月 4 日逝世。传闻是因其拒绝与日本人合作而被谋杀。1939 年 12 月 9 日，国民政府追赠其陆军一级上将衔，以及明令褒扬之。

【一】1、2、3、6；【四】18；【五】9；【七】7、8、28、29；【九】9、13；【十四】3；【十六】2、4；【十七】8；【二十】2；【二十三】3；【二十四】1；【二十六】3、10；【二十九】7；【三十】1；【三十一】1、2、4、14；【三十二】6、17、18；【三十三】9、12、20；【三十四】5、8；【三十五】8；【三十八】5；【四十二】9；【四十四】2、5、7；【四十八】4；【五十】8、9【五十一】3、7；【五十二】10；【五十三】14；【五十四】6

吴三桂（1611—1678） 字长伯，祖籍江南高邮，生于辽东。武举出身，授都督指挥。明末升为总兵，守宁远。李自成进兵北京时，崇祯加封其为平西伯，命入京戍卫，但兵至丰润，京城已破。本欲投向李自成，但闻父亲被囚，家产被抄，爱妾陈圆圆被掠，遂转投清。在清军帮助下于山海关击败李自成大军，受封平西王。入关后随阿济格攻进西安，后拔重庆、攻成都，又克嘉定。顺治十四年（1657），进兵贵州，攻克贵阳。顺治十八年（1661）追南明军至缅甸，俘虏并杀永历帝朱由榔。康熙六年，康熙削藩，吴遂反清，于康熙十三年（1674）称周王元年，据云南、贵州、湖南三省之地。康熙十七年（1678）三月匆匆在衡州称帝，改元昭武。八月病死。不久三藩平，全家尽被诛杀。

【三十九】8

吴石（1893—1950） 原名萃文，字虞薰。福建闽侯人。早年入福建武备学堂，辛亥革命时组织福建光复会。民国后进入保定军校，毕业后入闽军，历任连长、营长、旅长。1925 年进入黄埔军校任教官。此后历任国民革命军暂编第四师参谋长、福建省政府军事厅参谋处长。1928 年赴日学习。1934 年回国后先后任职参谋本部与陆军大学。抗战爆发后任第四战区中将参谋长、第十六集团军副总司令等职。抗战胜利后调任国防部史政局局长,在此期间开始与共产党地下组织接触。1949年去台,任"国防部"参谋次长。1950年3月,因从事情报工作被台湾特务机关秘密逮捕,不久被处死于台北马场町刑场。1973年被追认为革命烈士。2000年,其子女将其骨灰奉回大陆安葬。

【二十四】11

吴松林(1893—1942) 字鹤年,回族,河北香河人。少年入洮辽镇守使军团学习,1912年毕业后历任排长、连长、团长。1931年任黑龙江骑兵第一旅旅长。"九一八"事变后率部参加马占山将军组织的抗战,后担任黑龙江省抗日救国义勇军第二军军长。失败后乔装撤入关内,被委任为国民政府军事委员会北平分会少将参议及第五十三军参议。西安事变后,张学良被扣押,作为第五十三军代表呼吁释放张学良。抗战爆发随第五十三军参加抗战。武汉会战后随部转入贵州。1942年逝世于安顺。

【二十三】11

吴嵩庆(1902—1991) 浙江镇海人。毕业于上海沪江大学,后赴法国巴黎大学留学。回国后曾任北伐军总司令部秘书、航空委员会经理处长。1945年初,任军政部军需署粮秣司司长、军需署副署长。1945年3月任兵役部经理处处长,4月调任湖北省政府委员兼财政厅长。1946年任联合勤务总司令部经理署军需监、少将副署长、财务预算署中将署长。1949年去台湾,先后任"国防部"财务预算署署长、"国防部"联合勤务总司令部副总司令。1964年调任台湾省唐荣铁工厂股份有限公司董事长,后又主持筹建钢铁贸易股份有限公司。有"台湾钢铁元老"之誉。

【十三】4;【五十八】5

吴泰勋(1912—1949) 宇幼权,吴俊陞之子。毕业于东北陆军讲武堂第八期,曾任张学良卫队骑兵队长,并在奉天建立兴权中学,从事社会慈善。西安事变后,结识戴笠,加入军统。抗战期间一度被汪伪特工扣押,后在平津一带从事金融业。1948年逃往香港,不久死于贫病之中。

【二十三】10;【五十二】12;【五十五】1

吴铁城(1888—1953) 名字增,以字行。广东香山人。17岁入九江同文书院,后加入同盟会。武昌起义后于九江起兵响应。南京临时政府成立后,在孙中山身边工作。二次革命失败后避往日本,入明治大学攻读法律。护国运动中任大元帅府参军,护法运动中任非常大总统府参军。北伐中任大本营参军长,1927年积极支持蒋介石"清党"。南京国民政府成立后,曾历任广东省建设厅长、上海市市长、广东省政府主席。1928年秋,被派往东北,劝说张学良实行东北易帜。1930年作为蒋介石特别代表随张群出关,策动张学良在中原大战中拥蒋。抗战爆发后，主持国民党海外党务。1941年后历任国民党中央秘书长，南京国民政府行政院副院长兼外交部长。1949年，经香港去台湾，任"总统府资政"。1953年11月19日，在台北病逝。

【十六】2；【二十四】1、6；【二十六】9；【三十】5、6、7；【三十四】5、18；【四十三】4

吴桐岗（？—1937） 辽宁人。曾任东北军第六十七军参谋长。1937年率部参加淞沪会战，11月9日在与日军战斗中阵亡，同时阵亡的还有该军军长吴克仁等。

【二十五】16

吴相湘（1914—2004） 湖南常德人。幼随父亲迁往长沙，1924年入明德中学。1933年考入北京大学历史系，毕业后曾在中央研究院历史语言研究所负责校勘《明实录》。1941年入第九战区司令部参谋处编译股工作，专事收集战争资料编纂战史，多次随军在前线参战，到敌后了解情况。撰有《第三次长沙会战》等文稿。抗战胜利后，参与湘鄂赣地区教育复员工作。1947年任国立兰州大学副教授，1948年任故宫博物院文献馆编纂。1949年去台湾，先后任台湾大学历史系教授、新加坡南洋大学历史系教授、中国文化学院史学研究所教授。1959年曾去美国哥伦比亚大学研究"中华民国人物史"，1975年后定居美国伊利诺伊州。在中国近现代史研究方面卓有成绩。

【三十二】14、15、17

吴兴权 即吴俊陞，字兴权。见**吴俊陞**
【五十四】7、9

吴稚晖（1865—1953） 名朓，字稚晖，江苏武进人。曾为清朝举人。1898年到上海南洋公学任教。1901年留学日本。1902年10月，参与发起成立爱国学社。1903年在《苏报》撰文抨击清政府，为避清政府捕拿，被迫转道香港，留学英国。1905年冬加入同盟会。1906年在法国参与创建世界社，发刊《新世纪》周刊。1911年后，多从事文化运动，提倡国语注音与国语运动。1915年参与组织留法勤工俭学会。1916年在上海任《中华新报》主笔。1918年起，担任唐山路矿学校国文教员。1919年，和李石曾发起组织勤工俭学会，创办里昂中法大学并发起留法勤工俭学运动。1922年任里昂中法大学校长。早年学习世界语，并竭力宣传推广，1923—1925年与蔡元培共同创建北京世界语专门学校，并积极倡导注音识字运动。1927年，任国民党中央监察委员，力倡清党。之后，1937—1950年间积极反共。1946年，担任制宪代表主席。1949年去台湾。1953年，病逝于台北。

【四十四】2

吴子玉 即吴佩孚，字子玉。见**吴佩孚**

【三十三】12

"五卅"惨案 1925年2月中国共产党领导上海日商纱厂工人罢工取得胜利。日本资本家伺机报复，借故部分停产，停发工资。5月14日，日商纱厂工人再次罢工。15日，日本厂方枪杀罢工领导人顾正红，打伤十多名工人。上海日本内外棉十一个纱厂两万多工人立即罢工抗议。中共中央和上海党组织号召各界大力支援。上海学生首起响应，5月30日，上海各校学生两千多人到租界内进行反帝宣传讲演，声援工人斗争，要求释放被捕的工人、学生等。英巡捕又拘捕学生一百多名，关押在南京路的老闸捕房。上海各阶层群众数千人，赶到捕房周围，要求释放学生。英国巡捕蓄意向群众开枪，当场打死十多人，打伤数十人，此即五卅惨案。惨案引发全国震动，爆发了声势浩大的五卅运动，这是一场全国规模的反帝爱国运动，给予帝国主义者沉重打击，并为即将到来的北伐战争做好了准备。

【三十】11；【三十二】4；【三十三】14；【六十】5

"五一五"事件 1932年（昭和七年） 5月15日以日本海军少壮军人为主举行的法西斯政变。政变者袭击首相官邸、警视厅，内政大臣牧野伸显邸宅、三菱银行、政友会总部以及东京周围变电所，杀死首相犬养毅，企图迫使政府发布戒严令，强化军国主义体制。由于政变规模小，缺乏建立政权的具体计划，未达目的，政变者自首。此后于5月26日，成立以海军大将斋藤实为首的所谓"举国一致"内阁，政党内阁时代结束，日本军国主义进一步强化。

【八】5

五姨母 即张作霖的五夫人寿懿。见**寿懿**

【四十】1；【五十三】8

五祖 即禅宗五祖弘忍（602—674），唐代僧人。俗姓周，蕲州黄梅（今属湖北）人，一说江西浔阳（今九江）人。七岁随道信禅师出家。后定居于黄梅双峰山东山寺，聚徒讲习。萧然静坐，不出文记，门人甚重，号"东山法门"。被认为是楞伽师的重要代表。死后唐代宗敕谥"大满禅师"。据传著有《最上乘论》，弟子著名者有神秀、慧能、惠安等。其中慧能传法于南方，神秀传法于北方，两人成为禅宗南顿北渐两系的开创人。

【十二】1；【十三】10；【三十七】3

伍朝枢（1887—1934） 字梯云，广东新会人，伍廷芳之子。早年随父赴美求学。1901年入英国伦敦大学，后转入林肯法学研究院研习法律。1904年归国，任广东劳工局及农业实业局委员。1908年再赴伦敦留学。1912年回国，任湖北军政府外交司长，次年当选国会议员。1917年参加护法运动，次年任护法军政府外交次长。1919年作为中国代表团中广州军政府代表，参加巴黎和会。1923年任广州大本营外交部长。1924年任国民党中央党部商民部部长。1925年任广州国民政府委员兼广州市长。1927年任南京国民政府外交部长兼中央委员。次年辞职赴美游历，旋任驻美公使，曾以首席全权代表身份参加国联第十、第十一届大会。1931年任反蒋的广东国民政府委员、广东省政府主席等职，旋辞职。宁粤合流后任司法院院长。1934年1月在香港病逝。

【三】3；【五】3；【二十】4

伍廷芳（1842—1922） 字文爵、号秩庸，广东新会人，因其父在南洋经商，出生于新加坡。13岁入香港圣保罗书院，毕业后任香港高等审判厅翻译。1874年留学英国伦敦林肯法学院，三年后获大律师资格。1882年充任李鸿章幕僚，参与办理外交事务。曾任驻美国、墨西哥等国公使。1902年回国后，任会办商务大臣、外务部右侍郎等职。1911年赞同辛亥革命，任南方革命军临时外交代表及南北议和南方全权代表。1912年任南京临时政府司法总长。袁世凯任总统后，辞职退居上海，参与反对袁世凯复辟帝制活动。1916年出任段祺瑞内阁外交总长，1917年5月代理国务总理，旋因拒绝副署解散国会令解职出京。应孙中山的号召，南下广州，任孙中山广东护法政府外交总长，次年改任七总裁之一，1920年脱离军政府。1920年冬随孙中山回广州，任军政府外交总长和财政总长，并一度代理非常大总统职务。1922年4月任广东省长，陈炯明叛乱发生后病发，于6月23日病逝。

【五】3；【二十】4

武三思（？—707） 唐并州文水人。武则天的侄子。武则天临朝后，封梁王，参与军国政事。中宗复位后，进开府仪同三司，私通韦后，次子崇训娶中宗女安乐公主。专事排斥张柬之和桓彦范诸大臣，神龙三年（707年），与韦后母女谋废太子李重俊，被重俊所杀。

【三十九】10

武藤章（1892—1948） 日本甲级战犯。熊本县人。毕业于陆军士官学校和陆军大学。曾留学德国。历任参谋本部德国班班长、陆军省军务局军事课员。1933年曾来华搜集情报，1936年任关东军参谋部第二课课长，积极主张武力进攻中国。"七七"事变后，任华中派遣军副参谋长。后转任华北方面军参谋长，1938年升少将。次年任陆军省军务局长。主张对美强硬，积极参与策划发动太平洋战争。1941年晋升中将。太平洋战争爆发后任近卫第二师团长。后升任第十四方面军参谋长，参与指挥菲律宾战役。在占领苏门答腊和菲律宾期间，大肆虐待、杀害战俘和居民。战后于1948年作为甲级战犯，被远东国际军事法庭判处绞刑。

【五十三】7

武则天（624—705）　祖籍山西文水，生于今四川广元。唐高宗李治皇后，后为武周皇帝，中国历史上唯一的女皇帝。十四岁入后宫为才人，唐太宗赐名媚，人称"武媚娘"。太宗死后入感业寺为尼，高宗即位复召入宫拜为昭仪。后封皇后，趁唐高宗体弱多病，把持朝政，与高宗并称"二圣"，唐中宗时临朝称制，后废中宗立睿宗，继续临朝。天授元年称帝，改"唐"为"周"，史称"武周"，神龙元年张柬之等发动政变，迫其还政中宗，同年十一月去世。在位期间迷信与重用酷吏，但经济文化各方面均继续发展。

【三十八】2；【三十九】8、10；【四十二】9

X

《西安半月记》 蒋介石的西安事变回忆录。实际撰写者为蒋介石侍从室主任陈布雷，1937年与宋美龄的《西安事变回忆录》合订，由正中书局出版。书中对西安事变的史实做了大量掩饰与篡改，名义上是要"志余谋国不臧与统率无方之罪"，实际是为自己辩护。

【十七】10；【十八】6；【二十七】6；【三十四】10

西安事变 又称"双十二"事变。1936年12月12日，张学良、杨虎城率领东北军、十七路军在西安发动兵谏，逼迫蒋介石抗日的事件。1936年10月，红军长征到达陕北。在西北担负剿共任务的东北军与西北军领导人张学良、杨虎城等开始与共产党及红军发生联系，初步奠定了三方团结抗日的政治基础。蒋介石于1936年12月4日飞赴西安催逼张、杨剿共。张、杨力劝蒋介石联共抗日，蒋拒绝。张、杨遂毅然决定实行兵谏。12月12日凌晨，张学良的卫队进抵临潼华清池，捕获蒋介石。同时杨虎城部下将留居城中的蒋介石高级党、政、军官员陈诚等十余人拘押。张、杨于12日宣布取消"西北剿匪总部"，成立抗日联军西北临时军事委员会，张、杨分任正、副委员长。通电全国提出改组南京国民政府，停止内战等八项主张。同时致电中共中央，要求派代表到西安共商团结抗日大计。17日，以周恩来为首的中共代表团到达西安参与西安事变的协商。22日，宋子文、宋美龄飞西安开始与张、杨及中共代表会谈。24日，达成了改组国民党与国民政府，驱逐亲日派，容纳抗日分子，释放上海爱国领袖等项协议。25日下午，张学良护送蒋介石飞离西安。事变的和平解决，推动了国共两党再次合作，实现了全国团结抗日。但蒋介石后来背信弃义，使张学良遭长期监禁，杨虎城及子女惨遭杀害。

【二】5；【四】13、16；【六】6；【七】1；【九】15；【十】6；【十二】8、9、11；【十三】2、7、10；【十五】1；【十六】6；【十七】10；【十九】8；【二十一】3、7、10、11；【二十二】6；【二十三】3、13；【二十五】4、7、9、11、12、16；【二十六】10、12、13、14、15；【二十七】4、5、7、8；【二十八】1、2、3、6、10；【二十九】5、10、13；【三十】2；【三十二】1、5、9、17；【三十三】18；【三十四】1、10；【三十五】12；【三十七】2；【三十九】1、5；【四十】8；【四十二】5；【四十三】6、9；【四十五】1；【四十六】2；【四十九】1、4、5、6；【五十二】2、7；【五十三】9；【五十四】8；【五十七】1、2、3；【五十八】2；【六十】6

《西安事变半月记》 即《西安半月记》。见《西安半月记》

【十七】10；【十八】6；【二十七】6；【二十八】1；【三十四】10

西京日报 中国国民党中央宣传部在陕西省主办的党报。1933年3月21日在西安创刊。丘元武、郭英夫、胡天册先后任社长,主笔赵建新。宣传国民党"攘外必先安内"政策。内容有国内国际要闻、各地简讯、社论、副刊、经济新闻、商情简报、天气报告、特载等。西安事变时一度改名《解放日报》,事变后恢复原名。1949年停刊。

【二十三】2;【二十五】12

西山会议 1925年11月23日,中国国民党部分中央执行委员、中央监察委员和候补中央执行委员在中国北京西山碧云寺召开的所谓"国民党一届四中全会"。会议参加者有林森、邹鲁、谢持、居正等人。会议中心议题是"解决共产派"问题,通过了《取消共产党在本党之党籍案》、《顾问鲍罗廷解雇案》、《开除汪精卫党籍案》等议案,并通电要广州国民党中央执行委员会停止职权,取消国民党政治委员会,议设"中央执行委员会"移沪办公。并推定中央执行委员会各部部长。会后形成"西山会议派",此派人士在上海成立"国民党中央党部",与广州国民党中央相对抗,从事反共、分裂活动。

【三十四】4

西园寺公望(1849—1940) 日本京都人,自幼过继于西园寺家。早年参加明治维新。1871—1880年留学法国。1882年随伊藤博文赴欧考察宪法。后历任驻奥匈帝国和德国公使、贵族院副议长、枢密顾问官、第二、第三届伊藤内阁文部大臣、枢密院议长和政友会总裁。1906—1908年任日本首相。建立南满铁道株式会社,设立关东都督府,从经济、军事和行政上入侵中国东北,并进一步吞并朝鲜。1911—1912年第二次组阁。后获元老待遇。1919年出任巴黎和会日本首席全权代表,封为公爵。1924年松方正义死后,作为仅存的元老负有向天皇推荐新内阁首相人选之责。政治上倾向立宪制,外交上主张与英美协调。1932年五·一五事件后试图以现役海军大将斋藤实任首相来抑制军部势力,结果却加速了军部独裁的确立。1937年退出政界。

【十五】7;【三十一】7

希特勒(Adolf Hitler,1889—1945) 生于奥地利林茨。德国纳粹党党魁、头号战犯、第三帝国元首。第一次世界大战时加入德军,从列兵升至下士。1919年加入德意志工人党,1920年参与制定该党《二十五点纲领》,更党名为国家社会主义工人党(简称纳粹党)。翌年成为党的元首。1923年策动啤酒店暴动,失败后入狱。1924年出狱后,鼓吹民族社会主义,组建冲锋队和党卫队,从事谋取政权的活动。1933年1月出任总理。上台后逐步取消议会民主,实行独裁统治,建立法西斯的政治、经济体制。次年8月兴登堡死后,成为国家元首兼总理,取得指挥全国武装部队的权力,正式形成第三帝国。对内迫害犹太人和共产党人,对外撕毁《凡尔赛和约》，扩军备战。1936年与意大利建立柏林—罗马轴心，武装干涉西班牙内战。1938年吞并奥地利和捷克的苏台德区，次年春吞并整个捷克斯洛伐克。1939年9月1日大举进攻波兰，挑起第二次世界大战。1941年入侵苏联。1945年4月30日苏军攻入柏林时自杀。

【五】19；【六】2；【七】15；【八】4；【十七】7；【三十八】6；【四十一】11；【四十六】2；【五十一】8；【五十五】9

郗恩绥（1902—1985） 字一厂，北京人。毕业于保定军校第八期。1927年任东北陆军第八师骑兵第四十六团团长。旋入陆军大学第八期。1930年任东北骑兵第三旅旅长。1935年留学美国入参谋大学。抗战时期，任第四集团军参谋处长、第十五集团军参谋处长、第七战区参谋处长、第七十三军参谋长、军令部第二厅第二处处长、陆军大学教育处长、军事委员会高参、第一战区副参谋长、军令部高参、后方勤务总司令部参谋长等。抗战胜利后，任联合后方勤务总司令部运输署署长兼国内外物资处理督导委员会主任委员、联勤总司令部副总司令。1949年去台湾，曾任"国防部"参议、高参等。1985年逝世。

【二十五】15

熙洽（1883—1950） 字格庄，姓爱新觉罗，奉天人，满族正蓝旗。清太祖努尔哈赤之弟穆尔哈齐的后裔。1910年毕业于日本陆军士官学校骑兵科。民国初年任黑龙江护军公署参谋，黑龙江省军马牧养场场长。后到广东省长公署任咨议。1919年后，历任东三省陆军讲武堂教育长、东三省巡阅使署参谋处长、东北军第十旅旅长，吉林陆军训练总监，吉林边防军副司令长官公署参谋长。"九一八"事变后，参与策划东北"独立"。1932年伪满洲国成立后，任伪吉林省长公署长官、伪满洲国财政部长兼吉林省长、伪宫内府大臣等职。1945年，被苏联红军拘押。1950年与其他伪满洲国官员被引渡回国，不久病故于哈尔滨的战犯管理所。

【四】17；【八】14；【二十三】6、7；【二十九】6、7；【三十三】1

袭贝勒 指载涛，溥仪的七叔，世袭贝勒郡王爵。其王府世称涛贝勒府，位于北京西城区柳荫街。民国年间，为辅仁大学所在地。

【三十六】4

铣电 指蒋介石1931年8月16日命令张学良对日不抵抗的电文（"铣"为"16日"之民国时期电报日期代码）。该电初见于洪钫（"九一八"事变发生时任陆海空军副司令行营秘书处机要室主任，随同张学良在北平办公）写的《九一八事变当时的张学良》一文（发表于《文史资料选辑》第6辑）。该文称：9月18日夜间，张学良接通荣臻电话，据荣报告，"驻沈阳南满站的日本联队，突于本晚十时许，袭击我北大营，诬称我方炸毁其柳河沟铁路路轨，现已向省城进攻，我方已遵照蒋主席'铣电'的指示，不予抵抗。"（按：蒋介石于8月16日，曾有一"铣电"致张学良谓，"无论日本军队此后如何在东北寻衅，我方应予不抵抗，力避冲突。吾兄万勿逞一时之愤，置国家民族于不顾"。张学良曾将这个"铣电"转知东北军各军事长官一体遵守）。此记载，后被各书引用。因台湾开放的历史档案中没有了从9月19日至9月底蒋介石与张学良的往来电文。史学研究者至今未见到此电原件。

【二十四】7

夏博泉（生卒年不详） 辽宁辽阳人。西安事变发生时任西北"剿匪"总司令部办公厅第一科科长。

【二十三】11

夏鹤一（1898—1969） 辽宁辽阳人。东北陆军讲武堂步兵科、北京陆军大学毕业。曾任东北军少校参谋、上校科长、教务处长、团长、参谋处长、洛阳第一战区中将主任、中将高参、国防部中将副司令等职。1949年后，任华北行政委员会工作员，后转任北京市人民委员会工作员，北京市人民政府参事。

【二十三】9

项羽（约公元前233—前202） 名籍，字羽，秦下相（今江苏宿迁西南）人。秦末反秦领袖之一。祖父项燕为战国末年楚国名将。秦二世元年（前209）随叔父项梁起兵反秦。不久项梁阵亡，项羽领兵救赵，于巨鹿之战中摧毁秦军主力。后进入关中，杀秦王子婴，火烧秦宫室府库，自立为西楚霸王，都于彭城（今江苏徐州），实行分封制，封灭秦功臣及六国贵族为王。不久各诸侯相继反楚，刘邦与其争夺天下，爆发了四年的楚汉战争。公元前202年兵败，由垓下溃围至乌江（今安徽和县东北）自刎而死。古人对其有"羽之神勇，千古无二"的评价，"霸王"一词源自项羽。

【十二】8；【三十九】9；【四十一】12；【四十三】8；【四十四】5；【五十二】7

萧何（？—前193） 秦泗水郡沛县（今江苏沛县）人。汉初丞相。早年为沛县文吏，后升为主吏掾，秦二世元年佐刘邦起兵，为沛丞。攻克咸阳后，他接收秦丞相、御史府所藏的律令、图书，掌握了全国的山川险要、郡县户口，对日后制定政策和取得楚汉战争胜利起了重要作用。刘邦被项羽封为汉王后，他推荐韩信为大将，后略定三秦，以丞相身份留守关中，为前方输送士卒粮饷，使关中成为刘邦夺取天下的巩固后方。汉初封鄠侯，号称"功臣第一"。后任丞相，为西汉制定律令制度，协助高祖诛灭异姓诸侯王。高祖去世后辅佐惠帝，病危时推荐曹参继任丞相。惠帝二年（前193）卒，谥号"文终侯"。

【十二】8；【三十三】8；【五十二】7

萧其煊（1894—1945） 字叔萱，福建闽侯人。保定陆军学堂和北京陆军大学毕业。历任福州军务司科长、营长，北京陆军讲武堂教官。旋留学日本，于日本陆军大学毕业。回国后，1922年参加第一次直奉战争，任奉天陆军第二梯队参谋长。1924年任东三省陆军讲武堂教育长。1925年参加郭松龄反奉，失败后去职。1926年参加北伐战争，任国民革命军第八军副军长。后历任福建教导旅旅长，驻日大使馆武官。1939年，投靠汪精卫汉奸集团。历任汪伪军事委员会常务委员，中央政治委员会委员，军事训练部代部长，陆军部部长，第一届至六届汪伪国民党中央执行委员。1945被军统特务周镐击伤，未久死去。

【三十五】8

萧乾（1910—1999） 原名萧秉乾，蒙古族，生于北京。著名作家，记者，文学翻译家。毕业于北京崇实中学，后赴广东汕头任国语教员。1935年毕业于燕京大学。曾任《大公报·文艺》编辑兼任旅行记者。1939年赴英国，任伦敦大学东方学院讲师兼《大公报》驻英记者。1942年入剑桥大学为研究生，1944年毕业后任《大公报》驻英国特派员兼战地记者。1946年任复旦大学教授并负责上海《大公报》国际社评。1949年后历任《人民中国》（英文）副总编，《译文》副主任，《文艺报》副总编，人民日报社、人民文学出版社顾问。1985年12月被聘任为中央文史馆副馆长，1989年4月任馆长。著作有《梦之谷》等。

【四十四】3

萧作霖（1908—1987） 字克念，湖南涟源人。1926年入黄埔军校第六期。1927年入张发奎部，后任唐生智部科长。"九一八"事变后，在汉口创办《楚大日报》，宣传抗日救亡。1932年参加中华复兴社，并于1934年在上海主编复兴社机关刊物《中国革命》。1936年任复兴社河南分社书记。抗战爆发后任第一战区民训处处长、国民党军事委员会少将高参。抗战胜利后辞职，在南京创办《大道报》，痛斥内战，呼吁和平。1948年任湖南省保安司令部副司令，兼任长沙警备区中将司令，并任省党政军联合办公室主任。1949年8月随程潜在长沙起义。后任湖南人民军政委员会顾问。1950年加入中国国民党革命委员会。历任中南军政委员会参事室参事，武汉市政协副主席、市人大常委会副主任，湖北省政协副主席，民革中央委员，湖北省委副主任委员，全国政协委员。1987年病逝于武汉。写有《西安事变时复兴社河南分社的活动》。

【二十八】1

小六子 张学良小名。张学良乳名叫双喜，后张作霖找人为其算命，说张学良命硬克父母，遂通过做跳墙和尚的方式，更名为小六子。

【二】8；【七】18；【十二】14；【三十一】7；【四十四】5；【五十五】1、5、10；【六十】3

小罗弟 指张学良和赵一荻的长孙,张闾琳的长子张居信,1962年出生。

【二十二】1;

筱翠花(1900—1967) 名树德,学名于连泉,艺名筱翠花。祖籍山东蓬莱,生于河北廊坊。京剧花旦演员。八岁入"鸣盛和"科班学习,十三岁转入富连成科班深造,因演《三疑计》之翠花深受赞誉,得名筱翠花。出科后搭尚小云之"重庆社",后自组永和社挑班演出。扮相漂亮,表演细腻,擅长戏目有《坐楼杀惜》、《游龙戏凤》等,世称"筱派"。1949年后曾任北京市戏曲研究所研究员,1967年在京病逝。

【四十一】9

孝庄文皇后(1613—1688) 清顺治帝的母亲。姓博尔济吉特氏,名布木布泰。清蒙古科尔沁部人,野史名大玉儿。后金天命十年(1625年),嫁皇太极,清崇德元年(1636年)封永福宫庄妃。三年,生福临。福临(顺治)即位尊为皇太后。于军国大事多所指画。顺治英年早逝后,孝庄亲自选择了玄烨继承帝位并担负起保护、教化幼帝的重任,玄烨(康熙)即位,尊为太皇太后。曾协助康熙除鳌拜、平三藩。卒谥孝庄文皇后。

【三十九】8

谢葆真(1913—1947) 陕西西安人。杨虎城将军的夫人。1927年加入中国共产主义青年团,同时参加冯玉祥国民军宣传队,在军中加入中国共产党,不久入西安中山学院妇女大队学习。1928年,由共产党员吴岱峰介绍并经党组织批准与杨虎城结婚。婚后谢将主要精力用在支持和帮助杨虎城工作,以其特殊身份,做了大量有益的工作。1936年任西北各界妇女救国联合委员会会长,为抗日将士奔走募捐。1938年携幼子拯中入狱陪伴杨虎城。先后被关押于湖南、贵州、重庆等地。在狱中久经折磨,1947年殁于重庆杨家山中美合作所狱中。

【二十五】5

谢东闵(1908—2001) 台湾彰化人。肄业于台中第一中学,1931年毕业于广州中山大学,留校担任讲师。抗日战争期间,任职于《广西日报》及国民党直属台湾党部。抗战胜利后,赴台参与接管。1945年后任高雄县县长、台湾行政长官公署民政处副处长。1947年后任台湾省教育厅副厅长兼省立师范学院院长、国民党中央委员会副秘书长、台湾省政府秘书长、台湾省议会议长、台湾省政府主席,并自1951年起兼任《新生报》董事长。1978年任台湾当局"副总统",1984年任满离职。后任"总统府"资政,2001年病逝。

【十九】2;【四十五】1

谢刚哲(1885—1941) 字樨训。四川华阳人。1904年入福州武备学堂第三期学习。1906年派赴日本留学，先后就读商船学校和横须贺海军枪炮鱼雷学校。1909年回国后，任清海军统制部参谋。1912年以后，任南京临时政府海军部军械处处长，北京政府参谋本部第六局局长。1925年应东北海军司令沈成章约，任东北保安司令长官公署航警处课长，东北海军联合舰队总司令部参谋长。1934年出任海军第三舰队司令。1937底任江防要塞守备司令部司令，参加武汉保卫战。1938年调任国民政府军事参议院参议，1939年辞职。1941年10月在兰州病逝。

【二十三】5、7

谢晋生（1903—1985） 曾用名谢乃常，湖南郴州人。黄埔军校第四期毕业。后任行政院铁道部路警管理局科长，平绥铁路警务处副处长，福建省保安处十三团指导员，江苏沛县保安队中队长。1935年后任西安绥靖公署宪兵营副营长，代理营长。西安事变时任西安绥靖公署特务二团副团长，在杨虎城左右参与机密。抗日战争爆发后，任第一七七师五二九旅一〇五七团副团长，第五二九旅参谋长，第三十五补充兵训练处第三团团长。1942年参加滇缅战争，抗击日军。后任滇康缅边境特别游击区第一纵队司令员。1944年任远征军步兵第一团团长。抗日战争胜利后，任第十六军军官总队第一大队大队长，1947年调国防部少将部员。1948年加入中国国民党革命委员会。1949年3月任第十四兵团司令部高参，4月率部向解放军投诚。1949年11月后，任解放军第二十一兵团高级参谋，入中南军政大学学习。后任湖南省人民政府参事室参事。1985年逝世于湖南。写有《我在西安事变前后的一些经历》。

【二十六】14；【二十八】1

谢珂（1891—1974） 字韵卿，河北徐水人。1931年"九一八"事变后，时任齐齐哈尔黑龙江省军署参谋长，率部奋起抗日。同年10月，协助马占山指挥嫩江桥抗战。后任东北民众救国军总参谋长，率部抗日，后撤往苏联。1933年在东北军任职。1935年10月任西北"剿匪"总司令部军警督察处处长。西安事变后，与米春霖作为东北军、西北军的代表前往洛阳、潼关与中央军顾祝同等接谈事变善后事项。抗战时期，随军在山东、河南、河北等地抗击日军。1949年后，任沈阳人民政府委员等职。

【二十三】11；【二十八】1

谢无量（1884—1963） 原名蒙，字无量，四川乐至人。1901年入南洋公学，与马一浮等创办翻译会社，出版《翻译世界》杂志。《苏报》案后赴日留学。1904年回国，先后在镇江、杭州等地教书。1906年赴北京任《京报》主笔。1909年起任成都存古学堂监督。1911年参加保路运动。1912年赴上海，为中华书局编辑图书。1923年受聘任教广东大学。旋受孙中山委为大本营参议，并随孙中山北上，期间曾奉孙中山派遣，与孙科、陈剑如到沈阳见张作霖，商量讨伐曹锟、吴佩孚，达成讨直协议。1926年起先后任教于东南大学、中国公学。1931年任国民政府监察委员。1936年参加上海各界救国联合会活动。抗战期间任四川大学中文系主任。1949年任中国公学文学院院长。1949年后，历任川西博物馆馆长、中国人民大学教授、中央文史馆副馆长，1963年病逝于北京。

【三十四】8

谢绪哲（生卒年不详） 1928年底任东北炮兵第三团团长。

【二十三】6

新罗山人（1682—1756） 名华喦，字秋岳，号新罗山人、新罗生。福建上杭人。清代画家。曾在造纸作坊作徒工。少喜绘画，后居杭州，在扬州卖画甚久。擅长山水、花鸟、人物故事画，以花鸟画最负盛名，受陈洪绶、恽寿平及石涛影响。重视写生，形象生动多姿。亦擅长书法，取法钟繇、虞世南。

【四十一】2

邢占清（？—1933） 字魁九，辽宁人。早年投张作相部，历任连长、营长、团长、旅长。1931年"九一八"事变时，任东北军步兵第二十六旅旅长。1932年1月31日，被推为吉林自卫军中路副总指挥。2月3日，率部在哈尔滨南岗一线设阵阻敌。2月5日，哈尔滨沦陷后，率部撤往哈东地区。4月，任吉黑自卫军中路军副总指挥，率部攻打珠河。1933年7月，率部进入苏境，后辗转进入新疆，驻扎伊犁等地。1933年冬，被溃兵杀害。

【二十三】6、9

熊式辉（1893—1974） 字天翼，别署雪松山人，江西安义人。早年加入同盟会，武昌起义后参加革命军。1915年毕业于陆军军官学校，任职于滇军李烈钧部。1921年入日本陆军大学。1924年毕业回广东，任滇军干部学校教育长。1926年参加北伐战争，任独立第一师和第十四军党代表。1927年后，历任第十三军副军长、江西省政府委员、代理淞沪卫戍司令、陆军第五师师长、淞沪警备司令、苏浙皖三省"剿匪"总指挥、南昌行营办公厅主任、江西省政府主席兼民政厅长、南昌行营办公厅主任等职。1935年当选国民党第五届中央委员，1942年后，任中国驻美军事代表团团长，中央设计局局长。1945年曾随宋子文赴苏联谈判，后任东北行营主任。1949年赴香港，曾在曼谷经营纺织厂。1954年移居台湾，1974年病逝于台中。

【四十五】1；【四十六】1；【五十六】9

熊希龄（1870—1937） 字秉三。江西丰城人，出生于湖南凤凰。光绪进士，曾积极参与变法并出洋考察宪政。民国建立后任唐绍仪内阁财政总长、热河都统。1913年8月任民国总理兼财政总长，由于他反对袁世凯复辟帝制，不久被迫辞职。1915年任湘西宣慰使，1917年被黎元洪委任为平政院院长，1918年与蔡元培等组织和平期成会，呼吁南北议和。五卅惨案发生后，在京成立沪案失业同胞救济会。1929年任国民政府全国赈务委员会委员，"九一八"事变发生后致电张学良，呼吁坚持抗战。次年任中华红十字会会长。1933年在北平设立后方医院，救护长城抗战伤兵。抗战爆发后迁居香港，12月病逝于香港，国民政府为其举行国葬。

【二十四】7

熊向晖（1919—2005） 原名熊汇荃。安徽凤阳人，生于湖北武昌。1936年12月在清华大学秘密加入中国共产党，同时系中华民族解放先锋队清华分队负责人之一。1937年12月，遵照周恩来的指示，到胡宗南的部队"服务"，从事秘密情报工作。1939年3月在中央陆军军官学校第七分校毕业后，至1947年5月，任胡宗南的侍从副官、机要秘书，成为胡宗南的亲信，负责处理机密文电和日常事务，起草讲话稿。随后被胡宗南派往美国留学，获社会科学硕士学位。中华人民共和国成立后，历任外交部新闻司副司长、办公厅副主任，驻英国常任代办，中国首次出席联合国大会代表，驻墨西哥大使，中共中央统战部副部长，中国人民外交学会副会长，中国国际信托投资公司副董事长、党组书记。是第五届至第七届全国政协常委。

【二十四】11

熊正平（生卒年不详） 原名熊飞，河北定县人。早年投身警界。"九一八"事变时任沈阳公安局督察长兼任公安总队长。事变后，随辽宁省警务处处长黄显声抗日。后退至关内，所部改编为正规军。西安事变发生前任第一一五师师长。1936年11月，改任陕西第七区行政督察专员兼保安司令。1938年9月任陕西省第八区行政督察专员兼保安司令。1942年任第八战区副司令长官部少将高参。1946年任东北保安司令长官部辽宁省军事特派员。1948年10月1日在沈阳投诚。

【二十三】12

熊仲青（1907—?） 湖北人。杭州特警班第一期毕业。1936年12月，即被戴笠派往张学良身边担任"随护"。后升任随护组组长、特务队队副，1962年接替刘乙光任队长。监管张学良长达30年。

【二十一】1；【二十二】4；【二十七】7

徐道邻（1906—1973） 名审交，字道邻。徐树铮之子，生于日本东京。1924年随父游历欧洲，留德读书，1931年获柏林大学法学博士学位。1932年回国，任职于国民政府国防设计委员会。1936年任行政院参议。1938年任驻意大利使馆代办。1941年因意大利承认南京伪政府回国。回国后历任国民政府国防最高委员会参事、考试院法规委员会委员、行政院政务处处长等职。抗战胜利后在同济大学任教。1947年任台湾省政府委员兼秘书长。1948年任江苏省政府委员兼秘书长。1949年去台湾,在台湾大学、东海大学等校执教。1962年曾应华盛顿大学之聘赴美讲学一年,1970年后接受华盛顿大学长期聘约。1973年在美病逝。

【十九】2;【三十九】5;【四十二】4

徐方(1895—1937) 字靖尘、净禅。湖北嘉鱼人。曾就读于武昌陆军小学、陆军第三中学。辛亥首义时参加学生军。1917年入保定军官学校第六期步科,1919年毕业后,历任奉军连、营、团长。1925年12月,奉军第五军编为冯玉祥国民军第四军,任旅长;1926年11月归附北伐军,为国民革命军第三十一师师长。1928年后,任第十八军及武汉卫戍司令部参谋长,湖北清乡督办公署襄阳行辕主任,第五十五师第一六四旅旅长。1929年随胡宗铎、张难先、石瑛等通电反蒋。失败后潜往上海,后移居北平,改名净禅。1930年,任李宗仁第四集团军总联络站北平办事处副主任。倒蒋失败后、闲居北平。1932年夏入南京陆军大学第十期。1935年毕业,张学良留为武昌行营高级参谋。曾以督剿专员身份先后赴皖南、陕西洛川"剿共",后任西北"剿匪"总司令部第一处处长,西安事变后任代理参谋长。1937年2月,与第六十七军军长王以哲一起被激进少壮军官枪杀。

【二十三】11;【二十六】14

徐海东(1900—1970) 湖北黄陂人。窑工出身。1925年加入中国共产党。曾任国民革命军第四军代理排长,参与北伐。此后参与黄麻起义,后任红军第四军团长、红四方面军独立第四师师长、红二十八军军长、红二十五军军长。1934年11月,奉命率部撤出鄂豫皖苏区,参加长征。1935年9月到达陕北,任红十五军团军团长,指挥劳山战役,全歼东北军第一一〇师;10月发动榆林桥战斗,歼灭东北军四个营,活捉团长高福源。1936年12月西安事变爆发后,奉令率红十五军团开赴商州,担任防卫西安的红军南部总指挥。抗日战争全面爆发后,任八路军第一一五师第三四四旅旅长,率部参加了平型关战斗。1939年9月后任新四军江北指挥部副指挥兼新四军第四支队司令员,中共中央中原局委员,中共中央华中局委员。中华人民共和国成立后,任中央人民政府人民革命军事委员会委员。1955年被授予大将军衔。是第一、二、三届国防委员会委员,中国共产党第八、九届中央委员。1970年3月25日在河南郑州逝世。

【三十九】2

徐景隆(?—1931) 1928年底任辽宁省防军骑兵第二团团长。1931年"九一八"事变后,随汉奸张海鹏投敌,10月在进攻马占山部时被炸死。

【二十三】7

徐良(生卒年不详) 1931年5月后任东北军独立骑兵第三旅第四十一团团长。西安事变时,任东北骑兵军第四师副师长。张学良南京被扣,代表何柱国赴潼关与中央军顾祝同谈判。1947年任辽北省政府主席兼东北"剿总"骑兵司令。

【二十三】9、13

徐启东（生卒年不详） 1916年任奉天督军署交涉署（相当于外交机构）英文科长。张作霖曾叫他教张学良英文。

【三十一】13

徐谦（1871—1939） 字季龙，安徽歙县人。清末进士。1907年任翰林院编修、法部参事，主持修订法律，次年任京师审判厅长、高等检察长。1912年任北洋政府内阁司法部次长，二次革命失败后往上海当律师。1916年复任司法次长，并加入基督教圣公会。护法运动爆发后任孙中山广州军政府秘书长，司法部长。后为天津《益世报》主编、岭南大学文学系主任。1925年后任广州国民政府委员、国民党中央执行委员会常委。1927年遭汪、蒋排挤，被迫辞去一切职务。1933年参加福建事变，任中华共和国人民革命政府最高法院院长，失败后退居香港。抗战爆发后，任国防委员会委员，后在香港病逝。

【三十】11

徐世昌（1855—1939） 字卜五，号菊人，天津人。清光绪进士。1904年起先后任兵部左侍郎、东三省总督、邮传部尚书兼津浦铁路督办大臣等职，为袁世凯心腹。武昌起义爆发后，力主清廷起用袁世凯。1914年出任袁世凯政府国务卿。1918年10月，经皖系操纵的安福国会选举为总统。1922年第一次直奉战争后，直系获胜，控制了北洋政府，其被迫在6月2日去职。后居天津租界，从事著述。华北沦陷后，拒绝出任伪职。1939年6月6日病逝于天津。

【二十一】3；【三十一】2；【三十三】20；【四十二】7；【四十八】2、3

徐世英（1899—1964） 字则朴，辽宁辽阳人。早年入北平工学院机械科和东北军需学校，毕业后在东北军担任军需工作。1923年被张学良选送法国里昂航空学校学习。1928年任东北军空军大队长，辖五个飞行队。1930年初，成立东北空军司令部，任少将副司令。"九一八"事变后，随军撤至北平，任军事委员会北平分会第三处第九组军需组组长、冀察政务委员会第三处主任等职。1964年病逝北京。

【二十三】7

徐树铮（1880—1925） 字又铮，号铁珊，江苏萧县人。光绪秀才。1905年被段祺瑞保送入日本士官学校。两年后毕业回国入段幕府，曾任第六镇军事参议，第一军总参谋等职。1912年后，先后任军学司司长、军马司司长、将军府事务厅长、陆军部次长。1915年袁世凯称帝，与段祺瑞一同去职。1916年袁死后，复任陆军次长兼国务院秘书长，陆军总次长。1917年11月，策动张作霖入关劫持军火，迫使冯国璋再度启用段祺瑞组阁。段复任总理后，徐任陆军次长兼西北筹边使，升为上将。后与王揖唐等组织安福俱乐部，操纵选举成立安福国会。1918年6月，在天津暗杀冯玉祥的恩师兼老长官陆建章。1919年，任西北筹边使兼西北边防军总司令，率兵进入外蒙古，迫使外蒙古取消自治。1920年直皖战争时，任皖系定国军副总司令兼参谋长，战败后逃到上海英租界。后代表段祺瑞赴桂林见孙中山，策划孙、段、张（作霖）反直"三角联盟"。1924年9月，江浙战争爆发，任浙沪联军总司令，失败后，被迫去欧洲。1925年12月回国，30日离京赴沪途中被冯玉祥派人捕杀。

【二】4；【十九】2；【二十四】2；【二十六】3；【三十二】16；【三十三】4、5、8；【三十五】12；【三十九】5；【四十】6；【四十二】4

徐向前（1901—1990）　字子敬。山西五台县人。黄埔军校第一期毕业。曾任国民军第二军第六混成旅教导营教官、参谋、副团长。1927年任武汉中央军事政治学校队长，同年加入中国共产党。广州起义中任工人赤卫队第六联队长。土地革命战争时期，历任工农革命军第四师第十团党代表、师参谋长、师长，中国工农红军第三十一师副师长，红一军副军长兼第一师师长，红四军参谋长、军长，红四方面军总指挥，红军右路军总指挥、西路军军政委员会副主席。参加了长征。抗日战争时期，历任八路军一二九师副师长，八路军第一纵队司令员，陕甘宁晋绥联防军副司令员兼参谋长，中国人民抗日军政大学代校长。解放战争时期，历任晋冀鲁豫军区副司令员，华北军区副司令员兼第一兵团（后改为第十八兵团）司令员兼政委。中华人民共和国成立后，历任中央人民政府人民革命军事委员会（中央军委）总参谋长，人民革命军事委员会副主席，中共中央军委副主席，国务院副总理兼国防部部长，国防委员会副主席，全国人大副委员长。是中共第七、九、十届中央委员，第八、十一、十二届中央政治局委员。1955年被授予元帅军衔。1984年被选为黄埔学校同学会会长。

【九】6、14

徐旭东（1942—　）　江苏海门人。徐有庠之子，远东企业集团核心人物之一。1967年美国圣母大学毕业，后获哥伦比亚大学企业管理硕士学位。曾任纽约花旗银行经济分析师。1970年返台，曾先后担任亚东工业技艺专科学校计算机课主任、远东纺织公司副总经理等职。徐有庠去世后接任远东股份董事长。

【二十一】1

徐永昌（1887—1959）　字次辰，山西崞县人。1898年入武卫左军随营总堂，次年毕业参军。1914年入陆军大学，期间参与倒袁运动。1916年陆军大学第四期毕业。其后随直军任国民军第三军旅长，第一师师长兼陕西警备司令。1927年率部改投阎锡山并参与北伐。1928年后，历任绥远省政府主席、河北省政府主席，山西省政府主席。1937年任国民政府军事委员会办公厅主任，七七卢沟桥事变后任委员长保定行营主任，负责指挥中日战争第一战区作战。同年稍后回南京任军令部部长。1945年日军投降时，代表中国政府在日本东京湾美舰密苏里号参加盟军接受日本政府投降仪式。翌年任陆军大学校长。1948年任国防部部长，1949年去台湾。后曾任台湾当局总统府资政，授陆军一级上将衔。1959年病逝于台北。

【四】6；【十六】1、2；【三十】2；【三十五】6、10；【五十四】7；【五十七】1

徐永和（生平不详）　曾任东北陆军第十四师骑兵第一旅旅长（驻通辽）。1928年东北易帜后，任东北陆军步兵第十四旅旅长。

【二十三】6、7

徐有庠（1912—2000）　江苏海门人。台湾徐氏远东集团的创始人。幼年入启东陈氏私立学堂，毕业后，入私立企业棉花杂粮行任职。此后先后创立同茂花粮行、大同棉业股份有限公司、惠民植物油厂、华丰证券投资公司，1942年在上海设立远东织造厂股份有限公司。1949年，将上海工厂设备拆运台，在台北县板桥设立远东针织厂，经营针织品。1953年改为远东针织公司。同年另创台湾远东纺织公司，生产棉纱、棉布等棉纺品。到1965年完成合成纤维纺织厂，成为台湾第一家由纺织、织布、印染整理到成衣的一体化纺织公司。此后，不断增加新设备，建立新厂房，确立了在纺织界的重要地位。远东集团是台湾的五大财团之一，下属企业众多。

【二十一】1

徐元浩（1878—1955）　字寒松，号鹤仙，江西吉安人。早年入江西高等学堂，后赴日本中央大学攻读法律，并加入同盟会。归国后，在南昌创办江西法政专门学堂，任堂长。辛亥革命后，任江西省司法司（厅）司长。讨袁失败后被通缉，1913年9月寄居上海。应中华书局之聘，主编《中华大字典》（中国收字最多的字典之一）。1916年3月袁世凯倒台，他出任上海道尹。由于拒绝副总统冯国璋的贿赂，拒签鸦片进口证书，被改任河东道尹。1917年，辞河东道尹，投奔广东，任孙中山大元帅府秘书长。1921年，孙中山再次护法失败，随孙中山离开广州，避居上海。1926年，北伐军攻克南昌，任江西省高等法院院长。次年，北伐胜利，任中央最高法院院长。此后，在上海开律师事务所，并校订《辞海》。1937年8月，日军占领上海，蛰居上海法租界，杜门谢客，专事著述。抗战胜利后，任上海敌伪产业处理局法律总顾问，刚直廉明，仍住在典租的几间房屋里。1949年后，任上海市文史馆馆员。1955年12月13日在上海逝世。

【二十八】2

徐源泉（1886—1960）　字克诚，湖北黄冈人。早年曾参加辛亥革命，后任张昌宗部营、团、师、旅长。1928年所部为蒋介石收编，历任第六军团总指挥、第四十八师师长、第十军军长等职。1932年起任湖北省清乡督办、川鄂湘黔边区绥靖主任，1935年当选国民党中央执行委员。抗战爆发后任第二军团军团长、第二十六集团军总司令、第八战区副司令长官。曾参加南京、徐州、武汉战役。1939年调任军事参议院参议，1946年因病退役，后任立法委员，1960年病逝于台北。

【二十五】15

徐增善（生卒年不详） 1928年11月任东北陆军工兵第三营营长（驻巨流河）。

【二十三】7

徐志摩（1897—1931） 原名章垿。浙江海宁人。中学时代开始从事创作，1915年考入北京大学，1918年留学美国，获政治学硕士学位。1920年入剑桥大学，师从罗素。1921年开始新诗创作，1922年回国，与胡适等筹组新月社，1924年任北京大学教授，1927年后任教于上海光华大学、东吴大学，并筹办新月书店、出版《新月》杂志，是新月派代表诗人。1930年任中英文化基金委员会委员，1931年因飞机失事去世。为后人留下了《再别康桥》、《自剖》、《翡冷翠山居闲话》等多部诗文名篇。

【四十】7；【五十二】12

许夫人 指张作霖的四房夫人许澍旸。见**许澍旸**

【三十一】11；【三十四】18

许建国（1903—1977） 原名杜理卿，又名杜智文。湖北黄陂人。1923年加入中国共产党，1930年参加中国工农红军。先后在红三军团任团参谋长、师特派员、保卫局局长等职。随军参加长征。西安事变后，随周恩来等抵达西安，负责中共代表的安全工作。解放战争期间，担任中共中央华北局社会部部长兼华北人民政府公安部部长。1949年10月后，历任华东军政委员会公安部部长、中华人民共和国公安部副部长、驻罗马尼亚、阿尔巴尼亚大使等职。1977年在合肥逝世。

【二十五】12

许经纬（生卒年不详） 字季武。安徽合肥人。东北讲武堂第三期工兵科毕业。1928年11月任东北陆军工兵第二营营长（驻辽西大凌河）。

【二十三】7

许兰洲（1872—1951） 字芝田，河北南宫人。青年从戎，曾任清军五营统领，后入湖南讲武堂，毕业后入北洋军。1912年任协统，驻扎黑龙江。1914年任黑龙江省陆军中将师长。1916年5月迫使黑龙江将军朱庆澜下野，许暂署黑龙江将军,不久毕桂芳出任黑龙江将军(后改为督军)。1917年2月升任黑龙江陆军第一师师长。同年6月,乘北京政府混乱之机,以军事压力迫使毕桂芳下野。许自任督军兼省长。同年7月张勋复辟,许被授为署理黑龙江巡抚。张勋复辟破灭后,反对派发动反对许兰洲运动。张作霖则通过北京政府任命鲍贵卿为黑龙江督军兼省长,9月许被迫辞任。1918年,任援陕奉军总司令。1920年后,曾任东三省巡阅使署参谋长、东北骑兵第一师师长等职。1922年参加第一次直奉战争。1924年,任奉军第六军军长,参加第二次直奉战争。1927年任张作霖的安国军大元帅府任侍从武官长。1928年张作霖身亡后,许引退闲居天津,曾任河北省慈善会长,并创办河北国术馆,亲任馆长。1937年"七七"事变后曾出任伪华北人民自治会会长。1951年1月14日在北京病逝。

【二十五】15;【四十一】12

许世英(1872—1964) 字隽人,安徽秋浦人。清末举人。光绪二十四年(1898)入刑部任职。宣统二年(1910年)奉派赴欧美考察宪政。民国成立后,曾任北洋政府大理院院长、司法总长、奉天民政长、福建民政长等职。为段系智囊人物。1921年任安徽省省长,次年任司法总长,1923年卸职居天津。1925年任段祺瑞执政府内阁总理,次年署理财政总长、盐务督办。1928年任国民政府赈务委员会委员长,1936年任南京政府驻日本大使。1938年回国。后历任中央救灾准备金保管委员会委员长、蒙藏委员会委员长等职。1949年赴港,1950年到台湾,任"总统府"高等顾问。1964年病故于台北。

【九】4

许澍旸(1888—1976) 河北宛平(今北京大兴)人,张作霖的四房夫人。人称许夫人。张学良称其为四母亲,有时也称四姨妈。早年丧父,随母移居辽西新民府。1906年与张作霖成婚。婚后经多方争取,进入奉天省立第一女子师范学校读书。许夫人对子女教育有自己的见解,她向张作霖提出她的孩子,应和其他儿童一样入正规的新式小学读书,张作霖开始不同意,在她的坚持下,11岁的怀曦和8岁的学思入奉天省立第四小学读书,打破了帅府孩子不入学堂的禁律。张作霖去世后,许夫人一直住在帅府。"九一八"事变前,迁居天津,"七七"事变后移居美国。1949年后,回国。1976年卒于北京。育有二女二男:女儿张怀瞳、张怀曦,儿子张学曾、张学思。

【五十四】1

许颖(生卒年不详) 曾任监管张学良的特务队第二任队副。后在香港口述《张学良幽居生活实录》。

【二十一】1、11;【二十二】4

Y

延川贾家坪会议 即大相寺会议。大相寺位于陕西省延川县西北清坪川河畔，属贾家坪镇管辖范围。1936年5月，红军东征回师西渡后，于5月8—15日在大相寺召开红一方面军团以上干部大会，总结东征作战的成绩和问题，安排部署西征作战及统一战线、筹建西北国防政府等问题。会议期间周恩来赴延安与张学良第二次会谈（12日），毛泽东曾作"关于目前政治形势及任务"的报告（13日），张浩、彭德怀分别就共产国际与中国革命的地位、目前部队中的本位主义等问题作过报告。15日经与会者分组讨论后，当晚毛泽东作大会结论，军事会议即告结束。

【五十七】2

严家淦（1905—1993） 字静波，江苏吴县（今苏州市）人。早年毕业于上海圣约翰大学，后历任福建省建设厅长、福建省财政厅长、重庆战时生产局采办处长等职。1945年12月后任台湾省行政长官公署交通处长、财政处长兼台湾银行董事长、台湾省财政厅长等。1949年后，任台湾当局"经济部长"、"财政部长"。1954年任台湾省政府主席兼保安司令。1963年任"行政院院长"。1966年3月任"副总统"兼"行政院院长"。1975年4月蒋介石死后继任"总统"。1978年5月卸任。后任中华文化复兴运动推行委员会会长。1986年任国民党中央常委等职。

【四十二】10

严幼韵（1905—?） 浙江慈溪人，生于上海。祖父严信厚为上海巨富。1925年，入读沪江大学，1927年转入复旦大学商科，成为复旦首届女毕业生。后嫁清华大学教授杨光泩。1930年，杨光泩任国民政府驻菲律宾领事，严幼韵相随出国。1942年初，日军攻占马尼拉，杨光泩遭拘禁，4月17日遇害。太平洋战争结束，严幼韵携三个女儿前往纽约。未几，任联合国礼宾官，直至1959年10月退休。1959年9月，与顾维钧结婚，婚后尽心照顾丈夫。严氏晚年喜欢参加社交活动。她与姐姐严彩韵、严莲韵被合称为"严氏三姐妹"。

【五】3；【三十五】13

言菊朋（1890—1942） 原名锡。北京人，蒙古族。为著名京剧演员，工老生。祖父世袭清朝武官。幼时入陆军贵胄学堂读书，后曾任蒙藏院录士。1916年前后出入言乐社、春阳友会等票房，借台练戏，颇得声名。1923年经人推荐代王凤卿随梅兰芳赴沪演出，从此成为专业演员。1920年代末开始挑班，并整理演出谭派以外的剧目。代表作有《打金枝》、《雁门关》、《让徐州》、《卧龙吊孝》、《骂王朗》等。

【十一】7

阎百川　即阎锡山，字百川。见**阎锡山**

【八】2；【九】1；【二十六】10、13；【三十三】5；【四十五】2

阎宝航（1895—1968）　字玉衡，辽宁省海城人。毕业于奉天两级师范学校。后创办奉天贫儿学校。1921年，被奉天基督教青年会聘为青年部干事，为张学良所倚重。"九一八"事变后，与高崇民等在北平发起成立"东北民众抗日救国会"。1934年被任命为蒋介石、宋美龄倡导的新生活运动促进总会书记，1935年10月又被任命为国民政府军委会委员长行营少将参议。1937年春改任新生活运动副总干事。西安事变前夕，向张学良面陈联共抗日主张。事变后，多方设法营救张学良。1937年9月加入共产党。1941年，周恩来授命其在重庆组建秘密情报小组，搜集国际情报。1945年加入中国民主建国会。1946年在下关事件中被国民党特务殴伤。同年冬任辽北省人民政府主席。1949年5月，调任全国政协筹委会副秘书长。中华人民共和国成立后，先后任外交部办公厅副主任、条约委员会主任。1959年任全国政协常委和文史资料研究委员会委员。1968年5月22日逝世。

【十二】3、6；【二十四】8；【二十六】14；【二十八】1、3；【四十二】3；【五十二】1、5

阎明复（1931—　）　辽宁海城人。阎宝航之子。1946年起，在东北大学、哈尔滨外国语专科学校学习。1949年加入中国共产党。后相继在中华全国总工会、中共中央办公厅和中共中央马恩列斯著作编译局工作。1967—1975年在"文化大革命"中受迫害，被关押入狱。1975年后，任中共中央编译局毛泽东著作编译室翻译，中国大百科全书出版社副总编辑。1983年任全国人大常委会副秘书长，1985年开始任中共中央统战部部长。1987年在中共十三大上当选为中央委员，十三届一中全会上当选为中央书记处书记。1988年任第七届全国政协副主席。1989年6月在中共十三届四中全会上被免去中央书记处书记职务。1990年被免去中共中央统战部部长、全国政协副主席职务。1991年6月出任民政部副部长。1997年8月—2002年任中华慈善总会会长。

【十二】3；【五十二】1

阎明光（生年不详）　辽宁海城人。阎宝航之女。1946年入佳木斯东北大学学习。1948年后曾任中共辽北省委政策研究室干部；武汉市妇联宣传部长兼干校校长，北京市永定河水电工程局党委书记，华东局计经委政策研究室、工交政治部巡视员，任上海市广播电视工业公司党委副书记，上海申大（集团）公司董事长，上海阎宝航社会公益基金会荣誉理事长、首席执行官等职。1991年跟随吕正操将军赴美国纽约探望张学良。

【十二】3；【五十二】1

注释/索引　309

阎锡山（1883—1960） 字百川、伯川。山西五台人。早年去日本学军事。1905年在东京加入中国同盟会。1909年毕业于日本陆军士官学校。回国后历任山西陆军监督、新军标统，参加反清活动。1911年武昌起义后被举为山西都督。北洋政府期间支持袁世凯，任山西省省长。1927年任国民革命军北方总司令，在山西"清党"反共，次年任第三集团军总司令。1929年参加讨伐唐生智，被蒋介石委为陆海空军副司令。1930年与冯玉祥、李宗仁等倒蒋，引发中原大战，失败后逃往大连。1932年任太原绥靖公署主任，重掌山西军政大权。抗日战争时期，任第二战区司令长官，采取"抗日和日、联共反共、拥蒋拒蒋"的两面政策，曾参与并指挥了太原会战等战斗。抗战胜利后，任太原绥靖公署主任兼山西省政府主席，支持蒋介石发动内战。1949年4月人民解放军攻占太原后逃离山西，6月在广州就任国民政府在大陆的最后一任行政院长兼国防部长。后去台湾，任"行政院长"及国民党中央评议委员。1960年病逝于台北。

【三】3；【四】5、6、7、13；【五】5、9、10、11、16；【七】6；【八】2；【九】7、14、15；【十二】6、8；【十七】13；【二十一】9；【二十三】13；【二十四】1、3、5、6、8、9；【二十五】1、2、9、12；【二十六】2、3、5、6、8、10、12、13、14；【二十七】3、4；【二十八】1；【三十一】2、4、6；【三十二】13；【三十三】5、7；【三十四】4、11；【三十五】6、8、10；【四十五】2；【四十九】2、4；【五十二】5；【五十四】7；【五十五】3；【五十七】1

阎玉衡 即阎宝航，字玉衡。见**阎宝航**
【二十四】8；【二十八】3；【五十二】1

颜惠庆（1877—1950） 字骏人，祖籍福建厦门，生于上海。早年毕业于上海同文馆。后留学美国弗吉尼亚大学。回国后曾从事教育和编辑工作。1912年后，历任北京政府外交部次长、总长，内务总长等职。1926年任国务总理并摄行总统职权。南京政府成立后，先后任驻英、苏大使。中华人民共和国成立后，曾任华东军政委员会副主席，中央人民政府政治法律委员会委员，并当选全国政协委员。

【五】3；【三十二】17；【五十二】12

颜文海（1884—?） 字砚浓，辽宁沈阳人。毕业于东三省陆军讲武堂。1919年起，历任奉天督军公署军法课课长，东三省保安总司令部军法处处长。1927年任张作霖大元帅府侍从武官及潘复内阁军事部陆军署军法总长。1928年任第三、四方面军团军法处处长，同年底任东北边防军司令长官公署军事厅军法处处长。1931年随张学良至北平，任国民政府军事委员会陆海空军副司令行营军法处处长。1932年任军委会北平绥靖公署军法处处长。1937年华北沦陷时充当汉奸，在华北伪政权中任职，抗战胜利后潜逃失踪。

【二十三】7、8、11

艳晚事件 1936年8月29日晚,张学良抢回被西安国民党特务逮捕的宋黎等人,并派兵包围、查抄国民党省党部的事件。因"29日"的电报代码韵目为"艳",故称艳晚事件。1936年春,蒋介石电令逮捕在西安的共产党员和从事抗日救亡活动的进步分子刘澜波、孙达生、栗又文、马绍周。8月29日晚,国民党便衣特务在西北饭店抓捕马绍周以及同在饭店的关时润,之后又逮捕在张学良身边工作的北平学联代表宋黎。宋在被押往国民党陕西省党部途中,被第十七路军巡逻队阻截。杨虎城立即通知张学良,张派人将宋黎接回,保护性逮捕了刘澜波、孙达生,并派人包围国民党省党部,查抄了特务档案。次日(30日),张学良致电蒋介石,自请处分。当时蒋因忙于处理两广事件,只好批了"应免所议"的回电。这次事件,打击了国民党便衣特务的气焰,增强了西北军和东北军的团结,是张、杨合作同蒋介石的第一次正面交锋,是西安事变的前奏。

【二十五】2;【三十九】1、2、4

晏道刚(1889—1973) 亦名殿翘,字祖荣。湖北汉川人。保定陆军军官学校第一期炮科、陆军大学第五期毕业。1919年10月任湖北督军署参谋。1925年8月任两湖巡阅使署参谋,旋调任陆军第二师参谋处处长。1926年8月随军参加北伐战争,任第三十三军参谋长,并加入中国国民党。1934年3月任国民政府军事委员会委员长侍从室第一处主任。1935年,蒋介石调他为西北"剿匪"总司令部中将参谋长,监督张学良的东北军和杨虎城的西北军。西安事变时,被张、杨扣押。西安事变后,蒋以渎职罪将其扣押8个月,并"永不录用"。1937年8月,经何应钦保释,任军政部武汉办事处主任。1939年任重庆抗日战地党政委员会委员兼军务组长,曾与李济深、孙科等人秘密组织三民主义同志联合会,主张倒蒋。1945年8月,被蒋勒令退职。中华人民共和国成立后,任中南行政委员会参事室参事、中国国民党革命委员会团结委员会委员等职。1973年在武汉病故。

【二十三】11;【二十六】13、14、15;【二十八】1;【三十九】2

晏勋甫(1892—1964) 字成猷,湖北汉川人。保定陆军军官学校第一期炮科、陆军大学第五期毕业。早年加入同盟会,曾任湖南岳州守备司令部参谋长,鄂军第一师第二团团长。1926年任国民革命军第八军前敌指挥部少将参谋处长,参加北伐。1927年后任第八军第八师师长,第四集团军参谋长兼兵站总监,讨逆军第五路总指挥部中将参谋长,国军编遣委员会编组部设计处处长兼编遣第二区主任。1932年任湖北省政府委员。1933年任南昌行营第二厅中将厅长。1935年任武汉行营第一处中将处长,同年10月任豫南清剿指挥部司令。1936年6月兼任河南省第九区行政督察专员。抗日战争期间,任豫鄂皖边区第二路司令、豫皖绥靖公署参谋长,第一战区参谋长,天水行营参谋长兼陆军大学西北参谋班主任等职。1946年5月任军令部第四厅厅长,后任国防部测量局局长,1948年当选立法委员。1949年1月代理武汉市市长,5月在武汉起义。中华人民共和国成立后，任湖北省武汉市人民政府参事室主任，民革武汉市委主委。1964 年 8 月在武汉病逝。

【二十三】11

杨宝森（1909—1958） 原籍合肥，生于北京。著名京剧演员。演老生，幼年起即师从裘桂仙、陈秀华、鲍吉祥习老生。10 岁起于京沪等地登台，成年后潜心研究余叔岩演唱艺术，逐渐形成宽厚低回的"杨派"风格。20 世纪三十年代与马连良、谭富英、奚啸伯并称"四大须生"。代表剧目有《伍子胥》、《失空斩》、《阳平关》、《击鼓骂曹》等。1949 年后曾任天津市京剧团团长。

【十七】8

杨垛（生卒年不详） 字钟麟，号樵谷，又号竹虚子，浙江海盐人。清代著名画家。山水师王石谷，喜讲皴法，能作寻丈大幅，有十万图。少失怙恃，以画自给，海船至每购其画以去。

【三十九】8

杨常事件 1929 年 1 月张学良在大帅府枪毙东三省兵工厂督办杨宇霆、黑龙江省省长常荫槐的事件。杨宇霆毕业于日本士官学校，回国后跟随张作霖，任奉系司令部参谋长，东三省巡阅使署总参议，奉天兵工厂督办等职，是奉系的核心人物。1928 年张作霖死后，由于日本帝国主义的暗中支持与挑拨，杨宇霆与张学良矛盾日趋激化，杨极力阻挠东北易帜，并与黑龙江省省长常荫槐结党营私，对张学良的统治构成威胁。1929 年 1 月 10 日，张学良电召杨、常到大帅府议事，当晚杨、常来后，事先埋伏的警务处长高纪毅和侍卫副官长谭海等人奉命将杨、常枪毙。翌日，张学良通电南京政府，宣布杨、常二人朋比为奸、阻挠易帜、用人唯亲、动用公款等罪状。"杨常事件"稳固了张学良在东北的统治地位。

【二】4，5，7；【十七】13；【二十三】8；【三十五】14；【三十七】1；【四十五】5；【五十五】4；【五十六】12

杨大夫（生卒年不详） 指杨静波。曾为贵阳中央医院的大夫。1941 年 5 月张学良在贵州修文幽禁时，突患阑尾炎，入住贵阳中央医院，杨为张学良的主刀医生。

【二十一】9；【三十四】13

杨帆（1912—1998） 江苏常熟人。毕业于北京大学文学系。曾任教南京国立戏剧专科学校。1937 年加入中国共产党，在上海从事文化界救亡协会工作。后任新四军军部秘书。后调任军法处副处长、处长，一直在保卫、联络、调查等部门担任领导工作。中华人民共和国成立后，任上海市公安局副局长、局长。1954 年 12 月底，被扣押受审，后被正式逮捕，成为"潘汉年、杨帆反革命集团"冤案。1965年8月以"内奸、反革命罪"判刑16年,被关押达26年。1980年4月,冤案初步平反,1983年8月,得到彻底平反。后任上海市政协常委。1998年冬逝世。

【三十四】1

杨光泩(1900—1942) 浙江湖州人。清华学堂高等科毕业后赴美留学,获普林斯顿大学硕士、哲学博士。1924年在中华民国驻美使馆任随员、三等秘书。1927年回国,在清华学校任教。翌年起,历任外交部情报司副司长,外交委员会主任委员,驻伦敦总领事、驻欧洲中国特派员。1933年回国后创办世界电讯社并任社长。其后又任外交部华北各省总视察,中国驻欧洲新闻局伦敦、巴黎总部负责人等职。1938年,任驻菲律宾总领事。1942年日军攻占马尼拉后被捕,同年4月17日与总领事馆其他七位外交官一同被日军杀害。

【三十五】13;【三十六】4

杨贵妃(719—756) 名杨玉环,道号太真。唐蒲州永乐(今山西永济)人。初为唐玄宗子寿王妃,后为唐玄宗妃。开元二十二年(734)为玄宗十八子寿王瑁妃。二十八年(740)玄宗将其度为女道士置于宫中。天宝四年(745)册封为贵妃。玄宗追封其已故父杨玄琰为太尉、齐国公,封其叔父杨玄珪、从兄杨国忠等显要官职。三个姊妹分别被封为韩国、虢国和秦国夫人。十一年(752)杨国忠任宰相,朝政日益败坏。杨氏家族更加显赫,专横骄纵。十四年(755)节度使安禄山以讨杨国忠为名起兵。玄宗出逃,行至马嵬驿,护卫禁军哗变,要求诛杀杨国忠、杨贵妃等人。遂被缢死。生前通音律,善歌舞,尤擅舞《霓裳羽衣舞》、《胡旋》。故白居易《长恨歌》作:"渔阳鼙鼓动地来,惊破霓裳羽衣舞。"

【十二】1;【三十九】8;【四十一】9、10;【五十二】7

杨国忠(?—756) 本名钊,蒲州永乐(今山西芮城)人。杨贵妃从祖兄,唐王室外戚。少时饮酒赌博,不学无行,为宗党所鄙视。初从蜀军,授新都尉,升金吾兵曹参军。天宝初年,因杨贵妃受宠,由监察御史,升任检校度支员外郎兼侍御史、度支郎中,兼领十五余使,赐名"国忠"。天宝十一年(752),先排挤王鉷,后接替李林甫为相,兼领四十余使,旋拜司空,专判度支、吏部三铨,封卫国公,形成了一人专断朝政的局面。聚敛不顾天下怨,用人无问贤不肖,导致"安史之乱"。十五年(756),为安禄山叛军所迫,随唐玄宗逃至马嵬驿为士兵所杀。

【四十一】9;【五十二】7

杨鸿基(生卒年不详) 1928年11月任东北宪兵第一队队长。

【二十三】7

杨虎城（1893—1949） 原名虎东，后改名忠祥，字虎城。陕西蒲城人。1908年，其父杨怀福被清政府杀害后，在家乡组织以打富济贫为宗旨的中秋会，抗御暴政。1911年投身辛亥革命，率会众参加陕西民军与清军作战。1915年参加陈树藩的陕西护国军，参加反对袁世凯的活动。次年所部被编为陕西陆军第三混成团第一营，任营长。1916年参加陕西护国军起义。1917年加入于右任领导的靖国军，参加护法战争，先后任陕西靖国军左翼军支队司令、第三路司令、第五路司令。1924年与胡景翼、孙岳共组国民军，任国民军第三军第三师师长。1925年任国民军陕北总指挥。1927年参加国民革命军。"四一二"政变后，拒绝在所部"清党"。1928年11月任第二集团军暂编第二十一师师长。次年蒋介石与冯玉祥关系濒于破裂，率部附蒋，任新编第十四师师长。1930年蒋冯阎战争后，任第十七路军总指挥，同年10月兼任陕西省政府主席。"九一八"事变后，积极主张抗日。1932年1月任西安绥靖公署主任。1935年4月授陆军二级上将，同年当选国民党第五届中央监察委员。1936年12月12日，同张学良发动西安事变，实行"兵谏"，逼蒋抗日。西安事变后，被迫"出国考察"。1937年11月，不顾个人安危，毅然返国抗敌。回国后即遭蒋介石的扣押，被囚禁达12年。1949年9月6日，被杀害于重庆中美合作所之戴公祠。重庆解放后，1950年1月重庆市人民政府为他举行隆重的追悼会，中共中央和中央人民政府分别发唁电。

【九】13、14、15；【十】4、5；【十二】8；【十七】12；【十九】1；【二十】4；【二十一】8；【二十三】3、11、13；【二十四】4、9、10；【二十五】1、3、4、5、7、9、12、16；【二十六】8、9、10、12、13、14、15；【二十七】3、5；【二十八】1、3；【三十】2；【三十四】5；【三十五】12；【三十七】2；【三十九】7；【四十一】6；【四十二】5、8；【五十二】6；【五十七】2

杨景镇（生卒年不详） 辽宁海城人，晚清举人。曾为私塾先生。张作霖幼时家贫，曾到私塾偷听杨景镇讲课，后得杨景镇同意，免费听课。1908年，张作霖聘杨景镇作为其子的塾师。

【三十一】13；【五十一】3

杨奎松（1953— ） 籍贯重庆，生于北京。历史学者。毕业于中国人民大学中共党史系。先后任中共中央党校《党史研究》编辑、中国人民大学讲师、中国社会科学院近代史研究所副研究员、研究员、北京大学教授、华东师范大学特聘教授等职。著有《中间地带的革命——中国革命策略在国际背景下的演变》《走进真实——中国革命的透视》《中国共产党与莫斯科的关系（1920—1960）》《失去的机会：抗战前后国共谈判实录》《西安事变新探——张学良与中共关系之研究》《毛泽东与莫斯科的恩恩怨怨》《国民党的"联共"与"反共"》等。

【五十七】1、2；【五十八】2

杨森（1884—1977） 原名淑泽、伯坚，字子惠，四川广安人。1904年入四川陆军速成学堂。1906年加入同盟会。1908年速成学堂毕业后，入四川朱庆澜的新军第十七镇。民国成立后，杨为川军。二次革命时被滇军俘虏，乃加入滇军。1915年12月护国战争爆发，随蔡锷所部回四川。1920年3月脱离滇军复归川军。1921年2月任川军第二军军长。后与川军刘湘合力击败南方政府派的熊克武。1923年8月，被吴佩孚任为中央陆军第十六师师长，9月授陆军中将。1924年3月升陆军上将，5月任四川督理，成为川军内最大的势力。1925年7月，刘湘和其他川军指挥官结成反杨联盟，同黔军袁祖铭共同攻击杨森。8月杨惨败，退出四川，一度依赖吴佩孚。后与刘湘修好，重归四川，与刘共同逐袁祖铭出川。1926年5月，吴佩孚任命杨为四川省长。9月万县事件中，同英国军队交战。10月加入国民革命军，任第二十军军长。1928年1月，因庇护吴佩孚而被免职。1936年2月授陆军中将。抗日战争爆发后，任第六军团军团长，参加淞沪抗战。1938年1月任第二十七集团军总司令。1939年10月兼任第九战区副司令长官。1945年1月任贵州省政府主席。1948年7月转任重庆市长。1949年6月，兼任西南军政长官公署副长官。同年12月去台湾。后历任"总统府"国策顾问、中华全国体育协进会理事长、中国奥林匹克委员会主席。1977年5月15日在台北病逝。

【二十六】8

杨小楼（1878—1938） 原名嘉训，安徽怀宁人。京剧表演艺术家。著名武生兼小生杨月楼之子。自幼入北京小荣椿科班，师从杨隆寿。秉承家学，擅演武生。后又拜著名武生俞润仙（菊笙）为师，融会贯通，自成一派，世称"杨派"。表演上"武戏文唱"，把武技之运用与剧情、人物刻画相结合。曾为清"内廷供奉"。抗日战争时期，保持民族气节，坚拒为冀东伪政权祝贺演出，带动了北京京剧界。代表作有《长坂坡》《铁笼山》《挑滑车》《连环套》《恶虎村》等。

【三十九】8；【四十一】9；【四十八】3

杨永泰（1880—1936） 字畅卿，广东茂名人。北京政法专门学校毕业。曾任广州《广南报》编辑、广东咨议局议员。1912年任中华民国临时众议院议员，并加入国民党。次年任国会参、众两院宪法起草委员会，与沈钧儒等组织民宪法党。1914年在上海创办《正谊》杂志，并与黄兴等组织欧事研究会。1918年后任广州军政府财政厅厅长、广东省长。北伐战争时，任国民革命军总司令部参议。后与黄郛、张群、熊式辉、吴铁城等组成新政学系，积极参加蒋介石的反共活动，并参与制定"三分军事，七分政治"的"围剿"红军纲领。"九一八"事变后，鼓吹"抗日必亡论"。1933年5月任南昌行营秘书处长兼机要主任。1934年任豫、鄂、皖三省"剿匪"总部秘书长。1935年调任湖北省政府主席，并被选为国民党候补中央执行委员。遇事独断专行，一手包办，遂遭国民党内其他派系嫉恨。1936年10月25日在汉口被CC派所遣刺客暗杀。

【二十三】11；【二十五】1

杨宇霆（1886—1929） 原名玉亭，字麟阁，后改为邻葛。生于辽宁法库。20岁中秀才，后赴日学习军事。1911年毕业归国，先后任奉天省军械局副官、军械厂厂长、军械局局长等职。张作霖任第二十七师师长时，任命他为师参谋长。1916年，任奉天督军署参谋长。1918年，与其同学徐树铮策划并配合成功劫持直系政府从日本购买运抵秦皇岛的大量军火，由此成为奉军核心人物。同年秋，张作霖成立"援湘军"，自任总司令，徐树铮任副司令，杨任参谋长。在徐的拉拢下，杨企图发展个人势力。张作霖遂免去徐、杨之职。后任北京总统府侍从武官、西北边防司令部参谋长等职。1921年被张作霖重新启用，任东三省巡阅使署总参议兼东三省兵工厂督办。第二次直奉战争后，出任江苏省督办，旋被孙传芳的五省联军击溃。回奉后，仍任总参议兼兵工厂督办。1925年，其为首的士官派与郭松龄为首的陆大派矛盾激化，终演成郭松龄倒戈反奉。郭反奉失败后，杨假张作霖之命，将郭处死。是年底，在杨周旋密谋下，张作霖和吴佩孚实现联合。1926年2月任安国军总参议。1927年末任第四方面军军团长。1928年6月，张学良主政东北后，杨与黑龙江省长常荫槐勾结，企图以元老身份左右政局，并反对东北易帜。1929年1月10日，杨、常逼迫张学良成立东北铁路督办公署，并任命常为督办。促使张学良下决心，当晚将杨、常处决于大帅府老虎厅。

【一】4、5、6、7；【二】1、2、3、4、5、6、7、8、9、10；【三】1、3、5；【五】15；【九】9；【十二】4、6；【十七】2、3、4、13；【十九】6；【二十】3、4；【二十一】3、8；【二十三】7；【二十四】2、3、4；【二十五】2；【二十六】4、8；【三十一】1、4、6、7；【三十二】5、15、17、18；【三十三】1、2、4、5、6、7、8、15、17、19；【三十四】4、11；【三十五】8、13、14；【四十】6；【四十二】4、7；【四十三】4，【四十五】5；【四十八】4；【五十】10；【五十二】3、5；【五十三】1、7、8、13；【五十四】4、5、6、7、9；【五十五】1、4；【五十六】12；【六十】3

杨玉勋（生卒年不详） 1923年"临城劫车案"时被劫。因曾任过"临城劫车案"的指挥者孙美瑶的团长，被释放。

【三十三】20

杨云史（1875—1941） 原名朝庆，改鉴莹，又改圻，字云史，又字野王，江苏常熟人。少年时居京师，诗文倜傥，文采风流，人称"江南四大公子"之一。历官詹事府主簿，户部、邮传部郎中，光绪三十四年（1908）出任驻新加坡领事。民国九年（1920），应江西督军陈光远之邀一度任陈的高参。后转为吴佩孚幕僚，与吴最为相知，吴亦倚畀极深。1928年夏间应张学良之请，游辽东居沈阳,曾主编东三省志。"九一八"事变后回常熟。不到二年仍回北平赁宅居住。抗战时,徙居香港。1941年7月15日病逝于香港。诗宗盛唐,擅七古,有《江山万里楼诗词钞》。

【三十】1

杨增新(1859—1928) 字鼎臣,云南蒙自人。1888年中举,次年联捷进士。初署甘肃中卫知县、河州知府,1900年任甘肃提学使兼武备学堂总办。1907年入疆,任新疆陆军小学堂总办,兼督练公所参议官。1911年升任镇迪道兼提法使。民国成立后,被袁世凯任为新疆都督兼民政长。1912年8月同盟会等5团体改组为国民党,杨出席在北京召开的成立大会,并被推为参议。后拥护袁世凯称帝,并受封一等伯爵。袁死后,长期担任新疆省长。先用"和平谈判"手段,取消在辛亥革命中成立的伊犁临时革命政府,以新疆都督兼行伊犁将军事;嗣后派兵击败沙俄侵略军,平息乱事,改阿勒泰特区为阿山道,完成了新疆的统一。杨在新疆十七年,笃信"小国寡民"的政治思想,奉行"无为而治"的统治政策,整顿吏治以"消患未萌",裁减兵员,奖励垦荒,提倡封建迷信,阻挠兴办学校和传布科学文化,鼓吹"纷争莫问中原事"、"浑噩长为太古民",以闭关自守和愚民政策统治各族人民,使新疆地区各方面均停滞不前。对于不时觊觎边陲的外国侵略势力,则折冲肆应,力求自保,维护了边疆的和平。1928年通电拥护南京国民政府,宣布易帜归附,7月1日就任新疆省政府主席。同年7月7日被政敌刺杀。

【二十五】1;【二十六】2

杨拯民(1922—1998) 陕西蒲城人。杨虎城之子。1938年加入中国共产党。历任中共米脂县委书记,关中警备区副司令员,黄龙军分区副司令员,大荔军分区司令员。中华人民共和国成立后,历任玉门石油矿务局局长,西北石油管理局副局长,中共玉门市委第二书记。1958年后任陕西省副省长,中共陕西省委书记处书记,天津市副市长,建工部副部长,全国政协副秘书长兼机关党组副书记,全国政协常委等职。1998年10月23日在北京病逝。

【二十一】8

杨正治(1896—1971) 字安铭,湖南桃源人。土家族。日本陆军士官学校第十二期步科、陆军大学将官班甲级第三期毕业。1919年任保定陆军军官学校上尉分队长,1920年任保定军校复校筹委会委员。1921年投奔奉系,曾任东北讲武堂步兵科科长,东北讲武堂北京分校教育处长。1927年春任奉军第十军第二十六师师长。1928年12月任东北边防军司令长官行署副官处少将处长。1931年底任北平绥靖公署少将参议。1932年秋任军事委员会北平分会第一处谍报组组长。1933年2月任第四军团中将参谋长,参加热河抗战,3月任第五十三军副军长兼一〇八师师长,参加长城抗战。1934年率部"围剿"鄂豫皖苏区。1935年任武昌行营陆军整理处副处长。1937 年 11 月任军事参议院中将参议，1939 年秋任军事委员会校阅委员会第二组主任，1945 年任军训部步兵监，1949 年任国防部中将部员，派驻华中军政长官公署，同年 10 月组织湘西反共救国委员会。1951 年在长沙被捕，作为战犯被关押，1966 年 4 月获特赦。后任全国政协文史资料委员会专员。

【二十三】11

姚东藩（1896—1980） 字震黎，辽宁沈阳人。1919 年毕业于保定陆军军事学校第六期。1920 年后，任黑龙江省军官养成所军士连上尉连长、省军务督办公署参谋处上校科长、东北陆军第六旅第八十团上校团长、东北军第十一军少将参谋长、第五十旅少将旅长、东北讲武堂教导队深造班少将总队长、东北军步兵第十五旅少将旅长、第五十七军第一一五师中将师长。1934 年 7 月 17 日，该师在豫鄂皖与红二十五军的长岭岗战斗中五个营被全歼，被俘三千余人，姚因此被撤职。中华人民共和国成立后，先在街道工作。1956 年参加民革，当选为天津市河西区政协委员。后任辽宁省人民委员会参事、辽宁省民革候补委员、副秘书长。1980 年 10 月逝世。

【二十三】7、9、11；【二十八】10

叶弼亮（1901—1993） 辽宁绥中人。毕业于北京国立盐务专门学校。1926 年，任察哈尔交涉公署顾问。东北易帜后，任东北边防军司令长官公署机要秘书。1931 年，北平海空军副司令行营秘书处处长。1932 年，任北平绥靖公署秘书处少将处长、军委会北平分会机要组组长。1935 年，任北平市电话局局长。1937 年"七七"事变后，拒绝附逆，退隐民间。1993 年在北京逝世。

【二十三】8、11

叶楚伧（1887—1946） 原名宗源，字卓书，以笔名楚伧行世。江苏吴县人。早年参加同盟会。民国成立后，先后在上海创办《太平洋报》、《生活日报》，并一度入《民立报》操笔政。1916 年，与邵力子合办《民国日报》，任总编辑。1924 年 1 月，被选为国民党第一届中央执行委员，并任国民党上海执行部常务委员兼青年妇女部长。1925 年参加西山会议，被选为西山会议派的国民党中央执行委员会常务委员，其主持的《民国日报》也为西山会议派控制，1926 年国民党二大停止其《民国日报》总编辑职务。北伐战争开始后，任职于蒋介石总司令部。1927 年参加清共的"四一二"政变。南京国民政府成立后，任国民政府委员、国民党二届中央特别委员会候补委员。1929 年后，被选为国民党第三~五届中央执行委员、常务委员和政治委员会委员，并先后任江苏省政府主席、国民党中央党部宣传部长、秘书长、中央政治会议秘书长。1935 年任国民政府立法院副院长。抗战胜利后，奉派为江苏宣抚使。1946 年在上海病逝。

【二十八】2

叶公超（1904—1981） 名崇智，字公超。祖籍广州番禺，生于江西九江。叶恭绰之侄。1918 年入天津南开学校。1920 年赴美国留学，获麻省赫斯特大学学士学位。后复转赴英国，1924 年获剑桥大学文学硕士学位。再赴法国巴黎大学研究院研究。1926 年归国，先后在北京大学、暨南大学、清华大学任教。抗战期间，随校南迁，任昆明西南联大外国文学系主任。1941 年开始从政，先后任国民党中宣部驻伦敦办事处处长、外交部欧洲司司长、外交部次长、行政院政务委员兼外交部长。1949 年去台湾，历任"行政院"政务委员兼"外交部"部长，"侨务委员会"委员长，驻联合国"首席会议代表"、驻美国"大使"，故宫、中央两博物院常务理事，"总统府"资政。是国民党中央评议委员。1981 年 11 月 20 日病逝于台北。

【三十四】3

叶恭绰（1881—1968） 字裕甫，晚年自号遐庵。广东番禺人。1902 年入京师大学堂仕学馆。1904 年起任湖北农业学堂、两湖师范学堂等校教习。1906 年入清廷邮传部，后升任路政司郎中、代理铁路总局局长。1912 年邮传部改为交通部，历任路政司长兼铁路总局局长、路政局长兼代交通部次长、交通部次长兼邮政总局局长。1915 年 6 月因涉嫌津浦铁路舞弊案，停职。1917 年复任交通部次长，兼铁路督办、邮政总局长。7 月张勋复辟，段祺瑞起兵讨逆，叶任讨逆军总部交通处处长。1918 年赴欧洲考察，翌年归国。1920 年 8 月和 1921 年 12 月，先后任北京政府靳云鹏内阁和梁士诒内阁的交通总长。1922 年 4 月爆发直奉之战，叶去职，亡命日本。1923 年 5 月孙中山任叶为广州政府大本营财政部长；11 月奉命往东北，与张作霖洽商讨伐直系事宜。1924 年 11 月，任段祺瑞执政府交通总长，翌年 11 月去职。1928 年 1 月任张作霖安国军财政讨论会副会长。1931 年 12 月一度出任南京政府铁道部长，未久去职。此后转而从事文化慈善事业，曾参与组织中国营造学社，兼故宫博物院理事，倡设上海博物馆，任中国红十字会监事等。1939 年在香港组织中国文化协进会。1941 年移居上海，拒受伪职，1947 年再居香港。1949 年 10 月赴京，历任政务院文化教育委员会委员，中央文史研究馆副馆长，中国文字改革研究委员会委员，中国画院院长，全国政协常委等职。1957 年加入中国农工民主党。1958 年被错划为"右派"。1968 年 8 月 6 日病逝。1980 年 3 月全国政协为他举行追悼会，平反昭雪。

【十七】6；【三十一】4；【三十四】8；【五十五】1、2

叶剑英（1897—1986） 字沧白，广东梅县人。1917 年入云南讲武堂，毕业后追随孙中山投身民主革命。1924 年参与筹建黄埔军校，任教授部副主任。1926 年任国民革命军新编第二师师长，后任第四军参谋长。1927 年 7 月加入中国共产党，为发动南昌起义做了重要工作。随后参加领导了广州起义。1928 年赴苏联入莫斯科东方大学学习。1930 年回国。1931 年进入中央革命根据地，历任中央革命军事委员会委员兼总参谋部部长，中国工农红军学校校长等职，参与指挥第二、第三、第四次反"围剿"战役。1934年参加长征，历任中央军委第一纵队司令员，红三军团参谋长，红军前敌总指挥部参谋长。西安事变发生后，赴西安协助周恩来促成了事变的和平解决和国共两党的再度合作、一致抗日的局面。抗日战争爆发后，任八路军参谋长。1941年任中共中央军事委员会参谋长。抗日战争胜利后，参加中共代表团，赴重庆同国民党政府代表进行停战谈判。1946年任北平军调处执行部中共代表。1947年后，历任中共中央后方委员会书记、军委副总参谋长、人民解放军参谋长。1948年12月，任北平市市长兼军管会主任。后任中共中央华南分局第一书记、广东军区司令兼政委。中华人民共和国成立后，历任广东省人民政府主席、中央革命军事委员会副主席、人民解放军武装力量监察部部长等职。1955年被授予元帅军衔。1966年任中共中央书记处书记、中央军委副主席兼秘书长，主持中央军委日常工作，在中共八届十一中全会上当选为中央政治局委员。1975年任国防部长。在1976年10月粉碎江青反革命集团的斗争中，起了决定性的作用。1977年当选中共中央副主席、中央军委副主席。1978年任全国人大常委会委员长。1986年10月22日在北京逝世。

【六】5；【十二】8；【二十四】10；【二十五】2、5、9、12；【二十六】14

叶盛兰（1914—1978） 原名端章，字芝如。原籍安徽太湖，生于北京。京剧小生演员。富连成创始人叶春善之子。12岁入富连成科班，初学青衣、武旦，后改小生。戏路宽广，文、武小生皆能，尤以雉尾生最为著名。在《群英会》中演的周瑜，有"活周瑜"美誉，世称"叶派"。曾先后与马连良、言慧珠、杜近芳、张君秋等人合作。代表作《群英会》《白门楼》《罗成叫关》《辕门射戟》《雅观楼》等。1951年任中国京剧一团团长。

【十一】7；【十七】8；【十八】2；【三十四】15；【四十一】9

叶誉虎 即叶恭绰。字裕甫、誉虎。见**叶恭绰**
【二十六】4

"一·二八"事变 又称"一·二八"抗战。是1932年1月28日夜，侵华的日本海军陆战队对上海的中国驻军第十九路军发起攻击，十九路军奋起应战的事件。"九一八"事变后，日军即在上海借机滋事，图谋侵占上海。1932年1月28日夜间，日军由租界分数路向上海的闸北、江湾、吴淞等地，大举进攻。驻守上海的十九路军奋勇抗击，开始了淞沪抗战。事变发生后，上海人民掀起了轰轰烈烈的支援和配合十九路军作战的热潮。淞沪抗战在上海军民的英勇斗争下坚持了一个多月，沉重打击了日本侵略军，使日军四度更换主帅，死伤万余人，挫败了日本帝国主义者骄横的侵略气焰。3月初日军在太仓浏河登陆后，十九路军和第五军被迫撤离上海。后在英、美、法、意等国调停下，双方宣布停战谈判，于

5月5日签订了《淞沪停战协定》，划上海为非武装区，并规定中方不得在上海至苏州、昆山一带驻军。

【九】11；【五十七】1

伊雅格（1897—1972）　生于美国加州。20世纪20年代纽约大学土木建筑专业结业后，随叔父库克来到中国。先在广东省监督建造铁路，后到奉天，参与东北的铁路建设。伊雅格与张学良相识于奉天基督教青年会，并结成密友。张学良主政后，伊雅格曾被聘为东三省铁路督察公署顾问。1929年5月，又作为张学良的特任全权代表，与欧美军火商人谈判商购军火。1929年冬，作为东北军的军械谈判代表，常驻南京。后长期居住伦敦，负责东北军购买武器事宜。第二次世界大战开始后，移居美国旧金山。1939年冬，赵一荻赴贵州陪伴张学良前，将儿子张闾琳托付给在美国的伊雅格。于凤至在美国治病期间也得到伊雅格的帮助。1951年4月在宋美龄的安排下，伊雅格在台湾大溪蒋家别墅见到了张学良。1951年岁末，伊雅格在台北买了寓所，从此经常往返于美国和中国台湾，每次来台，都给张学良带来很多东西，并帮助幽禁中的张学良处理各种繁杂事项。1969年前往旧金山定居。1972年在旧金山逝世。1991年3月，张学良获得自由后前往美国，专程去旧金山凭吊伊雅格。

【四】12；【七】20；【十一】7；【十二】13；【二十一】9；【二十二】1；【二十九】9；【三十一】1、7、13；【三十八】10；【四十二】2、3、4、8；【四十三】3；【五十】11；【五十一】3；【五十三】8；【五十四】7、8；【五十五】1

仪峨诚也（1888—1938）　日本军人。出生于东京。1909年5月毕业于日本陆军军官学校第二十一期步兵科。1918年作为步兵中尉选送陆军大学第三十期深造，1923年晋升步兵大尉。注重中国问题的研究，力主对中国扩张。曾被派任张作霖的私人顾问。1928年6月3日随张作霖从北平同车返奉天，在皇姑屯事件中受轻伤。事件后，任张学良军事顾问。1933年5月任黑龙江省齐齐哈尔市特务机关长，负责收集苏联情报。1934年3月升为步兵大佐，负责搜集华北各地政治、军事、经济情报。1935年8月任侵华日军步兵第三十联队联队长。留驻长城一线，负责修筑各种军事设施，杀害了大量中国劳工。"七七"事变后调任天津特务机关长，积极推行以华治华政策，拼凑伪天津市政府班子。1938年1月因脑溢血在天津毙命。死后，追晋为少将。

【五十四】7

义和团　又称义和拳，或贬称为"拳匪"。19世纪末山东、直隶（河北）一带以农民为主体的群众暴力组织，他们以"扶清灭洋"为口号，针对西方在华人士包括在华传教士及中国基督徒进行了大规模群众暴力运动。由义和拳、梅花拳、大刀会等民间秘密结社互相渗透、互相融合而来。其名称最早见于光绪二十四年五月（1898 年 6 月）山东巡抚张汝梅的奏折："义民会（按，即义和拳）即义和团"。次年春，山东清平县大刀会改称义和团；夏，山东巡抚毓贤出示改义和拳为义和团；秋（10 月），清政府公文中正式称义和拳为义和团。大抵说来，从二十五年下半年以后，义和拳等秘密结社大多改称义和团。义和团运动起到了一定的打击帝国主义列强的作用，一定程度促进了中国人民群众的觉醒。但是由于具有笼统排外色彩和愚昧与残暴，也使得对义和团运动的评价较差。

【十五】4；【十七】5；【十九】8；【二十一】3；【三十】12；【三十一】1；【三十二】10；【四十六】2

《义勇军进行曲》 中华人民共和国国歌。田汉词，聂耳曲，作于 1935 年 5 月，原是影片《风云儿女》的主题歌，《风云儿女》公映后，该曲遂成为时代强音而唱遍中国各地。1949 年 9 月 27 日，中国人民政治协商会议第一届全体会议决议，在中华人民共和国国歌正式制定之前，以《义勇军进行曲》为代国歌。1978 年，第五届全国人民代表大会第一次会议通过改定的歌词。1982 年，第五届第五次会议决定恢复原词，并确定为正式国歌。

【十九】7；【五十二】8

奕䜣（1833—1898） 爱新觉罗氏。清道光帝第六子，咸丰帝异母弟，封恭亲王。1860 年英法联军攻陷北京，被任为全权大臣，留京主持谈判，同英、法、俄分别签订《北京条约》。1861 年咸丰帝死后，与慈禧太后同谋发动祺祥政变，以议政王任军机处领班大臣，兼管总理各国事务衙门，总揽内政外交，权倾一时。对外妥协，主张"借用洋兵助剿"，镇压太平天国与捻军起义。支持曾国藩、李鸿章、左宗棠等兴办近代军事工业，开展洋务活动，是开创人之一和中央的领导者。后因权力过大，渐遭慈禧太后疑忌。1865 年去议政王名义。1884 年中法战争中，又被赶出军机处和总理衙门。1894 年甲午战争爆发后，利用帝后党争再任军机大臣，兼管总理衙门。1898 年反对变法维新，5 月病死。

【三十八】1

《益世报》 民国时期一家隶属于天主教教会的报纸，与《大公报》、《申报》和《民国日报》并称民国四大报刊。由比利时籍神父雷鸣远于 1915 年 10 月 10 日在天津注册创办，刘浚卿、刘豁轩兄弟先后任社长。五四运动时支持学生爱国立场，抨击安福系，一度同情学生运动，曾连载周恩来在法国勤工俭学期间写的《旅欧通讯》。"九一八"事变后，聘罗隆基、钱端升任社论主撰。主张抗日，反对不抵抗政策。"一二九"运动期间，公开支持学生运动，发表《爱国无罪》的社论。1937 年 7 月日军侵占天津后，继续发表抗日言论，同年 9 月 5 日被迫停刊。1938 年 12 月 8 日由南京教区的总主教于斌在昆明将《益世报》复刊，1940

年3月24日迁重庆出版。同年6月雷鸣远去世,于斌继任董事长。抗战胜利后,《益世报》在天津复刊。1949年1月天津解放时停刊。1949年1月停刊。

【四十】6

毅军 清军将领宋庆统领的清军。1862年(同治元年),安徽巡抚唐训方裁临淮军,以三营归记名总兵宋庆统带,宋庆勇号为毅勇巴图鲁,故称毅军。毅军先后在皖、豫两省镇压捻军。1866年(同治五年)河南巡抚李鹤年增练张曜统带的嵩武军和宋庆所带毅军,两军通称豫军。捻军被镇压后,宋庆授湖南提督。毅军后随左宗棠镇压陕甘回民起义。1880年(光绪六年)毅军移防旅顺。甲午战争中,毅军一部由马玉昆率领在平壤大同江与日军血战,宋庆率余部先驻九连城,后与日军转战辽西各地而溃散。甲午战争后,钦差大臣刘坤一与督办军务处考察磋商,在豫军中挑留三十营归宋庆统率,仍以毅军名之,驻旅顺。百日维新前夕,调驻山海关。戊戌政变后,编入武卫军建制,改称武卫左军。1900年(光绪二十六年)调赴天津抵抗八国联军。京津失陷后,先随扈行在,后留防山西。1902年(光绪二十八年)宋庆死后,由马玉昆接统。1908年(光绪三十四年)马玉昆死后由姜桂题统带,一部拨河南,后编入倪嗣冲所统之安武军,一部由姜桂题带领南下扩编成江防军,后由张勋接统。丁巳复辟失败后,随张勋北来毅军归原毅军建制,主力驻热河。1928年(民国17年)北洋军阀覆灭,毅军被编遣。

【十七】5;【二十四】1;【三十五】6;【五十】9

应振复(1883—?) 字梓里,辽宁辽阳人。毕业于日本陆军士官学校。归国后,任北京政府参谋本部科员、科长。1915年11月,任陆军第八师参谋长。1918年任东北讲武堂教官。1922年8月,授陆军少将加中将衔。1924年任第八师炮兵团团长,参加第二次直奉战争,后任陆军第八师第十六旅旅长,马兰镇总兵兼东荒垦殖局局长。1927年任东北陆军第十六旅旅长,6月授陆军中将衔。1928年任陆军第二十七师师长。1931年任东省特别区地亩局局长,同年6月任国民政府军事参议院参议。"九一八"事变后投敌,1932年任伪满陆军训练处步兵部长。1934年任伪满吉林宪兵训练处处长。

【二十三】6

榆关事件 1932年5月,日伪军在榆关(山海关)一带挑衅中国守军的一系列事件。榆关(山海关)是东北通往关内的必经重镇。东北沦陷后,1933年1月1日下午,日军在山海关南关外鸣枪,并向中国步哨射击,反诬中国军队挑衅。同日晚,日步兵守备队第五联队1个中队集结南关外,另一股日军从绥中开到停车站附近待命。2日晨2时,榆关日军向临永警备司令部提出撤退南关中国驻军、警官及保安队,撤退城上中国守兵,南关归日方警戒等无理要求,并限即日答复。临永警备司令部为避免事态扩大,答应南关暂由日方警戒,俟天明调查真相后再交涉解决。日军进一步要求开放南门,城内及城上均归日军警戒,被中国守军拒绝。上午 10 时,日军进攻临榆县城,中国守军东北军第九旅第六二六团官兵进行反击。日军 3000 余人于石河铁桥、南关、二里店、五眼城、吴家岭之线开始进攻。第九旅旅长何柱国下令抵抗。3 日日军第八师团第四旅团在飞机、坦克及海军炮舰配合下,猛攻临榆县城。国民政府唯恐事态扩大,竟不发援军,第六二六团孤军奋战,伤亡逾半。下午 4 时,榆关失陷。4 日国民政府外交部照会日驻华使馆,抗议日军暴行,要求日本政府迅饬日军退出榆关。日本非但不理睬中国政府的抗议,反而进一步扩大事态,很快占领了热河。

【二十三】11;【二十四】8

于凤至（1898—1990）　字翔舟,生于吉林怀德（一说吉林榆树）,后居住古镇郑家屯（即今双辽市）。张学良的原配妻子。出身商贾之家,父亲于文斗早年曾破金救过张作霖,两人结为金兰。张作霖发迹后不忘故交,包办做主,11 岁时与小她三岁的张学良订下婚约,并于 19 岁时（1916 年 4 月）与张学良正式结为夫妇。婚后生育三子一女。于贤惠开明、知书达理。1928 年皇姑屯事件后,与张作霖众姜等秘不发表,巧与日本特务周旋,使张学良得以顺利继承东北军政大权。1933 年,张学良被迫下野,4 月 11 日于凤至随夫出访欧洲。之后,与子女留在欧洲。1936 年西安事变发生时,正在国外陪伴子女求学。1937 年初,回国赴奉化溪口陪伴被幽禁的张学良,并陪张从浙江奉化辗转流迁安徽黄山、江西萍乡、湖南郴州、沅陵、贵州修文。幽禁生活使她积郁成疾,1940 年春天被确诊为乳腺癌。经张学良劝导、蒋介石同意,赴美国就医。1964 年 7 月,为尊重张学良与赵一荻二十余载患难生活所凝成的真挚友情,与张学良解除婚姻关系。1990 年 3 月 17 日因心脏病在美国洛杉矶离世。

【二】7;【四】12;【五】13;【八】14;【十一】5;【二十一】9;【二十二】2;【二十四】7、11;【三十一】7、8、15;【三十二】8;【三十三】9;【三十四】17、18;【三十五】14;【四十一】4;【四十四】5;【四十五】2;【五十二】12;【五十三】13;【五十四】2、3、7;【五十五】4;【五十六】8

于奉林（？—1926）　曾任张作霖的卫士,后任奉军骑兵第十四师（师长穆春）第七旅（旅长王永清）的团长。1926 年 8 月中旬,所部攻占多伦后,奉王永清之命率部抢走当地著名喇嘛庙的金佛,引起了"多伦金佛事件"。张学良亲自前往张家口处理此案,在召集该师军官和士兵集合训话时,于与部下开枪射击,张学良的卫队长姜化南中弹身亡。张学良指挥部队平息骚乱,于被当场枪毙,师长穆春、旅长王永清等被带回北京关押查处。

【五十】11

于衡（1921—2005） 别号衡之，山东蓬莱人。台湾著名记者及作家。长春大学法学系、日本法政大学毕业，日本明治大学法学部研究院硕士。1946年起任吉林省教育厅秘书、长春大学讲师，长春《大华日报》记者、长春《中正日报》采访主任、沈阳《东北前锋报》特派员、《东北公报》总编辑、国民革命军青年军第二〇七师《新报》采访主任、上海大公报驻沈阳记者。1949年去台湾，任《广州中正日报》驻台北特派员、台北《公论报》采访主任，1952年任《香港时报》采访副主任，1958年起任《联合报》采访主任、副总编辑、主笔，1977年12月起任《联合报》驻东北亚特派员。1971—1978年任辅仁大学大众传播学系专任教授，1960—1978年任政治大学新闻学系、世新大学、文化大学新闻系的兼任教授，1958—1978年任台湾师范大学社会教育学系新闻组、台湾大学图书资讯学系的兼任教授。1983年当选"立法院"立法委员，1987年3月受聘为"行政院"顾问。1981年6月，张学良因病住台北荣民总医院治疗，当时同在此治病的于衡，曾多次闯进张学良的病房，对张作了时间较短的访问，后写了一篇《和中国现代史相关联的张学良访问记》，登在同年9月18日的《联合报》。

【三十二】17

于锦文（生卒年不详） 张学良的内差。西安事变时，蒋介石被扣由新城移往高桂滋公馆后，由于侍候，后又随蒋乘同一架飞机回南京。到南京后，与张学良的其他几位副官陪伴张学良度过失去自由前的最后几天。

【二十八】3

于世元 张学良的朋友。

【十一】7

于文斗（1843—1916） 生于辽宁梨树。于凤至之父。少年时随父农耕、经商，后于家迁至怀德县，扩大农耕，家业日兴，并修建府第。后转到郑家屯（今吉林双辽市郑家屯镇）创办商号"丰聚当"（数年后更名"丰聚长"）。1886—1906年，任当地商会会长20年。1908年，与来郑家屯剿匪的张作霖结识，成为好友。据说，1909年张作霖在漠北被群匪围困，于闻讯后，请吴俊陞的骑兵救助，使张部突出重围。张作霖感念相救之恩，与于结拜弟兄。张作霖夺取奉天军政大权后，主动提出娶于的女儿于凤至为儿子张学良的媳妇，张作霖与于文斗结成儿女亲家。

【三十一】15

于学忠（1890—1964） 字孝侯，山东蓬莱人，生于旅顺。1911年毕业于北洋武卫左军（即毅军）速成随营学堂步兵科。1917年任直系陆军第十八混成旅炮兵营长。后历任步兵第二团团长、十四省联军第二十六师师长、长江上游副司令、荆襄边防总司令。第二次直奉战争转投奉系，深受张作霖、张学良赏识与重用，历任镇威军第二十军军长、东北边防公署军事参议官、滦州警备司令。1928

年后历任东北军第一军军长、天津卫戍司令、河北省政府主席兼第五十一军军长、甘肃省政府主席、江苏绥靖主任。"九一八"事变后，主张抗日。1933 年张学良下野，曾将驻华北 17 万东北军交其指挥。1936 年参与西安事变，并拥护和平解决事变。张学良被扣押后，全权负责东北军，要求释放张学良，赞成建立抗日民族统一战线。抗日战争时期，历任第三集团军副总司令、总司令，鲁苏游击战区总司令，山东省政府主席，国民政府军事参议院副院长。曾参加津浦路南段战役、台儿庄战役和武汉会战，并多次与八路军合作抗日。中华人民共和国成立后，任河北省人民政府委员，第一至三届全国人大代表，国防委员会委员，河北省人民委员会委员兼河北省体育运动委员会主任，中国国民党革命委员会第三届中央委员。1964 年在北京去世。

【四】11、13；【五】9、22；【九】3、7、9、13；【十二】6；【十六】2、4；【十七】3、5；【二十三】3、6、7、11、13；【二十四】1、2、7、8；【二十五】4、15；【二十六】8、9、10、14；【二十七】1；【二十八】1；【三十二】5、10；【三十四】3；【三十五】5、10；【三十七】2；【四十三】4；【四十四】5；【四十五】5；【四十七】1；【五十二】6；【五十三】9；【五十四】6、7、9；【五十六】4

于一凡（生卒年不详） 原名于凯，字一凡，辽宁铁岭人。先后于东北讲武堂第四期、中央陆军大学第八期毕业。长期在东北军任职。1935 年任东北军第五十一军第一一一师第六三二团团长，在陕西参加围剿红军。抗日战争时期，1937 年任第五十七军少将参谋长。1944 年 4 月任整编第十二师第一一二旅（由第十二军第一一二师缩编）旅长。1948 年 10 月整编第十二师第一一二旅恢复第十二军第一一二师番号，任第十二军副军长兼第一一二师师长。1949 年 1 月，在淮海战役中被解放军俘虏，后在战犯管理所接受改造。1961 年 12 月 25 日获特赦。

【二十三】13

于毅夫（1903—1982） 原名于成泽，吉林双城（今属黑龙江肇东）人。1922 年入北京平民大学。1924 年入燕京大学历史系。1926 年秋毕业后，曾任冯玉祥部国民联军前敌总指挥部政治部编辑股股长。大革命失败后到北平，任民国大学图书馆馆长兼出版部总编辑。1928 年秋回东北，任黑龙江省立第一中学校长。1930 年秋曾任天津市长张学铭秘书。1936 年加入中国共产党，是东北旅平各界抗日救国会主要负责人之一。1937 年任"东北救亡总会"常委兼宣传部长，先后在武汉、重庆、香港、上海等地从事抗日民主救亡运动。1943 年 3 月进入华中解放区，先后任新华社华中分社总编辑、新四军情报部副部长、联络部部长。抗战胜利后任中共中央华中局调查研究室主任。抗日战争胜利后，1945 年 11 月任嫩江省政府主席，1947 年春任黑龙江省政府主席。中华人民共和国成立后，任中共中央统战部副部长。是第一届全国人民代表大会代表、中共第八次代表大会代表。1958年申请下基层锻炼,任中共永吉县委书记、吉林市委书记。1960年当选中共吉林省委书记处书记。1974年后任全国政协四届、五届委员会常委、吉林省政协副主席。

【二十八】10

于右任(1879—1964) 原名伯循,字诱人,尔后以谐音"右任"为名。陕西省三原县人。1906年4月,为创办《神州日报》赴日本考察新闻并募集经费,在日本得会孙中山,并加入同盟会。1907年起,先后在上海创办同盟会第一家大型日报《神州日报》,后又分别创办《民呼日报》(1909年)和《民立报》(1910年),并任社长。南京临时政府成立,被任命为交通部次长。1918年8月,应邀回陕,就任陕西靖国军总司令。1922年创办上海大学,任校长。1924年出席国民党一大。年底陪同孙中山北上赴京。1926年代表国民党赴苏联促冯玉祥回国参加北伐。国民政府北伐统一全国后,历任审计院、监察院院长,是国民党重要决策人物,前后共任监察院院长34年。1948年曾参选民国副总统。1926年1月,被选为国民党中央执行委员。1949年去台湾。1964年11月10日在台湾病逝。

【二十五】4;【二十七】4

于兆麟(1893—?) 字博涛,辽宁营口人。毕业于东北讲武堂第一期步兵科。曾任东北陆军第十七旅旅长,国民革命军独立第三十旅旅长,第五十三军第一三〇师师长。曾参加中东路战争(1929年)、讨伐石友三(1930年)以及热河抗战(1933年)等战役。1930年任东北陆军第十七旅旅长。1931年任独立第三十旅旅长。1933年热河抗战后,因"指挥无方"被撤职查办,后隐居天津。1936年被授予少将军衔。此后履历不详。

【二十三】9、11

于珍(1887—1959) 字济川,辽宁铁岭人。1906年入日本陆军士官学校步兵科第八期学习。1911年毕业归国后,历任奉天督军署参谋、奉天全省警务处视察长、东三省特别警察总监理处副处长等职。1914年任奉天陆军补习学堂监督,旋改任洮辽镇守使副官,后任陆军第二十九师参谋长,黑龙江督军署参谋长。相继担任过镇威军第八军副军长,第三方面军后方留守司令,东北陆军第十师师长、第六师师长、第十军军长兼第八师师长、北平卫戍司令、京绥方面检阅使等职。1929年1月杨宇霆被处死后,任东北边防司令长官公署高级参议,后曾任东北垦殖组委会主任。"九一八"事变后,拒绝担任伪职,投身于抗日救亡运动。1937年"七七"事变后,到北平闲居。1946年任东北行营中将参议。中华人民共和国成立后,任辽宁省政协委员、常委。1956年以特邀委员身份参加了全国政协第二届委员会会议,同年8月,当选中国国民党革命委员会辽宁省第一届委员会委员。1959年秋，在北京逝世。

【四十六】1

于芷山（1879—1951） 原名于世文，字澜波，号芷山，辽宁台安人。早年在杜立三处从匪。1903年到奉天投效清廷，历任什长、哨长等职。1912年9月任步兵排长，后任辽中县河防营上尉副官。1914年4月入东三省讲武堂。毕业后任水上警察局局长。1917年任水上警察总局局长。1920年任步兵上校团长。1922年任东三省陆军第五混成旅旅长。1924年任东北独立骑兵第八旅旅长、张作霖的卫队司令。1925年郭松龄反奉时，因保张作霖有功被提升为师长。1927年6月任张的侍从武官长，获授陆军中将，10月任第五方面军东北军第三十军军长。1928年皇姑屯事件后，历任东北东边镇守使、东北边防军司令长官公署军事参议官。"九一八"事变后公开降日，1931年10月自称"东边（道）保安司令"发表"独立宣言"。伪满洲国成立后，1932年3月任伪奉天省警备司令官。1934年7月，任伪满洲帝国第一军管区司令官。翌年升任陆军上将。同年5月任伪军政部大臣。1937年7月改任伪治安部大臣。1939年4月转任伪参议府参议。1945年8月日本投降后，逃往北京匿居。中华人民共和国成立后，被人民政府逮捕。1951年5月2日在抚顺战犯管理所病逝。

【三十二】12

余汉谋（1896—1981） 字幄奇。广东高要人。早年入读黄埔陆军小学和武昌陆军预备学校。1916年加入中华革命党。随后入保定陆军军官学校六期步科，毕业后于北洋军任排长、连长。1920年入粤军，任营长。1925年粤军改编为国民革命军第四军，任陈济棠的第十一师三十一团团长，同年参加粤桂战争。1931年5月，陈济棠等反蒋，在广州另立国民政府，余任广州政府军事委员会员委员，兼第一集团军军长。广州政府于"九一八"事变后取消。1934—1935年率部赴江西"围剿"红军。1936年陈济棠与李宗仁、白崇禧发动"两广事变"，再度反蒋。余叛陈投蒋，通电支持蒋介石中央。陈败走香港后，余接任广东绥靖主任，成为广东军政首领。1937年抗战爆发后，任第十二集团军总司令，第四战区副司令。1938年10月日军攻陷广州，余作战不力被革职留任。1939年率部击退进攻粤北韶关的日军，得以复职，并兼任第七战区总司令。1946年任衢州绥靖公署主任，授陆军二级上将。1948年5月，任陆军总司令，参加内战。蒋介石下野后，1949年2月任广州绥靖公署主任。同年所部在广东、海南被解放军歼灭。于1950年4月去台湾，后任"总统府"战略顾问。1965年授一级上将。1981年病逝台北。

【二十六】8

余日章（1882—1936） 湖北蒲圻人。生于武昌。自幼入基督教。1895年入武昌文华书院。1905年毕业于上海圣约翰大学，返武昌任文华书院附中教员。曾参与日知会革命宣传活动。1908年留学美国，入哈佛大学研究院攻教育。1910年毕业获博士学位，归国后任武昌文华中学校长。1911年武昌起义后，联络中外人士组织红十字会，自任总干事。清海军会攻武汉民军时，持黎元洪亲函往说萨镇冰。后任湖北军政府外事工作及黎元洪英文秘书。1912年加入中华基督教青年会全国协会。1917年任该会总干事，后连任十七年。其间曾兼任中华全国基督教协进会会长。1933年患脑溢血，延至1936年1月病逝。

【二】11、12；【九】1；【十三】10；【五十一】3、7；【五十二】1；【五十五】9

余叔岩（1890—1943） 本名第祺，艺名"小小余三胜"。湖北罗田人。京剧老生表演艺术家。与马连良、高庆奎并称为京剧第三代的"老生三杰"。生于京剧世家，幼秉家学，9岁从艺。师从姚增禄，后拜谭鑫培为师，深得谭派精髓和神韵，并逐渐发展形成自己的艺术风格，被称为"新谭派"或"余派"。在唱腔和唱法方面，化谭鑫培的浑厚古朴为清刚细腻，寓儒雅于苍劲，于英武中蕴含深沉俊秀的书卷气，对于所扮演的人物有极好的表现能力，尤擅演唱苍凉悲壮的剧目。擅演剧目有《搜孤救孤》、《战樊城》、《洪羊洞》、《珠帘寨》、《洗浮山》等。

【七】19；【十七】8；【三十一】12；【四十一】9；【五十五】13

鱼电 代称六日发出的电文。指1932年8月6日汪精卫发出的指责张学良不进兵热河抗日，以自己辞职逼迫张学良辞职的通电。1932年初汪精卫任行政院院长后曾商请张学良进兵热河，以牵制日军，但张学良以"巩固后方"为由拒绝。同年6月汪精卫赴北平再敦请张学良进兵热河，未果。汪精卫于8月6日发出鱼电，公开指责张学良在居实力、地利之便情况下，"未闻出一兵，放一矢，乃欲借反抗之名以事聚敛"，要张"辞职以谢四万万国人"，同时其本人也立即请辞。汪的鱼电发表后，全国大哗。最终蒋介石在汪、张之间还是选择了张学良，汪精卫称病住院、上山、离国，而张学良则卸北平绥靖公署主任职，转任新设军事委员会北平分会副委员长，代蒋任委员长。

【二十四】8

俞振飞（1902—1993） 原名远威，号箴非，别署涤盦，祖籍江苏松江，生于苏州。京昆表演艺术家。6岁从父习曲，14岁起先后拜名师学艺。1920年学演京剧，先习老生，后改学小生。19岁正式登台。1923年程砚秋赴沪演出，特邀其合作颇获好评。1930年北上，拜程继先为师，正式为专业演员。与程砚秋合作六年间，誉满京、津、沪、宁、渝。1931年冬—1933年春，曾任上海暨南大学文学院昆曲讲师。1941年应聘赴沪，后定居上海。曾与梅兰芳、周信芳、马连良、张君秋等诸多名家同台合作。1957年起，任上海戏曲学校校长，1958年加入中国戏曲歌舞团。曾任全国政协委员，中国文联副主席，上海昆剧团团长，上海京剧院院长，文化部振兴昆剧指导委员会主任，上海戏曲学校名誉校长等职。1993年7月17日在上海逝世。

【三十四】15

宇田福玉（生卒年不详） 曾为张作霖的日籍医生。1925年郭松龄反奉时在郭的身边为郭治病，张学良托宇田给郭送信，劝郭放弃反奉。

【五十四】7

袁方乔（1891—1964） 字宇南，山东荣成人。1907年入烟台海军学堂第四届驾驶班。1910年6月毕业后，曾在"海琛"舰任军需二副。1922年4月，在护法舰队司令部担任副官。1922年8月任"海圻"巡洋舰（当时中国吨位最大、装备最新、最先进的战舰）副长。1924年10月任"海圻"舰协长。1926年任"海圻"舰舰长。1926年11月率"海圻"舰归附奉系，被编入东北海防舰队，袁升任东北海防舰队代队长。1927年，安国军政府将舰队改为海防第二舰队，袁任少将舰队长。1934年1月调任青岛市港务局局长。1937年日军进攻青岛时，袁积极配合执行"焦土抗战政策"，焚毁日资在青岛的企业，炸沉不能开走的船舰。1938年1月日寇占领青岛后，袁寓居上海。1964年去世。

【二十三】7

袁金铠（1870—1947） 字洁珊，辽宁辽阳人。清朝贡生。清末庚子之役后，任郡北路保甲局总办。1904年任辽阳警务提调。1909年任奉天谘议局议员、副议长。1913年，10月，任奉天省财政司司长。1915年10月，任参政院参政。1916年任奉天督军署秘书长。1919年夏，任黑龙江省督军署秘书长。1921年夏，为中东铁路董事，1924年代理理事长。1925年任临时参政院参政。1927年任镇威上将军公署高等顾问。张作霖死后，任东北地方保险联合会副会长。1929年1月，任东北政务委员会委员兼东北边防军司令长官公署参议。1930年任国民政府监察委员，奉天通志馆副馆长。"九一八"事变后，投靠日本，组织"地方维持委员会"，自任委员长。1932年3月任奉天省政府最高顾问兼参议府参议。翌年3月，任伪立法院宪法制度调查委员会委员。1935年任伪满尚书府大臣。1944年因病辞职，1947年3月病死于辽阳。

【五】16；【三十一】13；【三十二】12、16；【三十三】19、20；【三十四】12；【三十五】3、13

袁克定（1878—1955） 字云台，别号慧能居士。河南项城人。袁世凯长子。幼年随袁世凯历任各地。清末，荫候补道员，1907年（光绪三十三年）3月，任农工商部右参议。1911年（宣统三年）任邮传部丞参。辛亥革命爆发后，受其父之托，拉拢汪精卫，曾与汪精卫结拜兄弟。1912年4月任开滦矿务总局督办

（1928年11月辞去此职）。1913年坠马腿伤，赴德国治疗，受到德国皇帝威廉二世接见。1914年10月在袁世凯镇压二次革命之后，帮袁世凯在北洋军之外另行编练陆军模范团。次年任模范团第二期团长。后鼓吹帝制，积极支持和策划袁世凯称帝。袁世凯死后，匿居天津德租界。1935年复迁北京居住。抗战期间，拒绝与日本占领军合作，生活陷入贫困。1949年后，在章士钊的安排下出任中央文史馆馆员。1958年病逝。

【三十三】9

袁克文（1889—1931） 字豹岑，别署寒云，河南项城人，生于朝鲜汉城。袁世凯的次子，其母金氏（朝鲜人）为朝鲜李王妃之妹。昆曲名票，被称为民国四公子之一。熟读四书五经，精通书法绘画，喜好诗词歌赋，还极喜收藏书画、古玩等。后因反对袁世凯称帝，生活放浪不羁，妻妾成群，触怒其父，逃往上海，加入青帮，并在上海、天津等地开香堂广收门徒。1931年病逝于天津。

【五十二】12

袁世凯（1859—1916） 河南项城人。1881年投淮军统领吴长庆。1882年，随部驻朝鲜。1884年甲申政变时，指挥清军击退日军。后任驻汉城清军总理营务处，会办朝鲜防务。1894年甲午战争，随军撤退天津。1895年奉派在天津小站扩练新军。1897年擢直隶按察使。1898年6月升任工部右侍郎。1899年冬任山东巡抚。1901年11月署理直隶总督兼北洋大臣。1902年授北洋大臣，兼任政务处参预政务大臣和练兵大臣，在保定编练北洋军。1903年任练兵处会办大臣。1907年调任军机大臣，成为中枢重臣。1908年溥仪继位，袁称疾返河南。1911年武昌起义爆发，11月1日清廷宣布解散皇族内阁，任命袁为内阁总理大臣。1912年1月25日，与北洋将领通电支持共和。2月15日，被南京参议院选为临时大总统，并于3月10日在北京就职。1913年3月，宋教仁遇刺身亡，孙中山、黄兴等指袁氏授意暗杀，并发动二次革命武力讨伐袁，但遭失败。10月6日，国会选举袁为第一任大总统。1914年1月，下令解散国会，废止临时约法，5月改内阁制为总统制。1915年5月，接受日本干涉中国内政的"二十一条"中部分条款。12月宣布恢复君主制，建立中华帝国，并改元洪宪。12月25日全国举行国体投票，同时蔡锷、唐继尧等在云南发动护国战争，多省相继响应。1916年3月22日被迫取消帝制。5月忧愤成疾，6月6日病逝。

【五】3；【十二】5；【十六】6；【二十】4；【二十一】3；【二十五】2、11、14；【二十六】2；【二十七】7；【二十八】2；【三十一】2、7、8；【三十二】14、16；【三十三】1、10、20；【三十五】12；【三十七】1；【四十一】4；【四十二】4、10；【四十三】1；【四十六】1；【四十九】6；【五十一】7、9；【五十二】4、11、12；【五十三】10；【五十五】7

袁项城　即袁世凯。袁为河南项城人,世称袁项城。见**袁世凯**

【三十三】10

袁祖宪（生卒年不详）　1936年12月国民政府军事委员会高等军法会审张学良时任书记官。

【二十八】2

原田熊雄（1888—1946）　日本政治活动家。曾任日本的元老政治家西园寺公望公爵的秘书。

【三十一】7

苑崇古（生卒年不详）　1928年底任东北军屯垦军统带兼第一团团长,驻索伦（今属内蒙古鄂温克族自治旗）。

【二十三】5

恽南田（1633—1690）　名格,字惟大,后改字寿平,号南田。江苏武进人。明末清初著名的书画家。他开创了没骨花卉画的独特画风,是常州画派的开山祖师。与王时敏、王鉴、王翚、王原祁、吴历合称为"清六家"。

【四十一】1；【四十三】11

Z

载沣（1882—1952） 清末摄政王。光绪皇帝载湉之弟，宣统皇帝溥仪之父，袭醇亲王爵。光绪三十四年（1908年）任军机大臣。同年11月其子溥仪入承大统，载沣任监国摄政王。次年代理陆海军大元帅。在清朝的最后三年中（1909—1911年），他是中国实际的统治者。他面对鼎沸的局势，又屡屡举措失当，加速了清朝的灭亡。1911年10月，辛亥革命爆发，被迫辞去摄政王职。次年他被迫同意溥仪退位。1928年，迁往天津幽居，后又去东北，拒绝日本人劝降之要求，并怒斥其子溥仪投靠日本做汉奸，之后返回关内居住。1952年病死北京。

【三十二】7；【三十四】18；【五十二】8

臧启芳（1894—1961） 字哲先，辽宁盖平人。南京民国大学、北京国民大学毕业，留学美国加州大学研究院、伊利诺斯大学。1916年后任民国大学附中英文教员，中国大学经济系教授兼华北大学教席。1925年任商务印书馆奉天分馆经理。1926年兼东北大学教授。1928年任东北大学法学院院长。后任东北特别区行政长官公署机要秘书。1930年9月任天津市政府社会局局长；10月任天津市市长。1931年1月兼接受天津比利时租界专员，后任东北行政长官公署地亩管理局局长。1932年1月任国难会议委员。1934年任江苏省第四区行政督察专员。1936年任江苏省第二区行政督察专员；9月兼保安司令。1939年7月任东北大学校长。1943年2月任三民主义青年团第一届中央监察会监察。1946年11月当选为制宪"国民大会"代表。1948年任财政部顾问、教育部教育委员会委员兼中央大学教授。1949年去台湾，任编馆编译委员，兼《反攻》杂志编务。1957年9月任东海大学经济系教授兼系主任。1961年2月28日病逝。

【二】5、8；【四十五】5

臧式毅（1885—1956） 字奉九，辽宁沈阳人。历任奉天督军署参谋长、东三省陆军整理处参谋长、镇威上将军公署参谋长、东三省兵工厂总办。东北易帜后，曾任东三省兵工厂督办、东三省保安司令部参谋长、辽宁省政府主席。1924年6月，接替张学良任东北陆军整理处参谋长。皇姑屯事件后，与刘尚清等人商议"秘不发丧"，封锁大帅去世消息，并且秘密派人告诉张学良，帮助张学良平稳政权，受到张的赏识。东北易帜后，任东三省保安总司令部参谋长。1930年，担任辽宁省政府主席。"九一八"事变后投降日本，任伪奉天省长，并积极参与策划成立伪满州国。伪满州国建立后，担任伪满民政部总长兼奉天省长等职。抗战胜利时为苏军逮捕。1956年11月13日，死于抚顺战犯管理所。

【二】8；【九】9；【十二】6；【十七】3；【三十一】7；【三十三】1；【四十五】5、6；【五十二】5；【五十六】12

曾宝荪（1893—1978） 字浩如，湖南湘乡人。清朝名臣曾国藩嫡系曾孙女。1907年入杭州女子师范。皈依基督教。1912年赴英留学。1913年9月，入伦敦大学西田书院学习生物学。1917年9月在长沙创办艺芳女子学校，自任校长，还任过湖南省立第一女子师范学校校长、湖南省立第二女子中学校校长、湖南省高等检定考试委员会委员、湖南省临时参议会第一届和第二届参议员、国民参政会第二届参政员等职。一生从事教育工作，是虔诚的基督教徒。1947年当选为行宪国民大会代表。1950年赴香港，旋去台湾。1978年7月27日逝世。

【十三】4；【二十九】1、2；【三十四】14

曾广麟（1893—1968） 字绂卿，辽宁昌图人，祖籍山东蓬莱。保定陆军军官学校第五期步科毕业。1932年任军事委员会北平分会第二处工务组组长，1936年2月授陆军少将衔。1937年8月后历任军政部少将部附，军政部马政司司长，1944年2月任第八战区点验委员会主任委员，12月任军事委员会中将参议。1946年退役，赴北平闲居。1949年后曾任国家农业部专员，民革北京市委第十一支部委员，1968年2月在辽宁开原去世。

【二十三】11

曾国藩（1811—1872） 初名子城，字伯函，号涤生。湖南湘乡人。晚清重臣，湘军的创立者和统帅。清朝军事家、理学家、政治家、文学家，晚清"中兴四大名臣"之一。官至两江总督、直隶总督、武英殿大学士，封一等毅勇侯。道光十八年（1838年）进士。后历任四川乡试考官，翰林院侍讲学士，内阁学士、礼部右侍郎等。师事军机大臣穆彰阿，从倭仁唐鉴讲习程朱之学。咸丰三年（1853年），奉旨帮办团练于长沙，是为湘军。后在镇压太平军时，尤为效力，至1864年7月，攻破天京，完成对太平天国的镇压。同治四年，进攻捻军。九年，奉命查办天津教案，屈从法国势力，杀害无辜，受到社会舆论谴责。十三年（1872年3月1日）病卒。清廷追赠太傅，谥文正。

【三十七】2；【四十二】11

曾扩情（1894—1983） 原名曾朝笏，又名慕沂，四川威远县人。1921年6月加入国民党。1922年入北京朝阳大学法律系。1924年入黄埔军校第一期。1925年任国民革命军营党代表、连长。北伐时任第十三师党代表兼政治部主任。1928年后任黄埔同学会干部委员兼书记长、南京国民政府四川特派员、国民党中央候补执行委员、军事委员会北平分会政训处长、西北"剿总"政训处处长，西安事变中被扣留。后任第八战区政治部中将主任、重庆行营政务处长、川康渝党务特派员、重庆行辕秘书长。1948年底任国民党四川省党部主任委员兼中央军校四川非常委员会委员，协助胡宗南企图阻止解放军入川。1949年12月29日在广汉自首，送战犯管理所学习改造。1959年获特赦，任辽宁省政协文史专员、省政协委员。1983 年 11 月病逝。

【二十三】11；【二十六】14、15；【二十八】1；【三十九】2

曾显华 张学良的基督教教名，也是他的笔名。张学良为感谢和纪念引领他信教的曾约农、董显光和周联华牧师，特从三位的名字中各取一字，作为自己的教名和笔名。

【十三】4；【五十五】10；【五十八】6；【六十】8

曾毓隽（1865—1963） 字云霈，福建闽侯人。1897 年丁酉科举人，曾任京兆良乡知县、道台，邮传部参事。辛亥革命后，在北京政府交通部任职。1914 年任陆军部军需处处长，张家口盐务稽核所经理。1916 年任国务院秘书，京汉铁路局长。1917 年 7 月，参加讨伐张勋复辟之役，任讨逆军总司令部军需处长。1918 年任国会参议院议员；同年 10 月，任交通部次长兼铁路总办。1919 年任川粤汉铁路督办；同年 12 月，任交通总长。1920 年 7 月直皖战争后，被通缉，避居天津。1924 年 11 月，段祺瑞上台后，为段之幕僚。1925 年被国民军扣押，后逃出。1927 年任安国军政治讨论会副会长。1928 年一度被国民政府通缉。1938 年拒绝参加伪南京维新政府，出走香港；6 月重庆国民政府任命为振济委员会委员。1941 年 5 月去职。1949 年 10 月后，居天津。1963 年病逝。

【三十一】4

曾约农（1893—1986） 湖南湘乡人，清朝名臣曾国藩嫡系曾孙。1909 年考取第一届庚子赔款赴英留学，在伦敦大学攻读矿冶，获博士学位。1916 年回国。归国后，他和堂姐曾宝荪于长沙首先创办艺芳女校。抗战胜利后，创办湖南克强学院。1955 年，被台湾东海大学董事会推举为东海大学首任校长。1956 年，台湾当局派其为出席联合国教科文组织"首席代表"。同年，在蒋介石、宋美龄的安排下，出任张学良学习基督教的英文教师。1973 年，东海特聘他为终身荣誉校长。1986 年 12 月 31 日病逝于台北。

【二】12；【十二】3、4、5、9；【十三】2、3、4；【二十九】1、2；【三十四】13、14；【三十七】2；【五十二】3；【五十五】10；【五十八】5

增祺（1851—1919） 字瑞堂，伊拉里氏，满洲镶白旗人。曾任齐齐哈尔副都统。光绪二十三年（1897）擢福州将军，充船政大臣，兼署闽浙总督。光绪二十四年（1898 年）任盛京将军，光绪二十六年（1900）俄军攻陷奉天（今辽宁），他逃往新民厅。1902 年招安张作霖，任张为新民府巡警前路游击马队帮办。三十一年（1905 年），丁忧免职。后在俄军胁迫下，派人至旅顺擅订《奉天交地暂且章程》。事发，被革职，《章程》亦作废。旋仍留任。三十三年授宁夏将军。宣统元年（1909 年）迁广州将军。1910 年 10 月—1911 年 4 月，兼署理两广总督。宣统三年（1911），为奕匡皇族内阁弼德院顾问，旋去职。

【四十三】5

翟文选（1878—1950） 字熙人，黑龙江双城人。清末举人出身。1909 年任呼伦厅抚民同知。中华民国成立，为黑龙江省驻京代表。1913 年，任黑龙江省警务处长兼省会警察厅长。1917 年为临时参议院议员。1920 年 9 月，被北京政府任命为东三省盐运使。1928 年 6 月张学良主政东三省后，委任翟为奉天省省长，兼任东三省交通委员会副委员长。1928 年 12 月东北易帜后，南京国民政府任命翟为省政府主席。一年后以病请辞，由臧式毅继任。1931 年"九一八"事变后，举家潜居天津。1937 任万国道会总会理事。卢沟桥事变后，拒绝日本侵略者诱降。1950 年 4 月 23 日病逝于天津。张学良六妹张怀敏后与其孙翟元坤结婚。

【四十五】6

詹森，纳尔逊（Nelson Trusler Johnson，1887—1954） 美国外交官。生于华盛顿哥伦比亚特区。1907 年来华，为美国驻华使馆翻译生。1909 年任驻奉天副领事。后历任驻哈尔滨、汉口、重庆、长沙、上海等地领事。1926—1929 年任美国国务院远东司司长，成为美国对华政策的主要制定者。1928 年起被任为驻华特派全权公使，1935 年改为特派全权大使，至 1941 年 5 月。詹森对美国对华政策的影响跨越三名总统，包括柯立芝、胡佛及罗斯福。1930 年代中起，詹森对日本的侵略野心渐感不安，而此时美国政府的东亚政策向日本倾斜；詹森提出美国重新考虑对日政策，公开提出美国军援中国。1941 年太平洋战争爆发前调任驻澳大利亚公使。第二次世界大战结束后，任美国远东委员会秘书长。1954 年逝世。

【二十四】7；【二十五】10

张宝顺（生平不详） 张学良被幽禁在四明山南麓雪窦寺时的侍值员。

【二十八】4

张伯驹（1898—1982） 字家骐，号丛碧，河南项城人。生于官宦世家。集收藏鉴赏家、书画家、诗词学家、京剧艺术研究家于一身。30 岁开始收藏中国古代书画，当初仅为爱好，继以保存重要文物不外流为己任。他不惜一掷千金，虽变卖家产或借贷亦不改其志，曾买下中国传世最古墨迹——西晋陆机《平复帖》、传世最古画迹隋展子虔《游春图》、唐代大诗人李白的《上阳台贴》等等。自 20 世纪 50 年代起，陆续将收藏的书画名迹捐献国家。曾任故宫博物院专门委员、国家文物局鉴定委员会委员，吉林省博物馆副研究员、副馆长，中央文史馆馆员，燕京大学国文系中国艺术史名誉导师，北京中国画研究会名誉会长，中国书法家协会名誉理事。

【四十三】11

张伯苓（1876—1951） 名寿春，字伯苓。天津市人。甲午战争以后，深感中国积弱不振，主张教育救国。1904 年与前贵州学政严修在天津创办私立中学堂，后改称南开中学。1917 年，赴美国哥伦比亚师范学院研究教育。1919 年，创办南开大学。1923 年后又先后创办南开女子中学、南开小学、重庆南渝中学（后改名为重庆南开中学），并担任上述五所南开学校的校长，从事教育工作长达 53 年。1937 年"七七"事变后，南开大学部与北大、清华合组成西南联大，张任校委会常委。1938 年 7 月，任国民参政会副议长。同年加入中国国民党，1945 年当选为中央监察委员。1946 年 6 月美国哥伦比亚大学授予名誉文学博士学位。1948 年 6 月出任南京国民政府考试院院长，不久辞职。1949 年底，拒不赴台而留守大陆。1951 年 2 月 23 日在天津病逝。1916 年 11 月，张伯苓在奉天作《中国之希望》的演讲，对张学良影响深远。

【二】11；【八】13；【九】1；【十】4；【十二】3、8；【二十九】6；【三十】4；【三十二】3、4、13；【四十四】8；【五十一】3、7；【五十二】1；【六十】6

张诚德（1880—1937） 字善卿，察哈尔康保（今属河北）人。1925 年投张家口冯玉祥军。1926 年入奉军。1928 年返回山西军，任骑兵旅长。1930 年任骑兵第六师师长兼察哈尔警备司令，旋任东北骑兵第二师师长。1931 年任陆军骑兵第一师师长。1937 年任陆军骑兵第三师中将师长。同年 8 月率部与日军作战时以身相殉。

【二十三】9、11、12、13

张从善 张学良儿时曾用名。
【十一】1；【三十五】3；【五十五】10

张从云（生卒年不详） 1928 年底任东北陆军步兵第十一师（师长汤玉麟）第七旅旅长。
【二十三】6

张大钧（生卒年不详） 1934 年任"豫鄂皖三省剿匪总部"参谋处第四科科长。
【二十三】11

张大千（1899—1983） 原名张正权，又名爰，字季爰，号大千，别号大千居士，四川内江人。20 世纪中国画坛最具传奇色彩的人物。绘画、书法、篆刻、诗词无所不通。早期研习古人书画，后旅居海外，在山水画方面卓有成就。画风工写结合，晚期重彩、水墨融为一体，开创了泼墨泼彩的新风格。20 世纪 30 年代曾两度执教南京大学（时称中央大学），担任艺术系教授。他在亚、欧、美举办了大量画展,蜚声国际,被誉为"当今最负盛名之国画大师"。1949 年起长期旅居海外。1979 定居台湾,与张学良为挚友。

【十九】2;【二十二】1;【三十】7;【三十九】8;【四十一】2;【四十二】8;【四十三】1、11;【四十八】1;【五十二】13;【五十五】11、12;【五十九】4

张德良(生卒年不详) 吉林永吉人。曾任辽宁大学历史系教授、张学良暨东北军史研究会会长、名誉会长。2000 年 3 月,赴夏威夷拜见张学良。

【三十】1、2

张殿九(1882—?) 字子杨。热河(今辽宁省)朝阳人。曾任清军奉天后路巡防队中哨哨官。1910 年入东北讲武堂。1913 年后任陆军骑兵连长、营长、团长等职。1928 年,升任东北陆军骑兵第二旅旅长,兼兴东镇守使。同年 8 月,改任东北陆军步兵第十七旅旅长,兼呼伦贝尔镇守使,东省铁路护路军哈满副司令。同年 12 月,所部番号改为黑龙江陆军步兵第一旅,仍保留其本兼各职。"九一八"事变后,1932 年 9 月,与步兵第二旅旅长兼满护路军司令苏炳文成立东北民众救国军,任副总司令,抗击日军。1932 年 12 月,在日军攻击下,被迫与苏炳文率部分人员撤入苏境,后取道欧洲归国,后不知所终。

【二十三】7、11

张发奎(1896—1980) 字向华,广东始兴人。1912 年入广东陆军小学,参加同盟会。次年入武昌陆军第二军官预备学校,毕业后回粤军,由排长逐级升至旅长。1925 年冬任国民革命军第四军第十二师师长,次年参加北伐,因攻占汀泗桥、武昌城等战功升任被誉为铁军的第四军军长。1927 年 4 月宁汉分裂,张拥护汪精卫,反对蒋介石。4 月下旬,率部于河南上蔡、逍遥镇等地击败张学良的奉军主力。6 月,被武汉国民政府任命为第二方面军总指挥。7 月宁汉合流后,追随蒋、汪反共。11 月与汪合谋,发动兵变,驱逐桂系在粤势力。12 月,镇压共产党领导的广州起义。后因国民党反汪各派指责张有异动,被迫辞职赴日本。1929 年 3 月回国附蒋。蒋桂战争中,任蒋军第一路追击军司令兼第四师师长。9 月,因蒋存心消灭异己,张遂联桂再次反蒋,12 月被陈济棠部击败。1930 年,中原大战中,联合桂系支持冯、阎反蒋,失败。抗日战争期间,先后任集团军总司令、兵团总司令、战区司令长官、方面军司令官等职,率部参加过淞沪、武汉、昆仑关等战役,授陆军二级上将。抗战胜利后,任广州行营(后改行辕)主任,1947 年改任总统府战略顾问委员会委员。1949 年 3 月任陆军总司令,7 月辞职,去香港定居。1980 年 3 月 10 日在港病逝。

【十二】8;【二十四】1;【三十五】10;【四十六】2

张钫(1886—1966) 字伯英,河南新安人。1904 年入保定陆军速成学堂炮科,加入同盟会。1911 年武昌起义时,任陕西新军混成协炮兵排长,在陕西发动起义。陕西光复后，任东路征讨军大都督。1912年任陕西陆军第二师师长。1914年任陕南镇守使。1915年5月调任北京政府将军府参军。1918年任陕西靖国军副司令。1921年回河南经营民生煤矿公司。1927年任国民联军驻洛阳副总司令。1928年任河南省政府建设厅厅长。1930年代理河南省政府主席。1931年任河南清乡督办、鄂豫皖三省"剿匪"军第一纵队指挥官、"剿匪"预备军副司令。1936年1月授陆军中将。"七七"事变后，任第十二军团军团长，率部参加淞沪抗战。1938年2月任军事参议院副院长。1945年授陆军上将。1947年任国民政府顾问。1949年9月任豫陕鄂边区绥靖主任，同年12月在川北通电起义。中华人民共和国成立后，任全国政协委员、河南省政协委员。

【二十八】1

张飞（？—221） 字益德，涿郡涿县人（今河北涿州）。蜀汉大将。少时即与关羽共事刘备。刘备称汉中王后，拜为右将军，称帝后，拜为车骑将军，封西乡侯。公元221年为夺回荆州，同刘备起兵攻伐东吴。临行前，被部将范强、张达刺杀。蜀汉怀帝刘禅于景耀三年（260年）追谥张飞为桓侯。

【三十八】7；【五十二】7

张福宝（生平不详） 1934年任"豫鄂皖剿匪总部"政务处第二科科长。

【二十三】11

张福山（生平不详） 1928年11月任东北炮兵第五团团长。1931年4月任独立炮兵第六旅第十三团团长。

【二十三】6、7

张冠英（1898—1954） 字首芳，辽宁海城人。张作霖的大女儿，张学良的姐姐。张作霖的元配赵氏所生。由张作霖包办嫁给鲍贵卿之子鲍毓才。1931年"九一八"事变后迁居天津。1936年"七七"事变后迁西安。1945年抗日战争胜利后重返沈阳。全国解放前迁居北京。1954年病故。

【七】18；【五十三】4

张国焘（1897—1979） 字恺荫，又名特立，江西萍乡人。1916年入北京大学，曾参加五四运动。1920年加入北京共产主义小组。1921年7月出席中国共产党第一次全国代表大会，被选为中央局成员，兼劳动组合书记部主任。1923年参与发动和领导京汉铁路大罢工。在中共第二、四、五、六次代表大会上均被选为中央委员。1925年后任中共中央执行委员、中央局委员、湖北省委书记等职。1927年5月当选中央政治局委员、政治局常委，7月以中央代表身份阻止南昌起义未遂，参加起义。后去苏联，1928年6月中共六大后被选为中央政治局委员，任中共驻共产国际代表。1931年初回国，任鄂豫皖中央分局书记兼军委会主席，曾主持开展错误的"肃反"。1935年6月率红四方面军在四川懋功与红一方面军会师后,任红军总政治委员、中央军事委员会副主席。他反对中共中央北上抗日的决定,9月擅自率部南下,公开分裂中国共产党和红军,另立中央。1936年6月被迫取消"第二中央",与红四方面军和红二方面军共同北上。1937年3月中共中央清算了他的右倾分裂主义错误。后任陕甘宁边区政府副主席。1938年4月只身逃离陕甘宁边区,投靠国民党,被中共中央开除党籍。1949年移居香港,后转赴巴西和加拿大。1979年12月于多伦多去世。

【三十九】2、3

张海鹏(1867—1949) 字仙涛,辽宁盘山人。先拉帮为匪,后入奉天讲武堂。1910年与张作霖结为金兰。曾任洮辽镇守使、东省铁路护路军司令等职。"九一八"事变后投降日军。1932年任伪满洲国参议府参议兼执政府侍从武官长,授陆军上将军衔。1933年任伪满进犯热河前敌总司令,热河省警备司令官兼热河省省长。1941年任伪满洲帝国侍从武官处武官长。抗战胜利后,隐匿天津。1951年以汉奸叛国罪被人民政府处决。

【二十一】3;【三十一】1;【三十二】11;【三十三】1;【三十五】1;【五十五】1

张赫炎(生卒年不详) 1928年11月任东北海军陆战队第一大队大队长,驻防山东青岛。后任青岛海军陆战队司令,1938年参加台儿庄大战。

【二十三】5、7

张怀敏(1925—?) 辽宁海城人。张作霖最小的女儿,张学良的小妹。张作霖的六夫人马月清所生。张作霖被炸时只有四岁。日军占领沈阳后,随母亲去天津。辅仁大学毕业后,嫁给原奉天省长翟文选之孙翟元坤。1948年随其母马月清去台湾,在台湾某大学任教授。

【三十一】16;【五十三】10

张怀卿(1911—1992) 辽宁海城人。张作霖的四女儿,张学良的四妹。张作霖的二夫人卢氏所生。由张作霖包办嫁"辫帅"张勋的儿子张梦潮,张梦潮患有神经官能症。后两人离婚。1992年在天津去世。

【三十五】2

张怀瞳(1909—?) 辽宁海城人。张作霖的三女儿,张学良的三妹。张作霖的四夫人许氏所生。1928年与清末显宦赵尔巽(曾任晚清户部尚书、东三省总督)之子赵世辉结婚。两人都爱好京剧,张怀瞳是余派老生的"名票",赵世辉是程派小生的弟子。"七七"事变后,举家迁居美国。

【二十四】6

张怀曦（1913—?） 辽宁海城人。张作霖的五女儿，张学良的五妹。张作霖的四夫人许氏所生。曾许配给北洋政府总理靳云鹏的儿子，还未成婚，张作霖便被炸身亡，婚事不了了之。"九一八"事变后移居美国，在美国结婚生子。

【四十二】8

张焕相（1882—1962） 辽宁抚顺人。1911年日本东京陆军士官学校毕业。历任东三省军事筹备处科科长，步兵上校，少将咨议，渔业局局长，黑龙江中东铁路警备司令，黑龙江国防筹备处处长，陆军第十九混成旅旅长，中东铁路护路军总司令兼长绥司令，俄侨工厂总办，东省特别区地亩局局长，滨江镇守使，东省特别区行政长官，陆军中将。1928年底后，任东北陆军步兵第十八旅旅长，军令厅厅长代行东北航空司令，热河绥靖公署上将军事委员等职。"九一八"事变后投靠日本，参与伪满洲国的建立。先后任伪满洲国协和会中央本部委员、企划部长、司法部大臣。1942年9月，改任参议府参议。1951年被逮捕。1962年6月2日在抚顺战犯管理所病逝。

【二十三】6、11；【二十五】15

张季鸾（1888—1941） 名炽章，字季鸾，笔名一苇、老兵。陕西榆林人。著名报人、政论家。1903年入陕西三原宏道学堂。1905年考取官费留日，肄业于东京第一高等学校。留日期间，与同盟会革命党人多有交往，课余任《夏声》杂志主编。1908年回国，一度任于右任在上海主办的《民立报》记者。辛亥革命后，任南京临时政府秘书。1913年在北京与曹成甫合办《民立报》，任主编。宋教仁被刺后，因宣传反袁，被捕入狱3个月。出狱后转至上海办报，先后任《大共和日报》编译、《民信日报》总编辑。1916年任《新闻报》驻北京记者。1916年至1924年，先后任北京、上海两地《中华新报》总编辑。1926年接办天津《大公报》，任总编辑兼副总经理，主持《大公报》笔政达15年之久。抗战时期，曾两度担任国民参政会参政员。1941年9月6日病逝于重庆。

【二十五】1；【三十八】6；【四十】6、8；【四十三】9

张继（1882—1947） 原名溥，字溥泉。直隶沧州（今河北沧县）人。1899年留学日本早稻田大学。1905年8月，加入同盟会，与章太炎、章士钊、黄兴先后创办《国民日日报》、《苏报》鼓吹革命。是西山会议派的代表人物。曾历任国民党政府内任司法院副院长、中央古物保管委员会主任委员、故宫博物院文献馆馆长、北平政治分会主任、中央监察委员、华北宣抚大使、国史馆馆长等职。1928年起，先后任南京国民党政府中央政治会议委员兼北平分会主席、国民政府委员、司法院副院长等职。1931年起当选国民党中央监察委员会常委。晚年主持编纂国民党党史和民国史，1946年底出任国史馆馆长。1947年12月15日病死。

【三】4；【二十八】2；【三十四】18

张继正（1918— ） 祖籍四川华阳，生于上海。国民党元老张群之子。1937年毕业于同济大学，后赴德国、美国学习，1942年获康奈尔大学博士。1942—1944年任四川大学教授。1944年参加青年军。后赴台湾任敌伪产业清理委员会技正。1953—1958年任台湾大学教授兼"行政院工业发展委员会"专门委员。1959年后任"行政院美援运用委员会"秘书处处长，"行政院经济发展委员会"副秘书长。1965—1969年任"经济部"常务次长。1969年复任"行政院经济合作发展委员会"委员兼秘书长。1969年10月—1972年5月任"交通部"部长。1973—1976年任"行政院经济设计委员会"主任委员。1976—1978年任"行政院"秘书长。1978年6月任"财政部"部长。1980年任"行政院经济建设委员会"委员兼国际复兴开发银行、国际开发协会与国际金融公司理事。1981年任"总统府"国策顾问。1982年3月任"中央信托局"理事会主席。1983年6月起兼任"中华经济研究院"常务理事。1984年5月出任"中央银行"总裁，同年6月起任亚洲开发银行理事。1989年5月退休后被聘为台湾当局"总统府"国策顾问。1976年11月后当选国民党中央委员，国民党中央评议委员。

【七】11；【二十九】4；【四十四】2、6

张嘉璈（1889—1979） 字公权，江苏宝山人。早年就读于日本庆应大学。1913年，任上海中国银行副经理。1917年任中国银行总行副总裁。1928年，任中国银行总经理。1935年，被迫辞职。派他任中央银行副总裁，愤未就职。不久，中央信托局成立，他兼任局长。1936年到1948年，历任国民政府的铁道部长、交通部长、中央银行总裁等职。1949年上海解放前夕，去澳大利亚，在悉尼大学任教，后去美国从事教书。1979年病逝于美国。

【四十】7

张謇（1853—1926） 字寄直，号蔷庵。江苏南通人。早年在淮系庆军统领吴长庆幕下办理文案。1894年考取状元，授翰林院修撰。甲午战争之后，提出实业救国，在南通筹办大生纱厂、油厂、铁厂以及天生港轮步公司等。1920年在南通创办国内第一所师范院校通州师范，相继开办中学、小学和十几所专科职业学校，提倡教育救国。此外还开设图书馆、博物院、气象台、医院多种文化公益设施。辛亥武昌起义后，拥护共和，推动江苏独立。1911年冬当选江苏省临时政府实业部总长。1913年任熊希龄内阁农林、工商总长兼全国水利局总裁。1915年不满袁世凯恢复帝制辞职南归，继续经营实业及教育事业。1926年8月24日在南通病逝。

【二十】4

张金相（生卒年不详） 吉林怀德人。1932年任军事委员会北平分会第二处军衡组组长。1936年授陆军少将。

【二十三】11

张景惠（1871—1959） 字序五，辽宁台安人。绿林出身。清末与张作霖一起办"保险队"，后一起接受招安改编。历任陆军第二十七师团长、旅长、师长及察哈尔都统等职。1924年北京政变后任顾维钧内阁陆军总长、潘复内阁实业部总长，授陆军上将。1928年皇姑屯事件中被炸负重伤，其后为东北政界重镇。先后任东三省特别行政长官、国民政府军事参议院院长、东北政务委员会委员等职。"九一八"事变后投敌，先后任伪东三省特别治安维持会会长、伪满洲国参议府议长、国务总理大臣等伪职。1945年8月伪满洲国解体后，任东北暂时维持会会长。旋被苏联红军逮捕，押解苏联。1950年引渡回国，在抚顺战犯管理所拘押。1959年1月11日病故。

【一】2；【四】4、18；【八】14；【十五】3、4；【十七】5、6；【二十一】3；【二十五】15；【三十一】1、7、8、11；【三十二】11、16；【三十三】1、2；【三十四】6；【三十五】12；【四十三】5；【四十七】2；【五十五】1

张静江（1877—1950） 字静江，别署饮光，或称卧禅。浙江吴兴人。1901年以江苏候补道衔，随清廷驻法公使孙宝琦赴法，为商务随员。1902年在巴黎独资经营通运公司，获利颇丰。对萍浏醴起义、广州黄花岗起义捐助巨款。1906年参与创立世界社，并加入同盟会。武昌起义后回国，孙中山拟任其为南京临时政府财政总长，被婉拒。1914年参加中华革命党，任财政部长。1916年袁世凯死后回上海经商。1920年与虞洽卿等开办上海证券交易所，任监事。1924年1月，被选为国民党第一届中央执行委员。1925年7月，任国民政府委员。1926年1月，当选为国民党第二届中央监察委员。5月，在二届二中全会上，被选为中央执行委员会常务委员会主席。南京政府成立后，任浙江政治分会主席、浙江省主席、建设委员会委员长。1937年抗日战起赴汉口，后转香港赴瑞士养病。1939年赴美。1945年双目失明。后卒于美国纽约。

【三十四】18

张俊卿（生卒年不详） 1931年任陆军独立第十四旅第六四〇团团长。

【二十三】9

张魁堂（1924—1995） 江苏扬州人。长期在中共中央统战部和政协全国委员会工作，曾是全国政协文史资料委员会负责人之一。1979年底参加西安事变史编辑组，后任小组负责人。著有《张学良传》《张学良在台湾》《挽危救亡的史诗——西安事变》等。

【五十二】8

张良（约公元前250—前186） 字子房，相传为城父（今河南省郏县东）人。秦汉之际著名谋士，西汉开国功臣。其先本韩国公族，祖开地、父平相韩五世。秦灭韩后，他散家财、求刺客，曾在博浪沙（今河南原阳东南）狙击秦始皇。遭官府追捕，变易姓名逃亡至下邳（今江苏睢宁北），遇黄石公，得学《太公兵法》。秦末，在留（今江苏沛县东南）聚众归刘邦。不久，游说项梁立韩成为韩王，他任韩司徒。项羽杀韩成后，他复从刘邦，以运筹帷幄之功辅佐刘邦击败项羽。汉初，封为留侯。大功告成之后及时身退，避免了韩信、彭越等鸟尽弓藏的下场。去世后，谥为文成侯（也称谥号文成），此后世人也尊称他为谋圣。

【十一】1；【十二】8；【三十四】4；【三十五】3；【四十一】12；【四十六】3；【五十二】7；【五十五】10

张闾娥 张学良胞弟张学铭之女，原配姚夫人生。曾在天津第二中心医院工作。

【十一】1

张闾琳（1930— ） 张学良与赵一荻的儿子，是张学良的第四个儿子。是著名的旅美航天专家，退休前供职于美国太空署，高级工程师。

【十一】1；【二十二】2

张闾琪（1919—1929） 张学良与于凤至的三子。6岁时就在沈阳帅府内宅由张作霖亲自延请家庭教师启蒙读书。1925年第二次直奉战争后，随父母进京读书，直至1928年张作霖在皇姑屯遇难身亡为止。1929年死于一场意外。

【十一】1；【四十六】3

张闾珣（1917—1958） 张学良与于凤至的长子。1958年患中风去世。

【十一】1；【三十一】12；【三十四】8；【四十六】3

张闾瑛（1916— ） 张学良和于凤至之女，张学良的长女。一直和母亲于凤至生活在美国。其丈夫是毕业于东北大学的中美联谊会会长陶鹏飞，曾任美国加州圣旦克兰大学教授。

【十一】1

张闾玗（1918—1958） 张学良和于凤至的次子。他继承了张学良的运动天赋，从小喜欢骑马、跑步、打网球。1929年第十四届华北运动会上，闾玗在万众瞩目之下和张学良表演打网球，球技精湛，令时人大为赞叹。1958年，在美国因病去世。

【十一】1

张梦潮（生卒年不详） 张勋之子。张作霖包办将四女张怀卿嫁给张梦潮，后两人离婚。

【三十一】16

张梦生（生卒年不详） 传说是关外名士，20世纪10年代张作霖当了第二十七师师长和奉省督军后在家里设私塾馆，延请其为子女张学良等人授业。但张学良说根本不知道这个人。

【三十一】13

张明镐（生卒年不详） 浙江奉化人。毕业于日本东京高等师范。1929年蒋介石在家乡奉化县溪口镇创办武岭学校，请他参与筹建，并任武岭学校董事会董事和第一任校长。1931年1月辞校长职务，任浙江省立第九中学校长。写有《蒋介石在溪口》。

【二十八】4

张默君（1883—1965） 原名昭汉，字漱芳，湖南湘乡人。早年毕业于上海务本女学及圣约瑟女书院，并加入中国同盟会。1911年在苏州创办《大汉报》，宣传民族革命。辛亥革命时随父参加光复苏州之役，参与策划江苏独立。旋赴上海组织女界协赞会、女子参政同盟会，组织红十字会女子救护队、女子北伐队，为革命军募捐。1912年被孙中山委任为文书主任。后在上海创办神州女界共和协济会，任会长；创刊《神州女报》，创办神州女校，任校长。后任南京江苏省立第一女子中学校长。1918年，赴欧美考察教育，曾入哥伦比亚大学学习教育学。1920年环游欧洲多国。回国后任上海《时报》、《妇女周报》编辑。1924年与孙中山秘书邵元冲结婚（西安事变时，邵中弹身亡）。1927年后历任江苏省立第一女子师范学校校长、杭州市教育局局长、中国妇女协会副委员长。1921年任国民政府立法委员。1935年始任考试院考选委员会委员约20年。是国民党中央监察委员。1949年去台湾。1957年，将所藏古玉50余件捐赠台北历史博物馆。1965年冬逝世于台湾。工诗文，善书法，书法作品以行草为主，笔法苍茫浑厚，一洗女子纤弱习气，开一代新风。

【二十】5；【四十一】2；【四十二】5

张慕陶（1902—1941） 原名张金印，化名镜英、马云程。陕西旬邑人。1924年秋加入中国社会主义青年团。1925年冬转为中共党员。1927年历任共青团陕甘区委宣传委员，中共陕西省委委员兼团省委书记，中共陕西省委常委。1928年6月出席在莫斯科召开的中共"六大"。1929年初任中共顺直省委组织部长，同年秋任顺直省委书记。1930年任中共中央长江局军委总兵委书记。1931年因参与罗章龙分裂党组织的活动而被开除党籍。不久在天津被捕。1932年9月出狱后恢复党籍。同年冬季派任中共张家口特委书记，帮助筹建察哈尔民众抗日同盟军，后任抗日同盟军军事委员会常委兼政治部主任。不久，因"联日反蒋"的右倾主张，再次被开除党籍。抗日同盟军失败后，在天津等地从事反蒋活动。1934年秋担任阎锡山的高级参议。抗日战争爆发后，在太原、冀南等地活动，反对联蒋抗日。1938年2月，在山西临汾被民族革命大学学生以"托派汉奸"的罪名逮捕，转押于西安陕西省第一监狱。后经友人营救出狱。不久被国民党陕西当局逮捕，1941年1月5日被枪杀。

【二十五】5

张溥泉 即张继，字溥泉。见张继。
【三】4；【三十四】18

张潜（1897—1987） 字伏波，河北赵县人。保定陆军军官学校第九期炮兵科、陆军大学特别班第五期毕业。1928年6月任第三集团军（总司令阎锡山）炮兵第九团（1931年3月改称独立炮兵第二十九团）上校团长。1935年5月11日叙任陆军炮兵上校。1940年7月入陆军大学特别班第五期。1942年7月毕业后派任军令部高级参谋。1943年8月晋任陆军少将。1944年1月调任第八战区副司令长官部（副司令长官傅作义）少将副参谋长。1945年8月所部改组为第十二战区司令长官部（司令长官傅作义），仍任少将副参谋长。1947年3月所部改组为张垣绥靖公署（主任傅作义），仍任少将副参谋长。5月调升驻绥部队指挥所中将副主任。12月任绥远省保安司令部中将副司令。1948年5月任归绥警备司令部中将司令。1949年9月19日在绥远归绥率部起义。1950年1月任人民解放军归绥警备司令部司令员。1952年8月调任绥蒙军区（9月改称蒙绥军区）高级参谋。1954年3月任内蒙古自治区人民政府参事室参事。1977年12月当选政协内蒙古自治区委员。1987年在内蒙古呼和浩特病逝。

【三十】2

张潜华（生卒年不详） 1934年春—1936年冬任张学良秘书。写有《张学良与西安事变》。

【四十三】2

张群（1889—1990） 字岳军，四川华阳（今属双流县）人。早年就读保定陆军速成学堂，1908年赴日本，就读振武学堂，与蒋介石为同学，同年加入同盟会。其后曾参与辛亥革命、二次革命、护法运动等。1927年起历任国民政府兵工署长，同济大学校长，上海特别市市长（1929—1930），上海市市长（1930—1932），湖北省政府主席，国民政府外交部长（1935年12月—1937年3月），国民党中央政治会议秘书长，行政院副院长（1938年1月—1939年12月），四川省政府主席、国防最高委员会秘书长等职。1947年4月到1948年5月曾任行政院长，后任西南绥靖公署主任，行政院政务委员。1949年后去台湾，1954—1972年任台湾当局"总统府秘书长"。1972年后长期担任"总统府资政"。1990年12月14日病逝台北。1930年，中原大战期间，张群作为蒋介石的代表，多次到奉天游说张学良。到台后，与张学良交往很多，并与张大千、王新蘅四人定期聚会，组成"三张一王"转转会。1990年，张群出面为张学良在台北圆山饭店举行了九十寿诞宴会。

【五】4、5；【七】11；【十】3；【十二】1、9；【十三】1、3、10、11；【十四】2；【二十二】1；【二十四】1、6、8；【二十六】9；【二十七】4、5、8；【二十九】4、9；【三十】5、6、7；【三十九】8；【四十三】3、4、10、11；【四十四】2；【四十五】5；【四十八】1；【五十一】8；【五十二】7；【五十八】1、5

张榕（1884—1912） 字荫华，祖籍山东济南。早年入北京译学馆学习俄文。曾因参与刺杀"五大臣"案被捕入狱，后逃亡日本加入同盟会。武昌起义后，回奉天从事革命活动，被推为奉天联合急进会会长。1912年1月，被张作霖派人刺杀于沈阳。民国成立后，孙中山在南京为他举行了追悼会。

【二十一】3；【三十一】1；【三十二】16

张儒彬（1905—?） 回族，辽宁新民人。东北讲武堂第四期毕业。1936年底任第五十一军第一一三师第六三八团团长。1938年任第五十一军第一一三师第三三七旅六七四团团长，第五十三军一一六师三四六团团长。1944年参加滇西对日反攻战和远征军入缅抗战。1946年任第五十三军一三〇师副师长。1947年9月任第五十三军暂编第三十师少将师长。1948年11月1日在沈阳投诚。后任黑龙江省人民政府参事，黑龙江省政协委员。

【二十三】13

张汝舟（生卒年不详） 曾任张学良的侍卫。写有《记张作霖、张学良父子二三事》。

【三十二】17

张士贤（1901—?） 号子才，辽宁东辽县（今吉林人）。毕业于东北讲武堂第四期步兵科，陆军大学第七期。1931年5月，任东北军陆军独立第七旅第六一九团团长。1936年12月，任东北军第五十七军第一一二师六四三团团长。1947年7月7日授少将军衔，同年退役。

【二十三】9

张式纶（1901—?） 字雪涵，辽宁辽阳人。东北大学政治经济系、北平中央大学法律系毕业。1924年后，任吉林延吉县公署行政科长、宜化县税捐局长、东北讲武堂少校书记官。任沈阳商埠局秘书、延庆县县长、兼延庆县清乡总局局长、察哈尔省公署秘书。1936年，任陕西省第七区行政督察专员公署秘书。1940年国民党中央训练团高级班毕业。1944—1945年，任宝鸡县县长，兼田赋、粮食管理处长。1945年10月，任东北国民党政府辽北省政府委员，兼任民政厅厅长；

注释/索引

同年，代理辽宁省政府主席。1949 年去台湾，任中央财务委员会副主任委员，兼国民党中央常务顾问，此间，曾兼职"总政部"政治作战计划委员，"国防会议"战地政务研究委员，金马战地政务督导委员，曾参与多项反共作战计划研讨。1973 年退休。

【二十五】15；【三十二】14

张首芳　即张冠英，张作霖长女，字首芳。见**张冠英**

【三十一】13

张寿臣（1899—1970）　艺名小双。北京人。7 岁开始说相声。随父亲张诚甫在北京天桥卖艺。10 岁以说相声为业，11 岁拜焦德海为师，学会了大量节目，15 岁满艺出师。开创单口相声的先例。1953 年入天津曲艺工作团，专事单口相声。1970 年在天津病故。

【十八】2；【四十一】9

张树森（1896—？）　字少峰，辽宁沈阳人。1920 年毕业于东北讲武堂第一期骑兵科，后赴日本陆军士官学校学习。回国后入奉军。1928 年任陆军独立骑兵旅旅长，东北骑兵第三旅旅长。"九一八"事变时驻防通辽，后奉命增援锦州。锦州失守后，退入关内。抗日战争期间，投靠汪伪政权，任伪湖北省保安司令部参谋长。此后情况不详。

【二十三】6、7、9

张思恭（1897—？）　河北枣强人。保定军官学校第八期毕业。1928 年 11 月任东北军炮兵第八团团长。1936 年 2 月授少将衔。

【二十三】6

张素我（1915—2011）　安徽巢县人。张治中长女。1935 年南京金陵女子学院肄业后到英国西南大学留学。1937 年回国，先后任安徽黄丽学校校长、湖南省地方行政干部学校妇女训练班副主任、国民党中央军校第七分校外语班教员、国立兰州兽医学院副教授。1951—1953 年，在北京外国语学校（现北京外国语大学）任教。1953 年起历任北京外贸专科学校、北京外贸学院、对外经济贸易大学教员、副教授、教授。1955 年加入中国国民党革命委员会，先后担任民革中央委员、中央常委、妇女工作委员会主任、中央监察委员会副主席，民革中央顾问。曾任全国政协委员、常委，全国妇联执委、常委、副主席等职。2011 年 12 月 2 日在北京逝世。1947 年 10 月 30 日，曾随父亲张治中去台湾新竹探访了幽禁于井上温泉的张学良。写有《我们见到了张学良先生》。

【二十一】11

张廷枢（1903—1949） 张作相次子，原名柏庭，字蔚久。辽宁义县人。1912年进东北讲武堂，与张学良同学。1923年，任上校团长，被选送到日本千叶县步兵专门学校学习。1925年回国，先后任奉军少将旅长、中将师长和预备军军长。1928年东北易帜后，任东北陆军第十二旅旅长，辽宁省第三区剿匪司令，驻防锦州。1931年底，调防北平南苑。1932年，任第一一二师师长。1933年3月，率部在长城要塞古北口抗战。战后移驻宣化，与冯玉祥组织的抗日同盟军建立联系，坚决主张抗日。1935年秋，被调往陕西进攻共产党。张反对蒋介石消极抗战、积极反共的做法，于当年12月辞职回津。1937年10月投奔晋东南八路军总部，被任命为八路军第一游击纵队司令员。1938年秋，进入延安抗大学习。1940年，赴香港治病。次年12月，由香港回到天津。1945年抗战胜利后，从天津搬到北平，继续养病。1949年7月23日，在北平去世。

【二十三】6、7、9、11；【二十四】3

张维清（生卒年不详） 山西人。1903年由山西巡抚选派赴日留学，毕业于日本陆军士官学校，与阎锡山同学。回国后，曾任第三集团军军械处长，山西兵工厂厂长，山西军械局局长。1918年6月授少将衔。1930年中原大战爆发前，为争取张学良的东北集团，3月12日，时任军械处长的张维清曾作为阎锡山的代表之一抵沈晤张。1931年1月任山西省政府委员。1936年8月授中将衔。

【五】11；【二十四】9；【二十五】1

张伟斌（1898—1960） 吉林扶余人。早年入吉林毓文中学，天津南开中学。1921年留学美国，入伊利诺西北大学。1927年入美国陆军步校学习。1929年毕业回国，任东北边防司令长官公署卫队连长。1930年任东北边防军第一旅第三十七团平射炮连连长，东北边防司令长官副官兼沈阳同泽中学军事教官。1931年调任独立第九旅第六二六团第一营营长。1932年任军事委员会北平分会谘议兼联合国调查团军事专门委员。1933年任第一〇五高射炮队队长。1937年任第一一一师副师长。1941年任第二十五集团军副官处处长。1945年任军事委员会参议。1946年任中央训练团英文教官。1947年任中央训练团专员。1948年9月授少将衔。1949年任国防部政工局青年救国团高级参谋，国防部部员，同年底在昆明向解放军军政委员会登记。1953年后返乡务农。1960年在吉林病逝。

【二十三】13

张文清（1896—1951） 河南新乡人。先后毕业于保定军校第九期和陆军大学第七期。1927年后任奉军第三方面军团卫队旅参谋，第十九师参谋处处长，东北讲武堂黑龙江分校步兵队中队长。1929年任哈满护路军司令部参谋长，在中东路事件中被苏军俘虏，1930年初释放回国后任第十七旅参谋长。1931年任独立第三十旅第六八七团团长，参加长城抗战。1933年后任第一三〇师第六八七团团长，第一二九师参谋长，第一〇九师参谋长，代理第一〇八师师长。1937年后任第一〇八师师长，第二十五军副军长兼第一〇八师师长。1940年升任第二十五军军长。1943年初任第十集团军副总司令，同年调任第二十五集团军副总司令。1946年初任河南省保安处处长，同年调任豫东师管区司令。1948年在解放军攻开封时被俘，后逃跑，同年被任命国防部部员后退役。1950年被逮捕，1951年在长沙被处决。

【二十三】13

张闻天（1900—1976）　原名应皋（也作荫皋），曾化名洛甫，字闻天。江苏南汇（今属上海市）人，祖籍江苏无锡。1919年参加五四运动，1925年加入中国共产党，同年冬被派往莫斯科学习。1931年2月回上海后，任中共中央宣传部部长，临时中央政治局委员及政治局常委。1933年进入江西中央苏区，当选为中央政治局委员、中央书记处书记。1934年10月参加长征。遵义会议上，对确立毛泽东的领导地位起了重要作用。会后，任中央政治局常委，代替博古负总责。西安事变时，主持召开中共中央应对事变的会议，为和平解决事变起重要作用。1938年5月，兼任延安马列学院院长，并曾长期兼任党中央宣传部长、西北工作委员会主任等职，从事宣传教育工作。1945年当选为中央政治局委员。抗战胜利后，1946年到东北工作，先后任合江省（今黑龙江省内）省委书记，中共中央东北局常委兼组织部长，东北财政经济委员会副主任，辽东省（今辽宁省和吉林省内）省委书记。中华人民共和国成立后，任驻苏联大使及外交部副部长等职，1956年当选为中央政治局候补委员。1959年在庐山会议上受到错误批判并被撤销所任职务。"文化大革命"中遭到严酷迫害，1976年7月1日在江苏无锡病逝。1978年12月中共中央纠正了对张闻天等所做的错误结论；1979年8月25日，中共中央为张闻天召开了隆重的追悼大会。

【五十七】2

张锡銮（1843—1922）　字金波，又字今波、今颇。浙江钱塘（今杭州）人。监生出身，历任直隶海防营务处总办、福建兴化知府、北洋营务处兼发审处总办等职。中华民国成立后，授任直隶都督，1912年任东三省西边宣抚使，调任奉天都督、吉林都督。1915年6月授陆军上将，任"镇安上将军"节制东三省军务。1917年后退出军政界，寓居天津。曾招降张作霖，并收为义子。1922年病故。

【二十一】3；【二十三】7；【三十一】2；【三十二】16

张孝若（1898—1935）　名怡祖，字孝若，江苏南通人。张謇之子。曾就读青岛东方大学、上海震旦大学，1918年毕业于澳大利亚亚诺兰特商科大学。1919年任其父创办淮海实业银行经理。1921年任江苏省议会议员。1922年奉派为考察欧美日本实业专使。1924年5月任驻智利公使，未赴任。1925年任吴佩孚14

省讨贼联军总司令部参赞、外交处长。1926年8月张謇逝世后继任大生纱厂董事长、南通学院院长。1935年10月17日在上海被仆役枪击而死。

【二十】4

张啸林（1877—1940） 原名小林，乳名阿虎，号啸林。浙江慈溪人。早年曾入浙江武备学堂。1912年移居上海后加入青帮，逐渐成为青帮头目之一，与黄金荣、杜月笙并称为"上海三大亨"。1927年参与组织中华共进会，配合蒋介石发动"四一二"政变。南京国民政府成立后，先后任海陆空军总司令顾问、军事委员会少将参议、行政院参议等职，并兼任上海法租界纳税华人会会长。1932年充任上海华商纱布交易所监事和中汇、交通等几家银行和公司常务董事或董事。1937年上海沦陷后，公开投敌，筹建伪浙江省政府，并拟出任伪省长。1940年，被贴身保镖林怀部击毙于上海华格臬路（今宁海西路）张公馆。

【十二】2；【三十二】14

张学曾（1911—?） 辽宁海城人，张作霖的三子，张学良的三弟。张作霖的四夫人许氏所生。曾留学英国、日本。二战后定居美国。曾在联合国总部秘书处任职。张学曾夫人为第一批留美学生蔡绍基的女儿。

【十七】9；【二十三】2；【二十四】6；【五十一】3

张学成（1902—1931） 字铸卿。张作霖的二哥张作孚的长子，张学良的堂弟。其父清末在黑山县任巡防营哨长剿匪时阵亡后，与胞弟学文及三个妹妹由张作霖抚养。幼时在帅府私塾启蒙。1919年与张学良同期就读于东北讲武堂第一期。毕业后，张作霖送其到日本留学。归国后任张作霖卫队侍卫、队长。后到山东张宗昌部，曾任第七十师师长。1928年夏天张宗昌被北伐军击溃后，转投石友三。1931年"九一八"事变后，投靠日本人，任"东北自卫军总司令"，纠集伪军要进攻临时辽宁省政府驻地锦州。张学良命令剿灭张学成所部伪军。辽宁警务处长黄显声派公安骑兵部队于11月中旬赴高山子围剿，将张学成和日本顾问等击毙。

【二十三】11；【三十一】13；【五十二】12

张学浚（1922—1984） 辽宁海城人，张作霖的六子，张学良的六弟。张作霖的五夫人寿氏所生。肄业于北京辅仁大学。抗战时曾加入军统担任翻译，负责与美军联系。后迁居澳门。1967年去台湾。1984年在台湾去世。

【五十三】10

张学铭（1907—1983） 字西卿，辽宁海城人。张作霖的次子，张学良的二弟。张作霖的元配赵氏所生。早年毕业于东北陆军讲武堂。1928年入日本陆军步兵学校。曾任驻日使馆见习武官。1929年回国，就职于东北军。1930年任天津警察局长，1931年3月任天津市市长。后辞职出国考察。"七七"事变后旅居欧、美、香港。1941年香港沦陷被迫返回内地，住南京。1943年曾任汪精卫政权军事委员会委员。抗战胜利后未被追究，任国民政府东北长官司令部参议室中将主任，东北行辕参议室副主任、总参议。1949年留在天津。1950年，入北京华北人民革命大学学习。后曾任天津市人民公园主任、天津市建设局副局长，天津市市政工程局副局长、顾问，民革第五届中央委员、民革天津市委副主任委员、民革中央委员等职，是第三至五届全国政协委员，天津市政协常委。1983年4月9日在北京病逝。

【十七】6、9；【三十一】13、14；【三十四】5；【五十二】12；【五十三】10

张学思（1916—1970） 又名张学诗，字述卿，辽宁海城人。张作霖的四子，张学良四弟。张作霖的四夫人许氏所生。1933年在北平参加反帝大同盟，同年加入中国共产党，派入东北军第六十七军做兵运工作，失败后与党失去联系。1933年赴南京中央军校学习，后入第五十三军任见习排长，8月重新加入中共。1938年赴延安入马列主义学院，1939年毕业，先后任抗日军政大学东北干部队队长、冀中军区司令部参谋处长，冀中军区副参谋长兼作战科科长、晋察冀军区参谋处长，晋察冀军区平西军分区参谋长、副司令员兼参谋长。抗日战争胜利后，任辽宁省政府主席、辽宁军区司令员，东北行政委员会副主席兼辽东办事处主任等职。1949年4月受命创建安东海军学校，任副校长。同年9月参加第一届全国政协会议。中华人民共和国成立后，任大连海军学校副校长兼副政委。1953年任海军副参谋长，1955年授海军少将。1956年，被派往苏联伏罗希洛夫海军学院留学。1958年毕业回国后任海军第一副参谋长、参谋长。"文化大革命"开始后，遭到迫害和非法关押，1970年逝世。1978年后，得到平反昭雪。

【一】1；【十七】6、9；【二十一】9；【二十七】8；【二十八】9；【三十一】8、11、16；【三十二】17；【三十四】1；【三十八】2；【四十二】9；【四十七】1；【五十三】10

张学文（生卒年不详） 字右卿。张作霖的二哥张作孚的次子，张学良的堂弟。其父于清末在黑山县任巡防营哨长剿匪时阵亡后，与胞兄学成及三个妹妹由张作霖抚养。1927年在张作霖安排下赴日本留学，1928年皇姑屯事件后回国。后又赴法国留学。1930年回国后加入东北军。1935年任第一〇五师第三旅第九团团长。西安事变后，被迫解甲经商。1944年出国，1947年定居巴西。1987年曾偕夫人、子媳回国探亲。

【二十三】11、13；【五十二】12

张学英（1924—?） 辽宁海城人，张作霖的七子。张学良的七弟。张作霖的五夫人寿氏所生。1949年去台湾，后贫病交加在香港去世。

【五十三】10

张勋（1854—1923） 字少轩，江西奉新人。光绪十年（1884年）在长沙投军。1891年升为参将。1895年投靠袁世凯，任管带、副将、总兵，参加镇压义和团。1902年调北京宿卫端门，充慈禧、光绪扈从，后任奉军辽北总兵、云南提督、甘肃提督、江南提督。辛亥革命时，率江防营镇压南京新军，捕杀革命党人，被江浙联军所败，退守徐州，被授为江苏巡抚、署两江总督兼南洋大臣。袁世凯窃国后，其军改编为武卫前军，但表示效忠清室，保留发辫，被称为"辫子军"，他亦称为"辫帅"。1914年镇压"二次革命"，攻陷南京，被袁世凯提升为江苏督军、长江巡阅使，授定武上将军。1916年又任安徽督军。1917年黎元洪和段祺瑞发生府院之争，张伪装调停，6月14日率军进京，30日撵走黎元洪，拥溥仪登基，被封为议政大臣兼直隶总督、北洋大臣，史称"张勋复辟"。在举国人民反对、段祺瑞"讨逆军"进攻下，复辟仅十三天夭亡，他遁入荷兰使馆。次年10月，受北洋政府"特赦"。1921年任热河林垦督办，未就职。后病死天津。

【二十】4；【二十六】2；【三十一】3、16；【三十二】16；【三十三】1、10、13；【三十五】1、2；【三十九】7；【四十】6；【五十六】1

张严佛（1901—1971） 又名张毅夫，湖南醴陵人。北京师范大学毕业。曾在程潜的第六军司令部任过少校、中校科员、科长等职。1933年任南昌行营调查科股长。1935年10月任军统局西北区区长兼西北剿匪总部第三科科长，12月兼任西北剿匪总部军警督察处督察长。1936年1月任力行社特务处代处长。1937年任军统局西北区区长兼西安行营办公厅第四科科长，后任军统局川康区区长。1942年1月任军统局河南站站长。1944年10月任军统局副主任秘书。1946年3月任军统局主任秘书，6月任军统局重庆办事处主任。1946年6月授中将。1947年3月任国防部保密局设计委员会主任，10月奉派台湾井上温泉代替休假的刘乙光负责监管张学良，一个月后离开。1948年秋任长沙绥靖公署中将高参兼湖南省党政军联合办公室副主任等职。1949年8月在长沙参加起义。后在中南军政委员会公安部工作。1955年在湖北被捕入狱，在关押中病逝，后予以平反。

【二十一】1；【二十二】3；【二十八】4、5、6；【三十四】13

张挹兰（1893—1927） 醴陵人。北京大学肄业。1925年加入国民党，参加创办《妇女之友》杂志，同共产党关系密切。1926年春，任国民党北京市党部执行委员，兼任漫云女校校长。积极参加群众集会，演出话剧，受到李大钊、刘清扬等的表扬。1927年初，接替刘清扬任市党部妇女部长职。同年3月，被奉系军阀逮捕，坚贞不屈，4月与李大钊等20人一起遇害。

【四十】9；【四十三】4

张逸春 张学良儿时曾用名。
【十一】1

张毅庵 张学良晚年曾用名。
【十一】1;【三十五】3;【五十五】10

张友坤（1938— ） 河南洛阳人。曾任全国政协副主席吕正操将军秘书、中国社会科学院近代史研究所副所长、张学良暨东北军史研究会副会长。曾两次赴夏威夷拜见张学良，并赠送其领衔编撰的《张学良年谱》、《张学良世纪风采》等。
【三十】1

张有才（？—约1888） 又作张有财。张作霖之父，张学良的祖父。祖籍河北大城，生于辽宁海城。张有才先娶邵氏为妻，未生育，邵氏死后续娶王氏。王氏原嫁李姓，生子名作泰，夫亡携作泰再嫁张有才，又生2子（即张作孚和张作霖）1女。张有才不务农业，领全家由海城西北小洼村迁居海城驾掌寺村，先开一小商铺，后经营不善倒闭。张有才嗜赌，在张作霖13岁时，因在赌场结仇，被仇家债主打死。
【四十二】6

张雨帅 即张作霖。见**张作霖**
【二十五】1、15、16;【三十一】3;【三十二】18;【三十四】12;【三十五】6

张雨亭 即张作霖，字雨亭。见**张作霖**
【二十五】14、15;【三十二】14、17;【三十三】20

张裕钊（1823—1894） 字廉卿，湖北鄂城（今湖北省武昌市）人。清代散文家、书法家。道光二十六年（1846年）中举，授内阁中书。后入曾国藩幕府，与黎庶昌、吴汝纶、薛福成合称"曾门四弟子"。然淡于仕宦而独喜文事，曾主讲于江宁、湖北、直隶、陕西各书院。为学继承桐城派余绪，尚宋学义理。为文亦遵桐城义法，但强调行文"雅健"，力挽桐城古文"气弱"之失。能诗，笃精古文辞。书法更名重一时，常于险峻中见刚健；习研魏碑而内圆外方，能自成一家，被康有为赞誉为"集碑学之成"。
【五十二】13

张岳军 即张群，字岳军。见**张群**
【十三】10;【十六】2;【三十】5、7

张兆麐（生卒年不详） 1932年考入燕京大学新闻系，与时在新闻系任兼职教师的斯诺交往颇深。1935年任燕京大学学生自治会主席，参与领导了一二九学生运动。后投奔张学良。1936年12月13日，即西安事变次日，张学良、杨虎城接管《西京日报》，改名《解放日报》，张兆麐任社长。

【二十三】2

张振鹭（1896—1971） 字蘅若，名英荃，辽北开原（今属远宁）人。1919年2月入北京陆军军需学校。1921年春毕业后入奉军，历任营、团、旅军需官，镇威军第一、三联军司令部军需处中校主任，京榆驻军司令部军需处主任，东北陆军第六师司令部军需处长，第三、四方面军团司令部兵站处处长。1926年4月，转任直隶省第十五统税局局长。1927年6月，任陆军一等军需正并加军需监衔。1931年"九一八"事变后，任东北驻平政务委员会财政整理委员会执行委员。1932年9月，改任河北省井陉矿务局局长。1936年初，任冀察政务委员会经济委员会委员。1938年6月后连任第一至四届国民参政会参政员。抗战胜利后，奉派为东北行营经济委员会委员。1946年回沈阳，接收敌伪遗留房地产，任东北房地产管理局局长。同年冬，任制宪国民大会代表。1947年10月，任东北行辕政务委员会委员兼房地产管理局局长，旋改为敌伪产业处理局局长；冬，当选行宪国民大会代表。1948年9月任东北"剿匪"总司令部政务委员会委员，11月去台湾。1952—1965年，先后侨居日本及巴西。1971年11月8日病逝。

【二十三】7

张政枋（1892—1974） 字立衡，奉天海城人。1913年入海城县师范学校，毕业后在家乡的小学执教。1922年3月入东北陆军教导队第一期，4月又投考东三省讲武堂步兵科第四期。1929年1月任东北边防军第二十四旅第四团上校团长。1931年5月任独立第十七旅第六四八团上校团长。1932年8月任独立第七旅旅长。1933年2月任第六十七军第一〇七师少将师长，参加长城抗战，6月任军事委员会北平分会少将高参。1934年4月任鄂豫皖三省"剿匪"副总司令部少将高参。1935年3月任武昌行营少将高参，11月任西北"剿匪"总司令部粮秣处处长。1937年2月任第一一〇师师长，7月辞职投奔共产党领导的八路军，10月任第十八集团军第一游击纵队副司令员，11月授陆军少将衔。1938年初因病赴成都休养，后任军事参议院少将参议。1946年2月退役，在西安经商。1949年后任河北省政协委员，民革河北省委委员兼组织处副处长，辽宁省人民政府参事室副主任。

【二十三】11、13

张之江（1882—1966） 字子姜，号保罗，曾用名子岷；河北盐山人。辛亥革命滦州起义中任骑兵司令，1915年云南起义为阻击兵团司令；讨伐张勋复辟时任总指挥。1924年第二次直奉战争爆发,任直军讨贼军第三军第一路司令,10月协助冯玉祥发动北京政变,后任察哈尔都统兼第一军军长,为西北军五虎上将之首。1926年任西北边防督办兼国民军总司令。1927—1936年,任国民政府委员,全国禁烟委员会主席,江苏绥靖督办及军事参议院上将参议。创办了中央国术馆及国术体育专科学校,任馆长及校长。抗战初期,应李宗仁之邀任第五战区高等军事顾问。后任国民参政会参政员、军事委员会上将参议、国民党第六届中央执行委员、立法委员等职。1949年后,特邀为全国政协委员、并任民革中央委员。

【二十四】4

张志忻（生卒年不详） 1928年12月任东北边防司令长官公署秘书厅机要处处长。1931年4月任东北边防司令长官公署秘书厅秘电处处长。

【二十三】7、11

张质彬（生卒年不详） 1928年11月任东北军工兵第五营营长（驻河北抚宁）。

【二十三】7

张治公（1881—1951） 字干丞,又名树林。河南洛阳（今伊川县）人。早年入绿林。1911年武昌起义后,起兵豫西响应,后参加秦陇豫东征军任标统。1912年,任镇嵩军第二标标统,曾参加围剿白朗起义军。1917年后,任镇嵩军旅长兼西安卫戍司令,镇嵩军第二师师长。1924年10月,第二次直奉战争爆发,任讨奉军第七路司令,随吴佩孚到山海关同奉系作战,败退临汝。1925年10月,任陕潼护军使。1927年5月投奉,任第二十一军军长,后同国民军交战,被击败,同年10月下野,居天津、北京等地。1939年回乡,创办维伦中学。1943年开"公兴渠"。1944年5月,日军占领伊川县后,任日伪白河县（今伊川县辖境）县长。1951年3月被枪决。

【七】28；【十六】4；【四十八】4；【五十】8

张治中（1890—1969） 原名本尧、字警魄,后改名治中,字文白。安徽巢县人。辛亥革命时,在上海参加学生军。次年入武昌陆军军官第二预备学校,1916年入保定军官学校。次年7月赴广州追随孙中山,历任连长、营长、旅长、参谋长、黄埔军校入伍生总队长、国民革命军总司令部副官处处长、武汉中央军校教育长兼学兵团团长、军委会军政厅厅长、中央陆军军官学校教育长、武汉行营主任、教导第二师师长、第五军军长等职。1932年参加淞沪抗战。"七七"事变后,任第九集团军总司令兼左翼军总指挥、湖南省政府主席、军委会委员长侍从室第一处主任、军委会政治部部长、三民主义青年团中央干事会书记长等职。积极主张国共合作、共同抗战。抗战胜利后,三次到延安,迎送毛泽东到重庆谈判。随后作为国民党的代表参加军事调停三人小组。1945年10月晋升二级上将。

次年 3 月任西北行营兼新疆省政府主席。1949 年任国民政府和平谈判代表团首席代表，赴北平同中共代表团谈判。谈判失败后发表《对时局的声明》，同国民党决裂。中华人民共和国后，历任中央人民政府委员、西北军政委员会副主席、全国政协常委、全国人大常委会副委员长、国防委员会副主席、民革中央副主席等职。1969 年 4 月 6 日逝世。

【十二】11；【二十一】9、11；【二十三】2；【二十六】11、15；【三十】6；【三十四】3；【三十六】1

张紫云（生卒年不详） 名张程久，秀才。20 世纪初为八角台（今辽宁台安县）商会会长，地方绅士。1901 年张作霖到八角台办"保险队"时，他给予大力支持，常给出谋划策。

【三十五】4

张自忠（1891—1940） 字荩忱。山东临清人。早年先后入天津法政学校和法政专科学校。1914 年投笔从戎。1916 年至冯玉祥部，历任排长、连长、营长、团长、旅长、师长等职。1930 年中原大战后，所部被蒋介石收编。1931 年后，任第二十九军第三十八师师长。1933 年初，参加长城抗战，率部取得喜峰口之役大捷。1935 年任察哈尔省政府主席。1937 年"七七"事变时，任冀察政务委员会委员和天津市市长，并负责对日交涉。第二十九军撤离平津时，受命代理冀察政务委员会委员长兼北平市市长。12 月，任第五十九军军长。1938 年任第二十七集团军军团长，率部在鲁南重创日军，为台儿庄战役的胜利奠定了基础。6 月率部在信阳武胜关阻击日军，并升任第三十三集团军总司令。1940 年 5 月枣宜会战时兼任第五战区右翼兵团总司令，16 日在对日作战中壮烈牺牲。国民政府在 1942 年 12 月 31 日，明令入祀全国忠烈祠，1944 年 8 月，将宜城县改名自忠县，以资纪念。1982 年 4 月 16 日，民政部追认为革命烈士。

【五】9；【十四】3；【二十六】9；【三十】2；【三十五】9

张宗昌（1881—1932） 字效坤，山东掖县人。早年曾当土匪。辛亥革命时，投靠山东民军，后转投沪军都督陈其美。1913 年任江苏陆军第三师师长。同年二次革命时，阵前倒戈，投靠北洋军冯国璋。1918 年任江苏军第六混成旅旅长。1921 年所部被江西督军陈光远解散。此后，投靠奉系。1922 年因击败并收编反张作霖的军队，又吸收逃到中国的俄国白军，成为奉系重要将领。1922 年 5 月任绥宁镇守使，吉林省防军第三旅旅长。1924 年第二次直奉战争中，任镇威军第二军副军长。段祺瑞执政后，改称宣抚军第一军军长，驻扎上海。1925 年 4 月任山东军务督办，后自兼省主席。5 月镇压青岛日商纱厂工人罢工，造成"青岛惨案"。同年 10 月参加浙鲁战争。12 月自任直鲁联军总司令，攻击北京的国民军。1926 年 12 月为对抗北伐军，同孙传芳拥张作霖任安国军总司令，被任命为安国军副总司令兼直鲁联军总司令。1927 年被上海工人第三次武装起义挫败，率残部逃回山东。1928 年 4 月被北伐军逐出济南，逃到冀东。6 月企图率部退回关外，被张学良拒绝。9 月所部被白崇禧军击溃，只身逃往日本统治下的大连。1929 年率鲁东余部在烟台登陆，失败后逃往日本。1932 年回到山东，企图再起。同年 9 月 3 日，被韩复榘指使的山东省政府参议郑继成枪杀于济南车站。

【一】3、4；【四】11、18；【五】7、13；【七】26、28；【九】13；【十六】4；【十七】3、4、8；【十九】4、5、6；【二十】3、4；【二十三】3、5、13；【二十四】1、2、3；【二十五】15；【二十六】5；【三十一】4、5、6、7；【三十二】4、5、6、8、11、15；【三十三】2、9、14；【三十四】3、12；【三十五】13；【三十八】7；【三十九】9；【四十二】5、10；【四十三】4；【四十四】5、7；【五十】8；【五十三】14；【五十四】4、7；【五十六】13；【五十九】2；【六十】5

张作霖（1875—1928）　字雨亭，祖籍河北大城，辽宁海城人。少时曾入私塾，后改学兽医。1894 年投毅军。甲午战争失败后，1895 年 3 月返回故里，组织地方武装"保险队"。1902 年被盛京将军增祺收编，任游击马队管带。因参与辽西剿匪、追剿蒙古陶克陶胡部有功，1909 年升为奉天巡防营前路统领。1911 年辛亥革命，经奉天省君主立宪派领袖袁金铠的保举，被东三省总督赵尔巽重用，任奉天国民保安会军事部副部长，打击革命党人。1912 年 9 月，被袁世凯任命为陆军第二十七师师长。1915 年，支持袁世凯称帝，被袁封为二等子爵、盛武将军督理奉天军务兼奉天巡按使。1916 年袁世凯死后，被北京政府任命为东三省巡阅使领奉天督军，兼省长，控制了奉天、吉林、黑龙江三行省，成为北洋军阀奉系首领。此后，奉系全盛时势力范围扩至热河，察哈尔，绥远，直隶及山东。1920 年直皖战争中支持直系，获胜，势力扩展到山海关关内。1922 年第一次直奉战争败北，撤回关外。1924 年第二次直奉战争取胜，幕后控制北洋政府。1926 年 4 月击败冯玉祥，直接全面控制北洋政府。7 月国民革命军开始北伐。为联合对抗北伐军，11 月在天津被孙传芳、吴俊陞、张宗昌、阎锡山等推戴为"安国军总司令"。1927 年 6 月 16 日在北京被孙传芳、张宗昌、吴俊陞、张作相等拥为"中华民国军政府"陆海军大元帅。6 月 18 日就任大元帅，行使大总统职权，并令潘复组织军政府内阁。1928 年 6 月因不敌北伐军，由北京退回奉天，6 月 4 日凌晨在返奉途中于皇姑屯附近被日本关东军炸死。

【一】1、2、3、4、5、6；【二】1、2、3、4、5、6、8、9、10、11；【三】1、2、3、7、10；【四】1、2、3、4、7、9、11、12、15、16、17、18；【五】1、3、5、13、15、16、17；【六】3；【七】6、7、9、13、17、18、25、28、29；【八】3、5、8、11、12、14；【九】3、6、7、10、13；【十】6；【十一】1、5、6；【十二】1、2、3、4、6、7、8、9、10、11、13、14；【十三】1、2、9；【十

四】2、3；【十五】2、3、4、5、7；【十六】1、2、3；【十七】1、2、3、4、5、6、8；【十八】4、5；【十九】2、4、6、8；【二十】1、2、3、4、5；【二十一】3、6、7；【二十二】7、8；【二十三】3、4、5、8、13；【二十四】1、2、3、6；【二十五】1、2、6、14、15；【二十六】2、3、4、5、8、9、10、12；【二十七】1、4、7；【二十八】1、2；【二十九】6、7、8、14；【三十】4、11、13；【三十一】1、2、3、4、5、6、7、8、9、10、11、12、13、14、15、16、17；【三十二】2、3、4、5、6、8、9、11、12、14、15、16、17、18【三十三】1、2、3、4、5、6、8、9、10、11、12、13、14、15、17、18、19、20、21；【三十四】4、5、6、7、8、11、12、17、18；【三十五】1、2、3、4、6、7、8、12、13、14；【三十六】2、3、4；【三十七】2；【三十八】3、5、7、8、10；【三十九】3、9；【四十】1、2、3、4、6；【四十一】1、2、3、4、5、8、9、10、12；【四十二】2、3、4、6、7；【四十三】3、4、5、9、11；【四十四】1、2、5、7；【四十五】4、5、6；【四十六】2、3；【四十七】1、2、3、4；【四十八】2、3、4、5；【四十九】2、3、4、6；【五十】1、4、5、7、8、9、10、11；【五十一】1、2、3、7、8、9；【五十二】1、3、5、7、9、10、11、12、13；【五十三】1、4、5、7、8、9、10、11、12、13、14；【五十四】1、2、3、4、5、6、7、9；【五十五】1、4、5、6、7、9、10；【五十六】1、2、4、6、11、12；【五十八】1、5；【五十九】2；【六十】3、4、8

张作相（1881—1949）　字辅忱，辽宁义县人。清末与张作霖等组织乡团。受招抚后，任新民巡防营哨官。1912年中华民国建立后，任炮兵第二十七团团长、陆军第二十七师第五十四旅旅长。1918年后，任东北讲武堂堂长兼卫队旅旅长、东三省巡阅使署总参谋长、奉天警备司令、陆军第二十七师师长等职。1922年4月第一次直奉战争时，任东路军第一梯队司令。后任东三省陆军整理处副监、吉林省督军兼省长、东三省保安副司令。1924年9月第二次直奉战争起，任第四军军长，12月改督办吉林军务善后事宜。1925年3月东北军整编，兼第十五师师长。1927年6月出任安国军第五方面军团长。1928年12月，与张学良等通电宣布东北易帜，旋任东北边防军副司令长官、吉林省政府主席。1931年任国民政府委员、中央政治会议委员。1933年任第二方面军总指挥兼第六军团总指挥。1936年调任军事参议院上将参议。抗日战争期间寓居天津，拒任伪职。1948的3月任国民政府顾问，被委为东北行辕政务委员会主任委员，未就任。1949年5月7日，在天津病逝。

【一】3；【二】1、4、5、9；【四】2、4、17、18；【五】16、17；【八】7、14；【九】3；【十一】2；【十二】6；【十五】3、4；【十七】3、4、5、6；【二十】3；【二十一】3；【二十三】6、7、9；【二十四】2、3、4、8；【二十五】15；【二十六】5；【二十九】7；【三十一】1、4、6、7、8、11；【三十二】11；

【三十三】1、2、4、8、17、19、21;【三十四】4;【三十五】2、5、12、14;【四十七】2、4;【四十九】6;【五十】7;【五十二】5;【五十三】13;【五十四】7、9;【五十五】1;【五十六】12;【六十】1、3

张作舟(生卒年不详) 辽宁义县人,张作相的族弟。1928年底,任东北陆军步兵第十旅旅长。1931年5月,任陆军独立二十五旅旅长。

【二十三】6、9

章太炎(1869—1936) 名炳麟,字枚叔,号太炎,浙江余杭人。近代民主革命家、古文经学家、思想家。曾先后担任《时务》、《昌言》等报编辑,并创爱国学社,鼓吹革命。后因发表《驳康有为论革命书》和《革命军序》,触怒清廷,被捕入狱。1905年出狱后,东渡日本,参加同盟会,主持《民报》。辛亥革命后,1912年2月任南京临时政府枢密顾问。同年冬任袁世凯政府东三省筹边使。1913年4月辞职返回上海。后因反对袁世凯称帝而被幽禁。他曾"七被追捕,三入牢狱,而革命之志终不屈挠"。1917年参加护法运动,任中华民国军政府海陆军大元帅府秘书长。五四运动后渐入颓唐,鼓吹联省自治,反对孙中山联俄联共,与居正、冯自由等发表《护党救国宣言》,成立辛亥同志俱乐部。1931年"九一八"事变后主张"对日本之侵略,只有战之一路",反对国民党的专制统治。晚年渐脱离政治,专意治学。在经学、史学、文字音韵和文学诸方面深湛造诣,著述甚丰,被尊为经学大师。1935年,于苏州开设章氏国学讲习会,出版《制言》杂志。1936年6月14日于苏州病逝。

【四十三】6

章文晋(1914—1991) 原籍浙江三门县人,生于北京。父亲章以吴,母亲朱淇筠(北洋政府交通总长朱启钤之女)。1927年赴德国柏林学习。1931年回上海后,在少共江苏省委宣传部工作。后入清华大学学习,参加了"一二九"运动。1938年5月加入中国共产党,在贵阳从事地下工作。1944年底任第十八集团军驻重庆办事处外事组组员。后任中共驻南京代表团外事组副组长兼周恩来翻译、中共中央外事组编译处副处长。1949年任天津市人民政府外事处处长。中华人民共和国成立后,任外交部亚洲司司长、驻巴基斯坦大使。"文革"期间曾受迫害。恢复工作后,历任中苏边界谈判中国代表团代表、外交部欧美司司长、部长助理,驻加拿大大使,外交部副部长,驻美国大使,中国人民对外友好协会会长、党组书记。曾当选第七届全国人大常委会委员、全国人大外事委员会副主任委员。

【四十】2;【四十三】1

章孝慈(1942—1996) 祖籍浙江奉化,生于广西桂林。蒋经国与章亚若所生,随母姓。与蒋孝严为孪生兄弟。东吴大学中文系毕业,后赴美国留学,获南美以美大学政治学硕士，杜兰大学法学硕士、博士学位。1978年起在台湾东吴大学任教，历任该校政治系副主任、法学院院长兼东吴城区部主会。1987年任东吴大学教务长兼法学院院长。1988年7月当选为国民党第十三届中央委员。1991年12月当选台湾第二届"国大代表"。1992年2月任东吴大学校长。1994年12月赴大陆参加学术研讨会期间患脑溢血。1996年2月24日在台北逝世。

【三十九】5

章孝严（1942— ） 又名蒋孝严，祖籍浙江奉化，生于广西桂林。蒋经国与章亚若所生，随母姓，2005年改从父姓。与章孝慈为孪生兄弟。1948年到台湾。东吴大学中文系毕业。后赴比利时鲁汶大学攻读法文。返台后在"外交部"任职。1974—1977年，在台湾当局驻美国"大使馆"工作。在此期间，获乔治城大学理学硕士学位。1977年后历任"外交部北美司"科长、副司长，"北美事务协调委员会"副秘书长、秘书长，"北美司"司长，"外交部"常务次长。1989年底任国民党中央海工会主任。1990年8月任"外交部"政务次长。1993年2月任"行政院侨务委员会委员长"。1996年6月调任"外交部"部长。1997年9月升任"行政院副院长"。1997年12月任国民党中央秘书长。1998年11月转任"总统府秘书长"，12月被聘为"总统府资政"。2000年5月因民进党执政而解聘。同年任台湾发展协会理事长，大华投资公司董事长。是国民党第十三至十五届中央委员，第十四至十六届中央常务委员。2001年12月—2008年连续当选"立法委员"。2008年11月，任国民党副主席。

【三十九】5

彰德战役 1928年春夏之交，张学良指挥的奉鲁联军与冯玉祥指挥的国民革命军第二集团军在豫北（今安阳一带）进行的战争。1928年3月，国民政府召开徐州会议部署第二期北伐。张作霖则拟先发制人，占领彰德（今安阳），撬开南进的大门，妄图重新占领河南，进而武力统一中国。此役，张学良指挥的奉军三、四军团和直鲁军褚玉璞部共约10余万人，国民革命军第二集团军总司令兼河南省政府主席冯玉祥指挥的国民革命军约20万人。1928年4月5日拂晓，奉直联军在飞机、重炮、坦克掩护下，分东西两路对冯玉祥部发起猛烈进攻。战役异常激烈，双方甚至短兵相接，展开肉搏战。奉军一度攻下彰德。冯玉祥部则浴血奋战，顽强坚持，死伤万余人。4月29日，冯玉祥部开始反攻，同时北伐军在津浦路击败张宗昌的直鲁联军，迫使奉军于5月1日全线退却。此役后，北伐军四个集团军齐头并进迫近北平，奉军则于6月初退出京津，撤往关外。

【三十四】17

昭和天皇（1901—1989） 本名裕仁，日本第124代天皇（1926—1989年在位），昭和军阀集团的最高领袖。1916年，立为皇太子。1921年出访欧洲，同年 11 月因其父大正天皇患病而任摄政。1926 年 12 月即位，改元昭和。在位前期，发动侵华战争和第二次世界大战，对亚洲和英美等国军民造成重大战争伤害，负有严重的战争罪责。1945 年 8 月发布"停战诏书"，向同盟国无条件投降。因美国的干涉，战后被免于审判，天皇名号得到保留。1989 年因癌症病逝于东京。

【三】9、11；【十五】7；【三十八】8；【五十三】12

赵春桂（1875—1912） 又叫赵二妞，辽宁黑山赵家庙人。张作霖元配夫人。人称赵夫人。1895 年（一说 1896 年）与张结婚。赵夫人虽然没有文化，但通晓事理，善于治家，大度能容事。在张作霖还没发达前，是她苦苦地支撑这个家，还经常为张作霖排忧解难，帮助张作霖调整与兄弟间的关系。张作相常说："大帅能成就大业，多亏我那老嫂子"。1912 年病故。育有一女二子，即女儿张首芳，儿子张学良、张学铭。

【三十一】11；【三十四】5、6；【三十九】9

赵丹（1915—1980） 原名赵凤翔，祖籍山东肥城，居江苏南通。少时受家庭熏陶，酷爱艺术。中学时代曾与好友组织"小小剧社"，毕业后入上海美术专科学校。其间参加了美专剧团、新地剧社和拓声剧社的活动，改名"赵丹"。1932 年开始从事话剧和电影演出，加入明星影片公司，很快成为明星。1933 年，加入中国左翼戏剧家联盟。抗日战争爆发后，加入抗日救亡演剧三队，辗转各地，宣传抗日。1939 年 6 月，前往新疆开拓进步戏剧工作，后被盛世才监禁 5 年。抗日战争胜利后回到上海，重返影坛。中华人民共和国成立后，曾任全国人大代表、中国影协和中国剧协常务理事、中国影协上海分会副主席等职，并于 1957 年加入中国共产党。"文化大革命"期间，遭受迫害，被囚禁达 5 年。1978 年出任第五届全国政协委员。1980 年 10 月 10 日因病在北京病逝。

【三十九】7

赵登禹（1898—1937） 字舜诚（一作舜臣），山东菏泽人。1914 年春，加入冯玉祥的第十六混成旅当兵。1916 年任冯玉祥的随身护兵。1920 年后，历任排长、连长、营长、副团长、团长、旅长、师长等职。1926 年参加北伐。1930 年，随冯玉祥参加中原大战，战败后部队被整编。1933 年，任国民革命军第二十九军第三十七师第一〇九旅旅长。同年 3 月，率部参加喜峰口战斗，消灭进攻的日军，取得喜峰口战斗胜利。长城抗战之后，升任第二十九军第一三二师师长，并获授陆军中将军衔。1935 年 8 月，被调往北平地区驻防。1937 年 7 月 7 日卢沟桥事变爆发，任前敌指挥官，坐镇南苑指挥部队与日军作战。7 月 28 日指挥部队向大红门方向撤退途中，遭遇日军袭击，壮烈殉国。1937 年 7 月 31 日南京国民政府发布命令，追赠赵登禹为陆军上将。中华人民共和国成立后，人民政府向赵登禹的家属颁发了由毛泽东签署的烈士证书。

【五】9；【三十五】9

赵尔巽（1844—1927） 字公镶，号次珊，又名次山。祖籍奉天铁岭。世居山东莱州。清代同治年间进士，授翰林院编修。后历任安徽、陕西各省按察使，又任甘肃、新疆、山西布政使。1903 年任湖南巡抚。1904 年署理户部尚书。1905 年任盛京将军。1907 年 4 月调任中央，后调任四川总督。同年 7 月，任湖广总督，在此期间主持创办湖北法政学堂。1908 年 2 月，复调任四川总督。1911 年 3 月任东三省总督，并授钦差大臣。期间重用张作霖，任张为"奉天国民保安会"军事部副部长。武昌起义后在奉天成立保安会，阻止革命。民国成立，任奉天都督，旋辞职。1914 年任清史馆总裁，主编《清史稿》。袁世凯称帝时，被尊为"嵩山四友"之一。1925 年段祺瑞执政期间，任善后会议议长、临时参议院议长。1927 年《清史稿》完稿，旋于 9 月 3 日在北京病逝。

【十七】6；【二十一】3；【二十五】14、15；【三十一】1、2、3、16；【三十二】16；【三十三】10；【三十四】9；【四十三】3

赵鸿翥（1887—1960） 字翰九，辽宁大洼人。北京大学法律系毕业。曾任奉天、沈阳、辽阳地方审判厅推事，东三省高等审判厅检查所检查长，后任东北大学法学院教授、系主任。1935 年后，任武昌行营军法处副处长，西北"剿匪"总部、抗日西北联军军事委员会、江苏绥靖公署军法处少将处长。1938 年，任陕西省褒城地方法院院长，东北大学法律系教授、系主任、法学院院长等职务。1945 年，曾代表东大、兰大、厦大三校出席国民党第六次代表大会。1949 年后，任东北财经学院法律教研组教授。民革成员，辽宁省政协委员。1958 年，因反革命罪判刑 5 年。1960 年，病死狱中。1980 年 11 月予以平反。

【二十五】2

赵家骧（1910—1958） 字大伟，河南汲县人。早年从军，入吴佩孚部。第二次直奉战争，被俘入奉天。后入东北讲武堂第九期步兵科。毕业后，离开东北军，在商震、上官云相、裴昌会部中历任参谋、营长、副团长、第四十七师上校参谋主任。1936 年入陆军大学第十四期。抗战时期，任第一八四师参谋长、第三军参谋长、第十一军团参谋长、军令部第三处处长、第五集团军参谋长等。抗战胜利后，任昆明防卫司令部参谋长、东北保安司令部参谋长。辽沈战役战败后，任徐州"剿匪"司令部前线指挥所副主任。1949 年去台湾，任陆军副总司令兼参谋长、金门防守司令部副司令官。1958 年 8 月 23 日，在解放军炮击金门时被炸身亡。台湾当局追晋其为二级陆军上将。

【三十二】18

赵聚钰（1913—1981） 号孟完。湖南衡山人。1932 年复旦大学商学院工商管理系毕业。"一二八"事变时,仍在学的赵聚钰曾组义勇军参与该战役。之后则转任军公职,历任湘桂铁路会计科长兼湘桂线区司令部参议,桂林金城银行副经理,中央信托局杭州分局经理。1949年去台湾。历任"中央信托局"台湾分局经理,人寿保险处经理。后入国民党陆军步兵学校、"革命实践研究院"第十八期及"国防研究院"学习。结业后,任台湾"行政院"国军退除役官兵辅导委员会秘书长兼副主任委员,后升任主任委员。是国民党第八届中央候补委员、第九至十二届中央委员。1979年当选为国民党第十二届中央常务委员。曾创办《中国经济》月刊。1981年6月在台湾病逝。

【十九】2

赵氏 指张作霖的发妻、张学良生母赵春桂。见**赵春桂**
【三十一】8、11;【三十四】6

赵世辉(1913—?) 原名赵天赐,字蔗初。祖籍奉天铁岭,晚清重臣赵尔巽之子。20世纪30年代末赴美国留学,获博士学位。后在联合国任翻译,定居美国。酷爱中国京剧艺术,在京剧界人脉颇丰,曾拜小生名宿程继仙为师,和程砚秋交往甚密,与程派表演艺术家赵荣琛是好朋友。其妻为张学良三妹张怀曈。

【二十四】6;【三十一】16;【三十四】15

赵寿山(1894—1965) 原名赵生龄,陕西户县人。早年入西北大学预科和陕西陆军测量学校。1917年在陕西靖国军任职。1919年后在冯玉祥部任少校参谋、教官。1924年春加入杨虎城部。1926年11月后任国民军联军第十军第二师混成团团长,第十七路军十七师五十一旅旅长,汉中警备司令。1932年10月代表杨虎城、孙蔚如和红四方面军订立互不侵犯条约。1936年西安事变时,兼任西安市公安局长,负责指挥西安市内的军事行动。事变后,调任渭北警备司令、第十七师师长。1937年抗战爆发后,率部在河北保定、娘子关对日作战。1938年1月所部配合八路军在晋东南反击日军"九路围攻"。同年夏升任第三十八军军长,率部在中条山坚持抗战。1942年,秘密加入中国共产党。1944年3月调任第三集团军总司令,1946年8月被撤去职务,调到南京。1947年3月辗转进入晋冀鲁豫解放区。1948年1月任人民解放军西北野战军副司令员。中华人民共和国成立后,历任青海省人民政府主席,中共陕西省委常委、陕西省省长。是全国人大常委会委员,国防委员会委员。1965年6月20日在北京病逝。写有《西安事变前后的回忆》。

【二十六】14;【二十八】1

赵倜(1871—1933) 字周人,河南汝南(今河南平舆)人。毕业于北洋武备学堂,清末官至总兵。二次革命时期,奉袁世凯之命率部进入河南,后又追剿白朗起义军,因功授河南护军使,1914年督理河南军务。1915年拥护袁世凯称帝。1916年袁死后，任河南督军兼省长，先依附段祺瑞，后与段产生矛盾。1920年直皖战争时期，拥直反皖。战后，被直系大将吴佩孚排挤，地位降低。1922年第一次直奉战争爆发，响应奉系在河南反吴，被直系冯玉祥击败，被免除河南督军。后投靠张作霖，1927年张作霖与北伐军相对抗，任他为河南宣抚使。1929年东北易帜后，随张学良进北京，任高等顾问。1933年在北京病逝。

【五十】9

赵维祯（生卒年不详） 1928年11月任东北陆军步兵第七旅旅长。

【二十三】6

赵武灵王（约公元前340—前295） 名雍，战国时期赵国国君。前325年—前299年在位。在位期间，奖励耕战，改革军制，推行"胡服骑射"。使赵国得以强盛，相继攻灭中山，占据云中、九原，击破林胡、楼烦，国势大振。武灵王二十七年（前299年），传王位给小儿子何，自称主父。其长子公子章不满，遂于惠文王四年（前295年）发动政变，公子成调四邑之兵攻杀公子章，而主父则被李兑围于沙丘宫中，因缺水断粮，困饿而死。死后谥号为武灵王。

【三十二】8

赵锡庆（1899—?） 号子余，辽宁沈阳人。东北讲武堂第四期步兵科、陆军大学第七期毕业。1928年底东北易帜后任东北边防军步兵第十七旅第十三团团长，1931年任独立第三十旅第六八七团团长。后任东北讲武堂黑龙江分校少将教育长。1935年任第五十三军参谋长。1941年1月31日任第五十三军副军长。抗日战争胜利后赴东北，任辽东师管区司令。1948年9月授少将衔。同年11月在沈阳向人民解放军投降。

【二十三】13

赵兴德（生卒年不详） 张学良的表哥。张学良儿时曾与其同时在私塾馆就读。1932年1月任察哈尔省政府委员兼建设厅厅长。

【三十一】13

赵毅（1896—1967） 别名赵炀若，字希坚。生于辽宁灯塔县，祖籍山东掖县（今莱州）。毕业于保定陆军军官学校第九期炮兵科。1922年到锦州陆军第二十七师任少尉排长。1927年12月调至吉林第十五师任少校参谋，后任营长，补充旅第五十七团团长，第二十二旅旅长。"九一八"事变后，1932年2月率部击溃进犯双城的日伪军。1932年7月任古北口警备司令，后任第一二〇师参谋长，中将师长。先后参加了古北口石城，热河等地的抗日。1935年，受张学良秘密委托到上海与中国共产党代表刘鼎见面，并于1936年3月与刘一同回西安。直接参加了西安事变，并拥护和平解决事变。1937年"七七事变"后，任第一〇九师师长，参加了淞沪抗战。1939 年任第七十七军副军长。1944 年任第三十二军副军长。1946 年 4 月任北平军调处执行部国民党方面代表。此后，曾先后任浙江省、辽宁省政府委员兼保安司令。1948 年 10 月，时任国防部东北军法执行分监部主任的赵毅积极参与策划沈阳守军起义，使沈阳和平解放。中华人民共和国成立后，担任内务部参事。1967 年 11 月 7 日在北京逝世。

【二十三】13；【二十七】2

赵毓麟（生卒年不详）　1948 年任国民党中央党员通讯局上海办事处第五组组长，兼经济部特种经济调查处上海办事处主任。西安事变时，正在南京中央政治学校大学部外文系读书。写有《西安事变时 CC 派在中政校的活动》。

【二十八】1

赵芷香（1878—?）　字拱九，辽宁台安人。毕业于东北讲武堂。1924 年任吉林卫队第三十四团团长。1925 年任东北陆军骑兵第十六师第十旅旅长。1927 年 8 月授中将衔。1928 年底，改任东北陆军步兵第二十一旅旅长，吉林绥宁镇守使。"九一八"事变后投敌。1932 年任伪满吉林警备第四旅旅长兼绥宁警备司令，同年春去职。

【二十三】6、9

珍妃（1876—1900）　即恪顺皇贵妃。满洲镶红旗人，其父长叙为礼部侍郎。光绪十五年（1889 年）二月，被选入宫，得光绪宠爱。1894 年晋封珍妃。中日甲午战争爆发后，帝党与后党斗争激烈。为打击帝党，慈禧以"干预朝政"为由，将珍妃和瑾妃降为贵人。1898 年，光绪主持变法维新时期，积极支持光绪。维新失败后，被囚于紫禁城东北部的北三所中。1900 年，八国联军入侵北京，慈禧太后携光绪出逃西安。行前，令太监将珍妃推入乐寿堂后之井中淹死。1901 年光绪回京后，追谥其为恪顺皇贵妃。

【十八】1；【三十八】1、2；【三十九】8；【四十一】9、10

真电　代称十一日发出的电文。指 1933 年 3 月 11 日张学良的下野通电。1933 年 3 月日军进攻热河，热河省主席汤玉麟弃职潜逃。4 日热河沦陷，举国谴责国民政府和蒋介石、张学良。3 月 9 日，于保定专车上，与蒋介石、宋子文晤谈。10 日，张学良将东北军改编为五个军，分由于学忠、万福麟、何柱国、王以哲、冯占海为军长。11 号，发出真电，内称："余与余父，历以保持中国在东北之主权为己任。此次蒋公北来，会商之下益觉余今日之引咎辞职，即所以效忠党国，巩固中央之最善办法，故毅然下野，以谢国人，但得为收复东北之效命，遂其志愿，免于漂泊，余愿斯是。"12 日，国民政府免去张学良北平军分会委员长职务，以何应钦代职。

【二十四】8

镇威军 直奉战争时奉军使用的名称。1920 年直皖战争后，皖系覆灭，直奉两系共推靳云鹏组阁，继推梁士诒任国务总理。1922 年 4 月，张作霖在准备奉直战争的过程中，将奉军改为镇威军。4 月 28 日入关至军粮城，张自任镇威军总司令，29 日，第一次奉直战争爆发。兵败后，奉军出关，宣布东三省"联省自治"，镇威军名义取消。第二次直奉战争中又使用过镇威军之名。

【二十三】13

征蒙之役 1921 年 2 月，外蒙古在当时白俄残部的唆使下，宣布独立。5 月大总统徐世昌将征蒙的全局用兵和指挥权交给张作霖，7 月征蒙奉军陆续出发，后因湘鄂事件及蒙古人民革命军在苏联支持下，成立君主立宪政府，征蒙计划宣告中止。

【三十一】1

正德皇帝 即明武宗朱厚照（1491—1521），明朝第十位皇帝（1505—1521 在位）。明孝宗的长子，母亲张皇后。弘治五年（1492）立为皇太子，十八年即位。年号正德。初期信用太监刘瑾，司礼之权遂重于内阁。后宠信佞臣江彬等。皆赐朱姓。好声色，建豹房，屡至宣府（今河北宣化）等地巡游；喜弄兵，自称威武大将军。在位期间，直隶、江西、湖广、四川、陕西等地农民纷纷起义，宗室寘鐇、宸濠相继反叛。因过度荒淫，无子。溺水得病而亡。卒葬康陵。

【四十一】9

证严法师（1937—   ） 俗名王锦云，法名证严。台湾台中人，慈济基金会创办人。因父亲早逝，母亲多病，悟人生之无常而出家。皈依印顺长老为师，秉持师命"为佛教，为众生"。1966 年于花莲县创立慈济功德会（慈济基金会之前身），并将其发展成为一个庞大的国际性慈善救济组织，其"业务范围"涉及慈善、医疗、教育、人文、环保、社区志工、骨髓捐赠、国际赈灾。全球各地受惠的贫民、病人、灾民众多。

【四十二】10

郑介民（1897—1959） 原名庭炳，字耀全，别号杰夫。海南文昌人。国民党特务首脑、陆军二级上将。1924 年入黄埔军校第二期，毕业后曾被派往苏联莫斯科中山大学学习。回国后任蒋介石侍从副官，从事特务工作。1932 年后，历任复兴社中央常务干事会干事、特务处副处长、参谋本部第二厅第五处处长、第三处处长，军统局主任秘书，军令部第二厅厅长，国民党中央执行委员，军统局局长等。抗战胜利后，任国防部二厅厅长兼保密局局长，国防部次长、参谋次长兼大陆工作处处长等。1949 年赴台湾，任"国防部"次长、"国家安全局"局长等。1959 年 12 月 11 日在台北病逝。

【二十八】5、6

郑培元（生卒年不详） 字浩然。陕西礼泉人。西安事变时任陕西警备第二旅第五团团长，负责解除城内蒋系武装。写有《西安事变时城内的军事行动》。

【二十八】1

郑谦（1870—1929） 字鸣之，江苏溧水拓塘人。日本法政大学毕业。归国后，历任云贵总督署参事、宪政筹备处参事、皖北税务局局长等职。1917 年 6 月，任黑龙江督署秘书长、黑龙江省政务厅厅长。1920 年，任北京政府陆军部参事。1922 年，任东三省保安司令部秘书长。1925 年 2 月，任江苏省省长，同年 12 月，被迫辞任。1926 年后，任安国军司令部秘书长。1928 年东北易帜后，任东北边防司令长官公署秘书厅厅长。1929 年 4 月在沈阳病逝。

【二十三】5、7；【二十五】15；【三十二】4

郑毓秀（1891—1959） 广东宝安人。又名苏海。早年留学法国。1906 年，在日本经廖仲恺介绍加入同盟会，次年回国参加京津同盟会"敢死队"。1919 年任中国参加巴黎和会代表团随员。1925 年获巴黎大学法学博士学位。回国后，在上海开办联合律师事务所，为中国第一位女律师。1927 年底任上海临时法院院长、法租界第二特别法院院长。1928 年 12 月任国民党政府立法院委员，参加民法编纂工作。1931 年任上海政法学院院长。抗日战争期间，任国民政府教育部次长。1941 年随夫魏道明去美国，从事对华救济活动。1959 年 12 月 16 日在美国洛杉矶去世。

【三十四】18；【三十五】10；【三十九】7

郑泽生（？—1930） 又作郑泽声。河北人。原为察哈尔巡防营帮统。1920 年直皖战争后，奉军将领张景惠出任察哈尔都统，将四路巡防营改编为 2 个骑兵旅，郑任骑兵第一团团长。第一次直奉战争，奉军战败，郑部改投直系。第二次直奉战争，郑部被国民一军收编，为第三旅。1926 年夏，国民军败退西北，郑部又改投阎锡山，被改编为晋绥军骑兵第一师。1927 年南口战役后投奉军，任第五方面军第三十一军军长。1928 年 11 月部队缩编为暂编骑兵第一师，任师长。1930 年 8 月因涉马廷福事件，8 月 14 日在北戴河被张学良拘捕，8 月 22 日死于狱中。

【二十三】6、7

政学系 民国时期的政治派系之一。1916 年 11 月国民党籍议员张耀曾、李根源、谷钟秀等组成政学会，周旋于总统府和国务院之间，自成一派，时称"政学系"。后公开支持国务总理段祺瑞对德宣战。1917 年孙中山在广州组织护法军政府，该系骨干纷纷南下参加，并与"欧事研究会"部分成员结合。勾结滇桂军阀唐继尧、陆荣廷等，排挤孙中山，虚用岑春煊。以云南、北京、上海的《中华新报》为舆论阵地，图谋扩大势力。1921 年春，政学会公开宣布解散，但从未停止政治活动。1927 年南京国民政府成立后，该系杨永泰、黄郛、张群等与国民党官僚熊式辉、陈仪、吴鼎昌等相互提携，积极拥蒋，成为国民党内的一个派系，时称"新政学系"。

【二十七】4

政友会　全称"立宪政友会"。日本政党。1900年9月由宪政党、宪政本党、帝国党等合并而成。党的第一任总裁是伊藤博文。同年10月以政友会成员为主组成第四届伊藤内阁。第一次世界大战后，与民政党同为日本的两大政党，政友会并多次参加组阁。先后组织第四届伊藤博文内阁（1900—1901），第一、二次西园寺公望内阁（1906—1908，1911—1912），原敬内阁（1918—1921），高桥是清内阁（1921—1922），田中义一内阁（1921—1929）和犬养毅内阁（1931—1932）。1940年解散，许多成员参加大政翼赞会。

【三十一】7；【三十二】18；【三十四】6

直奉战争　也叫奉直战争。北洋军阀统治时期，直系军阀和奉系军阀为争夺北京政权，在中国北方进行的两次战争。第一次发生在1922年，以直军获胜告终，第二次发生在1924年，直系遭到惨败。见**第一次直奉战争、第二次直奉战争**

【一】标题、2、3；【三】8；【四】15、18；【五】17；【十四】3；【十五】6；【十六】4；【十九】6；【二十】1；【二十一】3、4；【二十三】13；【二十五】14；【二十六】5、10；【二十九】7；【三十】13；【三十一】1、12、13；【三十二】4、16、18；【三十三】1、4、12、17；【三十五】8；【四十四】5、7；【四十七】4；【四十八】4；【五十一】3；【五十二】10；【五十三】14；【六十】1

直鲁联军　奉系直隶督办李景林和山东督办张宗昌所属部队联合组成的军队。1924年直、奉军阀重新开战，李景林与张宗昌两部均属奉系杂牌，急于取得张作霖的信任，故作战奋勇。李景林、张宗昌各率奉军一部抢先入关，沿途大肆收编直系残部，扩充势力，迅速成为奉军中实力最强的两支。1925年12月任直隶军务督办的李景林与任山东军务督办的张宗昌为了共同对付冯玉祥的国民军，将所部联合，改称"直鲁联军"，李任总司令，张任副总司令，辖33个师又3个挺进军。12月24日，李景林被冯部赶出天津，联军司令由张宗昌担任。1926年初，攻克天津。5月初，李景林与直鲁各军师长联名通电，公推张宗昌为直鲁联军总司令，褚玉璞为副司令。11月，张宗昌的直鲁联军与孙传芳的五省联军、张作霖的奉军组成安国军。1927年初直鲁联军南下，救援被北伐军重创的孙传芳部。3月上海第三次武装起义，直鲁联军被赶出上海，残部退回山东。不久，南京国民政府举行北伐，直鲁联军由山东败退河北。张、褚曾要求班师回奉，张学良因他们的军队纪律太坏，不准退回关外。1928年9月，直鲁联军在河北滦东战败,被桂系白崇禧收编。张宗昌只身逃走,直鲁联军遂不复存在。

【十七】3;【三十二】6、18

直鲁豫巡阅使 北洋军阀政府时期,对拥有两省以上的军阀给以巡阅使的官衔,以便控制其地盘。从 1912 年 11 月谭人凤被任命为长江巡阅使开始。此后,北京政府根据各系军阀势力扩张情况,先后设置的巡阅使不下十几个。巡阅使的设置、分并、裁撤没有统一标准,大致情况如下:按其统辖区域可分为两类,一类是无省区的,如长江、南洋、海疆诸巡阅使;另一类是有省区的,如包括两省的粤闽、两广、两湖等巡阅使,包括三省的东三省、直鲁豫、苏皖赣等巡阅使。直鲁豫巡阅使主要管辖范围是直鲁豫三省。1920 年 8 月设置,1924 年 12 月裁撤。曹锟(1920.8.20—1923.10.10)和吴佩孚(1923.11.11—1924.10.24)先后任直鲁豫巡阅使。

【一】1;【二十】2、3;【四十八】2

直皖战争 1920 年 7 月,直系军阀曹锟与皖系军阀段祺瑞为争夺北京政权而进行的战争。袁世凯死后,北洋系分化为冯国璋直系与段祺瑞皖系。1917 年 8 月黎元洪辞职,冯国璋就任代总统,段祺瑞复任国务总理兼陆军总长。段祺瑞于 1918 年 8 月操纵"安福国会",选举徐世昌为总统,取代直系冯国璋,同时极力扩张皖系武装力量。1919 年 12 月冯国璋病逝,曹锟继承直系头领,直、皖之争逐尖锐化。1920 年 4 月,曹锟在保定召开直、苏、赣、鄂、豫、辽、吉、黑八省军阀代表会议,结成八省反皖同盟。7 月 4 日直奉联合迫使徐世昌撤销皖系骨干徐树铮西北边防总司令职务。段祺瑞也强迫徐世昌于 7 月 8 日撤销直系吴佩孚的职务。直、皖双方进入战争总动员状态。段祺瑞组织定国军,自任总司令,下令讨伐直系。直系则组织讨贼军宣布讨伐皖系。14 日,直、皖双方军队正式交火。战事主要发生在京奉铁路的杨村一带,以及京汉铁路的涿州、高碑店、琉璃河一带。双方战至 17 日,皖军西路总指挥曲同丰被俘,余部投降。同日,奉系通电支持直系,并派军入关配合直军作战。皖系东路徐树铮不战而退,所部大败。19 日,段祺瑞通电辞职,撤销定国军。23 日,直奉军队进入北京。战争以皖系的失败而告终。

【一】1;【二十】2;【二十一】3;【二十三】13;【三十一】1;【三十二】16;【三十三】12

直系军阀 北洋军阀派系之一。1916 年袁世凯死后,北洋军阀分裂,以直隶(今河北省)河间人冯国璋为首的一派称为"直系军阀"。当时的主要首领还有长江三督李纯(苏督)、陈光远(赣督)、王占元(鄂督)等,控制着江苏、江西、湖北等省。1919 年冯国璋死,曹锟、吴佩孚继起为首领,主要头目又有了齐燮元、萧耀南、孙传芳等。1920 年,直系军阀组织八省联盟推翻了皖系,控制了北京政府。1922 年在第一次直系战争中逐奉系于关外,独霸北京政府,以英美帝国主义为靠山。1923 年,曹锟以贿赂收买手段当选总统,声名狼藉。1924 年在第二次直奉战争中,因冯玉祥倒戈发动了北京政变,直系战败,吴佩孚逃到武汉。1925 年 10 月又成立了 14 省联军总司令部,吴佩孚自任总司令,并与奉系相勾结,准备镇压革命运动。在 1926 年到 1927 年的北伐战争第一阶段中,吴佩孚和孙传芳先后被国民革命军击败,直系逐步趋于消亡。

【三十二】9、15

中村事件 1931 年 6 月,东北屯垦军拘获并处死在中国东北从事间谍活动的日军大尉中村震太郎所引发的事件。1931 年 6 月初,日本关东军大尉中村震太郎带领井衫延太郎等 4 人,化装到兴安岭、索伦(今属内蒙古鄂温克族自治旗)一带进行军事调查。6 月 26 日,被驻防当地的东北屯垦军第三团逮捕,并从他们的行囊和身上搜出许多调查笔记和军用地图等间谍证据。在确认中村等是军事间谍后,屯垦军第三团团长关玉衡遂下令将中村等人处死,并将情况上报。在北平的张学良得知后,立即电令"妥善灭迹,做好保密"。然而日军还是得知了这个消息,向中国政府提出强烈抗议,要求调查。同时,在日本报刊上,大肆宣扬"中村事件",制造侵华舆论,煽动战争狂热。张学良迫于压力,于 9 月 17 日将关玉衡押解至沈阳,向日本驻沈阳总领事林久治郎陈述经过。次日,日本军队突然发动了震惊中外的"九一八"事变,中村事件是其中的借口之一。

【八】7;【二十五】1

中村震太郎(1897—1931) 日本新泻人,关东军陆军大尉。早年毕业于日本陆军士官学校第三十一期和陆军大学。后在陆军第五十八联队任职。曾参加了对苏维埃俄国的武装干涉。后任参谋本部参谋。1931 年 6 月 5 日,他和井杉延太郎化装成蒙古人,与一名蒙古人和一名俄罗斯人向导在外国人禁入的大兴安岭索伦一带进行间谍侦查。6 月 26 日,被驻防当地的东北屯垦军第三团逮捕,27 日,在证据确凿情况下,被团长关玉衡下令秘密处决。事后,日本向中国政府提出强烈抗议,同时,借此制造侵华舆论,煽动战争狂热。1931 年 9 月 18 日,日本军队突然发动震惊中外的"九一八"事变,中村事件是其中的借口之一。

【八】7

中东路事件 又称中东铁路事件。指 1929 年张学良的东北政府为收回苏联在中国东北铁路的特权而发生的军事冲突。中东铁路是沙俄侵华的产物。1924 年 5 月 31 日,中苏签订了《中俄解决悬案大纲协定》,以及《暂行管理中东铁路协定》,苏联实际上继承了沙俄所取得的全部权利,规定中东铁路为中苏合办。1929 年,张学良追随南京国民政府的国际反苏路线,7 月中东路中方理事长兼全路督办吕荣寰解除苏方铁路局长、副局长的职务,免去苏方各正副处长的职务,将撤职的苏方人员驱逐回国,并封闭苏联驻哈尔滨的外交机关,查封哈尔滨市内的苏联商业机构,挑起了中东路事件。1929 年 7 月 18 日苏联政府宣布与中国断交,撤回领事,召回中东路苏方人员,停止中苏间铁路交通。苏军在中苏边境黑龙江吉林段准备武装介入。1929 年 8 月 14 日,苏军沿中东路一线向中国进攻。战争开始后,蒋介石以国民政府主席的名义通电全国,要求抵抗到底,但却未发一兵一卒出关协助,东北军"以东北一隅之力,对抗俄顷国之师",双方经过绥芬河、满洲里、黑河、扎赉诺尔、同江等战斗,东北军惨败。张学良不得不在 11 月 26 日要求停战,派出蔡运升与苏联谈判。12 月 20 日,"中东路事件"以张学良接受苏方提出的恢复中东铁路中苏共管的原状、双方释放被俘人员而宣告结束。

【五】标题;【二十四】5;【三十二】8;【五十七】2

中东铁路　又称东清铁路、东省铁路。曾是中国东北的主要铁路干线。该路以哈尔滨为中心,全线呈"丁"字形。北部干线,西起满洲里,中经哈尔滨,东至绥芬河;支线从哈尔滨起向南,经长春、沈阳,直达旅顺口。全长 2489 公里。1896 年俄国根据《中俄御敌互相援助条约》(简称《中俄密约》)获得该路的修建权。1897 年开始修建,1903 年建成,全线竣工通车。日俄战争后,日本攫取了该路长春以南的权利,改称南满铁路。1924 年后,长春以北段由中苏合办,仍称中东铁路,也称北满铁路。1935 年 3 月,苏联把中苏共同经营的中东铁路作价卖给了伪"满洲国"(实际上是日本)。至此日本控制了东北的全部铁路。抗战胜利后,南满铁路与中东铁路合并,改称中国长春铁路,简称中长铁路,由中苏两国共同所有,共同经营。1952 年,苏联政府根据双方协定,将铁路的一切权利及财产移交中华人民共和国政府。

【二】4;【四】10;【五】5、6;【八】9;【十七】3;【二十五】15;【三十二】14、17;【三十九】3;【四十九】5;【五十】4;【五十二】8;【五十三】7

中东铁路事件　即中东路事件。见**中东路事件**
【八】9

中共"抗日救国十大纲领"　1935 年 12 月 25 日,中共中央政治局瓦窑堡会议通过的《中共关于目前政治形势与党的任务的决议》中,提出了抗日救国的十大纲领。内容是:(1)没收日本帝国主义在华的一切财产作抗日经费。(2)没收一切卖国贼及汉奸的土地财产分给工农及灾民难民。(3)救灾治水,安定民生。(4)废除一切苛捐杂税,发展工商业。(5)加薪加饷,改良工人、士兵及教职员的生活。(6)发展教育,救济失学的学生。(7)实现民主权利,释放一切政治犯。(8)发展生产技术,救济失业的知识分子。(9)联合朝鲜、台湾、日本国内的工农,及一切反日力量,结成巩固的联盟。(10)对于中国的民族运动表示同情赞助或守善意中立的民族或国家,建立亲密的友谊关系。

【二十七】3

中国民主社会党 简称"民社党"。其前身为国家社会党和海外民主宪政党。其中国家社会党正式成立于1932年,创始人为张君劢、张东荪、胡石青、罗文干、王博沙、汤住心等。1941年加入中国民主政团同盟,为"政团同盟"的右翼。1946年8月15日,两党在上海召开代表会议,始正式合并更名为中国民主社会党,成立组织委员会,选国社党领导人张君劢为主席,海外民主宪政党主席伍宪子为副主席。合并宣言中宣称要"以民主的方法建立民主社会主义的国家"。成员除两党成员外,另有进步青年、国民党职业特务、失意军人、政客加入。1949年迁往台湾。

【二十三】7

《中国时报》 简称《中时》。台湾综合性中文报纸。1950年由余纪忠创办创刊于台北。初名《征信新闻》,主要内容为物价指数。1960年元旦,改名为《征信新闻报》,成为综合性报纸。1968年3月开始彩色印刷,同年9月1日更名为《中国时报》。2002年余纪忠辞世,由次子余建新接管。该报与《联合报》、《自由时报》、《苹果日报》(台湾版)并列为台湾四大报。目前,中国时报集团旗下拥有《工商日报》、《时报周刊》、《中时电子报》等报刊,也拥有相关的时报出版、中天电视、中国电视公司等媒体,还涉足文教、公益、资讯、传媒、影视等许多领域。

【三十二】18;【五十三】11

中统局 "中国国民党中央执行委员会调查统计局"的简称,是国民党的主要情报机构之一。前身是1927年由CC系分子组成的国民党中央组织部党务调查科。1937年,党务调查处并入军事委员会调查统计局第一处,由徐恩曾任处长。1938年3月,经蒋介石提议,以军事委员会调查统计局第一处为基础,正式成立中国国民党中央执行委员会调查统计局。中统以各级国民党党部为活动基地,在省市党部设调查统计室,在省以下党部设专人负责"调查统计",在文化团体和大专院校、重点中学广泛建立了"党员调查网",进行各种特务活动。中统局局长由国民党中央党部秘书长兼任,而由副局长负实际责任。陈立夫、张厉生、朱家骅先后担任过局长,徐恩曾、叶秀峰、顾建中、邹学峻、季源溥等先后担任过副局长。1947年4月改组为国民党中央执行委员会党员通讯局(简称党通局)。1949年2月改名为内政部调查局,习惯上仍称CC或中统,隶属于国民政府行政院内政部,事实上仍属国民党中央掌控。国民党败退台湾后,于1954年10月,改组为司法行政部调查局。后为"法务部"辖下的"调查局",目前职权重点是维护"台湾安全"和打击社会重大犯罪活动。除接受"国安局"委托的"政治侦防"业务外，还要负责查贿、缉毒、防止重大经济犯罪等。

【二十二】3；【二十四】7；【三十四】13

中央军 蒋介石嫡系部队的通称，以黄埔军校学生军官为基础。蒋介石于1924年担任黄埔军校校长，他利用这一职务以及国民革命军总司令的名义，于1924—1927年，不断扩充军队，培植私人势力。尤其是通过北伐战争，蒋介石的军事力量大增。1929年1月，在国民党召开的编遣会议上，蒋介石逐步掌握了一支庞大的军队，这支军队被称为"中央军"，而国民党其他派系的军队则被称为"杂牌军"。作为蒋介石嫡系部队的中央军，不论在编制、装备和其他待遇上都比杂牌军要优厚得多，因此，中央军和杂牌军之间经常为此而出现矛盾，蒋介石从中进行控制。在全国解放战争中，大部分中央军被人民解放军消灭。

【一】7；【五】12；【八】6、10；【九】6、12、14；【十二】8、9；【十九】5；【二十三】3、6、10；【二十四】8；【二十六】5、13、14；【二十八】1、2；【三十三】9；【三十四】12；【四十九】5；【五十六】9；【五十七】1

《中央日报》 中国国民党机关报。1928年2月1日创刊于上海，次年迁至南京。初期采行总编辑制，社长例由国民党中央宣传部长兼任，1932年改行社长制。1938年9月1日，随国民政府迁至重庆。抗战胜利后，国民党中宣部接收了汪伪的《中报》、《中央日报》，遂于1945年9月10日在南京旧址重新出版，而重庆版仍由中宣部直辖。1947年，成立中央日报股份有限公司及董事会。1949年迁往台湾，主要发行于台湾、港、澳及欧美华侨华人社区。1997年7月1日起推出网络版。

【十九】1；【二十】5；【五十三】11

中原大战 亦称"蒋冯阎大战"，或"蒋冯阎李战争"。1930年3月—10月，中国新军阀在中原一带进行的一次大规模的混战。1930年3月，冯玉祥、阎锡山、李宗仁和白崇禧三个集团成立了"中华民国军"，组成反蒋大联合。4月，向蒋介石部发动攻击，双方在以陇海铁路为中心，以津浦、平汉两路为辅翼的数千里战线上投入百万大军展开厮杀。战争初期，对蒋介石十分不利，直至8月，蒋部开始扭转危局。9月18日，张学良发出通电，以调停为名率兵入关，占平津。10月，蒋军攻占开封、郑州、西安，冯军瓦解，阎军退至黄河以北，桂军退回广西，历时七个月的中原大战结束。中原大战双方死伤30多万，给人民造成了空前的战乱和沉重的灾难。中原大战以蒋介石的胜利而结束，确立了蒋介石在各派军阀中的优势，巩固了他的独裁统治。

【三】4；【四】1、6、11；【五】9、12；【八】9；【十二】11；【二十二】7；【二十三】7；【二十四】6；【二十五】2、16；【三十二】1、3；【三十四】4、11

钟三爷（生卒年不详） 姓名不详。张作霖年轻时的好朋友，后帮助张作霖管理张家的财产。张学良称其为钟三爷。

【三十二】12；【三十五】12

周宝荃（生卒年不详） 1928年11月任东北军第一工兵营营长（驻辽宁义县）。

【二十三】7

周春晖（1906—？） 辽宁沈阳人。20世纪二三十年代，在东北从事反帝反军阀的革命活动，是东北最早的共产党员之一，在延吉当过中共区委书记。曾先后在沈阳《大亚日报》、大连《寿东日报》、《满洲日报》当过编辑。1935年经盛世才的好友徐廉介绍到新疆，先在新疆日报当编辑长，后任社长。翌年调任阿山专区教育局长兼任行署外交科长。写有《西安事变后盛世才的急转》。

【二十八】1

周从政（1894—？） 字达夫，奉天盖平（今辽宁盖县）人。毕业于国立北京大学。历任奉天省议会议员，奉天宽甸县知事。1927年8月，北京政府教育部参事等职。1931年4月任北平陆海空军副司令行营秘书处副处长。1936年3月，任甘肃省政府委员兼秘书长。1944年任国民政府考试院考选委员会委员。1948年7月，任考试院院部考试委员。

【二十三】8、11

周大文（1895—1971） 字华章，江苏无锡人。清末在大津学习电报报务。后到东北督军张作霖处，历任电报局长、大帅府密电处长、辽吉黑三省电政监督等职。1915年，与张学良结拜兄弟。1928年皇姑屯事件中，与张作霖同车，幸免于难。1928年12月任东北边防司令长官公署电务处处长。1931年2月—1933年6月，任北平市市长。青年时代，就酷爱京剧与烹饪。1943年8月在天津创办玉华台饭庄（主营淮扬菜）。"七七"事变后，创办了新月食堂（主营西餐），林春中餐馆（专营淮扬菜和风味小吃），还开设了桂香村南味糕点铺。日本占领时期，1937年前后曾在北京任中央广播协会会长，1940年后曾任华北演艺协会会长。1940年7月，华北政务委员会在北京成立华北广播协会，任会长。1947年被国民政府认定为汉奸入狱，后保外就医。1949年后，曾一度赋闲，后出任厨师，曾主灶"好好食堂"、"新鑫食堂"、"新月食堂"以及中山公园的"上林春"中餐馆。曾被借调到全国政协文史资料委员会负责编辑东北近代史资料。

【二十三】7；【四十五】5；【五十五】1

周恩来（1898—1976） 字翔宇，曾用名伍豪等。原籍浙江绍兴，生于江苏淮安。中国共产党和中华人民共和国主要领导人之一，中国人民解放军创建人之一,政治家、外交家。1920年去法国勤工俭学。1921年参加中国共产党,后任中共旅欧支部领导人。1924年秋回国,曾任黄埔军校政治部主任,国民革命军第一军政治部主任、第一军副党代表等职。1927年3月领导上海工人第三次武装起义。中共五届一中全会当选为政治局委员。8月1日领导了南昌武装起义,任中共前敌委员会书记。1928年当选为中共中央政治局常委,后任中央组织部长、中央军委书记。1931年12月进入中央苏区,先后任中共苏区中央局书记、红军总政治委员兼第一方面军总政治委员、中央革命军事委员会副主席。1935年遵义会议上,支持毛泽东的正确主张,继续被选为中央主要军事领导人之一。1936年西安事变发生后,任中共全权代表去西安,和张学良、杨虎城一起迫使蒋介石接受"停止内战,一致抗日"的主张,促使团结抗日局面出现。抗日战争期间,代表中共在国民党控制的地区做统一战线工作。1945年当选为中共中央政治局委员、书记处书记。解放战争时期,任中央军委副主席兼代总参谋长,协助毛泽东组织和指挥解放战争,同时指导国民党统治区的革命运动。中华人民共和国成立后,一直任政府总理,曾兼任外交部长,并任政协副主席、主席,中共中央副主席,中央军委副主席等职。"文化大革命"中同林彪、江青集团的破坏进行了各种形式的斗争。1976年1月8日因病逝世。

【七】1;【十一】3;【十二】2、6、8;【二十一】11;【二十三】3、13;【二十四】9、10、11;【二十五】2、5、9、10、11、12、16;【二十六】12、14、15;【二十七】2、3、5、6;【二十八】1、10;【三十】5、7;【三十四】1、2、4;【三十九】5、7;【四十二】1、8、10;【四十三】2、9;【四十七】1;【四十九】4;【五十一】8;【五十二】6、9;【五十三】3;【五十五】3;【五十六】1;【五十七】2;【五十八】3;【六十】4、6

周佛海(1897—1948) 湖南沅陵人。早年留学日本,曾参加组织东京共产主义小组。1921年回国出席中国共产党第一次全国代表大会。会后即去日本,毕业于京都帝国大学。1924年脱党,在上海、武汉等地执教。1926年任武汉中央军事政治分校政治部主任。南京国民政府成立后,任训练总监部政治训练处长,参加筹组复兴社特务组织,并任江苏省教育厅长、中央民众训练部长。抗日战争爆发后,任国民党中央宣传部代部长、蒋介石侍从室第二处副主任。1938年追随汪精卫投敌。汪伪政权成立后,任伪财政部长兼警政部长。1944年汪精卫死后,任伪行政院副院长、上海特别市市长。抗战胜利时,被国民党委为上海行动总队总指挥。旋被软禁。1946年10月判处死刑,次年蒋介石发表特赦令,以其"响应反正,戴罪图功"为由,改判无期徒刑。1948年病死于南京监狱。

【五十二】8

周福成(1898—1953) 辽宁辽阳人,字全五。早年入保定陆军军官学校第九期步科学习。毕业后入奉军,任第十五旅连长、营长、团副、团长。1932年率部参加古北口抗战。1935年任第六十七军第一二九师师长，参加长城抗战，1935年4月授陆军少将，率部围剿陕北红军。1936年12月参与西安事变，并任临时外线总指挥。1937年春改任第五十三军第一一六师师长。1938年6月率部参加武汉保卫战。同年12月升任第五十三军军长。1939年7月授陆军中将，9月率部参加长沙会战等。1943年编入中国远征军，抵滇西，印度、缅甸对日作战。1945年5月当选为国民党第六届中央监察委员。抗日战争胜利后，参加内战，历任第八兵团司令官兼第五十三军军长，松江省政府主席、兼任沈阳守备兵团司令官。1948年11月，在人民解放军解放沈阳时被俘。1953年3月获释，同年在哈尔滨去世。

【二十三】11、13

周公 即姬旦，亦称叔旦。周武王之弟，西周初年政治家。因采邑在周（今陕西省岐山县北），故称周公。曾辅佐武王灭商，成王诵即位时年幼，他"屏成王而及武王"，直接摄政。其弟管叔、蔡叔、霍叔等散布流言，并联合商纣之子武庚及东方夷族反叛，史称"三监之乱"。他率军东征三年，平定叛乱。后又营建洛邑（今河南省洛阳市）作为东都，称"成周"；并精简殷顽民编为"成周八师"；还大规模分封诸侯，制礼作乐。西周政权稳定后，他还政成王。

【四十】8；【四十二】9；【五十二】7

周光烈（1895—1981） 山东蓬莱人。早年入保定陆军军官学校第九期步兵科。1923年毕业后，投入川军，任排长、连长。后转入北洋陆军于学忠部任连长、营长。1927年随于学忠投入奉军。仟安国军第二十军军部卫队营营长，陆军独立第十八旅司令部参谋长。1932年底任第五十一军第一一八师副师长，率部参加长城抗战和热河抗战。1935年9月任第一一八师师长。1936年12月西安事变时，任第一一八师师长及甘肃警备司令，参与发动兰州事变，以作策应。西安事变后，调任第五十一军第一一三师师长。抗日战争中，率部多次参加对日作战。1938年12月被解除师长职务，改任军事参议院少将参议。后在成都、重庆种田养家。1947年复任少将军衔，同年退役。1949年后在西安定居。文革中被押回原籍劳动。1980年前往加拿大。1981年10月2日，病故于温哥华。

【二十三】13；【二十八】1

周鲸文（1908—1985） 辽宁锦县人。东北军将领张作相的外甥。早年就读于北京汇文中学，后赴日本早稻田大学，美国密歇根州立大学，英国伦敦大学学习。1931年回国，主办《晨光晚报》。1933年《塘沽协定》后，在京津地区组织东北民众自救会，出版《自救》杂志。1936年任流亡东北大学秘书长、法学院院长、代理校长。1938年赴香港，曾创办《时代批评》半月刊。1941年中国民主政团同盟成立，为发起人之一，1944年改为中国民主同盟，当选中央常务委员,后任副秘书长。1949年后,任第一届全国政协委员,第二届全国政协常委,中央人民政府政务院政治法律委员会委员。1956年12月去香港,主编《时代批评》及英文《北京消息》半月刊。1957年12月被撤销政协全国委员会委员资格。1961年9月初,借赴台参加阳明山会议之机拜会了张学良。1985年逝世。

【二十二】1

周联华(1920—?) 浙江慈溪人,生于上海。毕业于沪江大学,获商学士学位,主修工商管理及会计学。曾任职于粮食部会计处、兴业公司总稽核室、青年会全国协会学生干事、广西大学会计学讲师。1947年被召为传道人,开始了牧师生涯。1949年赴美国留学,获美国南方浸信会神学院哲学博士学位。1954年返台,任职台湾浸信会神学院,并兼任凯歌堂与怀恩堂牧师。是蒋介石、宋美龄的私人牧师。致力于神学教育,曾任台湾东海大学董事会董事长,台湾浸信会神学院专任教授,亚洲浸信会神学研究院院长,台湾沪江高中董事长等职。1967、1972年分别入普林斯顿神学院和牛津大学作博士后研究和研究学者。1975年蒋介石病逝,为蒋介石作追思礼拜主持人。1988年蒋经国病逝时又为其主持追思礼拜。1961年宋美龄安排他做张学良的家庭牧师,与张学良、赵一荻关系密切,是引导张、赵皈依基督教的重要人物。主持过赵一荻追思会,

【十三】4;【二十九】1、2、9;【四十四】2;【五十五】10

周濂(1890—1950) 号酿泉,辽宁开原人。1918年9月保定陆军军官学校第五期炮兵科毕业后,历任东北巡阅使署随营学校区队长、东北讲武堂军械官等职。1920年6月后任暂编奉天陆军第三混成旅上尉军械官,第二十七师少校军械官,镇威军第三军军械处中校军械官。1925年11月升任第三方面军团军械处上校处长,12月升任军械处少将处长。1927年5月兼任东北讲武堂军械教育班主任。1928年2月兼任北京留守司令,7月任东三省保安司令部军务处少将处长,12月升任东北边防司令长官公署军事厅中将副厅长兼军务处处长。1929年1月杨常事件的当天夜里,被张学良指派去接收杨宇霆掌管的东三省兵工厂,并兼任会办。8月兼任东北边防军"防俄预备军"军长,12月调任东北讲武堂中将教育长。1930年9月升任东北讲武堂上将副监督。1931年7月兼东北讲武堂教育长。12月调任北平绥靖公署军务处上将处长。1932年8月调任军事委员会北平分会第二处(军务处)上将处长。1935年12月调任军事参议院上将参议。1936年1月叙任陆军中将。1937年2月离职寓居天津。1946年7月晋任陆军二级上将,同时退为备役。1950年6月1日在北京病逝。

【二十三】7、11

周念行(1897—?) 原名启祥,字树美,浙江江山人。国民党特务头子毛人凤亲信。戴笠小学同班同学。1913年就读于省立衢州第八中学。北京大学毕业

后，赴日本留学，于日本明治大学政治系毕业。1926年回国参加北伐。曾任湖北黄陂县县长。1934年加入军统局，任南昌行营调查科秘书。抗日战争中，任西安行营科长，军统局戴笠办公室秘书。1943年后任国家行动委员会军法分监部主任秘书、军统局检举室主任和国防部保密局驻上海督察。1947年任保密局局本部少将秘书。1948年5月，被宋美龄派到台湾井上温泉，为被关押于此的张学良伴读明史。后侨居美国。

【四十一】5

周培炳（生卒年不详） 曾任东北航空处机械处长、东三省航空监督、安国军空军司令。1927年6月授陆军少将衔。

【二十五】15

周伟芳（生卒年不详） 1934年2月任豫鄂皖"剿匪"总司令部政务处第三科科长。

【二十三】11

周文章（生卒年不详） 1935年1月，任武昌行营卫队营营长，10月任西北"剿匪"总司令部卫队第二营营长。后任西北"剿匪"总部副官处上校副官。1936年西安事变后，12月26日随被释放的陈诚等国民党要员同机飞回南京。

【二十三】11；【二十八】3

周学熙（1866—1947） 字缉之，别号至庵、砚耕老人、松云居士。安徽建德（今东至县）人。民国著名实业家，与张謇齐名，有"南张北周"之称。出身官僚家庭，父周馥曾任清两广、两江总督，与袁世凯关系甚密。1894年中举。1898年捐候补道，任开平矿务局会办，次年升总办。1900年为山东候补道员，入袁世凯幕下。后随袁至天津，曾奉袁委派总办银圆局。1903年赴日本考察实业，后任直隶工艺总局督办。1905年任天津道，主办商品陈列所、植物园、天津铁工厂、滦州煤矿公司、天津造币厂、唐山启新洋灰公司等。1907年任长芦盐运使，次年创办京师自来水公司。民初，曾任陆徵祥内阁和徐世昌内阁财政总长，参加签订"善后大借款"合同。1916年脱离政界，任华新纺织公司总理，创办华新所属之天津、青岛、唐山、卫辉4家纱厂。1919年创办中国实业银行，任总经理。1922年，与比利时商人合办耀华玻璃公司。1924年，成立实业总汇处，任理事长。1927年因年事高而引退。1947年9月26日，卒于北平。

【五十三】10

周亚卫（1889—1976） 又名信文，字振家，号普文，浙江嵊县人。1906年入杭州弁目学堂，由秋瑾介绍入光复会，并参加皖浙起义的准备联络工作。1911年11月，参加光复杭州之役。1912年入北京陆军大学。1924年任北洋政府陆军部军学司科长，1926 年任奉军第三、四方面军团参谋处长，后改任军学处处长。1928 年 12 月东北易帜后，任东北边防军司令长官公署军令厅第三处处长。同年 11 月任军委会训练总监部副监。后历任军官训练团总教官，陆军大学教官、教育长等职，授陆军中将。1946 年退役，后被聘为浙江省政府顾问。中华人民共和国成立后，任中央军事委员会高级军训部研究室主任，北京文史馆馆员，全国政协特邀委员。

【二十五】15；【三十三】7

周一志（生卒年不详）　早年追随铁道部部长孙科。中原大战前，参加反蒋大联盟，奉命到东北游说张学良加盟。写有《戴季陶坚决主张讨伐张、杨》。

【二十八】1

周毅（1936—　）　辽宁阜新人。1963 年毕业于辽宁大学历史系本科。后任辽宁大学历史系教授。长期从事中国现代史教学和科研工作。对张学良和东北军史有专门研究。曾任张学良暨东北军史研究会常务副会长兼秘书长、张学良基金会会长兼秘书长、辽宁省政协文史委员会委员。曾多次到夏威夷拜访张学良将军。

【三十】1、2

周瑜（175—210）　字公瑾，庐江舒县（今安徽庐江西南）人。东汉末年名将。有姿貌、精通音律，江东向有"曲有误，周郎顾"之语。少与孙策交好，建安三年（198 年）加入孙策旗下，后孙策遇刺身亡。孙权继任。周瑜将兵奔丧，以中护军的身份与长史张昭共掌众事，建安十三年（208 年），周瑜率东吴军与刘备军联合，在赤壁击败曹操。建安十五年（210 年），在伐蜀路上逝世，年仅 36 岁。

【十七】8；【四十六】2

周祖尧（生卒年不详）　原名振声。东北讲武堂第七期毕业。长期在东北军任职，1935 年任东北军第一一〇师第六二九团第一营营长，1936 年 12 月参加西安事变。抗战爆发后，曾任第六十七军第一〇八师第三二四旅第六四八团团长。1941 年任第二十五军副官处长。1946 年 7 月任永吉团管区少将司令。1948 年 10 月在长春向解放军投诚。写有《一一〇师崂山就歼亲历记》。

【二十六】14

朱德（1886—1976）　字玉阶，四川仪陇人。中国共产党和中华人民共和国的领导人，中国人民解放军的创始人和领导人之一。云南陆军讲武学堂毕业。早年加入同盟会，参加过辛亥革命、云南反袁护国战争和护法战争。1922 年赴德国留学，同年加入中国共产党。1925 年赴苏联学习，次年夏回国。1927 年在南昌创办军官教育团，参加领导了南昌起义。1928 年初，率南昌起义军余部举行湘南起义,随之赴井冈山与毛泽东会师,任红四军军长。1930年起,历任红一军团长、第一方面军总司令、红军总司令、中央革命军事委员会主席等职。1934年10月,参加长征。抗战爆发后,任八路军总指挥。解放战争时期,任中国人民解放军总司令。中华人民共和国成立后,曾任中央人民政府副主席、中央军委副主席、中华人民共和国副主席、国防委员会副主席,第二～四届全国人大常务委员会委员长。中共六届三中全会上当选为中央候补委员,中共六届五中全会起当选为历届中央委员、中央政治局委员。中共七届一中全会上当选为中央书记处书记,一度兼任中央纪律检查委员会书记,中共八届一中全会当选为中央委员会副主席,中共十届一中全会当选为中央政治局常委。1976年7月6日在北京逝世。

【六】5;【四十二】1;【五十一】8;【六十】6

朱光沐(1897—?) 字秀峰,浙江绍兴人。张学良秘书。毕业于国立北京大学法科。历任安国军第三、四方面军团部秘书及军法处处长,东三省保安总司令部军衡处处长,同泽新民储才馆教育长,东北边防军司令长官公署秘书兼东北电政管理局局长等职。1931年任国民政府陆海空军副司令行营总务处处长。1932年任北平绥靖公署总务处处长。朱的妻子朱湄筠在天津中学读书时与赵一荻同班。1930年朱光沐与朱湄筠结婚,张学良是其证婚人。

【二十二】6;【二十三】7、8、11;【三十二】5

朱海北(1909—1996) 生于辽宁铁岭。朱启钤之子。早年在天津读书。1928年3月起任张学良的副官。其六妹朱洛筠嫁与张学良胞弟张学铭。1933年春任东北军第一○五师第十旅副旅长,同年6月脱离军界长期经商。1979年被聘任为中央文史研究馆馆员。1981年参加民革,1988年任民革北京市委文史委员会副主任委员。

【四十二】3、8;【四十三】1、3;【四十四】3;【五十二】12;【五十三】6、8;【五十五】1;【五十六】1

朱鸿勋(1899—1941) 字伯廷,吉林农安人。先后毕业于南开中学、东北讲武堂第六期步兵科。投身奉军后,曾任副团长、团长等职。1929年任东北军第三十旅团长。1933年第三十旅改编成第一三○师后,任师长。1935年4月授陆军少将。抗日战争爆发后,1938年2月率部参加豫北抗战,同年7月率第一三○师参加武汉会战,12月升任第五十三军副军长兼第一三○师师长。1941年初率部驻防湘西,在日寇飞机空袭时中弹殉国。同年3月国民政府追赠为陆军中将。

【二十三】13;【二十五】16

朱惠荣(生卒年不详) 1936年12月任东北军第六十七军第一○七师第六一九团团长,参加了西安事变。1942年3月,任第一○○军第七十五师师长。

【二十三】13

朱季卿（1882—1955） 又名朱霁青。原名国陞，字纪卿，以字行。辽宁北镇人。1901年去日本留学，入东京东斌学校学军事，并加入同盟会。1906年回国，从事反清武装斗争数年。1912年在沈阳，成立国民党奉天支部，创办东三省《民报》，从事国民党党务工作。1924年助郭松龄倒奉失败后，逃往广东。后参加北伐战争。"九一八"事变后出关抗日，参与组织东北抗日救国军。后参加冯玉祥领导的察哈尔抗日同盟军，被任命为总参议。1934年失败后专事经济工作，任正太铁路局局长等职。抗日战争胜利后，受国民政府农垦部委托，赴绥远经营安北垦区。1949年去台湾，任"总统府"国策顾问。1955年去世。

【十五】3

朱家骅（1893—1963） 字骝先，浙江湖州人。1914年上海同济德文医学校毕业后，赴德国柏林工业大学学习。1917年归国，任教北京大学。不久又到瑞士伯尔尼大学和柏林大学学习。1922年获哲学博士。1924年春归国，任北京大学地质系教授。1926年7月任广东大学地质系教授、系主任，10月广东大学改组为国立中山大学，任该校委员会代理委员长。1926年11月，任广东省政府委员。1927年5月调任浙江省政务委员兼农工厅厅长，6月任中山大学副校长，9月改任中山大学教务长。10月，任浙江省政府委员兼民政厅厅长、国民党浙江省党部执行委员。1930年9月任中山大学校长，11月改任中央大学校长。翌年12月任教育部部长。1932年10月改任交通部部长。1935年12月改任中央政治委员会代理秘书长。1936年春任中央研究院总干事。同年12月—1937年11月，任浙江省政府主席。1938年3月任军事委员会参事室主任，4月任国民党中央执行委员会秘书长兼党务委员会主任委员，兼中统局局长，7月任三民主义青年团常务干事兼中央团部代理书记长。1940年3月，代理中央研究院院长，9月再任中山大学校长，12月改任中央大学校长，考试院副院长。1944年11月，任教育部部长。1947年4月，兼任国防科学委员会副主任委员。1949年6月去广州，任行政院副院长。后去台湾，历任"总统府"资政、国民党中央评议委员。1963年1月3日病逝。

【二十六】15

朱培德（1889—1937） 字益之，云南盐兴人。祖籍安宁。18岁入云南陆军讲武堂，积极投身辛亥"重九起义"、护国运动，屡建战功。1917年在广东支持孙中山领导的护法战争，先后任驻粤滇军司令、陆军部代理部长、广州警备司令、孙中山大本营拱卫军司令兼大本营参军长。1925年率部与廖仲恺等平息杨希闵、刘震寰叛乱。7月，广州国民政府成立，任国民革命军第三军军长，在北伐战争中，率军攻下九江、南昌，出任江西省政府主席、第五方面军总指挥。后倾向反共，将第三军中及江西地方中共领导人"礼送出境"。1928年后，历任第一集团军前敌总指挥、湘赣"剿匪"总指挥，"围剿"工农红军。

1929年改任军事委员会参谋本部参谋总长，后任军事委员会执行委员兼军事委员会办公厅主任、军事训练总监部总监等职。1935年4月，被授予一级上将。1936年西安事变时，主张以和平方式解决。12月29日被推任审判张学良的军事委员会高等军法会审的审判官之一。1937年2月17日因败血症去世。国民政府为他举行国葬。

【二十六】14；【二十八】2；【三十】2

朱启钤（1872—1964） 字桂莘，号蠖园。贵州开州（今开阳）人，生于河南信阳。光绪举人。1900年后，历任京师大学堂译书馆监督、北京内城警察总监、津浦路北段总办等职。1912年7月起，连任陆徵祥、赵秉钧内阁交通总长。次年7月代国务总理，8月任熊希龄内阁内务总长。1914年兼任京都市政督办。次年襄赞袁世凯复辟帝制，任大典筹备处处长。1916年袁死后，以帝制祸首被通缉。1918年获赦，同年8月被选为安福国会参议院副议长，旋任南北议和北方总代表。对中国古建筑艺术颇有研究，曾组织中国营造学社，任社长。也曾经办中兴煤矿、中兴轮船公司等企业。1949年蛰居上海。中华人民共和国建立后定居北京。1953年5月被聘为中央文史研究馆馆员，曾为全国政协委员、古代建筑修整所顾问。1964年2月26日病逝。

【四十二】3；【四十三】1；【四十四】3；【五十二】12；【五十三】6；【五十五】1；【五十六】1

朱绍良（1891—1963） 原名宝瑛，字一民。原籍江苏武进（今常州）人，生于福州。1910年赴日本留学，并加入同盟会。次年回国参加武昌起义，任沪军都督府参谋。1913年二次革命失败后再次赴日留学，1916年毕业于士官学校。返国参加护国战争，旋任黔军总司令部参谋长。1923年赴广州，任大元帅府高级参谋。北伐战争中任第四军第十师参谋长、国民革命军总司令部参谋长。先后任南京国民党政府军事委员会办公厅主任、军政厅长、师长。参加蒋桂、蒋唐战争，升任第二军军长。之后，率部参加对中央苏区的第一、二、三次"围剿"，任驻江西绥靖主任、湘鄂赣边区"剿匪"总指挥。1933年任甘肃省政府主席兼民政厅长及绥靖主任。此后曾任西北"剿匪"军第一路军总指挥。抗战时期，任军事委员会管理部长，第二战区中央作战总司令兼第九集团军总司令，第八战区副司令长官、司令长官并兼任甘肃省政府主席，代理新疆政府主席。1946年后任军事委员会副参谋总长、重庆行辕主任和重庆绥靖公署主任，福建绥靖主任兼福建省政府主席。1949年8月去台湾，任"总统府"战略顾问、"国策"顾问。1963年12月25日病逝于台北。逝后被追晋为陆军一级上将。

【二十四】9；【二十五】1；【二十六】14、15；【二十八】3

朱元璋（1328—1398） 原名朱重八，后名兴宗。濠州钟离（今安徽凤阳）

人。明朝开国皇帝，明太祖。25岁时参加郭子兴领导的红巾军反抗元朝暴政，龙凤七年（1361年）受封吴国公，十年自称吴王。元至正二十八年（1368年），在基本击破各路农民起义军和扫平元的残余势力后，于南京称帝，国号大明，年号洪武，建立了全国统一的封建政权。朱元璋统治时期被称为"洪武之治"。庙号太祖，谥号开天行道肇纪立极大圣至神仁文义武俊德成功高皇帝。葬于南京明孝陵。

【二十】4；【三十三】1；【三十四】4；【三十八】7；【四十一】11；【四十四】7

朱之荣（？—1937） 辽宁人。1936年12月任东北军第六十七军第一〇七师第六二〇团团长。1937年任第六十七军第一〇七师第三二一旅少将旅长。1937年11月10日在上海松江与日军作战中牺牲。

【二十三】13

朱子桥（1874—1941） 名庆澜，字子桥。浙江山阴人，生于山东长清。清末在奉天服官，历任凤凰、安东、锦州各厅县事。后来调奉天督练公所巡警总局办事，为东三省总督赵尔巽所赏识。后随赵去四川，任四川巡警道、十七镇统制官。1912年任黑龙江都督署参谋长。后改任署理黑龙江巡按使。1916年，改任广东省长。1917年7月，改任广西省长，未就，退居上海。1922年应奉督张作霖之邀，出任中东铁路护路总司令，兼哈尔滨特别区行政长官。1925年解职，从此脱离军政生涯，献身于社会救济事业。1930年到陕西赈灾，开始一系列护法兴佛活动。"九一八"事变之后，在北平设立辽、吉、黑、热四省民众后援会，张罗人力，劝募物质，支援东北义军抗日。抗战开始以后，奔走于前线后方，救济难民。1941年，在西安逝世。

【二十五】15

诸葛亮（181—234） 字孔明，东汉末琅邪阳都（今山东沂南）人。早年丧父，随叔父流寓荆州，躬耕于隆中，自比管仲、乐毅，人称"卧龙"。汉献帝建安十二年（207年），刘备三次登门拜访，才出见。建议刘备先占荆州、益州、东联孙权，北拒曹操，自成一方，然后相机统一天下。此即《隆中对》。后助刘备联合孙权，在赤壁击退曹操，夺得荆州、益州，与曹操、孙权构成鼎足之势。曹丕代汉自立后，刘备在成都称帝，任命诸葛亮为丞相，刘备病危时，向诸葛亮托孤。此后，大小政事尽决于其。诸葛亮内修政事，外和吴伐魏，对三国的格局构成起了很大的作用。他高风亮节，才能非凡，言行对后世有很大影响。建兴十二年八月；死于五丈原军中。

【二】4；【十四】2；【三十三】12；【四十五】2；【五十】8；【五十一】7、8；【五十二】7

涿州之战 1927年10月—1928年1月，晋军傅作义部与奉军在直隶涿县

（今河北涿州）县城进行的攻守战。1927 年 9 月，山西阎锡山部誓师讨伐奉军。晋军第四师师长傅作义率领挺进队，于 10 月 5 日从蔚县出发，11 日袭占军事要地涿县，严重威胁奉军。张作霖急令京绥线总指挥张作相和京汉线总指挥张学良率部反攻。14 日张学良率近 3 个师 3 万余人围攻涿县县城，激战旬日不克；继又增调第八军等部，总兵力达 5 万人以上，对涿城进行昼夜轮番攻击。傅于 1928 年 1 月 5 日赴保定与张学良议和，双方达成停战协议。12 日，晋军第四师残部 7000 人开出涿县接受奉军改编，奉军进驻该城。

【三十一】2

邹念之（1918—1995） 别名邹元庆。山东人。1938—1943 年在长春建国大学学习。1956 年起在中国科学院哲学社会科学部、中国社会科学院近代史研究所从事翻译工作，1981 年起为译审。主要著、译作：《外国资产阶级是怎样看待中国历史的？》（合著）；《关于钓鱼岛等岛屿的历史及其归属问题》；《日本外交文书选译—关于辛亥革命》等。

【三十二】14

邹子芳（生卒年不详） 名邹健鹏，字子芳。四川富顺人。曾为张学良的家庭教师。1914 年曾任兴京县（今辽宁省新宾满族自治县）知事。

【三十】1

邹作华（1894—1973） 字岳楼。吉林永吉人（今黑龙江双城）。1916 年入保定陆军军官学校留学生预备队。1917 年赴日本，入陆军士官学校第十二期炮兵科。1919 年归国，加入段祺瑞的参战军教导团，任炮兵教官。同年 10 月归属奉系，历任东三省巡阅使卫队混成团参谋，东三省陆军炮兵第四团团长，炮兵第一旅旅长。1925 年 11 月，郭松龄反奉，邹任郭军总司令部参谋长，暗中通奉，后获赦免。1926 年任奉军炮兵总司令。1927 年任炮兵军军长。1928 年底任兴安区屯垦督办。1933 年 5 月任军事委员会北平分会委员。1934 年 9 月调任陆军炮兵学校校长，兼教育长。抗日战争爆发后，任全国炮兵总指挥。1940 年改为军事委员会炮兵总指挥。同年 5 月任吉林省政府主席。1943 年 12 月任国民政府参军处参军。1945 年 5 月当选国民党候补中央执行委员。抗日战争胜利后，1945 年 9 月任东北行营政治委员会委员。1947 年 10 月任东北行辕政治委员会常务委员，11 月授陆军二级上将衔。1948 年 2 月任战略顾问委员会委员。1949 年去台湾。1953 年退役。后历任"总统府"国策顾问、光复大陆设计研究委员会委员。1973 年 11 月 7 日在台北病逝。

【三】8；【四】14；【六】4；【十三】7；【二十三】6；【二十六】5、8、10；【三十】1；【三十三】21；【三十五】8、10；【五十三】9；【五十四】7；【五十五】4

左舜生（1893—1969） 名学训，字舜生，湖南长沙人。1914年入上海复旦学院学法语。1919年任上海中国书局编辑所主任。1920年任少年中国学会评议部主任，负责编辑《少年中国》月刊，鼓吹国家主义。1924年同曾琦、李璜等在上海创办中国青年党机关报《醒狮》，进行反苏、反共宣传。1926年任青年党中央执委会常委。1930年在上海创办《铲共》半月刊。1931年办《民声》周刊。1932年执教于复旦大学、大夏大学。1935年任青年党中央执委会委员长。1938年被聘为国民参政会参政员，并在武汉创办《新中国日报》。1941年参与发起成立中国民主政团同盟，任中央常务委员和总书记。1945年10月任中国民主同盟第一届中央常务委员兼秘书长。同年12月随青年党退出民盟。1947年任国民政府农林部部长。1949年移居香港，创办反共刊物《自由阵线》，并先后在香港新亚书院、清华书院任教。1969年去台湾，任"总统府"国策顾问，10月病逝于台湾。

【四十六】2

佐藤安之助（生卒年不详） 日本首相田中义一的外交顾问，少将。1928年8月随林权助来沈阳吊祭张作霖。和张学良多次发生言语冲突。

【二十四】3